JOURNAL
DU
SIÉGE DE PARIS

JOURNAL

DU

SIÉGE DE PARIS

DÉCRETS, PROCLAMATIONS, CIRCULAIRES, RAPPORTS,
NOTES, RENSEIGNEMENTS, DOCUMENTS DIVERS
OFFICIELS ET AUTRES

Publiés par

GEORGES D'HEYLLI

TOME PREMIER

(Du 6 Juillet au 1er Octobre 1870)

PARIS

LIBRAIRIE GÉNÉRALE

Dépôt central des Éditeurs

BOULEVARD HAUSSMANN, 72, ET RUE DU HAVRE

Tous droits réservés

Au Docteur SÉMELAIGNE

Médecin-Major du 35ᵉ bataillon de la Garde Nationale
de la Seine (Neuilly), pendant le Siége de Paris

*(Avant-Postes de Courbevoie, d'Arcueil, de Créteil, etc.;
Combats de Rueil, Champigny, Buzenval, etc.)*

Directeur de la Maison de Santé Pinel, à Saint-James
(Avenue de Madrid, à Neuilly-sur-Seine)

Demeuré à son poste
Au milieu des obus et de la guerre civile
depuis le 18 mars 1871.

Ce Journal est dédié en témoignage d'une
très-affectueuse estime.

GEORGES D'HEYLLI

*Sergent-fourrier d'ordres au 35ᵉ bataillon
pendant le siége de Paris.*

PRÉFACE

Un historien sérieux ne saurait avoir la prétention de raconter aujourd'hui avec l'impartialité nécessaire la longue et désastreuse guerre de 1870, et encore moins le siége de la ville de Paris qui l'a terminée. D'ailleurs, la presque impossibilité de trouver immédiatement les documents indispensables, à cause du nombre considérable qu'il en faut d'abord rassembler et de leur dispersion actuelle, augmenterait encore, au point de vue purement matériel, les difficultés de l'entreprise. Ce livre n'est donc point un ouvrage de critique. Nous avons voulu simplement y réunir, à leur date, tous les documents officiels et autres relatifs au siége de Paris. Le siége ayant réellement commencé, pour la grande ville, le jour où elle a pu en avoir la certitude, c'est-à-dire au lendemain du désastre de Sedan, ce journal en prend également l'histoire à cette date, qui est en même temps celle de la proclamation de la République. Il finit avec le traité de paix définitif conclu à l'issue de l'armistice et de la guerre.

Nous nous sommes donc borné à classer dans un ordre régulier et méthodique tous les documents empruntés par nous, d'abord au *Journal officiel*, dont la collection complète, pour l'époque de la guerre et du siége, est aujourd'hui à peu près introuvable. Le papier pour l'impression des journaux, que Paris recevait de la province et même de l'étranger, devint bientôt, comme tous les objets de consommation quotidienne, d'une rareté menaçante. Certaines feuilles durent suspendre leur publication ; presque toutes, ou diminuèrent leur format, ou supprimèrent la moitié de leurs quatre pages. D'autres s'imprimèrent sur un papier de moindre valeur. Le *Journal officiel*, tout journal du Gouvernement qu'il était, dut se conformer, lui aussi, aux exigences de la situation ; il fut réduit à deux pages, imprimé sur un papier fort inférieur, et son tirage fut limité au chiffre strictement nécessaire pour le seul service des abonnés de Paris et la vente au numéro sur la voie publique.

Le journal que nous publions pourra donc suppléer, pour les futurs historiens du siége de Paris, à l'absence ou à la rareté des documents officiels. Beaucoup de recherches seront ainsi évitées aux travailleurs, qui ne sauraient trouver que dans les grandes bibliothèques publiques la collection complète des actes et faits officiels par nous réunis. Notre recueil offre aussi à toutes les classes de lecteurs l'objet et le moyen d'une étude comparative et d'un contrôle sérieux à entreprendre sur la grande quantité d'ouvrages qui seront et ont même été déjà publiés sur ce siége éternellement mémorable. D'ailleurs, ceux qui ont pris part, dans Paris même, aux difficultés et aux durs et divers services de sa défense, peuvent tenir à conserver le souvenir écrit, au jour le jour, des grands événements qui, pendant plus de quatre mois, se sont déroulés devant leurs yeux. Enfin, ceux-là aussi qui n'étaient point avec nous dans nos murs entourés et assaillis aimeront à connaître, au moyen de la lecture des pièces officielles, tous les efforts généreux tentés en vue de la victoire. En lisant tous ces décrets qui restreignaient la vente des denrées, rationnaient la viande, le pain, le lait, etc., organisaient les compagnies de guerre de la garde nationale, et d'un trait de plume brisaient sans résistance, sous l'inexorable nécessité de la situation, les habitudes aimées de plus de deux millions de citoyens, ils admireront tous les sacrifices noblement acceptés comme aussi toutes les douleurs courageusement souffertes !

A ces documents officiels, nous avons joint, en les rejetant en appendices à la fin de chaque volume, une grande quantité de documents authentiques et autres, empruntés à toutes les sources, même les plus suspectes : articles de journaux, surtout étrangers, récits contradictoires des mêmes événements, lettres, commentaires et appréciations de toutes sortes, etc. Le lecteur aura ainsi sous les yeux une foule de pièces toujours intéressantes, se rapportant aux événements et aux actes officiels cités dans le volume auquel elles sont annexées, et il pourra se rendre compte du mouvement et pour ainsi dire du soulèvement opérés en si peu de temps dans les idées, dans les opinions et dans l'esprit publics.

La nature même de notre publication nous a naturellement, et avant tout, obligé à renoncer à toute critique ou appréciation personnelle. Les événements considérables qui viennent de s'accomplir sont encore trop près de nous pour être sainement jugés. La passion nous domine; nous voyons encore des traîtres là où il peut n'y avoir eu que des maladroits, et nous condamnerions certainement, et cela sans suffisante connaissance de cause, des hommes aujourd'hui honnis et réprouvés dont l'histoire impartiale démontrera peut-être un jour la loyauté et l'innocence.

Nous n'avions point d'ailleurs pour but d'aussi hautes visées; ce n'est point de l'histoire, nous ne saurions trop le répéter, que nous avons eu l'ambitieuse prétention de faire. Nous nous sommes borné à rassembler, pour ceux qui seront un jour tentés d'écrire le récit de nos cruelles épreuves et de nos durs mécomptes, une partie des matériaux nécessaires, et si dans le cercle modeste où nous avons restreint notre travail, nous avons pu réussir à faire pour quelques-uns œuvre utile et profitable, nous nous tiendrons pour suffisamment satisfait.

GEORGES D'HEYLLI.

Mai 1871.

AVANT-PROPOS

Nous donnons, dans cet avant-propos, un résumé rapide des actes et documents officiels antérieurs à la proclamation de la République, à partir du 5 juillet, jour du dépôt sur le bureau du Corps législatif de l'interpellation de M. Cochery, ayant donné lieu à la déclaration du Ministre des affaires étrangères qui provoqua la guerre.

Nous nous bornons à indiquer sommairement les projets de loi adoptés par les Chambres, en reproduisant seulement, pour quelques séances plus particulièrement importantes, leur compte-rendu officiel.

Cet avant-propos était indispensable pour préparer le lecteur à l'étude des documents complets qui composent notre *Journal du Siége de Paris*; mais nous insistons surtout sur ce point, que cet avant-propos n'est véritablement qu'un résumé rapide et succinct des événements antérieurs au 4 septembre.

CORPS LÉGISLATIF.

Séance du mardi 5 juillet.

M. COCHERY. — J'ai l'honneur de déposer sur le bureau de la Chambre, au nom de plusieurs de mes collègues et au mien, une demande d'interpellation ainsi conçue :

« Nous demandons à interpeller le Gouvernement sur la candidature éventuelle d'un prince de la famille royale de Prusse au trône d'Espagne. »

Cette demande est signée par MM. Cochery, Carré-Kérisoüet, Jules

Le Cesne, le baron d'Yvoire, Tassin, Henri Baboin, le comte d'Hesecques, Riondel, Genton et Planat.

Séance du mercredi 6 juillet.

M. LE PRÉSIDENT SCHNEIDER. — Je suis informé que M. le ministre des affaires étrangères devait faire au début de cette séance une communication à la Chambre. Je crois qu'il y aurait quelque avantage à ne pas reprendre immédiatement le cours de la discussion du budget. J'ai fait prévenir M. le ministre des affaires étrangères, et, si la Chambre le trouve bon, nous pourrions l'attendre pendant quelques instants. (Oui ! oui !)

M. GUYOT-MONTPAYROUX. — Suspendez la séance, Monsieur le président.

M. LE PRÉSIDENT SCHNEIDER. — Elle l'est de fait, et je ne crois pas devoir prononcer la suspension, puisque je viens de faire prévenir M. le ministre et que nous allons savoir à l'instant s'il peut venir.

(Au bout de quelques minutes, LL. Exc. M. Émile Ollivier, garde des sceaux, ministre de la justice et des cultes, et le duc de Gramont, ministre des affaires étrangères, entrent dans la salle et prennent place au banc des ministres.)

M. LE PRÉSIDENT SCHNEIDER. — La parole est à M. le ministre des affaires étrangères. (Mouvement général d'attention.)

SON EXC. M. LE DUC DE GRAMONT, *ministre des affaires étrangères.* — Je viens répondre à l'interpellation qui a été déposée hier par l'honorable M. Cochery.

Il est vrai que le maréchal Prim a offert au prince Léopold de Hohenzollern la couronne d'Espagne et que ce dernier l'a acceptée. (Sensation.) Mais le peuple espagnol ne s'est point encore prononcé, et nous ne connaissons point encore les détails vrais d'une négociation qui nous a été cachée. (Mouvement.) Aussi une discussion ne saurait-elle aboutir maintenant à aucun résultat pratique. Nous vous prions, Messieurs, de l'ajourner.

Nous n'avons cessé de témoigner nos sympathies à la nation espagnole, et d'éviter tout ce qui aurait pu avoir les apparences d'une immixtion quelconque dans les affaires intérieures d'une noble et grande nation en plein exercice de sa souveraineté; nous ne sommes pas sortis, à l'égard des divers prétendants au trône, de la plus stricte neutralité, et nous n'avons jamais témoigné pour aucun d'eux ni préférence ni éloignement. (Marques d'approbation.)

Nous persisterons dans cette conduite.

Mais nous ne croyons pas que le respect des droits d'un peuple voisin nous oblige à souffrir qu'une puissance étrangère, en plaçant un de ses princes sur le trône de Charles-Quint, puisse déranger à notre détriment l'équilibre actuel des forces en Europe... (Vifs et nombreux applaudissements.)... et mettre en péril les intérêts et l'honneur de la France. (Nouveaux applaudissements. — Bravos prolongés.)

Cette éventualité, nous en avons le ferme espoir, ne se réalisera pas.

Pour l'empêcher, nous comptons à la fois sur la sagesse du peuple allemand et sur l'amitié du peuple espagnol.

M. GRANIER DE CASSAGNAC. — Et sur notre résolution !

M. LE MINISTRE. — S'il en était autrement, forts de votre appui, Messieurs, et de celui de la nation...

M. LAROCHE-JOUBERT. — Il ne vous ferait pas défaut !

M. LE MINISTRE. — ... nous saurions remplir notre devoir sans hésitation et sans faiblesse. (Longs applaudissements. — Acclamations répétées. — Mouvements et réclamations sur quelques bancs à gauche.)

M. CRÉMIEUX. — Il n'y a pas de séance possible en ce moment ; s'il y a séance, nous protesterons contre la déclaration qui vient d'être faite par M. le ministre des affaires étrangères.

(Le bruit et l'agitation continuent. La séance n'est reprise qu'à trois heures un quart.)

M. ERNEST PICARD. — Avant que la discussion du budget ne continue, je crois que la Chambre trouvera bon d'inviter MM. les ministres à mettre à notre disposition les documents diplomatiques de toute nature qui nous permettront de porter un jugement réfléchi et éclairé sur les événements auxquels la déclaration si grave de M. le ministre des affaires étrangères a fait allusion.

Je crois répondre à un sentiment général dans la Chambre en disant que notre premier devoir est de veiller à ce que les destinées du pays ne soient jamais engagées sans le concours et l'assentiment de ses représentants.

M. JULES FAVRE. — On nous donnera des explications quand la France sera engagée !

M. GLAIS-BIZOIN. — Ce n'est pas une discussion qui est faite, c'est une déclaration de guerre.

SON EXC. M. ÉMILE OLLIVIER, *garde des sceaux, ministre de la justice et des cultes*. — Je demande à l'assemblée de reprendre et continuer la discussion du budget. (Très-bien ! très-bien !)

Demain, l'honorable M. Crémieux et les différents membres de cette assemblée reliront la déclaration qui a été lue à cette tribune, après avoir été délibérée en conseil, et ils pourront mieux en peser les termes et en mesurer la portée, et, quand ils auront lu et pesé cette déclaration que je ne puis pas discuter en ce moment, ils se convaincront qu'elle ne contient de provocation contre personne, qu'elle ne porte aucune atteinte aux droits légitimes du peuple espagnol, que nous considérons comme un peuple ami, surtout qu'elle ne révèle, en aucune manière, une incertitude dans la pensée du Gouvernement sur la question de savoir s'il veut la paix ou la guerre.

Le Gouvernement désire la paix !... (Très-bien ! très-bien !)... Il la désire avec passion (1). (Exclamations à gauche.) Rien n'est encore définitif et je ne puis admettre qu'en exprimant, à haute voix, son sentiment sur une situation qui touche à la sécurité et au prestige de la France, le Gouvernement compromette la paix du monde. Mon opinion est qu'il emploie le seul moyen qui reste de la consolider : car chaque fois que la France se montre ferme sans exagération dans la défense d'un droit légitime, elle est sûre d'obtenir l'appui moral et l'approbation de l'Europe. (Très-bien ! très-bien ! — Applaudissements.)

Je supplie donc les membres de cette assemblée, je supplie la nation d'être bien persuadée qu'elle n'assiste pas aux préparatifs déguisés d'une action vers laquelle nous marchons par des sentiers couverts : nous disons notre pensée entière : nous ne voulons pas la guerre ; nous ne poursuivons pas la guerre ; nous ne sommes préoccupés que de notre dignité. Si nous croyions un jour la guerre inévitable, nous ne l'engagerions qu'après avoir demandé et obtenu votre concours. (Très-bien ! très-bien !)

Soyez convaincus de l'absolue sincérité de notre langage ; je l'affirme sur l'honneur, il n'y a aucune arrière-pensée dans l'esprit d'aucun de nous, quand nous disons que nous désirons la paix. J'ajoute que nous l'espérons, à une condition, c'est qu'entre nous disparaissent tous les dissentiments de détail et de parti, et que la France et cette assemblée se montrent unanimes dans leur volonté. (Très-bien ! très-bien ! — Vive approbation.)

M. BARTHÉLEMY-SAINT-HILAIRE. — Si la Chambre le permet et si M. le ministre accepte la question que je vais lui adresser, il y a un point qui me semble très-essentiel dans la déclaration qui a été faite par M. le ministre des affaires étrangères, et qu'il serait facile d'éclaircir sur-le-champ.

Il a dit que le maréchal Prim avait fait l'offre de la couronne d'Espagne à un prince de la maison de Hohenzollern.

Je trouve que cette simple énonciation, « le maréchal Prim, » ne nous met pas en mesure de savoir quelle est la gravité de l'offre.

Je demande simplement que M. le ministre, s'il le trouve convenable

---

(1) Quelques jours après, au Sénat (séance du 8 juillet, *Journal officiel* du 9 juillet), répondant à une question qui lui était adressée sur la situation par M. Hubert Delisle, M. E. Ollivier s'écriait : Devant le Sénat comme devant le Corps législatif, le Gouvernement affirme que sa volonté, son espérance, son désir, c'est, en défendant avec énergie une prétention légitime et nationale, de ne rien négliger cependant pour sauvegarder la paix du monde. (Vive approbation.)

— et il me semble que ma question n'offre aucun danger — veuillez bien nous expliquer à quel titre le maréchal Prim a fait cette offre à un prince de la maison de Hohenzollern.

M. LE GARDE DES SCEAUX. — Mon honorable ami, M. le ministre des Affaires étrangères, a demandé l'ajournement de l'interpellation. Voilà la seule réponse que le Gouvernement puisse faire à l'honorable M. Barthélemy-Saint-Hilaire.

M. EMMANUEL ARAGO. — La déclaration solennelle de M. le ministre des Affaires étrangères a jeté dans cette Assemblée une émotion que tout le monde comprend, que tout le monde partage ; et quant à moi, je pense que nous ne sommes pas maintenant dans un état de calme suffisant... (Allons donc ! allons donc!) pour continuer la discussion du budget. J'affirme et je tiens à constater bien haut que le ministre a été imprudent... (Allons donc ! allons donc !)

Un membre à droite. — Vous vous faites le défenseur de la Prusse !

M. EMMANUEL ARAGO... plus qu'imprudent, je répète l'expression, en prenant aujourd'hui vis-à-vis de la Prusse et de l'Espagne, l'attitude qu'il a prise. (Nouveaux cris : L'ordre du jour ! l'ordre du jour !)

M. EMMANUEL ARAGO. — Je descendrai de la tribune si la Chambre m'y force... (Oui ! oui ! à droite. — Réclamations à gauche.) mais non sans avoir dit très-nettement ce que ma conscience m'ordonne de dire (Nombreuses réclamations) sur la communication de M. le ministre des Affaires étrangères, qui ne doit pas permettre la discussion actuelle du budget. (Allons donc !)

Comment ! vous voulez discuter des questions budgétaires quand M. le ministre... (Assez ! assez !) Vous avez donc bien peur d'entendre la vérité?...

M. GRANIER DE CASSAGNAC. — Ce n'est pas nous qui avons peur !

M. EMMANUEL ARAGO... quand le Gouvernement, engageant la France malgré elle (Mais non ! mais non !), engageant la France malgré nous, — voilà ce que je tenais à établir, — vient de nommer le roi d'Espagne et puis de déclarer la guerre ! (Allons donc ! allons donc !)

Séance du vendredi 15 juillet.

S. EXC. M. EMILE OLLIVIER, *garde des sceaux, ministre de la Justice et des Cultes.* Messieurs, mon honorable collègue et ami, M. le duc de Gramont, étant retenu au Sénat, je vais avoir l'honneur de donner connaissance à la Chambre de l'exposé qui a été délibéré par le conseil des ministres. (Profond silence.)

« Messieurs, la manière dont vous avez accueilli notre déclaration du 6 juillet, nous ayant donné la certitude que vous approuviez notre politique et que nous pouvions compter sur votre appui, nous avons aussitôt commencé des négociations avec les puissances étrangères pour obtenir leurs bons offices; avec la Prusse, afin qu'elle reconnût la légitimité de nos griefs.

Dans ces négociations, nous n'avons rien demandé à l'Espagne, dont nous ne voulions ni éveiller les susceptibilités ni froisser l'indépendance ; nous n'avons pas agi auprès du prince de Hohenzollern, que nous considérons comme couvert par le roi ; nous avons également refusé de mêler à notre discussion aucune récrimination ou de la faire sortir de l'objet même dans lequel nous l'avions renfermée dès le début.

La plupart des puissances étrangères ont été pleines d'empressement à nous répondre, et elles ont, avec plus ou moins de chaleur, admis la justice de notre réclamation.

Le ministère des Affaires étrangères prussien nous a opposé une fin de non-recevoir, en prétendant qu'il ignorait l'affaire et que le cabinet de Berlin y était resté étranger. (Rumeurs sur divers bancs. — Silence ! silence !)

Nous avons dû alors nous adresser au roi lui-même, et nous avons donné à notre ambassadeur l'ordre de se rendre à Ems, auprès de Sa Majesté. Tout en reconnaissant qu'il avait autorisé le prince de Hohenzollern à accepter la candidature qui lui avait été offerte, le roi de Prusse a soutenu qu'il était resté étranger aux négociations poursuivies entre le Gouvernement espagnol et le prince de Hohenzollern ; qu'il n'y était intervenu que comme chef de famille et nullement comme souverain, et qu'il n'avait ni réuni ni consulté le conseil de ses ministres. Sa Majesté a reconnu cependant qu'elle avait informé le comte de Bismarck de ces divers incidents.

Nous ne pouvions considérer ces réponses comme satisfaisantes ; nous n'avons pu admettre cette distinction subtile entre le souverain et le chef de famille, et nous avons insisté pour que le roi conseillât et imposât au besoin, au prince Léopold, une renonciation à sa candidature. Pendant que nous discutions avec la Prusse, le désistement du prince Léopold nous vint du côté d'où nous ne l'attendions pas, et nous fut remis le 12 juillet par l'ambassadeur d'Espagne.

Le roi ayant voulu y rester étranger, nous lui demandâmes de s'y associer et de déclarer que si, par un de ces revirements toujours possibles dans un pays sortant d'une révolution, la couronne était de nouveau offerte par l'Espagne au prince Léopold, il ne l'autoriserait plus à l'accepter, afin que le débat pût être considéré comme définitivement clos.

Notre demande était modérée, les termes dans lesquels nous l'exprimions ne l'étaient pas moins. « Dites bien au roi, écrivions-nous au comte Benedetti, le 12 juillet, à minuit, que nous n'avons aucune arrière-pensée, que nous ne cherchons pas un prétexte de guerre, et que nous ne demandons qu'à résoudre honorablement une difficulté que nous n'avons pas créée nous-mêmes. »

Le roi consentit à approuver la renonciation du prince Léopold, mais il refusa de déclarer qu'il n'autoriserait plus à l'avenir le renouvellement de cette candidature.

« J'ai demandé au roi, nous écrivait M. Benedetti, le 13 juillet, à minuit, de vouloir bien me permettre de vous annoncer en son nom que si le prince de Hohenzollern revenait à son projet, Sa Majesté interposerait son autorité et y mettrait obstacle.

« Le roi a absolument refusé de m'autoriser à vous transmettre une semblable déclaration. J'ai vivement insisté, mais sans réussir à modifier les dispositions de Sa Majesté. Le roi a terminé notre entretien en me disant qu'il ne pouvait ni ne voulait prendre un pareil engagement et qu'il devait, pour cette éventualité, comme pour toute autre, se réserver la faculté de consulter les circonstances. »

Quoique ce refus nous parût injustifiable, notre désir de conserver à l'Europe les bienfaits de la paix était tel, que nous ne rompions pas nos négociations, et que, malgré notre impatience légitime, craignant qu'une discussion ne les entravât, nous vous avons demandé d'ajourner nos explications.

Aussi, notre surprise a-t-elle été profonde, lorsque hier nous avons appris que le roi de Prusse avait notifié par un aide de camp à notre ambassadeur qu'il ne le recevrait plus, et que pour donner à ce refus un caractère non équivoque, son Gouvernement l'avait communiqué officiellement aux cabinets d'Europe. (Mouvement.) Nous apprenions en même temps que M. le baron de Werther avait reçu l'ordre de prendre un congé, et que des armements s'opéraient en Prusse.

Dans ces circonstances, tenter davantage pour la conciliation, eût été un oubli de dignité et une imprudence ; nous n'avons rien négligé pour éviter une guerre ; nous allons nous préparer à soutenir celle qu'on nous offre, en laissant à chacun la part de responsabilité qui lui revient. (Très-bien ! — Bravo ! bravo ! — Applaudissements répétés. — Vive l'Empereur ! — Vive la France !)

M. LE GARDE DES SCEAUX. — Dès hier, nous avons rappelé nos réserves, et avec votre concours nous allons prendre immédiatement les mesures nécessaires pour sauvegarder les intérêts, la sécurité et l'honneur de la France. (Nouveaux bravos et applaudissements prolongés.) A raison des circonstances politiques, l'administration de la guerre devant être en mesure de faire face à toute éventualité, nous demandons un crédit de 50 millions et nous demandons l'urgence. (Très-bien ! très-bien ! — Aux voix ! aux voix ! — Agitation.) (1)

M. LE PRÉSIDENT SCHNEIDER. — Je consulte la Chambre sur l'urgence.

Que ceux qui sont d'avis de voter l'urgence veuillent bien se lever.

(Toute la Chambre, à l'exception d'un certain nombre de membres à gauche, se lève.)

(1) A la même heure, M. le duc de Gramont, ministre des Affaires étrangères, faisait une déclaration identique au Sénat.
Je note ici quelques impressions des membres de la haute Assemblée con-

Un grand nombre de membres au centre et à droite, s'adressant à la gauche : Levez-vous donc ! levez-vous donc ! (Protestations à gauche ! — De vives interpellations s'échangent entre les membres siégeant aux extrémités de l'Assemblée.)

M. GIRAULT. — Nous serons les premiers à nous lever pour une guerre nationale défendant la patrie ; nous ne voulons pas nous lever pour une guerre dynastique et agressive. (Bruit et rumeurs.)

M. LE PRÉSIDENT SCHNEIDER. — Que ceux qui sont d'un avis contraire veuillent bien se lever.

(Une partie de la gauche se lève. — Vives protestations au centre et à droite. — De nouvelles interpellations sont adressées par des membres de la majorité aux membres de la gauche qui sont debout.)

M. DUGUÉ DE LA FAUCONNERIE. — Ils sont seize !

M. LE PRÉSIDENT SCHNEIDER. — L'urgence est déclarée. (Mouvement prolongé.)

Maintenant, je demande à la Chambre de s'inspirer dans la discussion de la gravité des circonstances au milieu desquelles nous nous trouvons. (Très-bien !) Je ne connais pas, quant à moi, de meilleur moyen de montrer sa force, son caractère, de montrer la puissance du pays, que de conserver le calme dans des conjonctures comme celles où nous sommes. (Marques nombreuses d'assentiment.)

La parole est à M. Thiers. (Mouvements divers.)

M. THIERS se lève pour parler.

Voix nombreuses. A la tribune ! à la tribune.

M. LE PRÉSIDENT SCHNEIDER. — Que la Chambre me permette de lui redemander de nouveau de se maintenir, par sa modération, à la hauteur de la situation présente. (Mouvements divers.) Que chacun de nous se rappelle que le Corps législatif représente la France, et que notre pays est assez fort pour envisager les conditions actuelles sans agitation, sans émotion et avec le calme de la force. (Nouvelles et nombreuses marques d'approbation.)

M. THIERS, *de sa place*. Je remercie M. le président d'avoir rappelé à la Chambre la gravité des circonstances et le calme qu'elles exigent.

Quant à moi, devant la manifestation qui vient d'être faite, je veux

---

signées dans le *Journal Officiel* du 16 juillet et provoquées par l'audition de cette déclaration :

Une voix. — On ne pousse pas plus loin l'insolence !

M. DURUY. — C'est un défi !

(Explosion de murmures. — Vif mouvement d'indignation.)

Quelques sénateurs. — C'est trop d'impertinence et d'audace !

La communication est terminée. (Tous les sénateurs se lèvent, des cris répétés : vive l'Empereur ! vive la France ! se mêlent aux bravos. Les tribunes publiques s'associent au mouvement de l'Assemblée. L'émotion est profonde et générale. — Après quelques instants de silence, les mêmes manifestations se reproduisent avec une énergie croissante.)

dire pourquoi je ne me suis pas levé avec la majorité de la Chambre. (Rumeurs. — Interruptions diverses.)

Je crois aimer mon pays... (Rumeurs sur quelques bancs. — Laissez parler!)

M. THIERS. — S'il y a eu un jour, une heure où l'on puisse dire, sans exagération, que l'histoire nous regarde, c'est cette heure et cette journée, et il me semble que tout le monde devrait y penser sérieusement.

Quand la guerre sera déclarée, il n'y aura personne de plus zélé, de plus empressé que moi à donner au Gouvernement les moyens dont il aura besoin pour la rendre victorieuse. (Très-bien! très-bien! à gauche.)

Ce n'est donc pas assaut de patriotisme que nous faisons ici.

Je soutiens que mon patriotisme est, non pas supérieur, mais égal à celui de tous ceux qui sont ici. (Approbation à gauche.)

De quoi s'agit-il? de donner ou de refuser au Gouvernement les moyens qu'il demande? Non, je proteste contre cette pensée.

De quoi s'agit-il? d'une déclaration de guerre faite à cette tribune par le ministère, et je m'exprime constitutionnellement, on le reconnaîtra. Eh bien, est-ce au ministère, à lui seul de déclarer la guerre? Ne devons-nous pas, nous aussi, avoir la parole? Et avant de la prendre, ne nous faut-il pas un instant de réflexion?... (Interruptions à droite.)

M. JULES FAVRE. — Avant de mettre l'Europe en feu, on ne réfléchit pas, nous l'avons bien vu. (Exclamations.)

M. THIERS. Je vous ai dit que l'histoire nous regardait, j'ajoute que la France aussi et le monde nous regardent. On ne peut pas exagérer la gravité des circonstances, sachez que de la décision que vous allez émettre peut résulter la mort de milliers d'hommes. (Exclamations au centre et à droite. — Très-bien! à gauche. — Le bruit couvre la voix de l'orateur.)

M. GRANIER DE CASSAGNAC. — Nous le savons bien, nous y avons nos enfants. (Mouvements divers.)

M. THIERS. — Et si je vous demande un instant de réflexion, c'est qu'en ce moment un souvenir assiège mon esprit!... Avant de prendre une résolution aussi grave, une résolution de laquelle dépendra, je le répète, le sort du pays et de l'Europe, messieurs, rappelez-vous le 6 mai 1866. Vous m'avez refusé la parole, alors que je vous signalais les dangers qui se préparaient. (Approbation à gauche. — Exclamations à droite.)

Quand je vous montrais ce qui se préparait, vous m'avez écouté un jour; le lendemain, au jour décisif, vous avez refusé de m'écouter. Il me semble que ce souvenir seul, ce souvenir devrait nous arrêter un moment et vous inspirer le désir de m'écouter une minute sans m'interrompre. (Très-bien! à gauche. — Parlez!)

Laissez-moi vous dire une chose: Vous allez vous récrier, mais je suis fort décidé à écouter vos murmures, et, s'il le faut, à les braver. (Oui ! très-bien ! à gauche.)

Vous êtes, comme vous étiez en 1866.

A gauche. Oui ! oui ! c'est cela !

M. THIERS. — Eh bien ! vous ne m'avez pas écouté alors, et rappelez-vous ce qu'il en a coûté à la France !... (Rumeurs au centre et à droite.) Aujourd'hui la demande principale qu'on adressait à la Prusse, celle qui devait être la principale et que le ministère nous a assuré être la seule, cette demande a reçu une réponse favorable. (Dénégations sur un grand nombre de bancs.) Vous ne me lasserez pas.

J'ai la certitude, la conscience au fond de moi-même, de remplir un devoir difficile, celui de résister à des passions patriotiques, si l'on veut, mais imprudentes. (Allons donc !) Soyez convaincus que quand on a vécu quarante ans... (Interruptions) au milieu des agitations et des vicissitudes politiques, qu'on remplit son devoir et qu'on a la certitude de le remplir, rien ne peut vous ébranler, rien, pas même les outrages.

Il me semble que, sur un sujet si grave, n'y eût-il qu'un seul individu, le dernier dans le pays, s'il avait un doute, vous devriez l'écouter ; oui, n'y en eût-il qu'un, mais je ne suis pas seul.

Voix à gauche. — Non ! non ! nous sommes avec vous.

A droite. — Combien ?

M. HORACE DE CHOISEUL. — Si les élections avaient été libres, nous serions plus nombreux ! (Exclamations.)

M. THIERS. — Je serais seul... (Interruption.) je serais seul, que, pour la gravité du sujet, vous devriez m'entendre. (Parlez ! parlez !) Eh bien, messieurs, est-il vrai, oui ou non, que sur le fond, c'est-à-dire sur la candidature du prince de Hohenzollern, votre réclamation a été écoutée, et qu'il y a été fait droit ? Est-il vrai que vous rompez sur une question de susceptibilité très-honorable, je le veux bien, mais vous rompez sur une question de susceptibilité ? (Mouvement.)

Eh bien, messieurs, voulez-vous qu'on dise, voulez-vous que l'Europe tout entière dise que le fond était accordé et que pour une question de forme, vous vous êtes décidés à verser des torrents de sang ! (Réclamations bruyantes à droite et au centre. — Approbation à gauche.)

Ici, messieurs, chacun de nous doit prendre la responsabilité qu'il croit pouvoir porter.

A droite. — Oui ! oui ! tout entière !

M. THIERS. — Quant à moi, soucieux de ma mémoire... je ne voudrais pas qu'on puisse dire (Interruptions.) que j'ai pris la responsabilité d'une guerre fondée sur de tels motifs !...

Le fond était accordé, et c'est pour un détail de forme que vous rompez ! (Non ! non ! — Si ! si !)

Je demande donc à la face du pays, qu'on nous donne connaissance des dépêches d'après lesquelles on a pris la résolution qui vient de nous être annoncée ; car il ne faut pas nous le dissimuler, c'est une déclaration de guerre ! (Certainement ! — Mouvement prolongé.)

M. GRANIER DE CASSAGNAC. — Je le crois bien !

M. THIERS. — Messieurs, je connais ce dont les hommes sont capables sous l'empire de vives émotions. Pour moi, si j'avais eu l'honneur de diriger, dans cette circonstance, les destinées de mon pays... (Nouvelle interruption.)... vous savez bien, par ma présence sur ces bancs, que ce n'est pas un regret que j'exprime ; mais je répète que si j'avais été placé dans cette circonstance douloureuse, mais grande, j'aurais voulu ménager à mon pays quelques instants de réflexion avant de prendre pour lui une résolution aussi grave. Quant à moi, laissez-moi vous dire en deux mots, pour vous expliquer et ma conduite et mon langage, laissez-moi vous dire que je regarde cette guerre comme souverainement imprudente. Cette déclaration vous blesse, mais j'ai bien le droit d'avoir une opinion sur une question pareille. J'aime mon pays, j'ai été affecté plus douloureusement que personne des événements de 1866, plus que personne, j'en désire la réparation ; mais dans ma profonde conviction, et si j'ose le dire, dans mon expérience, l'occasion est mal choisie. (Interruption.) Sans aucun doute, la Prusse s'était mise gravement dans son tort, très-gravement. Depuis longtemps, en effet, elle nous disait qu'elle ne s'occupait que des affaires de l'Allemagne, de la destinée de la patrie allemande, et nous l'avons trouvée tout à coup, sur les Pyrénées, préparant une candidature que la France devait ou pouvait regarder comme une offense à sa dignité et une entreprise contre ses intérêts. (Très-bien ! très-bien ! au centre et à droite.)

Vous vous êtes adressés à l'Europe, et l'Europe, avec un empressement qui l'honore elle-même, a voulu qu'il nous fût fait droit sur le point essentiel; sur ce point, en effet, vous avez eu satisfaction ; la candidature du prince de Hohenzollern a été retirée.

Au centre et à droite. — Mais non ! mais non !

M. THIERS. — Vous avez exprimé vos sentiments ; laissez-moi vous exprimer les miens, tout douloureux qu'ils sont, et si vous ne comprenez pas que dans ce moment je remplis un devoir et le plus pénible de ma vie, je vous plains. (Très-bien ! très-bien ! à gauche. — Réclamations au centre et à droite.)

Oui, quant à moi, je suis tranquille pour ma mémoire, je suis sûr de ce qui lui est réservé pour l'acte auquel je me livre en ce moment; mais pour vous, je suis certain qu'il y aura des jours où vous regretterez votre précipitation. (Allons donc ! allons donc !)

A gauche. — Très-bien ! très-bien !

M. THIERS. — Eh bien, quant à moi...

M. LE MARQUIS DE PIRÉ, *avec violence.* — Vous êtes la trompette antipatriotique du désastre. (N'interrompez pas!) Allez à Coblentz ! (Plusieurs membres qui entourent M. de Piré le font rasseoir.)

M. THIERS. — Offensez-moi... Insultez-moi... Je suis prêt à tout subir pour défendre le sang de mes concitoyens que vous êtes prêts à verser si imprudemment! Dans ma conviction, je vous le répète en deux mots, car si je voulais vous le démontrer, vous ne m'écouteriez pas, vous choisissez mal l'occasion de la réparation que vous désirez et que je désire comme vous. Plein de sentiment, lorsque je vois que, cédant à vos passions, vous ne voulez pas prendre un instant de réflexion, que vous ne voulez pas demander la connaissance des dépêches sur lesquelles votre jugement pourrait s'appuyer, je dis, Messieurs, permettez-moi cette expression, que vous ne remplissez pas dans toute leur étendue les devoirs qui vous sont imposés.

M. LE BARON JÉROME DAVID. — Gardez vos leçons ; nous les récusons.

M. THIERS. — Dites ce que vous voudrez, mais il est bien imprudent à vous de laisser soupçonner au pays que c'est une résolution de parti que vous prenez aujourd'hui. (Vives et nombreuses réclamations.).

Je suis prêt à voter au Gouvernement tous les moyens nécessaires quand la guerre sera définitivement déclarée ; mais je désire connaître les dépêches sur lesquelles on fonde cette déclaration de guerre. La Chambre fera ce qu'elle voudra ; je m'attends à ce qu'elle va faire, mais je décline, quant à moi, la responsabilité d'une guerre aussi peu justifiée. (Vive approbation et applaudissements sur plusieurs bancs à gauche.)

S. EXC. M. EMILE OLLIVIER, *garde des sceaux, ministre de la Justice et des Cultes.* — Messieurs, plus un courant d'opinion est unanime et violent, plus il y a de grandeur d'âme, quand on le croit erroné, à se mettre en sa présence et à tenter de l'arrêter en disant ce qu'on croit la vérité ! (Assentiment.)

Aussi, après avoir écouté respectueusement l'honorable M. Thiers, selon mon habitude, n'aurais-je pas demandé la parole pour lui répondre, si dans son discours il n'y avait des appréciations que je ne puis accepter.

Nous aussi, Messieurs, nous avons le sentiment de notre devoir ; nous aussi, nous savons que cette journée est grave, et que chacun de ceux qui ont contribué, dans une mesure quelconque, à la décision qui va être adoptée, contractent devant leur pays et devant l'histoire une grave responsabilité. Nous aussi, pendant les huit heures de délibération que nous avons eues hier, nous avons constamment pensé à ce qu'il y avait d'amer, de douloureux, à donner dans notre siècle, dans notre temps, le signal d'une rencontre sanglante entre deux grands états civilisés.

Nous aussi, nous déclarons coupables ceux qui, obéissant à des passions de partis ou à des mouvements irréfléchis, engagent leur pays dans des aventures.

Nous aussi, nous croyons que les guerres inutiles sont des guerres criminelles, et si, l'âme désolée, nous nous décidons à cette guerre, à laquelle la Prusse nous appelle, c'est qu'il n'en fut jamais de plus nécessaire. (Vives et nombreuses marques d'approbation!) Nous le déclarons ici solennellement : aucun des membres du ministère n'a cherché une occasion de faire la guerre. Nous n'avons pas délibéré pour savoir si le moment était opportun ou inopportun pour assaillir la Prusse ; nous ne voulions assaillir ni l'Allemagne ni la Prusse ; nous nous sommes trouvés en présence d'un affront que nous ne pouvions pas supporter, en présence d'une menace qui, si nous l'avions laissée se réaliser, nous eût fait descendre au dernier rang des Etats. (Très-bien! très-bien ! C'est vrai !) Nous avons relevé l'affront et nous avons pris nos précautions contre la menace. (Très-bien ! très-bien ! — Bravos et applaudissements.)

Dans la négociation, nous avons été, au début, décisifs et rapides, parce que, si nous avions perdu une minute, nous nous fussions trouvés en présence d'un fait accompli, et qu'étant obligés de faire la guerre, nous eussions eu à nos pieds le boulet qu'on voulait y mettre, l'Espagne prussienne.

Ce premier moment passé, nous avons été modérés, patients, conciliants, équitables. Si on nous avait accordé une satisfaction réelle, nous eussions accueilli cette satisfaction avec joie ; mais cette satisfaction nous a été refusée.

Le roi de Prusse, il faut que l'histoire ne l'oublie pas, a constamment refusé d'intervenir pour amener ou faciliter la renonciation du prince de Hohenzollern. Quand elle a été obtenue, il a affecté de s'y considérer comme étranger ; et quand enfin, voulant obtenir des assurances pour l'avenir, nous lui avons dit dans les formes les plus respectueuses :

« Déclarez-nous que cette renonciation est définitive, » comment s'est conduit le roi de Prusse ?

Il nous a refusé.

Est-ce nous qui nous sommes montrés susceptibles ? Est-ce nous qui nous sommes emportés, en face d'une réponse négative ? Non, non.

Nous sommes venus ici, et malgré les impatiences du dedans et les impatiences du dehors, et quoiqu'on commençât à dire que nous étions le ministère de la lâcheté et de la honte, nous avons continué à négocier, et l'honorable M. Thiers a tort de l'oublier ; au milieu de ces négociations, nous avons appris que, dans toute l'Europe, les représentants prussiens annonçaient et faisaient annoncer dans les journaux, que le roi de Prusse avait envoyé un aide de camp à notre ambassadeur pour lui déclarer qu'il refusait de le recevoir. (Bravos et applaudissements au centre et à droite. — Interruption à gauche.)

M. JULES FAVRE. — Communiquez-nous la dépêche.

M. LE GARDE DES SCEAUX. — L'honorable M. Thiers a appelé ce sentiment de la susceptibilité. Je n'ai pas reconnu dans cette expression la justesse ordinaire de son langage. Ce n'est pas de la susceptibilité qu'il fallait dire, c'est de l'honneur, et en France la sauvegarde de l'honneur est le premier des intérêts. (Vive approbation au centre et à droite. — Rumeurs à gauche.)

On nous demande des communications de dépêches; ces communications sont faites.

Nous les avons mises dans notre exposé... (Interruptions.)

M. JULES FAVRE. — C'est exactement comme pour le Mexique; on nous disait cela aussi, et on nous a indignement trompés. (Vives réclamations. — Très-bien! sur quelques bancs à gauche.)

M. LE GARDE DES SCEAUX. — Nous n'avons reçu que des dépêches confidentielles, que les usages diplomatiques ne permettent pas de communiquer. Nous en avons extrait tout ce qui était utile à communiquer; nous ne communiquerons rien de plus... (Vives réclamations à gauche.)

M. JULES FAVRE. — C'est le gouvernement personnel de Louis XIV ; il n'y a plus de pouvoir parlementaire!

M. GAMBETTA. — Je vous demande pardon de vous interrompre, mais il me semble que les paroles que vous venez de prononcer, à savoir que vous avez, dans le *memorandum* dont vous avez donné lecture à la tribune, exposé tout ce qu'il était nécessaire à la Chambre de connaître, contiennent à la fois un manque de véracité politique et une atteinte aux droits de l'Assemblée, ce que je demande à démontrer d'un mot. (Très-bien à gauche.)

Vous dites, — et je n'entre pas dans le fond du débat, — vous dites : Nous ne vous communiquerons rien de plus ; or, vous faites reposer toute cette grave, cette effroyable question, dont vous ne vous êtes pas dissimulé, pendant huit jours, les conséquences redoutables pour l'Europe et pour votre propre responsabilité, vous la faites reposer sur une dépêche notifiée, à votre insu, à tous les cabinets de l'Europe, par laquelle on aurait mis votre ambassadeur hors des portes de la Prusse. Eh bien, je dis que ce n'est pas par extraits, par allusions, mais par une communication directe authentique que vous devez en saisir la Chambre; c'est une question d'honneur, dites-vous, et il faut que nous sachions dans quels termes on a osé parler à la France. (Vive approbation et applaudissements sur quelques bancs à gauche.)

M. LE GARDE DES SCEAUX. — Je réponds à l'honorable M. Gambetta. Il faut d'abord que je rectifie son assertion. Je n'ai pas dit, et personne n'a dit que l'ambassadeur de France avait été chassé de la Prusse.

M. GAMBETTA. — Je ne me suis pas servi de ces mots ; je parle une langue correcte. J'ai dit qu'on lui avait refusé la porte du roi de Prusse...

Un membre. — Voici vos propres paroles. Vous avez dit : « Notre ambassadeur aurait été mis hors des portes de la Prusse. » (Oui! oui! — c'est vrai!)

M. LE GARDE DES SCEAUX. — J'ai dit, — car en pareille matière, il faut toujours énoncer la vérité mathématiquement, — j'ai dit que le roi de Prusse avait refusé de recevoir notre ambassadeur, et que, pour que cette décision ne parût pas ce qu'elle aurait pu être en effet, un acte sans conséquence, pour que son caractère ne fût pas équivoque, son Gouvernement avait officiellement communiqué cette décision aux cabinets de l'Europe, ce qu'il ne fait pas assurément pour toutes les audiences qu'il refuse aux ambassadeurs.

J'ai entre les mains les dépêches de deux de nos agents dont je ne puis citer les noms, car, le lendemain, ils seraient obligés de quitter les cours auprès desquelles ils sont accrédités. Ces deux dépêches nous apprennent le langage que M. de Bismarck tient auprès de tous les cabinets de l'Europe.

Voici la première : « On m'a communiqué ce matin un télégramme du comte de Bismarck annonçant le refus du roi Guillaume de s'engager, comme roi de Prusse, à ne plus jamais donner son consentement à la candidature du prince de Hohenzollern, s'il en était de nouveau question, et le refus également du roi, suite de cette demande, de recevoir notre ambassadeur. » (Mouvement.)

La Chambre doit savoir qu'aucun de ceux qui sont assis sur ces bancs ministériels n'a jamais affirmé sciemment un fait qui ne fût pas vrai. (Oui! oui! — Très-bien!)

Je lis une autre dépêche :

« Je crois devoir vous transmettre la copie à peu près textuelle de la dépêche télégraphiée par M. le comte de Bismarck : Après que la renonciation du prince de Hohenzollern a été communiquée officiellement au Gouvernement français par le Gouvernement espagnol, l'ambassadeur de France a demandé à S. M. le roi, à Ems, de l'autoriser à télégraphier à Paris que S. M. s'engageait à refuser à tout jamais son consentement, si les princes de Hohenzollern revenaient sur leur détermination. Sa Majesté a refusé de recevoir de nouveau l'ambassadeur, et lui a fait dire par un aide de camp qu'elle n'avait pas de communication ultérieure à lui faire. » (Mouvement prolongé.)

Cette nouvelle du refus de recevoir notre ambassadeur n'a pas été dite à l'oreille des ministres ; on l'a répandue dans l'Allemagne entière, les journaux officieux l'ont reproduite dans des suppléments. Les ministres prussiens partout l'ont annoncée à leurs collègues; c'est le bruit de l'Europe. En même temps, le baron de Werther recevait un congé. Dans la nuit du 13 au 14, les mesures militaires commençaient en Prusse. Est-ce que nous devions supporter tout cela? Est-ce que à de tels actes, nous devions répondre par l'abstention et le silence? Je ne comprends pas ainsi le devoir d'un Gouvernement. (Très-bien! Très-bien!) Et, Messieurs, il s'est passé un mouvement qui explique cette propagation d'une nouvelle blessante pour la France. Le roi de Prusse a trop de bon sens pour ne pas comprendre que la demande de la

France tendant à empêcher un prince prussien de monter sur le trône d'Espagne, était pleinement justifiée. Seulement il était troublé et retenu par la crainte de froisser le sentiment de son entourage militaire. Et son langage a toujours été le même : « Je ne veux pas intervenir; je ne veux pas insister auprès du prince de Hohenzollern. Qu'il renonce s'il veut, je ne m'y opposerai pas, mais je ne l'engagerai pas à le faire. »

Quand cette renonciation du prince de Hohenzollern a été connue en Prusse, elle a occasionné un mouvement très-vif de mécontentement dans le parti féodal; et c'est pour conjurer et apaiser ce mouvement de mécontentement qu'au lieu de terminer heureusement une négociation dont rien, de notre part, ne gênait l'issue heureuse, on a eu recours à ce coup de théâtre que, pour notre part, nous n'acceptons pas. Oui, de ce jour commence pour les ministres, mes collègues, et pour moi, une grande responsabilité. (Oui : A gauche!)

Nous l'acceptons le cœur léger... (Vives protestations à gauche.)

M. BODUIN. — Dites attristé!

M. ESQUIROS. — Vous avez le cœur léger! et le sang des nations va couler !

M. LE GARDE DES SCEAUX. — Oui, d'un cœur léger, et n'équivoquez pas sur cette parole, et ne croyez pas que je veuille dire avec joie ; je vous ai dit moi-même mon chagrin d'être condamné à la guerre, je veux dire d'un cœur que le remords n'alourdit pas, d'un cœur confiant, parce que la guerre que nous ferons, nous la subissons...

M. EMMANUEL ARAGO. — Vous la faites! (Exclamations diverses.)

M. DESSEAUX. — Vous l'avez provoquée!

M. GUYOT-MONTPAYROUX. Oui, monsieur le ministre, vous avez raison, vous la subissez.

M. LE GARDE DES SCEAUX. — Parce que nous avons fait tout ce qu'il était humainement et honorablement possible de tenter pour l'éviter; et enfin parce que notre cause est juste et qu'elle est confiée à l'armée française. (Vives et nombreuses marques d'approbation. — Nouveaux applaudissements.)

M. LE PRÉSIDENT SCHNEIDER. — M. le ministre de la guerre a la parole.

S. EXC. M. LE MARÉCHAL LEBOEUF, *ministre de la Guerre.* — Messieurs, si j'avais à me mêler de la discussion qui s'agite devant vous, je ne serais pas monté à la tribune après un de mes collègues.

J'ai demandé la parole pour communiquer à la Chambre deux projets de loi en faveur desquels le Gouvernement réclame l'urgence.

PREMIER PROJET DE LOI.

« *Article unique.* La garde nationale mobile est appelée à l'activité.

DEUXIÈME PROJET DE LOI.

Je demande la permission de lire l'exposé des motifs de ce second projet :

« La loi du 21 mars 1832 avait fixé en principe à sept ans la durée des engagements volontaires ; mais elle avait admis qu'en temps de guerre, ces engagements pourraient être de deux ans seulement. La loi du 1er février 1868 n'a pas reproduit cette disposition particulière, attendu qu'elle autorise en tout temps les engagements de deux à neuf ans.

« En réduisant, pour le temps de guerre, la durée des engagements, le législateur avait compris que, dans un pays comme la France, où au moindre bruit de guerre, le sentiment belliqueux fait explosion, un nombre considérable de jeunes gens, qui ne voudraient pas servir en temps ordinaire, n'hésitent pas à courir sous les drapeaux, lorsqu'il s'agit de faire campagne pour la patrie. (Très-bien ! très-bien !)

Mais si un engagement de deux ans n'a pas paru trop long, lors de la loi du 21 mars 1832, il n'en est pas de même aujourd'hui que le sort d'une campagne se décide avec plus de rapidité ; et on pense dès lors qu'il conviendrait de limiter la durée de l'engagement à la durée même de la guerre. Il importe, en effet, que les jeunes gens ne soient pas arrêtés dans leur élan par l'idée de rester sous les drapeaux après la paix, au lieu de rentrer dans leurs foyers et d'y reprendre leurs travaux.

« Les engagements dont il s'agit seraient d'ailleurs soumis aux autres conditions déterminées par la loi organique sur le recrutement.

« Aussitôt après la paix, les hommes ainsi enrôlés seraient libérés, en vertu d'un décret impérial, à moins qu'ils ne demandassent à rester sous les drapeaux en se liant au service, conformément à la loi modifiée du 21 mars 1832 (art. 3 du projet). »

Voici les trois articles du projet de loi :

« Art. 1er. Les engagements volontaires seront reçus, en temps de guerre, pour la durée de la guerre.

« Art. 2. Ces engagements seront soumis aux conditions générales déterminées par la loi organique sur le recrutement de l'armée.

« Art. 3. Aussitôt après la paix, les engagés volontaires admis conformément à l'article 1er ci-dessus, seront libérés en vertu d'un décret impérial, à moins qu'ils ne demandent à rester sous les drapeaux en se liant au service, conformément à la loi modifiée du 21 mars 1832. »

Messieurs, en vous présentant ce projet de loi, le Gouvernement est convaincu qu'il répond au sentiment public. (Oui ! oui ! — Très-bien ! très-bien !)

Beaucoup de jeunes gens, en France, qui aiment la poudre n'aiment pas la caserne. (Très-bien ! très-bien ! — Applaudissements vifs et prolongés sur un très-grand nombre de bancs.)

(L'urgence est mise aux voix et prononcée sur les deux projets de loi.)

M. GAMBETTA. — Je comprends qu'il n'y ait pas de difficulté à voter l'urgence sur des mesures militaires, parce que toutes les fois que le pays traverse une crise et qu'il y a une résolution pendante, pour être sage il faut être prêt. (Très-bien ! très-bien!) Mais je comprends difficilement que les divers ministres puissent proposer d'urgence, et avec une même précipitation, des mesures d'une autre nature, avant que la Chambre ait procédé à une délibération que les circonstances rendent nécessaire, ainsi que l'a démontré tout à l'heure l'honorable M. Thiers.

Je crois donc qu'il y a lieu de suspendre ce travail de voies et moyens et de passer immédiatement à la délibération sur le fond.

M. LE MINISTRE DE LA GUERRE. — Je désire répondre quelques mots à l'honorable M. Gambetta, et je suis convaincu qu'il sera de mon avis après les avoir entendus.

Dans la question qui s'agite, il y a deux parties bien distinctes : la partie politique qui se discute ici et la partie militaire qui doit se préparer sans retard. (Très-bien! très-bien!)

S. EXC. M. SEGRIS, *ministre des Finances.* — Messieurs, j'ai l'honneur de soumettre à la Chambre un projet de loi ainsi conçu :

« Art. 1er. Il est accordé au ministère de la Marine, sur l'exercice 1870, au delà des crédits ouverts par la loi de finances du 8 mai 1869, des crédits montant à la somme de seize millions.

« Ces crédits sont répartis par chapitre, conformément à l'état ci-annexé. »

Nous avons l'honeur de demander également l'urgence sur ce projet de loi. (L'urgence est mise aux voix et adoptée.)

S. EXC. M. ÉMILE OLLIVIER, *garde des sceaux, ministre de la Justice et des Cultes.* — Messieurs, le Gouvernement, dans cette affaire, a surtout le désir d'exposer absolument toute la vérité ; il n'a rien à dissimuler. Et lorsque, à des demandes de communication de dépêches, il répond qu'il n'a rien à communiquer, c'est qu'il n'y a pas eu, dans le sens vrai du mot, de dépêches échangées : il n'y a eu que des communications verbales, recueillies dans des rapports qui, d'après les usages diplomatiques, ne sont pas communiqués.

M. EMMANUEL ARAGO. — C'est sur ces rapports que vous faites la guerre !

M. LE GARDE DES SCEAUX. — Est-il nécessaire que j'explique de nouveau le fait qui a amené la rupture. Il l'a été suffisamment dans l'exposé que j'ai eu l'honneur de vous lire ; je tiens à le bien préciser, de façon que vous soyez en mesure d'avoir une opinion aussi éclairée que la nôtre.

Il peut arriver qu'un roi refuse de recevoir un ambassadeur; ce qui est blessant, c'est le refus intentionnel, divulgué dans des suppléments de journaux, dans des télégrammes adressés à toutes les cours de l'Europe. (Mouvements en sens divers.)

Et ce fait nous a paru d'autant plus significatif que l'aide de camp qui a annoncé à M. Benedetti le refus d'audience, n'a manqué à aucune des formes de la courtoisie... (Interruptions à gauche.) ... de telle sorte que notre ambassadeur n'a pas d'abord soupçonné la signification qu'on attacherait à un refus qui, accompli de certaines manières, eût pû être désagréable, sans devenir offensant. L'offense résulte d'une publication intentionnelle.

Ce n'est qu'après l'avoir connu que notre ambassadeur a été touché, comme nous, d'un acte (Interruptions diverses. — Laissez parler !) qu'au premier moment il nous avait signalé purement et simplement, sans le caractériser.

Voulez-vous connaître ces télégrammes ? Il n'y a aucun inconvénient à vous les communiquer; le premier est de 4 heures 25 du soir, le 13; l'autre est de 4 heures 3/4 :

« Le roi a reçu la réponse du prince de Hohenzollern ; elle est du prince Antoine, et elle annonce à Sa Majesté que le prince Léopold, son fils, s'est désisté de sa candidature à la couronne d'Espagne. Le roi m'autorise à faire savoir au Gouvernement de l'Empereur qu'il approuve cette résolution. Le roi a chargé un de ses aides de camp de me faire cette communication, et j'en reproduis exactement les termes. Sa Majesté ne m'ayant rien fait annoncer au sujet de l'assurance que nous réclamons pour l'avenir, je sollicite une dernière audience pour lui soumettre de nouveau et développer les observations que j'ai présentées ce matin. »

« A la demande d'une nouvelle audience, le roi m'a fait répondre qu'il ne saurait reprendre avec moi la discussion relativement aux assurances qui devaient, à notre avis, nous être données pour l'avenir. Sa Majesté m'a fait déclarer qu'il s'en référait à cet égard aux considérations qu'il m'avait exposées le matin et dont je vous ai fait connaître la substance dans mon dernier télégramme. »

M. THIERS. — Que tout le monde juge !

M DE CHOISEUL. — On ne peut pas faire la guerre là-dessus... C'est impossible !

M. EMMANUEL ARAGO. — Ceci connu, le monde civilisé vous donnera tort. (Bruit.) Ceci connu, si vous faites la guerre, c'est que vous la voulez à tout prix. (Exclamations sur un grand nombre de bancs. — Assentiment à gauche.)

M. LE GARDE DES SCEAUX. — On a voulu nous infliger une humiliation, un échec, pour se procurer une compensation du désistement insuffisant du prince Léopold de Hohenzollern... (Bruit à gauche. — Assentiment au centre.) Maintenant, s'il vous convient de déclarer que nous devons accepter cette situation, s'il vous convient de déclarer qu'après avoir suscité en Europe l'émotion dont vous êtes les témoins... (Rumeurs à gauche.)

M. EMMANUEL ARAGO. — C'est vous qui l'avez créée, cette émotion ! (Nombreuses réclamations.)

M. LE GARDE DES SCEAUX. — S'il vous convient de déclarer que nous devons reculer, il ne nous convient pas, à nous, d'avoir cette résignation peu patriotique.

Quand donc, dans notre histoire, s'est-on permis de conspirer contre nous, comme on l'a fait en préparant dans l'ombre l'élévation d'un prince prussien sur le trône d'Espagne ? (Rumeurs à gauche. — Écoutez donc!)

Une voix à gauche. On retire sa candidature.

M. LE GARDE DES SCEAUX. — Ce seul fait eût suffi pour motiver les résolutions les plus énergiques. Nous nous sommes bornés à négocier. Nos prétentions ont-elles été excessives? Nous n'avons demandé qu'une assurance pour l'avenir. On nous l'a itérativement refusée. Avons-nous menacé, injurié? Nous avons continué à négocier. Comment! a-t-on répondu à notre modération? Par la rupture hautaine de pourparlers qui, de notre part, se poursuivaient avec la plus grande loyauté. Et vous trouvez que ces faits rapprochés, que ces faits successifs, que ces faits réunis sont sans importance?

Vous ignorez donc la vivacité du point d'honneur chez deux nations placées depuis des années dans la situation faite à la Prusse et à la France par des excitations perpétuelles. Et d'où sont venues ces excitations? N'est-ce pas de vous, messieurs de l'opposition ; n'est-ce pas de vous qui, depuis 1866, n'avez cessé de représenter l'œuvre de Sadowa comme une déchéance intolérable qu'il fallait effacer... (C'est vrai! c'est vrai!)... qu'il fallait détruire? N'est-ce pas vous qui toutes les années, une fois au moins par session, vous êtes levés pour répéter cette humiliante démonstration, que la France était descendue de son rang, qu'elle devait préparer la lutte qui le lui rendrait? (C'est vrai! c'est vrai!)

Est-ce nous qui avons préparé des éléments de trouble? Est-ce nous qui avons inquiété une susceptibilité quelconque? Est-ce nous qui avons méconnu un des droits de cette grande et noble Allemagne dont nous ne sommes pas les ennemis? Est-ce nous qui avons réveillé des souvenirs que nous voudrions ensevelir à jamais dans le passé? Est-ce nous qui avons eu la coupable fantaisie d'approcher la flamme d'un foyer de poudre et puis de nous étonner qu'une explosion ait lieu? Est-nous qui avons quelque chose à nous reprocher?

Est-ce la décision de notre premier acte qu'on veut incriminer? Mais savez-vous à quel danger nous eussions été exposés, si nous ne l'avions pas accompli résolûment? Avant que nous ayons pu saisir les fils ténébreux de ces arrangements cachés, nous nous serions trouvés en face d'un vote des cortès d'Espagne et du roi prussien inauguré; aux difficultés diplomatiques que nous avions déjà, ce serait ajouter l'explosion du sentiment national blessé chez un peuple fier! (C'est cela! très-bien! — Très-bien! très-bien!)

Est-ce l'excès de nos demandes qu'on attaque? Peut-on en concevoir de plus modérées? Si l'on avait tenu autant que nous à conserver de bonnes relations, était-il donc bien difficile, après les jours d'attente inquiète, de nous donner l'assurance que nous n'avions pas à craindre un changement de volonté ? Est-ce enfin la rupture, après l'affront reçu dans la personne de l'ambassadeur, que vous trouvez blâmable? Ici, je ne raisonne plus, je sens et j'affirme. Aucun ministère, aucun gouvernement n'aurait pu maintenir la paix en acceptant la situation qu'on voulait nous imposer. (Très-bien !)

Déclarer l'incident clos n'eut conduit à rien ; les affaires seraient restées languissantes, le malaise des esprits se serait accru, et chaque jour notre état matériel et moral se serait empiré. (Interruptions à gauche.)

Nous avons soumis à la Chambre tous les éléments de la question ; ne pouvant plus rien ajouter, il ne nous reste qu'à attendre sa décision. Si nous nous étions trompés, si nous avions été des gardiens trop susceptibles du dépôt de l'honneur national qui nous est confié, vous n'auriez pas accueilli nos paroles par votre approbation et par vos applaudissements! (Très-bien ! très-bien. — Nouveaux applaudissements.)

Je me suis laissé entraîner à ces explications inutiles pour la majorité de cette assemblée... (Oui! oui!) mais il importait, aux yeux du pays et de l'histoire, d'établir la justice et la force de notre cause. (Très-bien ! Très-bien ! — Mouvement prolongé. — Applaudissements.)

M. THIERS. — M. le garde des sceaux vient d'essayer de justifier ses actes; et moi qui n'ai aucun sentiment de malveillance contre MM. les ministres, je suis désolé d'être obligé de dire que nous avons la guerre pour une faute du cabinet. (Vives dénégations. — Approbation sur quelques bancs à gauche.) Je vous supplie de croire... (Bruit.) que c'est avec une peine de cœur véritable... (Exclamations ironiques à droite et au centre.)

Oui, je le dis avec douleur, c'est à une faute du cabinet que nous devons la guerre. (Dénégations à droite et au centre. — Approbation à gauche.)

M. LE BARON ZORN DE BULACH. — C'est votre manière de voir !

M. THIERS. — Il est bien entendu que ce n'est pas la vôtre, Monsieur, c'est la mienne. M. le garde des sceaux a fait dévier la discussion ; à une question il en a substitué une autre.

Il nous a dit tout à l'heure que nous ne pouvions pas souffrir ce que la Prusse avait entrepris en Espagne. Il a cent fois raison. Si la question était là, je ne laisserais à personne le soin de venir défendre ici la politique séculaire de la France. Sans prétendre gêner la liberté des Espagnols, nous ne pouvons pas souffrir qu'au delà des Pyrénées on nous prépare une hostilité ouverte ou cachée ; non, nous ne le pouvons pas.

La Prusse a fait une faute grave en voulant avoir elle-même un candidat au trône d'Espagne. Avant ce dernier événement, elle voulait la paix et c'était habileté de sa part, parce qu'elle sent très-bien que le danger sérieux pour elle commencera le jour où elle fera de nouvelles entreprises. Ce jour-là elle soulèverait contre elle de nombreuses et sérieuses hostilités, et nous qui avons déploré Sadowa, nous qui avons toujours désiré qu'il fût réparé, nous avons toujours dit et répété qu'il y aurait un jour difficile, souverainement difficile pour la Prusse, et que ce serait celui où elle voudrait mettre la main sur les États de l'Allemagne restés indépendants. C'est ce jour-là, avons-nous dit sans cesse, c'est ce jour qu'il faut savoir attendre. Ce jour-là, elle aura contre elle une grande partie de l'Allemagne, l'Autriche notamment, et presque toute l'Europe. Du reste, en déplorant Sadowa, je n'ai jamais parlé de l'Allemagne qu'avec le respect qu'elle mérite, et je me suis toujours borné à dire : Sachez attendre, et n'ajoutez pas à une grande faute le tort si dangereux de la vouloir réparer trop tôt.

Il ne faut pas s'imaginer, quand on a changé la face du monde, qu'on peut, en un jour, par un coup heureux, refaire ce qu'on a détruit. Il faut de la patience, de la tenue, de l'habileté, du bonheur surtout pour réparer le mal qu'un instant a suffi à produire. (Rumeurs.)

Oui, il fallait réparer Sadowa; mais il fallait attendre que des fautes politiques comme celle que je viens d'indiquer, vous fournissent une occasion légitime ; alors vous auriez été approuvés par toute l'Europe. Car, il y a une chose que je remarque dans notre siècle : c'est qu'on ne peut plus faire la guerre capricieusement. Il faut que les nations, assistant à la guerre comme les témoins à un duel, vous approuvent, vous appuient de leur estime et de leurs vœux. Il faut, en un mot, avoir l'opinion du monde avec soi, et il fallait attendre que la Prusse, se livrant à de nouvelles usurpations, nous donnât pour alliés et les nations menacées et le monde indigné.

Je dis donc que, dans cette occasion, la Prusse a commis une faute très-grande en voulant avoir un candidat au trône d'Espagne; oui, mais cette faute, elle l'a payée par un échec, elle la paiera par la guerre; malheureusement, elle ne sera pas seule à la payer, le monde la paiera avec elle, et nous en même temps.

Mais, Messieurs, si nous en étions à obtenir l'abandon de la candidature du prince de Hohenzollern, je serais avec vous de toutes mes forces; ma voix fatiguée se joindrait à la vôtre, pour que justice fût faite à la France, pour que ses intérêts fussent sauvegardés ; mais ce qui me désole, c'est que j'ai la certitude que le fond était obtenu. (Non! non!)

Il était obtenu, personne ne peut le contester. (Non! non! non! — Très-bien ! sur quelques bancs de la gauche.)

Attendez un instant, et vous allez voir si, en effet, le fond n'était pas obtenu.

Vous aviez non-seulement obtenu le fond, mais vous aviez encore obtenu un effet moral considérable, et votre faute, c'est de ne pas vous en être contentés. Oui, vous aviez le fond, car la candidature du prince était supprimée.

Mais, dit-on, cette candidature n'était pas supprimée à tout jamais.

Messieurs, je m'adresse à tous les gens de bonne foi, je demande s'il est croyable que lorsque la Prusse venait d'être obligée, à la face du monde, de retirer une candidature qui, évidemment, avait été présentée par elle... (Interruptions diverses à droite et au centre.) Je m'adresse à tous les gens de bon sens, je m'adresse à l'évidence (Ah! ah!), oui, à l'évidence; et nous verrons, vous verrez, dans quelques jours, l'opinion du monde s'exprimer par tous les journaux... (Murmures au centre et à droite.) Je ne parle ni des journaux de France, ni des journaux de Prusse; on ne peut prendre pour juges ni les uns ni les autres (Interruptions), car ils sont parties dans la cause... Est-ce que je devrais avoir besoin de faire une observation pareille? C'était par trop clair. Non, il ne s'agit ni des journaux de France, ni des journaux de Prusse, qui sont parties dans la cause, mais des journaux des autres pays. Toute l'Europe s'est jointe à vous pour demander qu'on fît justice à la France. Eh bien, vous verrez ce que la presse anglaise, qui est d'une impartialité remarquable, vous verrez ce qu'elle dira, vous verrez si elle ne répétera pas, avec nous, que le fond du litige était accordé... (Dénégations au centre et à droite.)

Je demande s'il peut entrer dans la pensée d'un homme de bon sens, d'un seul homme de bon sens que la Prusse, après la campagne qu'elle venait de faire et qui lui avait valu le retrait de la candidature du prince de Hohenzollern, retrait qui était certainement peu brillant pour elle, que la Prusse, dis-je, voulût reproduire cette candidature. (Très-bien à gauche. — Exclamations au centre et à droite.)

Enfin, Messieurs, c'est pour cela que j'en appelle au jugement non-seulement de ceux qui sont ici, mais de ceux qui sont en dehors, qui sont plus nombreux que vous, et qui nous liront patiemment, tandis que vous ne voulez pas nous écouter.

M. MATHIEU. — Non, personne ne croira qu'elle se serait arrêtée...

M. THIERS. — Vous ne croyez pas, monsieur Mathieu! Eh bien, moi, je crois, je suis convaincu; car il faudrait supposer que la Prusse fût folle!... (Bruit.)

M. BELMONTET. — Elle est ambitieuse.

M. THIERS. — Après s'être exposée à un échec comme celui-là, oui elle serait folle de renouveler la candidature du prince de Hohenzollern.

S. EXC. M. LE DUC DE GRAMONT, *ministre des affaires étrangères.* — Pourquoi n'a-t-elle pas répondu à cet égard? Pourquoi a-t-elle refusé de le promettre. (Très-bien! très-bien! — Voilà la question!)

M. EMMANUEL ARAGO. — Parce que vous avez commencé par la menace à la tribune... (Bruit et exclamations.)

M. THIERS. — Puisque vous m'y obligez, monsieur le ministre, je vais vous le dire. Elle l'a refusé parce que vous avez mal commencé et mal fini... (Vives réclamations sur un grand nombre de bancs. — Approbation à gauche.)

M. LE MARQUIS DE PIRÉ. — La Chambre est indignée, quand il s'agit de l'honneur de la France, qu'on vienne à la tribune faire tourner devant nous le moulin de Sans-Souci ! (Bruit. — N'interrompez pas !)

M. THIERS. — Je sais bien pourquoi on ne veut pas me laisser achever... Ah ! oui, je le sais bien, c'est parce que je touche au point sérieux de la question. J'ai entendu non-seulement les hommes qui siégent sur ces bancs (l'orateur désigne la gauche), mais les hommes qui siégent sur tous les bancs de cette Chambre, je les ai entendus, moi qui n'ai pas droit à leurs confidences, exprimer le regret que lorsque la candidature du prince de Hohenzollern était retirée... (Interruptions diverses.)

Vous ne voulez pas me laisser répondre à M. le ministre, libre à vous ! Mais je resterai ici pour que la France sache comment on a déclaré la guerre... J'userai de mon droit jusqu'au bout ; je ne descendrai de la tribune qu'après en avoir usé, et la violence que vous me ferez, c'est sur vous qu'elle retombera. (Exclamations diverses.)

M. LE BARON JÉROME DAVID. — Vos idées, monsieur Thiers, n'ont pas d'appui appréciable dans la Chambre, elles ne peuvent pas avoir une sanction, et vous faites bien du mal à la France. Il faudrait beaucoup de bataillons prussiens pour faire à votre pays le mal que vous lui faites involontairement... (Vive approbation et applaudissements sur plusieurs bancs, au centre et à droite.)

A gauche. — A l'ordre ! à l'ordre ! — C'est une insulte !

M. LE BARON JÉROME DAVID. — M. Thiers veut-il me permettre une observation ? (Oui ! oui ! — Parlez ! parlez !)

Loin de moi la pensée d'injurier un de nos collègues ; il s'agit bien de cela, dans un moment solennel comme celui-ci ! Mais je n'ai pu contenir l'expression de la douleur que me cause un langage que je crois si néfaste pour mon pays. (Très-bien ! au centre et à droite.)

M. THIERS. — Savez-vous quels sont ceux qui ont fait du mal à la France ? Ce n'est pas moi qui lui en ai fait... (Exclamations et rires ironiques sur un grand nombre de bancs), ce sont ceux qui n'ont pas voulu écouter mes avertissements... (Nouvelles exclamations sur les mêmes bancs), ce sont les auteurs du Mexique, ce sont les auteurs de Sadowa qui, oubliant le mal qu'ils ont fait, osent nous imputer aujourd'hui de faire du mal au pays, quand nous cherchons à épargner son sang. (Ah ! ah !) Si vous aviez permis de discuter l'expédition du Mexique, la plus odieuse, la plus désastreuse expédition du temps n'aurait pas été consommée !... (Interruption.)

Il faut que la lumière se fasse sur une grande faute, qui est la cause de la guerre actuelle. (Bruit.)

Il n'est pas exact, comme l'a prétendu M. le garde des sceaux, qu'on se soit borné à combattre en Espagne une politique que la France y a combattue dans tous les temps.

On aurait raison de tenir ce langage, on serait dans le vrai, si on nous avait refusé le retrait de la candidature du prince de Hohenzollern; alors il n'y aurait eu dans le pays, il n'y aurait eu en Europe qu'une voix pour soutenir la France, pour vous soutenir; et nous, qui sommes à cette tribune pour vous combattre, nous y serions pour vous soutenir.

Mais que vous a-t-on dit? Que vous ai-je dit moi-même?... (Ah! ah!)

Mon Dieu, Messieurs, peu importe qui vous l'aie dit. Tout le monde disait, il y a trois jours : On a obtenu le retrait de la candidature du prince de Hohenzollern...

M. JULES FAVRE. — C'est avec cela qu'on a fait monter la Bourse.

M. THIERS. — ... il faut s'en tenir là. On l'a répété de toutes parts. Il était évident, en effet, pour tout homme de bon sens, que si, après avoir obtenu la concession essentielle, on faisait naître des querelles de mots, des froissements d'orgueil, la question serait perdue et la guerre en résulterait. Il n'y a pas un homme de bon sens qui n'ait compris cela et qui ne l'ait dit.

Sur plusieurs bancs. — Mais non! mais non!

M. THIERS. — Vous ne l'avez pas dit, soit! Il n'en est pas moins vrai que le simple bon sens devait faire comprendre que si, après avoir obtenu une concession qui devait coûter beaucoup à l'orgueil du roi de Prusse...

Voix diverses. — Quelle concession? — Il n'en a pas fait!

M. THIERS. — Qu'est-ce qui me dit qu'il n'en a pas fait? Comment! Devant le monde entier, le roi de Prusse retire... (Non! non!) ou laisse retirer... J'emploierai le mot que vous voudrez : le roi de Prusse a fait retirer, a laissé retirer... Pouvez-vous supposer que, la candidature du prince de Hohenzollern étant retirée, il n'y ait pas eu une concession de la part du roi de Prusse lui-même? Maintenant, je vais plus loin : dans la pièce qui nous a été lue tout à l'heure, le roi de Prusse a déclaré, non pas de sa personne, mais par son Gouvernement, qu'il connaissait et approuvait le retrait de la candidature du prince de Hohenzollern.

Que vouliez-vous? Vous vouliez un échec à la Prusse, et je le voudrais comme vous. (Rires et exclamations sur plusieurs bancs.) Soit, Messieurs, appelez-moi un ami de la Prusse.... (Bruit.) Oui! oui! dites-le! Je désire que le *Journal officiel* reproduise toutes vos interruptions : le pays jugera entre vous et moi. (Mouvements en sens divers. — Bruit prolongé.) Je me borne à poser ces faits qui sont incontestables : la candidature du prince de Hohenzollern a été retirée; le roi de

Prusse l'a su et a consenti à ce que son Gouvernement le déclarât pour lui, quand on le lui a demandé. Mais il était évident que, si l'on ne s'en tenait pas là, si l'on voulait poursuivre, si l'on voulait élever une discussion sur le mode de ce retrait, on ferait naître des susceptibilités nouvelles, qu'on exciterait l'orgueil de la Prusse et qu'on arriverait à une rupture.

Si on ne voulait pas la guerre pour la guerre, si on ne voulait que la chose essentielle, c'est-à-dire qu'une candidature hostile à la France disparût, il fallait s'en tenir là; mais insister, c'était faire naître des questions d'orgueil entre deux grandes nations également susceptibles, et la guerre devenait inévitable. (Approbation à gauche.) Il a été évident pour tout le monde que si l'on ne s'en tenait pas au résultat essentiel, que si l'on faisait naître des querelles d'orgueil la question devenait insoluble, et que nous avions la guerre.... (Marques d'impatience.)

Je descends de cette tribune.

A gauche. — Parlez! parlez!

M. THIERS. — ... et j'en descends devant les difficultés que vous m'opposez, alors cependant que je ne blesse ni aucune convenance, ni aucune personne, ni aucun parti dans cette assemblée; j'en descends sous la fatigue que vous me faites éprouver en ne voulant pas écouter.

Toutefois, je ne descends de la tribune que parce que j'ai pu, malgré vous, malgré vos incessantes interruptions, établir le point essentiel de la discussion : à savoir, que l'intérêt de la France était sauf et qu'on a fait naître entre les deux nations des questions de susceptibilités qui devaient rendre la guerre inévitable. C'est là votre faute!.. (Murmures sur plusieurs bancs. — Approbation à gauche.)

On me demandera : la faute commise — je l'appelle la faute, parce que c'est le seul nom à lui donner — la faute commise, que fallait-il faire?

Il fallait, puisque l'Europe était de si bonne volonté dans ce moment-là, lui donner le temps d'intervenir de nouveau. (Bruyantes exclamations sur un grand nombre de bancs.)

Il fallait donner à l'Europe le temps d'intervenir, ce qui n'empêchait pas que vos armements continuassent, et il ne fallait pas se hâter de venir ici apporter, dans le moment où la susceptibilité française devait être la plus exigeante, des faits qui devaient causer une irritation dangereuse.

Ainsi, je le répète, ce n'est pas pour l'intérêt essentiel de la France, c'est par la faute du cabinet que nous avons la guerre. (Réclamations sur un grand nombre de bancs.)

M. LE MINISTRE DES AFFAIRES ÉTRANGÈRES. — Si nous avions attendu plus longtemps pour demander aux puissances étrangères d'intervenir, nous aurions donné à la Prusse le temps de préparer ses armements pour nous attaquer avec plus d'avantage. Au surplus, Messieurs, après tout ce que vous venez d'entendre, il suffit de ce fait que le gouvernement prussien a informé tous les cabinets de l'Europe qu'il avait refusé de recevoir notre ambassadeur et de continuer à discuter avec lui. (Marques nombreuses d'assentiment.) Cela est un affront pour l'Empereur et pour la France (Dénégations à gauche), et si, par impossible, il se trouvait dans mon pays une Chambre pour le supporter ou pour le souffrir, je ne resterais pas cinq minutes ministre des affaires étrangères. (Bravos et applaudissements prolongés. — M. le ministre, en descendant de la tribune, reçoit de vives félicitations.)

M. JULES FAVRE. — Je veux opposer un fait à un fait et conjurer la Chambre de vouloir bien se souvenir du grave devoir qu'elle remplit en ce moment. (Rumeurs.)

M. le ministre des affaires étrangères vous a déclaré que, s'il se trouvait une Chambre française qui ne fût pas de son avis, à l'instant même il donnerait sa démission...

Il eût peut-être été préférable, alors qu'il s'agissait d'engager le pays et la Chambre dans la voie où ils sont aujourd'hui, que M. le ministre des affaires étrangères apportât une semblable susceptibilité vis-à-vis des opinions bien connues de cette assemblée (Interruptions.)... et qu'alors, — je le dis parce que je suis dans la vérité... —

M. PINARD. — On ne vous comprend pas.

M. JULES FAVRE. — ... Je m'explique ; les opinions bien connues de cette assemblée, ainsi que vous le rappelait tout à l'heure M. le garde des sceaux, c'était le maintien de la paix. — (Réclamations à droite.) Or, si ce maintien n'est plus possible, c'est uniquement grâce à la politique qui a été suivie par le cabinet. (Allons donc!) En effet, il vous déclarait, il y a quelques jours, qu'aucun sujet d'inquiétude n'existait pour lui en Europe (Murmures), et qu'il ne puisait pas dans la situation particulière de la Prusse vis-à-vis de la France un sujet d'alarmes ou de récriminations.

Voilà, Messieurs, ce qui a été dit; alors une question secondaire est née ; le cabinet avait le devoir de l'examiner et de la résoudre ; mais comment ? en observant les voies prudentes de la diplomatie (Exclamations) et en ne venant pas, du haut de cette tribune, jeter à une puissance qui était encore une puissance amie, un défi qui déjà engageait la France dans la voie compliquée dont nous voyons aujourd'hui le funeste dénouement.

Voilà la première faute du cabinet.

Je ne reviendrai pas sur ce qui a été dit par l'honorable M. Thiers, à savoir que ce que réclamait le cabinet, il l'a obtenu ; mais j'en tire ces deux conséquences : la première, qu'au point de vue des intérêts des deux pays, il n'y a aucun motif avouable de guerre. (Exclamations et dénégations.)

Messieurs, si vous pensez le contraire, il faut le dire hautement...

M. LE BARON JÉROME DAVID. — Nous le disons hautement. (Oui ! oui !)

M. JULES FAVRE. — ... et ne pas vous envelopper dans une question secondaire, dans un prétexte qui cacherait vos véritables desseins.

Il faut alors expliquer la contradiction de votre conduite avec le langage que vous avez tenu à cette tribune... (Bruit.) Vous avez trompé le pays, quand vous lui disiez qu'il n'avait rien à craindre des entreprises de la Prusse... (Bruit confus.) Où est la vérité? Mais elle n'a pas été changée par une négociation qui a été une négociation heureuse, puisque vous avez obtenu le retrait que vous demandiez. Quel est donc le sujet du débat ? Comme on vous l'a dit, c'est une question de susceptibilité... (Rumeurs.) Oui ! c'est une question de susceptibilité.

Messieurs, je reconnais comme vous qu'une question de susceptibilité peut être une question d'honneur. Je reconnais que, si la France ne doit faire la guerre que dans des conditions absolument indispensables, au nombre de ces conditions se place assurément une insulte qui serait faite à son honneur. Mais c'est là, Messieurs, ce qu'il faut examiner avec maturité... (Exclamations et rires à droite et au centre.)

Quand il s'agit de couvrir l'Europe de ruines, vous ne voulez pas de réflexion, vous ne voulez pas entendre parler de maturité ! Vous vous associez à ce que vous a dit M. le garde des sceaux, quand il nous a déclaré, avec un cœur léger... (Réclamations) avec un cœur léger qu'il acceptait la responsabilité...

M. LE GARDE DES SCEAUX. — Pas d'équivoque, Monsieur; quand j'ai dit : cœur...

Voix à gauche. — Vous l'avez dit.

M. LE GARDE DES SCEAUX. — Quand j'ai dit cœur léger...

M. JULES FAVRE. — Vous l'avez dit et répété !

M. LE GARDE DES SCEAUX. — Mais écoutez donc ! J'ai dit cœur léger, parce que quand on remplit son devoir, on n'a pas le cœur troublé. Voilà ce que j'ai dit. (Très-bien!)

M. JULES FAVRE. — Quand on remplit son devoir, et quand l'accomplissement de ce devoir c'est l'égorgement de deux nations, on n'a pas le cœur léger ; on doit l'avoir troublé quand on a des sentiments généreux. (Exclamations en sens divers.)

Je ne vous dis que cela.

La question est réduite à celle de savoir si l'honneur de la France a été engagé... (Interruptions.)

Il faut la préciser d'un mot. Comment l'honneur de la France a-t-il été engagé? et quelle est la preuve qui nous est fournie qu'il le soit? Où est la dépêche officielle, où est le compte-rendu de la conférence dans laquelle notre ambassadeur a vu méconnaître en lui la dignité nationale ? Voilà ce que nous avons intérêt et devoir d'examiner.

Eh bien! ce n'est pas sur des télégrammes qu'on peut décider une question de paix ou de guerre.

Il faut que la Chambre voie les dépêches (Interruptions), et je dépose sur le bureau de la Chambre une résolution sur laquelle je provoque le vote de la Chambre; car je ne veux pas accepter la responsabilité d'un vote comme celui qu'on nous demande et qui se passerait dans les ténèbres.

La voici :

« Nous demandons communication des dépêches et notamment de celles par lesquelles le gouvernement prussien a notifié sa résolution aux gouvernements étrangers. »

Voilà ce que nous demandons de nous produire, et nous réclamons sur cette proposition un vote de la Chambre. (Longue agitation.)

M. LE COMTE DE KÉRATRY. — Je regrette absolument de me séparer de tous mes amis politiques sur la question qui est soumise à la Chambre, mais je crois devoir le dire hautement. (Très-bien!)

La question se borne à ceci : la France a-t-elle subi un outrage? Oui ou non? Eh bien! je mets en fait qu'après la déclaration du cabinet, à laquelle j'ai applaudi tout le premier, qui a été faite ici, le 6 juillet, vous n'avez obtenu aucune espèce de satisfaction de la Prusse. (Très-bien! très-bien!) Comment la candidature a-t-elle été conçue, par qui a-t-elle été préparée?

Elle a été préparée par la Prusse, conçue par elle, par M. de Bismark et par le roi qui n'ont voulu donner aucune dénégation, aucune satisfaction. (Marques d'adhésion au centre et à droite.)

J'entends regretter constamment, depuis quatre ans, le fait de Sadowa. Eh bien! en ce moment, la France a non pas un prétexte, mais une occasion décisive; M. Thiers dit qu'il faut attendre une occasion favorable; eh bien! moi, je prétends qu'il n'y a pas seulement une occasion favorable, mais qu'il y a un motif absolu de faire la guerre. (Très-bien! très-bien!)

Pourquoi la Prusse a-t-elle conçu cette candidature? Uniquement dans l'intention de pouvoir, à un moment donné, jeter les Allemands de l'autre côté des Pyrénées lorsqu'elle aurait déjà jeté des Allemands sur le Rhin. Il n'y a pas plus de trois semaines on avait à mes paroles, quand je disais : Mais on passe du quadrilatère italien au quadrilatère prussien; le traité de Prague est violé. Eh bien! c'est une situation humiliante qui est la vôtre depuis 1866, voulez-vous l'accepter lorsque vous avez non-seulement le prétexte, mais encore le motif le plus concluant dans un acte d'agression commis contre la France, je vais vous le prouver? Si vous ne voulez pas parler du traité de Prague, n'en parlons pas, parce qu'il ne faut pas appeler l'Allemagne sur le terrain allemand (Assentiment.) Vous avez le droit de dire aux Allemands : Agissez chez vous comme vous l'entendrez; mais *extra muros*, je vous le défends.

Y a-t-il un acte plus blessant que celui qui consistait à vouloir, en dehors de notre diplomatie, contre notre pays, mettre un prince prussien sur le trône d'Espagne? Voilà une question qui n'est nullement allemande, et c'est parce que M. Bismark sent fort bien que le terrain est mauvais qu'il ne nous a pas déclaré la guerre, il y a huit jours; mais si vous retardez, comme l'honorable M. Thiers le demande, pour donner le temps de la réflexion, vous laissez aux canons prussiens le temps de se charger. (Vive approbation en face et à droite de la tribune.)

L'honorable M. Thiers est venu dire : Il est important d'avoir à côté de soi des témoins qui vous soient favorables. Si la France avait écouté ce langage, que serait-il arrivé en face de la coalition? Au lieu de se battre, elle aurait succombé honteusement. Mieux vaut avoir une guerre comme celle que vous allez avoir, que de demeurer sur le pied de paix armée, comme nous y sommes forcés depuis 1866. (Très-bien! très-bien!)

Dernièrement, l'honorable M. Thiers nous engageait à voter un contingent militaire que je repoussais. Pourquoi demander un fort contingent militaire, si ce n'était afin d'être prêt en cas de guerre? La guerre se présente aujourd'hui; il y a non pas un prétexte, mais un motif pour la faire. Quand la Convention, en 1793, appelait les citoyens aux armes, elle ne discutait pas si longtemps; elle décidait que le vote aurait lieu dans les bureaux. Je demande que la Chambre fasse de même et qu'elle passe à l'ordre du jour sur la proposition qui vient d'être faite. (Nombreuses marques d'approbation. — Bravo! bravo! — Applaudissements. — La clôture! la clôture!)

M. GIRAULT, *au milieu du bruit*. — Je déclare qu'en présence de la position faite à la Chambre par le plébiscite et par le refus de communication, je ne voterai pas... car je ne veux pas prendre la responsabilité d'actes commis à l'insu de la Chambre et dont le Gouvernement est seul responsable. (Rumeurs. — Aux voix. — La clôture.)

(La Chambre, consultée, prononce la clôture.)

M. LE PRÉSIDENT SCHNEIDER. — Avant de se rendre dans les bureaux, ce qui est la conséquence naturelle, aux termes du règlement, de la clôture, la Chambre doit entendre la lecture d'une proposition de M. Jules Favre ainsi conçue :

« Nous demandons la communication des dépêches et notamment de celle par laquelle le gouvernement prussien a notifié sa résolution aux gouvernements étrangers. » (Exclamations en sens divers.)

M. DUGUÉ DE LA FAUCONNERIE. — Nous discuterons cela demain.

M. BUFFET. — Je crois, Messieurs, qu'il n'y a aujourd'hui aucun motif pour refuser à la Chambre la communication de toutes les pièces. (Assentiment à gauche et au centre gauche.) Cette négociation a été conduite par le Gouvernement, qui a tout connu, qui a tout suivi, et cette négociation a abouti à la résolution dont le Gouvernement vous a donné connaissance aujourd'hui, et dans laquelle il engage sa responsabilité.

Au moment où l'on demande à cette Chambre, représentation du pays, d'engager à son tour sa responsabilité avec celle du Gouvernement, la Chambre doit connaître tout ce que le Gouvernement a connu. Je comprends parfaitement les réserves, les réticences quand des négociations sont engagées ; mais, à l'heure qu'il est, dans la pensée du Gouvernement, il n'y a plus de négociations ; c'est le pays qui va être engagé dans une guerre, dont il sortira, j'en suis convaincu, victorieux ; et dans une conjoncture aussi grave, il n'y a plus rien à cacher, et c'est, à mon avis, un droit et un devoir absolu pour la Chambre de demander qu'il lui soit donné, ou à la Commission, communication de toutes les pièces, et c'est le devoir impérieux du Gouvernement de lui faire cette communication. (Vive approbation sur plusieurs bancs. — Nombreuses réclamations sur d'autres.)

J'ajouterai, à l'appui de cette demande, qu'avant d'avoir entendu les explications de l'honorable garde des sceaux, je croyais la communication éminemment utile ; après les avoir entendues, je la considère comme indispensable. (Nouvelles marques d'approbation à gauche et au centre gauche.)

Car dans l'exposé du mémorandum dont l'honorable garde des sceaux nous a donné lecture, les faits les plus graves prenaient un caractère qui m'a paru plus ou moins modifié par les dépêches dont il a été donné lecture, notamment par celle qui a excité un mouvement contre lequel je ne proteste nullement et auquel je m'associerai sans doute, lorsque je connaîtrai cette dépêche, la dépêche de notification aux cours étrangères. Je dis que le mouvement d'indignation de l'honorable ministre des affaires étrangères a été provoqué par une dépêche dont il me semblerait au moins essentiel de donner connaissance à l'Assemblée.

J'insiste donc, pour ma part, pour que cette communication ait lieu et que nous sachions exactement quel a été le caractère de cette dépêche notifiant le refus de recevoir notre ambassadeur.

En demandant cette communication, je n'entends nullement me prononcer sur la question même. Ce n'est qu'une mesure d'instruction qui ne peut entraîner aucun retard préjudiciable. (Vive approbation sur quelques bancs.)

M. LE PRÉSIDENT SCHNEIDER. — Il va être procédé au scrutin sur la proposition de M. Jules Favre.

M. HAENTJENS. — Nous l'adoptons dans le sens que lui a donné M. Buffet.

M. LE PRÉSIDENT SCHNEIDER. — La demande de scrutin est signée par MM. Garnier-Pagès, Jules Favre, Jules Simon, Amédée Larrieu, Emmanuel Arago, Jules Grévy, Jules Ferry, Glais-Bizoin, Ernest Picard, Desseaux, Dorian, le duc de Marmier et Barthélemy-Saint-Hilaire.

(Le scrutin est ouvert et les votes sont recueillis.)

M. LE PRÉSIDENT SCHNEIDER. — Voici le résultat du dépouillement du scrutin :

Nombre des votants.................................. 243
Majorité absolue.................... 122
   Pour l'adoption........................... 84
   Contre................................... 159

Le Corps législatif n'a pas adopté.

La Chambre va se réunir immédiatement dans les bureaux pour nommer la Commission qui sera chargée d'examiner les quatre projets de loi qui viennent d'être présentés et pour lesquels l'urgence a été déclarée.

(La séance est suspendue à cinq heures quarante minutes ; à neuf heures trente-cinq minutes la séance publique est reprise.)

M. LE PRÉSIDENT SCHNEIDER. — M. de Talhouët, rapporteur de la Commission nommée par les bureaux, a la parole. (Profond silence.)

M. LE MARQUIS DE TALHOUET, *rapporteur*. — Messieurs, vous avez renvoyé à l'examen d'une même Commission quatre projets de lois ayant pour objet :

1° D'accorder au ministre de la guerre un supplément de crédit de 50 millions sur le budget extraordinaire de 1870 ;

2° D'accorder au ministère de la marine, sur l'exercice de 1870, au delà des crédits ouverts par la loi des finances du 8 mai 1869, des crédits montant à la somme de seize millions ;

3° D'appeler à l'activité la garde nationale mobile ;

4° Les engagements volontaires en temps de guerre.

Chacun des membres de la Commission nous ayant exposé les différentes opinions émises dans leurs bureaux respectifs, et la majorité de nos collègues ayant été invités à demander au Gouvernement la communication des pièces diplomatiques, votre Commission a entendu successivement M. le garde des sceaux, M. le maréchal ministre de la guerre et M. le ministre des affaires étrangères. (Très-bien ! très-bien !)

M. le ministre de la guerre nous a justifié en peu de mots l'urgence des crédits demandés, et ses explications catégoriques, en même temps qu'elles nous conduisaient à l'approbation des projets de loi, nous montraient qu'inspirés par une sage prévoyance, les deux administrations de la guerre et de la marine se trouvaient en état de faire face avec une promptitude remarquable aux nécessités de la situation. (Bravo ! bravo !)

Votre Commission a ensuite entendu M. le garde des sceaux et M. le ministre des affaires étrangères.

Des pièces diplomatiques nous ont été communiquées, et sur ces textes, des explications très-complètes et très-nettes nous ont été fournies.

Nous savions répondre au vœu de la Chambre, en nous enquérant avec soin de tous les incidents diplomatiques. Nous avons la satisfaction de vous dire, Messieurs, que le Gouvernement, dès le début de l'incident et depuis la première phase des négociations jusqu'à la dernière, a poursuivi loyalement le même but. (Très-bien ! — Bravo ! bravo !)

Ainsi la première dépêche adressée à notre ambassadeur, arrivé à Ems pour entretenir le roi de Prusse, se termine par cette phrase qui indique que le Gouvernement a nettement formulé sa légitime prétention :

« Pour que cette renonciation, écrivait M. le duc de Gramont à M. Benedetti, produise son effet, il est nécessaire que le roi de Prusse s'y associe et nous donne l'assurance qu'il n'autorisera pas de nouveau cette candidature.

« Veuillez vous rendre immédiatement auprès du roi pour lui demander cette déclaration. »

Ainsi, ce qui est resté le point litigieux de ce grand débat a été posé dès la première heure, et vous ne méconnaîtrez pas l'importance capitale de ce fait resté ignoré, il faut bien le dire, de l'opinion publique.

Mais de même que S. M. le roi de Prusse s'était déjà refusé à donner la satisfaction légitime réclamée par le gouvernement français, qui avait tout attendu d'abord de la courtoisie officieuse de l'ambassadeur de Prusse parti de Paris pour aplanir le différend, l'ambassadeur de France intervenu directement près du roi Guillaume n'a recueilli que la confirmation d'un fait qui ne donnait aucune garantie pour l'avenir. (Mouvement.)

Malgré ces faits déjà trop graves, votre Commission a voulu prendre et a reçu communication de dépêches émanant de plusieurs de nos agents diplomatiques, dont les termes sont uniformes et confirment, comme il a été déclaré au Corps législatif et au Sénat, que M. de Bismarck a fait connaître officiellement aux cabinets d'Europe que S. M. le roi de Prusse avait refusé de recevoir de nouveau l'ambassadeur de France et lui avait fait dire, par un aide-de-camp, qu'elle n'avait aucune communication ultérieure à lui adresser. (Longs murmures.)

Un membre. — C'est une suprême insulte !

M. LE RAPPORTEUR. — En même temps, nous avons acquis la preuve que, dès le 14 juillet au matin, pendant que les négociations se poursuivaient, des mouvements de troupes importants étaient ordonnés de l'autre côté du Rhin.

De plus, des pièces chiffrées ont été mises sous nos yeux, et comme tous vos bureaux l'ont bien compris, le secret de ces communications télégraphiques doit être conservé par votre Commission qui, en vous rendant compte de ses impressions, a conscience de son devoir vis-à-vis de vous-mêmes comme vis-à-vis du pays. (Très-bien ! très-bien !)

Le sentiment profond produit par l'examen de ces documents est que la France ne pouvait tolérer l'offense faite à la nation, que notre diplomatie a rempli son devoir en circonscrivant ses légitimes prétentions sur un terrain où la Prusse ne pouvait se dérober comme elle en avait l'intention et l'espérance. (Très-bien ! très-bien !)

M. MONY. — A la bonne heure! c'est du bon français!

M. LE RAPPORTEUR. — En conséquence, Messieurs, votre Commission est unanime pour vous demander de voter les projets de lois que vous présente le Gouvernement.

Nous vous le répétons : à nos sentiments personnels se sont ajoutées de nouvelles convictions, fondées sur les explications que nous avons reçues, et c'est avec l'accent de la confiance dans la justice de notre cause, et animés de l'ardeur patriotique que nous savons régner dans cette Chambre, que nous vous demandons, Messieurs, de voter ces lois, parce qu'elles sont prudentes comme instruments de défense, et sages comme expression du vœu national. (Bravos et applaudissements prolongés mêlés de cris de : vive l'Empereur !)

M. GAMBETTA. — Je ne veux pas m'imposer à la Chambre; mais il est nécessaire qu'elle veuille bien m'écouter. Je vous assure que si je monte à cette tribune, c'est sous l'impression d'idées fort diverses et d'émotions que j'ai peine à dominer. Mais je ne crois pas trop me tromper sur mes collègues en leur disant que le compte-rendu de nos débats doit produire en Europe une impression particulière : c'est que, tous patriotes, nous ne nous sommes laissés entraîner par aucun sentiment de parti, que nous avons pesé, comme il convient à une assemblée politique, les motifs et les raisons de nos décisions. (Très-bien !)

Et si je dis ces paroles, c'est qu'il me semble que, dans la séance qui a eu lieu aujourd'hui, les uns et les autres nous nous sommes départis du sang-froid et de la mesure qui conviennent à des décisions et à des résolutions d'une aussi grande portée. (C'est vrai ! — Mouvements divers.)

Je crois que la force morale est tout dans le monde, et c'est pour cela que j'estime que, en même temps que je suis tout prêt à donner mon vote personnel aux mesures préparatoires de conservation et de défense légitime de l'intégrité de la France, j'imagine en même temps qu'il vous conviendra de ne pas regarder la question de guerre et de paix comme résolue, et de vouloir bien l'envisager d'une manière scrupuleuse, patriotique, cela va sans dire dans une assemblée française, se mettant en face des difficultés et des intérêts de la patrie. Je le dis à regret, aujourd'hui, dans cette enceinte il y a eu des mouvements de patriotisme, il y a eu l'efflorescence d'un sentiment longtemps contenu, longtemps maté par une politique extérieure que je déplore, que je déteste, et que je réparerais, si cela était en mon pouvoir; mais un sentiment tardif et un sentiment qui vous oblige, Messieurs, à donner devant l'Europe les raisons du changement de notre conduite. (Interruptions.)

Oui, Messieurs, il est indubitable, il est certain qu'il y a quatre ans la politique à laquelle vous allez revenir n'était pas votre politique; car si elle l'avait été, permettez-moi de vous le dire, vous auriez été impardonnables de ne l'avoir pas fait prévaloir. (Mouvements en sens divers.)

Quelqu'un peut-il contester que le jour où vos régiments auront passé le Rhin, ce sera le démenti sanglant de la politique qui avait été nouée en 1864, lors des négociations primitives au sujet des duchés, au sujet du Schleswig-Holstein, et qui avait amené la conclusion du traité d'alliance de la Prusse avec l'Italie, sous l'égide de l'Empereur? Quelqu'un peut-il nier que c'est cette politique d'agrandissement, cette politique d'annexion de cette Prusse qu'on trouvait mal configurée, qui avait besoin du silence des autres puissances, de l'assentiment de la France et du concours de l'Italie pour triompher?

Quelqu'un ici peut-il nier que vous ayez ratifié de semblables combinaisons? Non! Vous avez été surpris, égarés, vous avez eu une confiance qui n'a pas été justifiée dans les prévisions ou les combinaisons de votre Gouvernement; mais, il faut le dire avec sincérité, là s'est trouvé le mobile de votre lamentable erreur. Je sais pertinemment que ceux d'entre vous qui émettront un vote de guerre, le jour où le vote de guerre vous sera demandé, ne sont pas des hommes politiques prêts à se contenter de la question Hohenzollern, ou du plus ou moins de susceptibilité qu'on aura apporté dans les étiquettes royales. (Mouvements divers.) Voilà la vérité! Si vous me démentiez, je suis prêt à démontrer que la vérité est dans mes paroles. Et la preuve, c'est qu'aujourd'hui, même quand le premier ministre se livrait à la critique des véritables griefs contre la Prusse, lorsqu'il disait qu'il n'avait jamais pactisé en aucune façon avec certaines opinions sur les conséquences funestes de Sadowa, lorsqu'il a dit qu'il n'avait pas vu là un signe précurseur d'une grandeur rivale et menaçante pour l'intégrité future de la France, il y a eu un mouvement d'incontestable froideur dans cette assemblée; et s'il avait insisté dans le développement de cette thèse, s'il n'eût été redressé et secouru par une sortie de M. de Gramont, il eût été singulièrement menacé de sombrer devant les répugnances patriotiques de la Chambre. Je ne sais si j'exprime d'une façon exacte la vérité, mais je suis prêt à prendre des juges et des témoins.

Un membre. — Et nous aussi!

M. GAMBETTA. — Si vous vouliez que nous fissions une enquête parlementaire au sein même du parlement... (Ah! ah!) il vous serait, et vous le savez bien, surabondamment démontré que, quel que soit l'état des esprits qui, aujourd'hui, forment votre majorité, la politique est changée.

Plusieurs voix. — On n'entend pas!

M. GAMBETTA. — Vous entendrez tout à l'heure, écoutez!

C'est donc, Messieurs, un changement de politique qu'on vous propose. Je ne l'apprécie pas, mais il est certain que le cabinet vous a proposé de prendre sur vous-mêmes la responsabilité d'un vote, d'une attitude, d'une décision parlementaire qui lui permettraient d'engager la guerre.

Le rapport que l'on vous faisait tout à l'heure, doit être soumis à un double examen : d'une part la question politique, la question de guerre, et de l'autre la question des mesures préparatoires à la guerre.

Sur la première question, je lui dis nettement qu'il faut que la Chambre, d'une manière précise, d'une manière divise, distincte, manifeste non pas une opinion, mais émette un vote. Et sur la seconde, je dis qu'il n'y a pas à discuter, parce que, quel que soit l'état de votre politique, quel que soit l'ordre dans lequel vous nous avez engagés, il y a un intérêt suprême, c'est de sauvegarder la patrie, et il y aurait une responsabilité odieuse, criminelle, ce serait de n'avoir pas voté les voies et moyens de nature à faire face à l'étranger. (Très-bien!)

Donc, c'est là une question vidée, réglée, du moins en ce qui concerne les voies et moyens, les quatre projets de lois que vous nous présentez, nous devons les voter. Mais il faut séparer cette question de l'intégrité de la France de la question des directions diplomatiques qui est la question du Gouvernement, la question du cabinet.

Eh bien! je dis que vous aviez une justification à faire devant cette assemblée, au point de vue de votre politique et de votre diplomatie. Je m'attendais, quant à moi, lorsque 83 voix de cette assemblée avaient exigé la production de la pièce sur laquelle vous faites reposer à tort, également au point de vue de la paix, également au point de vue de la guerre, tout le *casus belli*, je m'attendais, dis-je, que vous la communiqueriez directement, pleinement, intégralement à la Commission.

Vous appelez la France à vous donner des hommes et de l'argent, vous la lancez dans une guerre qui peut-être verra la fin du dix-neuvième siècle consacrée à vider la question de prépondérance entre la race germanique et la race française, et vous ne voulez pas que le point de départ de cette immense entreprise soit authentique, formel, et que la France puisse savoir, en même temps que l'Europe, de quel côté était l'outrage injuste, et de quel côté est la résistance légitime. (Très-bien! très bien!) Vous êtes venus à cette tribune apporter votre politique, vos actes diplomatiques depuis huit jours, actes qui, certainement, ont engagé non-seulement les destinées de la France, mais la paix du monde, et provoqué des événements, des **résultats qui peuvent être prospères pour la France, mais qui peuvent**

— XLIII —

lui être adverses, engagé très-certainement l'avenir ; j'ai le droit de vous dire que dans l'exposé fort habile que vous avez fait des griefs, des nécessités, des réparations, il y a une habileté de trop. Vous avez entendu transmettre à cette Assemblée la responsabilité de la guerre.

M. LE GARDE DES SCEAUX. — Nous l'avons prise, nous la prenons. (Mouvements divers.)

M. GAMBETTA. — J'entends bien que vous prenez cette responsabilité. Il ne manquerait plus que vous ne la revendiquiez pas après la parole que vous avez prononcée. (Oh! oh!) Aussi bien, j'établis cette responsabilité quand je dis que c'est vous qui avez posé la question. Par conséquent, votre interruption est une confusion qui était absolument inutile. Évidemment votre responsabilité est engagée, et quoique vous la supportiez d'une façon trop allègre (Rumeurs), permettez-moi de vous dire que je fais assez de foi sur les scrupules de ceux qui m'écoutent pour leur démontrer que vous ne leur avez pas donné toutes les satisfactions de certitude qui leur étaient dues. (Très-bien! à gauche.) La question ne comporte que deux points de vue; le ministère l'a lui-même reconnu. C'est en circonscrivant, pour me servir de ses propres expressions, le terrain du débat, en n'empruntant que son langage, en le contraignant à s'expliquer sur ce qu'il a dit lui-même, sans aborder la thèse dans ses côtés plus élevés, plus profonds, mais en la maintenant sur le terrain de la responsabilité parlementaire, que j'ai la prétention de vous dire et de prouver que vous n'avez pas encore fait les justifications nécessaires et légitimes (Très-bien! à gauche) ; et en voici la preuve.

Dans une parenthèse à laquelle vous avez bien voulu consentir, je vous les ai demandées. C'est ici que je supplie la Chambre de ne pas m'interrompre, parce que c'est là la thèse parlementaire que je veux lui présenter ; qu'elle n'ait aucune défiance de ma parole, je ne veux et je ne cherche dans cette discussion qu'une seule chose qui doit vous intéresser aussi ardemment que j'en suis préoccupé moi-même, celle de savoir si les choses que vous travaillez à rendre définitives rencontreront l'assentiment de l'Europe et surtout celui de la France.

Eh bien ! vous ne pourrez compter sur cette sympathie nécessaire, sur cet allié indispensable, lorsque vous aurez tiré l'épée, qu'à une condition, c'est qu'il résulte de vos explications que vous avez été profondément et réellement outragés. (Très-bien! très-bien! à gauche. Rumeurs à droite et au centre.)

Or, je suis aussi susceptible que quiconque, et, quant à moi, si j'en avais eu le choix, pour le Gouvernement de mes préférences, je vous prie de croire que ce n'est pas dans de misérables ressources que j'aurais puisé les raisons décisives d'une telle conduite; par conséquent, je ne suis pas suspect et je vous prie de m'écouter quand je dis que vous n'avez pas donné les satisfactions nécessaires à l'opinion publique par les citations et les documents que vous avez produits. (Très-bien ! à gauche.)

Je conjure la Chambre de m'écouter (Parlez ! parlez !), parce que, de ce que je dis, doit sortir cette certitude, que vous avez fait de la bonne ou de la mauvaise politique.

Eh bien ! je dis que vous avez produit deux allégations contradictoires, et que la seconde, qui est la plus grave, ne repose encore que sur une supposition et non sur un document.

La première, c'est la réponse du roi de Prusse, disant qu'il ne voulait prendre aucun engagement ni former le vœu perpétuel de ne pas autoriser le prince de Hohenzollern. Je comprends que cela vous ait émus.

Puis, après que le roi eut écouté la proposition de M. Benedetti, qui lui demandait de prendre un engagement pour l'avenir, engagement qu'il ne voulut pas prendre, se réservant la liberté d'action suivant les circonstances, — réponse sur laquelle je comprends qu'il vous appartenait d'insister pour avoir satisfaction, — il s'est produit un second fait, sur lequel vous avez parfaitement compris que pouvaient se décider toutes les questions.

D'abord, votre ambassadeur, dans une dépêche du 13 juillet, datée de 4 heures 45 minutes, dit : « J'ai été, en termes fort courtois, éconduit par le roi de Prusse, lequel m'a déclaré qu'il n'avait pas à continuer la conversation sur le sujet qui nous avait occupés dans la matinée. » (Dénégations au banc des ministres.)

M. LE GARDE DES SCEAUX. — Il n'y a pas un mot de cela dans la dépêche.

M. GAMBETTA. — « Il n'y a pas un mot de cela ! » C'est peut-être un peu gros. Qu'il n'y ait pas tous ces mots-là, d'accord ; mais qu'il n'y en ait pas un seul, c'est une erreur ; je vais vous le prouver, car j'ai écrit sous votre dictée.

Voici cette citation :

« Nous avons reçu deux dépêches, la première de 4 h. 25 m., la seconde de 4 h. 45 m. La seconde contient ces mots : Le roi ne saurait reprendre la discussion qui avait eu lieu le matin et s'en réfère aux termes mêmes de sa conversation. »

J'ai écrit sous votre dictée. Ce sont ces termes, c'est cette attitude que vous qualifiez de rupture hautaine ?

J'ajoute que votre ambassadeur ne vous a envoyé, c'est votre propre aveu, aucun acte de protestation, aucune dépêche d'indignation ; et il ne lui a pas paru que la situation comportât de réclamer ses passeports. Il n'a pas fait un de ces actes graves, un de ces éclats diplomatiques qui sont le signe avant-coureur d'une rupture. (Très-bien ! à gauche. — Rumeurs à droite.)

Ce n'est pas tout. Dans la première dépêche, votre ambassadeur, d'après vous, — écoutez bien, je ne veux en aucune manière apprécier ces choses, je les constate, et quand je les aurai établies, je vous laisserai, comme le ministère lui-même, le soin d'en tirer les conclusions, — dans l'autre dépêche juxtaposée et précédente à celle-là, vous nous dites que M. le comte Benedetti, — que, pour ma part, je ne crois pas, et je suis bien aise de le dire en passant, aussi incapable qu'on a voulu le dire (On rit), car j'ai lu les dépêches qu'il a envoyées en France, pendant les préliminaires de Nikolsbourg, et j'avoue que sa politique me convenait fort, et j'en tire cette conséquence, que le croyant capable dans une circonstance, je lui prolonge sa compétence dans les autres, — que M. le comte Benedetti vous a dit qu'il connaissait, lui aussi, cette publication qui vous a si fort mis en émoi, par la voie des suppléments des journaux, et que cela ne l'avait pas troublé.

Je conçois que vous trouviez le procédé blessant et irrégulier.

Quant à la dépêche de notre agent diplomatique, que vous avez lue à cette tribune, je lui accorde une très-grande confiance; car je ne crois pas que, dans une matière aussi importante, un de vos agents ait voulu vous égarer; mais ce qu'il nous faut, ce n'est pas la dépêche de M. Benedetti, ce n'est pas la dépêche d'un de vos agents, ni à Berne, ni à Carlsruhe, ni à Stuttgard, ni à Munich; ce qu'il nous faut, c'est le texte même de la dépêche injurieuse par laquelle M. de Bismarck... (C'est cela! c'est cela! à gauche. — Interruptions sur plusieurs bancs.)

M. LE MARQUIS DE PIRÉ. — Vous faut-il le coup d'éventail du Dey d'Alger?

M. GAMBETTA. — M. de Piré me parle du coup d'éventail du Dey d'Alger. A merveille! Mais il oublie que c'est la politique de la Restauration, et que nous sommes sous le régime du suffrage universel; et, pour ma part, je n'ai jamais cessé de dire, et je pense que le gouvernement impérial, ni ceux qui le défendent aujourd'hui, ni ceux qui le défendaient hier, ne me contrediront pas, que le suffrage universel a quelque peu changé les rapports internationaux; par conséquent, M. de Piré peut conserver pour lui son souvenir historique; il n'est pas de mise.

Messieurs, je disais que ce que je demandais au Gouvernement et à la commission parlementaire que vous avez élue et qui est souveraine dans une aussi capitale question, ce n'était ni la dépêche de M. Benedetti, ni la dépêche d'un de vos agents; c'était la note générale envoyée par le comte de Bismarck à tous les cabinets de l'Europe... (Rumeurs à droite et au centre.)

A gauche. — C'est cela! très-bien!

A droite. — Nous la connaissons!

M. GAMBETTA... — Pourquoi? Parce que du moment que vous vous êtes sentis blessés, outragés par ces procédés qui sont graves, que je veux croire aussi graves que vous le voudrez; mais ce ne sont que des procédés. Il y a la dépêche elle-même, il y a les termes employés. Il faut que nous la voyions, il faut que nous la discutions avec vous. (A gauche. — Oui! Oui!)

De divers côtés. — On l'a discutée dans les bureaux!

M. GAMBETTA. — Oui, Messieurs, en pareille matière, j'admettrais la discussion; oui, dans les bureaux, parfaitement! J'admettrais que la Commission seule en connût et la rapportât.

M. LE MINISTRE DES AFFAIRES ÉTRANGÈRES. — Je déclare que j'ai communiqué la pièce à la Commission et qu'elle l'a lue.

M. GAMBETTA. — L'honorable ministre des Affaires étrangères me répond que la dépêche officielle, rédigée par M. de Bismarck, a été communiquée à la Commission. J'entends tout ce qu'on peut dire à ce sujet; seulement, en terminant, je veux vous laisser en présence d'une question et d'un doute.

La question est celle-ci : est-il vrai que la dépêche de M. de Bismarck ait été expédiée à tous les cabinets de l'Europe? C'est une simple question, est-ce la vérité, je n'en sais rien; est-il vrai, oui ou non, que cette dépêche.... (Interruption). Est-il vrai que la note de M. de Bismarck ait été communiquée à tous les cabinets de l'Europe, ou simplement à tous les cabinets du sud de l'Allemagne? C'est une distinction essentielle. En second lieu, je vous laisse en face d'un doute qui a pour moi une immense importance et dont, je pense, vos esprits politiques ne voudront pas méconnaître la valeur : c'est que s'il est vrai que cette dépêche soit assez grave pour avoir fait prendre ces résolutions, vous avez un devoir, ce n'est pas de la communiquer seulement aux membres de la Commission et à la Chambre, c'est de la communiquer à la France et à l'Europe; et si vous ne le faites pas, votre guerre n'est qu'un prétexte dévoilé et elle ne sera pas nationale. (Réclamations nombreuses. — Approbation sur plusieurs bancs à gauche.)

S. EXC. M. ÉMILE OLLIVIER, *garde des sceaux, ministre de la Justice et des Cultes.* — Messieurs, chacun parle de ses émotions et de ses impressions dans cette discussion. Laissez-moi vous dire combien je trouve nouveau, dans nos annales parlementaires, le spectacle auquel nous assistons; c'est pour la première fois qu'on rencontre dans une Assemblée française, d'un certain côté, tant de difficultés à expliquer une question d'honneur. (Violentes réclamations à gauche.)

Qui donc vous a parlé d'une dépêche prussienne? Quand donc, pour établir qu'un affront a été fait à la France, avons-nous invoqué des protocoles de chancellerie? Notre langage a été bien autre. Nous vous avons dit :

A l'heure où nous discutons, il y a un fait, un fait public en Europe, que pas un ambassadeur, que pas un journaliste, que pas un homme politique, que pas une personne au courant des choses de la diplomatie ne peut ignorer : C'est que, d'après les récits de la Prusse, notre ambassadeur n'a pas été reçu par le roi de Prusse, et qu'on lui a refusé, par un aide-de-camp, d'entendre une dernière fois l'exposé courtois, modéré, conciliant, d'une demande courtoise, modérée, conciliante, dont la justesse est incontestable. (Vive approbation et applaudissements sur un grand nombre de bancs.)

Que nous importent les protocoles de chancellerie... (Interruption a gauche.) les dépêches sur lesquelles on peut discuter? Sur notre honneur d'honnêtes gens, sur notre honneur de ministres, nous affirmons un fait. Que serions-nous donc si, en face de l'Europe, dont nous invoquons le témoignage, nous avions ou la sottise ou l'impudeur d'alléguer comme prétexte un fait inexact? Mais pour qui nous prenez-vous donc? Et, en vérité, quelque ineptes que vous vouliez bien nous supposer, notre ineptie n'est pas encore telle que nous puissions commettre une méprise ou une fourberie comparable à celle dont vous trouvez tout naturel de nous supposer capables, sans que nous nous reconnaissions le droit d'éprouver et d'exprimer le sentiment de la dignité froissée. (Bravos et applaudissements.)

Vous me parlez de dépêches. Je vous parle d'un acte, d'un acte connu de l'Europe entière.

M. ESQUIROS. — Que nous seuls en Europe ne connaissons pas.

M. LE GARDE DES SCEAUX. — Seulement, lorsqu'on est au moment de prendre une de ces décisions qui font trembler la conscience, on a besoin de lumière, de lumière, de beaucoup de lumière. L'évidence n'est jamais assez évidente. Nous l'avons éprouvé.

L'acte est incontestable, nous sommes-nous dit; mais il n'est peut-être pas intentionnel, c'est peut-être une de ces rumeurs échappées au patriotisme en éveil, et qu'il serait injuste, même dans les moments d'entraînement et de passion, de faire remonter jusqu'à un Gouvernement; voilà les scrupules que les dépêches ont calmés. Nous n'avons plus douté de l'intention offensante, lorsque de tous les coins de l'Europe, nous est venu, quoi?

Le texte même... (Bruit à gauche.) le texte même des instructions de M. de Bismarck. Je n'en crois pas même ce que j'entends, lorsque je recueille cette clameur : Donnez-nous-le! Mais je vous l'ai déjà donné! (Nouveau bruit à gauche.)

Puis, j'ai fait passer sous les yeux de la Commission qui l'a attesté...

M. LE DUC D'ALBUFÉRA *et d'autres membres de la Commission.* — Parfaitement!

M. LE GARDE DES SCEAUX... — Les pièces authentiques!

M. LE MARQUIS DE TALHOUET ET M. LE COMTE DE KÉRATRY. — Parfaitement.

M. LE GARDE DES SCEAUX. — Et puisque les ministres de la France sont obligés, sous l'attaque d'une opposition qui se prétend modérée, de prouver qu'ils n'altèrent pas et qu'ils n'inventent pas des pièces... (Nouvelles interruptions à gauche) nous avons communiqué à la Commission les textes originaux. Vous avez entendu le marquis de Talhouët, le duc d'Albuféra ; vous avez entendu M. de Kératry...

Au banc de la Commission. — Tous ! tous !

M. LE GARDE DES SCEAUX. — Vous les avez tous entendus affirmant sur l'honneur qu'ils avaient tenu ces pièces entre leurs mains.

M. LE MARQUIS DE TALHOUËT. — Nous avons eu les dépêches de quatre ou cinq de nos représentants dans les différentes cours de l'Europe, qui reproduisent ce document presque exactement dans les mêmes termes.

Voix nombreuses. — Très-bien ! très-bien ! — Allez ! allez ! — Aux voix ! aux voix !

M. CHAGOT. — La continuation de cette discussion est indigne d'une Chambre française, et nous vous demandons, au nom du pays, de ne pas répondre.

M. LE GARDE DES SCEAUX. — Vous avez raison ; après un pareil témoignage, j'ai le devoir de ne rien ajouter. (Très-bien ! très-bien !) Et je termine en vous suppliant de clore cette discussion. (Très-bien !) Unissons-nous, nous qui sommes animés par les mêmes sentiments, pour dire que le moment des paroles est passé (Oui ! oui !), et que celui des actes commence. (Oui ! oui ! — Très-bien ! très-bien !)

Votez ! votez ! car voter c'est agir. Ne discutez plus, parce que discuter, c'est perdre un temps précieux ! (Très-bien ! très-bien ! — Bravos et applaudissements répétés. — Aux voix ! aux voix !)

M. LE PRÉSIDENT SCHNEIDER. — Je consulte la Chambre pour savoir si elle entend passer à la discussion des articles du premier projet de loi.

(La Chambre, consultée, décide qu'elle passe à la discussion des articles.)

Je vais donner lecture de l'article...

« *Article unique.* Un supplément de crédit de 50 millions de francs est ouvert au ministre de la Guerre sur les chapitres ci-après du budget extraordinaire de 1870.

« Ch. 1er.	Établissement et matériel de l'artillerie. .	5,000,000 fr.
— 2.	— du génie. . . .	2,000,000 fr.
— 3.	États-majors.	1,000,000 fr.
— 5.	Solde et prestation en nature.	14,000,000 fr.
— 6.	Habillements et campements	7,000,000 fr.
— 7.	Personnel de l'administration centrale . .	100,000 fr.
— 8.	Matériel — . .	400,000 fr.
— 9.	Dépôt général de la guerre.	100,000 fr.
— 10.	Lits militaires.	100,000 fr.
— 11.	Transports généraux.	5,000,000 fr.
— 12.	Remonte générale	14,000,000 fr.
— 13.	Garde nationale mobile.	500,000 fr.
— 14.	Dépenses secrètes	200,000 fr.
		50,000,000 fr.

Le scrutin est ouvert et les votes sont recueillis. Sur 255 votants, 245 votent le projet de loi, 10 votent contre; ce sont MM. Arago, Desseaux, Esquiros, J. Favre, Gagneur, Garnier-Pagès, Glais-Bizoin, Grévy, Ordinaire et Pelletan.

Le vote de M. Thiers a été affirmatif.

Se sont abstenus MM. Crémieux, Girault, Raspail, le colonel Réguis, Schneider et Werlé.

M. LE PRÉSIDENT SCHNEIDER. — La Chambre a à délibérer maintenant sur le projet de loi portant ouverture d'un crédit de 16 millions sur l'exercice 1870 au ministre de la Marine et des Colonies.

Je donne lecture de l'article unique :

« *Article unique.* Il est accordé au ministre de la Marine, sur l'exercice 1870, au delà des crédits ouverts par la loi de finances du 8 mai 1869, des crédits montant à la somme de seize millions.

« Ces crédits sont répartis par chapitres, conformément à l'état ci-annexé, savoir :

Budget ordinaire.

« Ch. 4.	Solde, etc. (Armement).	3,800,000 fr.
— 5.	Troupes.	1,050,000
— 8.	Hôpitaux	255,000
— 9.	Vivres	2,520,000
— 10.	Salaires d'ouvriers.	1,500,000
— 11.	Approvisionnements généraux.	2,000,000
— 18.	Frais de voyage, etc.	700,000
		11,825,000 fr.

Budget extraordinaire.

« Ch. 3.	Artillerie.	4,146,000 fr.
		16,000,000 fr.

Il va être procédé au scrutin.

245 voix adoptent sans discussion le projet de loi. Un seul membre, M. Glais-Bizoin, vote contre. 15 membres s'abstiennent.

M. LE PRÉSIDENT SCHNEIDER. — L'ordre du jour appelle la discussion du projet de loi portant appel à l'activité de la garde nationale mobile.

Je donne lecture de l'article unique :

« *Article unique.* La garde nationale mobile est appelée à l'activité. »

244 voix adoptent sans discussion le projet de loi. Un seul membre, M. Glais-Bizoin, vote contre. 17 membres s'abstiennent.

M. LE PRÉSIDENT SCHNEIDER. — L'ordre du jour appelle la discussion du projet de loi relatif aux engagements volontaires en temps de guerre.

« Art. 1er. Les engagements volontaires seront reçus, en temps de guerre, pour la durée de la guerre. — (Adopté.)

» Art. 2. Ces engagements seront soumis aux conditions générales déterminées par la loi organique sur le recrutement de l'armée. — (Adopté.)

» Art. 3. Aussitôt après la paix, les engagés volontaires admis conformément à l'article ci-dessus seront libérés, en vertu d'un décret impérial, à moins qu'ils ne demandent à rester sous les drapeaux en se liant au service, conformément à la loi modifiée du 21 mars 1832. » — (Adopté.)

243 voix adoptent sans discussion le projet de loi. Un seul membre, M. Glais-Bizoin, vote contre; 17 s'abstiennent.

DIMANCHE 17 JUILLET.

Après la séance d'hier, le Sénat s'est rendu le soir même au palais de St-Cloud, où il a été reçu par Leurs Majestés et le Prince Impérial.

Le président du Sénat a prononcé le discours suivant :

SIRE,

Le Sénat remercie l'Empereur de lui avoir permis de venir porter au pied du Trône l'expression des sentiments patriotiques avec lesquels il a accueilli les communications qui lui ont été faites à la séance d'hier.

Une combinaison monarchique nuisible au prestige et à la sécurité de la France avait été mystérieusement favorisée par le roi de Prusse.

Sans doute, sur notre protestation, le prince Léopold a retiré son acceptation; l'Espagne, cette nation qui connaît et nous rend les sentiments d'amitié que nous avons pour elle, a renoncé à une candidature qui nous blessait.

Sans doute, le péril immédiat était écarté, mais notre légitime réclamation ne subsistait-elle pas tout entière? N'était-il pas évident qu'une puissance étrangère, au profit de son influence et de sa domination, au préjudice de notre honneur et de nos intérêts, avait voulu troubler une fois de plus l'équilibre de l'Europe ?

N'avions-nous pas le droit de demander à cette puissance des garanties contre le retour possible de pareilles tentatives?

Ces garanties sont refusées : la dignité de la France est méconnue. Votre Majesté tire l'épée : la patrie est avec Vous, frémissante d'indignation et de fierté.

Les écarts d'une ambition surexcitée par un jour de grande fortune devaient tôt ou tard se produire.

Se refusant à des impatiences hâtives, animé de cette calme persévérance qui est la vraie force, l'Empereur a su attendre; mais, depuis quatre années, il a porté à sa plus haute perfection l'armement de nos soldats, élevé à toute sa puissance l'organisation de nos forces militaires.

Grâce à vos soins, la France est prête, Sire, et par son enthousiasme, elle prouve que, comme vous, elle était résolue à ne tolérer aucune entreprise téméraire.

Que notre auguste Souveraine redevienne dépositaire du pouvoir impérial ; les grands Corps de l'État l'entoureront de leur respectueuse affection, de leur absolu dévouement. La nation connaît l'élévation de son cœur et la fermeté de son âme ; elle a foi dans sa sagesse et dans son énergie.

Que l'Empereur reprenne avec un juste orgueil et une noble confiance le commandement de ses légions agrandies de Magenta et de Solferino; qu'il conduise sur les champs de bataille l'élite de cette grande nation.

Si l'heure des périls est venue, l'heure de la victoire est proche.

Bientôt, la patrie reconnaissante décernera à ses enfants les honneurs du triomphe ; bientôt, l'Allemagne affranchie de la domination qui l'opprime, la paix rendue à l'Europe par la gloire de nos armes, Votre Majesté qui, il y a deux mois, recevait pour Elle et pour sa dynastie une nouvelle force de la volonté nationale, Votre Majesté se dévouera de nouveau à ce grand œuvre d'améliorations et de réformes dont la réalisation, — la France le sait, et le génie de l'Empereur le lui garantit, — ne subira d'autre retard que le temps que vous emploierez à vaincre.

L'Empereur a répondu :

Messieurs les Sénateurs, j'ai été heureux d'apprendre avec quel vif enthousiasme le Sénat a reçu la déclaration que le ministre des affaires étrangères a été chargé de lui faire. Dans toutes les circonstances où il s'agit des grands intérêts et de l'honneur de la France, je suis sûr de trouver dans le Sénat un appui énergique. Nous commençons une lutte sérieuse. La France a besoin du concours de tous ses enfants. Je suis bien aise que le premier cri patriotique soit parti du Sénat ; il aura dans le pays un grand retentissement.

Décret. — Les gardes nationaux mobiles des trois premiers corps d'armée seront réunis immédiatement au chef-lieu de chaque département au contingent duquel ils appartiennent.

Palais de St-Cloud, le 16 juillet 1870.

COMMUNICATIONS DIVERSES.

M. Ybry, maire de Neuilly-sur-Seine, a écrit à l'Empereur qu'il mettait à la disposition du Trésor public, en présence des derniers événements, la somme de 10,000 francs, comme don personnel.

M. Thomas, notaire à Paris, s'engage à verser dans les caisses de l'État, pour les besoins de l'armée, une somme de 100 francs par chaque jour que durera la guerre.

M. Félix Legras, résidant rue St-Lazare 70, à Paris, offre, pendant toute la durée de la guerre, le doublement de ses contributions.

LUNDI 18 JUILLET.

COMMUNICATIONS DIVERSES.

Une décision ministérielle du 15 juillet 1870, appelle immédiatement à l'activité les militaires et jeunes soldats de la réserve.

Le préfet de police a fait afficher dans Paris l'avis suivant :

Paris, le 17 juillet 1870.

Pendant ces derniers jours, la population parisienne a voulu affirmer son patriotisme par des manifestations sur la voie publique (1).

Au moment où nos soldats se rendent à la frontière et après cette explosion du sentiment national, il est désirable que la capitale reprenne son aspect accoutumé, et témoigne, par son calme, de la confiance qui l'anime.

Le préfet de police croit donc devoir demander aux habitants de Paris de s'abstenir de démonstrations qui ne peuvent se prolonger davantage sans inconvénient.

MARDI 19 JUILLET.

L'Empereur a décidé de ne recevoir, soit au quartier impérial, soit aux quartiers généraux des corps d'armée, aucun volontaire, aucun officier étranger, en un mot aucun individu étranger à l'armée.

DONS A LA SOCIÉTÉ DES SECOURS POUR LES BLESSÉS.

S. M. l'Impératrice . . . . 50,000 francs.
La Compagnie des agents de change . . . . . . 60,000 francs.

---

(1) Allusion aux scènes patriotiques et parfois tumultueuses dont les boulevards furent le théâtre pendant plusieurs soirées de suite, avant comme après la déclaration de guerre.

CORPS LÉGISLATIF.

Séance du lundi 18 juillet.

La Chambre adopte les deux projets de loi dont la teneur suit :
1° Le contingent à appeler sur la classe de 1870 pour le recrutement des troupes de terre et de mer, fixé à 90,000 hommes, est porté à 140,000 hommes.
2° Les députés au Corps législatif pourront exercer des commandements dans la garde nationale mobile.

MERCREDI 20 JUILLET.

Décret nommant ambassadeur près l'Empereur d'Autriche, le prince de la Tour d'Auvergne, sénateur, en remplacement de M. le duc de Gramont, nommé ministre des Affaires étrangères.

Palais de Saint-Cloud, 16 juillet 1870.

Décret. — Le maréchal Lebœuf, ministre de la Guerre, est nommé aux fonctions de major général de l'armée du Rhin.
Le général de division vicomte Dejean, conseiller d'État, est chargé de l'intérim du ministère de la Guerre.

Palais des Tuileries, 19 juillet 1870.

CORPS LÉGISLATIF.

Séance du mardi 19 juillet.

Discussion du projet de loi portant interdiction de rendre compte des mouvements et opérations militaires :

« Art. 1er. Il pourra être interdit de rendre compte, par un moyen de publication quelconque, des mouvements de troupes et des opérations militaires sur terre et sur mer.

« Cette interdiction résultera d'un arrêté ministériel inséré au *Journal officiel*.

« Art. 2. Toute infraction à l'article 1er constituera une contravention qui sera punie d'une amende de 5,000 francs à 10,000 francs.

« En cas de récidive, le journal pourra être suspendu pendant un délai qui n'excédera pas six mois.

« Art. 3. La présente loi cessera d'avoir effet si elle n'est pas renouvelée dans le cours de la prochaine session ordinaire. » (Aux voix ! aux voix !)

A la suite d'une discussion à laquelle prennent part MM. Jules Ferry, Gambetta et Emile Ollivier, ministre de la Justice, le projet de loi est voté à la majorité de 207 voix sur 226 votants. Les 19 membres qui ont repoussé le projet de loi sont MM. Arago, Bethmont, Crémieux, Desseaux, Dorian, Dréolle, Esquiros, Ferry, Gagneur, Gambetta, Garnier-Pagès, Girault, Glais-Bizoin, Guyot-Montpayroux, Magnin, Ordinaire, Pelletan, Simon (Jules), Wilson.

COMMUNICATIONS DIVERSES.

L'Empereur a reçu de la cour impériale de Colmar l'adresse suivante :

SIRE,

Nous rendons la justice, au nom de Votre Majesté, dans une province frontière. Mieux qu'aucune autre, la cour impériale de Colmar a donc pu juger depuis quatre ans tout ce qu'il a fallu à l'Empereur de modération, de patriotique sagesse, pour supporter les agressions violentes ou mal dissimulées de la Prusse. Nous avons eu l'occasion fréquemment d'apprécier, sur les lieux, la marche ininterrompue du gouvernement prussien qui, dans l'ivresse d'un succès contre un peuple allemand, osait viser l'amoindrissement de la France.

La dernière entreprise de ce gouvernement envahisseur, tout à fait étrangère à l'intérêt allemand, a révélé une menace si directe, aggravée de tels procédés, que le gouvernement impérial y devait répondre par l'action. Nous sommes placés, Sire, vis-à-vis de la Prusse, « dans le cas de légitime défense de notre honneur et de nos intérêts ». L'énergie de la France impériale, la promptitude de ses mesures, l'inébranlable solidité de ses enfants déjoueront les projets de la Prusse. L'Alsace, la France entière sont avec Votre Majesté, avec notre vaillante armée qui, sous les yeux de l'Empereur, va combattre pour la plus juste, la plus patriotique des causes, et, au prix d'héroïques efforts, assurer une paix longue et glorieuse à notre drapeau respecté.

Habitués à invoquer Dieu pour rendre la justice aux hommes, nous l'invoquons, au nom du droit, dans cette douloureuse et solennelle circonstance. Nos ancêtres du conseil souverain étaient Français de cœur et d'âme, alors que le retour de notre province à la mère patrie n'était pas encore consacré par l'union étroite des cœurs. Aujourd'hui que ce beau pays, uni comme un seul homme, est la sentinelle avancée de la France, notre seul mérite est de dire à Votre Majesté qu'en fait de patriotisme sérieux et absolu, nous sommes les successeurs de l'ancien parlement d'Alsace.

Nous avons l'honneur d'être, etc.

Le maréchal ministre de la Guerre a reçu la lettre suivante :

Neauphle, le 16 juillet 1870.

Monsieur le ministre, je me sers encore des éperons que je portais dans le 1er de dragons pendant la bataille d'Iéna; mais je ne supporterais plus les bivouacs.

Cependant, si les événements de la guerre contre la Prusse le demandaient, je pourrais encore donner l'exemple de la défense sur un rempart.

En attendant, si le Gouvernement pense à ouvrir une souscription pour un don patriotique, je m'engage à y verser immédiatement *cent mille francs*.

Agréez, monsieur le maréchal, mes respectueux hommages.

ROCHECHOUART, DUC DE MORTEMART,
général de division, sénateur.

M. Groux, maire de Vitry-sur-Seine, a versé 10,000 francs dans la caisse des dons patriotiques et 100,000 francs dans la caisse nationale de l'armée.

JEUDI, 21 JUILLET.

L'Empereur a décidé, sur la proposition de Son Exc. le ministre des Affaires étrangères, que les sujets de la Prusse et des pays alliés qui lui prêtent contre nous le concours de leurs armes, se trouvant actuellement en France ou dans ses colonies, seraient autorisés à y continuer leur résidence, tant que leur conduite ne fournirait aucun motif de plainte.

L'admission sur le territoire français des sujets de la Prusse et de ses alliés est, à partir de ce jour, subordonnée à des autorisations spéciales qui ne seront accordées qu'à titre exceptionnel.

En ce qui concerne les bâtiments de commerce ennemis actuellement dans les ports de l'Empire, ou qui y entreraient dans l'ignorance de l'état de guerre, Sa Majesté a bien voulu ordonner qu'ils auraient un délai de trente jours pour quitter ces ports. Il leur sera délivré des saufs-conduits pour pouvoir rentrer librement dans leurs ports d'attache, ou se rendre directement à leur port de destination.

Les bâtiments qui auront pris des cargaisons à destination de France et pour compte français dans des ports ennemis ou neutres, antérieurement à la déclaration de guerre, ne sont pas sujets à capture. Ils pourront librement débarquer leur chargement dans les ports de l'Empire, et recevront des saufs-conduits pour retourner dans leurs ports d'attache.

Par ordre du major général, et pour assurer le secret des opérations, aucun journaliste ne sera admis au quartier général de l'armée du Rhin, non plus qu'aux autres corps d'armée.

Un service officiel de publicité sera organisé dès le début de la campagne.

CORPS LÉGISLATIF
Séance du mercredi 20 juillet.

M. LE PRÉSIDENT SCHNEIDER. — La parole est à M. le ministre des Affaires étrangères. (Mouvement d'attention.)

S. EXC. M. LE DUC DE GRAMONT, *ministre des Affaires étrangères.* — Messieurs, l'exposé qui vous a été présenté dans la séance du 15 a fait connaître au Corps législatif les justes causes de guerre que nous avons contre la Prusse.

Conformément aux règles d'usage, et par l'ordre de l'Empereur, j'ai invité le chargé d'affaires de France à notifier au cabinet de Berlin notre résolution de poursuivre par les armes les garanties que nous n'avons pu obtenir par la discussion. (Très-bien! très-bien!)

Cette démarche a été accomplie, et j'ai l'honneur de faire savoir au Corps législatif qu'en conséquence l'état de guerre existe à partir du 19 juillet entre la France et la Prusse. (Bravo! — Vive l'Empereur! — Applaudissements.)

Cette déclaration s'applique également aux alliés de la Prusse qui lui prêtent contre nous le concours de leurs armes. (Très-bien! très-bien!) (1)

Le Corps législatif adopte ensuite les projets de loi dont la teneur suit :

FRANCHISE DES DÉPÊCHES ADRESSÉES A L'ARMÉE.

« Art. 1er. Pendant toute la durée de la guerre, les lettres à destination de militaires faisant partie des corps d'armée de terre et de mer en campagne leur parviendront en franchise.

« Les lettres envoyées de ces corps d'armée jouiront du même avantage. »

« Art. 2. Les mandats envoyés par l'intermédiaire de la poste au

---

(1) Le ministre des Affaires étrangères fit, quelques instants après, une déclaration identique à la séance du Sénat de ce même jour. Le compte-rendu *in extenso* constate qu'elle fut accueillie par une « vive approbation suivie de cris chaleureusement accentués de : Vive la France! vive l'Empereur! »

M. DURUY. Simple, net et carré!

(En retournant à son banc, M. le ministre des Affaires étrangères reçoit les félicitations d'un très-grand nombre de sénateurs.)

militaires faisant partie des corps d'armée en campagne sont exemptés des frais de poste et de timbre jusqu'à la somme de 50 francs. »

SECOURS AUX FAMILLES DES MILITAIRES ET MARINS.

Article unique. Il est ouvert aux ministres de la Guerre et de la Marine un crédit de quatre millions de francs, destiné à créer un fonds de secours pour venir en aide aux femmes, aux enfants, aux ascendants âgés et infirmes des militaires, marins et gardes mobiles appelés sous les drapeaux pendant la durée de la guerre actuelle.

OFFRANDES NATIONALES.

Des offrandes nationales ont été déjà adressées en grand nombre au ministère des finances ou versées au Trésor. En présence d'un tel élan patriotique, des instructions viennent d'être données pour que ces offrandes nationales soient reçues dans toutes les caisses publiques de l'Empire :

A Paris, à la caisse centrale du Trésor, à la recette centrale de la Seine, et chez tous les percepteurs de Paris ;

Dans les départements, à la caisse des trésoriers généraux et receveurs des finances, ainsi que chez tous les percepteurs ;

En Algérie, à la caisse des trésoriers-payeurs et de leurs préposés.

Les noms des donateurs seront inscrits au *Journal officiel*, et leurs dons recevront ultérieurement la destination qu'ils leur auront attribuée.

Leurs Excellences les Ministres ont versé chacun 5,000 francs, à titre d'offrande nationale à l'occasion de la guerre.

De nombreuses lettres, contenant des sommes d'une certaine importance en billets de banque, sont journellement adressées au ministère de la guerre, à titre de dons à l'armée.

Le ministre, très-reconnaissant de cette marque de patriotisme, s'empresse d'informer le public que les dons en argent seront reçus à la caisse du ministère, rue de l'Université, 73, qui en délivrera reçu.

Les agents de change de Paris ont versé la somme de 25,000 francs pour secours aux blessés militaires.

VENDREDI 22 JUILLET.

DÉCRET. — M. le vice-amiral comte Bouët-Willaumez, sénateur, est nommé au commandement en chef et M. le contre-amiral Penhoat commandant en sous-ordre de l'escadre du Nord.

Palais de Saint-Cloud, 19 juillet.

— LVIII —

Le ministre des affaires étrangères a adressé aux agents diplomatiques de l'Empereur la dépêche suivante :

Paris, le 21 juillet 1870.

Monsieur... vous connaissez déjà l'enchaînement des faits qui nous ont conduits à une rupture avec la Prusse. La communication que le Gouvernement de l'Empereur a portée, le 15 de ce mois, à la tribune des grands Corps de l'État, et dont je vous ai envoyé le texte, a exposé à la France et à l'Europe les rapides péripéties d'une négociation dans laquelle, à mesure que nous redoublions nos efforts pour conserver la paix, se dévoilaient les secrets desseins d'un adversaire résolu à la rendre impossible. Soit que le cabinet de Berlin ait jugé la guerre nécessaire pour l'accomplissement des projets qu'il préparait de longue date contre l'autonomie des États allemands, soit que, peu satisfait d'avoir établi au centre de l'Europe une puissance militaire devenue redoutable à tous ses voisins, il ait voulu mettre à profit la force acquise pour déplacer définitivement à son avantage l'équilibre international, l'intention préméditée de nous refuser les garanties les plus indispensables à notre sécurité aussi bien qu'à notre honneur, se montre avec la dernière évidence dans toute sa conduite.

Voici, à n'en pas douter, quel a été le plan combiné contre nous. Une entente préparée mystérieusement par des intermédiaires inavoués devait, si la lumière n'eût été faite avant l'heure, mener les choses jusqu'au point où la candidature d'un prince prussien à la couronne d'Espagne aurait été soudainement révélée aux cortès assemblées. Un vote enlevé par surprise, avant que le peuple espagnol eût eu le temps de la réflexion, proclamait, on l'a espéré du moins, le prince Léopold de Hohenzollern héritier du sceptre de Charles-Quint. Ainsi, l'Europe se serait trouvée en présence d'un fait accompli; et, spéculant sur notre déférence pour le grand principe de la souveraineté populaire, on comptait que la France, malgré un déplaisir passager, s'arrêterait devant la volonté ostensiblement exprimée d'une nation pour laquelle on savait toutes nos sympathies.

Dès qu'il a été instruit du péril, le Gouvernement de l'Empereur n'a pas hésité à le dénoncer aux représentants du pays comme à tous les cabinets étrangers; contre cette manœuvre, le jugement public de l'opinion devenait son plus légitime auxiliaire. Les esprits impartiaux ne se sont trompés nulle part sur la véritable situation des choses ; ils ont vite compris que si nous étions péniblement affectés de voir tracer à l'Espagne, dans l'intérêt exclusif d'une dynastie ambitieuse, un rôle si peu fait pour la loyauté de ce peuple chevaleresque, si peu conforme aux instincts et aux traditions d'amitié qui l'unissent à nous, nous ne pouvions avoir la pensée de démentir notre constant respect pour l'indépendance de ses résolutions nationales.

On a senti que la politique peu scrupuleuse du gouvernement prussien était ici seule en jeu. C'est ce gouvernement, en effet, qui, ne se croyant pas lié par le droit commun et méprisant les règles auxquelles les plus grandes puissances ont eu la sagesse de se soumettre, a tenté d'imposer à l'Europe abusée une extension si dangereuse de son influence.

La France a pris en mains la cause de l'équilibre, c'est-à-dire la cause de tous les peuples menacés comme elle par l'agrandissement disproportionné d'une maison royale. En agissant ainsi, se plaçait-elle, comme on a voulu le faire croire, en contradiction avec ses propres maximes ? Assurément non.

Toute nation, nous aimons à le proclamer, est maîtresse de ses destinées. Ce principe, hautement affirmé par la France, est devenu l'une des lois fondamentales de la politique moderne. Mais le droit de chaque peuple, comme de chaque individu, est limité par le droit d'autrui, et il est interdit à une nation, sous prétexte d'exercer sa souveraineté propre, de menacer l'existence ou la sécurité d'un peuple voisin. C'est dans ce sens qu'un de nos grands orateurs, M. de Lamartine, disait en 1847 que, lorsqu'il s'agit du choix d'un souverain, un gouvernement n'a jamais le droit de prétendre et a toujours le droit d'exclure. Cette doctrine a été admise par tous les cabinets dans les circonstances analogues à celles où nous a placés la candidature du prince de Hohenzollern, notamment en 1831, dans la question belge ; en 1830 et en 1862, dans la question hellénique.

Dans les affaires belges, c'est la voix de l'Europe elle-même qui s'est fait entendre, car ce sont les cinq grandes puissances qui ont décidé.

Les trois cours qui avaient pris en mains la cause du peuple hellène, s'inspirant d'une pensée d'intérêt général, étaient convenues déjà entre elles de ne point accepter le trône de Grèce pour un prince de leur famille.

Les cabinets de Paris, de Londres, de Vienne, de Berlin et de Saint-Pétersbourg, représentés dans la conférence de Londres, s'approprièrent cet exemple ; ils en firent une règle de conduite pour tous dans une négociation où était engagée la paix du monde, et rendirent ainsi un solennel hommage à cette grande loi de la pondération des forces qui est la base du système politique européen.

Vainement le congrès national de Belgique persista, malgré cette résolution, à élire le duc de Nemours. La France se soumit à l'engagement qu'elle avait pris et refusa la couronne apportée à Paris par les députés belges. Mais elle imposa à son tour la nécessité qu'elle subissait en frappant d'exclusion la candidature du duc de Leuchtenberg, que l'on avait opposée à celle du prince français.

En Grèce, lors de la dernière vacance du trône, le Gouvernement de l'Empereur combattait à la fois la candidature du prince Alfred d'Angleterre et celle d'un autre duc de Leuchtenberg.

L'Angleterre, reconnaissant l'autorité des considérations invoquées par nous, déclara à Athènes que la reine n'autoriserait pas son fils à accepter la couronne de Grèce. La Russie fit une déclaration semblable pour le duc de Leuchtenberg, bien qu'à raison de sa naissance, ce prince ne fût pas considéré absolument par elle comme membre de la famille impériale.

Enfin, l'Empereur Napoléon a spontanément appliqué les mêmes principes dans une note insérée au *Moniteur* du 1er septembre 1860, pour désavouer la candidature du prince Murat au trône de Naples.

La Prusse, à qui nous n'avons pas manqué de rappeler ces précédents, a paru un moment céder à nos justes réclamations. Le prince Léopold s'est désisté de sa candidature; on a pu se flatter que la paix ne serait pas troublée. Mais cet espoir a bientôt fait place à des appréhensions nouvelles, puis à la certitude que la Prusse, sans retirer sérieusement aucune de ses prétentions, cherchait seulement à gagner du temps. Le langage d'abord hésitant, puis décidé et hautain du chef de la maison de Hohenzollern, son refus de s'engager à maintenir le lendemain la renonciation de la veille, le traitement infligé à notre ambassadeur, auquel un message verbal a interdit toute communication nouvelle pour l'objet de sa mission de conciliation, enfin la publicité donnée à ce procédé insolite par les journaux prussiens et par la notification qui en a été faite aux cabinets, tous ces symptômes successifs d'intentions agressives ont fait cesser le doute dans les esprits les plus prévenus. L'illusion est-elle permise quand un souverain qui commande à un million de soldats déclare, la main sur la garde de son épée, qu'il se réserve de prendre conseil de lui seul et des circonstances? Nous étions amenés à cette limite extrême où une nation qui sent ce qu'elle se doit ne transige plus avec les exigences de son honneur.

Si les derniers incidents de ce pénible débat ne jetaient pas une assez vive lumière sur les projets nourris par le cabinet de Berlin, il est une circonstance, moins connue jusqu'à ce jour, qui donne à sa conduite une signification décisive.

L'idée d'élever au trône d'Espagne un prince de Hohenzollern n'était pas nouvelle. Déjà, au mois de mars 1869, elle avait été signalée par notre ambassadeur à Berlin, qui était aussitôt invité à faire savoir au comte de Bismark comment le Gouvernement de l'Empereur envisagerait une éventualité semblable. M. le comte Benedetti, dans plusieurs entretiens qu'il avait eus à ce sujet, soit avec le chancelier de la Confédération de l'Allemagne du Nord, soit avec le sous-secrétaire d'État chargé de la direction des Affaires étrangères, n'avait pas laissé ignorer que nous ne pourrions admettre qu'un prince prussien vînt à régner au delà des Pyrénées.

Le comte de Bismark, de son côté, avait déclaré que nous ne devions nullement nous préoccuper d'une combinaison que lui-même jugeait irréalisable, et en l'absence du chancelier fédéral, dans un moment où M. Benedetti avait cru devoir se montrer incrédule et pressant, M. de Thile avait engagé sa parole d'honneur que le prince de Hohenzollern n'était pas et ne pouvait pas devenir un candidat sérieux à la couronne d'Espagne.

Si l'on devait suspecter la sincérité d'assurances officielles aussi positives, les communications diplomatiques cesseraient d'être un gage de la paix européenne; elles ne seraient plus qu'un piége ou un danger. Aussi, bien que notre ambassadeur transmît ces déclarations sous toutes réserves, le Gouvernement de l'Empereur avait-il jugé convenable de les accueillir favorablement. Il s'était refusé à en révoquer en doute la bonne foi, jusqu'au jour où s'est révélée tout d'un coup la combinaison qui en était la négation éclatante. En revenant inopinément sur la parole qu'elle nous avait donnée, sans même tenter aucune démarche pour se dégager envers nous, la Prusse nous adressait un véritable défi. Éclairés, dès lors, sur la valeur que pouvaient avoir les protestations les plus formelles des hommes d'État prussiens, nous avions le devoir impérieux de préserver, dans l'avenir, notre loyauté contre de nouveaux mécomptes par une garantie explicite. Nous devions donc insister, comme nous l'avons fait, pour obtenir la certitude qu'une renonciation qui ne se présentait qu'entourée de distinctions subtiles était, cette fois, définitive et sérieuse.

Il est juste que la cour de Berlin ait devant l'histoire la responsabilité de cette guerre, qu'elle avait les moyens d'éviter et qu'elle a voulue. Et dans quelles circonstances a-t-elle recherché la lutte? C'est lorsque, depuis quatre ans, la France lui donnant le témoignage d'une modération constante, s'est abstenue, avec un scrupule peut-être exagéré, d'invoquer contre elle des traités conclus sous la médiation même de l'Empereur, mais dont l'oubli volontaire ressort de tous les actes d'un gouvernement qui songeait déjà à s'en affranchir au moment où il y souscrivait.

L'Europe a été témoin de notre conduite, et elle a pu la comparer à celle de la Prusse pendant le cours de cette période. Qu'elle prononce aujourd'hui sur la justice de notre cause. Quel que doive être le sort des batailles, nous attendons sans inquiétude le jugement de nos contemporains comme celui de la postérité.

Agréez, etc. *Signé* : GRAMONT.

SAMEDI, 23 JUILLET.

L'Empereur a adressé la proclamation suivante au peuple français :

Français,

Il y a dans la vie des peuples des moments solennels où l'honneur national, violemment excité, s'impose comme une force irrésistible, domine tous les intérêts et prend seul en mains la direction des destinées de la patrie. Une de ces heures décisives vient de sonner pour la France. La Prusse, à qui nous avons témoigné, pendant et depuis la guerre de 1866, les dispositions les plus conciliantes, n'a tenu aucun compte de notre bon vouloir et de notre longanimité. Lancée dans une voie d'envahissement, elle a éveillé toutes les défiances, nécessité partout des armements exagérés, et fait de l'Europe un camp où règnent l'incertitude et la crainte du lendemain.

Un dernier incident est venu révéler l'instabilité des rapports internationaux et montrer toute la gravité de la situation. En présence des nouvelles prétentions de la Prusse, nos réclamations se sont fait entendre. Elles ont été éludées et suivies de procédés dédaigneux. Notre pays en a ressenti une profonde irritation, et aussitôt un cri de guerre a retenti d'un bout de la France à l'autre. Il ne nous reste plus qu'à confier nos destinées au sort des armes.

Nous ne faisons pas la guerre à l'Allemagne, dont nous respectons l'indépendance. Nous faisons des vœux pour que les peuples qui composent la grande nationalité germanique disposent librement de leurs destinées.

Quant à nous, nous réclamons l'établissement d'un état de choses qui garantisse notre sécurité et assure l'avenir. Nous voulons conquérir une paix durable, basée sur les vrais intérêts des peuples, et faire cesser cet état précaire où toutes les nations emploient leurs ressources à s'armer les unes contre les autres.

Le glorieux drapeau que nous déployons encore une fois devant ceux qui nous provoquent est le même qui porta à travers l'Europe les idées civilisatrices de notre grande Révolution. Il représente les mêmes principes ; il inspirera les mêmes dévouements.

Français,

Je vais me mettre à la tête de cette vaillante armée qu'anime l'amour du devoir et de la patrie. Elle sait ce qu'elle vaut, car elle a vu dans les quatre parties du monde la victoire s'attacher à ses pas.

J'emmène mon fils avec moi, malgré son jeune âge. Il sait quels sont les devoirs que son nom lui impose, et il est fier de prendre sa part dans les dangers de ceux qui combattent pour la patrie.

Dieu bénira nos efforts. Un grand peuple qui défend une cause juste est invincible !

NAPOLÉON.

Le 22 juillet, l'Empereur a reçu, à deux heures, le Corps législatif.

S. Exc. M. Schneider, président, a prononcé le discours suivant :

SIRE,

Le Corps législatif vient de terminer ses travaux.

Il a unanimement voté tous les subsides et toutes les lois qu'exigeait la défense du pays, donnant ainsi un témoignage éclatant de son patriotisme.

S'il est vrai que le véritable auteur de la guerre ne soit pas celui qui la déclare, mais celui qui l'a rendue nécessaire, il n'y aura qu'une voix parmi les peuples des deux mondes pour en faire retomber la responsabilité sur la Prusse qui, enivrée par des succès inespérés, encouragée par notre patience et par notre désir de conserver à l'Europe les bienfaits de la paix, a cru pouvoir conspirer contre notre sécurité et porter atteinte à notre honneur.

Dans ces cas, la France sait remplir son devoir.

SIRE,

Les vœux les plus ardents vous suivront à l'armée dont vous allez prendre le commandement, accompagné de Votre Fils qui, devançant les devoirs de son âge, apprendra, à vos côtés, comment on sert son pays.

Derrière vous, derrière notre armée habituée à porter si haut le drapeau de la France, toujours prête à la recruter, se tient debout la nation tout entière.

Remettez sans inquiétude la régence entre les mains de notre auguste Souveraine.

A l'autorité que lui assurent les grandes qualités qu'Elle a déjà déployées, l'Impératrice ajoutera la force que donnent les institutions libérales si glorieusement inaugurées par Votre Majesté.

SIRE,

Le cœur de la nation est avec vous et avec notre vaillante armée.

L'Empereur a répondu :

Messieurs, j'éprouve une grande satisfaction, à la veille de mon départ pour l'armée, de pouvoir vous remercier du concours patriotique que vous avez donné à mon Gouvernement. Une guerre est légitime lorsqu'elle se fait avec l'assentiment du pays et l'approbation de ses représentants.

Vous avez bien raison de rappeler les paroles de Montesquieu : « Le véritable auteur de la guerre n'est pas celui qui la déclare, mais celui qui la rend nécessaire. »

Nous avons fait tout ce qui dépendait de nous pour l'éviter, et je puis dire que c'est la nation tout entière qui, dans son irrésistible élan, a dicté nos résolutions.

Je vous confie, en partant, l'Impératrice, qui vous appellera autour d'Elle, si les circonstances l'exigent. Elle saura remplir courageusement les devoirs que sa position lui impose.

J'emmène mon fils avec moi. Il apprendra, au milieu de l'armée, à servir son pays.

Résolu à poursuivre avec énergie la grande mission qui m'est confiée, j'ai foi dans le succès de nos armes ; car je sais que la France est debout derrière moi et que Dieu la protége !

Ces deux discours ont été souvent interrompus par d'unanimes et chaleureuses acclamations.

DIMANCHE 24 JUILLET.

Décret déclarant close la session du Sénat ainsi que la session du Corps législatif.
Palais de Saint-Cloud, 23 juillet 1870.

LUNDI, 25 JUILLET.

Le ministre de la guerre a prescrit de commencer la mise en état de défense et l'armement de l'enceinte fortifiée de Paris et des forts extérieurs.

Malgré l'interdiction prononcée par le Gouvernement, certains journaux continuent à donner des nouvelles des mouvements militaires, au grand détriment de la cause nationale.

Le Gouvernement avait espéré que l'appel fait à leur patriotisme serait entendu. C'est à regret qu'il se verrait forcé d'avoir recours à la loi.

MARDI 26 JUILLET.

Le ministre des affaires étrangères a adressé aux agents diplomatiques de l'Empereur la dépêche suivante :

Paris, le 24 juillet 1870.

Monsieur......, le cabinet de Berlin a fait publier, au sujet des négociations d'Ems, divers documents au nombre desquels se trouve une dépêche de M. le baron de Werther, rendant compte d'une conversation que nous avons eue ensemble durant son dernier séjour à Paris. Ces pièces ne représentent pas, sous son véritable aspect, la marche suivie par le Gouvernement de l'Empereur dans ces circonstances, et le rapport de M. de Werther m'attribue notamment des paroles que je crois de mon devoir de rectifier sur plusieurs points.

M. l'ambassadeur de Prusse, dans notre entretien, s'est particulièrement étendu avec moi sur cette considération que le roi, en autorisant la candidature du prince de Hohenzollern, n'avait jamais eu l'intention de blesser l'Empereur et n'avait jamais supposé que cette combinaison dût porter outrage à la France. J'ai fait observer à mon interlocuteur que, s'il en était ainsi, une pareille assurance donnée serait de nature à faciliter l'accord que nous recherchions. Mais je n'ai point demandé que le roi écrivît une lettre d'excuses, comme l'ont prétendu les journaux de Berlin dans leurs commentaires officieux.

Je ne saurais non plus souscrire aux appréciations que M. le baron de Werther me prête au sujet de la déclaration du 6 juillet. Je n'ai point admis que cette manifestation aurait été déterminée par des nécessités parlementaires. J'ai expliqué notre langage par la vivacité de la blessure que nous avions reçue, et je n'ai nullement fait valoir la position personnelle des ministres comme motif déterminant de leur conduite. Ce que j'ai dit, c'est qu'aucun ministère ne pouvait conserver en France la confiance des Chambres et de l'opinion en consentant à un arrangement qui ne contînt pas une garantie sérieuse pour l'avenir.

Je dois ajouter, contrairement au récit de M. de Werther, que je n'ai point séparé l'Empereur de la France. Rien dans mes paroles n'a pu autoriser le représentant de la Prusse à supposer qu'une étroite solidarité d'impressions ne régnât pas entre le Souverain et la nation tout entière.

Ces réserves faites, j'arrive au reproche principal qu'élève contre nous le cabinet de Berlin. Nous aurions volontairement, a-t-on dit, porté la discussion auprès du roi de Prusse, au lieu de l'engager avec son gouvernement. Mais lorsque, le 4 juillet, suivant mes instructions, notre chargé d'affaires s'est présenté chez M. de Thile pour l'entretenir des nouvelles qui nous étaient parvenues d'Espagne, quel a été le langage de M. le secrétaire d'État? Selon ses expressions mêmes, « le gouvernement prussien ignorait complétement cette affaire, et elle n'existait pas pour lui. » En présence de l'attitude du cabinet qui affectait de se désintéresser de l'incident pour le considérer comme regardant uniquement la famille royale de Prusse, que pouvions-nous faire, sinon nous adresser au roi lui-même?

C'est ainsi que, contre notre volonté, nous avons dû inviter notre ambassadeur à se mettre en communication avec le souverain, au lieu de traiter avec son ministre.

J'ai assez longtemps résidé dans les cours européennes pour savoir combien ce mode de négociation est désavantageux, et tous les cabinets ajouteront foi à mes paroles, quand j'affirmerai que nous avons suivi cette voie uniquement parce que toutes les autres nous étaient fermées. Nous regrettons que M. le comte de Bismarck, aussitôt qu'il a connu la gravité du débat, ne se soit pas rendu à Ems pour reprendre son rôle naturel d'intermédiaire entre le roi et notre ambassadeur; mais l'isolement dans lequel Sa Majesté a sans doute voulu rester, et que le

e

chancelier a vraisemblablement trouvé bon pour ses desseins, est-ce nous qui en sommes responsables? Et si, comme le fait remarquer le cabinet de Berlin, la déclaration de guerre qui lui a été remise par notre chargé d'affaires constitue notre première communication écrite et officielle, à qui donc en est la faute? Adresse-t-on des notes aux souverains? Notre ambassadeur pouvait-il se permettre une telle dérogation aux usages, quand il traitait avec le roi, et l'absence de tout document échangé entre les deux Gouvernements, avant la déclaration de guerre, n'est-elle pas la conséquence nécessaire de l'obligation où l'on nous a mis de suivre la discussion à Ems, au lieu de la laisser à Berlin, où nous l'avions d'abord portée?

Avant de clore ces rectifications, je relèverai une dernière observation du cabinet prussien. D'après un télégramme de Berlin, publié par les journaux du 23, MM. de Bismarck et de Thile, contestant un passage de ma dépêche-circulaire du 21 juillet, déclareraient que « depuis le jour où ils ont entendu parler de la demande adressée au prince de Hohenzollern, la question de la candidature du prince au trône d'Espagne n'a jamais été entre eux et M. Benedetti l'objet du moindre entretien, soit officiel, soit particulier ». Dans la forme où elle se produit, cette affirmation est ambiguë : elle semble se référer uniquement aux rapports de notre ambassadeur avec le ministère prussien, postérieurs à l'acceptation du prince Léopold. En ce sens, elle ne serait pas contraire à ce que nous avons dit nous-mêmes; mais si l'on prétend l'étendre aux communications antérieures, elle cesse d'être vraie, et pour l'établir je ne puis mieux faire que de citer ici une dépêche, en date du 31 mars 1869, adressée par notre ambassadeur, M. le comte Benedetti, à M. le marquis de la Valette, alors ministre des Affaires étrangères.

Elle est ainsi conçue :

« Berlin, 31 mars 1869.

» Monsieur le marquis,

» Votre Excellence m'a invité hier, par le télégraphe, à m'assurer si la candidature du prince de Hohenzollern au trône d'Espagne avait un caractère sérieux. J'ai eu ce matin l'occasion de voir M. de Thile, et j'ai cru pouvoir lui demander si je devais attacher quelque importance aux bruits qui avaient circulé à ce sujet. Je ne lui ai pas caché que je tenais à être exactement informé, en lui faisant remarquer qu'une pareille éventualité intéressait trop directement le Gouvernement de l'Empereur pour qu'il ne fût pas de mon devoir d'en signaler les dangers dans le cas où il existerait des raisons de croire qu'elle pût se réaliser. J'ai dit à mon interlocuteur que mon intention était de vous faire part de notre entretien.

» M. de Thile m'a donné l'assurance la plus formelle qu'il n'a, à aucun moment, eu connaissance d'une indication quelconque pouvant autoriser ne semblable conjecture, et que le ministre d'Espagne à Vienne, pendant le séjour qu'il a fait à Berlin, n'y aurait pas même fait allusion. Le sous-secrétaire d'État, en s'exprimant ainsi, et sans que rien dans ce que je lui disais fût de nature à provoquer une pareille manifestation, a cru devoir engager sa parole d'honneur.

» Suivant lui, M. Rancès se serait borné à entretenir le comte de Bismarck, qui tenait peut-être à profiter du passage de ce diplomate pour se renseigner sur l'état des choses en Espagne, de la manière dont elles s'engageaient en ce qui concerne le choix du futur souverain.

» Voilà, en substance, ce que M. de Thile m'a appris, en revenant à plusieurs reprises sur sa première déclaration, qu'il n'avait été et qu'il ne saurait être question du prince de Hohenzollern pour la couronne d'Espagne.

» Veuillez agréer, etc.

» *Signé* : BENEDETTI. »

Après cette citation, je crois superflu d'entrer dans plus de développements sur un point que nous devons considérer comme définitivement acquis.

Agréez, etc.

Signé : GRAMONT.

MERCREDI 27 JUILLET.

DÉCRET déclarant en état de siège les départements du Haut-Rhin et du Bas-Rhin.

Palais de Saint-Cloud, 26 juillet.

DÉCRET appelant à l'activité les 90,000 hommes formant le contingent de la classe de 1869.

Palais de Saint-Cloud, 26 juillet.

LETTRES PATENTES CONFÉRANT LA RÉGENCE A L'IMPÉRATRICE.

NAPOLÉON,

Par la grâce de Dieu et la volonté nationale, Empereur des Français,

A tous présents et à venir, salut;

Voulant donner à Notre bien-aimée Epouse, l'Impératrice, des marques de la confiance que Nous avons en Elle;

Et attendu que Nous sommes dans l'intention de Nous mettre à la tête de l'armée;

Nous avons résolu de conférer, comme Nous conférons par ces présentes, à Notre bien-aimée Epouse l'Impératrice le titre de Régente;

pour en exercer les fonctions dès que nous aurons quitté notre capitale, en conformité de Nos instructions et de Nos ordres, tels que Nous les aurons fait connaître dans l'ordre général du service que Nous aurons établi et qui sera transcrit sur le Livre d'Etat.

Entendons qu'il soit donné connaissance à Nos ministres desdits ordres et instructions, et qu'en aucun cas l'Impératrice ne puisse s'écarter de leur teneur dans l'exercice des fonctions de Régente.

Voulons que l'Impératrice préside en Notre nom le conseil des ministres. Toutefois, Notre intention n'est point que l'Impératrice Régente puisse autoriser par sa signature la promulgation d'aucune loi autre que celles qui sont actuellement pendantes devant le Sénat, le Corps législatif et le conseil d'Etat, Nous référant à cet égard au contenu des ordres et instructions mentionnés ci-dessus.

Mandons à Notre garde des sceaux, ministre de la Justice et des Cultes, de donner communication des présentes lettres patentes au Sénat, qui les fera transcrire sur ses registres, et de les faire publier au *Bulletin des lois*.

Donné au palais des Tuileries, le 23 juillet 1870,

                                     NAPOLÉON.

Vu et scellé du grand sceau :   Par l'Empereur:
Le garde des sceaux, ministre de la   *Le garde des sceaux, ministre de la*
    Justice et des Cultes.   *Justice et des Cultes.*

   ÉMILE OLLIVIER.   ÉMILE OLLIVIER.

COMMUNICATIONS DIVERSES.

Le *Times* a publié un prétendu traité entre la France et la Prusse, ayant pour objet de faciliter à la France l'acquisition du Luxembourg et de la Belgique, à la condition que la France ne s'opposerait pas à l'union des Etats du Sud de l'Allemagne avec la confédération du Nord.

Après le traité de Prague, plusieurs pourparlers ont eu lieu en effet à Berlin, entre M. de Bismarck et l'ambassadeur de France, au sujet d'un projet d'alliance. Quelques-unes des idées contenues dans le document inséré par le *Times* ont été soulevées, mais le Gouvernement français n'a jamais eu connaissance d'un projet formulé par écrit, et quant aux propositions dont on avait pu parler dans ces entretiens, l'Empereur Napoléon les a rejetées.

Il n'échappera à personne dans quel intérêt et dans quel but on cherche aujourd'hui à tromper l'opinion publique en Angleterre.

On nous prévient qu'on a fait courir, de l'autre côté du Rhin, le bruit que l'Empereur aurait donné l'ordre que les prisonniers de guerre seraient traités avec la dernière rigueur et mis en dehors du droit des gens. Cette nouvelle est d'autant plus absurde que l'Empereur, au contraire, a recommandé de traiter les prisonniers avec la plus grande humanité.

Nous croyons devoir rappeler qu'aux termes de l'article 77 du code pénal, est puni de mort quiconque aura pratiqué des manœuvres ou entretenu des intelligences pour fournir aux ennemis des secours en argent.

JEUDI 28 JUILLET.

Décret. — Le général baron Durrieu est nommé gouverneur général, *par intérim*, de l'Algérie.

Palais de Saint-Cloud, 27 juillet.

Le général commandant supérieur de la garde nationale de la Seine a reçu de l'Empereur la lettre suivante :

Palais de Saint-Cloud, le 26 juillet 1870.

Mon cher général, je vous prie d'exprimer de ma part à la garde nationale de Paris combien je compte sur son patriotisme et son dévouement.

Au moment de partir pour l'armée, je tiens à lui témoigner la confiance que j'ai en elle pour maintenir l'ordre dans Paris et pour veiller à la sûreté de l'Impératrice.

Il faut aujourd'hui que chacun, dans la mesure de ses forces, veille au salut de la Patrie.

Croyez, mon cher général, à mes sentiments d'amitié.

NAPOLÉON.

VENDREDI 29 JUILLET.

Décret déclarant en état de guerre :

1° Dans la 5ᵉ division militaire, les places de Metz, Thionville, Longwy, Bitche, Marsal, Phalsbourg, Montmédy, Verdun et Toul;

2° Dans la 6ᵉ division militaire, les places de Strasbourg, Schelestadt, Neufbrisach, Belfort, Lichtemberg et la Petite-Pierre.

Palais de Saint-Cloud, 27 juillet.

L'Empereur a adressé la proclamation suivante à l'armée (1) :

Soldats,

Je viens me mettre à votre tête pour défendre l'honneur et le sol de la Patrie.

Vous allez combattre une des meilleures armées de l'Europe; mais d'autres, qui valaient autant qu'elle, n'ont pu résister à votre bravoure. Il en sera de même aujourd'hui.

La guerre qui commence sera longue et pénible, car elle aura pour théâtre des lieux hérissés d'obstacles et de forteresses; mais rien n'est au-dessus des efforts persévérants des soldats d'Afrique, de Crimée, de Chine, d'Italie et du Mexique. Vous prouverez une fois de plus ce que peut une armée française animée du sentiment du devoir, maintenue par la discipline, enflammée par l'amour de la Patrie.

Quel que soit le chemin que nous prenions hors de nos frontières, nous y trouverons les traces glorieuses de nos pères. Nous nous montrerons dignes d'eux.

La France entière vous suit de ses vœux ardents, et l'univers a les yeux sur vous. De nos succès dépend le sort de la liberté et de la civilisation.

Soldats, que chacun fasse son devoir, et le Dieu des armées sera avec nous !

NAPOLÉON

Au quartier impérial de Metz, le 28 juillet 1870.

L'Empereur a adressé aux marins de la flotte la proclamation suivante, dont l'Impératrice a donné Elle-même lecture à Cherbourg, lors de la visite faite par Sa Majesté, à l'escadre, dans la dernière semaine :

Officiers et marins,

Quoique je ne sois pas au milieu de vous, ma pensée vous suivra sur ces mers où votre valeur va se déployer.

La marine française a de glorieux souvenirs; elle se montrera digne de son passé.

Lorsque, loin du sol de la Patrie, vous vous trouverez en face de l'ennemi, songez que la France est avec vous, que son cœur bat avec le vôtre et qu'elle appelle sur vos armes la protection du Ciel.

(1) On lit dans le même numéro : L'Empereur et le Prince Impérial sont partis ce matin, 28 juillet, à dix heures, du palais de Saint-Cloud pour Metz, où ils sont arrivés à sept heures.

Partout sur leur passage, l'Empereur et le Prince Impérial ont reçu l'accueil le plus enthousiaste.

Pendant que vous combattrez sur mer, vos frères de l'armée de terre lutteront avec la même ardeur pour la même cause que vous. Secondez réciproquement vos efforts, que couronnera le même succès.

Allez, montrez avec orgueil nos couleurs nationales. En voyant le drapeau tricolore flotter sur nos vaisseaux, l'ennemi saura que partout il porte dans ses plis l'honneur et le génie de la France.

NAPOLÉON.

Palais de Saint-Cloud, le 23 juillet 1870.

SAMEDI 30 JUILLET.

La publication d'un soi-disant traité (1) entre la France et la Prusse donnant lieu à une polémique qui tend à dénaturer la vérité des faits, le Gouvernement de l'Empereur a jugé opportun de publier la lettre suivante, adressée par le comte Benedetti à Son Exc. le ministre des Affaires étrangères :

Paris, le 29 juillet 1870.

Monsieur le duc, si injustes qu'elles fussent, je n'ai pas cru convenable de relever les appréciations dont j'ai été personnellement l'objet quand on a appris en France que le prince de Hohenzollern avait accepté la couronne d'Espagne. Ainsi que mon devoir me le commandait, j'ai laissé au Gouvernement de l'Empereur le soin de les redresser. Je ne puis garder le même silence devant l'usage que M. le comte de Bismarck a fait d'un document auquel il cherche à donner une valeur qu'il n'a jamais eue, et je demande à Votre Excellence de rétablir les faits dans toute leur exactitude.

Il est de notoriété publique que M. le comte de Bismarck nous a offert, avant et pendant la dernière guerre, de contribuer à réunir la Belgique à la France en compensation des agrandissements qu'il ambitionnait et qu'il a obtenus pour la Prusse. Je pourrais à cet égard invoquer le témoignage de toute la diplomatie européenne, qui n'a rien ignoré. Le Gouvernement de l'Empereur a constamment décliné ces ouvertures, et l'un de vos prédécesseurs, M. Drouyn de Lhuys, est en mesure de donner à cet égard des explications qui ne laisseraient subsister aucun doute.

Au moment de la conclusion de la paix de Prague, et en présence de l'émotion que soulevait en France l'annexion du Hanovre, de la Hesse électorale et de la ville de Francfort à la Prusse, M. de Bismarck témoigna

---

(1) Projet de traité publié par le *Times* et relatif à une annexion proposée de la Belgique à la France. — Voir aux appendices de ce volume, une lettre postérieure de M. Benedetti.

de nouveau le plus vif désir de rétablir l'équilibre rompu par ces acquisitions. Diverses combinaisons, respectant l'intégrité des Etats voisins de la France et de l'Allemagne, furent mises en avant; elles devinrent l'objet de plusieurs entretiens, pendant lesquels M. de Bismarck inclinait toujours à faire prévaloir ses idées personnelles.

Dans une de ces conversations, et afin de me rendre un compte exact de ses combinaisons j'ai consenti à les transcrire en quelque sorte sous sa dictée. La forme, non moins que le fond, démontre clairement que je me suis borné à reproduire un projet conçu et développé par lui. M. de Bismarck garda cette rédaction, voulant la soumettre au roi. De mon côté, je rendis compte, en substance, au Gouvernement impérial des communications qui m'avaient été faites.

L'Empereur les repoussa dès qu'elles parvinrent à sa connaissance.

Je dois dire que le roi de Prusse lui-même ne parut pas vouloir en agréer la base, et depuis cette époque, c'est-à-dire pendant les quatre dernières années, je ne suis plus entré dans aucun nouvel échange d'idées à ce sujet avec M. de Bismarck. Si l'initiative d'un pareil traité eût été prise par le Gouvernement de l'Empereur, le projet aurait été libellé par le ministère, et je n'aurais pas eu à en produire une copie écrite de ma main; il eût été d'ailleurs autrement rédigé, et il aurait donné lieu à des négociations qui eussent été simultanément poursuivies à Paris et à Berlin. Dans ce cas, M. de Bismarck ne se serait pas contenté d'en livrer indirectement le texte à la publicité, au moment surtout où Votre Excellence rectifiait, dans des dépêches qui étaient insérées au *Journal officiel*, d'autres erreurs qu'on cherchait également à propager. Mais pour atteindre le but qu'il s'est proposé, celui d'égarer l'opinion publique et de prévenir les indiscrétions que nous aurions pu nous permettre nous-même, il a usé de cet expédient qui le dispensait de préciser à quel moment, dans quelles circonstances et de quelle manière ce document avait été transcrit. Il s'est évidemment flatté de suggérer, grâce à ces omissions, des conjectures qui, en dégageant sa responsabilité personnelle, devaient compromettre celle du Gouvernement de l'Empereur. De pareils procédés n'ont pas besoin d'être qualifiés; il suffit de les signaler, en les livrant à l'appréciation du public européen.

Veuillez agréer, etc.

V. BENEDETTI.

DIMANCHE 31 JUILLET.

L'Empereur a pris hier le commandement en chef de l'armée du Rhin.

LES DOCUMENTS ANGLAIS.

Les documents publiés par le Gouvernement anglais, au sujet des négociations qui ont précédé la guerre, prouvent d'une manière précise et authentique l'exactitude de tous les faits allégués par le Gouvernement de l'Empereur. Ce « blue book » éclaircira tous les doutes, dans le cas où il en existerait encore.

On avait reproché à la France d'avoir porté la négociation à Ems au lieu de la poursuivre à Berlin par les voies ordinaires. C'est le représentant de l'Angleterre en Prusse, lord Loftus, qui se charge lui-même de répondre à cette critique. Il déclare en effet, par une dépêche en date du 6 juillet, que le cabinet de Berlin, se désintéressant de la question pour la considérer comme regardant uniquement la famille royale de Prusse, déclinait toute solidarité dans la candidature du prince de Hohenzollern.

C'était là, suivant les expressions de M. de Thile, « une affaire qui n'existait pas pour le Gouvernement prussien. »

Ne pouvant agir à Berlin, nous étions donc dans la nécessité de porter la négociation à Ems, auprès du roi lui-même.

On soutenait que la France, dans le cours du débat, avait modifié et augmenté ses prétentions.

Les documents anglais établissent au contraire que, depuis la première phase des négociations jusqu'à la dernière, notre diplomatie s'est toujours placée sur le même terrain. La première dépêche adressée par le duc de Gramont au comte Benedetti, arrivée à Ems, se termine par cette phrase : « Pour que la renonciation produise son effet, il est nécessaire que le roi s'y associe, et vous donne l'assurance qu'il n'autorisera pas de nouveau la candidature. »

Or, les dépêches anglaises prouvent que telle a été depuis le commencement jusqu'à la fin notre seule réclamation. Nous ne demandions qu'une chose : une renonciation sérieuse, définitive, et le Gouvernement britannique comprenait parfaitement que nous étions en droit de poser ainsi la question.

On a prétendu que la France, en demandant au roi de Prusse de s'associer à la renonciation de son parent, avait formulé une demande exagérée, contraire à la dignité du monarque. La meilleure preuve qu'il n'en était pas ainsi, c'est que lord Granville nous prêta son concours auprès du roi, en vue d'obtenir, sur ce point, ce que nous réclamions. Il est vrai que M. de Bismarck s'en est indigné, et a vu avec un extrême déplaisir l'attitude du cabinet de Londres.

Aux journaux prussiens qui soutiennent que la France voulait la guerre à tout prix, nous répondons par la dépêche de lord Lyons en date du 13 juillet. L'ambassadeur d'Angleterre écrit à lord Granville que la France n'exprime qu'un désir, c'est que le roi de Prusse prenne l'engagement d'empêcher le prince de Hohenzollern d'accepter de nouveau la candidature. Lord Lyons ajoute dans la même dépêche qu'il demanda au duc de Gramont de l'autoriser à transmettre cette déclaration au Gouvernement de la reine.

Le ministre des Affaires étrangères prit alors une feuille de papier qu'il plaça dans les mains de l'ambassadeur, après y avoir écrit ces mots : « Nous demandons au roi de Prusse de défendre au prince de Hohenzollern de revenir sur sa résolution. S'il le fait, *tout l'incident est terminé*. »

Si la France avait eu des arrière-pensées, aurait-elle fait au Gouvernement de la reine une déclaration qui avait le caractère d'une promesse formelle, et qui nous imposait l'obligation de nous tenir pour satisfaits, dans le cas où le roi de Prusse aurait déféré à notre unique demande ?

Nous avons dit que l'insulte faite à notre dignité a été la publicité intentionnelle donnée en dernier lieu au refus de recevoir notre ambassadeur, et que c'est là, pour ainsi dire, la dernière goutte qui a fait déborder le vase. Une dépêche de lord Lyons, en date du 15 juillet, est la confirmation de cette vérité.

Signalons dans les documents anglais d'autres points qui ne sont pas dignes d'une moindre attention. Une des dépêches les plus curieuses est celle que l'ambassadeur d'Angleterre à Berlin adresse à lord Granville le 13 juillet.

Lord Loftus dit que le comte de Bismarck et le ministère prussien trouvent l'attitude du roi, à Ems, trop modérée et craignent que la négociation ne prenne une tournure trop conciliante. D'après M. de Bismarck, la réception courtoise faite par le souverain à M. de Benedetti excite dans toute la Prusse « une indignation générale ». Ne reconnaissons-nous pas dans cet inqualifiable langage les procédés de l'homme d'État combattant toujours les scrupules honorables de son maître et le poussant à commettre des actes qui répugnaient à sa conscience royale ? C'est M. de Bismarck qui a voulu la guerre : que la responsabilité en retombe sur lui !

Quant à la France, elle n'a rien à se reprocher. Dans ses rapports avec le roi, M. Benedetti n'a pas été seulement modéré, il a été respectueux. La prétendue lettre d'excuses qui aurait été demandée au souverain de la Prusse n'est qu'une ridicule invention. Il n'y a pas dans le « blue book » anglais une seule allusion à cette soi-disant exigence. Si jamais elle se fût produite, lord Lyons, qui était tenu jour par jour, ou pour mieux dire heure par heure, au courant de la négociation, n'en aurait-il pas été informé ?

La lumière se fait donc sur tous les points. C'est l'Angleterre elle-même qui réfute loyalement, par une simple exposition des faits, les attaques et les calomnies dirigées contre nous.

Au début du conflit, c'est elle qui, reconnaissant la légitimité de notre grief, fait ressortir avec la plus grande énergie, en Espagne comme en Prusse, tous les inconvénients, tous les dangers de la candidature Hohenzollern. A l'issue du débat, c'est elle qui demande au roi

Guillaume de s'associer à la renonciation du prince. Si nous avions voulu la guerre, aurions-nous sollicité avec tant d'insistance les bons offices du cabinet de Londres pour obtenir la paix? Si nous avions formulé des demandes exorbitantes, serions-nous parvenus à les faire appuyer par un gouvernement aussi impartial que le Gouvernement anglais? Le ton des dépêches si remarquables de lord Lyons et de lord Granville ne prouve-t-il pas que nos relations avec l'Angleterre n'ont jamais eu un caractère plus amical? A ceux qui révoqueraient encore en doute telle ou telle des allégations mises en avant soit à la tribune, soit dans la correspondance diplomatique par les ministres de l'Empereur, nous ne ferons qu'une seule réponse : « Lisez les documents anglais. »

LUNDI 1ᵉʳ AOUT.

Le Gouvernement a décidé que le passe-port sera exigé, pendant la guerre, de tout voyageur, à quelque nationalité qu'il appartienne, pour sortir de France ou pour pénétrer sur le territoire de l'Empire. Cette décision n'est point applicable aux sujets des États actuellement en guerre avec la France, qui ne pourront voyager dans l'intérieur de l'Empire qu'en vertu d'autorisations spéciales délivrées par le ministre de l'Intérieur.

Des Français, expulsés du duché de Bade, ont eu à subir les traitements les plus indignes jusqu'à la frontière suisse, où ils ont été conduits enchaînés.

Plusieurs ont été dépouillés de leurs effets et obligés de payer 24 kreutzers pour la lcoation du cachot où ils étaient abrités contre les violences de la population.

MARDI 2 AOUT.

LIGNES TÉLÉGRAPHIQUES.

Avis. — Par suite d'un accord intervenu entre les ministres de l'Intérieur et de la Guerre, les adresses des dépêches envoyées par le télégraphe aux militaires de l'armée du Rhin devront indiquer :

Le nom du destinataire;

Son grade ;

Le régiment, le bataillon et la compagnie auxquels il appartient ;

Enfin le lieu de destination.

Ces indications sont nécessaires pour assurer la remise exacte des dépêches; la dernière ne saurait être suppléée par aucune autre.

Les adresses ainsi libellées ne seront comptées que pour cinq mots dans l'application de la taxe.

Dans le cas où le régiment ne se trouverait plus à l'adresse indiquée, l'administration fera suivre gratuitement la dépêche, soit par le télégraphe, soit par la poste.

MERCREDI 3 AOUT.

Aujourd'hui, 2 août, à 11 heures du matin, les troupes françaises ont eu un sérieux engagement avec les troupes prussiennes.

Notre armée a pris l'offensive, franchi la frontière et envahi le territoire de la Prusse.

Malgré la force de la position ennemie, quelques-uns de nos bataillons ont suffi pour enlever les hauteurs qui dominent Sarrebrück, et notre artillerie n'a pas tardé à chasser l'ennemi de la ville. L'élan de nos troupes a été si grand que nos pertes ont été légères.

L'engagement, commencé à onze heures, était terminé à une heure.

L'Empereur assistait aux opérations, et le Prince Impérial, qui l'accompagnait partout, a reçu, sur le premier champ de bataille de la campagne, le baptême du feu.

Sa présence d'esprit, son sang-froid dans le danger ont été dignes du nom qu'il porte.

A quatre heures, l'Empereur et le Prince Impérial étaient rentrés à Metz.

JEUDI 4 AOUT.

NOUVELLES DE LA GUERRE.

Metz, 3 août 1870.

Hier, lorsqu'on a occupé les hauteurs de Sarrebrück, une batterie de mitrailleuses a été mise en position en présence de l'Empereur et du Prince Impérial.

L'Empereur avait ordonné qu'on ne tirât que si cela devenait nécessaire. Les Prussiens, en effet, étant cachés dans les ravins ou dans des maisons, ou bien disséminés en tirailleurs, on ne pouvait se servir utilement de notre nouvelle artillerie.

Mais bientôt on aperçut un peloton ennemi qui défilait sur le chemin de fer de la rive droite à une distance de seize cents mètres. On dirigea sur lui les mitrailleuses, et en un clin d'œil le groupe fut dispersé, laissant la moitié de ses hommes par terre. Un second peloton se hasarda de nouveau sur la même ligne et subit le même sort.

Dès lors, personne n'osa plus passer sur le chemin de fer. Les officiers d'artillerie français sont enthousiasmés des effets des mitrailleuses.

Parmi les prisonniers prussiens se trouvent plusieurs volontaires d'un an. On sait qu'en Prusse, ces militaires appartiennent à des familles aisées, qui s'engagent au service pour une année.

Ils ont été très-discrets au sujet des questions qu'on leur a adressées, mais ils sont convenus de la supériorité du fusil français sur le fusil prussien.

D'un autre côté, le maréchal Bazaine a eu un engagement avec les tirailleurs ennemis. Plusieurs Prussiens ont été tués. Aucun des nôtres n'a été blessé.

———

A la suite de l'affaire d'hier, le corps du général Frossard s'est rendu maître des hauteurs qui dominent Sarrebrück et des débouchés de la Sarre. Les batteries de l'artillerie ennemie, qui avaient pris position sur la gauche de Sarrebrück, ont été forcées d'éteindre leurs feux.

Les troupes campent sur les positions dont elles se sont emparées.

Nos soldats ont supporté avec une grande énergie les fatigues d'une marche dans un pays accidenté. Leurs chefs se plaisent à constater leur calme, leur intrépidité et leur confiance de plus en plus grande dans leurs armes.

———

Le ministre des Affaires étrangères a adressé aux agents diplomatiques français la dépêche suivante :

Paris, le 3 août 1870.

Monsieur..., nous connaissons aujourd'hui le développement du télégramme adressé par M. le comte de Bismarck à l'ambassadeur de Prusse à Londres pour annoncer à l'Angleterre les prétendus secrets dont le chancelier fédéral se disait le dépositaire. Sa dépêche n'ajoute aucun fait essentiel à ceux qu'il avait avancés. Nous y trouvons seulement quelques invraisemblances de plus. Nous ne les relèverons pas. L'opinion publique a déjà fait justice d'affirmations qui n'empruntent aucune autorité à l'audace avec laquelle on les répète, et nous considérons comme définitivement acquis, en dépit de toute dénégation, que jamais l'Empereur Napoléon n'a proposé à la Prusse un traité pour prendre possession de la Belgique. Cette idée appartient à M. de Bismarck ; c'était un des expédients de cette politique sans scrupules qui, nous l'espérons, touche à son terme.

Je m'abstiendrais donc de revenir sur des assertions dont la fausseté est aujourd'hui manifeste, si l'auteur de la dépêche prussienne, avec une absence de tact que je constate pour la première fois à ce degré dans un document diplomatique, n'avait cité des parents de l'Empereur comme porteurs de messages et de confidences compromettantes. Quelle que soit la répugnance avec laquelle je me vois contraint, pour suivre le chancelier prussien, de m'engager dans une voie si contraire à mes habitudes, je surmonte ce sentiment parce qu'il est de mon devoir de repousser les perfides insinuations qui, dirigées contre des membres de la famille impériale, cherchent évidemment à atteindre l'Empereur lui-même.

C'est à Berlin que M. de Bismarck, prenant l'initiative des idées dont il veut aujourd'hui nous attribuer la première conception, sollicitait en ces termes le prince français qu'il fait, au mépris de toutes les convenances, intervenir aujourd'hui dans sa polémique :

« Vous cherchez, lui disait-il, une chose impossible, vous voulez prendre les provinces du Rhin qui sont allemandes. Pourquoi ne pas vous adjoindre la Belgique, où existe un peuple qui a la même origine, la même religion, et qui parle la même langue? J'ai déjà fait dire cela à l'Empereur ; s'il entrait dans mes vues, nous l'aiderions à prendre la Belgique. Quant à moi, si j'étais le maître et que je ne fusse pas gêné par l'entêtement du roi, cela serait déjà fait. »

Ces paroles du chancelier prussien ont été pour ainsi dire littéralement répétées à la cour de France par le comte de Goltz. Cet ambassadeur s'en cachait si peu, que le nombre est considérable des témoins qui l'ont entendu. J'ajouterai qu'à l'époque de l'Exposition universelle, les ouvertures de la Prusse furent connues de plus d'un haut personnage, qui en prit bonne note et s'en souvient encore. Ce n'était pas d'ailleurs chez le comte de Bismarck une idée passagère, mais bien un projet concerté, auquel se rattachaient ses plans ambitieux, et il en poursuivait l'exécution avec une persévérance que prouvent assez ses nombreuses excursions en France, soit à Biarritz, soit ailleurs. Il échoua devant la volonté inébranlable de l'Empereur, qui refusa toujours de s'associer à une politique indigne de sa loyauté.

Je quitte maintenant ce sujet que j'ai abordé pour la dernière fois, avec la ferme intention de n'y plus revenir, et j'arrive au point véritablement nouveau de la dépêche de M. de Bismarck :

J'ai lieu de croire, dit-il, que si la publication du projet de traité n'avait pas eu lieu, la France nous aurait fait, après l'achèvement de nos armements mutuels, l'offre de mettre à exécution les propositions qu'elle nous avait faites antérieurement, dès que nous nous serions trouvés ensemble à la tête d'un million de soldats bien armés, en face de l'Europe non armée, c'est-à-dire de faire la paix avant ou après la première bataille sur la base des propositions de M. Benedetti, aux dépens de la Belgique. »

Il ne saurait convenir au Gouvernement de l'Empereur de tolérer une pareille assertion. A la face de l'Europe, les ministres de Sa Majesté mettent M. de Bismarck au défi d'alléguer un fait quelconque pouvant faire supposer qu'ils aient manifesté directement ou indirectement, par la voie officielle ou par le canal d'agents secrets, l'intention de s'unir à la Prusse pour accomplir avec elle sur la Belgique l'attentat consommé sur le Hanovre.

Nous n'avons ouvert aucune négociation avec M. de Bismarck ni sur la Belgique, ni sur tout autre sujet. Bien loin de chercher la guerre, comme on nous en accuse, nous avons prié lord Clarendon d'intervenir auprès du ministre prussien pour provoquer un désarmement réciproque, mission importante dont lord Clarendon, par amitié pour la France et par dévouement aux idées de paix, consentit à se charger confidentiellement. Voici en quels termes M. le comte Daru, dans une lettre du 1er février, expliquait les intentions du Gouvernement à M. le marquis de La Valette, notre ambassadeur à Londres :

« Il est certain que je ne me mêlerais point de cette affaire et que je ne demanderais pas à l'Angleterre de s'en mêler, s'il s'agissait purement et simplement d'une démarche banale et de pure forme, faite uniquement pour fournir à M. de Bismarck l'occasion d'exprimer une fois de plus son refus. C'est une démarche ferme, sérieuse, positive qu'il s'agit de faire.

» Le principal secrétaire d'Etat semble prévoir que M. de Bismarck éprouvera un premier mouvement de mécontentement et d'humeur. Cela est possible, mais non certain. Dans cette prévision, il est peut-être bon de préparer le terrain, de manière à éviter une réponse négative dès le début.

» Je suis convaincu que la réflexion et le temps amèneront le chancelier à prendre en sérieuse considération la démarche de l'Angleterre ; si, dès le premier jour, il n'a pas repoussé toute ouverture, l'intérêt de la Prusse et de l'Allemagne entière parlera bien vite assez haut pour adoucir ses résistances. Il ne voudra pas soulever contre lui l'opinion de son pays tout entier. Quelle serait sa position, en effet, si nous lui ôtions le seul prétexte derrière lequel il puisse se réfugier, à savoir l'armement de la France ?

» Le comte de Bismarck répondit d'abord qu'il ne pouvait prendre sur lui de faire part au roi des suggestions du Gouvernement britannique, et qu'il était assez au courant de la manière de voir de son souverain pour pressentir ses impressions. Le roi Guillaume verrait certainement, disait-il, dans la démarche du cabinet de Londres, la preuve d'un changement dans les dispositions de l'Angleterre à l'égard de la Prusse. En résumé, le chancelier fédéral déclarait « qu'il était impossible à la Prusse de modifier un système militaire entré si profondément dans les traditions du pays, qui formait une des bases de sa constitution et n'avait rien que de normal. »

M. le comte Daru ne s'arrêta point devant cette première réponse. Le 13 février, il écrivait à M. de La Valette :

« J'espère que lord Clarendon ne se tiendra pas pour battu et ne se découragera pas. Nous lui donnerons prochainement l'occasion de revenir à la charge, si cela lui convient, et de reprendre la conversation interrompue avec le chancelier fédéral. Notre intention est, en effet, de diminuer notre contingent ; nous l'aurions diminué beaucoup si nous avions obtenu une réponse favorable du chancelier de la Confédération du Nord ; nous le diminuerons moins, puisque la réponse est négative, mais nous le diminuerons. La réduction sera, j'espère, de 10,000 hommes ; c'est le chiffre que je proposerai.

» Nous affirmerons de la sorte par les actes, qui valent toujours mieux que les paroles, nos intentions, notre politique. Neuf contingents, réduits de 10,000 hommes chacun, font une diminution totale de 90,000 hommes. C'est déjà quelque chose, c'est un dixième de l'armée existante ; je regrette de ne pouvoir faire plus. La loi du contingent sera déposée prochainement. Lord Clarendon jugera alors s'il est à propos de représenter à M. de Bismarck que le Gouvernement prussien, seul en Europe, ne fait point de concessions à l'esprit de paix, et qu'il se place ainsi dans une situation grave au milieu des sociétés européennes, parce qu'il donne des armes contre lui à tout le monde, y compris les populations accablées sous le poids des charges militaires qu'il leur impose. »

Le comte de Bismarck, vivement pressé, crut nécessaire d'entrer dans quelques explications nouvelles avec lord Clarendon.

Ces explications, telles que nous les connaissons par une lettre de M. de La Valette, en date du 23 février, étaient pleines de réticences. Le chancelier de la confédération prussienne, revenant sur sa première résolution, avait entretenu le roi Guillaume de la proposition recommandée par l'Angleterre ; mais Sa Majesté l'avait déclinée. A l'appui de ce refus, le chancelier alléguait la crainte d'une alliance éventuelle de l'Autriche avec les États du Sud de l'Allemagne et les velléités d'agrandissement que pourrait avoir la France. Mais il mettait en avant surtout les préoccupations que lui inspirait, disait-il, la politique de la Russie, et s'engageait, à ce propos, dans des considérations particulières sur la cour de Pétersbourg, que je préfère passer sous silence, ne pouvant me résoudre à reproduire des insinuations blessantes.

Telles sont les fins de non-recevoir que le comte de Bismarck opposait aux loyales et consciencieuses instances renouvelées itérativement par lord Clarendon, à la demande du Gouvernement de l'Empereur.

Si donc l'Europe est restée en armes, si un million d'hommes sont à la veille de se heurter sur les champs de bataille, il n'est plus permis de le contester, la responsabilité d'un tel état de choses appartient à la Prusse, car c'est elle qui a repoussé toute idée de désarmer lorsque nous lui en faisions parvenir la proposition et que nous commencions par en donner l'exemple.

Cette conduite ne s'explique-t-elle pas d'ailleurs par le fait qu'à l'heure même où la France confiante diminuait son contingent, le cabinet de Berlin organisait dans l'ombre la candidature provocatrice d'un prince prussien ?

Quelles que soient les calomnies inventées par le chancelier fédéral, nous sommes sans crainte ; il a perdu le droit d'être cru. La conscience de l'Europe et l'histoire diront que la Prusse a cherché la guerre actuelle, en infligeant à la France, préoccupée du développement de ses institutions politiques, un outrage qu'aucune nation fière et courageuse n'aurait pu accepter sans mériter le mépris des peuples.

Agréez, etc.

Signé : GRAMONT.

SAMEDI 6 AOUT.

NOUVELLES DE LA GUERRE.

5 août, midi 45 m.

Trois régiments de la division du général Douay et une brigade de cavalerie légère ont été attaqués à Wissembourg par des forces très-considérables, massées dans les bois qui bordent la Lauter.

Ces troupes ont résisté pendant plusieurs heures aux attaques de l'ennemi, puis se sont repliées sur le col du Pigeonnier, qui commande la ligne de Bitsch.

Le général Douay (Abel) a été tué.

Un de nos canons, dont les chevaux ont été tués et l'affût brisé, est tombé au pouvoir de l'ennemi.

Le maréchal Mac-Mahon concentre sur les lieux les forces placées sous son commandement.

5 août, 4 h. 30 m.

Le maréchal Mac-Mahon occupe avec son corps d'armée une forte position.

On est en communication télégraphique avec tous les corps de l'armée.

Les troupes françaises, qui au nombre de sept à huit mille soldats ont été engagées devant Wissembourg, ont eu affaire à deux corps d'armée, parmi lesquels se trouvaient des troupes d'élite appartenant à la garde prussienne.

Malgré l'infériorité du nombre, nos régiments ont résisté pendant plusieurs heures avec un héroïsme admirable, et, lorsqu'ils se sont repliés, les pertes de l'ennemi étaient si considérables qu'il n'a pas osé les suivre.

Tandis qu'à Sarrebruck nous avons coupé la ligne prussienne, la nôtre n'a pas été coupée.

f

DIMANCHE 7 AOUT.

Le conseil des ministres a adressé à la population de Paris la proclamation suivante :

Vous avez été justement émus par une odieuse manœuvre (1).

Le coupable a été saisi, et la justice informe. Le Gouvernement prend les mesures les plus énergiques pour qu'une telle infamie ne puisse plus se renouveler.

Au nom de la patrie, au nom de votre armée héroïque, nous vous demandons d'être calmes, patients et de maintenir l'ordre.

Le désordre à Paris, ce serait une victoire pour les Prussiens.

Aussitôt qu'une nouvelle certaine arrivera, de quelque nature qu'elle soit, bonne ou mauvaise, elle vous sera immédiatement communiquée.

Soyons unis et n'ayons en ce moment qu'une pensée, qu'un vœu, qu'un sentiment : le triomphe de nos armes.

Le 6 août 1870, à 6 heures.

Le Gouvernement prévient le public que toutes les nouvelles officielles du théâtre de la guerre porteront désormais la signature du ministre de l'Intérieur.

LUNDI 8 AOUT.

PROCLAMATION.

Français,

Jusqu'à cette heure, nous avons toujours donné, sans réserve, toutes les nouvelles certaines que nous avons reçues.

Nous continuons à le faire.

Cette nuit, nous avons reçu les dépêches suivantes :

Metz, minuit et demi.

Le maréchal Mac-Mahon a perdu une bataille ; sur la Sarre, le général Frossard a été obligé de se retirer ; cette retraite s'opère en bon ordre ; tout peut se rétablir.

NAPOLÉON.

Metz, 7 août, 3 h. 30 du matin.

Mes communications étant interrompues avec le maréchal de Mac-Mahon, je n'ai pas eu de nouvelles de lui jusqu'à hier. C'est le général de Laigle

---

(1) Le bruit d'une grande victoire, hélas ! imaginaire, remportée par le maréchal de Mac-Mahon sur le prince Frédéric-Charles avait été répandu dans Paris et y avait excité une émotion extraordinaire.

qui m'a annoncé que le maréchal de Mac-Mahon avait perdu une bataille contre des forces considérables, et qu'il se retirait en bon ordre.

D'un autre côté, sur la Sarre, un engagement a commencé vers une heure. Il ne paraissait pas très-sérieux, lorsque petit à petit les masses ennemies se sont accrues considérablement, cependant sans obliger le 2e corps à reculer. Ce n'est qu'entre six et sept heures du soir que les masses ennemies devenant toujours plus compactes, le 2e corps et les régiments qui le soutiennent se sont retirés sur les hauteurs. La nuit a été calme. Je vais me placer au centre de la position.

NAPOLÉON.

Le major général au ministre de l'Intérieur.

Metz, 7 août, 4 h. 30 du matin.

Après une série d'engagements dans lesquels l'ennemi a déployé des forces considérables, le maréchal Mac Mahon s'est replié en arrière de sa première ligne.

Le corps de Frossard a eu à lutter hier depuis deux heures contre une armée ennemie tout entière. Après avoir tenu dans ses positions jusqu'à six heures, il a opéré sa retraite en bon ordre.

Les détails sur nos pertes manquent. Nos troupes sont pleines d'élan. La situation n'est pas compromise ; mais l'ennemi est sur notre territoire, et un sérieux effort est nécessaire. Une bataille paraît imminente.

En présence de ces graves nouvelles, notre devoir est tracé. Nous faisons appel au patriotisme et à l'énergie de tous.

Les Chambres sont convoquées.

Nous mettons d'urgence Paris en état de défense ; pour faciliter l'exécution des préparatifs militaires, nous déclarons l'état de siège.

Pas de défaillances ! Pas de divisions ! Nos ressources sont immenses. Luttons avec fermeté, et la patrie sera sauvée !

Paris, le 7 août 1870, 6 heures du matin.

Par l'Impératrice régente :

Le garde des sceaux, ministre de la justice et des cultes, ÉMILE OLLIVIER.
Le ministre des affaires étrangères, DUC DE GRAMONT.
Le ministre de l'intérieur, CHEVANDIER DE VALDROME.
Le ministre des finances, SEGRIS.
Le ministre de la guerre par intérim, GÉNÉRAL VICOMTE DEJEAN.
Le ministre de l'agriculture et du commerce, LOUVET.
Le ministre de la marine et des colonies, AMIRAL RIGAULT DE GENOUILLY.
Le ministre des travaux publics, PLICHON.
Le ministre de l'instruction publique, MÉGE.
Le ministre des lettres, sciences et beaux-arts, MAURICE RICHARD.
Le ministre président le Conseil d'État, E. DE PARIEU.

— LXXXIV —

CORRESPONDANCE DU QUARTIER GÉNÉRAL.

Metz, 7 août, 8 h. 30 du matin.

Pour nous soutenir ici, il faut que Paris et la France consentent à de grands efforts de patriotisme. Ici, on ne perd ni le sang-froid ni la confiance; mais l'épreuve est sérieuse. — Mac-Mahon, après la bataille de Reischoffen, s'est retiré en couvrant la route de Nancy. — Le corps de Frossard a été fortement atteint. — On prend des mesures énergiques pour se défendre. — Le major général est aux avant-postes.

Metz, 7 août, 12 h. 25 m.

Le maréchal Mac-Mahon a éprouvé un sérieux échec à Reischoffen; il se replie et couvre Nancy. Les troupes qui sont autour de Metz sont dans d'excellentes dispositions. Ce matin, trois corps d'armée tout entiers n'avaient pas encore donné. Les pertes de l'ennemi sont très-considérables et ralentissent sa marche.

L'épreuve est sérieuse, mais elle n'est pas au-dessus des efforts du patriotisme de la nation. Il n'est pas possible de préciser le chiffre de nos pertes. Le mouvement de retraite et de concentration s'accomplit. Le général Coffinières organise la défense.

Metz, 3 h. 55 m.

L'ennemi n'a pas poursuivi vivement le maréchal Mac-Mahon.
Depuis hier au soir, il a cessé toute poursuite.
Le maréchal concentre ses troupes.

NAPOLÉON.

Metz, 7 août, 9 h. 30 du soir.

Dans la bataille de Frœschwiller, près Reischoffen, le maréchal de Mac-Mahon a eu son chef d'état-major, le général Colson, tué à ses côtés. Le général Raoult a disparu. Notre artillerie a beaucoup souffert. Le maréchal est en communication avec le général de Failly.

Metz se prépare à une vigoureuse défense. Le commandant supérieur de la place a ordonné aux étrangers allemands de se munir de permis de séjour.

PROCLAMATION DE L'IMPÉRATRICE.

Français,

Le début de la guerre ne nous est pas favorable : nous avons subi un échec. Soyons fermes dans ce revers et hâtons-nous de le réparer.
Qu'il n'y ait parmi nous qu'un seul parti, celui de la France; qu'un seul drapeau, celui de l'honneur national!

— LXXXV —

Je viens au milieu de vous. Fidèle à ma mission et à mon devoir, vous me verrez la première au danger pour défendre le drapeau de la France.

J'adjure tous les bons citoyens de maintenir l'ordre. Le troubler serait conspirer avec nos ennemis.

Fait au palais des Tuileries, le 7 août 1870, onze heures du matin.

L'Impératrice régente,

Eugénie.

Décret. — Le Sénat et le Corps législatif sont convoqués pour le jeudi 11 août.

Paris, le 7 août 1870 (1).

Décret. — Le département de la Seine est déclaré en état de siége.

Paris, le 7 août 1870.

Décret. — Art. 1er. Tous les citoyens valides de trente à quarante ans qui ne font pas actuellement partie de la garde nationale sédentaire, y seront incorporés.

Art. 2. La garde nationale de Paris est affectée à la défense de la capitale et à la mise en état de défense des fortifications.

Art. 3. Un projet de loi sera présenté pour incorporer, dans la garde nationale mobile, les citoyens âgés de moins de trente ans, qui n'en font pas actuellement partie.

Paris, le 7 août 1870.

SÉNAT

Présidence de S. Exc. M. Rouher.
(Séance du mardi 9 août.)

Cette séance est ouverte par le discours suivant prononcé par M. de Parieu, ministre président le Conseil d'État :

Messieurs,

L'Empereur vous a promis que l'Impératrice vous convoquerait si les circonstances devenaient difficiles.

---

(1) A ce décret fut immédiatement substitué le suivant
Napoléon, etc.
Considérant que les informations qui arrivent au Gouvernement lui signalent la présence spontanée à Paris de la plupart des sénateurs et des députés,
Avons décrété et décrétons ce qui suit :
La session extraordinaire du Sénat et du Corps législatif sera ouverte le mardi 9 août.

Paris, le 7 août 1870.

Nous n'avons pas voulu attendre, pour vous réunir, que la patrie fût compromise; nous vous avons appelés aux premières difficultés.

Quelques corps de notre armée ont éprouvé des échecs, mais la plus grande partie n'a été ni vaincue ni même engagée; celle qui a été repoussée ne l'a été que par une force quatre à cinq fois plus considérable et elle a déployé dans le combat un héroïsme sublime, qui lui vaudra une gloire au moins égale à celle des triomphateurs. (Bravo! très-bien!)

Tous nos soldats, ceux qui ont combattu, comme ceux qui attendent l'heure de la lutte, sont animés de la même ardeur, du même patriotisme, de la même confiance dans une revanche prochaine; aucune de nos défenses naturelles ou de nos forteresses n'est entre les mains de l'ennemi; nos ressources immenses sont intactes. Au lieu de se laisser abattre par les revers que cependant il n'attendait pas, le pays sent son courage grandir avec les épreuves. (Bravo! bravo!)

Nous vous demandons de nous aider à soutenir et à augmenter le mouvement national, et à organiser la levée en masse de tout ce qui est valide dans la nation. (Oui! oui! très-bien! — Vive l'Empereur!)

Tout est préparé.

Paris va être mis en état de défense, et son approvisionnement est assuré, au besoin, pour un long siége.

La garde nationale sédentaire s'organise partout.

Les régiments de pompiers à Paris, les douaniers seront réunis à l'armée active.

Tous les hommes de l'inscription maritime qui ont plus de six ans de service seront rappelés.

Nous abrégeons les formalités auxquelles sont assujettis les engagements volontaires. (Approbation.)

Nous comblons, avec nos forces disponibles, les vides de notre armée; et, pour le faire plus complétement et réunir une nouvelle armée de 450,000 hommes, nous vous proposons d'abord d'augmenter la garde nationale mobile en y appelant tous les hommes non mariés, de vingt-cinq à trente ans; de nous accorder, en outre, la possibilité d'incorporer la garde mobile dans l'armée active, et enfin d'appeler sous les drapeaux tous les hommes disponibles de la classe de 1870.

Ne reculant devant aucun des devoirs que les événements nous imposent, nous avons mis en état de siége Paris et les départements que l'ennemi menace.

Aux ressources dont ils disposent contre nous, les Prussiens espèrent ajouter celle qui naîtrait de nos discordes intestines, et ils considèrent le désordre à Paris comme pouvant leur valoir une armée. (C'est vrai! — Très-bien!) Cette espérance impie sera trompée (Vive adhésion!). l'immense majorité de la ville de Paris conservera son attitude patriotique, et si une minorité tentait de troubler, par la force, l'entente nationale, nous userions des pouvoirs que nous donne l'état de siége, nous ne ferions pas seulement appel à la garde nationale courageuse et dévouée de la capitale, nous appellerions à Paris la garde nationale de la France entière, et nous défendrions l'ordre avec d'autant plus de fermeté d'âme que, dans cette occasion surtout, l'ordre c'est le salut. (Mouvement prolongé d'approbation. — Applaudissements.)

Le Sénat se sépare après avoir voté, sur la proposition de l'un de ses membres, M. Suin, « des remercîments à nos héroïques soldats. (Vive approbation. — Bravos et applaudissements.) »

CORPS LÉGISLATIF.

Séance du mardi 9 août.

Chute du cabinet. M. Émile Ollivier, ministre de la Justice et des Cultes, déclare à la Chambre que les ministres ont présenté leur démission à l'Impératrice régente, qui l'a acceptée, et qu'Elle a chargé le comte de Palikao de former un ministère.

JEUDI 11 AOUT.

Par décrets individuels, signés au palais des Tuileries, le 9 août, par l'Impératrice régente, et contresignés, le premier par M. E. Ollivier, garde des sceaux, et les suivants par le comte de Palikao, le nouveau ministère a été ainsi composé :

Guerre : Le général Montauban, comte de Palikao.
Intérieur : M. Henri Chevreau, sénateur.
Finances : M. Magne, sénateur.
Justice et Cultes : M. Grandperret, procureur général près la Cour impériale de Paris.
Affaires étrangères : M. le prince de la Tour-d'Auvergne, sénateur, ambassadeur de France à Vienne.
Marine et Colonies : M. l'amiral Rigault de Genouilly, sénateur.
Instruction publique : M. Jules Brame, député.
Travaux publics : M. le baron Jérôme David, vice-président du Corps législatif.
Agriculture et Commerce : M. Clément Duvernois, député.
Ministre président le Conseil d'État : M. Busson-Billault, vice-président du Corps législatif.

Il sera pourvu ultérieurement à la nomination du ministre des Lettres, Sciences et Beaux-Arts, en remplacement de M. Maurice Richard, dont la démission est acceptée.

Le Corps législatif a adopté, et le Sénat a confirmé le projet de loi dont la teneur suit :

Art. 1er. Le Corps législatif vote à l'unanimité des remerciments à nos armées, et déclare qu'elles ont bien mérité de la patrie.

Art. 2. Tous les citoyens non mariés ou veufs sans enfants ayant vingt-cinq ans accomplis, et moins de trente-cinq ans, qui ont satisfait à la loi du recrutement et qui ne figurent pas sur les contrôles de la garde mobile, sont appelés sous les drapeaux pendant la durée de la guerre actuelle.

L'autorité militaire prendra d'urgence les mesures nécessaires pour qu'ils soient dirigés immédiatement sur les différents corps de l'armée.

Art. 3. Le crédit de 4 millions accordé par la loi du 14 juillet 1870 aux familles des soldats de l'armée et de la garde mobile est porté à vingt-cinq millions (25,000,000) et s'appliquera aux familles des citoyens compris dans les dispositions de l'article 2 de la présente loi.

Art. 4. Les engagements volontaires et les remplacements dans les conditions de la loi du 1er février 1868 pourront être admis pour les anciens militaires, pendant la durée de la guerre, jusqu'à l'âge de quarante-cinq ans.

Art. 5. Les personnes valides de tout âge seront admises à contracter un engagement pour la durée de la guerre dans l'armée active.

Art. 6. Le contingent de la classe de 1870 se compose de tous les jeunes gens inscrits sur les tableaux de recensement qui ne se trouveront dans aucun des cas d'exemption ou de dispenses prévus par la loi modifiée du 21 mars 1832.

Art. 7. Des conseils de révision seront organisés dans chaque département.

Ils seront convoqués pour le tirage au sort et la formation du contingent de la classe de 1870.

Il ne sera fait pour ladite classe qu'une seule publication des tableaux de recensement.

Art. 8. La durée du service des jeunes gens de la classe de 1870 prendra date du jour de la promulgation de la présente loi.

Art. 9. La présente loi sera exécutoire à partir du jour de sa promulgation (1).

VENDREDI, 11 AOUT.

Le Corps législatif a adopté et le Sénat a confirmé les projets de loi dont la teneur suit :

GARDES NATIONALES.

Article 1er. La garde nationale est rétablie dans tous les départements.

(1) Décret en date du 10 août.

Art. 2. Il sera procédé immédiatement à sa réorganisation conformément aux dispositions de la loi des 8 avril, 22 mai et 13 juin 1851.

Toutefois, l'organisation des bataillons actuellement existants est maintenue pendant la durée de la guerre.

Pendant le même temps, les officiers élus seront choisis parmi les anciens militaires.

Art. 3. La distribution des armes sera faite d'abord aux gardes nationales des départements envahis, des villes mises en état de défense et des communes des départements déclarés en état de siège.

Les anciens militaires seront les premiers enrôlés et armés.

Art. 4. Les gardes nationaux blessés dans l'accomplissement de leur service, leurs veuves et leurs enfants auront droit aux secours et récompenses déterminés par les lois spéciales votées en faveur des soldats des armées de terre et de mer et des bataillons de garde nationale mobile.

Art. 5. Un crédit provisoire de 50 millions est ouvert au ministre de l'Intérieur et au ministre de la Guerre, pour faire face aux dépenses qu'entraînera l'organisation des gardes nationales de France.

LOI DE FINANCES.

Article unique. — Le montant des ressources que le ministre des Finances est autorisé à se procurer pour faire face aux nécessités de la situation est élevé du chiffre de 500 millions fixé par la loi du 21 juillet 1870, au chiffre de 1 milliard, dont il opérera la réalisation dans la forme, au taux et aux conditions qui concilieront le mieux les intérêts du Trésor avec la facilité des négociations.

A partir de la promulgation de la présente loi les billets de la Banque de France seront reçus comme monnaie légale par les caisses publiques et par les particuliers.

Art. 2. Jusqu'à nouvel ordre la Banque est dispensée de l'obligation de rembourser ses billets avec des espèces.

Art. 3. En aucun cas le chiffre des émissions de la Banque et de ses succursales ne pourra dépasser un milliard 800 millions.

Art. 4. Les dispositions des articles 2 et 3 ci-dessus sont applicables à la Banque d'Algérie, dont les émissions de billets ne pourront dépasser le chiffre de dix-huit millions.

Art. 5. Les coupures de billets pourront être réduites à vingt-cinq francs.

Un décret ajourne la session ordinaire des Conseils généraux, qui devait s'ouvrir le 22 de ce mois.

Décret. — Art. 1ᵉʳ. Le maréchal Bazaine est nommé commandant en chef des 2ᵉ, 3ᵉ et 4ᵉ corps de l'armée du Rhin.

Art 2. Le général Decaen est nommé Commandant du 3ᵉ Corps.

Metz, 9 août 1870.

Signé : Napoléon.

Décret. — M. le général de division Trochu est nommé général commandant en chef du 12ᵉ corps d'armée en voie de formation à Châlons-sur-Marne.

Paris, 12 août 1870.

Décret. — M. le général de division Vinoy est nommé général commandant en chef du 13ᵉ corps d'armée en voie de formation à Paris.

Paris, 12 août 1870.

DIMANCHE, 14 AOUT.

Le Corps législatif a adopté et le Sénat a confirmé les projets de loi dont la teneur suit :

PROJET DE LOI RELATIF AUX ÉCHÉANCES DES EFFETS DE COMMERCE.

Article 1ᵉʳ. Les délais dans lesquels doivent être faits les protêts et tous actes conservant les recours, pour toute valeur commerciale souscrite avant la promulgation de la présente loi, sont prorogés d'un mois.

Les intérêts seront dus depuis l'échéance jusqu'au payement.

Art. 2. Aucune poursuite ne pourra être exercée, pendant la durée de la guerre, contre les citoyens appelés au service militaire en vertu de l'article 2 de la loi du 11 août 1870.

LOI DE FINANCES.

Article unique. — Le chiffre des émissions des billets de la Banque de France et de ses succursales, fixé au maximun de un milliard huit cents millions, pourra être élevé à 2 milliards quatre cent millions.

LOI SUR LES OFFICIERS MINISTÉRIELS.

Article 1ᵉʳ. Les notaires, les officiers ministériels et toutes autres personnes autorisés par la loi à présenter un successeur pourront, s'ils sont appelés sous les drapeaux, se faire suppléer pour toute la durée de la guerre.

Art. 2. Ils devront faire agréer leur suppléant par le procureur impérial de l'arrondissement; celui-ci sera juge des conditions d'aptitude et de moralité.

Art. 3. Le suppléant d'un notaire pourra être désigné parmi les notaires en exercice. Dans ce cas, l'interdiction prescrite par l'article 6 de la loi du 24 ventôse an XI ne sera pas applicable.

Art. 4. Les titulaires seront responsables des faits, des charges de leur suppléant, et leur cautionnement y sera affecté.

Art. 5. Les suppléants prêteront serment, sans frais, devant le juge de paix du canton de la résidence du titulaire.

LOI DE FINANCES.

Article unique. La ville de Paris est autorisée à prélever une somme de 5 millions sur celle de 63 millions que l'article 30 de la loi du 23 juillet 1870 l'a autorisée à se procurer, au moyen de l'émission des bons de la caisse municipale, pour l'exécution de travaux neufs, et à employer ladite somme de 5 millions à venir en aide aux familles de Paris dont les soutiens sont appelés sous les drapeaux.

NOUVELLES DE LA GUERRE.

DÉCRET. — Les villes de Cherbourg, Brest, Lorient et Rochefort sont déclarées en état de siége.

Paris, 13 août 1870.

Le préfet de la Moselle au ministre de l'Intérieur.

Metz, 14 août, 8 h. 10 du matin.

L'Empereur est parti aujourd'hui avec le Prince Impérial, se dirigeant sur Verdun. Avant de quitter Metz, Sa Majesté a adressé la proclamation suivante :

En vous quittant pour aller combattre l'invasion, je confie à votre patriotisme la défense de cette grande cité. Vous ne permettrez pas que l'étranger s'empare de ce boulevard de la France, et vous rivaliserez de dévouement et de courage avec l'armée.

Je conserverai le souvenir reconnaissant de l'accueil que j'ai trouvé dans vos murs, et j'espère que, dans des temps plus heureux, je pourrai revenir vous remercier de votre noble conduite.

Du quartier impérial de Metz, le 14 août 1870.

L'Empereur à l'Impératrice.

Longeville, 10 h. 10 du soir.

L'armée a commencé à passer sur la rive gauche de la Moselle.

Le matin, nos reconnaissances n'avaient signalé la présence d'aucun corps, mais, lorsque la moitié de l'armée a eu passé, les Prussiens ont attaqué en grande force.

Après une lutte de quatre heures, ils ont été repoussés avec de grandes pertes.

Napoléon.

MERCREDI, 17 AOUT.

NOUVELLES DE LA GUERRE.

Décret du 12 août 1870. — M. le maréchal Bazaine, commandant en chef des 2ᵉ, 3ᵉ et 4ᵉ corps de l'armée du Rhin, a été nommé au commandement en chef de ladite armée.

Décret du 12 août 1870. — M. le général de division Jarras, aide-major de l'armée du Rhin, a été nommé aux fonctions de chef d'état-major de ladite armée.

Par arrêté du Gouverneur général par intérim, en date du 10 août, l'Algérie est placée sous le régime de l'état de siège.

CORPS LÉGISLATIF.
Séance du mardi 16 août.

S. EXC. M. LE COMTE DE PALIKAO, *ministre de la Guerre*, interrogé par M. Keller sur la suite des combats annoncés la veille et l'avant-veille, s'exprime en ces termes :

Il n'y a pas eu ce qu'on peut appeler une bataille ; il y a eu des engagements partiels dans lesquels, pour tout homme qui a le sens militaire, il est incontestable que les Prussiens ont non pas subi un grand échec, — ce n'est pas une victoire pour nous, — mais à la suite desquels ils ont été obligés d'abandonner la ligne de retraite de l'armée française. (Marques unanimes de satisfaction.)

Il y a des détails dans lesquels, vous le comprendrez tous, messieurs, je ne puis entrer ici. (Oui ! oui ! — Passez !)

J'ai fait connaître à quelques-uns de MM. les membres de la Chambre, en les leur mettant sous les yeux, des dépêches télégraphiques que j'ai reçues ce matin même. Ces dépêches ne sont pas officielles, mais elles me viennent d'une source qui, ordinairement, les rend pour moi très-bonnes et très-sûres : elles me viennent de la gendarmerie. (Très-bien ! très-bien !)

Ces dépêches je les ai fait voir, je le répète, à plusieurs membres de la Chambre. Elles disent que, dans l'affaire qui a eu lieu et sur laquelle on ne pouvait encore donner de détails, les Prussiens se sont rabattus sur Commercy. Les ennemis ont dû, évidemment, essuyer un échec, puisque, voulant couper notre ligne de retraite de Metz, ils ont été obligés, après trois ou quatre affaires successives, de descendre vers Commercy en se retirant.

Voilà les seuls renseignements qu'il m'est permis de donner à la Chambre. (Très-bien! très-bien!)

J'ajoute que nous désirons que la Chambre ait la plus grande confiance en ce qui se fait à l'armée. (Oui! oui!)

Je l'ai déjà dit, je ne peux pas entrer dans certains détails. (C'est évident! c'est évident!)

Nous constituons, en ce moment-ci, une armée considérable qui pourra donner avant peu, je l'espère, la main à l'armée du Rhin, et qui se trouvera tout naturellement sous les ordres du maréchal Bazaine, le véritable, le seul général en chef de l'armée du Rhin. (Très-bien! très-bien!)

M. JULES FERRY. — La déclaration de M. le ministre est accueillie par nous tous et sera accueillie par le pays tout entier avec satisfaction; car on avait vu avec stupéfaction, et j'ose dire avec indignation, qu'une proclamation...

Sur un grand nombre de bancs. — Assez! assez! — L'ordre du jour!

Quelques membres à gauche. — Montez à la tribune, monsieur Ferry!

M. JULES FERRY, *à la tribune.* — Je répète que l'opinion tout entière avait vu avec étonnement et indignation deux actes, l'un consistant en une proclamation aux habitants de Metz, proclamation que je m'abstiens de qualifier... (Assez! — L'ordre du jour! — A l'ordre! à l'ordre!)

AUGMENTATION DES FORCES MILITAIRES.

Le Corps législatif a adopté et le Sénat a confirmé le projet de loi dont la teneur suit :

ART. 1er. — Les jeunes gens des classes de 1865 et 1866, célibataires et veufs sans enfants, qui ne font pas encore partie de la garde nationale mobile, y seront immédiatement incorporés.

ART. 2. — Les anciens militaires âgés de moins de 45 ans, même mariés avec enfants, ou veufs avec enfants, peuvent être admis comme remplaçants pour tous les citoyens appelés sous les drapeaux par la loi du 10 août 1870.

ART. 3. La présente loi sera exécutoire à dater du jour de sa promulgation.

JEUDI 18 AOUT.

Napoléon,

Par la grâce de Dieu et la volonté nationale, Empereur des Français,

A tous présents et à venir, salut ;

Avons décrété et décrétons ce qui suit :

Art. 1er. — Le général Trochu est nommé gouverneur de Paris et commandant en chef de toutes les forces chargées de pourvoir à la défense de la capitale.

Art. 2. — Notre ministre de la Guerre est chargé de l'exécution du présent décret.

Fait à Châlons, le 17 août 1870.

NAPOLÉON.

Par l'Empereur :
Le Ministre de la Guerre,
Cte DE PALIKAO.

NOUVELLES DE LA GUERRE.

Paris, 16 août, 11 heures du soir.

L'armée continue à opérer son mouvement combiné après le brillant combat de dimanche soir.

Dans la journée d'hier deux divisions ennemies ont cherché à l'inquiéter dans sa marche ; elles ont été repoussées.

L'Empereur est au camp de Châlons, où s'organisent de grandes forces.

Dépêche du maréchal commandant supérieur.

Metz, 17 août, 3 h. 15 m. du soir.

Hier 16, il y a eu une affaire très-sérieuse du côté de Gravelotte ; nous avons eu l'avantage dans le combat, mais nos pertes sont grandes.

Dépêche du maréchal Bazaine.

17 août, 4 h. du soir.

Hier, pendant toute la journée, j'ai livré bataille à l'armée prussienne entre Doncourt et Vionville.

L'ennemi a été repoussé et nous avons passé la nuit sur les positions conquises. J'arrête quelques heures mon mouvement pour mettre mes munitions au grand complet.

Nous avons eu devant nous le prince Frédéric-Charles et le général Steinmetz.

Le maréchal commandant en chef au ministre de l'Intérieur.

Quartier général, 16 août.

Ce matin, vers neuf heures, les corps d'armée commandés par le prince Frédéric-Charles ont dirigé une attaque très-vive sur la droite de notre position. La division de cavalerie du général Forton et le 2ᵉ corps d'armée, commandé par le général Frossard, ont fait bonne contenance. Les corps échelonnés à droite et à gauche de Rezonville sont venus successivement prendre part à l'action, qui a duré jusqu'à la nuit tombante.

L'ennemi avait déployé des forces considérables, et a essayé, à plusieurs reprises, des retours offensifs qui ont été vigoureusement repoussés ; à la fin de la journée, un nouveau corps d'armée a cherché à déborder notre gauche. Nous avons partout maintenu nos positions et infligé à l'ennemi des pertes considérables. Les nôtres sont sérieuses.

Le général Bataille a été blessé. Au plus fort de l'action, un régiment de uhlans a chargé l'état-major du maréchal. Vingt hommes de l'escorte ont été mis hors de combat. Le capitaine qui la commandait a été tué.

A huit heures du soir, l'ennemi était refoulé sur toute la ligne.

On estime à 120,000 hommes le chiffre des troupes engagées.

Verdun, le 17 août, à 8 h. 5 m. du soir.

CORPS LÉGISLATIF.
Séance du mercredi 17 août.

S. EXC. M. LE COMTE DE PALIKAO, *ministre de la guerre.* — Messieurs, avant d'user du droit que vous m'avez donné hier de ne pas assister aux séances de la Chambre pour pouvoir vaquer à des occupations beaucoup plus urgentes et plus utiles en ce moment, je vais vous donner les dernières nouvelles. (Mouvement général d'attention.)

Vous comprendrez, messieurs, que la guerre est une succession de faits journaliers dont on ne saurait, sans grand danger, rendre compte immédiatement, au fur et à mesure qu'ils se produisent. Par conséquent, vous me permettrez de ne pas entrer dans les détails. Mais quand se produira ce grand événement, qui, comme j'ai eu l'honneur de vous le dire hier, est préparé par la concentration de troupes considérables, alors je ne perdrai pas un moment pour vous mettre au courant de l'état des choses qui intéressent toutes les populations dont vous êtes ic les représentants. (Très-bien ! très-bien !)

Ce que je puis vous dire en ce moment, c'est que nous avons obtenu un léger succès. Je ne m'en exagère pas l'importance, et vous ne vous l'exagérerez pas davantage, mais enfin c'est un succès.

L'ennemi a voulu attaquer la ville de Phalsbourg ; il a été forcé de reculer, en laissant sur le terrain 1,200 à 1,500 des siens. C'est un petit succès, je le répète, mais un succès qui a rendu aux populations de l'Alsace et de la Lorraine une espérance qui avait peut-être été un peu ébranlée.

Voilà, messieurs, tout ce que je puis vous dire pour le moment.

VENDREDI 19 AOUT

CORPS LÉGISLATIF
Séance du jeudi 18 août.

S. EXC. LE COMTE DE PALIKAO, *ministre de la Guerre*. Messieurs les députés, permettez-moi de vous donner quelques explications sur un fait auquel on a attribué une gravité qu'il n'avait réellement pas, et qui n'a rien que de très-simple et de très-naturel dans l'état des choses ; il s'agit de la nomination de M. le général Trochu au commandement supérieur de Paris. (Écoutez ! écoutez !)

Depuis le peu de jours que nous sommes au pouvoir, nous avons fait tous les efforts possibles pour mettre Paris en état de défense, non pas, messieurs, que nous craignions l'apparition immédiate de l'ennemi — non, nous n'en sommes pas là — mais il fallait coordonner ce que nous avons fait, il fallait concentrer tout ce qui se rattache à la défense de la capitale entre les mains d'un seul homme, et cet homme il fallait qu'il fût énergique et dévoué.

Auparavant, j'avais donné le commandement d'un corps d'armée à M. le général Trochu, dont je connais et apprécie la valeur. (Très-bien ! très-bien !) Cherchant, comme je vous le disais, un homme intelligent, actif, énergique, capable de réunir dans sa main tous les pouvoirs nécessaires pour effectuer l'armement de Paris, j'ai songé à M. le général Trochu, et je l'ai rappelé moi-même du camp où il pouvait être remplacé par un autre général. (Très-bien !)

Voilà, messieurs, le motif qui m'a fait rappeler à Paris le général Trochu, il n'y en a pas d'autres; nous n'avons pas la moindre inquiétude en ce moment, au contraire!.. (Vive approbation et applaudissements.)

Je puis vous donner des nouvelles qui, sans être d'une importance extrême, sont très-bonnes.

Ainsi, il est constant que le corps du général Steinmetz, qui tenait le centre de l'armée prussienne, a éprouvé des pertes telles que le commandant de ce corps d'armée a été obligé de demander un armistice pour enterrer ses morts et enlever ses blessés. Les Prussiens ont voulu aussi par là gagner du temps.

Ce corps s'est retiré à Saint-Mihiel, afin de pouvoir opérer sa jonction avec le corps du prince royal, qui se dirigeait sur Bar-le-Duc. Il a été tellement maltraité, que les nouvelles que j'ai reçues par différentes voies s'accordent toutes sur ce point, qu'il a été obligé de s'arrêter à Saint-Mihiel et qu'il n'a pu opérer aussi promptement qu'il l'aurait voulu sa jonction avec le prince royal à Bar-le-Duc. Je le répète, ce corps a été fortement atteint; et une nouvelle que je puis vous donner comme certaine, c'est que le régiment des cuirassiers blancs de M. de Bismarck a été totalement détruit. (Mouvement.)

L'esprit des populations envahies est excellent. Une dépêche que j'ai reçue m'annonce que des dragons badois étant venus, avec quelques fantassins, en reconnaissance dans un village dont le nom m'échappe, les habitants, organisés militairement en corps de francs-tireurs, sont sortis, ont tué dix de ces dragons et ont ramené des prisonniers. (Vifs applaudissements.) Je ne vous donne pas ceci comme un succès important...

M. DORIAN. Non, mais c'est un bon exemple.

M. LE MINISTRE. ...je vous le donne comme un excellent exemple pour tous les Français.

Maintenant ce qui va vous confirmer l'insuccès de l'armée ennemie et vous montrer combien elle a été frappée, c'est une dépêche d'origine prussienne qui nous vient de Bruxelles.

Cette dépêche dit : « La *Gazette de Prusse* annonce qu'on s'est battu, qu'une bataille a eu lieu. »

Elle n'ajoute pas un mot. Si les Prussiens avaient eu le plus léger succès sur un point quelconque, vous connaissez assez leur esprit pour savoir qu'ils en auraient fait une victoire, un triomphe.

Voulez-vous maintenant, Messieurs, m'autoriser à me retirer? (Oui! oui! Très-bien! très-bien! Applaudissements prolongés.)

PROCLAMATION DU GOUVERNEUR DE PARIS.

Le général Trochu, nommé gouverneur de Paris, vient d'adresser aux habitants la proclamation suivante :

Habitants de Paris,

Dans le péril où est le pays, je suis nommé gouverneur de Paris et commandant en chef des forces chargées de défendre la capitale en état de siége. Paris se saisit du rôle qui lui appartient, et il veut être le centre des grands efforts, des grands sacrifices et des grands exemples. Je viens m'y associer avec tout mon cœur; ce sera l'honneur de ma vie et l'éclatant couronnement d'une carrière restée jusqu'à ce jour inconnue de la plupart d'entre vous.

J'ai la foi la plus entière dans le succès de notre glorieuse entreprise, mais c'est à une condition dont le caractère est impérieux, absolu, et sans laquelle nos communs efforts seraient frappés d'impuissance. Je veux parler du bon ordre, et j'entends par là non-seulement le calme de la rue, mais le calme de vos foyers, le calme de vos esprits, la déférence pour les ordres de l'autorité responsable, la résignation devant les épreuves inséparables de la situation, et enfin la sérénité grave et recueillie d'une grande nation militaire qui prend en main avec une ferme résolution, dans des circonstances solennelles, la conduite de ses destinées.

Et je ne m'en référerai pas, pour assurer à la situation cet équilibre si désirable, aux pouvoirs que je tiens de l'état de siège et de la loi. Je le demanderai à votre patriotisme, je l'obtiendrai de votre confiance, en montrant moi-même à la population de Paris une confiance sans limites. Je fais appel à tous les hommes de tous les partis, n'appartenant moi-même, on le sait dans l'armée, à aucun autre parti qu'à celui du pays. Je fais appel à leur dévouement. Je leur demande de contenir par l'autorité morale les ardents qui ne sauraient pas se contenir eux-mêmes, et de faire justice par leurs propres mains de ces hommes qui ne sont d'aucun parti et qui n'aperçoivent dans les malheurs publics que l'occasion de satisfaire des appétits détestables.

Et pour accomplir mon œuvre, après laquelle, je l'affirme, je rentrerai dans l'obscurité d'où je sors, j'adopte l'une des vieilles devises de la province de Bretagne, où je suis né :

« Avec l'aide de Dieu, pour la Patrie ! »

Général TROCHU.

A Paris, le 18 août 1870 (1).

SAMEDI 20 AOUT.

Le général Schmitz est nommé chef d'état-major général du gouverneur de Paris ; le colonel Foy, sous-chef d'état-major.

Le grand quartier général est établi à l'hôtel du ministre président le Conseil d'État, au Louvre.

AVIS. — Par suite des dispositions prises pour assurer la mise en état de défense des fortifications de Paris, ainsi que la surveillance et la garde du matériel qui s'y trouve réuni, *il est expressément interdit au public de monter sur les remparts et sur les glacis.*

Toute contravention sera déférée à l'autorité militaire.

(1) Voir aux appendices de ce volume deux documents complémentaires.

Le présent avis sera affiché aux abords des fortifications et partout où besoin sera.

Le ministre de l'Intérieur.
Henri CHEVREAU.

DIMANCHE 21 AOUT.

DÉCRET. — Article 1er. Le ministre des Finances est autorisé à procéder, par souscription publique, à l'aliénation de la somme de rentes 3 0/0 nécessaire pour produire un capital de 750 millions de francs.

Le supplément destiné à couvrir les frais matériels de l'opération et les frais d'escompte des versements anticipés, ainsi qu'à payer pendant les quatre premiers trimestres les arrérages des rentes à créer, ne pourra excéder la somme de 55 millions de francs.

Art. 2. Lesdites rentes 3 0/0 seront émises au taux de 60 fr. 60 avec jouissance à compter du 1er juillet 1870.

Paris, 12 août 1870.

Suit un arrêté du ministre des Finances décidant que la souscription à l'emprunt national de 750 millions sera ouvert le mardi 23 août et les jours suivants.

DÉCRET. — Art. 1er. Le Comité de défense des fortifications de Paris, est composé de MM. :
Le général Trochu, président.
Le maréchal Vaillant.
L'amiral Rigault de Genouilly.
Le baron J. David, ministre des Travaux publics.
Le général baron de Chabaud-Latour.
Le général Guiod.
Le général d'Autemarre d'Erville.
Le général Soumain.

Art. 2. Le Comité de défense est investi, sous l'autorité du ministre de la Guerre, des pouvoirs nécessaires pour l'exécution des décisions qu'il prendra.

Art. 3. Pour l'exécution de ces décisions, notre ministre de la Guerre attachera au Comité de défense les généraux, intendants militaires et officiers de tout grade, qui seront nécessaires.

Art. 4. — Le Comité de défense se réunira chaque jour au ministère de la Guerre.

Il se fera rendre compte quotidiennement de l'état des travaux, de celui des armements, de l'état des munitions et de celui des approvisionnements en vivres.

Art. 5. Le Comité rendra chaque jour compte de ses opérations au ministre de la Guerre qui en fera rapport au Conseil des ministres.

Paris, 19 août 1870.

Décret. — Le département des Pyrénées-Orientales est déclaré en état de siège.

Paris, 19 août 1870.

CORPS LÉGISLATIF.
Séance du samedi 20 août.

S. Exc. M. LE COMTE DE PALIKAO, *ministre de la Guerre*. — Messieurs les députés, les Prussiens ont mis en circulation certains bruits qui tendraient à faire croire qu'ils ont obtenu un très-grand avantage le 18 août. C'est leur prétention; je viens ici rétablir les faits. (Mouvement. — Très-bien!)

Sans entrer dans des détails que je ne peux donner ici, vous le comprendrez, (oui! oui!) je me bornerai à dire que j'ai communiqué à quelques-uns de vous, Messieurs, les dépêches que j'ai reçues et qui constatent que, le 18, trois corps de l'armée prussienne se sont réunis contre le corps d'armée du maréchal Bazaine, et que, au lieu d'avoir eu un succès, comme ils voudraient le faire croire, différents renseignements, qui paraissent dignes de foi, m'annoncent qu'ils ont été rejetés dans les carrières de Jaumont. (Mouvement.)

Je ne vous parle pas de quelques petits avantages que nous avons obtenus du côté de Bar-le-Duc dans des rencontres avec des éclaireurs; pour moi cela n'a pas d'importance.

J'ajouterai une chose, c'est que nous nous occupons sans relâche du travail de la défense de Paris. J'ai nommé un comité de défense qui est présidé, comme j'ai déjà eu l'honneur de vous le dire, par M. le général Trochu. Tous les travaux marchent avec activité, et je puis vous certifier que tout va être, avant peu, dans le meilleur état. (Très-bien! très-bien! — Marques générales d'approbation.)

M. GAMBETTA. — Je demande à déposer sur le bureau de la Chambre, et surtout à recommander à l'honorable général ministre de la Guerre deux pétitions émanant de gardes nationaux de la ville de Paris, et qui sont intéressantes précisément au point de vue auquel il se plaçait tout à l'heure : l'organisation prompte et efficace de la défense de Paris.

Ces gardes nationaux, dont les uns sont inscrits depuis fort longtemps, dont les autres le sont depuis dix jours, huit jours et quatre jours, se plaignent de ne pas recevoir d'armes. (Exclamations.)

Ils ont été en demander et on les a ajournés à huitaine.

Il est évident, Messieurs, que les réclamations dont je me fais ici l'écho se produisent sur tous les points de Paris; elles sont générales, et nos collègues qui siègent sur ces bancs pourraient exposer, chacun pour son compte, des griefs analogues. A la vérité, depuis deux jours, depuis la nomination du général Trochu, il se manifeste une plus grande activité dans la réalisation de l'armement de Paris; mais cela ne suffit pas : il faut apporter plus de rapidité, surtout dans la distribution des armes, car on comprend qu'il faut s'habituer à son fusil, qu'il faut s'habituer à l'exercice, et la première chose à faire pour cela, c'est la distribution des armes. Or, je veux affirmer à la Chambre que cette distribution marche avec une lenteur véritablement désespérante.

J'espère qu'on prendra des mesures dans la journée même pour faire disparaître cette légitime cause de griefs de la population de Paris. (Approbation à gauche.)

M. ERNEST PICARD. — Nous pourrions citer des gardes nationaux qui vont se faire inscrire et qui reçoivent des bulletins portant que leur fusil leur sera donné dans huit jours. Je crois que ce n'est pas là l'activité et la rapidité qui doivent convenir à M. le ministre de la Guerre. (Bruit.)

Un membre. — J'affirme qu'on distribue maintenant aux gardes nationaux des fusils à tabatière.

M. GARNIER-PAGÈS. — Pour moi, il est un point encore plus important que la distribution des armes. Certainement cette distribution est indispensable et il faut qu'elle soit prompte; mais pour moi, il est une chose qui, je le répète, me semble plus importante encore, c'est l'organisation de la garde nationale, c'est-à-dire l'élection de ses chefs, des lieutenants et des capitaines.

Pourquoi? Par une raison bien simple : là où il n'y a pas de chefs, il y a foule, il n'existe pas de responsabilité; là, au contraire, où il y a des chefs élus, des lieutenants, des capitaines, il y a une responsabilité; il y a des hommes que l'on connaît; ce n'est plus la foule, c'est la nation armée, c'est Paris organisé.

Je demande cela dans un intérêt d'ordre et dans celui de la défense de Paris. (Très-bien! à gauche.)

M. LE MINISTRE DE L'INTÉRIEUR. — Le 13 août, il y avait 24,000 gardes nationaux armés dans Paris; il y en a aujourd'hui 49,000. Aujourd'hui même, on délivre 8,000 fusils; on en délivrera encore 8,000 demain et 8,000 lundi, de sorte que, le 26 août, il y aura 80,000 gardes nationaux armés dans Paris. (Très-bien! très-bien!)

Maintenant, qu'il y ait des plaintes individuelles, qu'il y ait des impatiences légitimes d'un patriotisme ardent qui voudrait être immédiatement armé, je le comprends; mais la Chambre n'oubliera pas que les anciens militaires, d'après la loi même, ont un droit de priorité. Nous sommes donc forcés d'armer d'abord les anciens militaires, et il peut se faire que quelques hommes qui n'appartiennent pas à cette catégorie ne soient pas armés aussi vite qu'ils le désireraient; mais enfin ils le seront bientôt, puisque M. le ministre de la Guerre met à la disposition de son collègue de l'Intérieur toutes les armes dont on a besoin.

J'ajoute que les fusils qui étaient aux mains des gardes nationaux de Paris, c'est-à-dire les fusils d'ancien modèle, sont remplacés par des fusils à tabatière, et que les anciennes armes sont immédiatement envoyées en province pour les gardes nationaux sédentaires des départements.

Voilà les explications que j'avais à donner à la Chambre. (Nouvelles marques d'approbation.)

M. GLAIS-BIZOIN. — Et l'organisation ?

M. LE MINISTRE. — Pour répondre maintenant à l'honorable M. Garnier-Pagès, je dois ajouter que les conseils de recensement fonctionnent tous les jours, et que les élections auront lieu aussitôt que leur travail, que nous activons de toutes les manières, sera terminé.

PROCLAMATION DU GOUVERNEUR DE PARIS.

Le général Trochu a adressé la proclamation suivante :

A la garde nationale de Paris,
A la garde nationale mobile,
Aux troupes de terre et de mer de l'armée de Paris,
A tous les défenseurs de la capitale en état de siége.

Au milieu d'événements de la plus haute gravité, j'ai été nommé gouverneur de Paris et commandant en chef des forces réunies pour sa défense.

L'honneur est grand ; le péril pour moi l'est aussi ; mais je me fie à vous du soin de relever par d'énergiques efforts de patriotisme la fortune de nos armées, si Paris venait à subir les épreuves d'un siége.

Jamais plus magnifique occasion ne s'offrit à vous de montrer au monde qu'une longue suite de prospérités et de jouissances n'a pu amollir les mœurs publiques et la virilité du pays.

Vous avez sous les yeux le glorieux exemple de l'armée du Rhin. Ils ont combattu un contre trois dans des luttes héroïques, qui font l'admiration du pays et le pénètrent de gratitude.

Elle porte devant vous le deuil de ceux qui sont morts.

Soldats de l'armée de Paris,

Ma vie entière s'est écoulée au milieu de vous, dans une étroite solidarité, où je puise aujourd'hui mon espoir et ma force. Je n'en appelle pas à votre courage et à votre constance qui me sont bien connus. Mais montrez, par l'obéissance, par une vigoureuse discipline, par la dignité de votre conduite et de votre attitude devant la population, que vous avez le sentiment profond des responsabilités qui pèsent sur vous.

Soyez l'exemple et soyez l'encouragement de tous.

La présente proclamation sera mise à l'ordre du jour par les chefs de corps. Cet ordre sera lu, à deux appels consécutifs, à la troupe assemblée sous les armes.

Au quartier général, à Paris, le 19 août 1870.

Le gouverneur de Paris,
Général Trochu.

LUNDI 22 AOUT.

NOUVELLES DE LA GUERRE.

Le Gouvernement n'ayant pas reçu de dépêches de l'armée du Rhin depuis deux jours, par suite de l'interruption des communications télégraphiques, a lieu de penser que le plan arrêté par le maréchal Bazaine n'a pas encore abouti.

La conduite héroïque de nos soldats à différentes reprises, en présence d'un ennemi très-supérieur en nombre, permet d'espérer la réussite d'opérations ultérieures.

Les coureurs de l'ennemi ont paru à Saint-Dizier.

MARDI 23 AOUT.

Décret. — Les étrangers d'origine belge, domiciliés dans le département du Nord, sont autorisés à contracter, par exception et pour la durée de la guerre, des engagements volontaires pour la garde nationale mobile.

Paris, le 22 août 1870.

Décret. — Les départements de la Nièvre et du Cher sont déclarés en état de siége.

Paris, le 22 août 1870.

CORPS LÉGISLATIF.

Séance du lundi 22 août.

S. EXC. M. LE GÉNÉRAL COMTE DE PALIKAO, *ministre de la Guerre.* — Messieurs les députés, vous avez pu lire ce matin au *Journal officiel* une note (1) que le Gouvernement y a fait insérer. Cette note était l'expression de la vérité ce matin, et nous l'avons publiée pour tenir la promesse que nous vous avions faite de vous dire toujours la vérité tout entière, quelque émotion que cela pût produire dans le public. (Très-bien!)

Depuis la publication de cette note, j'ai reçu des nouvelles du maréchal Bazaine. (Mouvement.) Ces nouvelles sont bonnes. Je ne peux pas vous les communiquer ici, vous comprenez bien pourquoi. (Oui! oui! — Très-bien! très-bien!)

M. LE COMTE DE KÉRATRY. — A quelle date?

M. LE MINISTRE DE LA GUERRE. — Ces nouvelles sont du 19.

M. LE COMTE DE KÉRATRY. — Du maréchal lui-même?

M. LE MINISTRE. — Du maréchal.

Messieurs, ces nouvelles montrent, de la part du maréchal, une confiance que je partage, connaissant sa valeur et son énergie.

Je dois ajouter, sans entrer dans plus de détails en ce qui touche les faits de guerre, que la défense de Paris marche avec une grande activité et que bientôt nous serons prêts à recevoir quiconque se présenterait devant nous. (Vives marques d'approbation.)

VENDREDI 26 AOUT.

Le gouverneur de Paris.

Vu l'art. 75 du décret du 24 décembre 1811 relatif à l'organisation et au service des états-majors des places, lequel porte :

« Dans toute place en *état de guerre*, si le ministre ou le général d'armée en donne l'ordre, ou si les troupes ennemies se rapprochent à moins de trois journées de marche de la place, le gouverneur ou commandant est, sur-le-champ et sans attendre *l'état de siége*, investi de l'autorité nécessaire :

» 1° Pour faire sortir les bouches inutiles, les étrangers et les gens notés par la police civile ou militaire, etc. ;

» . . . . »

Vu la loi du 9 juillet 1852, relative à l'éloignement du département de la Seine des repris de justice, vagabonds, mendiants et autres gens adonnés à des pratiques périlleuses pour les personnes et les propriétés;

Arrête ce qui suit :

Art. 1er. — Tout individu dépourvu de moyens d'existence, dont la présence à Paris constituerait un danger pour l'ordre public, ou la sécurité des personnes et des propriétés, ou qui s'y livrerait à des

---

(1) Voir, à la date d'hier, les *Nouvelles de la guerre*.

manœuvres de nature à affaiblir ou à entraver les mesures de défense et de sûreté générale, sera expulsé de la capitale.

Art. 2. L'infraction aux arrêtés d'expulsion sera déférée aux tribunaux militaires.

Paris, le 24 août 1870.

Général TROCHU.

SAMEDI 27 AOUT.

DÉCRET. — Sont nommés membres du Comité de défense des fortifications de Paris :

MM. A. Béhic, Général Mellinet, sénateurs : le comte Daru, Dupuy de Lôme, marquis de Talhouët, députés au Corps législatif.

Paris, 25 août 1870.

DÉCRET. — Est nommé membre du comité de défense des fortifications de Paris :

M. Thiers, député au Corps législatif.

SÉNAT.

Séance du vendredi 26 août.

S. EXC. M. BUSSON-BILLAULT, *ministre président le conseil d'État.* Messieurs les sénateurs, le Gouvernement n'a point à vous faire connaître de dépêches officielles du théâtre de la guerre, mais il tient avant tout à être avec vous en communication permanente, comme il y a entre nous communauté de sentiments, de patriotisme et d'efforts pour défendre le pays. (Très-bien! très-bien!)

Je parle devant une assemblée qui compte dans son sein trop d'illustrations militaires pour que j'aie besoin de lui rappeler qu'en ce qui concerne les opérations de la guerre, la première condition du succès c'est le secret. (C'est vrai! Très-bien!) Ce qui se dit à la tribune (nous en avons l'expérience dans le passé) n'est que trop rapidement porté à la connaissance des armées qui opèrent contre les nôtres.

En ce qui concerne l'armée française, je puis dire que son organisation est excellente, que nos soldats sont pleins d'entrain et de patriotisme, qu'ils ne demandent qu'à joindre l'ennemi, et qu'ils ont autant de confiance dans le succès de leurs armes que dans la justice de la cause qu'ils défendent. (Nouvelle approbation.)

Il est un point particulier que je dois exposer devant vous, car il s'impose à l'attention de tous, et les dépêches données par le Gouvernement le font d'ailleurs déjà connaître suffisamment. Tout le monde sait qu'une des armées prussiennes a Paris pour objectif, que sa marche, qui paraissait s'être ralentie, poursuit aujourd'hui son cours.

Elle ne trouvera personne pris au dépourvu. (Très-bien! Très-bien!) Depuis que le nouveau cabinet est aux affaires, il s'est occupé sans relâche, avec une activité indomptable, de mettre la capitale en état complet de défense. C'est une des préoccupations constantes du ministre de la Guerre. M. le gouverneur de Paris y applique également toute son énergie et son dévouement; vous avez vu les mesures qu'il a déjà prises et qui ont pour but non-seulement d'assurer la population contre toute espèce de danger, mais de l'avertir, de l'inviter, en ce qui la concerne personnellement, à concourir à la défense du pays. Je dois dire que tous les travaux se poursuivent activement, et qu'à quelque jour que l'ennemi se présente, il trouvera Paris matériellement en état de défense.

Les approvisionnements s'accumulent avec promptitude et en grande quantité, les munitions ne nous manquent pas et nous sommes sûrs de trouver dans cette population, dont on ne saurait dire assez les sentiments patriotiques, ce qui assure la défense d'un pays : le courage, pour défendre la capitale de la France et le pays tout entier avec elle. (Marques unanimes d'approbation.)

CORPS LÉGISLATIF.
Séance du vendredi 26 août.

S. EXC. M. HENRI CHEVREAU, *ministre de l'Intérieur*. — Je demande la parole pour faire une communication à la Chambre. (Mouvement.) Messieurs, l'armée du prince royal de Prusse avait paru s'arrêter avant-hier. Hier, elle a repris sa marche. Le devoir du Gouvernement est d'en prévenir la Chambre, le pays et la population de Paris.

Une voix à gauche. — C'est un peu tard!

M. LE MINISTRE. — Je n'ai pas besoin d'ajouter que le comité de défense prend toutes ses mesures pour l'éventualité d'un siége; que tout le monde peut compter sur l'énergie et sur la prévoyance du ministre de la Guerre et du gouverneur de Paris, et que, de notre côté, nous comptons sur la vaillance et sur la résolution des habitants de la capitale. (Très-bien! très-bien! — Mouvement prolongé.)

DIMANCHE 28 AOUT.

CORPS LÉGISLATIF.
Séance du samedi 27 août.

M. THIERS. — Je dois, sur-le-champ, avertir la Chambre que je viens l'entretenir d'une question toute personnelle. Cependant j'espère qu'après m'avoir entendu elle me pardonnera de l'avoir retenue un moment, un seul moment, pour lui parler de ce qui me concerne. (Parlez! parlez!)

Je ne le ferais pas si, ce matin, le *Journal officiel* ne m'avait appris, à mon grand étonnement, que j'étais membre du Comité de défense.

Il m'est impossible, sans explication préalable, d'accepter la tâche dont le Gouvernement a bien voulu m'honorer et m'accabler.

Ces jours derniers, lorsque tout le monde semblait croire qu'il serait bon d'adjoindre au Comité de défense quelques membres pris dans le sein de la Chambre et élus par elle, la question ayant été posée entre le droit du Gouvernement et ce que je regardais, dans cette circonstance, comme le droit de la Chambre, vous n'avez pas pu être étonnés, Messieurs, et personne n'a pu l'être dans le pays, que j'aie refusé toute autre délégation que celle qui me viendrait de la Chambre elle-même.

J'avais cette opinion, je n'en ai point changé.

Je crois que l'œuvre du Comité de défense entraîne, sous beaucoup de rapports, une si grave responsabilité, que ce ne serait pas trop d'avoir une mission de la représentation nationale elle-même pour pouvoir porter cette lourde responsabilité.

Quant à moi, je ne croyais pas pouvoir me charger d'une tâche pareille, sans une délégation du Corps législatif.

Ce matin j'ai été averti par le *Journal officiel* seul, de la nomination qui me concernait.

J'en ai été vivement affecté, non-seulement pour la gravité de la tâche, mais aussi pour la position un peu équivoque que cette nomination tout à fait inattendue pour moi allait me faire dans le pays.

Les hommes peuvent valoir quelque chose par les facultés petites ou grandes que Dieu leur a départies. Ils valent surtout par leur autorité morale, et leur autorité morale tient à la sincérité, à la suite, à la persévérance qu'ils mettent dans leurs opinions, leurs actes et leur vie tout entière.

J'ai donc besoin de bien établir devant le pays que ce n'est pas la politique qui me rattache à l'œuvre dont le comité de défense est chargé.

Tout le monde le sait, je suis resté étranger au Gouvernement depuis qu'il existe, non pas à cause des personnes, mais à cause de sa politique.

J'étais étranger à lui, je le suis encore, car cette politique, à mes yeux, a amené de trop douloureux résultats, pour que ce soit aujourd'hui le cas de faire acte d'union avec elle. Mais il m'a semblé que, vu la gravité des circonstances, si je refusais de prendre ma part de la tâche commune, je serais coupable devant le pays. (Très-bien! très-bien!) Seulement, je dois bien préciser, préciser avec la dernière rigueur, à cause de la périlleuse situation où nous nous trouvons, quelle est la part que je puis prendre aux travaux du Comité de défense.

Quant à dévouer mon temps, mes forces, ce qui me reste de santé, je suis prêt à le faire, mais il y a la responsabilité des actes. Or, vous vous tromperiez, Messieurs, si vous supposiez que le Comité de défense n'aura à pourvoir qu'à des détails matériels.

Non ; il y a beaucoup de mesures de défense qui entraîneront une responsabilité politique immense. Oui, il y a tels moments où la distribution, la disposition seule des forces du pays peut entraîner la responsabilité la plus grave pour ceux qui auront une opinion à émettre, un conseil à donner.

Eh bien, si j'avais été élu par la Chambre, j'aurais pu, sans hésiter, prendre ma part de cette responsabilité ; mais j'aurais demandé autre chose : j'aurais demandé, outre la désignation de mes collègues, que la représentation de la Chambre fût plus complète qu'elle ne l'est dans le Comité.

Il y a dans le Comité, tel qu'il a été complété par le *Journal officiel* hier et aujourd'hui, des hommes très-respectables ; je dirai même que la majorité de cette Chambre y est représentée, mais toutes les opinions sont loin d'y être représentées, et cela dans un moment où l'on doit réclamer le concours de toutes les opinions à la défense nationale.

Pour ma part, j'entendais que non-seulement nous serions élus par la Chambre, mais que dans ses choix toutes les opinions figureraient dans la mesure qui leur appartient. Eh bien, cela n'a pas eu lieu.

Pour ce qui est de mon concours officieux, dévoué, quelle que soit la situation difficile où puissent se trouver placés les membres du Comité, on peut y compter. J'accepte la tâche. Quant au titre et à la responsabilité, il me faudrait, pour les accepter, l'appui de la Chambre.

M. THOINNET DE LA TURMÉLIÈRE. — Nous vous demandons tous d'accepter !

De toutes parts. — Oui ! oui ! tous ! — C'est le vœu de tout le monde !

M. THIERS. — Croyez bien, Messieurs, que je ne veux, en ce moment, créer de difficultés ni au Gouvernement, ni à vous, car ce serait créer des difficultés au pays lui-même ; mais j'ai tenu toute ma vie, non pas pour les partis aveugles pour qui rien n'est clair, mais pour les hommes sages et justes, j'ai tenu à conserver une conduite parfaitement nette. Ici encore je ne veux pas qu'il y ait le moindre nuage aujourd'hui sur l'acte que l'on m'impose. Ce que j'étais hier, je le suis encore ; ce n'est qu'un concours officieux et dévoué que j'apporte à l'œuvre commune, et malheureusement, bien insuffisant, croyez-le ; je le dis sans fausse modestie ! tout le monde est insuffisant dans la situation où nous sommes placés.

Je vous demande pardon de ces détails, je vous supplie de me les pardonner, mais je tiens à ce que ma conduite, ma vie soient pour mon pays et pour tous les partis, quels qu'ils soient, aussi claires que la lumière. (Applaudissements prolongés sur tous les bancs.)

— CIX —

S. EXC. M. HENRI CHEVREAU, *ministre de l'Intérieur*. — Messieurs, l'honorable M. Thiers a déclaré que, dans la crise que nous traversons, tout bon citoyen devait faire abstraction de son opinion politique et se dévouer à la défense commune. Le Gouvernement a pensé que l'honorable M. Thiers, qui a attaché son nom à la grande œuvre des fortifications de Paris, était naturellement désigné pour concourir à leur défense, et il le remercie du concours qu'il veut bien lui prêter. (Très-bien! très-bien!)

M. STEENACKERS. — J'approuve entièrement la déclaration de l'honorable M. Thiers, et tout le monde comprendra par quel sentiment de délicatesse il a été amené à la faire.

Mais je crois que le pays, dans les circonstances difficiles qu'il traverse, a besoin des lumières et des conseils d'un homme de son talent, et que, nous qui représentons la nation, nous devons donner à l'honorable M. Thiers, au nom de la nation, un éclatant témoignage de confiance.

Je demande donc que, sans s'arrêter au décret qui a paru ce matin au *Journal officiel*, la Chambre, par acclamation, nomme M. Thiers membre du Comité de défense de la ville de Paris. (Mouvements et bruits divers.)

La Chambre vote ensuite à l'unanimité de 223 votants le projet de loi dont la teneur suit :

Art. 1er. Les bataillons de garde nationale mobile peuvent être appelés à faire partie de l'armée active pendant la durée de la guerre actuelle.

Art. 2. Sont considérés comme faisant partie de la garde nationale les citoyens qui se portent spontanément à la défense du territoire, avec l'arme dont ils peuvent disposer et en portant un des signes distinctifs de cette garde qui les couvre de la garantie reconnue aux corps militaires constitués.

Art. 3. Les anciens officiers, sous-officiers et caporaux peuvent être admis à servir activement, pendant la durée de la guerre, dans les grades dont ils étaient titulaires.

Art. 4. Le crédit de 25 millions destiné à venir en aide aux femmes, enfants ou ascendants des citoyens qui combattent pour la défense du pays est porté à 50 millions.

Art. 5. Les lois sur les pensions militaires sont applicables aux gardes nationaux mobiles et sédentaires blessés au service du pays, ainsi qu'aux veuves ou aux enfants de ceux qui seraient morts dans des circonstances de guerre.

Le décret de 1852 sur la légion d'honneur est applicable aux gardes nationaux mobiles ou sédentaires, décorés ou médaillés pour faits militaires pendant la présente guerre.

Art. 6. La présente loi sera exécutoire à dater du jour de sa promulgation.

DÉCLARATION DU MINISTRE DE LA GUERRE :

Messieurs, je reçois à l'instant la dépêche suivante :

Hier, 25 août, à neuf heures du matin, Verdun a été attaqué de nouveau par un corps prussien de 8 à 10,000 hommes, commandés par le prince de Saxe. 4,000 environ ont été engagés, infanterie et artillerie.

Après un combat très-vif de trois heures, pendant lequel plus de 300 obus ont été lancés contre la ville, les Prussiens, fort maltraités par notre artillerie, ont été repoussés sur toute la ligne. Les pertes sont considérables. Nos pièces étaient servies, en majeure partie, par la garde nationale sédentaire...

Nous avons eu 5 hommes tués, trois gardes nationaux sédentaires, un mobile, un fantassin; 12 blessés, dont quatre grièvement.

L'ennemi a tiré sur l'ambulance de l'évêché... (Mouvement), qui a reçu 17 projectiles, a tué deux personnes de service et blessé une troisième.

La population a été admirable de patriotisme et de mâle énergie. (Bravos unanimes. — Nouveaux et vifs applaudissements.)

M. LE MINISTRE. — Messieurs, trois de vos honorables collègues sont venus me trouver ce matin pour m'exprimer le désir qu'on armât le plus promptement possible la garde nationale sédentaire de Paris. Mon collègue de l'Intérieur m'avait déjà demandé de mettre à sa disposition 80,000 fusils, environ, dont il avait besoin.

Voici ce qui s'est passé : un de mes prédécesseurs, je ne sais pas lequel, avait constitué dans un but d'utilité pour la défense de Paris, une réserve de 100,000 fusils à piston, des fusils rayés. Cette réserve, à laquelle on ne devait toucher qu'à la dernière extrémité, m'a été révélée depuis peu de jours. (Mouvements divers.)

Messieurs, je n'ai pas pu tout faire. C'est aujourd'hui le dix-septième jour que j'ai le portefeuille de la Guerre. J'ai dû armer d'abord tout ce qui était devant l'ennemi. (Oui! oui!) J'ai donné l'ordre ce matin — et vos trois collègues ont dû le porter eux-mêmes au directeur de la Guerre, — de remettre les cent mille fusils entre les mains de la garde nationale de Paris. (Vive et générale approbation.)

M. EMMANUEL ARAGO. — Je ne veux pas, Messieurs, poser à M. le ministre de la Guerre une question qui, dans les circonstances où nous sommes, semblerait justement une question imprudente; mais tout le monde comprendra, et M. le général de Palikao sentira bien lui-même avec quelle impatience nous désirons savoir quelle est réellement notre situation d'aujourd'hui. (Réclamations nombreuses à droite et au centre.)

M. JULES FAVRE. — Tous les journaux en parlent!

M. EMMANUEL ARAGO. Je demande donc, lorsque tous les journaux nous donnent chaque jour des renseignements contradictoires, si M. le ministre peut ou non nous apprendre quelle est en ce moment la position des armées ennemies... (Nouvelles réclamations), à quelle distance les armées prussiennes sont de la capitale? Paris le demande; il a le droit de le savoir, de l'apprendre officiellement.

M. LE MINISTRE DE LA GUERRE. — Messieurs, si, pendant que je suis ministre de la Guerre, un officier, de quelque grade qu'il soit, commettait l'indiscrétion que l'on me demande de commettre, je le ferais fusiller. (Mouvement. — Vive approbation et applaudissements.)

M. EMMANUEL ARAGO. Je suis, Messieurs, bien loin de méconnaître la discrétion que nous devons tous mettre dans les questions adressées au ministre de la Guerre, dont chacun appréciera la réponse. Aussi ne lui ai-je pas demandé de nous dire ce qu'il serait peut-être dangereux de publier; je lui ai simplement demandé si, sans s'écarter de la réserve que lui imposent ses devoirs, il ne pouvait pas aujourd'hui nous donner des nouvelles, confirmant ou modifiant les graves nouvelles d'hier. Et je m'étonne, Messieurs de la majorité, des applaudissements avec lesquels vous avez tout à l'heure accueilli des paroles qui vont laisser Paris dans la plus vive anxiété. (Adhésion à gauche.)

LUNDI, 29 AOUT.

Le gouverneur de Paris :

Vu l'art. 75 du décret du 24 décembre 1811, lequel investit le gouverneur d'une place en état de guerre, de l'autorité nécessaire pour faire sortir les étrangers;

Vu la loi des 18-20 novembre et 3 décembre 1869, relative aux mesures de police applicables aux étrangers;

Considérant que, dans l'intérêt de la défense nationale, et aussi pour garantir la sécurité des personnes appartenant par leur nationalité aux pays en guerre avec la France, il y a nécessité d'éloigner ces étrangers;

Arrête ce qui suit :

Art. 1er. Tout individu non naturalisé Français et appartenant à l'un des pays actuellement en guerre avec la France est tenu de quitter Paris et le département de la Seine, dans un délai de trois jours, et de sortir de France ou de se retirer dans un des départements situés au-delà de la Loire.

Art. 2. Tout étranger tombant sous le coup de l'injonction précédente, qui ne s'y sera point conformé et n'aura pas obtenu une permission spéciale de séjour émanée du gouverneur de Paris, sera arrêté et livré aux tribunaux militaires pour être jugé conformément à la loi.

Paris, le 28 août 1870

Signé : TROCHU.

EMPRUNT NATIONAL.

L'emprunt autorisé par la loi du 12 août 1870 a un caractère essentiellement national.

C'est pour lui conserver, le plus possible, cette signification que l'article 1er de l'arrêté ministériel du 19 août a décidé, contrairement au mode suivi dans les précédents emprunts, que la souscription publique serait close dès que l'emprunt serait couvert et qu'un cinquième serait payé comptant à titre de garantie.

La souscription a été ouverte le 23 et a été fermée le 24 août.

Les résultats obtenus sont les suivants :

Les souscriptions reçues le 23 s'élèvent à la somme de   685.167.000
savoir :
Pour Paris. 502.635.000
Pour les départements. 182.532.000
Les souscriptions du 24 ont donné. 122.140.000
savoir :
Pour Paris. 62.931.000
Pour les départements 59.209.000
En résumé, les deux journées ont produit :
Pour Paris. 565.566.000
Pour les départements. 241.741.000
Total général de la souscription 807.307.000
dont le cinquième, montant à 161 millions 461,000 fr., a été versé au moment de la souscription dans les caisses de l'État.

La somme à souscrire pour le principal de l'emprunt et le supplément étant de 805.000.000

Il en résulte un excédant de 2.307.000

qui doit être consacré à la diminution proportionnelle des souscriptions réductibles de la seconde journée (1).

Cette diminution serait d'environ 2 0/0. Mais la proportion exacte ne pourra être définitivement réglée que par la liquidation même, attendu que, aux termes de l'article 7 de l'arrêté du 10 août, les rentes seront comptées par francs dans la répartition, en négligeant ou en forçant les fractions suivant qu'elles seront inférieures ou supérieures à 50 centimes. Il serait impossible de préciser d'avance le résultat de cette opération pour chaque souscripteur. L'administration poursuit le travail de la liquidation avec la plus grande activité.

(1) Produit total de la 2e journée. 122.140.000
à déduire pour les souscriptions non réductibles des porteurs de bons 2-10, 3-10 et 5-10. . . . . 1.298.000
Reste pour les souscriptions réductibles 120.842.000

GARDE NATIONALE.

La réorganisation de la garde nationale du département de la Seine n'a cessé, depuis le 10 août, d'être l'objet de la préoccupation du Gouvernement.

L'effectif se réduisait alors à 30,000 hommes environ répartis entre cinquante bataillons urbains ou ruraux.

Peu de jours avant, le Gouvernement avait décidé la formation de sept bataillons supplémentaires dont les cadres étaient en partie nommés ; mais il restait encore, dans certains quartiers, des lacunes importantes; dans plusieurs autres même, la garde nationale n'était pas constituée.

Le ministre de l'Intérieur y pourvut d'urgence par une organisation générale en vertu de laquelle les anciens bataillons grossirent à la fois le nombre de leurs compagnies et l'effectif assigné à chacune d'elles, et les nouveaux furent constitués d'après les règles de la loi du 13 juin 1851. Ces derniers procèdent actuellement à l'élection de leurs officiers.

De 30,000 hommes, l'effectif se trouva ainsi porté à 80,000. Préoccupé des nécessités de la défense et s'appuyant, d'ailleurs, sur les prescriptions formelles de la loi du 10 août, le ministre de l'Intérieur recommanda d'enrôler et d'armer d'abord les anciens militaires.

L'armement s'est poursuivi avec la plus grande activité : à Vincennes, au Mont-Valérien, à l'École militaire. Tous les jours, 2 ou 3 bataillons seront exercés au tir du polygone de Vincennes, où une butte spéciale leur a été réservée.

Afin de tenir compte de toutes les nécessités et de faciliter l'incorporation, le ministre de l'Intérieur a autorisé, pendant la guerre, le port d'un uniforme d'une valeur approximative de 20 fr., et il a décidé et fait connaître que le Gouvernement subviendrait lui-même aux frais d'équipement et d'habillement des gardes nationaux hors d'état de les supporter.

Douze compagnies d'ouvriers auxiliaires du génie viennent d'être organisées sous le commandement de MM. Alphand et Viollet-Leduc, et la direction supérieure du général baron de Chabaud-Latour. Elles donneront un supplément d'effectif de 2,500 hommes et fourniront à la défense une ressource précieuse.

Enfin, un appel spécial auquel ont déjà répondu 250 volontaires en deux jours, a invité les anciens artilleurs et les militaires de toutes armes à se faire inscrire pour prendre part d'une manière active au service des pièces de l'enceinte.

En face de l'ennemi, à la veille du siège de Paris, le Gouvernement a pensé qu'il fallait encore augmenter l'effectif de la garde nationale pour utiliser le dévouement patriotique des habitants de Paris.

De nouveaux bataillons vont être créés et des fusils leur seront distribués. Les conseils de recensement se mettent à l'œuvre, et les hommes inscrits sur les contrôles procéderont immédiatement à l'élection des officiers, suivant les prescriptions de la loi de 1851.

COMMUNICATIONS DIVERSES.

Avis. — Des réserves considérables destinées à l'approvisionnement de Paris sont faites par les soins de l'administration ; elles s'accroissent encore tous les jours. Toutefois, le préfet de la Seine croit devoir engager les habitants à se pourvoir eux-mêmes à l'avance, dans la mesure de leurs besoins et de leurs ressources, des diverses denrées alimentaires susceptibles de conservation et de durée.

L'intérêt de la défense, plus encore que celui des subsistances, demande aussi que les personnes hors d'état de faire face à l'ennemi s'éloignent de Paris.

MARDI 30 AOUT.

Avis. — Le bois de Boulogne, où sont actuellement parqués les bestiaux destinés à l'approvisionnement de Paris, est, jusqu'à nouvel ordre, interdit à la circulation.

MERCREDI 31 AOUT.

NOUVELLES DE LA GUERRE.

30 août.

La marche de l'ennemi sur Paris paraît arrêtée. Le maréchal de Mac-Mahon continue son mouvement. Il n'y a pas eu d'engagement sérieux.

Châlons paraît décidément évacué par les Prussiens.

Les trains vont librement à Reims et iront bientôt probablement à Châlons.

Les gardes nationales sédentaires de l'Aisne, de Seine-et-Marne, etc., s'organisent pour opposer une vigoureuse résistance.

Une personne sortie vendredi, de Strasbourg, dit qu'un quartier de la ville a beaucoup souffert, que les munitions et les vivres sont suffisants et que le désir de résistance est général.

Une prise prussienne, le *Pfeil*, monté par un équipage français, vient d'entrer dans le port de Dunkerque.

CORPS LÉGISLATIF.

Séance du mardi 30 août.

Le Corps législatif adopte à la majorité de 255 votants le projet de loi suivant :

Art. 1er. Le Gouvernement est autorisé à s'approprier, pendant la durée de la guerre, les armes et munitions de guerre fabriquées en France pour l'étranger ou en cours de fabrication.

Art. 2. Les armes et munitions seront payées au prix stipulé par les contrats.

COMMUNICATIONS DIVERSES.

Avis. — Les agriculteurs et autres personnes qui, en vue des circonstances actuelles et sans aucun but de spéculation, voudront introduire dans Paris, pour être dirigés sur des locaux ou magasins autres que les dépôts publics, des bestiaux et des denrées d'approvisionnement soumis aux droits d'octroi, pourront procéder à cette introduction.

Dans le cas où ils ne pourraient consigner les droits, ils seront admis à présenter une déclaration signée par eux, indiquant leurs nom, prénoms, résidence et profession. — Cette déclaration contiendra l'engagement d'acquitter les taxes sur les quantités qui ne seraient pas réexportées ultérieurement.

Les dispositions qui précèdent sont applicables, dans les mêmes conditions, à l'introduction des boissons passibles des droits du Trésor.

Paris, le 29 août 1870.

Avis. — Les étrangers invités par le récent arrêté du gouverneur de Paris, à s'éloigner de la capitale et qui croiraient se trouver dans des conditions particulières assez favorables pour justifier l'exception admise, pour certains, par ledit arrêté, sont prévenus que par délégation du gouverneur de Paris, le préfet de police se trouve chargé de statuer sur leurs réclamations.

Chaque réclamant devra, en conséquence, se présenter à la préfecture de police muni d'une demande écrite. Cette demande mentionnera *ses nom et prénoms, son âge, sa nationalité, sa profession, le temps de son séjour en France, et toutes les circonstances propres à justifier la délivrance d'un PERMIS DE SÉJOUR SPÉCIAL ET EXCEPTIONNEL; elle devra toujours être appuyée de la déclaration écrite de répondants notoirement connus, qui se porteront garants du réclamant.*

Paris, le 30 août 1870.

JEUDI 1er SEPTEMBRE.

Décret. — M. le général de division de La Motterouge, député au Corps législatif, est chargé du commandement supérieur des gardes nationales du département de la Seine, en remplacement de M. le général d'Autemarre d'Ervillé, dont la démission est acceptée.

Paris, 29 août 1870.

— CXVI —

Décret daté du camp de Châlons, 20 août 1870, signé Napoléon et nommant dans la Légion d'honneur :

Quatre grands officiers (en tête desquels figure M. le général de division Ducrot);

Dix commandeurs et quarante-six officiers.

Suivent une grande quantité de nominations au grade de chevalier et dans la médaille militaire (1).

Le gouverneur de Paris prescrit au commandant en chef du génie dans la place de procéder à la démolition des maisons et couverts de toute nature qui sont aux abords de la fortification et gênent la défense; il donnera des ordres pour que les déblais résultant de cette opération soient disposés de manière à ne pouvoir servir d'abris à l'ennemi.

Paris le 27 août.

GARDES NATIONALES.

Par ordre de M. le ministre de la Guerre, cent mille gardes mobiles des départements sont appelés dans la capitale, pour concourir à sa défense.

Le gouverneur de Paris doit invoquer le patriotisme de ses habitants pour assurer à ces troupes l'hospitalité que méritent leur excellent esprit et leur dévouement. Mais, dans le double but d'alléger cette charge inévitable et de tempérer les inconvénients qu'aurait, pour l'exécution du service, une trop grande dispersion, le gouverneur prie MM. les chefs d'établissements industriels et propriétaires de lui désigner, le plus tôt possible, les bâtiments et abris de toute sorte, de grande étendue, qu'ils seraient disposés à offrir gratuitement pour cet objet, en faisant connaître leur nature et leur contenance.

---

(1) C'est le dernier décret de nomination dans la Légion d'honneur et dans la médaille militaire qu'ait signé l'Empereur.

Chaque année, à l'occasion de la fête du 15 août, tous les ministres présentaient à la signature impériale une assez grande quantité de nominations dans la légion d'honneur. Au mois d'août 1870, à cause des événements, beaucoup de ces nominations n'eurent pas lieu, ou, du moins, elles ne parurent pas toutes au *Journal officiel*. Deux ministres, ceux des Finances et de la Justice, ayant fait insérer dans la feuille officielle, comme d'habitude, leurs nominations annuelles dans la légion d'honneur, l'opinion publique fut que le moment était mal choisi pour ces sortes d'insertions. Toutefois, les décrets signés et non encore rendus publics par la voie du *Journal officiel* furent considérés comme parfaitement valables.

Au nombre de ces décrets que nous avons pu consulter, figure celui que contresigna, comme dernier acte de son passage au ministère, et de son ministère lui-même, évanoui le lendemain avec le cabinet du 2 janvier, M. Maurice Richard, premier et dernier ministre du département des Lettres, Sciences et Beaux-Arts. Nous donnons *in extenso*, à titre de document, ce décret, jusqu'à ce jour non publié, aux appendices de ce volume.

Le Gouvernement a décidé que les nouveaux bataillons de la garde nationale de Paris, formés par ordre de M. le ministre de l'Intérieur, porteront le même uniforme que les bataillons déjà existants.

L'idée d'un costume provisoire, qui aurait été différent de l'ancien, est abandonnée.

Les citoyens qui seraient notoirement hors d'état de faire face à cette dépense recevront une indemnité pour s'équiper.

Les gardes nationaux de Paris, faisant partie des nouveaux bataillons, sont invités à s'équiper le plus rapidement possible. Le Gouvernement compte sur leur empressement. Il importe que des troupes qui sont affectées à un service de guerre soient toutes pourvues de l'uniforme.

Les types de l'habillement et de l'équipement sont déposés à l'état-major et dans les vingt mairies de Paris.

SÉNAT

Séance du jeudi 1ᵉʳ septembre.

M. Le Verrier avait demandé, à la précédente séance, à interpeller le Gouvernement sur certains actes de guerre du Gouvernement prussien.

M. LE VERRIER. — Messieurs, un bruit sinistre s'est accrédité : messieurs les Prussiens refuseraient de reconnaître pour prisonniers de guerre ceux qui n'auraient pas fait partie de nos troupes de ligne ; ils voudraient leur appliquer la loi martiale et les passer par les armes.

Je n'ai nullement l'intention de demander à M. le ministre des Affaires étrangères d'autres renseignements que ceux qu'il croit pouvoir donner, et si la vérité des faits ne pouvait être établie aujourd'hui même, nous saurions attendre. Ce qui importe, c'est que nous sachions dans quelle situation nous sommes, dans quelles conditions sont placés les enfants du pays que nous envoyons aux frontières. S'y trouvent-ils en présence de l'armée régulière d'une nation civilisée, ou bien est-ce une invasion sauvage que nous avons à repousser ?

Permettez-moi de rappeler les termes de l'interpellation que j'ai désiré adresser au Gouvernement et qu'il a bien voulu accepter :

« Je demande à interpeller le Gouvernement au sujet des actes du *Gouvernement prussien*, qui aurait fait fusiller des citoyens français faits prisonniers en combattant pour la défense de leurs foyers. »

On m'a demandé s'il s'agissait bien, en effet, d'actes du Gouvernement prussien, et dans cet esprit de recherche de la vérité où je veux me tenir, je serai le premier à modifier mes appréciations lorsqu'il y aura lieu.

Mais présentement, j'ai le regret de maintenir que si des faits de la nature de ceux qui ont été répandus dans le public, non-seulement par des organes français, mais encore par des organes étrangers, sont établis d'une manière précise, il est impossible que la responsabilité n'en remonte pas au Gouvernement prussien.

Nous trouvons d'abord dans une première dépêche datée de la Lorraine cette information :

« Pour nous tracer nos devoirs, à nous, ils ont affiché sur les murs des proclamations de leur roi ; elles sont en français et contiennent une sorte de code pénal où la peine de mort revient souvent. Le crime d'injure ou propos offensant contre S. M. Frédéric-Guillaume y est même prévu. »

Plus tard, les dépêches étrangères nous font connaître une autre proclamation, celle-ci des généraux commandant en chef les armées prussiennes, et dont nous devons prendre lecture ; car les faits graves que nous avons à reprocher aux troupes prussiennes ne sont que les conséquences des instructions qu'ils ont reçues de leurs généraux, lesquels s'en réfèrent eux-mêmes à la proclamation du roi.

Les commandants en chef des armées royales ont donc publié en langue française la proclamation suivante :

« Nous, général de la... armée allemande ; vu la proclamation de Sa Majesté le roi de Prusse, qui autorise les généraux commandant en chef les différents corps de l'armée allemande à établir des dispositions spéciales ;

» Relativement aux mesures à prendre contre les communes et les personnes qui se mettraient en contradiction avec les usages de la guerre ;

» Relativement aux réquisitions qui seront jugées nécessaires pour les besoins de troupes et tendant à fixer la différence de cours entre les valeurs allemande et française ;

» Avons arrêté et arrêtons les dispositions suivantes que nous portons à la connaissance du public :

» 1° la juridiction militaire est établie par la présente. Elle sera appliquée dans toute l'étendue du territoire français occupé par les troupes allemandes à toute action tendant à compromettre la sécurité de ces troupes, à leur causer des dommages ou à prêter assistance à l'ennemi... »

Nous verrons tout à l'heure que c'est la peine capitale qu'ils édictent dans les cas stipulés. Ainsi donc, ils prétendent punir de mort le Français qui prêtera assistance à l'ennemi des Prussiens, c'est-à-dire à son pays, aux armées de la France !

Est-ce là la civilisation ? Est-ce là le droit des gens ? La mort à celui qui remplit son devoir le plus sacré en aidant son pays contre l'étranger !

« ... La juridiction militaire, poursuit la proclamation, sera réputée en vigueur et proclamée pour toute l'étendue d'un canton, aussitôt qu'elle sera affichée dans une des localités qui en font partie.

» 2° Toutes les personnes qui ne font pas partie de l'armée française et n'établiront pas leur qualité de soldat par des signes extérieurs et qui :

» *a*. Serviront l'ennemi en qualité d'espions;

» *b*. Égareront les troupes allemandes quand elles seront chargées de leur servir de guides;

» *c*. Tueront, blesseront ou pilleront des personnes appartenant aux troupes allemandes ou faisant partie de leur suite;

» *d*. Détruiront des ponts ou des canaux, endommageront les lignes télégraphiques ou les chemins de fer, rendront les routes impraticables, incendieront des munitions, des provisions de guerre ou les quartiers de troupes ;

» *e*. Prendront les armes contre les troupes allemandes, seront punies de la peine de mort.

» Dans chaque cas, l'officier ordonnant la procédure instituera un conseil de guerre chargé d'instruire l'affaire et de prononcer le jugement. Les conseils de guerre ne pourront condamner à une autre peine qu'à la peine de mort. Leurs jugements seront exécutés immédiatement.

» 3° Les communes auxquelles les coupables appartiendront, ainsi que celles dont le territoire aura servi à l'action incriminée, seront passibles dans chaque cas d'une amende égale au montant annuel de leur impôt foncier. »

Je dis, messieurs, que si de telles proclamations sont authentiques, et nous ne pouvons guère en douter, il est trop clair que les conséquences qu'elles ont amenées remontent directement au Gouvernement prussien lui-même.

Ne nous étonnons pas si de tels principes, contraires à toute morale, ont produit de tristes et déplorables conséquences, et si de tous les points de l'Europe nous voyons venir un ensemble d'accusations, stigmatisant unanimement la conduite des armées prussiennes.

Voici un extrait d'une lettre de Vienne : « Les Prussiens se vengent par des fusillades; ils viennent d'exécuter, cette fois en Lorraine, plusieurs paysans pris les armes à la main. On trouve dans les correspondances des journaux prussiens la description de la façon barbare dont se font ces exécutions. Ces correspondances racontent froidement, comme une chose toute naturelle, qu'après la bataille de Wœrth des paysans, qui auraient tiré sur les Prussiens, auraient été fusillés. »

Ailleurs, on ajoute qu'on en aurait fusillé d'autres qui n'auraient nullement été pris les armes à la main, mais qui auraient contrevenu à quelques-uns des articles de l'ordonnance draconienne que nous avons rapportée.

Le *Courrier des Vosges*, à son tour, cite un ordre des Prussiens qu'il dit avoir sous les yeux et portant : « Tout homme trouvé armé sera fusillé. »

Mais ce n'est pas tout, et nos ennemis ne s'en prennent pas seulement aux hommes isolés. Ils refusent d'accorder aux corps francs les garanties dues aux troupes reconnues des belligérants. Nous l'avions entendu dire, et c'était une des raisons qui nous avaient déterminé à produire notre interpellation. Aujourd'hui nous n'en pouvons douter en présence d'un article reproduit au *Journal officiel belge* :

« Le Gouvernement prussien, est-il dit, crée décidément un code patriotique tout nouveau et une morale pour son usage particulier.

« Le *Staatsanzeiger* déclare, comme on le voit dans nos dépêches télégraphiques, que les corps francs français doivent être munis d'une autorisation du ministre de la Guerre français, soumis aux lois militaires françaises, et commandés par des officiers français.

« Dans le cas contraire, continue le journal officiel prussien, ces corps ne peuvent être considérés que comme des corps de bandits.

« Des déclarations comme celle que fait le *Staatsanzeiger* sont des actes de barbarie indignes d'une nation civilisée, et tendent à transformer en massacres odieux les guerres modernes, qui devraient au contraire se distinguer des guerres passées, en versant le sang des hommes désarmés et qui ne peuvent plus nuire. »

Ainsi donc, Messieurs, vous le voyez, après avoir dénié aux hommes isolés le droit sacré de défendre leurs foyers, c'est aux corps francs que la Prusse refuse le même droit, et elle déclare qu'elle les considérera comme des bandits!

Et, on ne s'en tient pas même aux corps francs; c'est maintenant à nos gardes mobiles qu'on veut appliquer les cruels effets des ordonnances du roi Guillaume et de ses généraux.

Vous avez tous entendu parler des récents et douloureux événements concernant la garde mobile de Vitry et de Sainte-Menehould. Voici ce qu'en rapporte le *Journal de la Marne*, publié à Châlons le mardi 30 août :

« Les plus mauvaises nouvelles de la garde mobile de Vitry sont arrivées à Châlons. Voici les renseignements qu'il nous a été possible de réunir à son sujet :

« On avait eu d'abord l'intention de défendre la ville de Vitry; puis, au moment de l'arrivée des Prussiens, on se résolut à diriger vers Château-Thierry le bataillon de garde mobile composé, comme on sait, des jeunes gens des arrondissements de Vitry et de Sainte-Ménéhould. En même temps, on enclouait et on jetait dans les fossés les canons qui garnissaient les remparts. Les Prussiens, toujours bien informés, arrivèrent devant la ville. » (Interruption.)

« Au lieu de rester uni et compacte, le bataillon de mobiles se divisa. Une partie, attaquée par un corps de troupes prussiennes, se jeta dans les bois pour échapper aux atteintes de la cavalerie ennemie, à laquelle ils tuèrent quelques hommes. Mais l'infanterie les en débusqua, *le* rejeta sous le sabre des cavaliers, et alors se passa une scène affreuse.

« Écrasés par le nombre, privés de munitions, les mobiles demandent à se rendre prisonniers. Mais les Prussiens ne veulent pas voir en eux des soldats. Ils les massacrent comme à plaisir. Ils s'acharnent sur ceux qui sont déjà couverts de blessures, ils les hachent à coups de sabre. Déjà une cinquantaine de nos mobiles avaient été tués ou blessés, lorsque plusieurs personnes, qui déployèrent en ces circonstances une certaine énergie, prouvèrent au chef du détachement, par les feuilles de route, qu'il avait bien réellement affaire à des soldats. Alors seulement le carnage cessa. »

Telle est, Messieurs, la guerre que nous fait la Prusse. Et cependant, il y a peut-être quelque chose de plus douloureux, c'est ce qui se passe à Strasbourg !

S'il fallait en croire un journal de Carlsruhe, la ville de Strasbourg serait réduite à une déplorable situation, et ses remparts ne pourraient tenir plus longtemps.

On annonce hautement que la ville va être contrainte de se rendre.

Ceux qui connaissent la puissance formidable de ce boulevard de la France ne pouvaient comprendre qu'après une si courte attaque une ville aussi forte eût été ainsi réduite, en si peu de jours, à capituler. Aussi, Messieurs, n'en était-il rien; seulement, ici encore, Messieurs les Prussiens ont violé audacieusement le droit des gens, en employant un nouveau moyen d'attaque, plus cruel que tout le reste, mais qui n'en trompera pas moins leurs espérances impies.

Ne pouvant pas compter sur leurs mesures d'intimidation vis-à-vis des hommes pour obliger Strasbourg à se rendre, ils s'en sont pris aux inoffensifs habitants, aux femmes, aux enfants. Ils ont attaqué et bombardé, non pas les remparts, mais l'intérieur de la ville, avec le parti pris et calculé d'écraser la population, dans l'espoir que les défenseurs de la ville, pris de pitié en face de tant de barbarie inutile, ouvriraient les portes de la cité. Les remparts cependant restent intacts et Strasbourg ne se rendra pas.

J'en ai assez dit pour préciser mes intentions.

Je désire que, dans les limites de ce qu'il trouvera possible, le Gouvernement nous fasse connaître, d'une façon précise, quelle est la condition des belligérants isolés, la condition des corps francs, la condition des gardes mobiles et aussi celle des places fortes.

Nous avons voté, il y a peu de jours, une loi qui avait pour objet de couvrir les belligérants, en les engageant à prendre un des signes distinctifs de l'armée. Je crois que si le Gouvernement pouvait aussi, par une déclaration, faire connaître d'une manière précise quel est ce signe distinctif que la loi n'a pu définir, il en résulterait un grand bien, et que cela pourrait suffire dans beaucoup de cas pour empêcher l'armée prussienne de recourir à des procédés indignes de la civilisation.

S. EXC. M. LE PRINCE DE LA TOUR D'AUVERGNE, *ministre des Affaires étrangères.* — Messieurs les sénateurs, les faits sur lesquels l'honorable M. Le Verrier vient d'appeler l'attention du Sénat et du Gouvernement nous ont, comme vous devez bien le penser, déjà très-vivement préoccupés.

Sans entrer dans plus de commentaires, je vous demande la permission de vous lire les communications que nous avons cru devoir adresser aux Gouvernements étrangers, à ce sujet.

Voici d'abord une dépêche-circulaire en date du 30 août :

« Paris, le 30 août 1870.

« Monsieur, le Gouvernement prussien a prétendu, dans des documents dont nous avons eu connaissance, que nos soldats se seraient écartés des règles du droit international en dirigeant volontairement leur feu sur des ambulances et sur des parlementaires. Avant même de signaler ces allégations à M. le ministre de la Guerre, j'ai protesté au nom des traditions de notre armée ; et dès que mon collègue en a été informé, il s'est associé énergiquement au langage que j'avais tenu.

« Des méprises peuvent se produire dans l'ardeur du combat ; plus justes que nos adversaires, nous reconnaissons qu'aucune des deux armées n'est sûre de ne pas commettre de pareilles erreurs ; mais que nos soldats aient, de propos délibéré, méconnu le privilège sacré des ambulances et les franchises des parlementaires ! la Prusse ne le persuadera à personne, et nous n'avons pas besoin de nous défendre contre de pareilles accusations. (Très-bien ! très-bien !)

« Aussi bien, il semble que le Gouvernement prussien n'ait montré tant d'empressement à se prévaloir de faits regrettables, mais nonprouvés jusqu'ici, et dans tous les cas isolés, que comme des prétextes pour se justifier lui-même d'actes beaucoup plus graves que nous avons à relever contre lui, et qui engagent bien plus directement la responsabilité des chefs de corps. (Nouvelle approbation.)

« Tout le monde connaît l'incident de l'ambulance dite de la Presse, saisie avec son personnel et son matériel, et qui a dû traverser une partie de l'Allemagne, le Luxembourg et la Belgique, pour rentrer en France.

« Le même fait se serait renouvelé récemment dans les environs de Metz.

« Auprès de Strasbourg, M. le baron de Bussière a été fait prisonnier, au milieu de l'ambulance qu'il avait organisée et à laquelle il donnait ses soins.

« Il est également de notoriété qu'un chirurgien français a été tué sur le champ de bataille par un soldat prussien, au moment où il terminait le pansement d'un blessé. (Mouvement.)

« Il résulte, en outre, de la constatation faite par un de ces médecins en présence de témoins dont la déclaration a été reçue au vice-consulat de France à Bâle, que des balles explosibles ont été employées contre nos troupes et retrouvées dans les plaies de quelques-uns de nos blessés. (Explosion de cris d'indignation : C'est du brigandage ! — Vile canaille ! — Il faudra être sans pitié pour des gredins pareils ! — C'est une infamie !)

« Ce sont là autant d'atteintes, non-seulement aux usages de toutes les armées dans les temps modernes, mais encore aux stipulations formelles de conventions diplomatiques auxquelles la Prusse a été partie contractante.

« Enfin, les journaux ont annoncé que des paysans des environs de Strasbourg avaient été requis pour creuser les tranchées ouvertes par les Prussiens devant la place. (Sensation.) Nous avons d'abord refusé d'ajouter foi à ces bruits. Nous ne pouvions admettre comme possible un acte de violence non moins contraire au droit de la guerre qu'aux lois de l'humanité. Les témoignages certains qui nous sont parvenus depuis ne laissent plus aucun doute sur la complète exactitude de ces informations. (Nouvelles et violentes exclamations.) Les autorités prussiennes n'ont pas reculé devant une mesure qui oblige les défenseurs de Strasbourg à tirer sur des Français. » (C'est odieux ! cela crie vengeance !)

« Nous protestons, au nom de la conscience universelle (Très-vive approbation), contre de tels abus de la force, et, en vous priant de les signaler à l'attention particulière du Gouvernement auprès duquel vous êtes accrédité, j'ai la confiance que l'opinion publique les frappera d'une juste réprobation. » — (Très-bien ! très-bien !)

M. LE MARQUIS DE CHASSELOUP-LAUBAT. — Quel est le général qui commande devant Strasbourg ? Qu'on le nomme !

Un Sénateur. — C'est un général badois nommé Werder.

M. LE MARQUIS DE CHASSELOUP-LAUBAT. — Il faut que son nom passe flétri à la postérité.

M. LE MINISTRE DES AFFAIRES ÉTRANGÈRES. — Je vous demande la permission de continuer cette lecture. Il s'agit de la convention de Genève et du grave abus qu'en a fait l'armée prussienne.

Voici la dépêche, circulaire également, que j'ai dû envoyer à ce sujet à nos divers agents, après m'en être entendu avec M. le ministre de la Guerre :

« M.... M. le ministre de la Guerre vient de porter à ma connaissance des informations qui lui sont transmises par des autorités dignes de foi, et d'où il résulte que les insignes de la Société internationale de secours aux blessés ont couvert, notamment à Joinville, à Saint-Dizier, à Vassy, la plus grande partie de l'attirail de guerre de l'armée prussienne, ses approvisionnements et jusqu'à des caissons. Des officiers escortant le trésor de l'armée ont été vus portant le brassard de la Société.

(Des exclamations éclatent de toutes parts ; l'émotion du Sénat est à son comble.)

M. LE MINISTRE DES AFFAIRES ÉTRANGÈRES. — «...Ces faits, rapprochés de ceux que je vous ai précédemment prié de signaler au Gouvernement auprès duquel vous êtes accrédité, constituent une violation flagrante de la convention de Genève. En négociant ce traité, les Gouvernements signataires ont été dirigés par des sentiments d'humanité auxquels la France s'est associée, dès le début, avec un empressement qui a été une des causes dominantes du succès des conférences. Pas plus que les autres puissances, nous ne nous sommes dissimulé les abus auxquels, dans certains cas particuliers, pouvaient donner lieu quelques-unes de ces stipulations, celle notamment qui autorise l'usage du drapeau et du brassard.

« Mais nous étions loin de supposer que ces abus dussent jamais revêtir un pareil caractère. M. le ministre de la Guerre, justement ému des faits qui sont parvenus à sa connaissance, déclare que, s'ils devaient continuer, il ne lui resterait qu'à provoquer, vis-à-vis du cabinet de Berlin, la dénonciation de la convention de Genève.

« Il appartient au Gouvernement..., comme signataire du traité, d'en faire respecter les dispositions, et il reconnaîtra, je n'en doute pas, la nécessité d'unir ses efforts à ceux des autres parties contractantes, pour obtenir que cet acte soit loyalement exécuté. » (Vif mouvement d'approbation.)

Maintenant voici une circulaire relative à la situation des corps francs. Elle est également adressée à toutes les grandes puissances, et porte la date du 31 août :

« M.... Dans un télégramme adressé au comte de Bernstorff, pour nous être communiqué par l'entremise du ministre des États-Unis à Paris, M. le comte de Bismarck fait connaître le traitement que la Prusse entend réserver à nos francs-tireurs. Il déclare que les hommes qui peuvent, à portée de fusil, être reconnus comme soldats, seront seuls considérés et traités comme tels. Il ajoute que la blouse bleue est le costume national, que la croix rouge au bras n'est discernée qu'à une faible distance, et peut à tout instant être retirée ou replacée, de telle sorte qu'il devient impossible aux troupes prussiennes de distinguer les personnes dont elles ont à attendre des actes d'hostilité, et sur lesquelles elles doivent tirer. Il annonce, en conséquence, que tous ceux qui ne pouvant être, en toute occasion, et à la distance nécessaire, reconnus comme soldats, tueraient ou blesseraient des Prussiens, seront traduits devant une cour martiale. »

J'ai transmis cette communication à M. le ministre de la Guerre ; voici sa réponse :

« La garde nationale mobile et les francs-tireurs qui y sont assimilés par leur organisation, ou qui ont été formés après des autorisations régulières, représentent une force constituée en vertu de la loi française ; leur costume a été défini et la blouse bleue, avec ornements rouges, des hommes de la garde nationale mobile qui portent, en outre, le képi, ne saurait être confondue, de bonne foi, avec le vêtement des paysans de France. M. le ministre de la Guerre n'hésite donc pas à déclarer que si la Prusse traite comme étrangères à l'armée de semblables troupes, les chefs de corps français useront de représailles envers les hommes de la landwehr et du landsturm qui représentent les mêmes forces en Allemagne. (Bravo ! Très-bien ! — Applaudissements !)

Voix diverses. — Il faut les faire fusiller comme des chiens. — Cela mérite une inexorable vengeance.

M. LE MINISTRE DES AFFAIRES ÉTRANGÈRES. — « Je vous prie, M..., de vouloir bien donner connaissance de cette déclaration au Gouvernement auprès duquel vous êtes accrédité, et je ne doute pas qu'il ne partage l'impression que nous fait éprouver le procédé que je vous signale, ainsi que la douloureuse nécessité dans laquelle il nous place. (Très-bien ! très-bien !)

« Nous recourons aux bons offices du Gouvernement anglais pour faire parvenir cette dernière déclaration au cabinet de Berlin. »

La lecture de ces dépêches me paraît répondre suffisamment.....

De toutes parts. — Oui, d'une manière satisfaisante, complète.

M. LE MINISTRE DES AFFAIRES ÉTRANGÈRES..... me paraît répondre suffisamment, quant à présent du moins, à l'interpellation de l'honorable M. Le Verrier. (Oui ! oui ! — Très-bien ! très-bien !)

Le Sénat peut être assuré d'ailleurs de l'énergie avec laquelle nous poursuivons l'enquête que nous avons commencée sur toutes les infractions aux lois de la guerre et aux droits de l'humanité. (Applaudissements.)

NOUVELLES DE LA GUERRE.

Différentes dépêches télégraphiques, datées de Belgique le 31 août, 4 h. 10 m. du soir, annoncent que, le 30, une série d'engagements entre le corps du maréchal de Mac Mahon et l'ennemi a eu lieu de 8 h. du matin à 8 h. du soir.

Nos troupes, qui avaient quitté les hauteurs boisées de Stonnes, où elles avaient été remplacées par les Prussiens, ont été attaquées. D'abord forcées à un mouvement de retraite, elles reprirent vigoureusement l'offensive de deux heures à six heures, et, la nuit venue, elles repassèrent la Meuse pour aller se reformer vers Douchery, sur la route de Mézières.

Les alternatives de cette première journée nous ont malheureusement coûté des pertes sensibles. Les Prussiens ont en outre brûlé Mouzon et tué une partie de ses habitants. De leur côté, nos troupes ont fait un mal considérable à l'ennemi. L'infanterie de marine s'est signalée par des prodiges de valeur et d'adresse.

Le lendemain 31, les Prussiens ont repris l'offensive, à sept heures du matin, sur la rive gauche de la Meuse, et la lutte s'est engagée entre Donzy et Donchery.

Attirés par le maréchal de Mac Mahon dans un angle formé par les remparts de Sedan et les hauteurs de la rive gauche du fleuve, ils ont subi des pertes très-sérieuses et se retiraient, à midi, vers Villemontry, après plusieurs tentatives inutiles pour repasser la Meuse.

Le 31, au matin, le maréchal de Mac Mahon passait la Meuse à Mouzon. Ce fait est en contradiction flagrante avec la dépêche du roi qui annonce avoir refoulé les troupes du maréchal jusqu'au-delà de la Meuse.

Tout fait supposer que de nouveaux engagements ont dû avoir lieu aujourd'hui.

CORPS LÉGISLATIF.

Séance du vendredi, 2 septembre.

Le Corps législatif adopte le projet de loi dont la teneur suit :

Article unique. — Il sera procédé à l'élection des officiers, sous-officiers et caporaux dans les bataillons déjà organisés de la garde nationale de la Seine.

Ils devront être choisis parmi les anciens militaires.

Toutefois, les officiers, sous-officiers et caporaux actuellement en fonctions sont éligibles.

NOUVELLES DE LA GUERRE.

2 septembre 1870.

Aucune dépêche officielle n'est parvenue sur le résultat des engagements d'hier. Quant aux renseignements non officiels, ils sont tellement contradictoires, qu'il est impossible d'en tenir compte.

M. le ministre de l'Instruction publique vient d'instituer un comité de savants, chargé de se concerter avec l'autorité militaire pour appliquer à la défense de Paris les derniers résultats des sciences physiques et chimiques. M. Berthelot, professeur de chimie organique au collège de

France, est le président de ce comité; deux députés, MM. Dorian et Gévelot y représentent le Corps législatif.

La première réunion du comité scientifique pour la défense de Paris aura lieu samedi, 3 septembre, au ministère de l'Instruction publique

Les personnes qui auraient des communications à faire, des projets à soumettre au comité, sont priées de vouloir bien s'adresser à M. Berthelot, professeur au collége de France.

Un autre comité, spécialement chargé des questions médicales relatives à la défense de Paris, s'organise par les soins du ministère sous la présidence de M. Sée, professeur à la Faculté de médecine. Nous ne tarderons pas à faire connaître le jour où le comité commencera ses travaux.

CORPS LÉGISLATIF.
Séance du samedi, 5 septembre.

S. EXC. M. LE COMTE DE PALIKAO, ministre de la Guerre. — Messieurs les députés, j'ai eu l'honneur de vous déclarer qu'en toute circonstance je vous dirais la vérité, quelque dure qu'elle pût être (1).

Des événements graves viennent de se passer. Nous les connaissons par des nouvelles qui ne sont pas officielles, à la vérité, mais dont quelques-unes, d'après mes appréciations, doivent être vraies. Je vais vous les donner.

La première et la plus importante résulte de documents qui font connaître que le maréchal Bazaine, après une sortie très-vigoureuse, a eu un engagement de huit à neuf heures, et qu'après cet engagement, dans lequel le roi de Prusse lui-même reconnaît que les Français ont déployé un grand courage, il a été obligé de se retirer sous Metz; ce qui a empêché une jonction qui nous donnait les plus grandes espérances pour la suite de la campagne.

Voilà la première nouvelle, elle n'est pas bonne.

Néanmoins, bien que le maréchal Bazaine ait été obligé de se replier sous Metz, il n'est pas dit qu'il ne pourra pas tenter une nouvelle sortie. Mais le mouvement projeté a échoué.

D'autre part, nous avons reçu des renseignements sur les combats, ou plutôt sur la bataille qui vient d'avoir lieu entre Mézières et Sedan. Cette bataille a donné lieu à des succès et à des revers. Nous avons d'abord culbuté une partie de l'armée prussienne, qui a été jetée dans la Meuse; mais ensuite, accablés sans doute par le nombre, nous avons dû nous retirer soit sous Mézières, soit sous Sedan, soit même, mais

(1) Le ministre des Travaux publics, M. le baron Jérôme David faisait, le même jour, une déclaration à peu près identique au Sénat.

en petit nombre sur le territoire belge. Il en résulte que la situation actuelle ne permet pas d'espérer, d'ici à quelque temps, une jonction des forces du maréchal Mac-Mahon et du maréchal Bazaine.

Il y a peut-être encore d'autres nouvelles et d'une nature plus grave, comme celle d'une blessure du maréchal Mac-Mahon, et d'autres circonstances; mais je déclare que nous n'avons reçu aucune nouvelle officielle de ce genre. Le Gouvernement ne peut donc vous les donner. Si elles n'étaient pas vraies, on accuserait le Gouvernement d'effrayer inutilement la nation.

La situation est grave. Il ne faut pas se le dissimuler. Aussi, nous sommes décidés à faire appel à toutes les forces vives de la nation. (Applaudissements.)

Ce n'est pas d'aujourd'hui que nous voulons faire cet appel. Mais, avant les événements qui viennent de se produire, et que notre prévoyance même hésitait à admettre, notre premier soin devait être d'organiser les forces vives que nous avions déjà à notre disposition, c'est-à-dire la garde nationale mobile et les anciens militaires qui, malheureusement, ne sont pas en assez grand nombre.

La garde mobile déjà constituée forme actuellement 200 et quelques mille hommes. Une partie sera appelée à Paris pour former une armée qui, avec d'autres forces qui y seront réunies, permettra d'assurer la sécurité de la capitale.

Nous appelons donc toutes les forces vives de la nation à défendre le territoire. Nous y mettrons toute l'énergie possible et nous ne cesserons nos efforts que quand nous aurons expulsé les Prussiens. (Très-bien! très-bien!)

M. HAENTJENS. — Nous demandons le comité secret. (Bruit. — Réclamations à gauche.)

M. ARAGO. — Pas de comité secret! La nation doit tout savoir!

M. LE PRÉSIDENT. — La question étant posée, le devoir du président est de consulter la Chambre.

M. LE MINISTRE DE LA GUERRE. — Nous avons fait des déclarations à haute et intelligible voix, nous ne voyons pas pourquoi nous accepterions le comité secret. (Applaudissements.)

M. LE PRÉSIDENT. — Insiste-t-on sur la demande de comité secret?

M. HAENTJENS. — Après la déclaration du gouvernement, nous ajournerons notre demande.

M. LE PRÉSIDENT. — Alors la parole est à M. Jules Favre.

M. JULES FAVRE. — La déclaration du ministre de la Guerre est de celles qui ne doivent provoquer de la part de tous les membres de la Chambre d'autre réflexion que la résolution d'une étroite union dans le sentiment d'une défense jusqu'à la mort. (Bravo! bravo! — Applaudissements.)

Sur ce point, nous sommes unanimes. Tous aussi, nous avons à cœur, pour notre pays, pour nous-mêmes, pour notre responsabilité, de prendre les mesures les plus efficaces pour arriver au succès auquel nous nous dévouons.

Jusqu'ici avons-nous suffisamment fait ce que les événements nous imposaient comme une obligation sacrée? Il y a, à cet égard, des dissidences que je ne veux pas rappeler. La position est suprême, et nous serions coupables non-seulement de ne pas dire la vérité tout entière à la nation, mais encore de ne pas lui faire apercevoir les causes de nos désastres et leurs conséquences. (Mouvements.)

Soyez tranquilles, je ne viens pas ici animé d'un esprit de récrimination quelconque, mais je veux que le temps des complaisances cesse, et que les uns et les autres nous envisagions froidement, mais nettement, la vérité qui nous accable.

Or, cette vérité, la voici : L'armée française a été héroïque dans toutes les circonstances où elle s'est rencontrée en face de l'ennemi. Vous connaissez les prodiges de valeur accomplis par le maréchal Bazaine essayant de forcer le cercle de forces quadruples qui l'entourait.

Sans calculer le nombre, à travers tous les obstacles, il a compris que la France avait besoin de son épée, il a essayé de se faire jour. (Vive approbation.)

D'un autre côté, un officier général, non moins brave, se présentait pour l'aider dans cette entreprise. Il a échoué. Ce n'est pas la valeur qui lui a manqué. C'est la liberté du commandement. Il n'est douteux pour personne qu'on lui a demandé des forces pour protéger l'Empereur. (Bruit.)

Il les a refusées, et alors le Conseil des ministres les a prises sur celles qui étaient destinées à la défense de Paris. Voilà ce qui se sait, et il ne faut pas qu'un tel état de choses continue. Il faut savoir où nous en sommes du Gouvernement. L'Empereur communique-t-il avec ses ministres? Leur donne-t-il des ordres?

M. LE MINISTRE DE LA GUERRE. — Non !

M. JULES FAVRE. — S'il en est ainsi, le gouvernement de fait a cessé d'exister (très-bien! à gauche, — protestations à droite), et à moins d'un incroyable aveuglement, d'une obstination qui cesserait d'être patriotique, c'est au pays que vous devez demander des ressources d'où puisse sortir le salut.

Sans insister davantage, car la réponse désintéresse le point de fait, le gouvernement ayant cessé d'exister... (Exclamations sur les bancs de la majorité. — Assentiment à gauche.)

M. LE PRÉSIDENT. — En toute occasion, je devrais protester contre de semblables paroles. Dans les circonstances actuelles surtout, je dois protester contre tout ce qui pourrait être un affaiblissement pour le pays. (Oui! oui! — Très-bien!)

M. JULES FAVRE. — Un affaiblissement! Ce que je cherche, c'est la force morale; et elle est dans le pays souverain, affranchi, qui ne doit plus compter que sur lui-même, sur ses représentants, et non sur ceux qui l'ont perdu. (Nouveau bruit.)

Eh bien! dans cette crise suprême, je n'ai que deux mots à ajouter : La France, Paris, menacés ensemble et unis dans la résistance par une étroite solidarité, sont décidés à ne poser les armes que lorsque l'ennemi aura été expulsé. Le pays sait que c'est en lui-même, en lui seul que réside son salut. (Oui! oui! à gauche.)

Ce qui est nécessaire, c'est que, pour éviter la confusion, tous les partis s'effacent devant un nom militaire qui prenne la défense de la nation. Ce nom est connu (1), il est cher au pays, il doit être substitué à tous autres. (Exclamations sur divers bancs.) Devant lui doivent s'effacer tous fantômes de gouvernement. Voilà le remède, je le dis à la face du pays : que le pays m'entende. (Très-bien, à gauche. — bruit.)

M. LE MARQUIS DE PIRÉ. — Je tiendrai mon serment jusqu'à la mort.

M. LE MINISTRE DE LA GUERRE. — Ce n'est pas par des paroles semblables que l'union peut s'établir entre nous pour défendre la France. (Non! non! — Si!) Il n'y a pas de nom qui puisse sauver la nation, il n'y a que le gouvernement constitué. M. Jules Favre, sans prononcer aucun nom, en a désigné un d'une façon assez claire pour que personne ne s'y soit mépris... Depuis que nous sommes au pouvoir, nous avons fait tous nos efforts, mais ce n'est pas en vingt jours qu'on peut tout organiser pour vaincre. Pour résister d'une manière efficace, il faut un gouvernement constitué, comme nous le sommes, avec la confiance de la Chambre...

M. GIRAULT. — Du pays! (Bruit.)

M. LE MINISTRE DE LA GUERRE. — Il faut une volonté raisonnée, calculée. Or, le ministère ne fait rien sans s'être concerté...

M. J. FAVRE. — Avec qui?

M. LE MINISTRE DE LA GUERRE. — M. Jules Favre a posé une question qui tend à changer le régime constitutionnel contre un régime arbitraire. (Interruptions à gauche.)

M. LE MARQUIS DE PIRÉ. — Ce sont les défections de 1815. (Bruit prolongé.)

M. GAMBETTA. — 1815, oui! toujours l'invasion avec les Bonaparte!

M. DE PALIKAO — J'ai répondu très-nettement à la question de M. Jules Favre, à savoir que le maréchal Mac-Mahon commandait effectivement et n'était sous les ordres de qui que ce soit.

(1) Il s'agit de M. le général Trochu.

M. J. FAVRE. — Est-ce lui qui a maintenu le général de Failly dans son commandement? (Nouvelles interruptions.)

M. LE PRÉSIDENT. — Monsieur Jules Favre, vous avez posé librement une question grave : je vous demande de laisser au ministre la liberté de vous répondre. (Très-bien! très-bien!)

M. LE MINISTRE DE LA GUERRE. — A l'heure qu'il est, il est probable que celui dont on a prononcé le nom n'existe plus. (Mouvement.)

Vous avez fait appel à un nom sans le désigner expressément. J'ai trop de confiance dans la loyauté et l'honneur de celui auquel vous avez fait allusion pour croire qu'il accepterait jamais, contrairement à son serment, la position que vous voulez lui faire!

M. JULES FAVRE. — C'est la France qui lui donnerait cette position, il n'aurait à violer aucun serment. (Bruit.)

M. LE MINISTRE DE LA GUERRE. — J'ajoute un mot d'explication au sujet du général de Wimpfen.

Le général de Wimpfen était à Oran ; il a été rappelé ; il est revenu promptement ; il a passé un seul jour à Paris, il est parti pour son poste, et il m'a écrit de Mézières qu'il avait pris son commandement.

C'est dans la soirée de ce jour que le général Trochu, gouverneur de Paris, fit connaître à la foule assemblée devant le siége du gouvernement de Paris, au Louvre, la défaite du maréchal de Mac-Mahon et la Capitulation du général Wimpfen et de l'armée à Sedan.

JOURNAL

DU

SIÉGE DE PARIS

DIMANCHE, 4 SEPTEMBRE 1870

Le samedi, 3 septembre 1870, à l'issue de sa séance du jour, le Corps législatif avait été convoqué extraordinairement pour une séance de nuit, qui ne fut ouverte que le dimanche, 4 septembre, à une heure du matin.

Voici le compte rendu sténographique de cette séance :

Présidence de S. Exc. M. Schneider.

La séance est ouverte à une heure du matin.

M. Le Président Schneider. — (Profond silence.) Messieurs les députés, une nouvelle douloureuse m'a été annoncée dans la soirée. Président élu de la Chambre, j'avais un devoir à remplir vis-à-vis d'elle comme vis-à-vis de la nation : j'ai dû vous convoquer, répondant d'ailleurs en cela au vœu que m'avaient formulé un grand nombre de députés appartenant à toutes les fractions de la Chambre.

La seule responsabilité que je n'aurais pas voulu accepter était celle qu'aurait pu entraîner pour moi, devant le pays, tout retard dans cette convocation, qui est conforme aux engagements que j'avais pris vis-à-vis de vous.

Je donne la parole à M. le ministre de la guerre, pour faire une déclaration à la Chambre.

S. Exc. M. LE COMTE DE PALIKAO, *ministre de la guerre*. —
Messieurs les députés, j'ai la douloureuse mission de vous annoncer ce que mes paroles de ce matin avaient pu vous faire pressentir, ce que j'espérais encore n'être qu'une nouvelle officieuse, et qui, malheureusement, est devenu une nouvelle officielle.

L'armée, après d'héroïques efforts, a été refoulée dans Sedan; elle a été environnée par une force tellement supérieure, qu'une résistance était impossible. L'armée a capitulé et l'Empereur a été fait prisonnier.

Voilà la triste nouvelle que j'avais à vous donner.

En présence de ces événements si graves et si importants, il ne nous serait pas possible, à nous ministres, d'entamer ici une discussion relative aux conséquences sérieuses qu'ils doivent entraîner.

Par conséquent, nous demandons que la discussion soit remise à demain. Vous comprendrez que nous n'avons pas pu nous entendre entre nous, car on est venu m'arracher de mon lit pour m'annoncer qu'il y avait une séance de nuit.

M. LE PRÉSIDENT SCHNEIDER. — La Chambre a entendu la proposition de M. le ministre de la guerre : M. le ministre déclare que le ministère n'est pas actuellement en position de délibérer.

Or, la gravité d'une crise exceptionnelle où toutes les douleurs sont accumulées, les grands devoirs que la Chambre a à remplir et qu'elle remplira dans leur plénitude, l'immense responsabilité qui pèse sur elle, lui paraîtront peut-être exiger de mûres délibérations. Dans cette situation, la Chambre aura à apprécier, dans sa sagesse, si elle ne croit pas devoir remettre la délibération à demain.

Voix nombreuses. — Oui ! oui !

M. LE PRÉSIDENT SCHNEIDER. — Dans ces conditions, je consulte la Chambre...

M. Gambetta. — Ah! permettez, monsieur le président!

M. le Président Schneider. — Je ne demande pas de vote. Je demande seulement à la Chambre, comme c'est mon devoir, si elle ne croit pas que ce soit une chose sage de remettre la délibération à demain midi.

Un membre à droite. — Oui, d'autant plus que plusieurs de nos collègues n'ont pas été prévenus de la séance de cette nuit.

Voix nombreuses. — A demain! à demain!

M. Jules Favre. — Je demande la parole pour le dépôt d'une proposition.

M. le Président Schneider. — La parole est à M. Jules Favre.

M. Jules Favre. — Si la chambre est d'avis que, dans la situation douloureuse et grave que dessine suffisamment la communication faite par M. le ministre de la guerre, il est sage de remettre la délibération à midi, je n'ai aucun motif pour m'y opposer; mais comme nous avons à provoquer ses délibérations sur le parti qu'elle a à prendre dans la vacance de tous les pouvoirs, nous demandons la permission de déposer sur son bureau une proposition que j'aurai l'honneur de lui lire, sans ajouter, quant à présent, aucune observation.

Nous demandons à la Chambre de vouloir bien prendre en considération la motion suivante :

« Art. 1er. Louis-Napoléon Bonaparte et sa dynastie sont déclarés déchus des pouvoirs que leur a conférés la Constitution.

» Art. 2. Il sera nommé par le Corps législatif une commission de gouvernement composée de... » — Vous fixerez, messieurs, le nombre de membres que vous jugerez convenable dans votre majorité — « ...qui sera investie de tous les pouvoirs du Gouvernement et qui a pour mission expresse de résister à outrance à l'invasion et de chasser l'ennemi du territoire.

» Art. 3. M. le général Trochu est maintenu dans ses fonctions de gouverneur général de la ville de Paris.

» *Signé* : Jules Favre, Crémieux, Barthélemy-Saint-Hilaire, Desseaux, Garnier-Pagès, Larrieu, Gagneur, Steenackers, Magnin, Dorian, Ordinaire, Emmanuel Arago, Jules Simon, Eugène Pelletan, Wilson, Ernest Picard, Gambetta, le comte de Kératry, Guyot-Montpayroux, Tachard, Le Cesne, Rampont, Girault, Marion, Léopold Javal, Jules Ferry, Paul Bethmont. »

Je n'ajoute pas un mot. Je livre, Messieurs, cette proposition à vos sages méditations, et demain, ou plutôt aujourd'hui dimanche, à midi, nous aurons l'honneur de dire les raisons impérieuses qui nous paraissent commander à tout patriote son adoption. (Mouvements divers.)

M. PINARD (du Nord). — Nous pouvons prendre des mesures provisoires; nous ne pouvons pas prononcer la déchéance.

M. LE PRÉSIDENT SCHNEIDER. — La Chambre, je le répète, a maintenant à apprécier, si dans les circonstances actuelles, elle doit délibérer immédiatement, ou si, après la parole de M. le ministre de la guerre, il lui convient de s'ajourner à demain midi.

M. LE MARQUIS DE PIRÉ. — Non pas demain, monsieur le Président, mais aujourd'hui dimanche à midi, car il est maintenant minuit passé.

M. LE PRÉSIDENT SCHNEIDER. — Oui, aujourd'hui à midi, car il est minuit passé.

Une voix. — Il est même plus d'une heure.

M. LE PRÉSIDENT SCHNEIDER. — Rien autre chose n'étant à l'ordre du jour, je déclare la séance levée.

(La Chambre se sépare à une heure vingt minutes.)

Dans cette même nuit, du samedi au dimanche, la proclamation suivante était affichée sur les murs de Paris, et le matin, elle paraissait en tête du *Journal officiel :*

PROCLAMATION DU CONSEIL DES MINISTRES AU PEUPLE FRANÇAIS.

Français!

Un grand malheur frappe la patrie.

Après trois jours de luttes héroïques soutenues par l'armée du maréchal Mac-Mahon contre 300,000 ennemis, 40,000 hommes ont été faits prisonniers.

Le général Wimpffen, qui avait pris le commandement de

l'armée, en remplacement du maréchal Mac-Mahon, grièvement blessé, a signé une capitulation.

Ce cruel revers n'ébranle pas notre courage.

Paris est aujourd'hui en état de défense.

Les forces militaires du pays s'organisent.

Avant peu de jours, une armée nouvelle sera sous les murs de Paris; une autre armée se forme sur les rives de la Loire.

Votre patriotisme, votre union, votre énergie sauveront la France.

L'Empereur a été fait prisonnier dans la lutte.

Le Gouvernement, d'accord avec les pouvoirs publics, prend toutes les mesures que comporte la gravité des événements.

Le conseil des ministres,

Cte DE PALIKAO, HENRI CHEVREAU, AMIRAL RIGAULT DE GENOUILLY, JULES BRAME, PRINCE DE LA TOUR-D'AUVERGNE, GRANDPERRET, CLÉMENT DUVERNOIS, BUSSON-BILLAUT, JÉRÔME DAVID.

Dans la journée du dimanche, le Corps législatif se réunit, conformément à son ordre du jour arrêté à la séance du matin. Voici le compte rendu de cette séance qui fut la dernière du Corps législatif impérial :

SÉANCE DU DIMANCHE 4 SEPTEMBRE 1870.

Présidence de S. Exc. M. SCHNEIDER.

La séance est ouverte à une heure un quart.

. . . .

M. LE COMTE DE PALIKAO, *ministre de la guerre.* — ..... Je viens au milieu des circonstances douloureuses dont je vous ai rendu compte hier, — circonstances que l'avenir peut encore aggraver, bien que nous espérons qu'elles ne le seront pas, — vous dire que le gouvernement a cru devoir porter certaines modifications aux conditions actuelles du gouvernement et qu'il m'avait chargé de vous soumettre un projet de loi ainsi conçu :

« Article 1er. Un conseil de Gouvernement et de défense nationale est institué. Ce conseil est composé de cinq membres. Chaque membre de ce conseil est nommé à la majorité absolue par le Corps législatif.

» Art. 2. Les ministres sont nommés sous le contre-seing des membres de ce conseil. »

M. Jules Favre. — Par qui nommés ?

M. le Ministre. — Par les membres du conseil.

« Art. 3. Le général comte de Palikao est nommé lieutenant général du conseil.

» Fait au palais des Tuileries. »

Un membre à gauche. — Qu'est-ce que cela veut dire ?

Plusieurs membres. — L'urgence !

M. le Ministre de la guerre. — Je demande l'urgence !

M. le marquis d'Andelarre. — Nous demandons l'urgence et le renvoi immédiat dans les bureaux.

M. Barthélemy-Saint-Hilaire. — J'avais demandé la parole sur l'incident.

M. Président Schneider. — M. le ministre de la guerre vient de demander l'urgence sur son projet.

M. Jules Favre. — Je demande la parole sur la question d'urgence.

M. le Président Schneider. — Une demande d'urgence vient d'être faite, mais M. Barthélemy-Saint-Hilaire avait demandé la parole sur l'incident... (Mouvements en sens divers) : je la lui donne avant de consulter la Chambre sur l'urgence.

M. Barthélemy-Saint-Hilaire. — J'y renonce; les circonstances sont trop graves. Discutons le projet.

M. le Président Schneider. — Alors la parole est à M. Jules Favre.

M. Jules Favre. — Je demande à la Chambre la permission de préciser la situation qui lui est faite par le dépôt du projet de loi soumis à ses délibérations.

Dans la séance de cette nuit, nous avons eu l'honneur d'en déposer un sur le même sujet. Si la Chambre veut voter l'urgence en ce qui concerne le projet de loi du Gouvernement, nous demandons également l'urgence avec priorité pour notre projet, puisque le dépôt de notre projet a précédé celui du projet du Gouvernement. Il semble que la logique le veut ainsi à un double titre : d'abord parce que, prévoyant la situation exceptionnelle que reconnaît aujourd'hui après nous le Gouvernement, et en second lieu, nous avons déposé notre projet les premiers, parce que notre projet donne à la Chambre un pouvoir plus étendu que celui qui lui serait conféré par le projet du Gouvernement.

C'est là, Messieurs, le double motif qui me fait demander à la Chambre qu'il soit procédé à un vote sur l'urgence de notre projet avant qu'elle ne soit consultée sur l'urgence du projet de loi du Gouvernement. (Assentiment à gauche.)

Plusieurs membres.— Il faut les renvoyer tous deux à la même commission !

M. LE PRÉSIDENT SCHNEIDER. — Avant de consulter la Chambre sur l'urgence de l'un ou l'autre de ces deux projets, je crois devoir donner la parole à M. Thiers qui, je pense, a une autre proposition à soumettre également à la Chambre. (Ecoutez ! écoutez !)

M. THIERS. — Je demande, Messieurs, que la proposition que je vais avoir l'honneur de vous lire soit traitée comme le sera celle de M. Jules Favre et celle du Gouvernement. Mes préférences personnelles étaient pour le projet présenté par mes honorables collègues de la gauche, parce que, à mon avis, il posait nettement la question, dans un moment où le pays a besoin d'une très-grande clarté dans la situation...

A gauche. — C'est vrai ! — Très-bien ! très-bien !

M. THIERS. — Mais comme je mets au-dessus de mes opinions personnelles le grand intérêt de l'union qui, au milieu du grand péril où nous sommes placés, peut seul améliorer notre situation... (Très-bien ! très-bien !) peut seul nous donner, devant l'ennemi qui s'approche, l'attitude qu'il convient d'avoir devant lui... (Très-bien !) j'ai fait abstraction de mes préférences, et quoique je n'aie jamais fait de propositions, j'ai présenté une rédaction à plusieurs membres pris dans toutes les nuances de cette Chambre — la lecture des noms vous le prouvera. La rédaction que j'ai préparée et qui est appuyée autant que je puis en juger au premier coup d'œil, par quarante-six ou quarante-sept députés de toutes les parties de la Chambre, cette rédaction la voici :

« Vu les circonstances, la Chambre nomme une commission de Gouvernement et de défense nationale.

» Une Constituante sera convoquée dès que les circonstances le permettront.

» *Signé* : Thiers, de Guiraud, Lefèvre-Pontalis, marquis d'Andelarre, Gévelot, Millet, Josseau, baron de Benoist, Martel, Mangini, Bournat, Baboin, duc de Marmier, Johnston, Le Joindre, vicomte Monnier de la Sizeranne, Chadenet, Goerg, Quesné, Houssard, comte de Durfort de Civrac, de la Monneraye, Mathieu (Corrèze), Chagot, baron Alquier, baron d'Yvoire, Terme, Boduin, Dessaignes, Paulmier, baron Lesperut, Carré-Kérisouët, Monjaret de Kerjégu, Rolle, Roy de Loulay, Vieillard-Migeon, Germain, Le Clerc d'Osmonville, Pinart... »

M. PINARD (du Nord). — Pinart, du Pas-de-Calais !

M. GLAIS-BIZOIN. — Oh ! pas vous, nous le savons !

M. THIERS, *continuant*. « ... Perrier, Guillaumin, Calmètes, Planat, Buisson, baron Eschasseriaux, Durand, baron de Barante Descours. »

M. DE GUIRAUD. — M. le président, je demande la priorité pour cette proposition.

M. GLAIS-BIZOIN. — Non, non : elle porte : « Vu les circonstances..., » au lieu de prononcer formellement la déchéance.

M. LE PRÉSIDENT SCHNEIDER. — La parole est à M. le ministre de la guerre.

M. LE MINISTRE DE LA GUERRE. — Je n'ai qu'un mot à dire, c'est que le Gouvernement admet parfaitement que le pays sera consulté lorsque nous serons sortis des embarras pour lesquels nous devons réunir tous nos efforts. (Mouvements divers.)

M. LE PRÉSIDENT SCHNEIDER. — Trois propositions sont soumises à la Chambre, qui toutes trois ont trait aux circonstances actuelles. Elles ont au moins cela de commun que, sur les unes et sur les autres, l'urgence est demandée, et je crois devoir consulter la Chambre successivement sur l'urgence des trois. (Interruptions sur quelques bancs.)

M. Gambetta. — Non! non! je demande la parole sur la position de la question.

M. le Président Schneider. — Permettez, monsieur Gambetta; je craindrais qu'il n'y eût confusion, et si le président laissait s'établir cette confusion, il manquerait à son devoir. Il est évident que la Chambre doit être consultée successivement sur chacune des propositions...

M. Gambetta. — Je demande la parole sur la position de la question.

M. le Président Schneider. — Vous avez la parole sur la position de la question.

M. Gambetta. — Il est certain que la proposition que nous avons eu l'honneur de déposer hier sur le bureau de la Chambre, qui est la proposition de déchéance pure et simple, ne saurait, sans un véritable déni de justice et de surprise parlementaire, manquer d'être admise au même titre que les deux autres propositions à la déclaration d'urgence. (Mouvements en sens divers.)

Par conséquent, ce que je demande à la Chambre, c'est de prononcer l'urgence en bloc sur les trois propositions.

Voix nombreuses. — Oui! oui!

M. le Président Schneider. — Du moment que, par son assentiment, la Chambre consent à être consultée sur les trois propositions simultanément, la responsabilité du président est dégagée, et dès lors, il peut consulter la Chambre sur l'urgence des trois propositions par un seul vote. (Très-bien! Très-bien!)

M. Jules Favre. — Je demande à faire une observation. (Bruit.)

M. le Président Schneider. — M. Jules Favre a la parole.

M. Jules Favre. — Voici l'observation que je voulais faire, et je suis sûr qu'elle est conforme au sentiment de la Chambre. Ce n'est pas seulement sur l'urgence que je demande que la Chambre soit consultée, mais sur le renvoi collectif. (Approbation.)

M. le Président Schneider. — C'est une question qui sera posée comme conclusion du vote sur l'urgence.

Je consulte la Chambre sur l'urgence.

(La Chambre, consultée, prononce l'urgence des trois propositions).

M. LE PRÉSIDENT SCHNEIDER. — Je consulte maintenant la Chambre pour le renvoi collectif des trois propositions dans les bureaux.

Un membre à gauche. — A la même commission?

M. LE PRÉSIDENT SCHNEIDER. — Sans doute, à la même commission, puisque j'ai dit le renvoi collectif.

(La Chambre, consultée, prononce le renvoi des trois propositions à une même commission.)

M. LE PRÉSIDENT SCHNEIDER. — Les trois propositions sont renvoyées dans les bureaux pour nommer une commission.

Un membre. — De combien de membres sera la commission?

M. LE PRÉSIDENT SCHNEIDER. — Je crois qu'il y a lieu, à raison de l'urgence, de nommer une commission de neuf membres... (Oui! oui!), et je propose à la Chambre de se réunir immédiatement dans les bureaux. La séance publique serait reprise quand le président aurait été informé que la commission a terminé son travail. (Marques générales d'assentiment.)

La séance est suspendue.

(Il est une heure quarante minutes.)

REPRISE DE LA SÉANCE.

Dans l'intervalle de la suspension, la foule stationne sur le pont de la Concorde et devant la façade du Palais-Bourbon, envahit la cour, les couloirs et les escaliers de la Chambre, et se précipite dans les tribunes publiques en poussant le cri : « La déchéance! » mêlé aux cris : « Vive la France! Vive la République! »

Douze ou quinze députés seulement sont dans la salle.

M. le comte de Palikao, ministre de la guerre, est au banc du Gouvernement.

M. le président Schneider monte au fauteuil et s'y tient longtemps debout en attendant que le calme et le silence s'établissent dans les tribunes.

M. CRÉMIEUX, *s'adressant au public des tribunes.* — Mes

chers et bons amis, j'espère que vous me connaissez tous, ou au moins, qu'il y en a parmi vous qui pourront dire aux autres que c'est le citoyen Crémieux qui est devant vous.

Eh bien, nous nous sommes engagés, nous, les députés de la gauche... (Bruit.)

Nous sommes engagés, les membres de la gauche et moi...

Voix dans les tribunes. — Vive la République!

M. GAMBETTA, se présente à la tribune à côté de M. Crémieux dont la voix ne parvient pas à dominer le bruit qui se fait dans les galeries.

M. GAMBETTA. — Citoyens, dans le cours de l'allocution que je vous ai adressée tout à l'heure durant la suspension de la séance, nous sommes tombés d'accord qu'une des conditions premières de l'émancipation d'un peuple, c'est l'ordre et la régularité! Voulez-vous tenir ce contrat?... (Oui! oui!) Voulez-vous que nous fassions des choses régulières? (Oui! oui!) Puisque se sont là les choses que vous voulez; puisque ce sont les choses qu'il faut que la France veuille avec nous, (Oui oui!) si vous le voulez, il y a un engagement solennel qu'il faut prendre envers nous et qu'il ne faut pas prendre pour le violer à l'instant même; cet engagement, c'est de laisser la délibération qui va avoir lieu se poursuivre en pleine liberté.

Dans les tribunes. — Oui! oui!

(De nouveaux groupes pénètrent dans les tribunes. Un drapeau tricolore portant l'inscription : « 73e bataillon, 6e compagnie », est arboré par les nouveaux venus.)

M. GAMBETTA. — Dans les circonstances actuelles, il faut garder le calme.

Quelques voix. — Vive la République!

M. GAMBETTA. — Dans les circonstances actuelles, il faut que chacun de vous maintienne l'ordre; il faut que dans chaque tribune chaque citoyen surveille son voisin.

Vous pouvez donner un grand spectacle et une grande leçon. Le voulez-vous? Voulez-vous qu'on puisse attester que vous êtes à la fois le peuple le plus pénétrant et le plus libre? (Oui! oui!) Eh bien, si vous le voulez, je vous adjure d'accueillir ma recommandation que dans chaque tribune il y ait un groupe qui assure l'ordre pendant nos délibérations. (Bravos et applaudissements dans presque toutes les tribunes.)

M. LE PRÉSIDENT SCHNEIDER. — Messieurs, M. Gambetta, qui ne peut être suspect à aucun de vous, et que je tiens, quant à moi, comme un des hommes les plus patriotes de notre pays, vient de vous adresser des exhortations au nom des intérêts sacrés du pays. Permettez-moi de vous faire, en termes moins éloquents, les mêmes adjurations. Croyez-moi, en ce moment la Chambre délibère sur la situation la plus grave. (Approbation mêlée de rumeurs dans les tribunes.)

M. LE PRÉSIDENT SCHNEIDER. — Je crois cependant pouvoir dire que j'ai donné à la liberté de mon pays assez de gages, pour qu'il me soit permis de vous adresser, du haut de ce fauteuil, les mêmes recommandations que M. Gambetta. Comme lui, je ne saurais trop vous dire qu'il n'y a de liberté vraie que celle qui est accompagnée de l'ordre... (Très-bien ! — Rumeurs nouvelles dans les tribunes.)

Je n'espère pas prononcer ici des paroles qui conviennent à tout le monde, mais j'accomplis un devoir de citoyen, en vous conjurant de respecter l'ordre dans l'intérêt même de la liberté qui doit présider à nos discussions. (Assentiment dans plusieurs tribunes. — Exclamations et bruits dans d'autres.)

Un député. — Si vous ne pouvez obtenir le silence dans les tribunes, levez la séance, Monsieur le président !

(En ce moment M. le comte de Palikao, ministre de la guerre, se lève et quitte la salle.

Plusieurs députés, qui étaient rentrés en séance, imitent son exemple et sortent par le couloir de droite.)

M. LE PRÉSIDENT SCHNEIDER se couvre et descend du fauteuil.

M. GLAIS-BIZOIN. — Messieurs, on va prononcer la déchéance ; prenez patience, attendez ! (Agitation en sens divers.)

M. LE PRÉSIDENT SCHNEIDER sur les instances de plusieurs députés, reprend sa place au fauteuil.

M. GIRAULT. — Je demande à dire deux mots... (Tumulte dans les tribunes.)

Vous ne me connaissez pas ? Je m'appelle Girault (du Cher). Personne n'a le droit de me tenir en suspicion. Le pays a sa volonté, il l'a manifestée. Les représentants qui siègent ici viennent de s'entendre ; ils sont d'accord avec le pays. Laissez-les délibérer : vous verrez que le pays sera content.

Ce sera la nation tout entière se donnant la main. Le voulez-vous ? Je vais les aller chercher ; ils vont venir, et le pays tout entier ne fera qu'un. Il ne faut plus de partis politiques devant l'ennemi qui s'approche. Il faut tous nous unir pour repousser l'invasion.

Voilà ce que je vous demande.

(L'agitation et le tumulte s'accroissent dans les tribunes. — La séance est interrompue durant plusieurs minutes.)

MM. STEENACKERS et HORACE DE CHOISEUL montent auprès de M. le Président et s'entretiennent quelques instants avec lui.

MM. GAMBETTA et DE KÉRATRY paraissent en même temps à la tribune.

Plusieurs députés, MM. Glais-Bizoin, Planat, le comte d'Hesecques, Marion, le duc de Marmier, le comte Le Hon, Wilson quitent leurs places, et, du pourtour, s'adressent aux citoyens qui sont dans les galeries.

Quelques voix dans une tribune publique. — Ecoutons Gambetta !

M. GAMBETTA. — Citoyens (Bruit), il est nécessaire que tous les députés présents dans les couloirs et dans les bureaux, où ils ont délibéré sur la mesure de la déchéance, aient repris place à leurs bancs et soient à leur poste pour pouvoir prendre la mesure.

Il faut aussi que vous attendiez, dans la modération et dans la dignité du calme, la venue de vos représentants à leur place. On est allé les chercher ; je vous prie de garder un silence solennel jusqu'à ce qu'ils rentrent. Ce ne sera pas long. (Oui ! oui ! — Applaudissements prolongés. — Pause de quelques instants.)

Citoyens, vous avez compris que l'ordre était la plus grande des forces. Je vous prie de continuer à rester silencieux. Il y va de la bonne réputation de la cité de Paris. On délibère et on va vous rapporter le résultat de la délibération.

Il va sans dire que nous ne sortirons pas d'ici sans avoir obtenu un résultat affirmatif. (Bravos et applaudissements.)

(En ce moment, il est trois heures, un certain nombre de personnes se précipitent dans la salle par la porte qui fait face à la tribune. Des députés essayent en vain de les refouler. La salle est envahie. On crie : Vive la République! Le tumulte est à son comble.)

M. LE PRÉSIDENT SCHNEIDER. — Une délibération dans ces conditions étant impossible, je déclare la séance levée.

(Un grand nombre de gardes nationaux en uniforme et sans uniforme entrent dans la salle par les couloirs de droite et de gauche et par les portes du pourtour. Une foule bruyante et agitée y pénètre en même temps, occupe tous les bancs, et remplit tous les couloirs et l'hémicycle en criant : La déchéance! la déchéance! Vive la République!)

M. LE PRÉSIDENT SCHNEIDER quitte le fauteuil et se retire.

(Il est trois heures et quelques minutes.)

Après la séance du Corps législatif, si brusquement interrompue par l'envahissement de la salle par le peuple et les gardes nationaux, une grande partie des députés se réunirent dans la salle à manger de la présidence du Corps législatif pour entendre le rapport de la commission nommée à l'effet d'examiner les diverses propositions faites à la séance de l'après-midi.

Voici le compte rendu sommaire de cette courte séance :

Président, M. ALFRED LE ROUX.

M. GARNIER-PAGÈS prononce un discours et engage la Chambre à s'unir au gouvernement provisoire installé à l'Hôtel-de-Ville.

M. BUFFET proteste avec énergie contre la violence dont la Chambre a été l'objet.

La Commission chargée d'examiner les trois propositions

dont l'urgence a été déclarée est invitée à faire connaître ses conclusions.

M. Martel, rapporteur, s'exprime en ces termes :

Messieurs, votre commission a examiné les trois propositions qui vous ont été soumises. Après délibération, ces trois propositions ont été successivement mises aux voix, et c'est celle de M. Thiers qui a obtenu le plus grand nombre de suffrages.

Toutefois, votre commission a ajouté à cette proposition deux paragraphes : l'un de ces paragraphes fixe le nombre des membres qui devront composer la commission de gouvernement et de défense nationale ; l'autre déclare que cette commission nommera des ministres. En conséquence, voici le texte qui vous est proposé :

« Vu la vacance du pouvoir, la Chambre nomme une commission de gouvernement et de défense nationale. Cette commission est composée de cinq membres choisis par le Corps législatif. Elle nommera les ministres.

» Dès que les circonstances le permettront, la nation sera appelée par une Assemblée constituante à se prononcer sur la forme de son gouvernement. »

Une discussion s'engage sur cette rédaction qui est définitivement adoptée après que l'on a entendu MM. Thiers, Grévy et Dréolle.

On propose d'envoyer des délégués pour s'entendre avec les membres de la Chambre qui siègent à l'Hôtel-de-Ville.

Sont délégués à cet effet MM. Garnier-Pagès, Lefèvre-Pontalis, Martel, Grévy, de Guiraud, Cochery, Johnson, Barthélemy-Saint-Hilaire.

Pour faciliter la conciliation, la Chambre déclare à ses délégués qu'ils peuvent considérer comme nombre provisoire le nombre de cinq membres devant composer la commission de gouvernement et de défense nationale.

Tous les bureaux, sauf le 5e, avaient nommé chacun leur commissaire ; ces commissaires étaient MM. Daru, Buffet, Gaudin, Martel, Jules Simon, Josseau, Le Hon, Dupuy de Lôme.

Martel, *rapporteur.*

Le soir, une nouvelle réunion de députés eut lieu dans cette même salle à manger de la Présidence. Divers Membres du nouveau Gouvernement improvisé dans la journée à l'Hôtel-de-Ville, y prirent part. Voici le compte rendu de cette séance :

4 septembre 1870, 8 heures du soir.

En l'absence du président et des vice-présidents, **M. Thiers** est prié de présider la réunion.

Il s'assied ayant à ses côtés les secrétaires du Corps législatif **MM. Martel, Peyrusse, Josseau.**

M. Thiers — Messieurs, j'ai une présidence d'un moment. On m'annonce l'arrivée de MM. Jules Favre et Jules Simon qui viennent nous apporter la réponse aux paroles de conciliation qui leur ont été portées par vos délégués. Nous allons entendre ces messieurs.

MM. Jules Favre et Jules Simon sont introduits.

Ils prennent place vis-à-vis de **M. Thiers.**

M. Jules Favre. — Nous venons vous remercier de la démarche que vos délégués ont faite auprès de nous. Nous en avons été vivement touchés. Nous avons compris qu'elle était inspirée par un sentiment patriotique. Si dans l'Assemblée nous différons sur la politique, nous sommes certainement tous d'accord lorsqu'il s'agit de la défense du sol et de la liberté menacée.

En ce moment, il y a des faits accomplis : un gouvernement issu de circonstances que nous n'avons pas pu prévenir, gouvernement dont nous sommes devenus les serviteurs. Nous y avons été enchaînés par un mouvement supérieur qui a, je l'avoue, répondu au sentiment intime de notre âme. Je n'ai pas aujourd'hui à m'expliquer sur les fautes de l'Empire. Notre devoir est de défendre Paris et la France.

Lorsqu'il s'agit d'un but aussi cher à atteindre, il n'est certes pas indifférent de se rencontrer dans les mêmes sentiments avec le Corps législatif. Du reste, nous ne pouvons rien changer à ce qui vient d'être fait. Si vous voulez bien y donner votre ratification, nous vous en serons reconnaissants. Si, au contraire, vous la refusez, nous respecterons les décisions de votre conscience, mais nous garderons la liberté entière de la nôtre.

Voilà ce que je suis chargé de vous dire par le gouvernement provisoire de la République, dont la présidence a été offerte au général Trochu, qui l'a acceptée.

Vous connaissez sans doute les autres noms. Notre illustre collègue qui vous préside n'en fait pas partie, parce qu'il n'a pas cru pouvoir accepter cette offre. Quant à nous, hommes d'ordre et de liberté, nous avons cru, en acceptant, accomplir une mission patriotique.

M. Thiers. — Le passé ne peut être équitablement apprécié par chacun de nous à l'heure qu'il est. C'est l'histoire seule qui pourra le faire.

Quant au présent, je ne peux vous en parler que pour moi. Mes collègues ici présents ne m'ont pas donné la mission de vous dire s'ils accordent ou s'ils refusent leur ratification aux événements de la journée.

Vous vous êtes chargés d'une immense responsabilité.

Notre devoir à tous est de faire des vœux ardents pour que vos efforts réussissent dans la défense de Paris, des vœux ardents pour que nous n'ayons pas longtemps sous les yeux le spectacle navrant de la présence de l'ennemi.

Ces vœux, nous les faisons tous par amour pour notre pays, parce que votre succès serait celui de notre patrie.

Une voix. — Quels sont les noms des personnes qui composent le nouveau gouvernement?

M. Jules Simon. — Les membres choisis l'ont été pour composer une commission chargée de la défense de la capitale, c'est vous dire que se sont tous les députés de Paris, excepté le plus illustre d'entre eux, parce qu'il n'a pas accepté les offres qui lui ont été faites ; mais il vient de vous dire la grandeur de la responsabilité dont nous nous sommes chargés, et il fait des vœux pour notre succès.

Dans ce choix, il n'y a pas eu de préoccupations individuelles : il y a eu l'application d'un principe. S'il en était autrement, on verrait figurer dans cette commission les noms d'autres personnes que ceux des députés de Paris. Nous n'avons qu'une pensée, c'est celle de faire face à l'ennemi.

M. Peyrusse. — Paris fait encore une fois la loi à la France !

MM. Jules Favre et Jules Simon ensemble. — Nous protestons contre cette assertion.

M. Jules Favre. — Le gouvernement provisoire se compose donc de MM. Arago, Crémieux, Jules Favre, Jules Ferry, Gambetta, Garnier-Pagès, Glais-Bizoin, Pelletan, Rochefort. Ce dernier ne sera pas le moins sage : en tout cas, nous avons préféré l'avoir dedans que dehors. Je remercie M. le président de ce qu'il a bien voulu nous dire en exprimant des vœux devant vous pour le succès de notre entreprise. Ces paroles patriotiques nous relient à vos départements dont le concours nous est nécessaire pour l'œuvre de la défense nationale.

M. le comte Le Hon. — Quelle est la situation du Corps législatif vis-à-vis du gouvernement provisoire ?

M. Favre. — Nous n'en avons pas délibéré.

M. Thiers. — Je n'ai pas adressé de question à nos collègues sur le sort du Corps législatif, parce que si nous avons quelque chose à nous communiquer sur cette situation, il me paraît que nous devons attendre que ces messieurs se soient retirés.

MM. Jules Favre et Jules Simon se retirent.

M. Thiers. — Messieurs, nous n'avons plus que quelques instants à passer ensemble. Mon motif pour ne pas adresser de question à MM. Jules Favre et Simon a été que si j'en faisais, c'était reconnaître le gouvernement qui vient de naître des circonstances. Avant de le reconnaître, il faudrait résoudre des questions de fait et de principes qu'il ne nous convient pas de traiter actuellement.

Le combattre aujourd'hui serait une œuvre antipatriotique. Ces hommes doivent avoir le concours de tous les citoyens contre l'ennemi. Nous faisons des vœux pour eux, et nous ne pouvons actuellement les entraver par une lutte intestine. Dieu veuille les assister ! Ne nous jugeons pas les uns les autres. Le présent est rempli de trop amères douleurs.

M. Roulleaux-Dugage. — Quel rôle devons-nous jouer dans nos départements ?

M. Thiers. — Dans nos départements, nous devons vivre en bons citoyens, dévoués à la patrie. Aussi longtemps qu'on ne nous demandera rien de contraire à notre conscience et aux vrais principes sociaux, notre conduite sera facile. Nous ne nous dissolvons pas ; mais, en présence de la grandeur de nos malheurs, nous rentrons dignement chez nous, car il ne nous convient ni de reconnaître ni de combattre ceux qui vont lutter ici contre l'ennemi.

Une voix. — Mais comment saura-t-on ce qui s'est dit ici?

M. Thiers. — Veuillez vous en rapporter à moi, vous qui m'avez fait l'honneur de me donner une présidence de quelques minutes dans ces douloureuses circonstances. Je m'entendrai avec M. Martel et vos secrétaires pour la rédaction d'un procès-verbal.

M. Buffet. — Ne devons-nous pas rédiger une protestation?

M. Thiers. — De grâce, n'entrons pas dans cette voie. Nous sommes devant l'ennemi, et, pour cela, nous faisons tous un sacrifice aux dangers que court la France : ils sont immenses. Il faut nous taire, faire des vœux et laisser à l'histoire le soin de juger.

M. Pinard (du Nord). — Nous ne pouvons pas garder le silence devant la violence faite à la Chambre; il faut la constater !

M. Thiers. — Ne sentez-vous pas que si vous opposez ce souvenir comme une protestation, il rappellera aussitôt celui de la violation d'une autre Assemblée? Tous les faits de la journée ont-ils besoin d'une constatation?

M. le comte Daru. — Les scellés ont été mis sur la porte de la Chambre.

M. Thiers. — Y a-t-il quelque chose de plus grave que les scellés sur les personnes? N'ai-je pas été à Mazas ? Vous ne m'entendez pas m'en plaindre.

M. Grévy. — Le gouvernement provisoire, auprès duquel vous m'aviez fait l'honneur de me déléguer avec la mission de lui parler comme à des collègues, n'avait pu nous donner sa réponse définitive. Il nous avait promis de délibérer pour nous la transmettre en nous indiquant neuf heures du soir. Je ne comptais pas que cette heure aurait été devancée; c'est pourquoi je ne suis pas venu ici plus tôt.

Nous sommes arrivés trop tard à l'Hôtel-de-Ville. Il y avait déjà un gouvernement provisoire qui s'y était installé. Nous y avons lu l'épreuve qu'on nous a montrée d'une proclamation qui nous a convaincus que notre mission était devenue sans objet.

M. Alfred Le Roux. — Je n'ai pu aussi venir ici plus tôt, parce que, ayant été chargé par vous de voir M. le général Trochu, j'ai dû me rendre auprès de lui. Je m'y suis rendu avec M. Estancelin. Là aussi nous avons reconnu qu'il était trop tard.

Mon devoir est maintenant de vous dire que j'ai été en cette circonstance, autant qu'il était en moi, votre fidèle interprète !

M. le duc de Marmier. — Vous me permettrez à moi, dont le père a longtemps commandé la garde nationale de Paris, de vous exprimer une pensée consolante, c'est celle que nos envahisseurs n'appartenaient pas à cette garde nationale, mais à celle de la banlieue.

M. Buquet. — Je proteste contre les actes qui viennent de s'accomplir, particulièrement contre toute idée de séparation. Je suis d'accord complétement avec les paroles de protestation que M. Buffet a fait entendre tout à l'heure dans notre séance de quatre heures contre la violence dont la représentation nationale a été l'objet. (Mouvement et agitation.)

MM. Buquet, Pinard, de Saint-Germain et quelques autres déclarent qu'ils protestent.

M. Thiers. — De grâce, ne rentrons pas dans la voie des récriminations; cela nous mènerait trop loin, et vous devriez bien ne pas oublier que vous parlez devant un prisonnier de Mazas. (Mouvement.)

J'espérais que nous nous séparerions profondément affligés, mais unis. Je vous en supplie, ne nous laissons pas aller à des paroles irritantes ! suivez mon exemple. Je réprouve l'acte qui s'est accompli aujourd'hui; je ne peux approuver aucune violence, mais je songe que nous sommes en présence de l'ennemi, qui est près de Paris.

M. Girault. — Je partage l'opinion de M. Buffet quand il a protesté dans la séance de quatre heures. Nous ne devons pas faire de politique ni nous diviser. Amenons le gouvernement à s'entendre avec la Chambre. De cette façon, nous serons d'accord avec les départements. Soutenons-nous et soutenons la France. Je vais aller à l'Hôtel-de-Ville. Si on ne veut pas m'écouter, je protesterai.

M. Thiers. — Voulez-vous renouveler toutes les discussions des dernières années! Je ne crois pas que ce soit convenable.

Je proteste contre la violence que nous avons subie aujourd'hui, mais ce n'est pas le moment de donner cours aux ressentiments. Est-il possible de nous mettre en hostilité avec le gouvernement provisoire en ce moment suprême?

En présence de l'ennemi, qui sera bientôt sous Paris, je crois que nous n'avons qu'une chose à faire : nous retirer avec dignité. (L'émotion profonde de M. Thiers se communique à toute l'Assemblée.)

La séance est levée à dix heures.

Cependant, de son côté, le Sénat s'était également réuni au palais du Luxembourg. Nous donnons ci-après le compte rendu sténographique de sa dernière séance.

Présidence de S. Exc. M. Rouher.

La séance est ouverte à midi et demi.

Un très-grand nombre de sénateurs sont présents.

M. le comte de Nieuwerkerke, *l'un des secrétaires élus*, donne lecture du procès-verbal de la dernière séance.

M. le Président. — Il n'y a pas de réclamations!...

Le procès-verbal est adopté.

M. de Chabrier. — Je désirerais dire un mot.

M. le Président. — La parole est à M. de Chabrier.

M. de Chabrier. — Quelques membres du Corps législatif foulant aux pieds les serments prêtés par eux, d'obéissance à la Constitution et de fidélité à l'Empereur, ont proposé dans la séance de cette nuit, de déclarer la déchéance de l'Empereur et de sa dynastie, l'annulation de son gouvernement, et la création d'un gouvernement nouveau. (Mouvements divers.)

Voix diverses. — Ce n'est pas accepté. C'est inconstitutionnel.

M. de Chabrier. — Permettez, Messieurs, une voix s'est élevée pour protester contre leur proposition. Ils ont répondu qu'ils la développeraient.

Je ne veux pas dans le passé chercher où sont les torts, où ils ne sont pas.

Quand les Prussiens seront chassés, nous règlerons nos comptes. (Très-bien! très-bien!) Ce sera à la nation réunie dans ses comices de prononcer. En attendant, l'Empereur est prisonnier. Victorieux, je l'aurais acclamé, et je n'aurais pas été le seul; mais vaincu, noblement vaincu, en même temps que son héroïque armée, je lui envoie un dernier hommage et un dernier vœu : Vive l'Empereur! (Très-bien! très-bien! — Cris nombreux : Vive l'Empereur!)

M. Ségur d'Aguesseau. — Vive l'Empereur! Vive l'Impératrice!

M. le comte de Flamarens. — Vive le Prince impérial!

M. de Chabrier. — Qui dit l'Empereur, dit l'Impératrice et le Prince impérial.

M. le Président. — Je n'ai pas besoin d'expliquer au Sénat les raisons qui m'ont fait anticiper l'heure de la convocation!... Je dois même lui faire connaître que, lorsque j'ai été prévenu à minuit que le Corps législatif était en séance, j'ai immédiatement donné des ordres pour convoquer le Sénat pendant la nuit.

Il ne faut pas que cette assemblée reste étrangère aux événements. Nous devons être réunis en même temps que le Corps législatif, afin de coopérer, de concert avec lui, aux mesures propres à assurer la paix publique. (Très-bien! très-bien!)

Une proposition a été faite à la séance de cette nuit : elle vient d'être qualifiée par un de nos honorables collègues, et le jour où elle se présenterait dans cette enceinte, je suis convaincu qu'elle rencontrerait un vote de répulsion unanime. (Assentiment sur tous les bancs.)

M. le comte de Flamarens. — Elle ne devrait pas même en dépasser le seuil.

M. le Président. — Une autre proposition est en ce moment-ci soumise au Corps législatif par le Gouvernement. Cette proposition émane du cabinet, précisément dans le but de déterminer le Corps législatif à faire connaître ses intentions et ses volontés. Elle nous sera soumise, nous aurons à l'examiner, et je propose au Sénat de rester en permanence jusqu'au moment où cette proposition nous sera connue. Le Corps législatif délibère ; viendra ensuite notre tour. En présence de la gravité des événements nous aurons la volonté ferme et le cœur haut et résolu. (Bravo ! très-bien !)

M. Quentin Bauchart. — Et le sentiment de notre honneur.

M. le Président de Royer. — Ce sont nos sentiments à tous !

M. le comte de Flamarens. — Et sans la moindre crainte.

M. le Président. — Je propose au Sénat de suspendre la séance ; elle sera reprise aussitôt que j'aurai des communications à faire au Sénat. Je prie messieurs les sénateurs de ne pas s'éloigner de l'enceinte du palais.

(La séance est suspendue à une heure et reprise à deux heures.)

M. le Président. — Les renseignements successifs qui me sont parvenus du Corps législatif sont les suivants :

Deux propositions d'initiative parlementaire : l'une émanée de M. Jules Favre, vous la connaissez, puisqu'elle remonte à la séance d'hier ; — l'autre émanée de M. Thiers, et le projet de loi proposé par le Gouvernement, ont été renvoyés d'urgence dans les bureaux pour être examinés par une seule et même commission.

Pendant que les bureaux fonctionnaient il paraît que, d'après les renseignements officieux qui nous sont donnés, la foule aurait pénétré dans l'enceinte du Corps législatif et que la délibération de cette assemblée se trouverait ainsi au moins momentanément suspendue.

Je demande au Sénat si son intention est de rester en séance ou de suspendre la séance jusqu'à ce que nous ayons des renseignements sur ce qui se passe au Corps législatif.

M. Baroche. — Restons en séance.

M. Suin. — Si nous nous séparions, comment serions-nous convoqués ensuite ?

M. de Mentque. — Je crois qu'il est plus digne de rester en séance, surtout quand l'autre chambre est envahie.

M. le comte de Ségur-d'Aguesseau. — Je partage l'avis de M. de Mentque. Restons en permanence.

M. de Chabrier. — Nous y sommes, restons-y.

M. le Président. — Nous ferons ce que le Sénat jugera convenable.

Il est à croire, à part la nécessité qu'il peut y avoir de rester en séance, que le projet de loi ne nous parviendra pas.

M. le comte de Flamarens. — Restons-y au moins jusqu'à ce qu'on ait des nouvelles plus rassurantes. Je pense qu'on prend des mesures pour mettre le Corps législatif en état de délibérer.

M. le Président. — Il est à croire que le Corps législatif ne pourra pas délibérer tant qu'on n'aura pas fait évacuer la foule.

M. Baroche. — Nous pouvons rester jusqu'à ce qu'elle soit évacuée.

M. Larabit. — Nous devons protester contre la violence qui aurait envahi le Corps législatif et qui l'empêcherait de délibérer avec calme, maturité et liberté.

M. le marquis de Girardin. — Nous sommes ici en vertu du plébiscite de 7,500,000 voix, nous ne pouvons en sortir que par la force.

(La séance, de nouveau suspendue, est reprise à trois heures.)

M. le Président. — Messieurs, les nouveaux renseignements qui me sont transmis sont que le tumulte est toujours considérable, soit dans les bureaux, soit dans l'enceinte du Corps législatif, et que le Corps législatif paraît avoir renoncé à délibérer.

Je ne sais quelle résolution prendra le Sénat, mais quelle qu'elle soit, mon devoir est d'abord de protester contre cet envahissement de la force paralysant l'exercice du droit de l'un des pouvoirs publics du pays. (Très-bien! très-bien!)

Maintenant je suis aux ordres du Sénat, soit pour rester en permanence, soit pour lever la séance et provoquer une réunion du Sénat aussitôt que ce sera nécessaire.

Il appartient à cette assemblée de prendre une décision sur ce point, et je la provoque.

Quelqu'un demande-t-il la parole?

M. LE COMTE DE SÉGUR-D'AGUESSEAU. — Ce soir à huit heures.

M. DE MENTQUE. — Je persiste à demander qu'on reste en séance. (Mouvements divers.)

M. LE PRÉSIDENT. — Il faut être net en des questions de ce genre. Quand la force est à votre porte il y a un devoir impérieux à rester en séance et à attendre les événements. Mais aucune force ne nous menace, et nous sommes exposés à rester longtemps ici sans avoir rien à faire. C'est une question de dignité que je n'entends pas trancher, mais je suis prêt à faire exécuter les résolutions que le Sénat aura arrêtées.

M. BAROCHE. — D'après les nouvelles qui nous sont transmises par M. le Président, je crois que le Sénat doit d'abord par acclamation accueillir sa proposition et protester avec la plus grande énergie contre les violences dont l'autre corps est, quant à présent, la victime. (Très-bien! très-bien!)

Quant à nous, Messieurs, après avoir protesté contre cette violence, qu'avons-nous à faire?

Si nous espérions que ces forces populaires, révolutionnaires, qui ont envahi le Corps législatif, se dirigeraient sur nous, je persisterais dans la pensée que j'ai émise, et je voudrais que chacun de nous restât sur son fauteuil pour attendre les envahisseurs. (Vive approbation.) Mais malheureusement, et je dis malheureusement, car c'est ici que je voudrais mourir (Mouvement), nous n'avons pas cet espoir. La révolution éclatera dans tout Paris et elle ne viendra pas nous chercher dans cette enceinte.

Peut-être pouvons-nous être bons à quelque chose au dehors, peut-être pouvons-nous, à des titres divers, rendre encore quelques services au pays et à la dynastie, car, moi, je parle encore aujourd'hui, et je parle bien haut de la dynastie. (Très-bien! très-bien!)

Eh bien! Messieurs, en nous séparant, nous pouvons presque dire déjà que nous cédons à la force; nous ne cédons pas à l'intimidation, nous cédons à la force. Si nous nous séparons, ce sera précisément pour aller tâcher, chacun en notre nom personnel, avec nos forces personnelles, de soutenir jusqu'au dernier moment l'ordre et la dynastie impériale. (Bravo! trèsbien!)

M. DE MENTQUE. — Il est plus digne que nous restions en séance, surtout, je le répète, quand l'autre Chambre est envahie, que nous y restions au moins jusqu'à l'heure habituelle de la fin de la séance.

M. LE COMTE DE SÉGUR-D'AGUESSEAU. — Déclarons-nous en permanence en ajournant la reprise de la séance à une heure déterminée de la soirée, à huit heures du soir, par exemple.

M. LARABIT. — Que la séance soit suspendue seulement, et reprise à cinq heures.

M. LE COMTE DE SALIGNAC-FÉNELON. — Monsieur le Président, je demande qu'on nomme immédiatement une commission du Sénat pour faire d'urgence un rapport sur le moyen de porter au plus vite secours au Corps législatif, secours soit moral, soit matériel... (Réclamations).

M. LE PRÉSIDENT. — La proposition est-elle appuyée? (Non! non!)

Je mets alors aux voix la proposition de continuer la séance et de rester en permanence.

(L'épreuve à lieu par mains levées.)

M. LE PRÉSIDENT. — Le Sénat décide que la permanence n'aura pas lieu. (Réclamations.)

M. DE ROYER. — Mais il est bien entendu que M. le Président nous convoquera aussitôt qu'il le jugera nécessaire.

M. LE COMTE DE BÉARN. — Si M. le président avait une communication à nous faire, en supposant que MM. les Sénateurs se dispersant dans Paris avec la bonne intention qu'indiquait M. Baroche, comment le Sénat pourrait-il être prévenu?

M. le Président. — Dans le cas d'événements qui me permettent de penser qu'une autre réunion peut être utile, je prendrais les mesures pour vous convoquer, mais je ne puis répondre des obstacles matériels qui empêcheraient ces convocations de parvenir aux membres du Sénat.

M. Lacase. — En attendant, il ne restera aucune manifestation collective du Sénat.

M. de Chabrier. — Pas de séance de nuit.

M. le comte de Ségur-d'Aguesseau. — Je propose de nous ajourner à huit heures du soir.

M. le comte de Salignac-Fénelon. — Je m'associe à cette proposition.

M. Ferdinand-Barrot. — Restons.

M. le Président. — D'après la décision constatée par le bureau, la proposition de rester en permanence n'aurait pas été approuvée par le Sénat.

Je suis donc obligé de vous proposer ou une réunion à une heure déterminée de la soirée... (Non! non! — Oui! oui!)

M. Quentin-Bauchart prononce quelques paroles au milieu du bruit.

M. de Chabrier. — Non, pas de séance de nuit.

M. le Président. — Je n'ai pas entendu les observations de M. Quentin-Bauchart.

M. Quentin-Bauchart. — Voici mon observation : un très-grand nombre de nos collègues n'ont pas pris part au vote, cela vaudrait la peine de recommencer l'épreuve. Et puisque j'ai la parole, permettez-moi de dire, — je le fais très-nettement, — nous disperser, dans un moment comme celui-ci, lorsque l'autre Chambre est réunie, cela me paraît ressembler à une sorte de désertion. Par notre présence ici, nous protestons contre ce qui se passe de violent et de révolutionnaire dans l'autre enceinte. Je suis donc d'avis que nous restions à notre poste. (Approbation sur un certain nombre de bancs.)

M. le Président. — Je n'ai pas à contester du tout les observations présentées par M. Quentin Bauchart. Mais je dois lui dire que plusieurs députés ont quitté la Chambre, de sorte qu'il n'y a pas, en ce moment, de délibération ni de discussion dans le sein du Corps législatif.

M. Quentin-Bauchart. — La séance du Corps législatif n'est pas terminée, seulement la Chambre s'est retirée dans ses bureaux.

M. le Président. — Le Sénat doit comprendre combien mon embarras est grand ; je n'ai point de renseignements officiels ; je n'ai que des renseignements officieux, qui m'ont été donnés soit par des employés du Sénat que j'ai envoyés au Corps législatif, soit par d'autres personnes dignes également de toute confiance. Il résulte de l'ensemble de ces renseignements que la foule aurait envahi le Corps législatif, pendant que celui-ci était désagrégé et dispersé dans ses bureaux ; quelques bureaux même auraient été envahis.

A l'heure actuelle, il n'est pas possible de savoir où sont messieurs les députés, de telle sorte qu'il est impossible de savoir quand on pourra reprendre une délibération régulière.

Voilà la situation. Je l'expose, non pour influencer les décisions du Sénat, tout ce qu'il fera pour sa dignité sera certainement à la hauteur des circonstances, mais afin que tous les éléments de cette situation lui soient parfaitement connus au moment où il sera appelé à prendre une détermination.

Maintenant on paraît désirer que l'épreuve soit renouvelée. (Oui! oui!)

MM. les membres du bureau demandent que l'épreuve ait lieu par assis et levé.

M. Duruy. — Est-ce que sur cette décision la séance serait levée pour la journée tout entière, ou bien une réunion aurait-elle lieu ce soir à huit ou neuf heures?

Plusieurs sénateurs. — A huit heures...

M. le Président. — Nous sommes en présence de deux propositions : l'une consiste à rester en permanence, et à ne pas suspendre la séance ; l'autre à suspendre la séance et à déterminer une heure de réunion.

Je suis obligé de mettre d'abord aux voix la proposition qui tend à rester en permanence.

M. Lebrun. — Mais non, il faut simplement suspendre la séance.

(Le vote a lieu; la proposition de rester en séance n'est pas adoptée.)

M. le Président — Je propose maintenant au Sénat de fixer à ce soir six heures une réunion nouvelle. (Oui! oui! — Non! non! — A huit heures! à neuf heures!)

Quelques personnes paraissent désirer de se réunir ce soir, d'autres proposent que la séance soit fixée à demain.

Voix nombreuses. — Oui! oui! demain!

M. le Président. — Un grand nombre de sénateurs sont d'avis qu'une séance de nuit présenterait de très-sérieux inconvénients.

M. le baron Dupin. — A huit heures du soir.

M. Gressier. — Je comprendrais parfaitement que chacun des sénateurs fût averti qu'il doit être chez lui à une heure déterminée pour y recevoir une convocation du président, si M. le président a un motif pour nous l'adresser.

Mais si, par exemple, le Corps législatif ne peut pas reprendre sa séance, et si par conséquent le Sénat vient pour se rassembler et se séparer immédiatement faute de délibération, j'avoue que je ne trouve pas cette manière de procéder digne pour le Sénat.

Ma proposition est que l'on convienne d'une heure où chaque sénateur sera chez lui pour y recevoir les communications du président s'il y a utilité à nous avertir. Dans ces conditions-là très-bien. Mais, à l'avance, prendre dès à présent l'obligation de nous réunir lorsque nous ne savons pas si une réunion peut être utile, je ne le comprends pas.

M. le duc de la Force. — Qu'on nous convoque à domicile, nous serons tous chez nous.

M. le baron Dupin. — Il est évidemment bien plus convenable d'arrêter que nous nous réunirons à une heure telle que huit heures, par exemple, au lieu d'attendre chez nous, quoi? Que la convocation arrive? Vous ne savez donc pas combien de temps il faut pour nous envoyer des convocations dans les quartiers les plus éloignés?

Je demande positivement que la réunion ait lieu ce soir, à huit heures.

M. LE BARON HAUSSMANN. — Il est impossible qu'aucun de nous ignore si le Corps législatif a pu ou n'a pas pu reprendre ses séances. Dès que nous aurons appris qu'il est rentré en délibération, notre devoir est de nous rendre au Sénat, avec ou sans convocation du président.

M. LE BARON DUPIN. — Mais nous sommes un des grands corps de l'Etat constitué; puisque l'un a été envahi, nous devons rester ici. Cela est indispensable.

M. BAROCHE. — Demain à dix heures.

D'autres sénateurs. — A midi.

M. LE BARON DUPIN. — Je dis que si par impossible le Corps législatif avait sa liberté violée dans ses bureaux et dans sa séance jusqu'à huit heures du soir, c'est alors qu'il serait pour nous de la plus haute importance de nous réunir.

M. LE BARON HAUSSMANN. — Pourquoi faire?

M. LE BARON DUPIN. — Je vous le disais : Des deux corps constitués il y en a encore un qui est en séance, non pour agir mais pour constater les violences dont l'autre peut être l'objet.

C'est pourquoi je demande que la réunion ait lieu à huit heures.

M. LE PREMIER VICE-PRÉSIDENT BOUDET. — Je demande au Sénat de se réunir demain à son heure ordinaire, à deux heures, sans tenir compte des événements extérieurs, pour recevoir, s'il y a lieu, les communications du Corps législatif, à moins que les circonstances exigent que M. le président nous convoque auparavant.

(La proposition de M. Boudet est mise aux voix et adoptée.
(La séance est levée à trois heures et demie.)

A l'issue de la séance du Corps législatif, ci-dessus rapportée, un gouvernement nouveau s'était établi à l'Hôtel-de-Ville et la République avait été proclamée. Partout, dans la ville, la foule se livrait à des manifestations hostiles contre le gouvernement impérial, et de toutes parts en détruisait les insignes.

A la nouvelle de ces événements, l'Impératrice, encore aux Tuileries, dut songer à prendre la fuite. Nous trouvons, dans le *Figaro* du 24 novembre 1870, un récit (1) fort digne — et qui a pour lui tous les caractères de la vérité, — de cette suprême journée, et nous le reproduisons à titre de curieux document.

LE 4 SEPTEMBRE AUX TUILERIES.

La journée du 4 septembre et la plupart des événements qui s'y rattachent, ayant été présentés d'une manière incomplète, pourquoi ne serait-il pas permis à un homme, qui a passé aux Tuileries une grande partie de ce jour, de raconter comment se sont écoulées les heures qui ont précédé le départ de l'impératrice Eugénie? Il est toujours opportun de dire la vérité et de rétablir l'exactitude des faits, surtout quand ces faits peuvent servir de documents à l'histoire.

Je n'ai pas à rappeler ici les événements qui ont amené la révolution du 4 septembre. Un immense désastre venait d'atteindre la France. L'armée avait capitulé à Sedan. L'empereur était prisonnier de guerre. Aucun de ceux qui l'ont vu, n'oubliera l'aspect de Paris pendant la nuit du 3. La stupeur, l'indignation, la colère gagnaient la capitale. Le ministère, épouvanté, remit la décision au lendemain; mais le lendemain Paris était en proie à une de ces passions qui ne lui permettent guère de réfléchir sur ce qu'il fait, et qui le mènent souvent beaucoup plus loin qu'il ne voudrait aller.

Pendant que l'impressionnabilité de Paris s'exaspérait, — aux Tuileries l'impératrice retrouvait une grande énergie en face de l'adversité.

Le *Figaro* a déjà fait entendre des paroles de justice à l'égard

(1) Cette relation est attribuée à l'un des chapelains de l'impératrice qui passa cette dernière journée auprès d'elle.

de la *femme* odieusement outragée. Il ne sera pas surpris si celui qui écrit ces lignes ne déverse pas le mépris sur la *souveraine* placée par les événements dans une des plus critiques situations de l'histoire.

La dernière régence de l'impératrice n'avait pas manqué de difficultés de toute sorte : mais personne n'avait dit que l'impératrice eût ajouté aux embarras de la situation par des fautes personnelles, et son nom n'avait été attaché à aucune violence.

Néanmoins, c'était une lourde charge que celle de la régence. Les inquiétudes domestiques venaient s'ajouter aux deuils publics. Séparée des siens, l'impératrice n'en recevait que de rares et tristes nouvelles. Joignez à ces tristesses morales les fatigues d'un travail incessant (pendant un mois et demi l'impératrice n'a pu dormir une heure de suite sans être réveillée par des communications urgentes) et des souffrances de poitrine surexcitées par l'oubli de toute précaution médicale.

Les grands malheurs du commencement de septembre rendirent à ce caractère tout son ressort. Pendant la nuit du 3 au 4, l'impératrice reçut les grands dignitaires de l'empire, et présida au conseil des ministres. Le général Trochu ne manqua pas de se rendre au château. Il n'était ni des moins empressés, ni des moins encourageants. L'impératrice eut lieu de croire qu'elle pouvait toujours compter sur le concours dévoué du gouverneur de Paris.

Elle prit à peine, cette nuit-là, quelques instants de repos.

Le 4, l'impératrice était sur pied à six heures du matin. Elle visitait l'ambulance établie par ses soins aux Tuileries, et arrêtait, avec les sœurs de charité, les mesures à prendre pour donner un plus grand développement à cette œuvre secourable.

Ce jour-là était, on s'en souvient, un dimanche. Outre le service de la grande chapelle, un service spécial était établi dans un oratoire ménagé au milieu des appartements privés. Un chapelain venait y célébrer la messe quatre fois par semaine, et, depuis la déclaration de guerre, cet acte religieux s'y répétait chaque jour.

Après l'office, l'impératrice faisait sa recommandation à son aumônier : il s'agissait ordinairement de bonnes œuvres, d'une famille à secourir, d'un malade à visiter, d'un abandonné à recueillir. Le 4 septembre, les instructions furent plus longues et plus minutieuses, et le prêtre, qui venait de remplir les fonctions sacrées devant l'impératrice, passa la plus grande partie de la journée à accomplir ses prescriptions charitables.

De l'oratoire, Sa Majesté passa immédiatement dans la salle du conseil. Les ministres et les membres du conseil privé y étaient réunis. On dit que la séance présenta le plus grand intérêt, non-seulement par la gravité des sujets qui y furent traités, mais aussi par l'attitude ferme et résolue des conseillers de la couronne. « On ne dira pas de nous, disait l'un d'eux quelques jours plus tard, que nous avons été indécis et divisés à l'heure suprême. » Si un jour, peut-être on publie l'analyse de cette dernière délibération, on y verra que rien de ce qui pouvait activer et fortifier la résistance à l'ennemi n'avait été oublié. Il n'y a que justice à le dire.

Le jour même, devait être présenté au Corps législatif un ensemble de mesures « propres à développer la puissance de l'organisation française. »

Lorsque les membres du conseil privé et M. Rouher, qui était présent, demandèrent quelles précautions avaient été prises en vue des mouvements populaires, l'impératrice répondit : « Qu'il ne fallait penser qu'à sauver la France. Prenons des mesures sages et vigoureuses, ajouta-t-elle, et on verra qu'il n'y a pas d'intérêt à rien bouleverser à l'approche des Prussiens. Ne pensons à sauvegarder la dynastie qu'après avoir pensé au salut de la France. » L'envahissement subit du Corps législatif ne permit pas la réalisation de cette pensée, d'une certaine grandeur, à la vérité, mais non dépourvue d'illusions.

L'impératrice sortit du conseil vers onze heures et demie du matin, et présida au déjeuner avec une aisance pleine de naturel. Les commensaux étaient nombreux. La table comptait vingt-huit couverts. Il n'y avait pas d'autre invité que M. de Lesseps ; mais le service d'honneur était doublé, car les officiers se renouvelaient tous les dimanches et les *allants* et les *venants* se rencontraient au déjeuner. Rien ne fut changé à l'étiquette ordinaire, et à voir la tranquillité générale, on ne se fût pas douté des inquiétudes qui tourmentaient chacun des assistants.

Mais bientôt les indices venus du dehors, présages d'une prochaine tempête, apportèrent un léger trouble dans les habitudes. L'impératrice recevait de minute en minute les dépêches de la préfecture de police, du ministère de l'intérieur, de l'administration de la guerre. Le flot de la révolution était déjà gros. De toutes parts, on informait l'impératrice qu'on se disposait à organiser la résistance et la répression : que l'entreprise était malaisée, car Paris ne renfermait que quelques tronçons de régiments, mais qu'avec de l'activité et de l'habileté on pourrait sauver la situation, etc.

Il faut rendre cette justice à l'impératrice, qu'elle n'hésita pas une seconde : « Toutes les calamités, excepté la guerre civile. » Ce fut son unique réponse aux dépêches qui lui demandaient des ordres. Ces messages, elle les lisait d'un visage impassible, sans rien communiquer de ce qu'ils contenaient. Au milieu d'une conversation qui se traînait péniblement sur des banalités, l'impératrice, rentrée dans son salon, lisait, écrivait, faisait appeler tour à tour l'aide de camp de service, ou M. Conti, ou des dames d'honneur, leur parlait à voix basse et signait des ordres.

Les minutes étaient des siècles. Quelques visiteurs entraient, saluaient, et sans émotion apparente nous jetaient à voix basse des demi-mots vite compris. Puis on attendait avec une anxiété déguisée de nouveaux venus pour recevoir d'autres renseignemnets.

C'est ainsi que nous apprîmes que la foule descendait des faubourgs vers la place de la Concorde; que les mots de *déchéance* et de *république* se faisaient entendre de toutes parts ; que les agents de la force publique étaient maltraités. A travers les glaces des fenêtres on voyait les troupes prendre position dans la cour du Carrousel et devant la façade qui regarde le jardin. Ces précautions militaires avaient un air sinistre. On sentait dans l'atmosphère ce je ne sais quoi de poignant qui se dégage à l'heure des grandes catastrophes.

Des compagnies de la garde nationale passaient sur le quai se rendant au Corps législatif. L'impératrice se levait de temps en temps, s'approchait de la fenêtre comme pour mieux lire quelque dépêche, jetait un regard furtif sur l'agitation du dehors et se remettait bientôt à son travail. Quelques-uns des assistants disaient qu'il aurait fallu une pluie diluvienne; mais le temps était splendide, et c'était, pour cette fois, le *soleil de l'empereur*.

Vers midi et demi, il fut impossible de méconnaitre que la crise se déclarait à l'état aigu. Les députés du tiers-parti, sous la conduite de M. Daru, firent leur apparition aux Tuileries. Quelques minutes se passèrent avant que les formalités d'introduction fussent remplies, car jusqu'au dernier moment tout s'est passé au château sans désordre ni confusion, comme en temps régulier; ce que je fais remarquer, non dans un esprit ridiculement formaliste, mais pour rétablir l'exactitude de faits dénaturés.

En accueillant les députés du centre gauche, l'impératrice souriait tristement. L'entrevue se prolongea. Il était facile d'en deviner le sujet. L'abdication! tel était le mot que M. Daru et ses amis s'étaient chargés de faire entendre à la régente. Il fut répondu très-catégoriquement que les ministres étaient au gouvernement pour proposer les mesures utiles à la France; que s'ils jugeaient l'abdication nécessaire, l'abdication serait signée. Peu à peu l'impératrice s'échauffa en présence de ces conseillers timides et de ces discoureurs indécis.

De temps en temps, lorsque la porte du salon était ouverte, on entendait la voix émue de l'impératrice qui cherchait à affermir les résolutions ébranlées.

Mais à tout instant, les nouvelles du dehors contrariaient les efforts de la souveraine.

L'un des préfets du palais arrivait du Corps législatif et annonçait « que des agitateurs tramaient ouvertement dans la » salle des Pas-Perdus contre la sécurité de l'assemblée ». Le chambellan de service rendait compte de l'attitude des masses qui couvraient la place de la Concorde et déclarait qu'elles allaient se porter aux extrémités. Les clameurs de la multitude arrivaient jusqu'à la salle du conseil et la remplissaient de cris significatifs.

De temps en temps quelqu'un de ces messieurs du tiers-parti ne manquait pas d'appuyer ses considérations d'un glacial : « N'entendez-vous donc pas, madame ? » ou bien : « Ce que l'on vient d'annoncer à Votre Majesté, n'est-ce pas ce que nous lui disions ? »

Pourquoi ne pas le dire ? Plusieurs, parmi les personnes présentes, trouvaient la démarche des députés du tiers-parti tout au moins superflue. « Si l'abdication, disait-on, pouvait servir à quelque chose, que ne prenaient-ils sur eux de prononcer la déchéance ? Pourquoi ce souci de faire supprimer la dynastie par la régente ? — Mais le tiers-parti ressemblera toujours... à lui-même.

Ils sortirent enfin, troublés et décontenancés. Nous trouvâmes l'impératrice appuyée contre le chambranle d'une cheminée. Elle paraissait vivement attristée. Nous l'entourions avec cette émotion que l'on sent à l'approche d'un sombre dénoûment.

Quelques-uns de ses serviteurs, pour la dernière fois, venaient respectueusement baiser sa main. Elle laissait faire avec bienveillance, et parlait en termes entrecoupés de ce qui venait de se passer :

« Ils veulent l'abdication !... Oh ! cela n'est rien si la France est sauvée... Mais ne vont-ils pas affaiblir la résistance ?... Ce que je leur ai demandé, c'est de me conserver l'autorité nominale, afin d'empêcher la désorganisation du pays au moment où l'étranger envahit notre territoire... Après, on fera de nous tout ce qu'on voudra ; maintenant, on n'a pas le loisir de faire des changements politiques : il ne faut songer qu'aux mesures militaires... Je leur ai dit : soyez sûrs que je ne gênerai en rien la défense du pays. J'aiderai, au contraire, les hommes qui auront la confiance de la nation. Puis, je me mettrai à la tête des sociétés de secours aux blessés, je visiterai les hôpitaux, je donnerai l'exemple du dévouement, j'irai aux avant-postes ; oh ! par exemple, je les ai rassurés, je ne ferai rien de ridicule. Est-ce que je ne sais pas éviter le ridicule ? Mais non, ils n'ont rien voulu entendre. Ah ! en France, il ne faut jamais être malheureux. »

En s'exprimant ainsi, l'impératrice en arrivait à cette exaltation propre à sa race et à son caractère, que les intimes désignaient sous ces mots : *les moments de Chimène*. Ce fut comme un éclair rapide pendant lequel elle sembla entrevoir l'avenir avec une lucidité singulière.

Une courte dépêche de M. Piétri arrêta le cours des réflexions de la régente : « ON ABAT LES AIGLES. » Ces quatre mots la ramenèrent aux événements qui s'accomplissaient dans Paris.

On a dit et imprimé que l'impératrice pendant les dernières heures de son séjour aux Tuileries, avait été délaissée par ses officiers. Rien n'est moins conforme à la réalité des faits.

A deux heures, c'est-à-dire au moment où l'émeute grondait autour du Corps législatif, toute la maison de l'impératrice était presque au grand complet rassemblée aux Tuileries. Les dames d'honneur présentes à Paris s'étaient rendues auprès de la régente. Plusieurs dames qui tenaient un haut rang à la cour s'étaient jointes à elles. Les maréchales Pélissier et Canrobert étaient arrivées des premières. Pas un officier de service n'était absent. Les officiers de la maison de l'empereur, qui n'étaient pas en mission, arrivaient les uns après les autres et remplissaient les salons des appartements réservés. M. le marquis de Contades, dans une lettre adressée au *Figaro*, a affirmé que tout le monde, parmi les officiers de Leurs Majestés, avait fait son devoir. Personne ne pourra démentir cette parole.

Le général Trochu ne parut pas.

Tout ce monde était grave et parlait à peine. L'attitude de l'impératrice ne permettait pas d'ailleurs de mines consternées : elle recevait chacun avec bonté, faisait semblant de ne pas entendre les essais de consolation et n'abandonnait rien de sa ferme contenance.

Puis, vinrent quelques membres du corps diplomatique. Le prince de Metternich ne dissimulait pas son émotion. Le chevalier Nigra semblait tout à l'aise.

— Eh bien ! chevalier, lui dit une dame d'honneur, avez-vous traversé la foule ?

— Oui, répondit-il fort placidement ; il y a quelque peu de monde.

On n'en put tirer autre chose.

Ce fut une scène attendrissante que l'arrivée de la princesse Clotilde. La pieuse cousine de l'impératrice n'avait rien perdu de sa douce sérénité : sa visite de la dernière heure fut d'une simplicité touchante, et l'impératrice l'accueillit avec beaucoup de tendresse.

Pendant ce temps, quelques jeunes hommes du service d'honneur s'entretenaient dans un coin des événements qui pouvaient se produire d'un moment à l'autre. Une même pensée leur étaient venue à tous. Ils ambitionnaient l'honneur d'accompagner l'impératrice dans le cas où elle se déciderait à quitter les Tuileries. Ils étaient prêts au départ et munis de toutes les sommes dont ils avaient pu disposer. Mais si l'impératrice était surprise par l'émeute, ils rêvaient déjà une mort glorieuse, comme celle des mousquetaires de Marie-Antoinette. « Quant à moi, disait l'un d'eux, je ferai payer cher le passage » ; et il montrait un énorme révolver. Mais il ne tarda pas à se séparer de son arme, ses compagnons lui ayant fait remarquer que s'il avait le droit de sacrifier sa vie, l'impératrice avait défendu l'usage de quelque arme que ce fût.

Vers deux heures, l'impératrice s'entretenait avec les ambassadeurs d'Autriche et d'Italie, lorsque coup sur coup arrivèrent du Corps législatif des députés, des ministres, annonçant que la Chambre venait d'être envahie. Le comte de Palikao avait compté sur la fidélité des troupes, et il avait eu raison : aucune n'avait trahi. Mais elles étaient en nombre trop restreint pour pouvoir résister sans faire usage de leurs armes, et les ordres de l'impératrice étaient formels : il ne fallait pas qu'une seule goutte de sang coulât dans Paris.

Puis, à l'intérieur du Corps législatif, les questeurs se reprenaient à vouloir faire usage de leurs priviléges et à être seuls à donner les ordres concernant la sécurité de l'Assemblée. Il y eut de la part de la foule une menace d'attaque. L'un des questeurs, le général Lebreton, racontait-on, avait intimé aux troupes l'ordre de laisser champ libre au peuple. On sait ce qui arriva.

Le gouvernement tout entier était au Corps législatif. Pendant que le comte de Palikao et les autres ministres conféraient avec les députés, la foule inonde le palais. Véritable inondation qui noya le pouvoir. Les ministres ne purent ni se dégager, ni se reconnaître. L'eau avait éteint les feux et paralysé les mouvements de la machine : le navire ne pouvait plus marcher.

M. Chevreau, le premier, put fendre le flot populaire et arriver à grand'peine jusqu'aux Tuileries. Bientôt après arriva M. Jérôme David, qui traversa les salons en souriant, avec le calme et la désinvolture des jours de gala. Mais sa présence seule suffisait à indiquer la gravité de la situation.

On commença à se demander si quelqu'un avait pensé à tenir une voiture à la disposition de l'impératrice. Naturellement, tout le monde y avait pensé, mais personne n'avait réalisé la pensée; car chacun s'était dit le sacramentel : « Cela ne me regarde pas. » Maintenant, il était trop tard et il fallait, comme toujours, laisser à la Providence le soin de protéger et de sauver l'impératrice.

Les dernières minutes me rappellent de vifs souvenirs. Il arriva un groupe attardé de serviteurs de l'empire. Enfin M. Piétri, aussi calme et aussi réservé que d'habitude, qui salua profondément Sa Majesté, — lui dit à peine quelques mots à voix basse et s'éclipsa sur-le-champ.

L'impératrice fit aussitôt appeler le général Mellinet, qui commandait les troupes chargées de la défense des Tuileries.

— Général, pouvez-vous défendre le château sans faire usage des armes?

— Madame, je ne crois pas.

— Dès lors, dit l'impératrice, tout est fini. Il ne faut pas ajouter à nos désastres l'horreur de la guerre civile.

Elle donna rapidement ses derniers ordres. Le vieux général traversa presque en courant les salons pour aller rejoindre ses soldats, non cependant sans s'arrêter brusquement de temps en temps pour baiser galamment la main à quelque belle dame de sa connaissance.

L'impératrice alla serrer la main sans mot dire aux personnes qui n'avaient pas encore reçu son adieu. Puis, se tournant vers les dames, elle leur dit :

— Ne restez plus ici : le temps presse.

Ce fut le signal des larmes. Les dames se pressaient autour d'elle et couvraient ses mains de baisers.

— Mais partez, partez donc, je vous en supplie, répétait l'impératrice, qui contenait avec peine son émotion.

Elle parvint à se dégager doucement de ces étreintes affectueuses, et s'étant reculée jusqu'au fond du salon, toute pâle et frémissante, elle nous fit son plus grand salut, celui des grandes circonstances, et disparut dans ses appartements intimes accompagnée du prince de Metternich, du chevalier Nigra et de madame Lebreton.

Je m'étais enfoncé dans l'embrasure d'une croisée pour cacher mon émotion, lorsqu'un curieux spectacle se présenta à mon attention.

J'avais sous les yeux le jardin des Tuileries. Des fantassins, l'arme au pied, étaient rangés devant la façade du palais. Le jardin était morne et désert. Néanmoins, dans le lointain, des ombres se détachaient de temps en temps des troncs d'arbre pour se dissimuler de nouveau. C'étaient les envahisseurs qui s'approchaient discrètement. La vue des troupes leur inspirait une médiocre confiance. Ils s'enhardirent peu à peu. Les ombres éparses devinrent une fourmilière, la fourmilière se changea en un océan de têtes, noir, bruyant et compact. Une clameur confuse, dominée quelquefois par le chant de la *Marseillaise*, s'élevait de cette masse sombre qui s'accumulait lentement contre l'enceinte extérieure du jardin réservé.

Je me demandais comment il aurait été possible de détourner ou d'endiguer cet océan immense qui avait franchi ses barrières, lorsque M. de Cossé-Brissac, chambellan de l'impératrice, rentra dans le salon de service et nous dit à haute voix : « Sa Majesté vous remercie et vous invite à vous retirer. » Il y eut un moment d'indécision. Les officiers du service s'approchèrent de M. de Cossé-Brissac : « Notre devoir est de rester ici tant que l'impératrice y sera. Nous donnez-vous l'assurance que notre présence n'a plus d'objet? — Messieurs, répondit-il, vous avez congé de Sa Majesté, et je puis vous dire que tout va pour le mieux. »

Les mains se serrèrent en silence; on se souhaita le revoir en des temps meilleurs, et on quitta des lieux où il n'y avait plus rien à faire.

Arrivé sous le passage du pavillon de l'Horloge, j'ai voulu savoir ce que ferait la foule qui ébranlait la grille qui ferme l'accès du jardin, et je me suis arrêté près de la grande porte des Tuileries qui regarde l'arc de triomphe de l'Étoile.

La foule ne se décidait pas à franchir le dernier obstacle. Elle apercevait trop distinctement les allées et les venues du général Mellinet, qui disposait ses soldats avec un soin extrême. Tout à coup, deux « voyous », arborant en guise de drapeaux parlementaires deux malpropres mouchoirs blancs et suivis d'un monsieur en paletot, les deux mains dans ses poches, débouchent dans l'allée du milieu et viennent droit au général.

« — Tiens, tiens, que fait donc là cet escogriffe? » C'est ainsi qu'à mes côtés M. Laferrière qui, en qualité de surintendant des théâtres impériaux, connaissait les siens, saluait l'apparition du monsieur, qui n'était autre que Victorien Sardou. Le général s'aboucha avec les parlementaires, puis alla haranguer le peuple. On sait le reste. Il fut bien entendu que l'impératrice n'était plus aux Tuileries et le peuple s'engagea à être « gentil. »

Une minute après, nous quittions les Tuileries par le guichet de l'Echelle. Au moment où le concierge nous ouvrait la porte, nous vîmes défiler devant nous une épaisse et bruyante colonne de citoyens ayant à sa tête un bourgeois barbu, mal coiffé d'un képi de garde national, portant un fusil sur l'épaule d'une façon peu martiale et emboîtant le pas d'une manière fort gauche. C'était, paraît-il, M. Jules Favre allant faire sacrer à l'Hôtel-de-Ville le gouvernement de la défense nationale.

A ce moment je tirai ma montre : il était trois heures moins cinq minutes.

J'appris que l'impératrice, après nous avoir quittés, s'était tranquillement revêtue d'habits de deuil. Madame Lebreton l'aidait dans ses préparatifs de départ. La souveraine n'avait voulu appeler aucun de ses officiers au danger de l'accompagner, et elle s'était confiée à MM. de Metternich et Nigra, que leur caractère diplomatique mettait à l'abri des insultes.

Avant de quitter sa demeure, l'impératrice alla jeter un dernier regard sur les portraits de l'empereur et du prince impérial; puis elle s'agenouilla dans son oratoire, fit, au pied de l'autel, une courte prière et se dirigea sans aucun trouble ni précipitation vers la galerie du bord de l'eau. Les portes qui mettent en communication les Tuileries et le Louvre étaient fermées. Il fallut quelque temps pour trouver les clefs. Le passage fut enfin libre et l'impératrice et son petit cortége arrivèrent sans encombre sur la place Saint-Germain-l'Auxerrois, par l'un des deux escaliers de la colonnade du Louvre.

M. de Metternich alla à la recherche de deux fiacres. M. Nigra était resté avec Sa Majesté et madame Lebreton. Ses vêtements de veuve ne déguisaient pas assez bien l'impératrice pour qu'un gamin ne pût la reconnaitre et crier à tue-tête :

— Voila l'impératrice !

La place était couverte d'une partie des envahisseurs du Corps législatif qui se rendaient à l'Hôtel-de-Ville, après avoir traversé les Tuileries et le Louvre. Le diplomate italien ne perdit pas sa présence d'esprit en une situation aussi critique. Il envoya une vigoureuse taloche au jeune indiscret : il le prit ensuite par l'oreille en ayant soin d'appuyer fortement, afin de ne laisser au petit bonhomme que la faculté de se débattre et de se plaindre :

— Ah ! polisson, disait de son côté l'impitoyable chevalier, tu cries : « Vive la Prusse ! » Je t'apprendrai à être meilleur patriote !

Et il l'entraînait, sans désemparer, du côté opposé à l'endroit où se trouvait la voiture dans laquelle l'impératrice venait de prendre place avec madame Lebreton. M. Nigra ne lâcha l'enfant et ne cessa ses imprécations que lorsque le cocher eût enlevé ses chevaux. L'Italien avait si bien ménagé son jeu que M. de Metternich et lui étaient déjà loin lorsque les spectateurs se rendirent compte de ce qu'ils venaient de voir.

LUNDI, 5 SEPTEMBRE 1870 (1).

Français !

Le Peuple a devancé la Chambre, qui hésitait. Pour sauver la Patrie en danger, il a demandé la République.

Il a mis ses représentants non au pouvoir, mais au péril.

La République a sauvé l'invasion en 1792, la République est proclamée.

La Révolution est faite au nom du droit, du salut public.

Citoyens, veillez sur la Cité qui vous est confiée; demain vous serez, avec l'armée, les vengeurs de la Patrie !

EMMANUEL ARAGO, CRÉMIEUX, DORIAN, JULES FAVRE, JULES FERRY, GUYOT-MONTPAYROUX, LÉON GAMBETTA, GARNIER-PAGÈS, MAGNIN, ORDINAIRE, A. TACHARD, E. PELLETAN, ERNEST PICARD, JULES SIMON.

Citoyens de Paris.

La République est proclamée.

Un gouvernement a été nommé d'acclamation.

Il se compose des citoyens :

EMMANUEL ARAGO, CRÉMIEUX, JULES FAVRE, JULES FERRY, GAMBETTA, GARNIER-PAGÈS, GLAIS-BIZOIN, PELLETAN, PICARD, ROCHEFORT, JULES SIMON, *représentants de Paris.*

Le général Trochu est chargé des pleins pouvoirs militaires pour la défense nationale.

Il est appelé à la présidence du Gouvernement.

Le Gouvernement invite les citoyens au calme; le Peuple n'oubliera pas qu'il est en face de l'ennemi.

Le Gouvernement est, avant tout, un Gouvernement de défense nationale.

ARAGO, CRÉMIEUX, JULES FAVRE, FERRY, GAMBETTA, GLAIS-BIZOIN, GARNIER-PAGÈS, PELLETAN, PICARD, ROCHEFORT, SIMON, général TROCHU.

(1) Cette date est celle du numéro du *Journal officiel* où ont paru les documents qui suivent.

Le Gouvernement de la défense nationale a composé le ministère comme il suit :

Ministre des affaires étrangères	Jules Favre.
Ministre de l'intérieur	Gambetta.
Ministre de la guerre	Général Le Flô.
Ministre de la marine	Amiral Fourichon.
Ministre de la justice	Crémieux.
Ministre des finances	Ernest Picard.
Ministre de l'instruction publique et des cultes	Jules Simon.
Ministre des travaux publics	Dorian.
Ministre de l'agriculture et du commerce	Magnin.

Le ministère de la présidence du conseil d'Etat est supprimé.
M. Steenackers est nommé directeur des télégraphes.

Le Gouvernement de la défense nationale décrète :
Le Corps législatif est dissous ;
Le Sénat est aboli.

A MM. les préfets, sous-préfets, généraux, gouverneur général de l'Algérie, et à toutes les stations télégraphiques de France.

La déchéance a été prononcée au Corps législatif.
La République a été proclamée à l'Hôtel-de-Ville.
Un gouvernement de défense nationale composé de onze membres, tous députés de Paris, a été constitué et ratifié par l'acclamation populaire.
Les noms sont : (*Suivent les noms des Membres du nouveau Gouvernement*).
Le général Trochu, investi des pleins pouvoirs militaires pour la défense nationale, a été appelé à la présidence du gouvernement.
Veuillez faire afficher et au besoin proclamer par le crieur public la présente déclaration.

Pour le Gouvernement de la défense nationale.

Le ministre de l'intérieur,
Léon Gambetta.

Le Gouvernement de la défense nationale décrète :

Amnistie pleine et entière est accordée à tous les condamnés pour crimes et délits politiques et pour délits de presse depuis le 3 décembre 1852 jusqu'au 3 septembre 1870.

Tous les condamnés encore détenus, soit que les jugements aient été rendus par les tribunaux correctionnels, soit par les cours d'assises, soit par les conseils de guerre, seront mis immédiatement en liberté.

LES MEMBRES DU GOUVERNEMENT A LA GARDE NATIONALE.

Ceux auxquels votre patriotisme vient d'imposer la mission redoutable de défendre le pays vous remercient du fond du cœur de votre courageux dévouement.

C'est à votre résolution qu'est due la victoire civique rendant la liberté à la France.

Grâce à vous cette victoire n'a pas coûté une goutte de sang.

Le pouvoir personnel n'est plus.

La nation tout entière reprend ses droits et ses armes. Elle se lève prête à mourir pour la défense du sol. Vous lui avez rendu son âme que le despotisme étouffait.

Vous maintiendrez avec fermeté l'exécution des lois, et rivalisant avec notre noble armée, vous nous montrerez ensemble le chemin de la victoire.

A LA GARDE NATIONALE DE PARIS.

La République est proclamée.

La patrie est en danger.

Le nouveau Gouvernement est avant tout un Gouvernement de défense nationale.

Les gardes nationaux de Paris, c'est-à-dire tous les électeurs inscrits sur les listes électorales, sont convoqués pour le mardi 6 septembre, à midi, à l'effet de procéder à la nomination des sous-officiers et officiers, dans les mairies de leurs arrondissements respectifs.

Le ministre de l'intérieur.

Signé : GAMBETTA.

Le Gouvernement de la défense nationale décrète :

La fabrication, le commerce et la vente des armes sont absolument libres.

M. Étienne Arago est nommé maire de Paris.

MM. Floquet et Brisson sont ses adjoints.

HOTEL-DE-VILLE DE PARIS

Citoyens.

Je viens d'être appelé par le Peuple et par le Gouvernement de la défense nationale à la Mairie de Paris.

En attendant que vous soyez convoqués pour élire votre municipalité, je prends, au nom de la République, possession de cet Hôtel-de-Ville, d'où sont toujours partis les grands signaux patriotiques, en 1792, en 1830, en 1848.

Comme nos pères ont crié en 1792, je vous crie : Citoyens, LA PATRIE EST EN DANGER ! Serrez-vous autour de cette Municipalité parisienne, où siége aujourd'hui un vieux soldat de la République.

VIVE LA RÉPUBLIQUE !

Le Maire de Paris,
ÉTIENNE ARAGO.

M. Clément Laurier est nommé directeur général du personnel et du cabinet au ministère de l'intérieur.

Le Gouvernement de la défense nationale, pour l'ordre de ses travaux intérieurs, s'est organisé de la manière suivante :

Le général Trochu, président ; M. Jules Favre, vice-président ; M. Jules Ferry, secrétaire.

Le Gouvernement a choisi, à titre de secrétaires adjoints, pour l'aider dans ses travaux, MM. André Lavertujon et F. Hérold.

PRÉFECTURE DE POLICE.

Aux habitants de Paris,

Après dix-huit ans d'attente, sous le coup de cruelles nécessités, les traditions interrompues au 18 Brumaire et au 2 Décembre sont enfin reprises. Les Députés de la gauche, après la disparition de leurs collègues de la majorité, ont proclamé la déchéance. Quelques instants après, la République était acclamée à l'Hôtel-de-Ville.

La révolution qui vient de s'accomplir est restée toute pacifique ; elle a compris que le sang français ne devait couler que sur le champ de bataille. Elle a pour but, comme en 1792, l'expulsion de l'étranger.

Il importe donc que la population de Paris, par son calme, par la virilité de son attitude, continue de se montrer à la hauteur de la tâche qui lui incombe, à elle et à la France.

C'est pour cette raison qu'investi par le Gouvernement de pouvoirs dont on a tant abusé sous les régimes antérieurs, j'invite la population parisienne à exercer les droits politiques qu'elle vient de reconquérir dans toute leur plénitude avec une sagesse et une modération qui soient de nature à montrer à la France et au monde qu'elle est vraiment digne de la liberté.

Notre devoir à tous, dans les circonstances où nous sommes, est surtout de nous rappeler que la Patrie est en danger.

Au moment où, sous l'égide des libertés républicaines, la France se dispose à vaincre ou à mourir, j'ai la certitude que mes pouvoirs ne me serviront que pour nous défendre contre les menées de ceux qui trahiraient la Patrie.

Paris, le 4 septembre 1870.

Le préfet de police,
DE KÉRATRY.

Par le préfet de police :
Le secrétaire général,
ANTONIN DUBOST.

On lit encore dans le *Journal officiel* de ce jour :

Ce qui caractérise la révolution du 4 septembre, c'est l'ordre absolu et l'unanime élan avec lesquels elle s'est accomplie.

La garde nationale, à peine reconstituée, a montré l'admirable puissance dont elle est douée ; elle a du même coup sauvé l'honneur de la France et l'ordre de la cité.

Il ne s'est produit, dans ce grand mouvement, ni un désordre ni une résistance. A deux heures du matin, la paix la plus profonde règne dans Paris.

Le Sénat et le Corps législatif sont vides ; les scellés sont apposés sur la salle des séances de la Chambre. Paris est calme sur tous les points.

MARDI, 6 SEPTEMBRE 1870.

PROCLAMATION DU GOUVERNEMENT A L'ARMÉE.

Quand un général a compromis son commandement on le lui enlève.

Quand un gouvernement a mis en péril, par ses fautes, le salut de la patrie, on le destitue.

C'est ce que la France vient de faire.

En abolissant la dynastie qui est responsable de nos malheurs, elle a accompli d'abord à la face du monde un grand acte de justice.

Elle a exécuté l'arrêt que toutes vos consciences avaient rendu.

Elle a fait en même temps un acte de salut.

Pour se sauver, la Nation avait besoin de ne plus relever que d'elle-même et de ne compter désormais que sur deux choses sa résolution, qui est invincible; votre héroïsme, qui n'a pas d'égal, et qui au milieu de revers immérités, fait l'étonnement du monde.

Soldats! en acceptant le pouvoir dans la crise formidable que nous traversons nous n'avons pas fait œuvre de parti.

Nous ne sommes pas au pouvoir, mais au combat.

Nous ne sommes pas le gouvernement d'un parti, nous sommes le Gouvernement de la défense nationale.

Nous n'avons qu'un but, qu'une volonté : le salut de la Patrie par l'Armée et par la Nation, groupées autour du glorieux symbole qui fit reculer l'Europe il y a quatre-vingts ans.

Aujourd'hui, comme alors, le nom de République veut dire :

UNION intime de l'Armée et du Peuple pour la défense de la Patrie!

Une décision, rendue le 3 septembre, sur le rapport du Ministre de la guerre, porte :

1° Que la solde de captivité déterminée par le règlement du 25 décembre 1837, sera payée aux officiers, sous-officiers et soldats de l'armée française faits prisonniers de guerre, aussitôt qu'il sera possible de la leur faire parvenir.

2° Que la solde sans vivres, leur sera même continuée au delà du délai de deux mois déterminé par le règlement précité.

Le Gouvernement décrète :
L'impôt du timbre sur les journaux ou autres publications est aboli.

Le Gouvernement décrète :
Les fonctionnaires publics de l'ordre civil, administratif, militaire et judiciaire sont déliés de leur serment.
Le serment politique est aboli.

Sont révoqués de leurs fonctions :
M. le marquis de La Valette, ambassadeur à Londres.
M. le comte de Mosbourg, ambassadeur à Vienne.
M. le général Fleury, ambassadeur à St-Pétersbourg.

Arrêté : Tout individu appartenant aux pays en guerre avec la France, non muni d'une autorisation spéciale, sera tenu de quitter les départements de la Seine et de Seine-et-Oise, dans les 24 heures, à partir d'aujourd'hui 8 heures du matin, sous peine d'être passible des lois militaires.
Signé : DE KÉRATRY.

Le Gouvernement décrète :
M. Esquiros est nommé administrateur supérieur du département des Bouches-du-Rhône.
M. Desseaux (Louis-Philippe) est nommé administrateur supérieur du département de la Seine-Inférieure pour organiser la défense nationale et représenter le Gouvernement, en remplacement de M. le baron Ernest Leroy.

M. Labadie est nommé administrateur provisoire du département des Bouches-du-Rhône, en remplacement de M. Levert.

M. Esmenard du Mazet est nommé administrateur provisoire du département du Lot, en remplacement de M. le vicomte de Jessaint.

M. d'Azincourt est nommé administrateur provisoire du département de la Côte-d'Or, en remplacement de M. Lefebvre.

Le Gouvernement de la défense nationale décrète :

Article premier. — M. Edmond Valentin est nommé préfet du département du Bas-Rhin, et le Gouvernement s'en rapporte à son énergie et à son patriotisme pour aller occuper son poste.

Art. 2. — M. Maurice Engelhard est nommé maire de la ville de Strasbourg et chargé par le Gouvernement d'aller porter aux vaillants Strasbourgeois et à son héroïque garnison les remercîments émus de la France, de la population de Paris et du gouvernement de la République.

M. Jules Gros-Jean est nommé préfet du département du Haut-Rhin en remplacement de M. Salles.

M. Vautrin est nommé préfet du département de la Meurthe.

M. Georges est nommé préfet du département des Vosges, en remplacement de M. Grachet.

M. Challemel-Lacour (1) est nommé préfet du département du Rhône, en remplacement de M. Mouzard-Sencier.

M. H. Guibert est nommé préfet du département de la Dordogne, en remplacement de M. Boffinton.

M. Lisbonne est nommé préfet du département de l'Hérault, en remplacement de M. Bergognié.

M. Guépin, conseiller général de la Loire-Inférieure, est nommé préfet de ce département en remplacement de M. Pougeard-Dulimbert.

---

(1) Ancien Directeur de la *Revue politique*, puis de la *Revue moderne* et collaborateur de la *Revue des Deux-Mondes*.

M. Girerd est nommé préfet du département de la Nièvre, en remplacement de M. Genty.

M. Georges Périn (1) est nommé préfet du département de la Haute-Vienne, en remplacement de M. Garnier.

M. César Bertholon est nommé préfet du département de la Loire, en remplacement de M. Castaing.

M. Ténot (2) est nommé préfet du département des Hautes-Pyrénées, en remplacement de M. Mila de Cabarieu.

M. Girot-Pouzol, ancien député, est nommé préfet du département du Puy-de-Dôme, en remplacement de M. le barron Tharreau.

M. Allain-Targé (3) est nommé préfet du département de Maine-et-Loire, en remplacement de M. Poriquet.

M. Camescasse est nommé préfet du département du Finistère, en remplacement de M. Levainville.

M. Larrieu est nommé préfet du département de la Gironde, en remplacement M. Bourlon de Rouvre.

M. Testelin est nommé préfet du département du Nord, en remplacement de M. Masson.

M. Pierre Lefranc (4) est nommé préfet du département des Pyrénées-Orientales, en remplacement de M. Coupier.

M. Lenglet (5) est nommé préfet du département du Pas-de-Calais, en remplacement de M. Paillard.

M. Péreira est nommé préfet du département du Loiret, en remplacement de M. Dureau.

M. Lenoël est nommé préfet du département de la Manche, en remplacement de M. le vicomte Malher.

M. Jules Lardières est nommé préfet du département de la Somme, en remplacement de M. de Guigné.

M. Babaud-Laribière (6) est nommé préfet du département de la Charente, en remplacement de M. Péconnet.

(1) Ancien Rédacteur du journal la *Cloche*.
(2) Rédacteur du *Siècle*, auteur de l'*Histoire du Deux-Décembre*.
(3) Rédacteur de l'*Avenir national*.
(4) Rédacteur de l'*Indépendant des Pyrénées-Orientales*.
(5) Rédacteur du *Progrès du Pas-de-Calais*.
(6) Rédacteur des *Lettres Charentaises*.

M. Charton (1) est nommé préfet du département de Seine-et-Oise, en remplacement de M. Cornuau.

M. Anglade est nommé préfet du département de l'Ariége, en remplacement de M. Pihoret.

M. Lignier-Pougy est nommé préfet du département de l'Aube en remplacement de M. Boyer de Sainte-Suzanne.

M. Eugène Rollet est nommé sous-préfet de l'arrondissement de St-Amand (Cher), en remplacement de M. Mosnier.

M. Spuller (Auguste) est nommé préfet du département de la Haute-Marne, en remplacement de M. Tézenas.

M. Gaston Chalamet est nommé préfet de l'Ardèche.

M. Frédéric Mestreau est nommé préfet de la Charente-Inférieure.

Le ministre de l'intérieur arrête :

M. Warnier est nommé préfet du département d'Alger.

M. Lucet est nommé préfet du département de Constantine.

M. H. Didier (2) est nommé préfet du département d'Oran.

Ces trois fonctionnaires exerceront leur autorité de concert avec les généraux commandant les divisions militaires.

Le Gouvernement de la défense nationale décrète :

M. Leblond, avocat à la cour d'appel de Paris, est nommé procureur général, près cette cour, en remplacement de M. Charrins, qui reprend ses fonctions d'avocat général près la cour de cassation.

M. Frémiet, avocat, est nommé procureur général près la cour d'appel de Dijon, en remplacement de M. Levieil de la Marsonnière.

M. Tanon, avocat, est nommé substitut près le tribunal de première instance de la Seine, en remplacement de M. Aulois, démissionnaire.

---

(1) Fondateur du *Magasin pittoresque*.
(2) Devenu, le 6 septembre, procureur de la République à Paris.

MAIRIE DE PARIS.

Citoyens de Paris,

Le Gouvernement de la défense nationale n'entend usurper aucun des droits du peuple. Dans un délai aussi court que le permettront les circonstances, les citoyens seront appelés à élire leur municipalité. En attendant, et afin de pourvoir aux nécessités urgentes du service de la Cité dans une situation exceptionnelle, le maire de Paris nomme pour *maires provisoires* des 20 arrondissements les citoyens dont les noms suivent :

1er Arrondissement. — Tenaille-Saligny, avocat à la cour de cassation.
2e Arr. — Tirard, négociant.
3e Arr. — Bonvalet, négociant.
4e Arr. — Greppo, ancien représentant du peuple.
5e Arr. — J.-B. Bocquet, ancien adjoint.
6e Arr. — Hérisson, avocat à la cour de cassation.
7e Arr. — Ribaucourt, docteur-médecin.
8e Arr. — Carnot, ancien membre du gouvernement provisoire de 1848.
9e Arr. — Ranc, homme de lettres.
10e Arr. — Turpin, négociant (1).
11e Arr. — Léonce Ribert, professeur (2).
12e Arr. — Alfred Grivot, négociant à Bercy.
13e Arr. — Pernolet, ingénieur.
14e Arr. — Leneveu, rédacteur du *Siècle*.
15e Arr. — Corbon, ancien représentant du peuple.
16e Arr. — Henri Martin, historien.
17e Arr. — François Favre, homme de lettres.
18e Arr. — Clémenceau, docteur-médecin.
19e Arr. — Richard, fabricant.
20e Arr. — Braleret, commerçant.

Ces citoyens sont invités à entrer immédiatement en fonctions et à désigner chacun deux adjoints. Il est inutile de rap-

(1) N'a pas accepté. Il a été remplacé par M. O'Reilly, ancien secrétaire général de la Préfecture de Police.
(2) N'a pas accepté. Il a été remplacé par M. Coffard.

peler aux nouveaux administrateurs des mairies parisiennes qu'en face de l'ennemi marchant sur Paris leur premier devoir est de veiller sans relâche à l'armement des citoyens et de se tenir, nuit et jour, prêts à seconder la défense nationale.

VIVE LA RÉPUBLIQUE !

Le maire de Paris,
ÉTIENNE ARAGO.

Le Gouvernement de la défense nationale décrète :

La division des beaux-arts et les musées sont réunis au ministère de l'instruction publique.

Les manufactures de Sèvres, de Beauvais et des Gobelins sont réunies au ministère du commerce.

M. le comte de Nieuwerkerke est révoqué de ses fonctions de surintendant des Beaux-Arts et de directeur des Musées du Louvre.

Le Gouvernement de la défense nationale décrète :

Les bâtiments de la couronne, le mobilier de la couronne, les bâtiments et établissements agricoles de la couronne sont réunis au ministère des finances.

LE MINISTRE DE L'INTÉRIEUR AUX PRÉFETS.

Monsieur le préfet, en acceptant le pouvoir dans un tel danger de la Patrie, nous avons accepté de grands périls et de grands devoirs. Le peuple de Paris qui, le 4 septembre, se retrouvait, après une si longue absence, ne l'a pas entendu autrement, et ses acclamations veulent dire clairement qu'il attend de nous le salut de la Patrie.

Notre nouvelle République n'est pas un gouvernement qui comporte les dissensions politiques, les vaines querelles. C'est, comme nous l'avons dit, un gouvernement de défense nationale, une République de combat à outrance contre l'envahisseur.

Entourez-vous donc des citoyens animés, comme nous-mêmes, du désir immense de sauver la Patrie et prêts à ne reculer devant aucun sacrifice.

Au milieu de ces collaborateurs improvisés, apportez le sang-froid et la vigueur qui doivent appartenir au représentant d'un pouvoir décidé à tout pour vaincre l'ennemi.

Soutenez tout le monde par votre activité sans limites, dans toutes les questions où il s'agira de l'armement, de l'équipement des citoyens et de leur instruction militaire.

Toutes les lois prohibitives, toutes les restrictions si funestement apportées à la fabrication et à la vente des armes ont disparu.

Que chaque Français reçoive ou prenne un fusil et qu'il se mette à la disposition de l'autorité : *la Patrie est en danger !*

Il vous sera donné jour par jour des avis concernant les détails du service. Mais faites beaucoup par vous-même, et appliquez-vous surtout à gagner le concours de toutes les volontés, afin que, dans un immense et unanime effort, la France doive son salut au patriotisme de tous ses enfants.

Recevez, etc.

Léon Gambetta.

GARDE NATIONALE

Extrait d'une circulaire du ministre de l'Intérieur :

Les 60 bataillons de la garde nationale du département de la Seine, de création ancienne ou récente, actuellement existants, sont maintenus.

60 bataillons nouveaux, comprenant chacun un effectif de 1500 hommes en 8 compagnies, seront immédiatement formés.

Aussitôt qu'un bataillon aura été formé, le maire de l'arrondissement fera procéder à l'élection des officiers, sous-officiers et caporaux.

L'uniformité de la tenue n'est plus obligatoire ; le type désigné communément sous le nom de *vareuse*, est simplement recommandé.

L'ennemi se rapproche de plus en plus de Paris.

L'administrateur provisoire de la Côte-d'Or au ministre de l'Intérieur

« Dijon, 5 septembre 1870, 5 h. du soir.

« On me communique une dépêche de l'employé du télé-
« graphe de Neufchâteau, annonçant que l'ennemi est sur le
« point d'entrer dans cette ville. »

On lit encore dans le *Journal officiel* de ce jour, la note suivante :

Le Gouvernement de la défense nationale reçoit incessamment les adhésions chaleureuses des députés de l'opposition élus par les départements.

Tout le monde a compris que dans la crise que nous traversons, là où est le combat, là doit être le pouvoir.

C'est sur Paris que marche à cette heure l'armée envahissante.

C'est dans Paris que se concentrent les espérances de la patrie.

Pour affronter cette lutte suprême dans laquelle il suffit de persévérer pour vaincre, la population parisienne a choisi pour chefs les mandataires qu'elle avait déjà investis de sa confiance, et le général dévoué sur lequel repose spécialement l'organisation de la défense.

Rien de plus logique et de plus simple. Quand Paris aura fait son devoir, il remettra à la nation le mandat redoutable que la nécessité lui impose, en convoquant une Assemblée constituante.

Les députés des départements l'ont bien compris, aussi ne marchandent-ils au Gouvernement de la défense nationale ni leurs conseils ni leur concours.

MERCREDI, 7 SEPTEMBRE.

M. Jules Mahias a été nommé secrétaire général de la mairie de Paris.

Ont été nommés adjoints au maire de Paris, MM. J. Clamageran et Émile Durier.

Par décret en date du 6 septembre, M. Jules Ferry, membre du Gouvernement, est délégué par le Gouvernement et par le ministre de l'intérieur près l'administration du département de la Seine.

M. Hérold, avocat au conseil d'État et à la cour de cassation, est nommé secrétaire général au ministère de la justice, en remplacement de M. Mantellier, qui reprendra ses fonctions de président à la cour d'appel d'Orléans.

Le Gouvernement de la défense nationale décrète :

Article premier. — Le ministère de la maison de l'empereur est supprimé.

Art. 2. — Tous les biens, meubles et immeubles, désignés sous le nom de biens de la liste civile, feront retour au domaine de l'Etat.

Art. 3. — Les biens désignés sous le nom de biens du domaine privé seront administrés sous séquestre, sans préjudice des droits de l'Etat et des droits des tiers.

Art. 4. — Il sera nommé par le ministre des finances une commission, chargée de la liquidation des biens de l'ancienne liste civile et du domaine privé, ainsi que de l'administration pendant la durée de la liquidation desdits biens autres que ceux déjà réunis aux ministères du commerce, de l'instruction publique et de l'intérieur.

Art. 5. — Toutes dispositions contraires au présent décret sont abrogées.

Le Gouvernement de la défense nationale arrête :

M. Dorian, ministre des travaux publics ;

M. le contre-amiral de Dompierre-d'Hornoy, ministre par intérim de la marine et des colonies ;

M. Dupuy de Lôme, ancien inspecteur général du génie maritime ;

M. le général de division Frébault, de l'artillerie de marine, sont nommés membres du Comité de défense de Paris.

Le Gouvernement de la défense nationale décrète :

Article unique. — La ville de Paris est autorisée à prélever une somme de cinq millions sur celle de soixante-trois millions que l'article 3 de la loi du 23 juillet 1870 l'a autorisée à se procurer au moyen de l'émission des bons de la caisse municipale pour l'exécution de travaux neufs, et à employer ladite somme de cinq millions aux dépenses faites et à faire par suite de la guerre, et consistant en travaux de diverse nature à exécuter d'urgence pour la défense de Paris, et se rattachant aux approvisionnements, aux ambulances, au casernement, etc.

Fait à Paris, le 6 septembre 1870.

M. Hauréau, membre de l'Institut, est nommé directeur de l'Imprimerie nationale, en remplacement de M. Petetin.

Le commandant Chevriaux est nommé au commandement de l'Hôtel-de-Ville, sous l'autorité du gouverneur et du maire de Paris.

Sont nommés préfets :
Ain. — M. Edouard Puthod (1).
Allier. — M. Cornil.
Alpes (Hautes-). — M. Cyprien Chaix.
Alpes-Maritimes. — M. Pierre Baragnon (2).
Aveyron. — M. Louis Oustry.
Corrèze. — M. Latrade.
Corse. — M. D. F. Ceccaldi.
Côtes-du-Nord. — M. Viet-Dubourg.
Creuse. — M. Martin Nadaud.
Drôme. — M. Peigné-Crémieux.
Eure. — M. Fleau.
Eure-et-Loir. — M. Emile Labiche.
Garonne (Haute-). — M. Armand Duportal (3).
Gers. — M. le docteur Montanier.

(1) Rédacteur du *Temps*.
(2) Journaliste; directeur, fondateur du journal *le Centre Gauche*.
(3) Directeur du journal *l'Emancipation*, souvent poursuivi et condamné sous l'empire.

Indre. — M. Charles Bigot.
Isère. — M. Brillier.
Loire (Haute-). — M. A. Behaghel (1).
Orne. — M. Albert Christophle.
Pyrénées (Basses-). — M. Nogué.
Sarthe. — M. Georges Lechevalier.
Savoie. — M. Eugène Guiter.
Seine-et-Marne. — M. Hippolyte Rousseau.
Sèvres (Deux-). — M. Amédée Ricard.
Tarn. — M. Frédéric Thomas (2).
Tarn-et-Garonne. — M. Desaulcy de Freycinet.
Var. — M. Cotte.
Vaucluse. — M. le docteur Poujade.
Vendée. — M. Fillon.
Vienne. — M. Léonce Ribert.
Yonne. — M. Ribière.

NOUVELLES DE LA GUERRE.

Les têtes de colonnes de l'armée prussienne sont toujours aux environs de Laon et Epernay.

Le général Vinoy est arrivé intact à Paris, à quatre heures du soir, avec treize trains d'artillerie, onze trains de cavalerie, quatorze trains d'infanterie.

Le matériel de tout le chemin de fer du Nord, renforcé des matériels des autres compagnies, retourne immédiatement vers le nord prendre le reste des troupes du général Vinoy.

La résistance de la ville de Toul continue malgré l'effort de l'ennemi. Le Gouvernement de la défense nationale, vivement touché du dévouement de cette glorieuse cité, a décrété qu'elle a bien mérité de la Patrie.

(1) Rédacteur du *Journal de Paris*.
(2) Rédacteur du *Siècle* et ancien président de la société des gens de lettres.

Le général Trochu, gouverneur de Paris, fait publier la note suivante :

L'ennemi est en marche sur Paris.

La défense de la capitale est assurée.

Le moment est venu d'organiser celle des départements qui l'environnent.

Des ordres sont expédiés aux préfets de la Seine, de Seine-et-Oise et de Seine-et-Marne, pour réunir tous les défenseurs du pays.

Ils seront appuyés par les compagnies franches de Paris et par les nombreuses troupes de cavalerie réunies aux environs.

Les commandants des corps francs se rendront immédiatement chez le président du Gouvernement, gouverneur de Paris, pour y recevoir des instructions.

Chaque citoyen s'inspirera des grands devoirs que la Patrie lui impose.

Le Gouvernement de la défense nationale compte sur le courage et le patriotisme de tous.

M. Jules Favre, vice-président du Gouvernement, ministre des affaires étrangères, a adressé, en prenant possession de son ministère, la circulaire suivante aux agents diplomatiques de la France à l'étranger.

Paris, le 6 septembre 1870.

Monsieur,

Les événements qui viennent de s'accomplir à Paris, s'expliquent si bien par la logique inexorable des faits qu'il est inutile d'insister longuement sur leur sens et leur portée.

En cédant à un élan irrésistible, trop longtemps contenu, la population de Paris a obéi à une nécessité supérieure, celle de son propre salut.

Elle n'a pas voulu périr avec le pouvoir criminel qui conduisait la France à sa perte.

Elle n'a pas prononcé la déchéance de Napoléon III et de sa dynastie : elle l'a enregistrée au nom du droit, de la justice et du salut public.

Et cette sentence était si bien ratifiée à l'avance par la conscience de tous, que nul, parmi les défenseurs les plus bruyants du pouvoir qui tombait, ne s'est levé pour le soutenir.

Il s'est effondré de lui-même, sous le poids de ses fautes, aux acclamations d'un peuple immense, sans qu'une goutte de sang ait été versée, sans qu'une personne ait été privée de sa liberté.

Et l'on a pu voir, chose inouïe dans l'histoire, les citoyens auxquels le cri du peuple conférait le mandat périlleux de combattre et de vaincre, ne pas songer un instant aux adversaires qui la veille les menaçaient d'exécutions militaires. C'est en leur refusant l'honneur d'une répression quelconque qu'ils ont constaté leur aveuglement et leur impuissance.

L'ordre n'a pas été troublé un seul moment; notre confiance dans la sagesse et le patriotisme de la garde nationale et de la population tout entière, nous permet d'affirmer qu'il ne le sera pas.

Délivré de la honte et du péril d'un gouvernement traître à tous ses devoirs, chacun comprend que le premier acte de cette souveraineté nationale, enfin reconquise, est de se commander à soi-même et de chercher sa force dans le respect du droit.

D'ailleurs, le temps presse : l'ennemi est à nos portes ; nous n'avons qu'une pensée, le repousser hors de notre territoire.

Mais cette obligation que nous acceptons résolûment, ce n'est pas nous qui l'avons imposée à la France ; elle ne la subirait pas si notre voix avait été écoutée.

Nous avons défendu énergiquement, au prix même de notre popularité, la politique de la paix. Nous y persévérons avec une conviction de plus en plus profonde.

Notre cœur se brise au spectacle de ces massacres humains dans lesquels disparaît la fleur des deux nations qu'avec un peu de bon sens et beaucoup de liberté on aurait préservées de ces effroyables catastrophes.

Nous n'avons pas d'expression qui puisse peindre notre admiration pour notre héroïque armée, sacrifiée par l'impéritie du commandement suprême, et cependant plus grande par ses défaites que par les plus brillantes victoires.

Car, malgré la connaissance de fautes qui la compromettaient, elle s'est immolée, sublime, devant une mort certaine, et rachetant l'honneur de la France des souillures de son gouvernement.

Honneur à elle! La Nation lui ouvre ses bras! Le pouvoir impérial a voulu les diviser, les malheurs et le devoir les confondent dans une solennelle étreinte. Scellée par le patriotisme et la liberté, cette alliance nous fait invincibles.

Prêts à tout, nous envisageons avec calme la situation qui nous est faite.

Cette situation, je la précise en quelques mots; je la soumets au jugement de mon pays et de l'Europe.

Nous avons hautement condamné la guerre, et protestant de notre respect pour le droit des peuples, nous avons demandé qu'on laissât l'Allemagne maîtresse de ses destinées.

Nous voulions que la liberté fût à la fois notre lien commun et notre commun bouclier; nous étions convaincus que ces forces morales assuraient à jamais le maintien de la paix. Mais, comme sanction, nous réclamions une arme pour chaque citoyen, une organisation civique, des chefs élus; alors nous demeurions inexpugnables sur notre sol.

Le gouvernement impérial, qui avait depuis longtemps séparé ses intérêts de ceux du pays, a repoussé cette politique. Nous la reprenons, avec l'espoir qu'instruite par l'expérience, la France aura la sagesse de la pratiquer.

De son côté, le roi de Prusse a déclaré qu'il faisait la guerre, non à la France, mais à la dynastie impériale.

La dynastie est à terre. La France libre se lève.

Le roi de Prusse veut-il continuer une lutte impie qui lui sera au moins aussi fatale qu'à nous?

Veut-il donner au monde du XIXe siècle ce cruel spectacle de deux nations qui s'entre-détruisent, et qui, oublieuses de l'humanité, de la raison, de la science, accumulent les ruines et les cadavres?

Libre à lui; qu'il assume cette responsabilité devant le monde et devant l'histoire!

Si c'est un défi, nous l'acceptons.

Nous ne céderons ni un pouce de notre territoire, ni une pierre de nos forteresses.

Une paix honteuse serait une guerre d'extermination à courte échéance.

Nous ne traiterons que pour une paix durable.

Ici, notre intérêt est celui de l'Europe entière, et nous avons lieu d'espérer que, dégagée de toute préoccupation dynastique, la question se posera ainsi dans les chancelleries.

Mais fussions-nous seuls, nous ne faiblirons pas.

Nous avons une armée résolue, des forts bien pourvus, une enceinte bien établie, mais surtout les poitrines de trois cent mille combattants décidés à tenir jusqu'au dernier.

Quand ils vont pieusement déposer des couronnes aux pieds de la statue de Strasbourg, ils n'obéissent pas seulement à un sentiment d'admiration enthousiaste, ils prennent leur héroïque mot d'ordre, ils jurent d'être dignes de leurs frères d'Alsace et de mourir comme eux.

Après les forts, les remparts; après les remparts, les barricades. Paris peut tenir trois mois et vaincre; s'il succombait, la France, debout à son appel, le vengerait; elle continuerait la lutte, et l'agresseur y périrait.

Voilà, monsieur, ce que l'Europe doit savoir. Nous n'avons pas accepté le pouvoir dans un autre but. Nous ne le conserverions pas une minute si nous ne trouvions pas la population de Paris et la France entière décidées à partager nos résolutions.

Je les résume d'un mot devant Dieu qui nous entend, devant la postérité qui nous jugera : nous ne voulons que la paix. Mais si l'on continue contre nous une guerre funeste que nous avons condamnée, nous ferons notre devoir jusqu'au bout, et j'ai la ferme confiance que notre cause, qui est celle du droit et de la justice, finira par triompher.

C'est en ce sens que je vous invite à expliquer la situation à M. le ministre de la cour près de laquelle vous êtes accrédité, et entre les mains duquel vous laisserez copie de ce document.

Agréez, monsieur, l'expression de ma haute considération.

Le ministre des affaires étrangères,
Jules Favre.

On lit encore dans le *Journal officiel* de ce jour :

La volumineuse correspondance de la famille impériale avec de nombreux personnages contemporains a été saisie à la frontière par les soins du préfet de police.

Cette correspondance appartient à l'histoire.

En conséquence, le ministre de l'intérieur institue une commission avec mandat de réunir, classer et préparer la publication de ces curieuses pièces.

Cette Commission est composée de :

MM. DE KÉRATRY, préfet de police, *président*;
ANDRÉ LAVERTUJON, *vice-président*;
ESTANCELIN, ancien député;
GAGNEUR, ancien député;
ANDRÉ COCHUT.

JEUDI 8 SEPTEMBRE.

Par décret du 7 septembre, l'arrondissement du Havre est mis en état de siége.

Le Gouvernement de la défense nationale décrète :

L'article 1,244 du Code civil, § 2, est applicable, pendant la durée de la guerre, à toute contestation entre locataire et propriétaire, relative au paiement des loyers et aux poursuites ou exécutions en toute matière. Les tribunaux peuvent, selon les circonstances, accorder délai, suspendre toute exécution ou poursuite. En cas d'urgence, le président du tribunal statue par ordonnance de référé exécutoire nonobstant appel.

Fait à Paris, le 7 septembre 1870.

Le Gouvernement de la défense nationale décrète .

Le ministre de l'intérieur,

Sur décision prise par lui après avis conforme du ministre des finances,

Est autorisé à payer des subventions, à titre de solde, aux corps de volontaires armés ou équipés pour la défense nationale.

Fait à Paris, le 7 septembre 1870.

Par décret en date du 7 septembre 1870, ont été nommés :

M. Ange Blaize, préfet d'Ille-et-Vilaine, en remplacement de M. le comte de Callac.

M. Georges Jeannerod (1), préfet de l'Oise, en remplacement de M. Léon Chevreau.

M. Frédéric Morin (2), préfet de Saône-et-Loire, en remplacement de M. Marlière.

M. Maze, préfet des Landes, en remplacement de M. de Pebeyre.

M. Armand Audoy, préfet de Lot-et-Garonne, en remplacement de M. le baron de Montour.

Le ministre des affaires étrangères a décidé que M. le comte de Mosbourg, ministre plénipotentiaire, envoyé extraordinaire près de la cour de Vienne, continuerait ses fonctions.

Le préfet de police arrête :

Art. 1er. Le corps des sergents de ville est licencié.

Art. 2. Il est remplacé par un corps de police dont la mission exclusive est de veiller au maintien du bon ordre et de la sécurité des personnes et des propriétés.

Art. 3. Les hommes faisant partie de ce corps, choisis parmi les anciens militaires, seront appelés *Gardiens de la paix publique*.

Art. 4. Ils ne seront pas armés.

Art. 5. Si les circonstances l'exigent, les gardiens de la paix publique concourront à la défense nationale; ils recevront, en ce cas, l'armement du soldat.

Le membre du Gouvernement de la défense nationale, délégué au département de l'intérieur, vient d'adresser la circulaire suivante aux administrateurs provisoires et aux préfets des départements de la République:

Monsieur le préfet, fonctionnaire institué dans un jour d'ex-

---

(1) Rédacteur militaire du *Temps*, ancien officier de l'armée.
(2) Ancien rédacteur du *Siècle* et en dernier lieu du *Rappel*.

trême péril par un Gouvernement qui s'est donné le nom de Gouvernement de la défense nationale, votre caractère et votre conduite se trouvent par là même aussi nettement définis que le comportent les pressantes nécessités du salut public.

La défense du pays avant tout! Assurez-la, non-seulement en préparant la mise à exécution sans retards ni difficultés de toutes les mesures votées sous le régime antérieur, mais en suscitant autour de vous les énergies locales, en disciplinant par avance tous les dévouements, afin que le Gouvernement puisse les mettre à profit suivant les besoins du pays. Toute votre administration se réduit pour le moment à déterminer le grand effort qui doit être tenté par tous les citoyens en vue de sauver la France.

A cet égard, vous avez le droit de compter sur la ratification de toutes les mesures que vous aurez prises dans ce suprême intérêt. Si, comme je n'en doute pas, vous concentrez rapidement et tournez toutes les forces vives de la nation vers ce grand but, vous écarterez du même coup toutes les divisions, tous les conflits entre les diverses administrations, ce qui est d'une importance capitale dans une crise comme celle où nous sommes.

Pour ce qui est de vos relations avec l'ancien personnel du gouvernement déchu, maires, adjoints, conseillers municipaux et fonctionnaires, relevant exclusivement de l'ordre administratif, votre conduite est toute tracée dans les idées que je viens d'exposer. Ce qu'il faut à notre pays endormi et énervé depuis dix-huit ans, ce qui lui est nécessaire au jour de ce terrible réveil, c'est l'activité sans confusion, la vie, une vie régulière et organisée. Partout donc où se manifesteront des tendances à la propre initiative des citoyens assemblés dans leurs communes, encouragez-les en les réglant, si elles s'inspirent de l'esprit de patriotisme et de dévouement qui anime les représentants des pouvoirs publics.

Le Gouvernement de la défense nationale a été composé par le peuple de ses propres élus : il représente en France le grand principe du suffrage universel. Ce gouvernement manquerait à son devoir comme à son origine s'il ne tournait pas dès l'abord ses regards sur les municipalités issues comme ses membres des urnes populaires. Partout où sont installés des conseils municipaux élus sous l'influence du courant libéral et démocratique, que les membres de ces conseils deviennent vos principaux auxiliaires. Partout au contraire où, sous la pression fatale du régime antérieur, les aspirations du citoyen ont été refoulées et où les conseils élus et les officiers municipaux ne représentent que des tendances rétrogrades, entourez-vous de municipalités provisoires et placez à leur tête les chefs qu'elles auront choisis elles-mêmes dans leur sein, si dans leur choix, elles ont su obéir aux nécessités patriotiques qui pèsent sur la France.

En résumé, ne pensez qu'à la guerre et aux mesures qu'elle doit engendrer ; donnez le calme et la sécurité pour obtenir en retour l'union et la confiance ; ajournez d'autorité tout ce qui n'a pas trait à la défense nationale ou pourrait l'entraver ; rendez-moi compte de toutes vos opérations et comptez sur moi pour vous soutenir dans la grande œuvre à laquelle vous êtes associé et qui doit nous enflammer tous du zèle le plus ardent, puisqu'il y va du salut de la patrie.

Recevez, etc.

Le ministre de l'intérieur.
GAMBETTA.

Le ministre des affaires étrangères a reçu de la légation des Etats-Unis la lettre suivante :

Monsieur, j'ai reçu la nuit dernière, à onze heures, la communication que vous m'avez fait l'honneur de m'adresser à la date du 5 courant, et par laquelle vous me faisiez savoir que, en vertu d'un résolution adoptée par les membres du Gouvernement de la défense nationale, le département des affaires étrangères vous avait été confié.

J'ai à mon tour la satisfaction de vous annoncer que j'ai reçu de mon Gouvernement un télégramme par lequel il me donne mission de reconnaître le Gouvernement de la défense nationale comme le Gouvernement de la France.

En conséquence, je suis prêt à entrer en relations avec ce

Gouvernement, et, si vous le voulez bien, à traiter avec lui toutes les affaires ressortissant aux fonctions dont je suis revêtu.

En faisant cette communication à Votre Excellence, je la prie d'agréer pour elle-même et pour les membres du Gouvernement de la défense nationale les félicitations du gouvernement et du peuple des Etats-Unis · ils auront appris avec enthousiasme la proclamation de cette République qui s'est instituée en France sans qu'une goutte de sang ait été versée, et ils s'associeront par le cœur et sympathiquement à ce grand mouvement qu'ils espèrent et croient devoir être fécond en résultats heureux pour le peuple français et pour l'humanité tout entière.

Jouissant depuis près d'un siècle des innombrables bienfaits du gouvernement républicain, le peuple des Etats-Unis ne peut assister qu'avec le plus profond intérêt aux efforts de ce peuple français auquel le rattachent les liens d'une amitié traditionnelle et qui cherche à fonder les institutions par lesquelles on assurera à la génération présente, comme à la postérité, le droit inaliénable de vivre en travaillant au bonheur de tous.

En terminant, je tiens à dire à Votre Excellence que je me félicite d'avoir pour intermédiaire entre le Gouvernement de la défense nationale et moi l'homme si distingué dont on apprécie tant, dans mon propre pays, le caractère élevé, et qui a consacré avec dévouement toutes les forces de son intelligence à la cause de la liberté humaine et des gouvernements libres.

Agréez, etc.

Washburn.

NOUVELLES DE LA GUERRE.

Troyes, 6 septembre 1870, 10 h. 11 m. du soir.

La présence ou le voisinage de l'ennemi ne sont signalés d'aucun point du département. Tout est calme.

On écrit de Laon, que le garde du génie de la place a fait sauter le pont d'Anizy-le-Château.

Le Gouvernement de la défense nationale s'empresse de porter à la connaissance des habitants de Paris que les approvisionnements en *pain, viande, liquides, et objets alimentaires de toutes espèces,* sont largement suffisants pour assurer l'alimentation d'une population de deux millions d'âmes pendant deux mois.

On lit encore dans le *Journal officiel* de ce jour :
Le *Journal de Saint-Pétersbourg* du 7/19 septembre dit que le cabinet impérial déclare officiellement que son appui restera assuré à tout effort tendant à abréger, à localiser la guerre, et à amener une paix équitable et durable. Sa coopération ne ferait pas défaut aux efforts des puissances neutres poursuivant ce but. Le gouvernement impérial n'admettra pas qu'un obstacle vienne entraver sa liberté d'action.

Ce même numéro contient la relation suivante des événements qui ont précédé et suivi le désastre de Sedan :

C'est sur Cassel, la capitale de l'ancienne Hesse électorale, que Napoléon III a été dirigé après la capitulation de Sedan. Voici sur les mouvements du quartier impérial pendant les journées qui ont précédé cette douloureuse capitulation, et sur quelques-uns des incidents qui l'ont accompagnée et immédiatement suivie, des détails précis et circonstanciés.

Le 29 août, le quartier général était à Raucourt. Le 30, à huit heures du matin, il quittait cette petite ville et s'établissait, à dix heures, dans la ferme de Bailly-Belle sur une éminence. Une partie des troupes, qui avait marché en avant, occupait les hauteurs de Mouzon. La canonnade commença du côté de Beaumont et des bornes de Mouzon. A midi, l'empereur prit la route de Beaumont pour se rendre compte du résultat de la bataille engagée. A quatre heures il était de retour : le corps du général de Failly pliait sur toute la ligne. Le quartier général se porta vers Carignan où l'on arriva deux heures après. L'empereur passa deux heures dans un hôtel de la ville et prit à huit heures le train qui devait le mener à Sedan. Il y était à neuf heures et demie. Déjà l'armée prussienne commençait le ouvememnt qui devait envelopper l'armée française.

Le lendemain, 31, le combat s'engageait à midi à la porte Ballan, une des portes de Sedan, et au village de Bazeilles. Il dura jusqu'au soir avec un acharnement extrême dans les prairies qui bordent la Meuse. Les pertes de l'ennemi furent grandes. Napoléon III passa la nuit à la sous-préfecture.

Le 1er septembre, la bataille interrompue par la nuit recommença à quatre heures du matin. L'armée prussienne occupait les hauteurs de la rive droite et de la rive gauche, Bellevue et Givonne. L'empereur monta à cheval à six heures et demie et se porta vers la porte de Ballan où il resta une heure et demie. Voyant les troupes reculer, il rentra vers neuf heures en faisant le tour de la citadelle et en passant sur le pont qui conduit à la porte de Paris. A midi, l'ennemi avait fait sa jonction; nos troupes battaient en retraite sur la ville où elles rentraient, épuisées de fatigue, ou privées de munitions. Le maréchal Mac-Mahon avait été blessé à sept heures du matin.

A quatre heures la resistance était devenue impossible. Le feu s'était ralenti vers six heures ; il ne s'éteignit complétement qu'à huit heures. Des soldats groupés sur les remparts avaient continué à tirer jusque-là, ne pouvant se résoudre à obéir aux ordres contraires. Les généraux Douay, Castelnau, Reille, Vaubert de Genlis étaient partis pour le quartier-général prussien chargés par l'empereur de parlementer. Le général Wimpffen ne pouvait se résoudre à signer une capitulation : il espérait se faire jour à la tête d'un petit corps de 8,000 hommes; il le tenta vainement, et revint découragé.

Le 2, à six heures et demie du matin, l'empereur monta en voiture et se rendit, accompagné des généraux Douay, Lebrun, Reille et Wimpffen à la porte de Bellevue où l'attendait les officiers prussiens chargés de le conduire au quartier général de l'armée prussienne, à 3 kilomètres de là, et où il arriva à sept heures. Deux officiers généraux le reçurent dans un pavillon vitré. L'entretien s'ouvrit sur les conditions de la capitulation, Napoléon ne s'y mêla guère. Il allait et venait dans le salon, fumant des cigarettes et laissant, avec une insouciance bien étrange en un pareil moment, ses généraux et les généraux prussiens discuter. A onze heures, le roi Guillaume et le comte de Bismarck arrivèrent suivis d'un état-major très-nombreux. L'entrevue de l'empereur et du roi de Prusse ne dura pas plus d'un quart d'heure. Le général Reille et M. de Bismarck y assistaient. Guillaume Ier et son ministre montèrent ensuite à cheval et passèrent une revue des troupes prussiennes qui ne se termina pas avant quatre heures.

Napoléon III étant resté seul avec les officiers prussiens, les conditions du départ furent réglées.

Le 3, l'empereur quitta le château de Bellevue à sept heures du matin. Sa suite était de cinquante-deux personnes. On prit le chemin de la Belgique. Bouillon est à cinq lieues seulement de Bellevue; on n'arriva cependant à Bouillon qu'à cinq heures du soir. C'est que, au lieu de prendre la route directe, on avait contourné la ville de Sedan et traversé successivement tous les points du champ de bataille où l'action avait été la plus vive. Déjà l'armée prussienne quittait ses positions et se mettait en marche vers Paris.

A La Chapelle, entre Sedan et Bouillon, on était entré en territoire belge. Là, un détachement de chasseurs belges commandé par le général Chazal avait remplacé l'escorte prussienne. A Bouillon, Napoléon III coucha dans un petit hôtel de la ville.

Il en repartit le dimanche 4 à sept heures précises du matin, arriva à Libramont à onze heures, déjeuna à l'hôtel de la Poste, et après une heure d'attente dans la gare, prit le train qui devait le conduire à Verviers.

Lorsqu'il quitta cette dernière ville, suivant la route d'Allemagne, il était trois heures et demie de l'après-midi, l'heure où tout Paris acclamait la République.

Voici, d'autre part, la lettre par laquelle le roi Guillaume annonçait ces mêmes événements à la reine Augusta, sa femme :

Vendresse, au sud de Sedan
3 septembre 1870.

Tu connais maintenant par mes trois télégrammes toute l'étendue des grands événements historiques qui se sont accomplis. C'est comme un rêve, lors même qu'on les a vus se dérouler heure par heure !

Quand je pense qu'après une grande guerre heureuse je ne pouvais rien attendre de plus glorieux pendant mon règne, et qu'aujourd'hui pourtant je vois s'accomplir de tels faits historiques, je m'incline devant Dieu, qui, seul, nous a élus, moi, mon armée et mes alliés, pour exécuter ce qui vient d'être fait, et nous a choisis comme instruments de sa volonté. Ce n'est qu'ainsi que je puis comprendre cette œuvre, pour rendre grâces humblement à Dieu qui nous conduit et à sa bonté.

Voici maintenant un tableau sommaire de la bataille et de ses résultats :

L'armée, le 31 au soir et le 1er au matin, avait pris les positions qui lui étaient prescrites autour de Sedan. Les Bavarois formaient l'aile droite à Bazeilles, sur la Meuse près d'eux, les Saxons étaient du côté de Moncelle et Daigny la garde, encore en marche, s'avançait sur Givonne ; le 5e et 11e corps se tenaient vers Saint-Menges et Fleigneux. Comme la Meuse fait en cet endroit une forte courbure, aucun corps n'avait été placé entre Saint-Menges et Donchery ; mais le lieu était occupé par les Wurtembergeois, qui couvraient en même temps nos derrières contre les attaques du côté de Mézières. La division de cavalerie du comte Stolberg formait l'aile droite dans la plaine de Donchery. Sur le front de Sedan, était le reste des Bavarois.

Le combat commença de bonne heure, à Bazeilles, malgré un épais brouillard, et peu à peu la lutte devint très-vive ; il fallut prendre chaque maison l'une après l'autre ; ce combat dura presque toute la journée, et la division Schœler d'Erfurth (de la réserve, 4e corps), dut y prendre part. Lorsque vers huit heures, j'arrivais vers le front devant Sedan, la grande batterie venait de commencer son feu contre les ouvrages de la place. Sur tous les points, alors, se développa un violent combat d'artillerie, prolongé pendant plusieurs heures, et durant lequel nos troupes gagnaient pied à pied du terrain. Les bourgs nommés plus haut furent pris.

De profondes coupures de terrain, garnies de bois, rendaient la marche de notre infanterie difficile et favorisaient la défense. Les bourgs d'Illy et de Floing furent pris ; le feu se resserra de plus en plus autour de Sedan. Le spectacle était grandiose, vue de notre position sur une hauteur dominante, derrière la grande batterie, à droite et en avant du bourg Frenois, au-dessus de Saint-Forcy. La vive résistance de l'ennemi commençait peu à peu à mollir, ce que nous pouvions reconnaître en voyant des bataillons débandés se replier précipitamment hors des bois et des villages. La cavalerie française essaya une attaque contre quelques bataillons de notre cinquième corps, qui conservèrent une attitude excellente ; cette cavalerie passa au galop dans les intervalles de nos bataillons et revint par le même chemin ; charge qui fut renouvelée trois fois par différents régiments ; aussi le champ de bataille était-il semé de cadavres d'hommes et de chevaux, comme nous pouvions, de notre point de vue, l'apercevoir distinctement. Je n'ai pu encore savoir le numéro du brave régiment auquel appartiennent ces bataillons.

Sur plusieurs points la retraite de l'ennemi était devenue une déroute : infanterie, cavalerie, artillerie, tout se pressait pêle-mêle dans la ville et ses plus proches environs, mais aucun signe encore ne paraissait indiquer que l'ennemi songeât à sortir, par une capitulation, de cette situation désespérée ; il ne restait donc qu'à faire bombarder la ville par la grande batterie. Au bout de vingt minutes environ, le feu avait déjà pris en beaucoup d'endroits, ce qui, avec plusieurs villages qui étaient en flammes sur toute l'étendue du champ de bataille, produisait une terrible impression.

Je fis alors cesser la canonnade et j'envoyai en parlementaire, avec le drapeau blanc, le lieutenant-colonel de Bronsart de l'état-major général proposer la capitulation à l'armée et à la place ; chemin faisant, il rencontra un officier bavarois qui venait m'annoncer qu'un parlementaire français avec le drapeau blanc s'était montré à la porte de la ville. Le lieutenant-colonel de Bronsart fut introduit dans la place, et, comme il demandait le général *en chef*, on le conduisit à sa grande surprise devant l'empereur, qui voulut immédiatement lui remettre une lettre pour moi. L'empereur demanda au lieutenant-colonel de quelle mission il était chargé. Sur la réponse qui lui fut faite : « sommer la place et l'armée de se rendre », il dit à notre parlementaire qu'il devait s'adresser pour cela au général de Wimpffen, lequel venait de prendre le commandement à la place de Mac-Mahon blessé, — et que lui même il allait envoyer vers moi avec sa lettre son adjudant-général Reille.

Il était sept heures lorsque Reille et Bronsart arrivèrent près de moi ; ce dernier précédait un peu l'envoyé français, et c'est seulement par lui que j'appris avec certitude que l'empereur était dans la place. Tu peux juger l'impression que cela produisit sur moi avant tout et par dessus tout! Reille sauta à bas de son cheval et me remit la lettre de son empereur, ajoutant qu'il n'avait pas d'autre mission. Avant d'ouvrir la lettre, je lui dis : « Mais je demande comme première condition que l'ar- » mée mette bas les armes. » La lettre commençait ainsi : « *N'ayant pas pu mourir à la tête de mes troupes, je dépose* » *mon épée à Votre Majesté* », s'en remettant pour tout le reste à ma disposition.

Ma réponse fut qu'une rencontre de cette sorte entre nous m'était pénible, et que je désirais l'envoi d'un plénipotentiaire avec lequel la capitulation serait conclue. Après que j'eus remis la lettre au général Reille, je lui adressais quelques paroles comme à une ancienne connaissance (1), et ainsi se termina cet épisode. Je fondai de pouvoirs Moltke comme négociateur de la capitulation, et je prescrivis à Bismarck d'être là, pour le cas où des quesions politiques seraient à traiter; ensuite je gagnai à cheval ma voiture et me fis conduire ici, salué sur toute la route d'un ouragan de hurrahs par le train qui s'avançait ; l'hymne national se faisait entendre de toutes parts. C'était saisissant! Partout on avait allumé les lumières, en sorte que, par instant, je traversais une illumination improvisée. A onze

---

(1) Le Général Reille avait été attaché par l'empereur à la personne du roi de Prusse lors de son voyage à Paris, en 1867, pendant l'exposition universelle.

heures j'arrivais ici, et, avec mon entourage, je portai la santé de l'armée qui venait d'obtenir en combattant un tel succès.

Le matin du 2, n'ayant reçu aucun avis de Moltke au sujet des négociations qui devaient avoir lieu à Donchery pour la capitulation, je me rendis, comme il était convenu, sur le champ de bataille vers huit heures, et rencontrai Moltke qui venait au devant de moi pour avoir mon consentement à la capitulation proposée ; en même temps il m'annonça que l'empereur avait quitté Sedan le matin à 5 heures et s'était rendu lui aussi à Donchery.

Comme Napoléon désirait me parler et qu'un petit château avec parc se trouvait à proximité, je choisis ce lieu pour nous y rencontrer. A 10 heures, j'allai sur la hauteur devant Sedan ; à midi, Moltke et Bismarck arrivèrent avec la capitulation signée ; à 1 heure, je m'acheminai avec Fritz, accompagné de l'escorte de cavalerie de l'état-major, et je descendis au château, où l'empereur vint à ma rencontre. La visite dura un quart d'heure ; nous étions tous les deux très-émus de nous revoir ainsi. Tout ce que j'éprouvais en ce moment, après avoir vu il y a trois ans Napoléon au faîte de sa puissance, ne peut s'exprimer.

Après cette entrevue, de 2 h. 1/2 à 7 h. 1/2, je parcourus à cheval le campement de toute l'armée devant Sedan. L'accueil des troupes, mon impression en revoyant le corps de la garde décimé, tout cela je ne puis te le décrire ; j'ai été profondément touché par tant de témoignages d'amour et de dévouement.

Maintenant, je te dis adieu, le cœur ému, en finissant une telle lettre (1).

GUILLAUME.

(1) Voir aux appendices de ce volume un rapport du comte de Bismarck sur ces mêmes événements. — Lire aussi au sujet du désastre de Sedan, un article très-détaillé de M. Jules Claretie, dans la *Revue des Deux-Mondes* du 1er janvier 1871.

VENDREDI, 9 SEPTEMBRE.

LE GOUVERNEMENT DE LA DÉFENSE NATIONALE AU PEUPLE FRANÇAIS.

Français,

En proclamant il y a quatre jours le Gouvernement de la défense nationale, nous avons nous-même défini notre mission.

Le pouvoir gisait à terre ; ce qui avait commencé par un attentat finissait par une désertion. Nous n'avons fait que ressaisir le gouvernail échappé à des mains impuissantes.

Mais l'Europe a besoin qu'on l'éclaire. Il faut qu'elle connaisse par d'irrécusables témoignages que le pays tout entier est avec nous. Il faut que l'envahisseur rencontre sur sa route non-seulement l'obstacle d'une ville immense résolue à périr plutôt que de se rendre, mais un peuple entier, debout, organisé, représenté, une assemblée enfin qui puisse porter en tous lieux, et en dépit de tous les désastres, l'âme vivante de la Patrie.

En conséquence,

Le Gouvernement de la défense nationale décrète :

Art. 1er. Les colléges électoraux sont convoqués pour le dimanche 16 octobre, à l'effet d'élire une Assemblée nationale constituante.

Art. 2. Les élections auront lieu au scrutin de liste, conformément à la loi du 15 mars 1849.

Art. 3. Le nombre des membres de l'assemblée constituante sera de sept cent cinquante.

Art. 4. Le ministre de l'intérieur est chargé de l'exécution du présent décret.

Fait à l'Hôtel-de-Ville de Paris, le 8 septembre 1870.

Ont été nommés :

Préfet du Doubs, M. Ordinaire (1), en remplacement de M. le baron de Farincourt.

Préfet de Loir-et-Cher, M. Lecanu, en remplacement de M. le vicomte de Granville.

---

(1) Médecin, ancien député au Corps législatif.

Préfet de la Mayenne, M. Eug. Delattre, en remplacement de M. Joret Desclozières.

Le ministre des affaires étrangères vient d'adresser au ministre des États-Unis d'Amérique la lettre suivante (1).

Monsieur,

Je considère comme un heureux augure pour la République française, d'obtenir comme premier appui diplomatique la reconnaissance du gouvernement des États-Unis.

Nul mieux que le représentant d'un peuple qui donne au monde le salutaire exemple d'une liberté absolue ne pouvait rappeler, dans des termes à la fois plus justes et plus élevés, les inappréciables bienfaits d'un gouvernement républicain.

Vous avez fondé vos sages et puissantes institutions sur l'indépendance et la vertu civique, et malgré les épreuves terribles traversées par vous, vous avez conservé avec une inébranlable fermeté votre foi dans ce grand principe de la liberté d'où découlent naturellement la dignité, les mœurs, la prospérité.

C'est à marcher sur vos traces que doivent aspirer les nations maîtresses de leurs destinées ; elles ne peuvent être vraiment libres qu'à la condition d'être dévouées, courageuses, modérées, et de prendre pour symbole l'amour du travail et le respect du droit de tous. Ce programme est celui du Gouvernement qui vient de naître en France de la crise douloureuse provoquée par les folies du despotisme ; mais à l'heure où il se fonde, il ne peut avoir d'autre pensée que d'arracher la patrie à l'ennemi. Ici encore, il rencontre l'exemple de votre courage et de votre persévérance.

Vous avez soutenu une lutte gigantesque et vous avez vaincu. Forts de la justice de notre cause, repoussant tout esprit de conquête, ne voulant que notre indépendance et notre liberté, nous avons le ferme espoir de réussir.

Dans l'accomplissement de cette tâche, nous comptons sur l appui de tous les hommes de cœur et de tous les gouvernements intéressés au triomphe de la paix. L'adhésion du cabinet

---

(1) En réponse à la lettre de M. Washburn publiée hier.

de Washington nous donnerait à elle seule cette confiance. Les membres du Gouvernement me prient de vous en témoigner toute leur reconnaissance et d'en transmettre l'expression à votre Gouvernement.

Pour ma part, je suis heureux et fier du hasard qui me permet d'être le trait d'union entre deux peuples liés par tant de glorieux souvenirs et maintenant par tant de nobles espérances, et je vous remercie d'avoir, avec une si grande bienveillance pour ma personne, exprimé tout ce que je ressens pour la vôtre, ainsi que mon désir de consolider de plus en plus les relations d'estime affectueuse qui doivent nous unir pour toujours.

Agréez les assurances de la haute considération avec laquelle j'ai l'honneur d'être,

Monsieur,
Votre très-humble et très-obéissant serviteur.
JULES FAVRE.

NOUVELLES DE LA GUERRE.

Le Gouvernement de la défense nationale arrête :

M. Tamisier, ancien représentant du peuple, ancien officier d'artillerie, est nommé commandant en chef des gardes nationales de la Seine, en remplacement de M. le général de La Motterouge, dont la démission est acceptée.

Paris, le 8 septembre 1870.

Le président du Gouvernement de la défense nationale, Gouverneur de Paris,

En vertu des pouvoirs qui lui sont conférés par les lois sur l'état de siége,

Arrête :

Ordre est donné aux habitants de la zone militaire de vider les locaux qu'ils occupent.

Le Préfet de l'Aisne au Ministre de l'intérieur.

Laon, le 8 septembre 1870, 10 heures du matin.

Un parlementaire précédant trois corps d'armée partis de

Rethel, de Château-Porcien et de Reims, vient de demander à être conduit à la citadelle, et s'est adressé au général, au nom du roi de Prusse, qui aurait quitté Rethel de sa personne ce matin.

L'avant-garde d'un corps d'armée serait aux environs de Sissonne.

La reconnaissance repoussée hier appartenait à cette avant-garde.

Le général vient de rendre compte au ministre de la guerre.

---

8 septembre, deux heures.

L'ennemi s'avance sur Paris en trois corps d'armée. L'un est arrivé à Sissonne, dans le département de l'Aisne. L'avant-garde de ce corps a sommé Laon, qui a fermé ses portes et résiste.

L'interruption des communications télégraphiques avec Épernay et Château-Thierry fait croire que l'ennemi est sur ces deux points.

Les communications subsistent avec Mézières, Épinal et Mulhouse.

On n'a aucune nouvelle du maréchal Bazaine.

Le bruit de la mort du maréchal Mac-Mahon n'est pas officiellement confirmé.

Les opérations de révision se poursuivent dans tous les départements activement et avec ordre. La garde mobile demande à marcher. Plusieurs bataillons sont à Paris ou en marche.

Le Gouverneur de Paris à la garde mobile parisienne :

Les gardes mobiles de la Seine ont été appelés à un poste d'honneur : celui de la défense des forts de Paris.

Un certain nombre d'entre eux n'ont point rejoint leurs détachements.

Le Gouverneur de Paris leur donne l'ordre de se rendre à ces postes avancés.

Ceux qui n'auraient pas déféré à cet ordre dans le délai de quarante-huit heures seraient poursuivis, conformément à la loi militaire, pour abandon de leur poste devant l'ennemi, et leurs noms seraient livrés à la publicité.

Paris, le 8 septembre 1870.

Le syndicat des constructeurs mécaniciens de Paris et la société des ingénieurs civils ont offert au Gouvernement de fabriquer des mitrailleuses.

Ces terribles engins de guerre pourraient être, à ce qu'il paraît, fabriqués par l'industrie privée avec une grande rapidité.

Le Gouvernement a donné aux constructeurs et mécaniciens toutes les autorisations nécessaires. Les modèles et les pièces elles-mêmes leur seront immédiatement communiqués.

Plusieurs réunions publiques ont eu lieu ce soir. Le calme le plus complet n'a pas cessé de régner dans Paris.

L'espoir d'une défense heureuse domine tous les esprits.

Hier soir, mercredi, a eu lieu à l'Hôtel-de-Ville, sous la présidence de M. Etienne Arago, maire de Paris, assisté de ses adjoints, une réunion des maires des vingt arrondissements de la ville et des sous-préfets de Sceaux et de Saint-Denis. Il s'agissait de s'entendre sur les mesures nécessaires pour l'armement définitif des milices parisiennes. Pas de discours, des observations pratiques échangées fraternellement; un grand esprit de concorde, de fermeté et de confiance patriotique, tel a été le caractère de cette réunion, qui s'est prolongée de neuf heures à minuit un quart. Le chef d'état-major de la garde nationale y assistait. Il a rendu pleine justice au zèle infatigable et à l'activité intelligente des maires. Bien des choses qui lui avaient paru presque impossibles ont été faites et faites dans un très-bref délai, puisque les maires provisoires ne sont entrés en fonctions que le 6 septembre. L'organisation des nouveaux bataillons est bien près d'être achevée. L'armement se complète de jour en jour, et dans peu de temps on aura répondu aux impatiences viriles des citoyens.

Le préfet de police invite les habitants de Paris, qui doivent quitter la capitale, à accélérer leur départ et à s'informer à l'avance, dans les bureaux des compagnies de chemins de fer, de l'heure à laquelle il pourra s'effectuer, pour éviter l'encombrement.

Paris, le 8 septembre 1870.

Des bruits alarmants ont été répandus au sujet des carrières et des catacombes des environs de Paris.

Le préfet de police informe les habitants qu'une visite minutieuse de ces endroits dangereux a été effectuée pendant trois jours.

Cette visite n'a rien fait découvrir qui fût de nature à inquiéter les populations.

Des précautions ont été prises en vue des tentatives qui pourraient ultérieurement se produire, mais le préfet de police invite formellement les citoyens paisibles à s'abstenir de chercher à y pénétrer.

Plusieurs journaux, préoccupés du point de savoir si les diamants de la couronne n'avaient pas été détournés, ont cru pouvoir affirmer qu'ils avaient été déposés à la Banque de France.

Cette affirmation est une erreur.

La Banque de France aurait certainement refusé un dépôt aussi considérable et les risques qu'il entraînait. Mais il est certain que ces diamants ont été déposés en lieu sûr et hors de Paris, par les soins du Gouvernement.

Paris, le 8 septembre 1870.

Le secrétaire général de la Banque de France,
MARSAUD.

Le corps diplomatique ayant fait connaître au Gouvernement qu'en cas d'investissement de Paris il serait forcé de s'éloigner, le Gouvernement a déterminé la ville dans laquelle aura lieu sa réunion, et décidé qu'il s'y ferait représenter par une délégation prise dans son sein. Cette délégation aurait à la fois pour mission d'entretenir des relations avec les cabinets étrangers et de continuer dans les départements la défense nationale (1).

Le bruit avait couru que le prince de Metternich devait, conformément aux instructions précises de son gouvernement, se retirer en cas de chute de l'empire. Ce bruit était complétement inexact. Le prince de Metternich n'a pas songé un instant à quitter son poste.

On lit encore dans la feuille officielle de ce jour :

M. Henri Rochefort a adressé aux journaux du soir la lettre suivante :

Paris, le 8 septembre 1870.

Monsieur le rédacteur,

Au moment où toutes les opinions désarment et où tous les citoyens s'unissent contre l'ennemi, un article odieux, intitulé : la Réaction, signé général Cluseret, et qui est une véritable excitation à la guerre civile, a paru ce matin dans la Marseillaise. Permettez-moi de rappeler au public que je ne fais plus, en quoi que ce soit, partie de ce journal.

Agréez, etc.

Henri Rochefort.

Cette lettre fait allusion à un article publié le matin même dans le premier numéro du journal la Marseillaise (2), premier numéro qui fut en même temps le dernier. Cet article était ainsi conçu :

M. Gambetta, l'ex-candidat du peuple à Belleville, commence

---

(1) La note suivante, publiée au *Journal officiel* du lendemain, rectifie ainsi cette nouvelle :

« C'est par erreur que nous avons annoncé que le corps diplomatique a manifesté l'intention de quitter Paris en cas d'investissement.

» Seulement, il a été dit que si le ministère des affaires étrangères quittait Paris pour conserver ses libres communications avec les cabinets de l'Europe, plusieurs des chefs des missions recevraient de leurs gouvernements l'ordre de l'accompagner pour suivre les négociations qui pourraient s'engager. »

(2) *La Marseillaise* avait été supprimée par jugement sous l'Empire.

par donner des gages à ses nouveaux alliés de la Chaussée-d'Antin.

Il a publié hier un décret par lequel il exclut le peuple de la garde nationale.

Ne voteront que les gardes nationaux armés, dit le décret, et comme on n'a armé que les bourgeois bonapartistes ou trembleurs, eux seuls votent et par conséquent élisent des officiers.

Le peuple, lui, comme sous l'empire, n'est bon qu'à produire et se faire tuer pour ceux qui consomment. Silence au pauvre! disait la monarchie de Juillet. Arrière la canaille! dit M. Gambetta, l'élu du peuple. Et les Prussiens sont à la porte de Paris; et les princes d'Orléans sont dedans; et les gardes municipaux avec les armes chargées, attendent dans leurs casernes le signal!

Et la préfecture de police est dans les mains de Kératry, et Paris dans celles de Trochu, comme aussi l'armée.

Quant au peuple, on lui a laissé l'instruction publique à fonder, la justice à attendre.

Est-ce assez?

L'armée, Paris, la police, l'administration aux d'Orléans. Les cultes et l'instruction à la République.

A bientôt les casse-têtes, Mazas et l'exil.

En éloignant le peuple de la garde nationale, en le traitant en suspect, comme on traite la garde mobile, Gambetta a plus fait pour Guillaume que Steinmetz. Il a bien mérité de la Prusse. au peuple de dire s'il a bien mérité de la Patrie!

Général CLUSERET.

Ajoutons que M. Rochefort avait, à l'avance, dégagé sa responsabilité, par la lettre suivante adressée au journal la *Marseillaise*, et publiée dans son unique numéro, en même temps que l'article ci-dessus:

Au Rédacteur.

Vous comprenez, mon cher ami, que tant que je ferai partie du Gouvernement, je ne pourrai prendre aucune part à la rédaction de *la Marseillaise*.

Veuillez vous entendre avec vos collaborateurs pour assurer la réapparition du journal ; après quoi vous vous lancerez dans la polémique sous le titre avec lequel nous avons combattu ensemble.

Tout à vous,

Henri Rochefort.

L'article de M. Cluseret semble insinuer que les princes de la famille d'Orléans avaient été reçus, admis et même favorablement accueillis par le Gouvernement. Le *Journal de Paris*, dont les attaches et les sympathies pour cette illustre famille ne sont un mystère pour personne, publia à cette occasion la note suivante :

Le bruit s'est répandu que les princes d'Orléans avaient passé quelques heures à Paris. Le fait est exact.

Dès le lendemain de la chute du gouvernement impérial, M. le prince de Joinville, M. le duc d'Aumale et M. le duc de Chartres sont arrivés à Paris et se sont rendus immédiatement auprès de M. Jules Favre. Ils venaient demander d'être employés à la défense de Paris, dans le poste qu'on leur assignerait, en insistant pour que ce poste fût à la fois le plus obscur et le plus dangereux (1).

---

(1) Le comte de Chambord manifestait, de son côté, les mêmes sentiments patriotiques, dans une lettre adressée, le 1ᵉʳ septembre, à un ami, et qui se terminait ainsi :

« . . . .

» Au milieu de ces poignantes émotions, c'est une grande consolation de voir que l'esprit public, l'esprit de patriotisme ne se laisse pas abattre et grandit avec nos malheurs. Je suis heureux que nos amis aient si bien compris leur devoir de citoyens et de Français. Oui, avant tout, il faut repousser l'invasion, sauver à tout prix l'honneur de la France, l'intégrité de son territoire.

» Il faut oublier en ce moment tout dissentiment, mettre de côté toute arrière-pensée ; nous devons au salut de notre pays toute notre énergie, notre fortune, notre sang. La vraie mère préférait abandonner son enfant plutôt que de le voir périr. J'éprouve ce même sentiment

M. Jules Favre leur a déclaré, au nom du Gouvernement, que leur présence à Paris pourrait être mal interprétée, qu'elle pourrait devenir une occasion de discordes civiles. Il a fait appel à leur patriotisme et les a priés de repartir. Ils ont quitté en effet Paris, sans avoir vu aucun de leurs amis politiques ou privés, sauf M. Bocher, administrateur des biens de la maison d'Orléans.

SAMEDI, 10 SEPTEMBRE.

Décret. — Le membre du Gouvernement de la défense nationale, garde des sceaux, ministre de la justice, est autorisé à transférer la chambre criminelle de la cour de cassation dans la ville de Tours (1).

Fait à Paris, le 9 septembre 1870.

Décret. — Une somme de 40,000 francs est mise à la disposition du ministre de l'instruction publique pour les besoins de la commission scientifique de la défense nationale.

Décret. — Art. 1er. Toutes prescriptions et péremptions en

et je dis sans cesse : « Mon Dieu ! sauvez la France, dussé-je mourir sans la revoir ! » Vous comprenez avec quelle impatience nous attendons les nouvelles.
» Henri. »

(1) Au sujet de l'exécution de ce décret, le *Journal officiel* du mardi 13 septembre publia la note suivante :

« M. le garde des sceaux, ministre de la justice, autorisé par décret du 9 septembre à transférer hors de Paris la chambre criminelle de la cour de cassation, n'a pas voulu user de ce droit avant d'avoir pris l'avis des membres de la cour présents à Paris.

» Ces magistrats ont déclaré à *l'unanimité* que la cour était prête à donner son concours au Gouvernement de la défense nationale en quelque lieu qu'il lui fût demandé ; et, à la grande majorité, ils ont pensé que les nécessités du service n'exigent pas ce déplacement, et qu'il est plus digne du premier corps judiciaire de rester ainsi associé aux périls de la population parisienne.

» M. le garde des sceaux a donné son approbation à cet avis. La chambre criminelle continuera en conséquence à siéger à Paris. »

matière civile, tous les délais impartis pour attaquer ou signifier les décisions des tribunaux judiciaires ou administratifs, sont suspendus pendant la durée de la guerre :

1° Au profit de ceux qui résident dans un département investi ou occupé par l'ennemi, alors même que l'occupation ne s'étendrait pas à tout le département;

2° Au profit de ceux dont l'action doit être exercée dans ce même département contre les personnes qui y résident.

Art. 2. A dater de la cessation de l'occupation, un nouveau délai égal au délai ordinaire courra au profit des personnes qui se trouveront dans le cas de l'article précédent.

Fait à Paris, le 9 septembre 1870.

Le Gouvernement de la défense nationale,

Sur la proposition du maire de Paris,

Considérant qu'il est urgent de faciliter aux populations des communes du département de la Seine l'entrée immédiate des denrées et marchandises qui doivent être soustraites aux approches de l'ennemi,

Décrète :

La perception des droits d'entrée et d'octroi est *provisoirement* suspendue aux entrées de Paris.

Fait à Paris, le 9 septembre 1870.

Le *Journal officiel* du 11 septembre, a publié au sujet de l'exécution de ce décret, la note suivante :

Il importe de bien déterminer le sens du décret qui suspend provisoirement la perception des droits d'entrée et d'octroi aux portes de Paris.

Ce décret, ainsi que l'indiquent ses considérants, a pour but de faciliter aux populations des communes du département de la Seine l'entrée immédiate des denrées et marchandises qui doivent être soustraites aux approches de l'ennemi ; il ne saurait être appliqué aux marchandises introduites par le commerce.

Il résulterait de cette dispense une diminution de recettes

que la ville de Paris, grevée aujourd'hui de charges si lourdes, ne pourrait supporter.

Le principe de l'égalité serait en outre blessé au préjudice des négociants qui ont acquitté les droits ou dont les marchandises sont à l'entrepôt.

Le commerce l'a compris, et beaucoup de négociants ont spontanément déclaré qu'ils n'entendaient pas autrement l'application du décret. Il est bien entendu que les négociants qui voudront introduire des marchandises en entrepôt en conservent la faculté.

Les employés de l'octroi sont chargés de la surveillance que nécessite cette situation provisoire. Ils offriront aux habitants des départements qui rentrent dans Paris un précieux concours par les indications qu'ils ont mission de leur fournir.

Décret. — Art. 1er. La correspondance télégraphique privée est suspendue dans le département de la Seine.

Continueront toutefois à être acceptées.

Les dépêches relatives aux fournitures militaires et à l'équipement de l'armée.

Les dépêches de presse.

Art. 2. Le service de la télégraphie privée est maintenu dans l'intérieur de Paris.

Art. 3. Le directeur général des lignes télégraphiques est chargé de l'exécution du présent décret.

Fait à Paris, le 9 septembre 1870.

Décret. — Art. 1er. Il est institué pour centraliser toutes les offres d'armes et munitions de guerre faites au Gouvernement et aux administrations publiques une commission spéciale de l'armement par le concours de l'industrie privée.

Art. 2. La commission est composée de :

MM. Jules Lecesne, ancien député du Havre, président ;
    Gévelot, ancien député ;
    Colonel René, inspecteur à la manufacture d'armes ;
    Ferdinand Claudin, fabricant d'armes ;
    Barignand, mécanicien ;

Art. 3. Elle fera directement son rapport, jour par jour, au Gouvernement.

Art. 4. La commission siégera au ministère des travaux publics.

Fait à Paris, le 9 septembre 1870.

DÉCRET. — Jusqu'à ce qu'il en soit autrement ordonné, les armes de toute espèce et les cartouches garnies ou non garnies seront affranchies de tout droit de douane et pourront être importées par tous les bureaux.

Fait à Paris, le 9 septembre 1870.

Ont été nommés :
Préfet de l'Aude, M. Théodore Raynal.
Préfet du Cher, M. Louriou.
Préfet de la Haute-Saône, M. Meillier.
Préfet du département d'Indre-et-Loire, M. Durel.

M. Elie Ducoudray est nommé maire provisoire du 14e arrondissement, en remplacement de M. Leneveu, empêché de continuer ses fonctions.

DÉCRET. — La solde de la garde mobile est portée à 1 fr. 50 c. par jour, à dater du 9 septembre.

L'intendance militaire est chargée de pourvoir à cette solde. En conséquence, les chefs de corps se rendront au siége de cette administration pour toucher la solde qu'ils auront à distribuer à leurs hommes.

M. Vandal, directeur des postes, avait offert au Gouvernement sa démission dès le 4 septembre. Il a consenti, sur la demande du Gouvernement, à rester en fonctions quelques jours, dans l'intérêt de la défense nationale.

Sa démission est acceptée.

M. Rampont-Lechin, ancien député de l'Yonne, est nommé directeur général des postes.

NOUVELLES DE LA GUERRE.

Un bataillon d'infanterie est signalé en face de Huningue. Sur la rive droite, l'ennemi aurait même rétabli le télégraphe depuis le Rhin jusqu'à Leopolds-Hocle, station du chemin de fer badois.

Melun, 9 septembre, 5 h. du soir.

Préfet au ministre de l'intérieur.

Je reçois du commandant de gendarmerie de Coulommiers la dépêche suivante :

« Le maire de la Ferté-sous-Jouarre informe officiellement le maire de Coulommiers qu'il s'attend à voir arriver les Prussiens ce soir, 9 septembre. »

Ajaccio, 9 septembre, 5 h. du soir.

Préfet de la Corse au ministre de l'intérieur.

Département calme ; tranquillité ; l'agitation qui s'était manifestée le premier jour a cessé. Les conseils municipaux envoient adhésion au Gouvernement de la défense nationale, qui est accueilli avec sympathie et avec confiance ; opérations du tirage et de la révision continuent ; mesures sont prises pour qu'elles s'effectuent dans l'ordre indiqué ; la garde nationale s'organise.

Hier, toutes les autorités civiles et militaires sont venues reconnaître le préfet représentant la République.

Les membres du Gouvernement de la Défense nationale ont décidé que le Gouvernement serait représenté, pendant la durée du siége, dans une ville de l'intérieur de la France.

Les services des ministères seront donc toujours assurés, et la défense nationale aura, en dehors de Paris, un centre d'action et de résistance.

Le ministre de la Confédération Suisse a adressé au ministre des affaires étrangères la lettre suivante :

Paris, le 8 septembre 1870.

Monsieur le ministre, la situation des habitants de la ville de

Strasbourg a provoqué les sympathies d'un grand nombre de personnes en Suisse. Le Conseil fédéral m'annonce que des comités se sont formés dans diverses parties de la Suisse pour venir en aide aux malheureuses populations de la ville assiégée et leur offrir l'hospitalité suisse. Ces comités ont sollicité le concours du Gouvernement fédéral, qui vient de prendre la décision suivante :

Le département fédéral de l'intérieur est autorisé à se mettre en rapport avec les comités et les seconder efficacement. Il pourvoira à l'installation des émigrants et à leur entretien pour autant que la charité privée ne suffirait pas. Le département des péages et du commerce donnera des directions pour l'entrée en franchise des bagages et des effets d'habillement. Le soin est laissé au comité d'envoyer une délégation à Strasbourg pour s'entendre avec le commandant de la place et les forces assiégeantes au sujet de la sortie et de la réception des habitants de la ville.

Mon Gouvernement, en me chargeant de porter ces faits à la connaissance de Votre Excellence, m'annonce que la même communication est adressée aux Gouvernements de la Confédération de l'Allemagne du Nord et du grand-duché de Bade.

Je saisis avec empressement cette occasion pour vous prier d'agréer, etc.

Kern.

Le ministre des affaires étrangères a répondu :

Paris, 9 septembre 1870.

Monsieur,

Par la lettre que vous m'avez fait l'honneur de m'écrire en date d'hier, vous avez bien voulu me donner connaissance des marques de sympathie que provoque en Suisse la situation des habitants de Strasbourg, ainsi que de la décision prise par le Gouvernement fédéral de seconder la formation des comités de secours et les efforts de la charité privée.

Le Gouvernement de la défense nationale a été profondément touché de cette communication, et les sentiments qu'elle lui a fait éprouver seront partagés par la France entière ; quant à ceux que la noble conduite du peuple suisse et la généreuse démarche du Conseil fédéral inspireront à l'héroïque population de Strasbourg, je n'essayerai pas de les exprimer. De pareils actes font honneur à tous ceux qui en ont pris l'initiative; ils sont pour vous le plus précieux témoignage des dispositions amicales de la Suisse, et rien ne pouvait contribuer davantage à affermir les liens qui l'unissent depuis si longtemps à la France et à l'Alsace en particulier.

Je vous prie, Monsieur, de vouloir bien vous faire l'interprète de notre vive reconnaissance auprès du Conseil fédéral, et de tous ceux qui participent à l'œuvre des comités.

Recevez, etc.
JULES FAVRE.

On trouve encore, dans le numéro de ce jour, une autre lettre de M. Kern, ministre de la Confédération Suisse à Paris :

A. M. le ministre des affaires étrangères.

Paris, le 8 septembre 1870.

. . . .

Je suis heureux de pouvoir vous informer que le Conseil fédéral m'a autorisé à entrer immédiatement en relations officielles avec le Gouvernement de la République française.

La Suisse a toujours reconnu le droit de libre constitution des peuples. La France s'étant constituée en République aux acclamations du pays tout entier, le Conseil fédéral n'hésite pas un instant à appliquer ce principe au nouveau Gouvernement de la France.

Le Conseil fédéral est persuadé que les bonnes relations établies depuis si longtemps entre la France et la Suisse seront maintenues par la République française. De leur côté, les autorités fédérales contribueront de tout cœur à développer ces relations. L'amour commun de la liberté et l'analogie des institutions politiques affermiront, en les renforçant d'une manière puissante, les liens sympathiques qui unissent les deux nations.

Le Conseil fédéral à la profonde conviction d'être l'interprète des sentiments du peuple suisse tout entier, en exprimant le vœu sincère que la nouvelle République sœur, née au milieu de graves circonstances, parviendra, dans un avenir prochain à procurer à la France les bienfaits d'une paix honorable et à consolider à jamais la liberté et les institutions démocratiques.

. . . .

M. Jules Favre, ministre des affaires étrangères, a répondu :

. . . .

L'étroite amitié qui unit la France et la Suisse ne peut être que fortifiée par la communauté des institutions politiques; plus heureux que nous, vous jouissez depuis longtemps d'une liberté fortement assise sur la sagesse des habitudes et la virilité des mœurs. Vos frères l'on conquise par d'héroïques sacrifices et vous l'avez conservée par vos vertus ; peut-être aussi a-t-elle été protégée par votre admirable sol, qui est à la fois le plus magique et le plus redoutable de l'Europe ; mais vous avez eu l'habileté de le peupler de libres citoyens armés dès l'enfance, et sachant être des héros quand il s'agit de le défendre.

Quand la France aura traversé la crise périlleuse que lui vaut l'empire, elle comprendra qu'il est temps pour elle d'imiter votre exemple : elle sera libre et guerrière, et l'épée qu'elle retiendra dans sa main, vouée désormais à l'agriculture et à l'industrie, sera désormais le symbole du respect, du droit et de l'intégrité du sol national.

Je me félicite, monsieur le ministre, au milieu des pénibles préoccupations qui m'assiégent, de me consoler par ces patriotiques espérances.

. . . .

M. Nigra, ministre d'Italie à Paris a adressé, le même jour, la lettre suivante au ministre des affaires étrangères :

Paris, le 8 septembre 1870.

Monsieur le Ministre,

Le Gouvernement du roi..... m'a donné par le télégraphe

l'instruction de me mettre immédiatement en communication officielle avec vous et d'entretenir avec les membres du Gouvernement les rapports les plus conformes aux sympathies qui existent entre nos deux pays.

. . . .

M. Jules Favre a répondu :

. . . .

Personne n'est plus heureux que moi de recevoir la communication que me fait Votre Excellence. Vieil et sincère ami de l'Italie, fier des témoignages nombreux de son affection, j'attache le plus haut prix aux assurances qu'elle veut bien me donner par votre organe. A cette satisfaction s'ajoute celle que me causent les relations que les devoirs de ma charge me permettront d'entretenir avec une personne dont j'ai depuis longtemps pu apprécier la grâce bienveillante et les éminentes qualités.

. . . .

DIMANCHE, 11 SEPTEMBRE.

DÉCRET en date du 10 septembre, ordonnant que les élections des députés à l'Assemblée Nationale auront lieu, pour les Colonies, le premier dimanche qui suivra la clôture des listes électorales.

ARRÊTÉ du ministre de l'intérieur, supprimant les commissaires de police cantonnaux.

ARRÊTÉ du ministre des affaires étrangères, portant révocation de M. Mercier de Lostende, ambassadeur à Madrid.

ARRÊTÉ du maire de Paris en date du 10 septembre :
Considérant que, dans les circonstances présentes, il importe de ne négliger aucune ressource d'eau,
Arrête :
Art. 1er. Il est enjoint aux propriétaires et principaux locataires à Paris, de — *dans le délai de trois jours*, — mettre en

état de service : les puits, pompes, réservoirs, poulies, cordes, seaux et autres appareils hydrauliques existant dans leurs maisons, de manière à assurer le puisage de l'eau, notamment pour le cas d'incendie.

Art. 2. L'accès libre de l'intérieur des propriétés devra être donné aux agents du service municipal chargé d'assurer l'exétion du présent arrêté.

Décret. — Art. 1er. La prorogation de délais accordée par la loi du 13 août dernier, relative aux effets de commerce, est augmentée de 30 jours à compter du 14 septembre courant.

Art. 2. Toutes les autres dispositions de la loi du 13 août sont maintenues (1).

Ont été nommés préfets :

Calvados. — M. Achille Delorme.
Vendée. — M. Georges Coulon (2)
Lot. — M. Fabien de Flaujac, en remplacement de M. Esmenard du Mazet, relevé de ses fonctions provisoires.

---

(1) On lit au *Journal Officiel* du 12 septembre :
Le décret du 10 septembre, sur la prorogation des délais des effets de commerce, est applicable à l'Algérie.
Enfin on lit au *Journal Officiel* du 13 septembre :
Le décret du 10 septembre 1870, relatif à l'augmentation du délai de prorogation pour les effets de commerce, doit être rétabli et complété de la manière suivante :
Art. 1er. La prorogation de délais accordée par la loi du 13 août dernier, relative aux effets de commerce, est augmentée de 30 jours à compter du 30 septembre courant.
Cette disposition est applicable aux valeurs souscrites postérieurement à la loi du 13 août 1870.
Art. 2. Toutes les autres dispositions de la loi du 13 août sont maintenues.
Art. 3. Le présent décret est applicable à l'Algérie.
Le ministre de la justice,
Crémieux.

(2) Journaliste, auteur d'un *Manuel électoral*, publié à l'époque des dernières élections du Corps législatif (1869).

Décret. — Art. 1er. Les professions d'imprimeur et de libraire sont libres.

Art. 2. — Toute personne qui voudra exercer l'une ou l'autre de ces professions sera tenue à une simple déclaration faite au ministère de l'intérieur.

Art. 3. — Toute publication portera le nom de l'imprimeur.

Art. 4. — Il sera ultérieurement statué sur les conséquences du présent décret à l'égard des titulaires actuels de brevets.

Fait à Paris, le 10 septembre 1870.

Le Gouvernement de la défense nationale,

Attendu les circonstances de force majeure qui, depuis le 25 août 1870, ont empêché les inventeurs brevetés d'acquitter les annuités de leurs brevets arrivées à échéance,

Sur le rapport du ministre du commerce,

Décrète :

Les inventeurs brevetés qui, depuis le 25 août 1870, n'auront pu acquitter les annuités de leurs brevets dans le délai légal, seront relevés de la déchéance encourue, en justifiant de l'acquittement de ces annuités avant une époque qui sera fixée ultérieurement.

Fait à Paris, le 10 septembre 1870.

Le Gouvernement de la défense nationale,

Vu le décret du 11 décembre 1852, portant que le corps de gendarmerie chargé de la surveillance de la capitale prendra la dénomination de garde de Paris ;

Considérant que cette dénomination, qui restreint les attributions du corps à un service d'ordre intérieur, ne répond pas aux nécessités imposées par la défense de Paris, et n'est pas non plus en harmonie avec la forme actuelle du Gouvernement,

Décrète :

Art. 1er. La garde de Paris reprendra le titre de *garde républicaine* qu'elle a déjà porté.

Art. 2. Le ministre de la guerre, le maire de Paris et le préfet de police sont chargés, chacun en ce qui le concerne, de l'exécution du présent décret.

Fait à Paris, le 10 septembre 1870.

Le Gouvernement de la défense nationale,

Considérant que dans les circonstances actuelles, il est urgent de centraliser les différents services d'hygiène et de salubrité,

Arrête :

Une commission de huit membres est constituée à l'Hôtel-de-Ville. Elle prendra le nom de commission centrale d'hygiène et de salubrité.

Les commissions d'hygiène de chaque arrondissement, le conseil d'hygiène et de salubrité du département de la Seine, la commission des logements insalubres, correspondront directement avec la commission centrale qui fera rapport au Gouvernement.

Cette commission est composée ainsi qu'il suit :

MM.

Sainte-Claire-Deville ;

Bouchardat ;

Chauveau-Lagarde, président de la commission des logements insalubres ;

De Montmahon ;

Docteur Sée, professeur à la Faculté de médecine ;

Docteur Onimus.

Elle aura pour président M. Jules Ferry, membre du Gouvernement, et pour vice-président M. Brisson, adjoint au maire de Paris.

Fait à Paris, le 10 septembre 1870.

ARRÊTÉ. — M. Jules Claretie, homme de lettres, est adjoint à la commission chargée de dépouiller la correspondance impériale, en qualité de secrétaire.

NOUVELLES DE LA GUERRE.

Le président du Gouvernement de la défense nationale, gouverneur de Paris et commandant de l'état de siége ;

Considérant que les forêts, bois et portions de bois qui environnent Paris sur toute l'étendue de son périmètre offrent à l'ennemi des couverts dont il se servira infailliblement pour masquer le mouvement de ses armées, pour arriver à l'abri jusqu'à portée des fortifications, pour préparer des ateliers de fascinage et de gabionnage en vue du siège de la capitale;

Convaincu que la nation ne reculera devant aucun effort pour faire son devoir, et que Paris voudra donner au pays tout entier l'exemple des grands sacrifices,

Arrête :

Seront incendiés à l'approche de l'ennemi, les forêts, bois et portions de bois qui peuvent compromettre la défense.

Les ministres des finances et des travaux publics se concerteront pour que les travaux préparatoires soient immédiatement exécutés sous la direction du service des forêts, des ingénieurs des ponts et chaussées, des ingénieurs civils de la capitale, par des escouades d'ouvriers requis.

Toutes dispositions seront prises pour que les villes, villages, hameaux et habitations soient isolés et mis à l'abri des ravages de l'incendie, et pour que les matières inflammables soient recueillies, transportées et employées sur les lieux, avec les précautions nécessaires.

Par les soins du même personnel d'ingénieurs, le fond des fossés de fortification sera garni de fagots et de branchages qui recevront des matières liquides incendiaires et seront livrées aux flammes quand il y aura lieu.

« Habitants de Paris,

« Votre patience, votre résolution opposeront à l'ennemi des obstacles dont il ne soupçonne pas la puissance. Donnez-lui la formidable surprise d'une immense capitale qu'il croit énervée par les jouissances de la paix, et qui, devant les malheurs de la Patrie, se redresse tout entière pour le combat. »

A Paris, le 10 septembre 1870.

Général TROCHU.

Melun, 9 septembre, 5 heures du soir.

Le général au général commandant la première division militaire.

Le commandant des guides forestiers et les paysans affirment que 700 fantassins prussiens ont couché, le 7, à Villiers-Agron;

qu'un détachement de cavaliers se dirige sur Verneuil et Châtillon, et que d'autres ennemis sont arrivés, le 8, à Château-Thierry.

Environs de Paris. — Le 8, dix uhlans ont paru à Château-Thierry ; ils ont requis ce qui leur était nécessaire et sont repartis pour Montmirail.

Le 9, les Prussiens ont été signalés à Montmirail et à la Ferté-sous-Jouare.

Le 9, huit uhlans ont traversé Vailly-sur-Aisne.

Les Prussiens observent une discipline sévère et empêchent les déprédations.

Le 10 septembre, le chef de gare de Provins, signale l'ennemi à dix-neuf kilomètres de Villeneuve-la-Grande.

Le préfet de Seine-et-Marne au ministre de l'intérieur.

Je reçois du sous-préfet de Coulommiers la dépêche suivante :

Renseignements fournis par la gendarmerie.

Les avant-coureurs ennemis sont passés à Montmirail et Sézanne. Deux corps d'armée, forts chacun de 10,000 hommes, étaient à quelques lieues de ces deux villes.

Deux habitants de Laon, arrivés ce matin à Paris, racontent qu'hier, à une heure de l'après-midi, au moment où l'état-major prussien venait d'être introduit dans la forteresse, une épouvantable détonation se fit entendre : la forteresse venait de sauter ; les habitants se sont enfuis.

Les dépêches venus d'Amiens, où s'étaient rendus les fuyards, confirment cet événement, dont on ne connaît encore exactement ni les causes, ni les suites.

Des renseignements particuliers confirment la résistance énergique de Toul, et les sorties fréquentes et victorieuses de la garnison. Le bruit court que Bazaine harcèle l'ennemi sous Metz, et a fait une pointe sur Pont-à-Mousson.

Les troupes prussiennes se concentrent autour de Strasbourg; elles ont laissé les villages occupés seulement par des grand'-gardes. Un convoi de munitions à destination de Strasbourg a été pris par les Prussiens.

Les communications télégraphiques avec Soissons sont interrompues depuis hier soir.

Chaumont, le 9 septembre 1870, 1 h. 45 soir.

Les communications télégraphiques et des chemins de fer subsistent toujours entre Chaumont et Neufchâteau. Le point le plus rapproché de cette dernière ville où l'ennemi se trouve encore est Vaucouleurs.

---

10 septembre 1870.

Les Prussiens sont arrivés hier à Montmirail, où ils se sont emparés des jeunes gens réunis pour la conscription. Ils seront sans doute ce soir ou demain à Coulommiers.

Depuis le début de la campagne, il n'est parvenu au ministère de la guerre que très-peu de renseignements sur les pertes éprouvées par l'armée. C'est ainsi qu'on connaît à peine d'une manière exacte les noms des officiers tués, blessés ou prisonniers dans les quatre premières affaires (Saarbruck, Wissembourg, Frœschwiller et Forbach), et qu'à part les 50e de ligne, 17e bataillon de chasseurs à pied et 3e de zouaves, pour lesquels il a été reçu des listes encore incomplètes, on n'a absolument rien reçu pour les sous-officiers et soldats. Quant aux affaires de Metz et à celles plus récentes de Sedan, l'administration ne possède de renseignements d'aucune espèce.

Comprenant l'anxiété des familles, et voulant, par tous les moyens, satisfaire à la légitime impatience du public, le ministre vient de réclamer d'urgence et de divers côtés des renseignements qui seront immédiatement mis à la disposition des intéressés dès qu'ils parviendront.

Le ministre de la guerre a reçu du maréchal de Mac-Mahon la lettre suivante :

Pourru-aux-Bois, le 8 septembre 1870.

Monsieur le ministre,

J'ai l'honneur de vous faire connaître que j'ai obtenu des autorités militaires prussiennes l'autorisation de me faire transporter dans un petit village appelé *Pourru-aux-Bois*, situé à quelques lieues de *Sedan*, dans la direction de la Belgique.

Etant prisonnier de guerre, je ne puis, d'après les termes de la capitulation, reprendre du service durant cette campagne ; mais comme, après la catastrophe arrivée à l'armée dont j'ai eu le commandement, je veux, ainsi que l'ont fait la plus grande partie des officiers de l'armée, partager le sort de mes soldats, je demanderai, dès que l'état de ma blessure me permettra d'être transporté, ce qui aura lieu, d'après les médecins, dans cinq ou six semaines, je demanderai, dis-je, aux autorités prussiennes, d'être interné dans une place quelconque de l'Allemagne.

Veuillez agréer, monsieur le ministre, l'assurance de ma haute considération.

Le maréchal de France,
DE MAC-MAHON.

A Messieurs les maires provisoires.

Sur les réclamations qui se sont produites et auxquelles il y a lieu de donner immédiate satisfaction, le ministre de l'intérieur invite MM. les maires à prévenir les gardes nationaux que l'exercice est désormais obligatoire. Les municipalités sont autorisées, par voie de réquisition, à reprendre les armes des absents ou de ceux qui, sans excuse valable, auraient manqué trois fois de suite les réunions ou les exercices réglementaires.

Paris, le 10 septembre 1870.

Par décret en date du 10 septembre 1870, ont été nommés sous-chefs d'état-major des gardes nationales de la Seine :

M. Baudouin de Mortemart, lieutenant-colonel d'état-major de la garde nationale.

M. Montagut, ancien capitaine d'artillerie démissionnaire pour refus de serment au 2 décembre 1851.

Ce même numéro publie une lettre adressée par M. Olozaga, ambassadeur d'Espagne, à M. le ministre des affaires étrangères :

Paris, le 8 septembre 1870.

Monsieur le ministre,

. . . .

M. le ministre des affaires étrangères d'Espagne m'a envoyé par le télégraphe les instructions nécessaires pour entrer immédiatement en rapports officiels avec Votre Excellence, et pour vous exprimer son désir de maintenir les bonnes relations qui heureusement existent entre l'Espagne et la France.

Je crois inutile d'ajouter que tous mes efforts seront, comme toujours, pour que ces relations se fortifient de plus en plus pour la prospérité et le bonheur des deux pays.

Veuillez agréer, etc.

S. DE OLOZAGA.

M. Jules Favre a répondu :

Paris, le 10 septembre 1870.

Monsieur l'ambassadeur,

. . . .

Il m'est bien précieux de recevoir ce témoignage d'amitié et de confiance de la part des représentants d'un pays qui nous a montré naguère le chemin de la liberté. J'espère que nous nous y avancerons ensemble, étroitement unis par la communauté d'intérêts et d'espérances. C'est précisément à cette heure si cruelle pour la France qu'éclate avec évidence la sagesse d'une politique qui confondrait dans un même faisceau trois peuples vraiment frères, n'attendant, pour retrouver leurs titres de famille, que le signal de la liberté.

. . . .

Veuillez agréer, etc.

JULES FAVRE.

LUNDI, 12 SEPTEMBRE.

Le Gouvernement de la défense nationale,

Considérant qu'en raison des circonstances actuelles, le Gouvernement a dû pourvoir aux approvisionnements de Paris, et qu'il importe que la vente au détail de ces approvisionnements ne soit pas l'objet de spéculations nuisibles aux intérêts des consommateurs ;

Vu l'art. 30 de la loi des 19-22 juillet 1791 ;

Sur le rapport du ministre de l'agriculture et du commerce,

Décrète :

Art. 1er. — Jusqu'à ce qu'il soit autrement ordonné, la taxe de la viande de boucherie est rétablie dans la ville de Paris.

Art. 2. — Des arrêtés du ministre du commerce et de l'agriculture règleront l'établissement de cette taxe.

Art. 3. — Le ministre de l'agriculture et du commerce est chargé de l'exécution du présent décret.

Fait à Paris, le 11 septembre 1870.

Le Gouvernement de la défense nationale ;

Considérant que tous les citoyens membres de la garde nationale sont appelés à concourir à la défense de Paris, et que le service est obligatoire ;

Que, dès lors, il y a lieu de prendre des mesures alimentaires à l'effet d'assurer le service ;

Décrète :

Art. 1er. — Il sera délivré par compagnie, et par les soins des municipalités d'arrondissement, qui demeurent chargées d'apprécier les besoins à pourvoir, des bons de vivres aux hommes qui en feront la demande.

Art. 2. — Un crédit de 1 million est ouvert à cet effet au ministère de l'intérieur, et imputable sur les fonds votés pour l'organisation de la garde nationale sédentaire.

Art. 3. — Le ministre de l'intérieur est chargé de l'exécution du présent décret.

Fait à Paris, en l'Hôtel-de-Ville, le 11 septembre 1870.

Arrêté du ministre de la justice en date du 11 septembre.

Le serment politique étant aboli, le serment professionnel des nouveaux fonctionnaires sera prêté dans la première séance du corps auquel ils appartiennent.

L'installation des magistrats peut avoir lieu, pendant les vacations, dans la séance de la chambre qui tient l'audience, et le serment professionnel est prêté publiquement.

Le préfet de police,

Attendu qu'en procédant, dans la nuit du 1er au 2 décembre 1851, à l'arrestation d'un représentant du peuple, le sieur Blanchet, commissaire de police, actuellement encore en exercice, a violé la loi constitutionnelle;

Qu'en conséquence le sieur Blanchet est indigne de servir la nouvelle République;

Arrête :

Le sieur Blanchet, commissaire de police du quartier de Saint-Merry, est révoqué de ses fonctions.

Paris, le 12 septembre 1870.

DE KÉRATRY.

Le *Journal officiel* du 13 septembre publie, au sujet de cette révocation, la note suivante :

La publication, dans le *Journal officiel*, de la mesure de révocation prise contre ceux des commissaires de police actuellement en exercice, qui ont participé au coup d'état de 1851, a été faite d'une manière incomplète.

Les commissaires de police étant nommés par décret du pouvoir exécutif, ont été révoqués par un décret du Gouvernement de la défense nationale en date du 10 du courant.

Le préfet de police, sur le vu de ce décret provoqué par lui, a pris l'arrêté suivant :

Nous, préfet de police :

Attendu qu'en procédant, le 2 décembre 1851, à l'arrestation d'un représentant du peuple, M. Blanchet, commissaire de police de la ville de Paris, a violé la loi constitutionnelle de la République;

Qu'en conséquence il est indigne de servir le régime nouveau;

Vu le décret en date du 10 septembre courant qui, par les motifs ci-dessus, a révoqué M. Blanchet de ses fonctions, sur la proposition du secrétaire général,

Arrêtons :

M. Blanchet sus-qualifié cessera ses fonctions le 12 courant.

Trois décrets et trois arrêtés conformes ont également frappé, pour les mêmes motifs, MM. Allard, Benoist et Desgranges.

Ont été nommés préfets :
Cantal. — M. Gustave Vapereau (1).
Haute-Savoie. — M. Jules (Philippe).

NOUVELLES DE LA GUERRE.

Toulouse, 10 septembre 1870.

Le Conseil municipal de la ville de Toulouse, uni d'esprit et de cœur avec le Gouvernement, vient de voter une somme de 1,500,000 francs pour être employée à l'achat d'armes et de munitions pour servir à la défense de la patrie, armer les populations et aller au secours de la capitale.

Meaux, 11 septembre, 6 h. 55 matin.

Sous-préfet aux ministre de la guerre et de l'intérieur.

Prussiens en force à la Ferté, marchent sur Meaux. Je dirige sur Lagny les jeunes gens convoqués. Moi-même, après ordre du ministre de l'intérieur, je me replie sur cette ville. Je conduis à Lagny un convoi de poudre et de fusils abandonnés à destination de Vincennes.

Le Temps reçoit, à la date du 7 courant, des renseignements qui, si douloureux qu'ils soient, sont pourtant de nature à rassurer un peu l'opinion sur le sort des héroïques et malheureux Strasbourgeois.

---

(1) Auteur du *Dictionnaire des Contemporains* et de *l'Année littéraire.*

Les rues qui ont le plus souffert sont :
La rue de la Nuée-Bleue,
      du Dôme,
      de la Mésange,
      des Hallebardes,
      du faubourg National,
      du faubourg de Pierre,
      du faubourg de Saverne,
      toute la Krutenau,
      le marais Kageneck.

L'Ile-Jars (propriété du professeur Schutzenberger) a été brûlée.

La maison Edel-Büchel est brûlée. Il en est de même de celle de M. Ed. Ehrmann, rue des Récollets.

Par contre, les quartiers Sainte-Elisabeth, Saint-Thomas, Saint-Nicolas, n'ont presque pas souffert. Aux Diaconesses, des malades ont pu rester dans leurs lits.

Les habitants de la ville passent leurs journées au rez-de-chaussée de leurs maisons, barricadent les fenêtres avec des matelas ; des baquets pleins d'eau sont placés dans les rues et aux divers étages des habitations ; on a pu fréquemment, et grâce à ces précautions, éteindre des bombes. Les nuits sont plus pénibles ; on se réunit dans les caves les plus vastes ; mais au milieu de cette population épouvantée, des cris des femmes, des pleurs des enfants, tout repos est impossible. La population est d'une persévérance admirable.

On nous écrit que la République a été acclamée avec enthousiasme.

La ville de Cassel, près de laquelle se trouve le splendide château où Napoléon III est interné, est l'ancienne capitale du royaume de Westphalie. Les jardins de Wilhelmshœhe se trouvent situés à une heure de Cassel, sur le versant oriental du Habichts-Waldgebirge. On s'y rend de Cassel par une allée de tilleuls bordée de jolies maisons. A une assez grande distance déjà, on voit la statue colossale d'Hercule, qui couronne la colline au pied de laquelle est bâti le château électoral.

Les jardins de Wilhelmshœhe ont été créés principalement par le landgrave Charles (1701) et l'électeur Guillaume Ier. Ils contiennent plusieurs choses fort remarquables, notamment la nouvelle cascade, haute de 43 mètres, large de 17; le temple de Mercure, où l'on monte par un escalier de 842 marches; le Riesenschloss (Château des Géants), dont la plate-forme, soutenue par 102 colonnes toscanes, supporte une pyramide de 32 mètres. Cette plate-forme est couronnée, sur un piédestal de 4 mètres, d'un Hercule Farnèse en cuivre forgé, de 10^m,33 de haut. On peut monter dans la cuisse de ce colosse, qui peut contenir huit ou neuf personnes.

La construction de ce château a occupé, dit-on, deux mille ouvriers pendant quatorze ans, et à coûté de telles sommes qu'on en brûla les comptes pour que la vérité ne fût connue de personne.

C'est de ce château que descendent les anciennes cascades, longues de 300 mètres, larges de 13^m,33, et interrompues de distance en distance par de vastes bassins.

On voit en outre, dans ce parc, la grotte de Polyphème; le Vexierwasser, jet d'eau qui jaillit de tous côtés, et le bassin des Géants, où Encelade est enseveli sous des masses de rochers; une troisième cascade dite de Steinhaefer; la Lœwenburg (Château des Lions), la faisanderie, le village chinois Mu Tany, des ermitages, une pièce d'eau nommée *le Grand Lac*.

C'est ce parc qui contient *la Grande Fontaine*, jet d'eau de 63 mètres de haut, le plus élevé de l'Europe; près de cette fontaine se trouve le Pont du Diable et l'aqueduc avec une quatrième cascade (1).

———

Un télégramme adressé de Paris au *Times* par son correspondant lui donne l'assurance que l'opinion publique compte plus que jamais sur la conclusion prochaine de la paix. La Russie unit ses efforts à ceux de l'Autriche dans ce but.

———

(1) Cet article est emprunté par le *Journal officiel* au journal *le Nord*.

On lit encore, dans le numéro de ce jour, les notes suivantes :

M. Thiers, dans les circonstances présentes, n'a pas voulu refuser ses services au Gouvernement; il part, ce soir, en mission pour Londres, et doit se rendre ensuite à Saint-Pétersbourg et à Vienne.

Dans les circonstances graves qui se préparent, il est opportun de rappeler les dispositions de l'article 5 de la convention signée à Genève le 22 août 1864, et ratifiée diplomatiquement par toutes les puissances européennes :

« Les habitants du pays qui porteront secours aux blessés seront respectés et demeureront libres. Les généraux des puissances belligérantes auront pour mission de prévenir les habitants de l'appel fait à leur humanité et de la neutralité qui en sera la conséquence.

» Tout blessé recueilli et soigné dans une maison y servira de sauvegarde. L'habitant qui aura recueilli chez lui des blessés sera dispensé du logement des troupes, ainsi que d'une partie des contributions de guerre qui seraient imposées. »

Ordre a été donné à l'employé compétent par le membre du Gouvernement de la défense nationale, délégué à ce département, de communiquer, sans aucune réserve, toutes les listes et pièces relatives à l'emploi des fonds secrets alloués au budget de l'intérieur sous le régime impérial.

Cette communication a été ordonnée dès le 5 septembre 1870, au lendemain même de la proclamation de la République, le ministre de l'intérieur ayant eu à cœur de prouver, par un acte immédiat, que le Gouvernement nouveau considérait comme un devoir impérieux de dénoncer à l'opinion publique le système de corruption du régime déchu, et de dégager autant que possible, pour les reporter sur un crédit avoué et soumis au contrôle du pays, les rares services d'utilité publique jusqu'à présent confondus avec d'inavouables subventions.

Cette comptabilité spéciale, qui forme tout un chapitre (chap. XIII) du budget général de l'intérieur, est, en ce moment, l'objet d'un examen scrupuleux qui se poursuit activement. On se bornera à dire aujourd'hui que, prévoyant seulement dans la corruption, le gouvernement déchu avait pris la précaution de mandater en blanc, sous la signature du ministre, les paiements à effectuer sur les fonds secrets, de telle sorte qu'aujourd'hui il est impossible de retrouver d'une façon précise les bénéficiaires de ces subventions, la comptabilité, sauf la signature ministérielle, étant, dans la plupart des cas, anonyme.

Le ministre de l'instruction publique s'est rendu de nouveau au musée du Louvre, accompagné du colonel des sapeurs-pompiers, afin d'arrêter les mesures nécessaires pour assurer contre tout danger les trésors que ce musée renferme. Le ministre a prescrit que les caisses de tableaux préparées par ordre du précédent gouvernement pour être expédiées loin de Paris, fussent mises, dans le Louvre même, en lieu sûr, ainsi que tous les objets d'art les plus précieux. M. Jules Simon a visité également la Bibliothèque nationale et le musée de Cluny.

La mairie de Paris informe les propriétaires et cultivateurs des arrondissements de Saint-Denis et de Sceaux qui ont à rentrer leurs récoltes dans Paris, qu'ils trouveront aux portes de la capitale les indications nécessaires pour diriger ces récoltes sur les dépôts qui leur seront affectés.

Dès à présent sont désignés :

Pour le canton de Villejuif et environs, un terrain de 32,000 mètres, rue du Chevaleret, n°s 36 et 30 (13e arrondissement);

Pour Gennevilliers et environs, un terrain de 34,000 mètres, quai de Javel, 85 et 87 (15e arrondissement);

Pour Créteil et Maisons, un terrain de 10,000 mètres, rue de l'Ave-Maria, derrière le lycée Charlemagne.

La disposition de ces emplacements permet de dresser ces récoltes en meules.

MARDI, 13 SEPTEMBRE.

Décret en date du 12 septembre : — La ville de Toul a bien mérité de la Patrie.

Décret. — M. de Malaret, ambassadeur à Florence, est rappelé et momentanément remplacé par M. Senard, ancien ministre de l'intérieur, chargé d'une mission extraordinaire près le gouvernement du roi d'Italie.

Décret. — M. Jousserandot est nommé préfet des Pyrénées-Orientales.

Le Gouvernement de la défense nationale,

Considérant qu'il est indispensable, en cas d'investissement de Paris, que le Gouvernement conserve sa complète liberté d'action pour organiser la défense dans les départements et maintenir l'administration,

Décrète :

Art. 1er. M. Crémieux, membre du Gouvernement de la défense nationale, garde des sceaux, ministre de la justice, est délégué pour représenter le Gouvernement et en exercer les pouvoirs.

Art. 2. Chaque département ministériel sera représenté près de lui par un délégué spécial, chargé du service de ce département.

Art. 3. Le membre du Gouvernement de la défense nationale aura son siége à Tours et pourra le transporter partout où l'exigeront les nécessités de la défense.

Art. 4. Les pouvoirs conférés par le présent décret cesseront quand les relations avec Paris redeviendront libres.

Art. 5. Chacun des ministres est chargé de l'exécution du présent décret, en ce qui concerne son département respectif.

Fait à l'Hôtel-de-Ville de Paris, le 12 septembre 1870.

Décret. — Pendant l'absence du garde des sceaux, ministre de la justice, M. Hérold, secrétaire général du ministère de la justice, est autorisé à donner, aux lieu et place du ministre, toutes les signatures nécessaires pour l'expédition des affaires courantes, et notamment celles concernant la comptabilité, les pensions et les secours.

Les nominations et révocations présentent un caractère d'urgence qu'il pourrait y avoir lieu de faire dans le personnel de la magistrature, et pour lesquelles la signature du garde des sceaux ne pourrait être obtenue, seront signées par M. Emmanuel Arago, membre du Gouvernement de la défense nationale, et contre-signées par le secrétaire général du ministère de la justice.

12 septembre 1870.

Décret. — Les militaires de tout grade, les fonctionnaires de tout rang, qui ont perdu leur grade ou leur rang par suite des événements de décembre 1851, soit en vertu d'une mesure individuelle, soit en vertu du refus de serment, sont réintégrés dans leurs droits et titres.

Ils recouvreront sur leur demande les emplois que comportent leur situation et leurs services, au fur et à mesure des vacances.

Fait à Paris, le 12 septembre 1870.

M. le ministre des affaires étrangères a reçu la démission de M. Baudin, ministre de France à la Haye. Cette démission est acceptée.

Ordre est donné à toute personne ayant en dépôt des huiles de pétrole d'en faire la déclaration dans les vingt-quatre heures à l'Hôtel-de-Ville.

Le ministre de l'agriculture et du commerce,

En exécution du décret du 11 septembre courant, par lequel le Gouvernement de la défense nationale a décidé que, jusqu'à ce qu'il en soit autrement ordonné, la taxe de la viande de boucherie serait rétablie dans la ville de Paris;

Arrête ce qui suit :

Art. 1ᵉʳ. A partir du 12 septembre courant, il sera tenu sur l'emplacement du marché aux chevaux un marché quotidien pour la vente des bestiaux de boucherie destinés à l'approvisionnement de Paris.

Art. 2. Les bouchers de Paris et les autres personnes qui font le commerce de la viande dans la capitale, pourront y acheter par eux-mêmes ou par des intermédiaires de leur choix les animaux nécessaires à l'approvisionnement de leurs étaux et lieux de vente.

Art. 3. L'ouverture du marché aura lieu à huit heures du matin et les ventes seront terminées à midi.

Art. 4. Le prix des animaux achetés sera payé marché tenant entre les mains du caissier préposé à cet effet par l'administration.

Art. 5. Les animaux achetés sur le marché d'approvisionnement seront immédiatement dirigés, par les soins des acheteurs, sur les abattoirs de Grenelle et Villejuif et sur celui de la Villette, tant qu'il sera disponible. Ils ne pourront, jusqu'à nouvel ordre, être abattus que dans ces établissements.

Art. 6. A partir du 12 septembre courant, les viandes de bœuf, vache, taureau et mouton seront soumises à la taxe.

Art. 7. La taxe sera établie tous les huit jours, pour chacune des espèces de viandes, par les soins du ministère de l'agriculture et du commerce, d'après les prix moyens de vente constatés pendant la semaine précédente sur le marché d'approvisionnement et d'après le poids en viande nette relevé dans les abattoirs pendant la même période.

Art. 8. Pour la fixation du prix de vente au détail, la viande de bœuf, de vache et de taureau sera divisée en trois catégories de morceaux, savoir :

1ʳᵉ catégorie.

Tende de tranche. — Culotte. — Gîte à la noix. — Tranche grasse. — Aloyau.

2ᵉ catégorie.

Paleron. — Côtes. — Talon de collier. — Bavette d'aloyau. — Rognons de graisse.

3ᵉ catégorie.

Collier. — Pis. — Gîtes. — Plates côtes. — Surlonges. — Joue.

Le filet et le faux-filet détachés, ainsi que le rognon de chair, ne sont pas soumis à la taxe.

Pour la viande de mouton, les morceaux sont divisés en trois catégories :

1ʳᵉ catégorie.

Gigots. — Carrés.

2ᵉ catégorie.

Épaules.

3ᵉ catégorie.

Poitrine. — Collet. — Débris de côtelettes.

Les côtelettes de mouton *parées* ne sont pas soumises à la taxe.

Art. 9. Les différentes espèces et catégories de viandes exposées en vente seront indiquées par des écriteaux.

Art. 10. Défenses sont faites aux bouchers d'introduire dans les pesées de viande des os décharnés et ce qu'on appelle vulgairement de la *réjouissance*.

Les os seront vendus à part et à prix débattu. Il sera tenu compte dans les calculs de la taxe de leur poids et de leur valeur.

Art. 11. Les bouchers ne pourront obliger l'acheteur à prendre, avec le morceau de son choix, de la viande d'une autre espèce ou d'une autre catégorie, non plus que des morceaux différents de la même catégorie.

Art. 12. La préfecture de police est chargée des mesures de surveillance à prendre pour assurer l'exécution du présent arrêté, qui sera imprimé, publié et affiché.

Les bouchers seront tenus de le placarder dans l'endroit le plus apparent de leurs étaux.

Paris, le 12 septembre 1870.

Le ministre de l'agriculture et du commerce.

J. MAGNIN.

NOUVELLES DE LA GUERRE.

Soissons, 11 septembre, soir.

Un parlementaire prussien s'est présenté hier sous nos murs et a sommé la ville de se rendre. Le commandant de la place a répondu qu'il se ferait plutôt sauter. Les habitants ont approuvé cette réponse.

Melun, 11 septembre, 10 h. 20 soir.

Les Prussiens sont autour de Meaux, et en force à Crécy.

Épinal, 11 septembre, 9 h. 6 m. soir

Hier, 10, l'ennemi a essayé de forcer la place de Toul de 7 heures du matin à 4 heures du soir. Canonnade et bombardement d'une extrême vigueur. Tentatives d'assaut repoussées.

11 septembre, 12 h. 55 soir.

Depuis 3 heures du matin jusqu'à 9 heures du soir l'ennemi a attaqué Toul et tenté l'assaut; il a été repoussé après avoir subi de grandes pertes; 10,000 hommes hors de combat, dit-on.

Troyes, 12 septembre. 10 h. 40 m.

Les Prussiens entrent à Nogent-sur-Seine.

12 septembre.

Les avant-gardes ennemies arrivent à Noisy (Seine-et-Marne).

Provins, 12 septembre, 3 h. soir.

Les Uhlans sont arrivés à midi moins le 1/4; ils annoncent pour demain un corps de 20,000 hommes.

En présence des événements qui rendent nécessaire le concours de tous les Français à la défense du sol, le Gouvernement de la défense nationale a décidé que tous les militaires engagés au service de l'étranger, sans exception, rentreraient de suite en France pour se mettre à la disposition de M. le ministre de la guerre. Le département des affaires étrangères est chargé de leur rapatriement.

De nombreuses demandes sont encore formées chaque jour pour la création de corps francs; jusqu'ici il a été possible de les accueillir; mais, par des considérations d'ordre et de bonne organisation qu'il est impossible de méconnaître sans danger, le ministre de la guerre a dû consacrer spécialement à l'armement des gardes nationales mobiles et sédentaires, qui reçoivent un développement considérable, les armes des nouveaux systèmes qui restent disponibles.

Il n'est donc plus possible d'accorder de nouvelles autorisations pour la formation de corps francs, dont l'organisation entraînerait, d'un côté d'assez longs délais, et de l'autre, des cessions d'armes, qui ont, dès à présent, leur destination définitivement déterminée.

Il y a lieu de rappeler, d'ailleurs, que les rangs de la garde nationale mobile et de la garde nationale sédentaire restent ouverts à tous les volontaires, indépendamment de la faculté qui leur demeurera acquise de s'engager pour la durée de la guerre dans un corps de troupe régulier.

Voici la liste générale et officielle de tous les corps francs qui ont passé la revue d'effectif par les soins de l'intendance militaire, en exécution du décret du 11 octobre 1870, et aux officiers desquels le département de la guerre a délivré des titres :

Volontaires de la Seine (3e et 4e bataillon), commandant Lafon.

Volontaires de la Seine (escadron de cavalerie), commandant de Pindray.

Eclaireurs à cheval de la Seine, commandant Franchetti. Décédé par suite de blessures reçues à l'ennemi.

Légion des volontaires de la France, commandant Cailloüé.

Légion des volontaires de la France (escadron de cavalerie), commandant G. Fould.

Francs-tireurs de la Presse, commandant Roland.

Francs-tireurs des Ternes, commandant de Vertus.

Francs-tireurs de la Ville de Paris (2e bataillon et dépôt), commandant Chaboud-Mollard.

Francs-tireurs de l'Aisne, commandant Dollé.

Francs-tireurs des Lilas, commandant Thomas Anquetil. Le corps des Lilas, licencié par décision ministérielle du 23 novembre, a été autorisé depuis à se réorganiser.

Francs-tireurs sédentaires, commandant Deschamps.

Francs-tireurs de la Gironde, commandant Cavasso.

Tirailleurs parisiens, commandant Lavigne.

Tirailleurs de la Seine, commandant Dumas.

Tirailleurs-éclaireurs parisiens, commandant Féry-d'Esclands.

Légion des Amis de la France, commandant Van der Meer.

Corps civique des carabiniers parisiens, commandant Perrelli (Janvier).

Chasseurs de Neuilly, Didion, capitaine commandant. M. de Jouvencel, organisateur dudit corps, a quitté Paris.

Bataillon d'éclaireurs de la garde nationale, commandant de Joinville.

Cavaliers de la République, commandant Dardelle.

Volontaires de la défense nationale, commandant Paira.

Guérilla de l'Ile-de-France, commandant André Peri. Licencié par décision ministérielle du 23 novembre. Autorisé à se réorganiser.

Bataillon des gardes mobiles de 1848. Pour mémoire, ce corps n'ayant pas encore été reconnu.

Éclaireurs de la garde nationale de la Seine (2ᵉ arrondissement), commandant Vallette. Licencié par décision ministérielle du 27 novembre.

ARTILLERIE. — CANONNIERS VOLONTAIRES AUXILIAIRES.

Corps franc d'artillerie (service des mitrailleuses), commandant Pothier, chef d'escadron d'artillerie.

1ᵉʳ compagnie principale de canonniers auxiliaires, bastion du 1ᵉʳ secteur commandant Languereau, capitaine en 1ᵉʳ.

1ʳᵉ compagnie (bis), bastion du 1ᵉʳ secteur, commandant Carrus, capitaine en 1ᵉʳ.

2ᵉ compagnie principale, bastion du 2ᵉ secteur, commandant Cognet, capitaine.

2ᵉ compagnie (bis), bastion du 2ᵉ secteur, commandant Maurice, capitaine en 1ᵉʳ.

2ᵉ compagnie (ter), bastion du 2ᵉ secteur, commandant Wendling, capitaine en 1ᵉʳ.

Compagnie de canonniers volontaires, bastion 12, commandant Rouart, capitaine.

7ᵉ compagnie de canonniers auxiliaires, 7ᵉ secteur, commandant Lesne, capitaine en 1ᵉʳ.

8ᵉ compagnie de canonniers auxiliaires, 8ᵉ secteur, commandant Forgeois, capitaine en 1ᵉʳ.

9ᵉ compagnie de canonniers auxiliaires, 9ᵉ secteur, commandant Mathieu, capitaine en 1ᵉʳ.

1ʳᵉ compagnie de la 4ᵉ batterie, commandant Dujardin, capitaine en 1ᵉʳ.

2ᵉ compagnie de la 4ᵉ batterie, commandant Roy, capitaine en 1ᵉʳ.

3ᵉ compagnie principale. Le capitaine Martin, qui commandait a 3ᵉ compagnie principale a donné sa démission, qui a été acceptée le 14 décembre.

3ᵉ compagnie (bis), commandant Dufresnoy, capitaine.

5ᵉ compagnie principale, bastion 50, commandant Roger, capitaine en 1ᵉʳ.

5ᵉ compagnie (bis), bastion 50, commandant Terriun, capitaine en 1ᵉʳ.

Canonniers volontaires (gardiens de la paix), bastion 63, commandant Archer, capitaine.

Canonniers volontaires (gardiens de la paix), 2ᵉ et 4ᵉ secteur, commandant Cadiat, capitaine.

Canonniers de l'École polytechnique, commandant Manheim, capitaine en 1ᵉʳ.

6ᵉ batterie de canonniers auxiliaires (bastion 57), commandant Dorré, capitaine en 1ᵉʳ.

DEUXIÈME LISTE

Relevé des corps francs reconnus par le département de la guerre et qui n'ont pas passé la revue d'effectif.

Tirailleurs de Saint-Hubert, commandant Thomas.

Corps du génie volontaire, commandant Flachat.

Corps des agents et gardes forestiers, commandant Carraud.

Corps franc de la compagnie de l'Est (pompiers armés), commandant de Sappel.

Bataillon de mineurs auxiliaires du génie, commandant Jacquot.

Légion bretonne, commandant Domalain.

Francs-tireurs alsaciens, commandant Braun.

Francs-tireurs de Saint-Germain, commandant de Richemont de Richardson.

Corps franc de Rouen, commandant Desseaux (Gaston).

Corps franc de Seine-et-Marne, commandant Liénard.

Corps franc de Saint-Denis et Neuilly, commandants Blanchard et Sageret.

Corps franc du Haut-Rhin, commandant Dolfus.

Corps franc des Vosges, commandant Dumont.

Compagnie des guides forestiers de la Couronne, commandant de la Panouse.

L'ennemi étant sur le point d'arriver sous les murs de Paris, à partir du jeudi 15 septembre, à 6 heures du matin, nul ne pourra sortir de Paris, ni y entrer sans être muni d'un permis de circulation délivré par le ministre de l'intérieur (1).

Les bois contenus dans les magasins actuels, et situés en dedans des fortifications seront immédiatement transportés et aménagés sur les rives de la Seine.

GARDE NATIONALE.

Le Gouvernement est informé qu'un certain nombre d'hommes habitant Paris, âgés de 25 à 35 ans, appelés sous les drapeaux par la loi votée le 10 août dernier, et pouvant être astreints au service dans l'armée active, se sont, à raison de cette circonstance, dispensés de se faire inscrire sur les contrôles de la garde nationale sédentaire.

(1) Cet ordre a été rapporté par une décision du lendemain publiée au *Journal officiel* du 15 septembre et disant : « que les portes resteront ouvertes tous les jours depuis le lever du soleil jusqu'à 8 heures du soir ; que, par conséquent, les communications ne seront interrompues, durant le jour ni pour les piétons, ni pour les voitures, et qu'il ne sera exigé aucune sorte de permis. »

Les opérations militaires devant retenir dans l'enceinte de Paris le plus grand nombre d'hommes en état de porter les armes, le Gouvernement invite les maires des arrondissements à procéder d'office à l'inscription des personnes comprises dans la catégorie ci-dessus désignée, et à les avertir que le service de la garde nationale est, à partir de la publication du présent avis, obligatoire pour elles.

Paris, 12 septembre 1870.

Une revue de la garde nationale sera passée, mardi 13 septembre, par le président du Gouvernement de la défense nationale, gouverneur de Paris.

MM. les généraux et amiraux commandant les sections établiront les bataillons composant leurs sections sur les emplacements qui leur sont affectés, à onze heures et demie, au plus tard.

La 1re section, commandée par M. le général Faron, et composée des bataillons n°s 14, 48, 49, 50, 51, 52, 53, 56, 73, 93, 94, 95, 96, 121, 122 et 126, sera massée sur la place de la Bastille.

Les sections suivantes seront disposées le long des boulevards intérieurs, sur deux lignes se faisant face, tournant le dos aux maisons, et sur autant de rangs que l'exigeront les limites des emplacements qui leur sont assignés. En cas d'insuffisance de ces emplacements, elles se masseront, en outre, dans les rues adjacentes.

La 2e section, commandée par M. le général Callier, et composée des bataillons n°s 27, 30, 31, 54, 57, 58, 63, 65, 66, 67, 68, 74, 75, 76, 80, 83, 86, 88, 89, 123 et 130, occupera l'espace entre la place de la Bastille et la place du Château-d'Eau.

La 3e section, commandée par M. le général Montfort, et composée des bataillons n°s 9, 10, 23, 24, 25, 26, 28, 29, 62, 107, 108, 109, 114 et 128, sera massée sur la place du Château-d'Eau.

La 4e section, commandée par M. l'amiral Cosnier, et composée des bataillons n°s 6, 7, 11, 32, 34, 36, 61, 64, 77, 78,

79, 116, 117, 124, 125 et 129, occupera l'espace compris entre la place du Château-d'Eau et la rue Saint-Denis.

La 5e section, commandée par M. le général Ambert, et composée des bataillons nos 2, 3, 8, 33, 35, 37, 90, 91, 92, 100, 111, 112, 113 et 132, occupera l'espace compris entre la rue Saint-Denis et la rue Montmartre.

La 6e section, commandée par l'amiral Fleuriot de Langle, et composée des bataillons nos 1, 4, 5, 12, 13, 38, 39, 69, 71 et 72, occupera l'espace compris entre la rue Montmartre et la rue de la Chaussée-d'Antin.

La 7e section, commandée par l'amiral de Montagnac, et composée des bataillons nos 15, 17, 41, 45, 47, 81, 82, 105, 106, 127 et 131, occupera l'espace compris entre la rue de la Chaussée-d'Antin et la place de la Madeleine.

La 8e section, commandée par l'amiral Méquet, et composée des bataillons nos 16, 18, 19, 20, 40, 43, 46, 83, 84, 85, 103, 104, 115 et 136, occupera la place de la Madeleine, la rue Royale et une partie de la place de la Concorde.

La 9e section, commandée par l'amiral Challier, et composée des bataillons nos 21, 22, 42, 44, 59, 60, 101, 102, 118, 119, 120, 133, 134 et 135, sera massée sur la place de la Concorde.

Les bataillons commandés pour un service de place ou de rempart sont seuls dispensés d'assister à cette revue.

Il n'y aura pas de défilé. Les bataillons de chaque section rentreront dans leurs quartiers respectifs aussitôt que leur section aura été passée en revue.

On lit encore dans le *Journal officiel* de ce jour.

M. le Chargé d'affaires du Portugal a adressé au Ministre des affaires étrangères la lettre suivante :

Paris, 12 septembre 1870.

Monsieur le ministre,

Le gouvernement de Sa Majesté Très-Fidèle, que je me suis empressé d'informer de la communication que Votre Excellence m'a fait l'honneur de m'adresser le 5 courant, relativement à la constitution du Gouvernement de la défense nationale et de la nomination de Votre Excellence aux fonctions de ministre des affaires étrangères, m'a ordonné de me mettre immédiatement en rapports officiels avec Votre Excellence et de lui exprimer son désir d'entretenir avec le Gouvernement de la défense nationale les bonnes relations qui heureusement existent entre le Portugal et la France.

Très-heureux et très-flatté d'être l'intermédiaire entre mon gouvernement et l'homme illustre chargé aujourd'hui de la direction des affaires extérieures de la France, j'apporterai dans l'accomplissement de cette mission tous mes efforts pour maintenir et consolider les meilleurs rapports entre nos deux gouvernements.

. . . .

Agréez, etc.

Signé : Lancastre.

M. Jules Favre a répondu :

Paris, 12 septembre 1870.

Monsieur le ministre,

. . . .

Le haut prix que la France a toujours attaché aux relations amicales qu'elle entretient avec votre noble patrie me permet de vous donner l'assurance que le Gouvernement de la défense nationale accueillera avec une vive satisfaction cette bonne nouvelle.

Je suis pour ma part très-heureux d'avoir la mission de la lui transmettre, et en mettant sur le compte de l'excès de votre bienveillance tout ce que vous voulez bien m'écrire d'obligeant, je vous prie d'être bien convaincu que je ferai tous mes efforts pour resserrer les liens qui unissent nos deux pays.

. . . .

Agréez, etc.

Signé : Jules Favre.

MERCREDI, 14 SEPTEMBRE.

Le Gouvernement de la défense nationale,

Considérant que des réclamations nombreuses et fondées se produisent dans tous les départements contre les exemptions abusives accordées par les conseils de révision dans le recrutement des gardes nationaux mobiles;

Considérant que toute exemption non justifiée doit être annulée,

Décrète :

Art. 1er. Un conseil de révision par arrondissement procédera à la révision de toutes les dispenses accordées jusqu'à ce jour aux gardes nationaux mobiles à titre de soutiens de famille.

Il se composera du préfet ou de son délégué, d'un membre du conseil général et d'un membre du conseil d'arrondissement désignés par le préfet.

Art. 2. Le conseil désignera pour chaque canton, jusqu'à concurrence de 14 0/0, les jeunes gens qui auront le plus de titres à la dispense.

Art. 3. Les jeunes gens dont le titre de soutiens de famille ne serait pas confirmé devront immédiatement rejoindre leur corps.

Fait à Paris, le 13 septembre 1870.

Le Gouvernement de la défense nationale,

Vu le décret du 10 septembre 1870, qui institue la commission de l'armement national par le concours de l'industrie privée;

Vu l'opportunité d'assurer le fonctionnement à la fois expéditif et régulier des opérations proposées par la commission,

Décrète :

1° Le ministre des travaux publics est spécialement commis pour en prendre connaissance, les contrôler et leur donner force d'exécution.

2° Un crédit de dix millions de francs lui est ouvert à cet effet.

Fait à Paris, le 13 septembre 1870.

Décret. — Les gardes nationaux réunis à Paris pendant le siége, pour concourir à la défense de la ville, et qui n'ont d'autres ressources que leur travail, recevront, quand ils en feront la demande, une indemnité de 1 fr. 50 c. par jour.

Cette indemnité leur tiendra lieu de toutes les prestations en nature qui leur étaient attribuées par l'arrêté du 11 septembre 1870.

Le Gouvernement de la défense nationale est persuadé que les citoyens comprendront la gravité des charges qui peuvent résulter pour les finances du pays de la disposition qui précède, et qu'aucun des défenseurs de la cité ne réclamera l'indemnité ci-dessus fixée qu'en cas de nécessité.

Les maires des arrondissements de Paris seront chargés de payer l'indemnité dont il s'agit, sur états fournis par les capitaines des compagnies, contrôlés par les chefs de bataillon, visés par les officiers généraux commandant les sections de la défense.

Il en sera référé au général commandant en chef de la garde nationale de Paris pour les détails d'exécution.

Le ministre de l'intérieur est chargé de l'exécution du présent décret.

Fait à Paris, le 12 septembre 1870.

Le Gouvernement,

Considérant que les circonstances actuelles exigent que l'exercice du droit de chasse soit momentanément suspendu,

Décrète :

Art. 1er. Dans un délai de dix jours à compter de la publication de ce présent décret, la chasse sera fermée dans tous les départements où elle est ouverte depuis le 16 août.

Art. 2. Indépendamment des peines édictées par la loi du 3 mai 1844 pour les cas délictueux qu'elle a prévus, une amende extraordinaire de 100 francs à 500 frans sera prononcée contre tout individu convaincu d'avoir chassé ou d'avoir colporté, vendu ou mis en vente du gibier pendant le temps de la clôture de la chasse.

Art. 3. Le produit des amendes dont il s'agit sera versé à a caisse de secours pour les familles des soldas blessés.

Paris, 13 septembre 1870.

Le ministre de l'intérieur arrête :
Article unique. En l'absence de M. Steenackers, directeur général des lignes télégraphiques, envoyé en mission extraordinaire (1), M. E. Mercadier est nommé commissaire du Gouvernement délégué à l'administration centrale pour suppléer provisoirement le directeur général dans ses fonctions.

Paris, le 13 septembre 1870.

Par décision du ministre de la guerre, M. Tachard, ancien député au Corps législatif, a été envoyé à Bruxelles comme chargé d'une mission extraordinaire.

M. Tachard quitte Paris ce soir, accompagné de M. Albert Decrais, qui lui a été attaché en qualité de secrétaire.

NOUVELLES DE LA GUERRE.

Schlestadt, le 13 septembre, 2 h. 40 m. du soir.

Urgence. Communiquée par le préfet du Bas-Rhin, du vendredi 9 septembre, à deux heures du soir, Schlestadt.

Général Uhrich à guerre, Paris.

Situation empirée, bombardement sans trêve, artillerie foudroyante. Je tiendrai jusqu'au bout. Comment pourrais-je passer le Rhin sans pont, sans bateau? Abandonnez cette idée impraticable. Sortie honorable ce matin, mais chère, et sans résultat autre que le respect imposé à l'ennemi.

Saint-Quentin, 12 septembre, 3 h. 40 soir.

Sous-préfet au ministre de l'intérieur.

Il paraît que la cause de la catastrophe de Laon est encore

(1) Délégué comme directeur des télégraphes, auprès du gouvernement à Tours.

inconnue. M. Ferrand, préfet démissionnaire, a été maintenu prisonnier, mis au secret, conduit avec égard vers Craonne et de là, pense-t-on, devant le général de Moltke. Le général Théremin d'Hame, blessé, est toujours détenu et gardé à vue à l'Hôtel-Dieu.

Corbeil, 12 septembre, 5 h. 25 m. soir.

Le pont de Corbeil saute ce soir à sept heures et les autres successivement.

Chaumont, 12 septembre, 5 h. 44 m. soir.

Préfet de la Haute-Marne au ministre de la guerre.

Hier matin, 2,500 Bavarois étaient à Vaucouleurs, et 2,000 à Vied.

Fontainebleau, 12 septembre, 5 h. 15 soir.

Sous-préfet au ministre de l'intérieur.

Je reçois du maire de Montereau la dépêche suivante, datée de trois heures du soir :

« Des uhlans arrivés ce matin à Provins en sont repartis à environ deux heures, en annonçant l'arrivée d'un corps d'armée de 15,000 hommes. »

Gumlingen, 12 septembre, 8 h. 40 soir.

Au ministre des affaires étrangères à Bruxelles.

Les propositions suisses concernant la sortie de la population civile de Strasbourg sont acceptées. Évacuation commencée immédiatement.

CARAMAN.

Troyes, 12 septembre, 8 h. 10, soir.

Il y a à Châlons de 6 à 8,000 Prussiens dont la plus grande partie sont des pionniers. Il y a aussi un assez grand nombre de hussards et quelques cuirassiers blancs. Rien de nouveau dans le département de l'Aube, si ce n'est que les éclaireurs qui sont entrés aujourd'hui à Nogent-sur-Seine se sont retirés, annonçant qu'ils reviendraient en nombre ce soir, et que si l'on faisait sauter le pont la ville serait bombardée.

Tergnier, 12 septembre.

Maire de Chauny au ministre de l'intérieur.

Un détachement de cuirassiers blancs est à Chauny et dans les environs, attendant le gros de l'armée pour assiéger Soissons. La Fère résiste. Les communications subsistent avec Chauny et Noyon. La gare de Tergnier est évacuée.

Paris, 13 septembre 1870.

Le colonel du génie délégué Fervel à M. le ministre de la guerre.

Le pont de Creil près de Chantilly est complétement renversé, et la gare du Nord ne communique plus avec son réseau que par Pontoise ou le pont de Saint-Ouen.

Melun, 13 septembre, 10 h. 10, matin.

Le préfet au ministre de l'intérieur.

Je reçois la dépêche suivante de Provins :

Employé télégraphe à préfet Melun et ministre de la guerre.

Le 2ᵉ régiment de uhlans vient de traverser Provins se dirigeant vers Nangis, Courtevrouse ou Vieux-Champagne. Le sous-préfet, parti cette nuit, est arrivé à Melun.

Lyon, 13 septembre, 9 h. 35, matin.

Le sous-préfet de Mirecourt au préfet d'Epinal.

Je reçois à 5 heures du matin, par exprès, nouvelles suivantes de Toul du lundi 12 septembre, midi :

Place de Toul a subi le 10 un bombardement de neuf heures ; c'est le quatrième. L'ennemi s'est servi des pièces de siège et des munitions de Marsal.

La ville a beaucoup souffert et la garnison s'est admirablement conduite. Les Prussiens et leur artillerie conservent leurs positions.

On lit encore dans le *Journal officiel* de ce jour :

Par décision du ministre des travaux publics en date du 13 septembre, une commission a été formée au Conservatoire des arts et métiers pour répartir, dans toutes directions les où ils peuvent être le plus utiles, les services des ingénieurs civils, centraliser leurs offres de concours et les affecter à toutes les opérations d'intérêt général, telles que projets, dessin, surveillance et direction des travaux.

Cette commission est composée de :

MM.

Tresca, sous-directeur du Conservatoire des arts et métiers, président.

Laurens, président de l'Association amicale des anciens élèves de l'École centrale ;

Martelet, ingénieur des mines ;

Martin, président de la Société des anciens élèves des Écoles d'arts et métiers ;

Vuillemin, président de la Société des ingénieurs civils.

Par décret du Gouvernement de la défense nationale, en date du 10 septembre 1870, M. Marqfoy, ingénieur des ponts et chaussées, est nommé membre de la commission de l'armement national.

La commission des mécaniciens et des ingénieurs civils s'occupe en permanence de l'exécution des mitrailleuses avec le concours de l'industrie privée. Les communications relatives à ces engins de guerre doivent être adressées à M. Tresca, sous-directeur du Conservatoire des arts et métiers.

L'attention du Gouvernement a été appelée, de divers côtés, sur les dangers que pouvaient présenter, au point de vue de la défense de Paris, des communications existant entre les catacombes et certains puits de la ville.

Il résulte des vérifications, que le préfet de police vient de prescrire, que d'anciennes communications de la nature de celles dont il s'agit sont actuellement murées, et que les catacombes ont été mises à l'abri de toute surprise par l'armement des agents du service des mines chargés de la surveillance.

Les habitants de Paris doivent être rassurés en ce qui concerne le service des eaux pendant le siége.

Quand même la population serait privée de l'eau des aqueducs extérieurs, l'administration aura encore à sa disposition, tous les jours, soixante à soixante-quinze millions de litres d'eau potable, sans compter celle des puits particuliers.

D'après le rapport des ingénieurs du service, rapport fait et communiqué à la commission centrale d'hygiène, l'arrosage seul des rues pourrait souffrir.

Ainsi, la suspension, depuis samedi dernier, de l'arrosage dans certains quartiers, tient à la suppression d'un canal, encombré par les travaux de défense.

Chaque modification de service pendant le siége sera annoncée d'avance dans les mairies de Paris.

En ce qui concerne l'éclairage, les rapports des ingénieurs spéciaux donnent également toute sécurité. Il n'y aura que quelques modifications dans le mode d'éclairage.

Le ministre des affaires étrangères a reçu du nonce du pape, des ambassadeurs d'Angleterre, d'Espagne, d'Autriche et du ministre des Pays-Bas, des lettres cordiales, par lesquelles ils lui annoncent que jusqu'à nouvel ordre ils resteront à Paris (1).

Le gouvernement de la défense nationale a reçu de l'ex-émir Abd el Kader l'assurance de la plus cordiale adhésion.

L'*Avenir*, de Berlin, dans un article signé Simon, de Trèves, et que nous reproduirons, se prononce contre une annexion de l'Alsace et de la Lorraine, au nom des intérêts de l'Allemagne démocratique, dont le devoir est de ne pas affaiblir la nation française.

---

(1) On lit dans le numéro du lendemain 15 septembre:
Tous les ambassadeurs et chefs de missions diplomatiques ont fait savoir au ministre des affaires étrangères qu'ils resteraient à Paris.

JEUDI 15 SEPTEMBRE.

Le Gouvernement de la défense nationale décrète :

Art. 1er. En attendant la réorganisation du conseil d'État par l'Assemblée constituante, les membres actuels du conseil d'État sont suspendus de leurs fonctions à dater de ce jour.

Art. 2. Les affaires administratives ou contentieuses urgentes seront expédiées par une commission provisoire composée de 8 conseillers d'État, 10 maîtres des requêtes et 12 auditeurs.

Les conseillers d'État et les maîtres des requêtes seront nommés par le Gouvernement, sur la proposition du ministre de la justice. Les membres ainsi nommés désigneront les auditeurs.

Fait à l'Hôtel-de-Ville de Paris, le 15 septembre 1870.

Décret. — La présidence du conseil de préfecture de la Seine est supprimée.

Le conseil sera présidé, jusqu'à la réorganisation, par le plus ancien président de section.

Fait à l'Hôtel-de-Ville de Paris, le 14 septembre 1870.

Ont été nommés :

Administrateur provisoire du département du Jura, M. Trouillebert (Antoine).

Préfet des Basses-Alpes, M. Esmenard du Mazet (1).

Le ministre de l'agriculture et du commerce,

En exécution du décret du 11 septembre courant, qui a rétabli la taxe de boucherie à Paris,

Arrête :

Art. 1er. A dater du vendredi 16 septembre jusqu'au jeudi 22 septembre inclusivement, la viande de bœuf et la viande de mouton seront payées, dans la ville de Paris, aux prix suivants :

(1) Publiciste.

Viande de bœuf.

1re catégorie.	Tende de tranche....... Culotte................ Gîte à la noix.......... Tranche grasse......... Aloyau................	2 fr. 10 le kil.
2e catégorie.	Paleron............... Côtes................. Talon de collier........ Bavette d'aloyau........ Rognons de graisse.....	1 fr. 70 le kil.
3e catégorie.	Collier............... Pis................... Gîtes................. Plats de côtes.......... Surlonges............. Joues.................	1 fr. 30 le kil.

Le filet et le faux-filet détachés, ainsi que le rognon de chair, ne sont pas soumis à la taxe.

Viande de mouton.

1re catégorie.	Gigots................ Carrés................	1 fr. 80 le kil.
2e catégorie.	Épaules...............	1 fr. 30 le kil.
3e catégorie.	Poitrine............... Collet................ Débris de côtelettes.....	1 fr. 10 le kil.

Les côtelettes *parées* ne sont pas soumises à la taxe.

Art. 2. Les différentes espèces et catégories de viandes exposées en vente seront indiquées par des écriteaux.

Art. 3. Il est défendu aux bouchers d'introduire dans les pesées de viande des os décharnés et ce qu'on appelle vulgairement de la *réjouissance*.

Art. 4. Les bouchers ne peuvent obliger l'acheteur à prendre avec le morceau de son choix, de la viande d'une autre espèce ou d'une autre catégorie, non plus que des morceaux différents de la même catégorie.

Art. 5. Le présent arrêté devra être placardé dans l'endroit le plus apparent de la boutique de chaque boucher.

Fait à Paris, le 14 septembre 1870.

Le Maire de Paris arrête :

Article 1er. Une commission de 20 citoyens sera chargée de réviser le dénomination des rues de Paris.

Art. 2. Le maire de Paris, ses adjoints et le secrétaire général de la Mairie de Paris, sont membres de cette commission.

Art. 3. Les quatorze autres membres de la commission seront élus par l'assemblée des maires et adjoints des vingt arrondissements de Paris.

Art. 4. Dès à présent, la Mairie de Paris, interprète du vœu populaire, décide :

1° La rue dite du Dix-Décembre prendra le titre de rue du Quatre-Septembre ;

2° L'avenue dite de l'Impératrice prendra le nom d'avenue du Général Uhrich, le glorieux défenseur de Strasbourg.

Art. 5. Le secrétaire général de la Mairie de Paris est chargé de l'exécution du présent arrêté.

Fait à l'Hôtel-de-Ville de Paris, le 12 Septembre 1870.

Il a été formé, par les soins de M. le préfet de police, une commission chargée de la répartition, entre les diverses ambulances et sociétés de secours aux blessés, des vins et des denrées alimentaires trouvés dans les palais nationaux.

Cette commission est composée comme suit :

MM. le comte de Flavigny, *président.*

    Husson, directeur de l'Assistance publique.

    De Madre, notaire, membre de la Société de secours aux blessés.

    Lacroze, médecin de la maison d'aliénés de Picpus.

    Le docteur Chéron.

    Wallut, secrétaire de la commission du jardin d'acclimatation.

    Pochet, ingénieur des ponts et chaussées.

    Fougeroux, ingénieur civil.

NOUVELLES DE LA GUERRE.

Mézières, 13 septembre, 4 h. 30

Le secrétaire général au ministre de l'intérieur.

D'après les renseignements qui me sont communiqués, il ne resterait plus que 4 ou 5,000 Prussiens à Sedan.

L'armistice conclu avec le général commandant supérieur de Mézières pour le traitement des blessés français touche à son terme. Mézières est prête à se défendre énergiquement.

Nogent-sur-Seine, 14 septembre, midi 30.

Les coureurs ennemis sont en vue depuis ce matin. L'attitude de la population les maintient, mais ils vont pénétrer dans la ville.

14 septembre, 2 h. 15 m.

Trente dragons prussiens viennent de se replier devant l'attitude énergique de la population. Ils vont rallier un escadron à 4 kilomètres et paraissent devoir revenir aussitôt.

Mulhouse, 14 septembre, 4 h. 26 m. soir.

Le préfet au ministre de l'intérieur et au général commandant à Belfort.

Communications interrompues avec Colmar depuis onze heures du matin. Un corps ennemi assez important, avec artillerie, occupe la ville.

Quelques préparatifs pour le passage du Rhin à Neubourg, vis-à-vis Chalampe.

On parle aussi de forces considérables s'avançant depuis Offenbourg.

Melun, 14 septembre, 8 h. soir.

Le préfet au ministre de l'intérieur.

Les communications télégraphiques n'existent plus entre Melun et Mormant. Le 14, vers une heure, 30 lanciers ennemis se sont présentés à Mormant; l'officier a demandé au maire la dernière gazette et annoncé le passage d'un gros de troupes faisant partie de l'armée du prince royal et se dirigeant sur Paris par toutes les routes. Mon éclaireur s'est porté au-dessus de Mormant et a rencontré un vedette à six kilomètres de là.

Un camp était établi à cet endroit près du bois Thibout. Il était d'environ 4,000 hommes.

20 uhlans sont entrés à Nangis, le 13, à 5 heures du soir; une compagnie de francs-tireurs a échangé quelques coups de fusil avec eux, puis s'est retirée. Des troupes ennemies sont campées aux environs de la Croix-aux-Bois, Gastins et Clos-Fontaine. Des francs-tireurs ont déclaré avoir eu un engagement avec des cavaliers prussiens à Montcerf.

Il résulte d'une dépêche adressée au ministre de la guerre par le général commandant la subdivision des Ardennes, que la suspension d'hostilités stipulée autour de Mézières pour l'évacuation des blessés n'a pas encore cessé. Les hostilités ne pourront être reprises contre la ville de Mézières que 48 heures après la dénonciation de l'armistice.

Les communications télégraphiques avec Mézières restent libres.

———

L'ingénieur des ponts et chaussées de Senlis télégraphie qu'il se replie sur Beauvais à l'arrivée des Prussiens. Il signale un corps de trente à quarante mille hommes à Crépy en Valois (62 kilomètres de Paris), et de fortes avant-gardes à Nanteuil (49 kilomètres), ainsi qu'à Villers-Saint-Genest et le Plessis.

———

Des lettres nombreuses arrivent chaque jour en France qui témoignent de la généreuse et cordiale hospitalité que trouvent en Belgique nos officiers et nos soldats internés, et des égards touchants dont ils sont l'objet de la part de la population tout entière. La Belgique a été une seconde patrie pour nos exilés, elle en est une aujourd'hui pour ceux que la fortune des armes a trahis. C'est que le noble peuple belge comprend à merveille que la République française ne peut être pour lui qu'une sœur, heureuse de le voir grand et prospère par le progrès et la liberté.

GARDES NATIONALES.

Les gardes mobiles des départements appelés à Paris pour la défense nationale ont été logés chez les habitants.

Les billets de logement délivrés fixaient un délai de huit jours.

Le maire de Paris requiert les citoyens de Paris de continuer à loger les gardes mobiles jusqu'à nouvel ordre de l'autorité.

Il compte sur le patriotisme de ses concitoyens, mais il doit leur rappeler que ceux qui résisteraient à cette réquisition, conséquence de l'état de siége, s'exposeraient à des pénalités sévères.

———

Le général Trochu, gouverneur, à la suite de la revue passée par lui hier, a adressé aux gardes nationaux et aux gardes mobiles de la Seine et des départements, l'ordre du jour suivant :

Jamais aucun général d'armée n'a eu sous les yeux le grand spectacle que vous me donnez : trois cents bataillons de citoyens organisés, armés, encadrés par la population tout entière, acclamant dans un concert immense la défense de Paris et la liberté.

Que les nations étrangères qui ont douté de vous, que les armées qui marchent sur vous ne l'ont-elles entendu! Elles auraient eu le sentiment que le malheur a plus fait en quelques semaines, pour élever l'âme de la nation, que de longues années de jouissances pour l'abaisser. L'esprit de dévouement et de sacrifice vous a pénétrés, et déjà vous lui devez le bienfait de l'union des cœurs qui va vous sauver.

Avec notre formidable effectif, le service journalier de garde dans Paris ne sera pas de moins de 70,000 hommes en permanence. Si l'ennemi, par une attaque de vive force, ou par surprise, ou par la brèche ouverte, perçait l'enceinte, il rencontrerait les barricades, dont la construction se prépare, et ses têtes de colonnes seraient renversées par l'attaque successive de dix réserves échelonnées.

Ayez donc confiance entière, et sachez que l'enceinte de Paris, défendue par l'effort persévérant de l'esprit public et par trois cent mille fusils, est inabordable.

Gardes nationaux de la Seine et gardes mobiles,

Au nom du Gouvernement de la défense nationale, dont je ne suis que le représentant, je vous remercie de votre patriotique sollicitude pour les chers intérêts dont vous avez la garde.

A présent, à l'œuvre dans les neuf sections de la défense ! De l'ordre partout, du calme partout, du dévouement partout ! Et rappelez-vous que vous demeurez chargés, je vous l'ai déjà dit, de la police de Paris pendant ces jours de crise.

Préparez-vous à souffrir avec constance. A cette condition vous vaincrez.

Avis. — Le préfet de police a appris que quelques abus regrettables ont été commis : sous prétexte d'espionnage, des citoyens ont été arrêtés dans leur domicile sans mandat régulier.

Le préfet de police rappelle que nul ne peut, sans ordre de la justice, pénétrer chez un citoyen, ni porter la main sur sa personne.

La loi punit de peines sévères la violation de domicile et l'arrestation arbitraire.

Le préfet de police fera exécuter la loi et traduira devant les tribunaux ceux qui la violeraient.

Mais il est convaincu que cet avis suffira ; il place la liberté du citoyen et de son foyer sous la sauvegarde du patriotisme de la garde nationale.

En face de l'ennemi, le scrupuleux respect de la loi est la première défense de la cité.

On lit encore dans le *Journal officiel* de ce jour, la circulaire suivante, adressée par le ministre de l'intérieur aux préfets des départements :

Monsieur le préfet, le Gouvernement, fidèle à sa mission, n'a jamais perdu de vue un seul instant le grand intérêt de la défense nationale sur tout le territoire. Il est heureux de voir relater les sentiments de patriotisme qui sont le gage de la résolution énergique de la France, et comptent au premier rang de ses ressources en face des éventualités de l'avenir. Mais c'est surtout dans des circonstances aussi périlleuses que celles où nous sommes qu'il est juste de dire qu'il n'y a rien de fait tant qu'il reste quelque chose à faire; et il importe au plus haut degré de procéder sans retard à l'organisation et à la mobilisation des forces vives du pays : je veux parler de la garde nationale sédentaire dans toutes les communes.

Je vous prie donc, en conséquence, de vouloir bien ordonner à tous les maires de votre département d'inscrire, sur des contrôles préparés à cet effet, tous les citoyens de vingt et un à soixante ans susceptibles de faire partie de la garde nationale. Cette première opération terminée, vous appellerez tous les gardes nationaux inscrits à élire leurs officiers, sous-officiers et caporaux, de manière à constituer les cadres de la garde nationale de chaque commune dans le plus bref délai. Enfin, les cadres constitués, vous aurez, de concert avec les officiers élus, à préparer aussitôt les éléments de compagnies détachées qui pourront être appelées, aux termes de la loi des 8 août, 28 mai et 13 juin 1831, à faire un service hors du territoire de la commune ou même un service de corps mobilisés pour seconder l'armée de ligne dans les limites fixées par la loi.

Ces compagnies détachées, formées par les maires assistés des officiers de la garde nationale, seront de la sorte toutes prêtes, suivant les éventualités de la guerre et les besoins de la défense nationale, à être mises à la disposition de M. le ministre de la guerre, à qui revient la tâche de les utiliser, et qui aura sur elles toute l'autorité que confèrent les lois et règlements militaires.

J'attends de vous l'exécution aussi prompte que possible des ordres ci-dessus consignés, avec un rapport complet sur les mesures de détail auxquelles l'exécution de ces ordres aura donné lieu.

Le ministre de l'intérieur,
Signé : Léon Gambetta.

VENDREDI, 16 SEPTEMBRE.

Le Gouvernement de la défense nationale décrète

Art. 1ᵉʳ. Les élections pour la prochaine Assemblée constituante se feront au moyen des listes électorales actuelles, auxquelles les maires sont autorisés à ajouter, par voie de liste supplémentaire, publiée trois jours avant l'élection, les noms des citoyens qui auront justifié de leur capacité électorale.

Art. 2. L'éligibilité sera réglée conformément aux dispositions du titre IV de la loi du 15 mars 1849. Toutefois, le délai de six mois indiqué par le paragraphe 1ᵉʳ de l'art. 83 est réduit à six jours.

Art. 3. Chaque département élira au scrutin de liste le nombre de représentants déterminé par le tableau annexé au présent décret, sur la base d'un représentant par 50,000 habitants, plus un représentant par fraction excédant le chiffre de 30,000 habitants.

Art. 4. Seront applicables les art. 91 (relatif à l'option), 96 et 97, § 2 (relatifs à l'indemnité) de la loi du 15 mars 1849.

Art. 5. Le scrutin ne durera qu'un seul jour.

Il aura lieu au chef-lieu de canton, sous la présidence du maire du chef-lieu. Néanmoins, en raison des circonstances locales, le canton peut être divisé en sections par arrêté préfectoral publié au moins trois jours à l'avance. Ces sections seront présidées par le maire de la commune où le vote a lieu.

Art. 6. Les opérations de vote auront lieu conformément à la loi actuellement en vigueur. Néanmoins, seront applicables les art. 56, 63, 64, 65, 66 de la loi du 15 mars 1849, relatifs au fonctionnement du scrutin de liste.

Art. 7. Les militaires présents sous le drapeau voteront pour l'élection des représentants du département où ils sont inscrits comme électeurs.

Les six premiers paragraphes de l'article 62 de la loi du 15 mars 1849 seront observés. Pour les militaires en campagne ou faisant partie de la garnison d'une place en état de siège, le

— 137 —

vote aura lieu conformément aux dispositions prises par le chef de corps ou le gouverneur de la place.

Art. 8. Le vote aura lieu en Algérie quinze jours après, et dans les colonies, deux mois après le jour où il aura eu lieu en France.

Tableau des représentants à élire par chaque département.

DÉPARTEMENTS.	POPULATION.	NOMBRE de représentants à élire.
Ain........................	371.643	7
Aisne.......................	565.025	11
Allier.......................	376.164	7
Alpes (Hautes-).............	143.783	3
Alpes (Basses-).............	122.117	2
Alpes-Maritimes.............	198.818	4
Ardèche.....................	387.174	8
Ardennes....................	326.864	6
Ariége......................	250.436	5
Aube........................	261.931	5
Aude........................	288.626	6
Aveyron.....................	400.070	8
Bouches-du-Rhône............	547.903	11
Calvados....................	474.909	9
Cantal......................	237.994	5
Charente....................	378.218	7
Charente-Intérieure.........	489.559	10
Cher........................	336.613	7
Corrèze.....................	310.843	6
Corse.......................	259.861	5
Côte-d'Or...................	382.762	8
Côtes-du-Nord...............	641.310	13
Creuse......................	274.057	5
Dordogne....................	502.673	10
Doubs.......................	298.072	6
Drôme.......................	324.231	6
Eure........................	394.567	8
Eure-et-Loir................	290.763	6
Finistère...................	662.485	13
Gard........................	429.747	9
A reporter.............		216

DÉPARTEMENTS.	POPULATION.	NOMBRE de représentants à élire.
Report......		216
Garonne (Haute-)............	493.777	10
Gers.......................	295.692	6
Gironde....................	701.855	14
Hérault....................	427.245	8
Ille-et-Vilaine.............	592.609	12
Indre......................	277.860	5
Indre-et-Loire.............	325.493	6
Isère......................	581.386	12
Jura.......................	298.477	6
Landes.....................	306.693	6
Loir-et-Cher...............	275.757	5
Loire......................	537.408	11
Loire (Haute-).............	312.661	6
Loire-Inférieure...........	598.598	12
Loiret.....................	357.110	7
Lot........................	288.919	6
Lot-et-Garonne.............	327.962	6
Lozère.....................	137.362	3
Maine-et-Loire.............	532.325	11
Manche.....................	573.899	11
Marne......................	390.809	8
Marne (Haute-).............	259.096	5
Mayenne....................	367.850	7
Meurthe....................	428.387	8
Meuse......................	301.653	6
Morbihan...................	501.084	10
Moselle....................	452.157	9
Nièvre.....................	342.273	7
Nord.......................	1.392.044	28
Oise.......................	401.274	8
Orne.......................	414.618	8
Pas-de-Calais..............	749.777	15
Puy-de-Dôme................	571.690	11
Pyrénées (Basses-)..........	433.486	9
Pyrénées (Hautes-)..........	240.252	5
Pyrénées-Orientales........	189.490	4
Rhin (Bas-)................	588.970	12
A reporter............		539

DÉPARTEMENTS.	POPULATION.	NOMBRE de représentants à élire.
Report		539
Rhin (Haut-)	530.285	11
Rhône	678.648	13
Saône (Haute-)	317.706	6
Saône-et-Loire	600.006	12
Sarthe	463.619	9
Savoie	271.663	5
Savoie (Haute-)	273.768	5
Seine	2.150.916	43
Seine-Inférieure	792.768	16
Seine-et-Marne	354.400	7
Seine-et-Oise	533.727	11
Sèvres (Deux-)	333.455	7
Somme	572.640	11
Tarn	355.513	7
Tarn-et-Garonne	228.964	4
Var	308.550	6
Vaucluse	266.091	5
Vendée	404.473	8
Vienne	324.520	6
Vienne (Haute-)	326.037	7
Vosges	418.998	8
Yonne	372.589	7
TOTAL		753
Colonies — Algérie		3
Colonies — Martinique		2
Colonies — Guadeloupe		2
Colonies — Guyane		1
Colonies — Sénégal		1
Colonies — Réunion		2
TOTAL		764

A été nommé préfet du département de Tarn-et-Garonne M. Flamens, en remplacement de M. de Freycinet, démissionnaire.

DÉCRET. — Il est ouvert au ministre de l'instruction publique un crédit de cinquante mille francs pour travaux de préservation à exécuter dans les musées et bibliothèques.

Paris, le 15 septembre 1870.

Décret. — L'état de siège est levé dans le département de la Nièvre.

NOUVELLES DE LA GUERRE.

Un décret du 13 septembre nomme au grade de général de brigade MM. Bertrand (Réné-Ludovic), colonel du 43e régiment d'infanterie de ligne.

Tripard (Joseph-Elie), colonel du 6e régiment de lanciers.

Borel (Jean-Louis), colonel au corps d'état-major.

Avril de l'Enclos (Joseph-Marie-Désiré), colonel du 42e régiment d'infanterie de ligne.

Rebilliard (Marie-Réné-Philippe), colonel du 16e régiment d'infanterie de ligne.

Le ministre de l'Intérieur a fait publier les dépêches suivantes :

Le chef de gare de Joinville télégraphie à l'ingénieur et à l'inspecteur de la ligne :

Jeudi, 15 septembre, 9 h. 50 du matin.

Ennemis au nombre de 10,000 environ, se dirigent sur Joinville. La troupe se concentre dans les forts. Dans une heure l'ennemi sera ici.

(*Sous toutes réserves.*)

Paris, gare du Nord, 15 septembre, 2 h. 30 soir.

Le commissaire de surveillance de la gare du Nord au ministre des travaux publics et au préfet de police.

Le train 117 de ce jour a été pris par les Prussiens à son arrivée à Senlis. Aux abords de Chantilly, l'ennemi a tiré sur le train 120. Personne blessé ; la compagnie vient de supprimer tout service entre Paris et Chantilly.

Vincennes, 15 septembre, 3 h. 20, soir.

A Monsieur le gouverneur de Paris, au Louvre.

Les uhlans sont en effet entre Créteil et Neuilly-sur-Marne.

A ce point paraît être l'avant-garde de la colonne signalée ce matin.

Informons et activons tout le monde.

Le colonel commandant le fort de Charenton à M. le gouverneur de Paris.

Quelques uhlans prussiens se sont avancés jusqu'auprès de Créteil et ont sabré des maraudeurs.

Le détachement que j'avais envoyé à la découverte le long de la Marne est arrivé sur ces entrefaites, a tiré sur l'ennemi, qui a pris la fuite. On pense qu'un parti de 200 cavaliers environ est aux alentours de Mély.

GARDES NATIONALES.

Paris, le 14 septembre 1870.

Rapport. — Avant que la garde nationale mobile eût été remise à l'autorité militaire, il avait été constitué une solde de 1 fr. par jour aux caporaux et simples gardes, et de 1 fr. 25 aux sous-officiers.

Un certain nombre de bataillons de ladite garde ayant été dirigés sur Paris, et la situation particulière de ces corps dans la capitale ne leur permettant pas de s'alimenter en commun, le Gouvernement a décrété qu'une somme de 1 fr. 50 par jour serait allouée à chaque garde mobile ; mais il n'a été fait aucune différence pour les sous-officiers, qui, lors de la première fixation, touchaient un supplément.

Il paraît juste de rétablir aujourd'hui cette différence et d'accorder aux sous-officiers une augmentation de solde qu'on proposerait à 25 c. pour les sergents-fourriers, et à 50 c. pour les sergents-majors et adjudants.

Le ministre de la guerre,
Général Le Flô.

Approuvé, etc.

Le Gouvernement de la défense nationale décrète :

Art. 1ᵉʳ. Les corps détachés des gardes nationales sédentaires toucheront, quand ils seront en marche, une solde de 1 fr. par jour par homme.

Art. 2. Les communes sont autorisées à s'imposer extraordinairement pour dépenses de guerre. Le premier produit de ces impositions sera affecté à l'habillement, à l'équipement et à l'organisation des gardes nationales formant les corps détachés.

Paris, le 15 septembre 1870.

Avis. — Les journaux publient chaque jour une série de détails fort circonstanciés sur les travaux de défense exécutés tant à l'intérieur qu'à l'extérieur des fortifications.

Quel que soit pour les citoyens l'intérêt de ces communications, les directeurs des journaux doivent comprendre que, pour satisfaire une curiosité légitime, ils s'exposent à donner à l'ennemi des renseignements dont celui-ci peut utilement profiter.

Le préfet de police fait en conséquence appel au patriotisme de la presse, et l'invite à user de la plus grande circonspection en tout ce qui concerne les travaux de défense.

On trouve encore, dans le numéro de ce jour, la proclamation suivante du garde des sceaux, ministre de la justice, représentant du Gouvernement de la défense nationale, à son arrivée à Tours :

Français !

L'ennemi marche sur Paris. Le Gouvernement de la défense nationale, livré dans ce moment suprême aux travaux et aux préoccupations que lui impose la capitale à sauver, n'a pas voulu, dans l'isolement où il va se trouver momentanément, que sa légitime influence manquât à nos patriotiques populations des départements. Pendant qu'il dirige sa grande œuvre, il a remis tous ses pouvoirs au garde des sceaux, ministre de la justice, le chargeant de veiller au gouvernement du pays que l'ennemi n'a pas foulé. Entouré des délégations de tous les ministères, c'est aux sentiments de notre peuple de France que j'adresse ces premières paroles.

Chacun de vous tient dans ses mains les destinées de la patrie. L'union, la concorde entre tous les citoyens, voilà le premier point d'appui contre l'ennemi commun, contre l'étranger.

Que la Prusse comprenne que si, devant les remparts de notre grande capitale, elle trouve la plus énergique, la plus unanime résistance sur tous les points de notre territoire, elle trouvera ce rempart inexpugnable qu'élève contre l'invasion étrangère l'amour sacré de la patrie.

Placé dans un département qui m'a témoigné, dans les plus graves circonstances, les plus vives sympathies, je sais que la Touraine est pleine de courage et de dévouement à la République. J'appelle tous les départements libres à nous soutenir de leur patriotique appui. Souvenons-nous que nous étions, il y a deux mois à peine, le premier peuple du monde : si le plus odieux et le plus inepte des gouvernements a fourni à l'ennemi les moyens d'envahir notre territoire, malgré les prodiges d'héroïsme de nos armées, qu'il était impuissant à conduire, souvenons-nous de 92, et, dignes fils des soldats de la Révolution, renouvelons, avec leur courage qu'ils nous ont transmis, leurs magnifiques victoires ; comme eux, refoulons l'ennemi et chassons-le du sol de notre République.

Tours, 13 septembre 1870.

Ad. Crémieux.

SAMEDI, 17 SEPTEMBRE.

Le Gouvernement de la défense nationale décrète :

Art. 1er. Il sera procédé dans toutes les communes de France à une nouvelle élection des conseils municipaux.

Art. 2. Le nombre des conseillers à élire et le mode de l'élection sont réglés par la législation existante.

Art. 3. Le premier tour de scrutin aura lieu le dimanche 25 septembre ; le second tour, le mercredi 28.

Art. 4. Les conseils municipaux élus nommeront les maires et adjoints le jeudi 29.

Art. 5. Les élections pour l'Assemblée constituante sont avancées au dimanche 2 octobre.

Elles auront lieu conformément aux dispositions du décret du 15 septembre.

Nota. — Un décret règlera demain les élections municipales de Paris et de Lyon (1).

Paris, 16 septembre 1870.

Le Gouvernement de la défense nationale,

Considérant que le général Le Flô, représentant du peuple, rayé des cadres de l'armée à raison de sa résistance au coup d'État du 2 décembre 1851, a été restitué dans ses droits par le décret du 12 septembre 1870,

Décrète :

Le général de brigade Le Flô est réintégré dans l'armée avec le grade de général de division, à la date du 2 décembre 1851.

Paris, 16 septembre 1870.

L'intérim du ministère de la marine et des colonies, qui avait été confié à M. le contre amiral de Dompierre d'Hornoy, a cessé par décret du Gouvernement en date du 15 septembre, et M. le vice-amiral Fourichon, ministre titulaire, a pris le même jour la direction du département.

Le vice-amiral Fourichon, ministre de la marine, exercera par délégation les fonctions de ministre de la guerre auprès de la partie du gouvernement siégeant hors de Paris (2).

---

(1) Pour cette dernière ville, les élections municipales ayant été faites avant la promulgation de ce décret, le *Journal officiel* du samedi 19 publie, à ce sujet, la note suivante :

« De nouvelles élections municipales ayant eu lieu régulièrement à Lyon le jeudi 15 septembre, il est devenu inutile, dans les circonstances actuelles, de statuer sur le renouvellement du conseil de Lyon ».

(2) Pendant son absence, dit le *Journal officiel* du 18 septembre, M. le contre-amiral de Dompierre d'Hornoy, directeur du personnel, sera le délégué du ministre de la marine à Paris.

DÉCRET du 16 septembre :

M. Glais-Bizoin, membre du Gouvernement, et l'amiral Fourichon, ministre de la marine, se rendront à Tours et y formeront, avec le garde des sceaux, la délégation du Gouvernement de la défense nationale, appelée à exercer les pouvoirs de ce Gouvernement dans les départements non occupés par l'ennemi. Ces pouvoirs dureront autant que l'investissement de la capitale.

DÉCRET daté de Tours le 14 septembre et signé par M. Crémieux :

Le département de l'intérieur sera représenté près la délégation du Gouvernement par M. Laurier, directeur général du personnel et du cabinet, en ce qui concerne la direction politique, le personnel des préfectures, la publicité et la sûreté générale, et par M. Jules Cazot, secrétaire général, pour les services administratifs (divisions du secrétariat, de l'administration départementale, de l'administration communale et hospitalière, des prisons et de la comptabilité).

M. Cazot sera spécialement délégué pour la signature des ordonnances de paiement et de délégation (1).

Le maire de Paris,

Sur le rapport du secrétaire général de la mairie de Paris ;

Considérant que l'an VIII de la République, le nom de *place des Vosges* a été donné à la place Royale, en souvenir de l'acte patriotique du département des Vosges qui, le premier entre tous les départements, fournit à la France la double dette du contingent militaire et du paiement de l'impôt ;

Considérant qu'un décret du 14 mars 1848 a rendu à la place Royale le nom de *place des Vosges* ;

---

(1) Le *journal officiel* publie en outre la note suivante, relativement à l'organisation des services publics à Tours :

Un certain nombre de chefs de division, de chefs de bureau et d'employés ont été désignés par le ministre de l'intérieur pour se rendre à Tours, près de la délégation du Gouvernement, afin d'assurer la marche des services lorsque les communications avec Paris seront interrompues.

Considérant dès lors qu'il importe de restituer dès aujourd'hui à la *place des Vosges* le nom qu'elle a porté sous les deux Républiques, et qui signifie patriotisme et dévouement :

Arrête :

La place dite Royale reprendra le nom de place des Vosges.

NOUVELLES DE LA GUERRE.

Saint-Denis, 15 septembre 1870, 9 h. 20 m., soir.

A M. le gouverneur de Paris.

D'après les renseignements recueillis par les reconnaissances d'aujourd'hui, des coureurs se montrent en petit nombre à hauteur de Villeneuve, Dammartin et le Plessis-au-Bois, précédant une colonne d'environ 3,000 hommes à Villers-Cotterets, une autre de 10,000 hommes à Nanteuil. Soissons bloqué par la cavalerie.

Le général commandant supérieur.

Schlestadt, 15 septembre, 9 h. 20 m., matin.

Préfet du Bas-Rhin au ministre de l'intérieur.

Communications par Colmar interrompues. Les Prussiens ont occupé Colmar après un petit combat à Horbourg ; des réquisitions ont été faites. Des mobiles en expédition à Sainte-Croix en plaine ont rencontré une simple reconnaissance prussienne ; Schlestadt n'est pas menacé. Un employé du chemin de fer, sorti de Metz le 4, dit que Bazaine a 75,000 hommes et des provisions.

Le sous-préfet au ministre de la guerre.

Neufchâteau, 15 septembre, 8 h. 35 m., soir.

Le bombardement de Toul a recommencé ce matin à six heures ; il a duré jusqu'à deux heures ; ce soir il a dû être très-vif ; aujourd'hui, il n'y avait que 600 hommes à Colombey et personne à Commercy ; les troupes qui se trouvaient hier à Void et Vaucouleurs étaient rejointes vers Toul par environ 4,000 hommes.

Le sous-préfet au ministre de l'intérieur.

Fontainebleau, 15 septembre.

Le maire de Montereau me télégraphie que des uhlans sont arrivés à Courcelles, qu'ils y ont requis de l'avoine et déjeuné, que les paysans en ont arrêté douze avec armes et bagages, que des hommes de Montereau partent pour aider les paysans, que les prisonniers sont dirigés sur Fontainebleau. Un express annonce au commandant des francs-tireurs établis à Fontainebleau qu'une partie de ce corps a tendu avec succès une embuscade à l'ennemi sur la route de Guignes.

Guebwiller, 15 septembre, 2 h. soir.

Le préfet aux ministres de l'intérieur et de la guerre.

Un corps badois d'environ 4,000 hommes, infanterie, cavalerie et artillerie, commandé par le général Keller, a occupé Colmar hier, vers midi, après avoir échangé avec nos francs-tireurs et gardes nationaux une fusillade appuyée de quelques coups de canon. L'ennemi a requis des vivres et des fourrages, détruit toutes nos communications télégraphiques et enlevé des rails.

Ce corps quitte la ville à l'instant, après avoir rallié les détachements cantonnés dans les villages voisins.

On estime sa force aujourd'hui à 6 ou 7,000 hommes, avec une vingtaine de canons et un équipage de ponts. Il annonce qu'il marche sur Mulhouse et qu'il sera remplacé ce soir à Colmar par un nouveau corps. Je vais faire mon possible pour gagner Mulhouse par la montagne. Mon secrétaire général reste à Colmar. On entend depuis ce matin le canon dans la direction de Brisach.

Colmar, 15 septembre, 6 h. 30 m. soir.

Secrétaire général du Haut-Rhin à MM. les ministres de la guerre et de l'intérieur.

Des troupes badoises, au nombre d'environ 5,000 hommes, infanterie, cavalerie, 20 canons et équipages de ponts, se sont emparés hier de Colmar. Après une faible résistance, M. le préfet a dû se replier. Resté seul, j'ai été fait prisonnier d'abord, et ensuite retenu prisonnier sur parole à la préfecture. Aujourd'hui jeudi, à midi, ils repartent me laissant libre et se dirigent... (La dépêche n'a pas été terminée, les fils ayant sans doute été coupés entre Rouffac et Mulhouse).

Pour copie conforme :
Le ministre de l'intérieur.
Léon Gambetta.

Vincennes, 16 septembre, 10 h. 30 m., matin.
Le commandant Télier, des redoutes de Saint-Maur, à M. le général Trochu.

Le commandant a l'honneur de rendre compte que les rondes et les patrouilles n'ont rien signalé de nouveau. Il suppose que l'ennemi est encore assez éloigné. Le pont de Joinville ayant entièrement sauté, il est impossible de se rendre compte de la marche des Prussiens. Les hommes du service des eaux, au pied de Gravelle, ont passé la nuit au fort et sont retournés à leur poste ce matin. La batterie d'artillerie mobile est arrivée avec des munitions. Tout va bien.

Ablon, 16 septembre, 4 h. 30, soir.
Le directeur de la gare d'Orléans au directeur général à Paris.

N'expédiez aucun train ; la voie a été coupée par la canonnade au deuxième pont, entre Ablon et Athis.

Belfort, 16 septembre, 7 h. 31, matin.
Le sous-préfet de Belfort au ministre de l'intérieur.

L'ennemi a occupé Mulhouse, Cernay et Bussang, paraissant vouloir se frayer une nouvelle route sur Paris. On ne signale, néanmoins, qu'un corps de 4,000 hommes.

Paris, gare du Nord, 16 septembre, 4 h. 20 soir.
Le commissaire de l'administration de la gare du Nord au ministre des travaux publics.

Par ordre de la compagnie du Nord, les trains ne vont plus que jusqu'à Saint-Denis.

On se bat à Athis. La gare d'Étampes est prévenue d'arrêter les trains allant sur Paris. Cette nouvelle vient de la gare de Bretigny.

L'ennemi est à Pierre-Laye (Seine-et-Oise).

***

D'après deux dépêches adressées par M. le directeur de la gare d'Orléans au directeur général des télégraphes, dans l'après-midi du 16, les communications télégraphiques ont été rompues entre Ablon-sur-Seine et Juvisy. De ce côté l'ennemi a traversé la Seine à gué. Il paraît vouloir établir une batterie près de Juvisy.

***

GARDES NATIONALES.

Le Gouvernement de la défense nationale,
Vu la loi du 28 janvier 1868 (art. 8);
Considérant que les circonstances dans lesquelles a eu lieu la nomination des officiers de la garde mobile rendent nécessaire l'élection des officiers.

Décrète :

Art. 1er. Les bataillons de la garde mobile actuellement armés et réunis à Paris sont appelés à élire leurs officiers.

Art. 2. Les élections auront lieu le lundi 19 septembre, par les soins du chef de bataillon en exercice.

Art. 3. Le ministre de la guerre est chargé de l'exécution du présent décret (1).

Fait à Paris, le 17 septembre 1870.

***

Décret du 16 septembre :

Il est formé un nouveau régiment provisoire d'infanterie de la garde nationale mobile qui prendra le n° 67. Ce régiment aura trois bataillons.

M. de Polignac (Camille-Armand-Jules-Marie), chef du 1er bataillon, promu au grade de lieutenant-colonel, commandera le régiment qui recevra la même organisation que les 66 autres précédemment créés.

***

(1) Une note publiée au *Journal officiel* du 18 décembre ajoute : ce décret est applicable aux bataillons des départements.

Par décret en date du 16 septembre 1870, M. Schœlcher, ancien représentant du peuple, a été nommé colonel d'état-major général des gardes nationales de la Seine.

Le ministre des travaux publics, sur la proposition de la commission d'armement, s'est préoccupé de créer des abris pour les gardes nationaux qui feront le service des fortifications. Un inspecteur général des ponts et chaussées est chargé de concentrer ce service entre ses mains.

AMBULANCES.

Le président du Gouvernement de la défense nationale, gouverneur de Paris, commandant l'état de siége :

Considérant qu'il importe d'organiser le service des ambulances destinées à donner les premiers soins aux blessés des forts et de l'enceinte,

Charge la commission centrale d'hygiène d'organiser le service des ambulances dans tous les arrondissements de la périphérie ; à cet effet, lui donne pouvoirs de requérir tous officiers municipaux, tous agents de la force publique, tous médecins et pharmaciens, de prendre possession de tous locaux publics et privés nécessaires à l'établissement desdites ambulances, de requérir enfin tout le matériel et tous les médicaments propres à leur service.

Général Trochu.

Paris, 16 septembre.

M. Henri Brisson, adjoint au maire de Paris, et MM. Béhier, Verneuil, Labbé, Onimus, membres de la commission centrale d'hygiène, agissant en vertu de la délégation spéciale qui leur a été donnée ce matin par le Gouvernement, ont suivi aujourd'hui l'enceinte continue depuis la porte d'Aubervilliers jusqu'à la porte de la Gare (19e, 20e, 12e et 13e arrondissements) ; ensemble, 33 bastions.

M. Moring, directeur de l'administration préfectorale, accompagnait les délégués.

Vingt-six ambulances de rempart, destinées à donner les

premiers soins aux blessés, ont été désignées sur ce périmètre, qui paraît aujourd'hui le plus directement menacé par l'ennemi.

Demain, le même travail sera fait dans les 14e, 15e, 16e, 17e et 18e arrondissements.

La commission tient à constater que les pouvoirs de réquisition dont elle était armée lui ont été inutiles ; les locaux privés ont été mis à sa disposition avec un empressement au-dessus de tout éloge.

La commission a aussi admiré, durant cette visite, qui n'a pas duré moins de onze heures, l'esprit d'ordre, de vigilance et de discipline dont les gardes nationaux défenseurs des bastions font preuve sur tous les points.

Le *Journal officiel* de ce jour publie encore les notes suivantes :

Le ministre de la guerre avait donné des ordres pour que la fabrication des mitrailleuses se fît dans de larges proportions à Paris et en province, et pour que l'industrie privée fût appelée à y concourir.

Mais il a été reconnu par les industriels eux-mêmes, appelés à examiner la question, que l'exécution de ces machines exige la création d'un ensemble d'outils spéciaux, et que le temps nécessaire à cette installation, s'ajoutant à celui qu'exige la succession des opérations d'une même pièce, entraînerait des délais non en rapport avec l'urgence commandée par les circonstances.

Le ministre de la guerre a décidé, en conséquence, dans le but d'arriver à une solution plus prompte et de ne pas désorganiser les ateliers établis, que le travail serait centralisé dans ces ateliers, tout en faisant exécuter dans l'industrie privée le matériel coulant et les pièces détachées qui n'exigeront pas un outillage spécial.

Déjà plus de trente industriels ont reçu des commandes ; plus de quatre mille ouvriers travaillent à leur exécution.

Ces chiffres seront doublés d'ici à quelques jours.

Le nombre des ingénieurs civils de bonne volonté qui ont mis leur dévouement à la disposition de la cause nationale dépasse toute espérance.

Les ingénieurs civils des mines ont saisi avec empressement l'exemple donné par ceux de l'École centrale et ceux des écoles d'arts et métiers, et les services sont concentrés au Conservatoire entre les mains de MM. les directeurs et sous-directeurs.

AVIS. — Les habitants sont tenus d'avoir chez eux et à tous les étages, des récipients solides, tels que baquets, seaux, etc., constamment pleins d'eau, afin de pouvoir, en cas de bombardement, porter eux-mêmes les premiers secours, s'il y avait incendie.

Dans ce même numéro, et à propos des pèlerinages faits journellement à la place de la Concorde, devant la statue de Strasbourg, par la population et la garde nationale, M. Théophile Gautier a publié un article sur la ville elle-même, alors assiégée. Nous extrayons de cet article le passage suivant, qui a plus spécialement trait aux manifestations qui se sont produites à Paris en l'honneur de la noble résistance de la vaillante cité alsacienne :

LA STATUE DE STRASBOURG.

Quand on traverse la place de la Concorde qu'animent les évolutions et le passage des troupes, l'œil est attiré par un groupe qui se renouvelle sans cesse aux pieds de la statue représentant la ville de Strasbourg. Majestueusement, du haut de son socle, comme du haut d'un autel, elle domine la foule prosternée; une nouvelle dévotion s'est fondée et celle-là n'aura pas de dissident; la sainte statue est parée comme une Madone, et jamais la ferveur catholique n'a couvert de plus d'ornements une image sacrée. Ce ne sont pas, il est vrai, des robes ramagées de perles, des auréoles constellées de diamants, des manteaux de brocart d'or brodés de rubis et de saphirs comme en porte la Vierge de Tolède, mais des drapeaux tricolores lui composent une sorte de tunique guerrière qui semble rayée par les filets d'un sang pur.

Sur sa couronne de créneaux, on a posé des couronnes de fleurs. Elle disparaît presque sous l'entassement des bouquets et des *ex-voto* patriotiques. Le soir, pareilles aux petits cierges que les âmes pieuses font brûler dans les églises devant la Mère divine, des lanternes vénitiennes s'allument et jettent leurs reflets sur la statue impassible et sereine. Ses traits, d'une beauté fière, ne trahissent par aucune contraction qu'elle a, enfoncé dans la poitrine, les sept glaives de douleur. On dirait presque qu'elle sourit quand la lueur rose flotte sur ses lèvres pâles. Des banderoles où sont tracées des inscriptions enthousiastes voltigent autour d'elle.

Sur le piédestal se lisent des cris d'amour et d'admiration : des pièces de vers, des stances sont écrites au crayon, et si l'art manque à ces poésies, le sentiment s'y trouve toujours. Devant le socle est un large registre ouvert, et les noms s'y ajoutent aux noms. Le peuple français s'inscrit chez la ville de Strasbourg ; le volume, relié magnifiquement et blasonné aux armes de la glorieuse cité, sera offert à la grande martyre qui se dévoue pour l'honneur et le salut de la France. Jamais ville n'aura eu dans ses archives un plus glorieux livre d'or.

Par un de ces mouvements d'exquise délicatesse qui parfois remuent les foules d'un frisson électrique, le peuple semble, en adoptant cette statue comme une image sacrée, comme une sorte de palladium et en lui rendant un culte perpétuel, vouloir dédommager la ville malheureuse, lui prouver son ardente sympathie et la soutenir, autant qu'il est en lui, dans son héroïque résistance.

DIMANCHE, 18 SEPTEMBRE.

Le Gouvernement de la défense nationale,
Considérant qu'il y a lieu d'étudier les principes constitutifs de l'organisation judiciaire actuelle et de préparer sur cet objet un travail qui sera soumis à l'Assemblée constituante,
Décrète :

Une commission d'organisation judiciaire est instituée.
Elle se compose de :

MM.

Crémieux, garde des sceaux, ministre de la justice, membre du Gouvernement, président.

Emmanuel Arago, membre du Gouvernement, vice-président.

Faustin Hélie, conseiller à la cour de cassation.

Marc Dufraisse, ancien représentant.

Valette, ancien représentant, membre de l'Institut, professeur à la Faculté de droit de Paris.

G. Chaudey, avocat à la cour d'appel de Paris.

R. Dareste, avocat au conseil d'État et à la cour de cassation.

F. Hérold, secrétaire général du ministère de la justice, secrétaire.

Paris, le 18 septembre.

Trois décrets, des 15 et 17 septembre, autorisent :

1° La ville de Bordeaux, à prélever, sur l'emprunt de 17 millions approuvé par la loi du 16 mai 1863, une somme de un million cinq cent mille francs (1,500,000 fr.) pour l'armement de la garde nationale de cette ville.

2° La ville de Lyon, à prélever, sur l'emprunt de 4,600,000 fr., approuvé par la loi du 26 juin 1861, une somme de soixante mille francs (60,000 fr.) pour les travaux de défense de la ville.

3° La ville de Clermont-Ferrand, à emprunter une somme de 100,000 fr. pour la defense nationale.

NOUVELLES DE LA GUERRE

Montargis, 17 septembre, 11 h. 15, matin.

Le préfet de Melun au ministre de l'intérieur.

Je reçois du procureur de la République à Provins la dépêche suivante, par exprès :

Provins, 16 septembre 1870.

2,000 hommes de cavalerie, hussards de la mort et dragons, une batterie d'artillerie et le prince Albert avec son état-major, sont arrivés hier à Provins et repartis ce matin à huit heures pour Nangis.

Angers, Sancy, Courtaçon, Courchamps et Chenoise sont écrasés de réquisitions.

17 septembre.

Directeur de la gare d'Orléans au directeur général des télégraphes.

(Communication d'une dépêche d'Ablon reçue à 8 h. 20 m., matin).

On me signale un très-grand mouvement de troupes ennemies sur les hauteurs de Brunoy et se dirigeant sur les hauteurs de Villeneuve-Saint-Georges.

Paris, gare d'Orléans, 17 septembre, soir.

Chef de station au directeur général des lignes télégraphiques.

L'ennemi commence un pont près de Villeneuve-Saint-Georges.

Neufchâteau, 16 septembre, 7 h. 7 m., soir.

Le sous-préfet au ministre de la guerre et préfet d'Épinal.

Un homme sûr m'arrive par les bois et me porte, de Toul, les nouvelles suivantes :

Placé sur une hauteur de la commune de Charme-la-Côte, à 6 kilomètres de Toul, il a été témoin de ce qu'il raconte.

Hier, à huit heures du matin, l'ennemi, qui avait réussi à installer de nouveau des canons sur la côte Saint-Michel, a ouvert un feu très-vif ; la place lui a répondu avec une égale vigueur, et cette canonnade s'est prolongée jusqu'à dix heures.

Il y a eu alors une interruption qui a duré trois heures ; vers une heure l'ennemi a recommencé le feu et a tiré assez mollement.

La place ne répondait pas ; mais vers trois heures elle a fait de nouveau un feu extrêmement violent et rapide, et quoique les canons des Prussiens fussent abrités derrière une faïencerie, la place a réussi à faire tomber deux bombes jusque sur leurs pièces.

Le feu de l'ennemi a immédiatement cessé. Aujourd'hui aucun coup de canon n'a été échangé. Silence complet. Mais on prétend que l'ennemi doit tenter demain une nouvelle attaque et même un nouvel assaut.

Les villages des environs renferment beaucoup de troupes autour de Toul. Peu de monde aujourd'hui à Vaucouleurs, 200 hommes environ; on ne laisse plus personne au delà de Colombey.

Neufchâteau, le 17 septembre 1870, 1 h. matin.
Neufchâteau, le 16 septembre 1870, à 11 h. 45 soir.

Le sous-préfet de Neufchâteau à Monsieur le ministre de la guerre.

Ce soir, vers six heures et demie, un petit ballon au bas duquel était fixée une nacelle a été trouvé au coin du bois situé sur le territoire de Jargny-sous-Mureau, à 10 kilomètres de Neufchâteau. Dans cette nacelle se trouvait soigneusement fixé un paquet ficelé et recouvert d'une toile gomme blanche. On l'a ouvert et on a lu tout d'abord, sur un morceau de parchemin, un écrit daté de ce matin 16 septembre, signé par le général Coffinières, commandent la place de Metz, et scellé de son sceau, par lequel cet officier supérieur priait la personne entre les mains de laquelle tomberait le paquet en question de le faire porter au plus proche bureau de poste français. Le maire de Pargny, informé de cette découverte, s'est empressé de déférer à la recommandation du général, et il a porté ce paquet au bureau de Neufchâteau.

Immédiatement informé, je m'y suis rendu; dans cette enveloppe gommée, j'ai trouvé huit paquets distincts composés d'environ 5,000 petits billets adressés de Metz par nos soldats aux familles. Chaque billet a la même dimension et forme un carré long de 6 centimètres de hauteur sur 8 ou 9 de large. Durant trois heures, le receveur des postes et moi avons lu un grand nombre de ces billets, afin de découvrir les nouvelles qui pouvaient être utilement portées à votre connaissance. Je vais reproduire les passages extraits d'un grand nombre de ces lettres et qui m'ont paru les plus importants.

Deuxième lettre par voie deuxième ballon, 16 septembre,
8 heures du matin.

Nous sommes toujours bloqués sous Metz, depuis un mois bientôt. On ne manque de rien. Cernés autour de Metz depuis le 17; mais soyez tranquilles, nous en sortirons dans quelques jours. Nous n'avons ni famine, ni épidémie; l'armée est en bon état, rien ne nous manque que des nouvelles. Nous sommes bloqués depuis la bataille de Gravelotte. Les Prussiens sont à Briey. Je vous avais écrit que je partais pour Verdun, mais nous avons été arrêtés en route. La ville renferme encore beaucoup de provisions; il n'y a aucune maladie. Nous avons encore des provisions abondantes dans la ville. J'attends les événements avec calme, écrit le général Jolivet au maréchal Vaillant.

Nous n'avons pas eu d'engagement depuis le 1er septembre; nous sommes campés aux environs de Metz, sous les forts; nous ne manquons de rien. Nous sommes dans l'abondance; je crois que j'engraisse. Le blocus est rigoureux, mais nous ne manquons de rien. Quoi qu'on ait pu dire, l'armée de Bazaine n'a pas été battue. Nous avons vaincu le 14, le 16, le 18 août, le 31 succès complet, et ce n'est pas fini. Quand le moment sera venu de faire une trouée, nous la ferons. État sanitaire excellent. Nous espérons bien battre les Prussiens encore. Nous nous sommes victorieusement battus les 14, 16, 18, 31 août, et le 1er septembre. Le point de départ du ballon qui vous portera ces dépêches est à l'École d'application. Il ne nous est pas permis d'écrire plus longuement. Je suis sain et sauf et chef de bataillon à la suite de Servigny et de Noisseville du 31 août et du 1er septembre.

Il existe dans mon régiment le même enthousiasme qu'au départ de Paris. Nous sommes campés à Borny-sous-Metz. J'ai assisté aux batailles de Borny, Gravelotte, Saint-Privat et Servigny. Je me porte bien, quoique ayant pris part aux affaires des 14, 18, 31 août et 1er septembre. La nacelle du ballon peut porter 1 kilo; il ne nous est pas permis d'écrire plus longuement. C'est le deuxième ballon que nous tentons de vous faire parvenir. Colonel Kerleadec est mort à la suite de ses blessures. Nous ne désirons que la reprise du beau temps. Rien ne nous manque. Ces divers billets partiront par les divers courriers du matin pour leurs destinations respectives.

GARDES NATIONALES.

Ordre du gouverneur concernant la garde nationale mobile logée chez l'habitant.

Considérant que le logement des gardes mobiles chez l'habitant est une charge que le patriotisme des Parisiens a acceptée avec empressement, mais que l'autorité militaire doit s'efforcer de rendre aussi légère que possible ;

Considérant, d'autre part, qu'une discipline sévère doit être maintenue dans tous les corps de troupes ;

Le gouverneur de Paris

Arrête :

Art. 1er. Les gardes mobiles logés chez l'habitant doivent être rentrés à dix heures du soir, au plus tard, au domicile qui leur est assigné.

Art. 2. Tout garde mobile rencontré dans les rues passé dix heures, et qui ne sera pas porteur d'une permission régulière, sera arrêté et puni disciplinairement.

Art. 3. Les habitants ne sont pas tenus d'ouvrir leurs portes, pendant la nuit, aux gardes mobiles logés chez eux, après l'heure indiquée ci-dessus.

Paris, le 17 septembre 1870.

Avis. — Depuis plusieurs jours, les gardes nationaux de service dans Paris, particulièrement aux portes de l'enceinte et dans la rue de rempart, entraînés par leur zèle pour les intérêts qu'ils ont le devoir de sauvegarder, interprètent les consignes avec une rigueur qui peut compromettre la défense. Des ingénieurs et un grand nombre d'agents divers, même des officiers revêtus de l'uniforme, quelques-uns chargés d'ordres importants, tous porteurs de permis de circulation, ont été entravés dans leur mission. Il est même arrivé que des voitures de matériel ont été arrêtées dans leur marche.

Ces faits créent aux divers services de la défense une situation pleine de difficultés. Il est important que les chefs de poste écartent de l'esprit de leurs sous-ordres des inquiétudes et des défiances qui ne sont pas justifiées.

Les journaux sont priés de reproduire le présent avis.

On trouve encore dans le *Journal officiel* de ce jour les deux circulaires suivantes :

Le ministre des affaires étrangères vient d'adresser aux représentants de la France à l'étranger la circulaire suivante :

Monsieur, le décret par lequel le Gouvernement de la défense nationale avance les élections a une signification qui certainement ne vous aura pas échappé, mais que je tiens à préciser. La résolution de convoquer le plus tôt possible une assemblée résume notre politique tout entière. En acceptant la tâche périlleuse que nous imposait la chute du gouvernement impérial, nous n'avons eu qu'une pensée : défendre notre territoire, sauver notre honneur et remettre à la Nation le pouvoir qui émane d'elle, que seule elle peut exercer. Nous aurions voulu que ce grand acte s'accomplît sans transition, mais la première nécessité était de faire tête à l'ennemi, et nous devions nous y dévouer : c'est là ce que comprendront ceux qui nous jugent sans passion.

Nous n'avons pas la prétention de demander ce désintéressement à la Prusse; nous tenons compte des sentiments que font naître chez elle la grandeur des pertes éprouvées et l'exaltation naturelle de la victoire. Ces sentiments expliquent les violences de la presse, que nous sommes loin de confondre avec les inspirations des hommes d'État. Ceux-ci hésiteront à continuer une guerre impie dans laquelle ont déjà succombé plus de 200,000 créatures humaines, et ce serait la continuer forcément que d'imposer à la France des conditions inacceptables.

On nous objecte que le Gouvernement qu'elle s'est donné est sans pouvoir régulier pour la représenter. Nous le reconnaissons, c'est pourquoi nous appelons tout de suite une assemblée librement élue.

Nous ne nous attribuons d'autre privilége que de donner à

notre pays notre cœur et notre sang et de nous livrer à son jugement souverain. Ce n'est donc pas notre autorité d'un jour, c'est la France immortelle qui se lève devant la Prusse. La France, dégagée du linceul de l'Empire, libre, généreuse, prête à s'immoler pour le droit et la liberté, désavouant toute politique de conquête, toute propagande violente, n'ayant d'autre ambition que de rester maîtresse d'elle-même, de développer ses forces morales et matérielles, de travailler fraternellement avec ses voisins aux progrès de la civilisation. C'est cette France qui, rendue à sa libre action, a immédiatement demandé la cessation de la guerre, mais qui en préfère mille fois les désastres au déshonneur.

Vainement ceux qui ont déchaîné sur elle ce redoutable fléau essayent-ils aujourd'hui d'échapper à la responsabilité qui les écrase, en alléguant faussement qu'ils ont cédé au vœu du pays. Cette calomnie peut faire illusion à l'étranger, où l'on n'est pas tenu de connaître exactement notre situation intérieure; mais il n'est personne chez nous qui ne la repousse hautement comme une œuvre de révoltante mauvaise foi.

Les élections de 1869 ont eu pour mot d'ordre : paix et liberté. Le plébiscite lui-même s'est approprié ce programme, en confiant au pouvoir impérial la mission de le réaliser. Il est vrai que la majorité du Corps législatif a acclamé les déclarations belliqueuses de M. le duc de Gramont, mais quelques semaines avant, elle avait accordé les mêmes acclamations aux déclarations pacifiques (1) de M. Ollivier.

Il faut le dire sans récrimination : émanée du pouvoir personnel, la majorité se croyait obligée de le suivre docilement, même dans ses plus périlleuses contradictions. Elle s'est refusée à tout examen sérieux et a voté de confiance; alors le mal a été sans remède. Telle est la vérité. Il n'y a pas un homme sincère en Europe qui puisse la démentir et affirmer que, librement consultée, la France eût fait la guerre à la Prusse.

Je n'en ai jamais tiré cette conséquence que nous ne soyons pas responsables. Nous avons eu le tort, — et nous l'expions

---

(1) Voyez les appendices de ce volume.

cruellement, — d'avoir toléré un Gouvernement qui nous perdait. Maintenant qu'il est renversé, nous reconnaissons l'obligation qui nous est imposée de réparer, dans la mesure de la justice, le mal qu'il a fait. Mais si la puissance avec laquelle il nous a si gravement compromis se prévaut de nos malheurs pour nous accabler, nous lui opposerons une résistance désespérée, et il demeurera bien entendu que c'est la Nation, régulièrement représentée par une assemblée librement élue, que cette puissance veut détruire.

La question ainsi posée, chacun fera son devoir. La fortune nous a été dure : elle a des retours imprévus. Notre résolution les suscitera. L'Europe commence à s'émouvoir, les sympathies nous reviennent. Celles des cabinets nous consolent et nous honorent. Ils seront vivement frappés, j'en suis sûr, de la noble attitude de Paris, au milieu de tant de causes de redoutables excitations. Grave, confiante, prête aux derniers sacrifices, la Nation armée descend dans l'arène, sans regarder en arrière, ayant devant les yeux ce simple et grand devoir, la défense de son foyer et de son indépendance.

Je vous prie, monsieur, de développer ces vérités au représentant du Gouvernement près duquel vous êtes accrédité ; il en saisira l'importance et se fera ainsi une juste idée des dispositions dans lesquelles nous sommes.

Recevez, etc.

Paris, le 17 septembre 1870.

Le vice-président du Gouvernement de la défense nationale, ministre des affaires étrangères,

JULES FAVRE.

Le ministre de l'intérieur vient d'adresser aux préfets de la république, au sujet du renouvellement des conseils municipaux, la circulaire suivante :

Monsieur le préfet, un décret du Gouvernement de la défense nationale, en date du 16 septembre courant, ordonne qu'il soit procédé dans toutes les communes de France à cette nouvelle élection des conseils municipaux, et porte que le nombre des conseillers à élire et le mode de l'élection sont réglés par la législation existante. Il est de mon devoir de vous faire connaître la pensée du Gouvernement au sujet de ces élections nouvelles, qui dans les circonstances périlleuses où se trouve aujourd'hui le pays, sont destinées tout à la fois à témoigner des sentiments de résistance indomptable qui animent tous les Français contre l'ennemi, et de leur résolution énergique de fonder un gouvernement vraiment libre tout en défendant la patrie.

Je vous disais, dans une précédente circulaire, qu'au point de vue même de la défense nationale, votre première tâche était de réveiller le pays de cette longue torpeur de vingt années qui lui a été si fatale, d'encourager en le réglant l'esprit d'initiative, de susciter partout autour de vous les énergies locales et de faire converger tous ces efforts disséminés vers le grand but que nous poursuivons tous : la délivrance du sol national. C'est pour satisfaire à ces besoins primordiaux de la France et pour vous seconder dans la tâche qui vous a été assignée, que le Gouvernement de la défense a décidé le renouvellement des conseils municipaux dans toute l'étendue de la république. Il importe que tous les citoyens se pénètrent de cette idée, la seule juste et la seule féconde, que le salut de la patrie ne peut être attendu que de la vigueur et de la résolution de tous les Français.

Les conseils municipaux sont les premiers et les plus naturels organes de cette volonté suprême de la France : c'est pour cela que nous avons tous besoin, à tous les degrés de la hiérarchie des pouvoirs, d'être appuyés et secondés par des assemblées directement issues du suffrage universel et librement élues au milieu et sous l'influence des événements terribles qui ont fondu sur notre pays par l'imprévoyance et l'ineptie coupable du gouvernement déchu. Avec le concours de telles assemblées, l'action du Gouvernement de la défense nationale sera tout ensemble plus facile et le plus efficace. Quand nous nous trouverons associés aux représentants les plus immédiats des populations, quelle force immense pour les pouvoirs publics, et surtout quelle inébranlable sécurité pour le pays!

Il faut considérer d'ailleurs, monsieur le préfet, qu'un des premiers actes du Gouvernement de la défense nationale, en prenant possession du pouvoir, a été de convoquer le peuple français dans ses comices, à l'effet d'élire une Assemblée nationale qui puisse porter en tous lieux, et en dépit de tous les désastres, l'âme vivante de la patrie. La constitution de cette assemblée, appelée à raison même des circonstances à faire face aux périls et aux responsabilités les plus redoutables, exige de la manière la plus impérieuse que l'élection de ses membres soit remise au pays rendu à lui-même, débarrassé des entraves de tout genre que le régime précédent avait imaginées pour asservir et corrompre le suffrage universel. De là la nécessité de constituer dans chaque commune de nouvelles municipalités, indépendantes de tous liens avec l'ancienne administration et pénétrées du sentiment de la grandeur et des difficultés de la situation présente, afin que les représentants du peuple apportent dans l'assemblée nouvelle les sincères résolutions de la France librement consultée.

Enfin, les membres du Gouvernement de la défense nationale ne peuvent oublier, dans le poste où les a placés la confiance du peuple de Paris, les idées et les principes à la défense desquels ils ont de tout temps dévoué leurs efforts et qui leur ont valu, pendant tant d'années, la confiance de la France libérale et démocratique. L'établissement de communes libres, la constitution de municipalités désormais soustraites à l'influence exagérée du pouvoir central, douées d'une vie propre et capables par leur initiative de refaire la France en refaisant ses mœurs publiques, ont toujours été au premier rang des justes réclamations de l'opinion démocratique, dont l'opposition se faisait honneur d'être l'organe. L'occasion se présente d'appliquer ces idées et ces principes, et de donner une satisfaction trop longtemps attendue à ces réclamations légitimes : pourquoi ne pas la saisir ? Il est hors de doute que les conseils municipaux élus en août dernier, dans la plupart des communes, portent la marque de l'ancienne administration ; que les choix qui ont été faits l'ont été trop souvent sous la pression d'anciennes influences dont le joug peut et doit être aujourd'hui secoué, et que, dans tous les cas, la liberté vaut mieux que la contrainte administrative pour assurer la sincère représentation des intérêts du pays; pourquoi dès lors n'appellerions-nous pas les citoyens à reviser des choix faits par eux sous un régime aujourd'hui détruit et qui ne sont nullement en rapport avec les besoins nouveaux de la France et des communes elles-mêmes?

Considérez en effet que par l'extension nécessaire et progressive des attributions des conseils municipaux les fonctions des conseillers à élire auront une tout autre importance que celle des conseilliers récemment élus. Nous voulons jeter les bases d'une véritable et complète réorganisation des forces de la France: il nous faut des hommes pénétrés comme nous de cet intérêt supérieur ; nous voulons assurer, dans la mesure conciliable avec la constitution même de la nation, l'indépendance des corps municipaux, afin que l'activité, la vie arrivent à circuler dans toutes les parties du corps social; n'y a-t-il pas nécessité d'appeler à siéger dans les conseils des communes des hommes qui, ne relevant plus exclusivement de l'autorité abusive des préfets, soient prêts à accepter la juste responsabilité qui revient aux membres de conseils élus dans la plénitude de l'autorité du suffrage universel.

Telles sont les considérations, monsieur le préfet, qui ont déterminé le Gouvernement de la défense nationale à procéder sans retard au renouvellement des conseils municipaux dans toute la France. Je vous prie de vous en bien pénétrer, et d'en faire le texte des instructions et commentaires de tous genres qui pourront vous être demandés pour l'exécution de cette grave mesure. Je n'ai nul besoin de vous rappeler que, dans la pratique comme dans la théorie, la liberté est le premier principe du Gouvernement et de ses agents, et surtout la liberté électorale. Nous appliquons aujourd'hui les idées que nous avons toujours défendues. La France démocratique et libérale saura bien le reconnaître et y applaudir ; et les républicains, portés au pouvoir par l'émotion populaire au milieu de périls qui vont sans cesse en grandissant, se devaient à eux-mêmes, aussi bien qu'à la noble cause qu'ils ont toujours servie, de ne pas abandonner ces idées, surtout en face d'un ennemi qui ose se vanter d'anéantir, avec la France, la démocratie moderne et ses principes.

Recevez, etc.

Le membre du Gouvernement de la défense nationale, délégué au département de l'intérieur,

Léon Gambetta.

Ce même numéro publie la déclaration de neutralité des États-Unis, que nous mentionnons pour mémoire, mais que nous ne croyons pas utile de reproduire. On y trouve également la note suivante :

Les ambassadeurs d'Autriche et d'Angleterre et le chargé d'affaires de Russie ont quitté ce matin Paris et se sont rendus à Tours dans le but de conserver une libre communication avec leurs gouvernements. Ils ne cesseront pas de demeurer en relation avec le ministre des affaires étrangères présent à Paris. Le ministre des États-Unis, le ministre de Belgique, le ministre de Suisse et plusieurs autres membres du Corps diplomatique ont bien voulu dire au ministre qu'ils resteraient près de lui.

LUNDI, 19 SEPTEMBRE.

Le Gouvernement de la défense nationale,

Considérant qu'il importe de régler provisoirement, et conformément à notre droit public, la situation municipale de Paris en attendant son organisation définitive par l'Assemblée constituante,

Décrète :

Art. 1er. La ville de Paris procédera le mercredi, 28 septembre, à l'élection de son conseil municipal, dont les attributions seront les mêmes que celles des autres conseils municipaux de la République.

Partout où il y aura lieu à un second tour, il y sera procédé le jeudi 29.

Art. 2. Ce conseil sera composé de 80 membres nommés par circonscriptions correspondant aux arrondissements. Chaque arrondissement élira 4 membres au scrutin de liste.

Le conseil élu nommera son président, 4 vice-présidents et 6 secrétaires.

Art. 3. A raison des circonstances, les élections se feront sur les listes existantes. Néanmoins, tout garde national sera admis au vote sur un certificat délivré par la commission d'armement de son arrondissement constatant qu'il a justifié des conditions de l'électorat.

Art. 4. Il sera statué ultérieurement sur la nomination du maire de Paris et de ses adjoints, et sur celle des maires et adjoints d'arrondissement.

Provisoirement, les maires et adjoints de Paris et les maires et adjoints d'arrondissements resteront en fonctions. Ils sont éligibles au conseil municipal.

Fait à Paris, le 18 septembre 1870.

Pour les élections municipales de Paris, le mode suivant lequel les listes électorales actuelles sont complétées est réglé par l'article 3 du décret spécial du 18 septembre.

Dans les communes envahies par l'ennemi et dont les habitants se sont retirés devant l'invasion, les élections peuvent être ajournées. MM. les maires des communes dont s'agit sont priés d'informer le Gouvernement de l'impossibilité où se trouvent leurs communes de procéder à des élections régulières.

Les communes du département de la Seine qui ont procédé à leurs élections municipales le 14 août dernier, ont dû envoyer leurs archives à un bureau spécial organisé au greffe du tribunal de commerce. Les populations de ces communes sont dispersées. Il est donc impossible en fait que leurs élections municipales aient lieu le 28 septembre. Ces élections sont ajournées jusqu'à nouvel ordre. Les conseils municipaux actuels de ces communes continueront de remplir leurs fonctions.

Par décret du 18 septembre, les élections municipales auront lieu en Corse le 2 octobre, et les élections pour la constituante le 9 octobre.

Le second tour de scrutin pour l'élection des membres de l'assemblée constituante, s'il y a lieu, est fixé au dimanche 9 octobre.

Le Gouvernement de la défense nationale,

Considérant qu'un grand nombre d'habitants se sont éloignés de Paris, qu'il ne serait pas juste qu'ils fussent affranchis des charges qui résultent de l'état de siége,

Décrète :

Art. 1er. Les locaux dont les habitants se sont éloignés de Paris pour toute autre cause que pour un service public, seront soumis, à partir du 10 septembre courant à une taxe graduée suivant la valeur locative desdits locaux.

Au-dessous de 600 fr., lesdits locaux ne supporteront aucune taxe.

A partir de 600 fr. la taxe sera réglée de la manière suivante :

De 600 à 1,000 fr.	28 fr. par mois.
De 1,001 à 2,000 fr.	60 —
Ds 2,001 à 3,500 fr.	120 —
De 3,501 fr. à 6,000 fr.	180 —
De 6,001 à 10,000 fr.	240 —
De 10,001 à 20,000 fr.	300 —
Ce 20,001 et au-dessus.	500 —

La taxe cessera à partir de la levée de l'état de siége.

Art. 2. Les rôles comprenant cette taxe seront dressés et arrêtés par le maire de Paris sur la proposition d'une commission constituée par lui.

Le recouvrement en sera effectué par les receveurs-percepteurs des contributions directes.

La taxe mensuelle devra être acquittée en une seule fois et dans le délai de 15 jours à partir de la notification.

Art. 3. Les réclamations auxquelles cette taxe pourrait donner lieu devront être présentées dans le même délai de quinze jours et seront jugées par le maire de Paris, sur l'avis de la commission constituée par l'art. 2 ci-dessus.

Art. 4. Le maire de Paris est chargé de l'exécution du présent décret.

Fait à Paris, le 17 septembre 1870.

Deux décrets du 15 septembre autorisent :

1° La ville de Niort (Deux-Sèvres) à emprunter, à un taux d'intérêt qui n'excède pas cinq pour cent, une somme de deux cent cinquante mille francs (250,000 fr.) remboursable en treize années à partir de 1879, sur ses revenus ordinaires, pour subvenir aux besoins de la défense nationale.

2° La ville de Toulouse (Haute-Garonne) à emprunter, à un taux d'intérêt qui n'excède pas cinq pour cent, une somme de un million cinq cent mille francs (1,500,000 fr.) pour concourir à la défense nationale.

ARRÊTÉS. — M. Chambareaud a été nommé directeur général *par intérim* du ministère de l'intérieur pour remplacer M. Laurier, désigné pour représenter ce département auprès de la délégation de Tours pour ce qui concerne la direction politique, le personnel des préfectures, la publicité et la sûreté générale.

M. Camille Sée est nommé secrétaire général *par intérim* du ministère de l'Intérieur, pour remplacer M. Cazot, désigné pour représenter ce département auprès de la délégation de Tours, pour les services administratifs placés dans les attributions du secrétaire général (1).

Paris, le 18 septembre 1870.

NOUVELLES DE LA GUERRE (2).

Un décret du 18 septembre nomme général de brigade M. le colonel de gendarmerie Dupré (Louis-François).

(1) Nous avons omis de citer à sa date (4 septembre) l'arrêté nommant M. Jules Cazot secrétaire général du ministère de l'intérieur.

(2) L'investissement complet de Paris date de ce jour. (19 septembre.)

Un décret du même jour, nomme plusieurs colonels dans le corps d'état-major et dans l'infanterie.

On écrit de Saint-Louis le 14 septembre :

La députation du comité de secours aux Strasbourgeois a obtenu d'heureux résultats. Un des délégués suisses est revenu annonçant que, pendant trois jours, les femmes et les enfants auront la faculté de sortir de la ville pour se rendre à Dinglingen, sur la rive droite du Rhin, à 24 kilomètres de Strasbourg. De ce point à Bâle les émigrants seront transportés gratuitement sur le chemin de fer badois. En Suisse le meilleur accueil les attend.

Le chemin de fer du Nord forme, dans son personnel, un corps de 1,400 hommes sous le nom de *pompiers armés*.

Un train de la ligne d'Orléans, expédié hier à une heure de Paris, afin de déménager les gares d'Ablon et de Choisy, a été assailli à coups de fusils par 40 uhlans postés sur la rive droite de la Seine, en face de Choisy-le-Roi. Hier soir, les voies ont été définitivement coupées à l'endroit où elles franchissent le mur d'enceinte.

Plusieurs uhlans ont été depuis trois jours amenés à l'Hôtel-de-Ville. Tous les prisonniers prussiens devront être désormais conduits à M. le général Soumain, commandant la place de Paris.

Les militaires de tous grades appartenant à la gendarmerie, qui sont contraints de se replier devant l'ennemi et arrivent à Paris, sont formés en escadrons et en compagnies sous le commandement de M. le chef de la 1re légion.

Ces militaires devront donc se présenter, dès leur arrivée, à la caserne des Minimes et se mettre à la disposition de M. le colonel Bouttier.

Subventions votées par les départements et les communes pour concourir à la défense nationale.

Départements :

Ille-et-Vilaine	1.500.000 fr.
Loire-Inférieure	500.000
Sarthe	2.500.000

Communes :

Angers	200.000 fr.
Angoulême	100.000
Besançon	100.000
Bordeaux	1.500.000 (emprunt).
Clermont-Ferrand	100.000 (emprunt).
Cognac	200.000
Lille	1.500.000
Lyon	60.000
Marseille	500.000
Nantes	500.000
Niort	250.000 (emprunt).
Saint-Nazaire	50.000
Toulouse	1.500.000 (emprunt).
	11.060.000

Le Gouvernement de la défense nationale,

Considérant qu'une commission instituée par le ministre des travaux publics au Conservatoire des arts et métiers, et composée d'ingénieurs constructeurs et d'ingénieurs civils, a reconnu la supériorité d'un modèle de mitrailleuses qui doit être exécuté rapidement pour être employé à la défense de Paris :

Décrète :

Un crédit de 600,000 francs est ouvert au ministre des travaux publics pour la construction de mitrailleuses conformes au modèle dont il est question ci-dessus.

Le ministre des finances et le ministre des travaux publics

sont chargés, chacun en ce qui le concerne, de l'exécution du présent décret.

Fait à Paris, le 18 septembre 1870.

GARDE NATIONALE.

Le Gouvernement de la défense nationale décrète :

Article unique. — Il sera formé un corps d'artillerie de la garde nationale, dont la formation et l'organisation sont confiées au colonel d'état-major de la garde nationale, Victor Schœlcher, sous la direction du général commandant supérieur. Son effectif ne devra pas dépasser le chiffre de neuf batteries.

Par décision du Gouvernement de la défense nationale, en date du 18 septembre au soir, le général Ambert a été destitué de ses fonctions de commandant chargé de la défense du cinquième secteur. Le contre-amiral du Quilio est nommé en son remplacement (1).

Le *Journal officiel* de ce jour contient encore les documents suivants :

Il a été décidé, dans les conseils du Gouvernement de la défense nationale, qu'un système complet de barricades formerait autour de Paris une seconde enceinte inexpugnable.

M. Henri Rochefort a été désigné comme président de la commission chargée de la mise à exécution de ce projet.

Les études de ce système et les plans des barricades ont été

---

(1) Cette destitution eut lieu à la suite d'une inspection faite par le général Ambert aux divers bastions de son secteur. Se trouvant au milieu d'un groupe de gardes nationaux et pressé, par plusieurs d'entre eux, de crier : Vive la république ! il avait cru devoir répondre qu'avant de crier : vive un Gouvernement quelconque, il fallait attendre que l'assemblée qui devait être nommée eût statué sur la forme définitive du Gouvernement de la France. Cette réponse avait donné lieu à une scène assez vive et à des insinuations qui rendaient difficile le maintien de M. le général Ambert au commandement du 5e secteur.

déjà exécutés par les soins et sous la direction de M. le ministre des travaux publics.

Le Gouvernement a fait un large approvisionnement de sel. Il fait opérer des ventes en gros qui permettent de vendre le sel au détail à un prix qui ne doit pas dépasser 30 centimes le kilogramme.

Pour assurer pendant la durée du siége de Paris l'expédition des affaires, une section du ministère de la guerre a été installée à Tours (Indre-et-Loire) et fonctionnera à partir du 19 septembre.

Les délégués de la commission centrale d'hygiène ont accompli, hier et aujourd'hui, dans les 14e, 15e, 16e, 17e et 18e arrondissements, le travail qu'ils avaient fait vendredi sur la partie de l'enceinte continue qui fait face à l'est. La désignation des emplacements choisis pour l'établissement des ambulances de rempart est maintenant achevée. Ces locaux, où les blessés recevront les premiers soins, avant d'être conduits soit à leur domicile, soit aux ambulances centrales, suivant leur désir, sont au nombre de soixante-dix-neuf, chiffre peu inférieur au total des bastions. La commission en adressera le tableau complet aux maires, aux chefs de corps et aux médecins.

Ces stations de secours seront promptement appropriées à leur objet et pourvues du matériel et du personnel nécessaires.

Par décret du 18 septembre, M. Baillon, professeur d'hygiène à l'Ecole centrale des arts et manufactures, professeur à la Faculté de médecine de Paris, a été nommé membre de la Commission centrale d'hygiène et de salubrité instituée à l'Hôtel-de-Ville.

Quelques-uns des membres de la commission chargée du dépouillement de la correspondance et des papiers trouvés aux Tuileries étant appliqués à d'autres services, ont reconnu avec regret qu'ils ne pouvaient pas consacrer à cette opération le temps nécessaire; ils ont offert leur démission, qui a été acceptée. Néanmoins, le travail d'examen, loin d'être suspendu, vient au contraire d'être réorganisé sur une plus large base.

Sous la présidence de M. André Lavertujon, le plan d'une publication complète et méthodique a été arrêté. Déjà une première livraison est entre les mains des copistes, et nous avons tout lieu de croire qu'elle sera mise demain sous presse à l'Imprimerie nationale.

L'Institut de France s'est réuni en assemblée générale le 18 septembre 1870. Préoccupé, au milieu de toutes les douleurs de la patrie, des intérêts qu'il a la mission de défendre, il a rédigé et publié la déclaration suivante :

« Lorsqu'une armée française, en 1849, mit le siège devant Rome, elle prit soin d'épargner les édifices et ouvrages d'art qui décorent cette ville. Pour prévenir tout risque de les atteindre par ses projectiles, elle se plaça même dans des conditions d'attaque défavorables.

» Dans notre temps, c'est ainsi que l'on comprend la guerre. On n'admet plus pour légitime d'étendre la destruction au delà des nécessités de l'attaque et de la défense ; de soumettre, par exemple, aux effets de la bombe et de l'obus, des bâtiments qui ne servent en rien de lieu fort.

» Moins encore admet-on qu'il soit permis de comprendre dans l'œuvre de ruine ces monuments empreints du génie même de l'humanité, qui appartiennent à l'humanité tout entière, qui forment, pour ainsi dire, le patrimoine commun des nations cultivées, et l'héritage sacré qu'aucune ne peut anéantir ou entamer sans impiété envers les autres et envers elle-même.

» Une armée allemande, en faisant le siège de Strasbourg, en soumettant la ville à un bombardement cruel, vient d'endommager gravement son admirable cathédrale, de brûler sa précieuse bibliothèque.

» Un tel fait, qui a soulevé l'indignation universelle, a-t-il été l'œuvre d'un chef secondaire, désavoué depuis par son souverain et son pays? Nous voulons le croire. Nous répugnons à penser qu'un peuple chez lequel les sciences, les lettres et les arts sont en honneur, et qui contribue à leur éclat, se refuse à porter dans la guerre ce respect des trésors de science, d'art et de littérature auquel se reconnaît aujourd'hui la civilisation.

» Et pourtant, on a lieu de craindre que les armées qui entourent en ce moment la capitale de la France ne se préparent à soumettre à toutes les chances d'un bombardement destructeur les monuments dont elle est remplie, les raretés de premier ordre, les chefs-d'œuvre de tout genre, produits des plus grands esprits de tous les temps et de toutes les contrées, l'Allemagne y comprise, que renferme dans ses musées, ses bibliothèques, ses palais, ses églises, cette antique et splendide métropole.

» Nous répugnons, encore une fois, à imputer aux armées de l'Allemagne, aux généraux qui les conduisent, au prince qui marche à leur tête, une semblable pensée.

» Si néanmoins, et contre notre attente, cette pensée a été conçue ; si elle doit se réaliser, nous, membres de l'Institut de France, au nom des lettres, des sciences, des arts, dont nous avons le devoir de défendre la cause, nous dénonçons un tel dessein au monde civilisé comme un attentat envers la civilisation même ; nous le signalons à la justice de l'histoire ; nous le livrons par avance à la réprobation vengeresse de la postérité.

» Réunis en assemblée générale, comprenant les cinq académies dont l'Institut de France se compose : Académie française, Académie des inscriptions et belles-lettres, Académie des sciences, Académie des beaux-arts, Académie des sciences morales et politiques, nous avons voté la protestation qui précède à l'unanimité.

» Nous l'adressons à ceux de nos confrères qui n'assistaient pas à cette assemblée, soit qu'ils appartiennent à la France, soit qu'ils appartiennent à des nations étrangères, ainsi qu'à nos correspondants français ou étrangers ; nous la leur adressons avec la confiance qu'ils y adhéreront et qu'ils y apposeront comme nous leur signature. Nous l'adressons, en outre, à toutes les académies : elle restera dans leurs archives. Nous la portons enfin, par la publicité, à la connaissance du monde civilisé tout entier. »

Baltard, président de l'Académie des beaux-arts, présidant l'Institut en 1870; E. Renan, président de l'Académie des inscriptions et belles-lettres; Husson, président de l'Académie des sciences morales et politiques; Elie de Beaumont et Dumas, secrétaires perpétuels de l'Académie des sciences.

Pont, Pellat, Egger, Dulaurier, E. Miller, J. Desnoyers, B. Hauréau, A. Couder, de Ségur, Faustin-Hélie, Lemaire, de Longpérier, A. Maury, Huillard-Bréholles, Taylor, Auber, d'Haussonville, E. Legouvé, J.-P. Rossignol, Ch. Sainte-Claire Deville, Ch. Giraud, A. Valette, L. Mathieu, A. Caussin de Perceval, C. Jourdain, Yvon Villarceau, E. Levasseur, Général Morin, Payen, de Slane, A. Cochin, H. Sainte-Claire Deville, Emile Augier, de Lafosse, de Quatrefages, E. Bersot, Roulin, Ed. Leblant, J. Dufaure, J. Pelletier, Blanchard, Chevreul, J. Sandeau, Ambroise Thomas, H. Bouley, Mignet, Guigniaut, Chasles, J. Decaisne, A. Dumont, Martinet, Vitet, Caro, Félicien David, H. Lefuel, L. Vaudoyer, H. Delaborde, Reybaud, Eug. Guillaume, Lenoir, Bussy, Liouville, Delisle, Patin, Cahours, Labrouste, Cavelier, Stan. Laugier, de Sacy, de Cailleux, Cuvillier-Fleury, Henriquel, de Wailly, Cauchy, Milne Edwards, Baudrillart, Laugier, Barbier, B. Saint-Hilaire, Bonnassieux, Wallon, Balard, Vacherot, Duc, Bienaymé, Pils, Ch. Blanc, Félix Ravaisson, E. Renier, Brongniart, J. Simon, Wolowski, L. Cogniet, Bertrand, Wurtz, Brunet de Presle (1).

---

(1) A la séance de l'Académie des sciences du 18 septembre, le président, M. Liouville, donne lecture d'une lettre de M. Dupuy de Lôme, membre de cette académie, dans laquelle il déclare qu'étant absent pour le service du Comité de la défense, il n'a pu signer la protestation de l'Institut, à laquelle il se hâte d'adhérer.

Le président lit également des lettres de MM. Élie de Beaumont, Coste et Dumas, qui donnent aussi leur adhésion à la protestation.

MARDI, 20 SEPTEMBRE 1870.

Le Gouvernement de la défense nationale décrète :

Art. 1ᵉʳ. L'article 75 de la Constitution de l'an VIII est abrogé.

Sont également abrogées toutes autres dispositions des lois générales ou spéciales ayant pour objet d'entraver les poursuites dirigées contre des fonctionnaires publics de tout ordre.

Art. 2. Il sera ultérieurement statué sur les peines civiles qu'il peut y avoir lieu d'édicter, dans l'intérêt public, contre les particuliers qui auraient dirigé des poursuites téméraires contre des fonctionnaires.

Fait à l'Hôtel-de-Ville de Paris, le 19 septembre 1870.

Un décret du 15 septembre, autorise, vu l'urgence, sans qu'il soit besoin d'observer les formalités ordinaires, la constitution d'une société d'assurances mutuelles, mobilières et immobilières, contre les pertes matérielles causées par le siége de Paris (1).

Par un arrêté du gouverneur général par intérim, en date du 10 septembre, l'état de siége est levé dans les départements de l'Algérie.

NOUVELLES DE LA GUERRE.

Un décret du 17 septembre porte nomination de cinq colonels dans l'infanterie.

L'administration de l'intérieur n'a jamais eu l'intention, dans la communication des renseignements et dépêches militaires, de favoriser telle ou telle catégorie de journaux au préjudice de telle autre.

Elle a seulement dit que la communication des nouvelles militaires était subordonnée à l'appréciation du gouverneur de Paris qui, dans l'état actuel des choses, est le mieux placé pour savoir quelles dépêches peuvent être communiquées, sans qu'il en puisse résulter d'inconvénient au point de vue de la situation militaire.

(1) Voir aux appendices de ce volume les statuts de la Société.

En réalité, il a été si peu question de supprimer la communication des nouvelles militaires que, moins d'une heure après la première réponse faite aux journaux par l'administration de l'intérieur, un bulletin exclusivement militaire était mis à la disposition des journaux dans le bureau spécial.

Tout porte à croire que les communications continueront aussi longtemps que possible; mais il est aisé de comprendre que, vu la nécessité de soumettre les dépêches reçues à l'appréciation de l'autorité militaire, les communications peuvent se trouver retardées, sans qu'il y ait sujet de mettre en doute les bonnes intentions de l'administration.

Paris-Vaugirard, 18 septembre 1870.
Gouverneur de Paris.

Une reconnaissance m'annonce que le combat est engagé en avant de la redoute de Châtillon, entre Plessis-Piquet et la ferme de Trévaux.

Mulhouse, 18 septembre 1870, 3 h. soir.
Le sous-préfet au ministre de l'intérieur et au général Belfort.

L'ennemi, qui avait envahi Mulhouse le 16, à dix heures, a quitté la ville hier, à midi. Le gros de ses forces s'est dirigé vers Ensisheim; le surplus a repassé le Rhin à Chalampé.

Vincennes, 18 septembre, 7 h. 30 soir.
Le général de Vincennes au gouverneur de Paris.

Le commandant de la redoute de la Faisanderie m'écrit, entre trois et quatre heures : une reconnaissance d'infanterie prussienne de 200 hommes environ s'est avancée par la route de Champigny, jusqu'à 500 mètres du pont de Joinville. Coups de feu échangés pendant une demi-heure avec des francs-tireurs et de la troupe de ligne embusqués de l'autre côté de la Marne. Les Prussiens se sont retirés par le même chemin.

Vanves, 18 septembre, 7 h. 35 soir.
Général Ducrot au gouverneur de Paris.

La présence des Prussiens à Meudon me paraît facile à expliquer : une de leurs colonnes marche sur Versailles par Bièvre, en tournant ainsi les bois de Verrières. Pour couvrir ce mouvement principal, ils ont détaché une petite colonne, cavalerie et infanterie, qui est remontée de Bièvre sur Petit-Bicêtre, la pointe de Verrières et la capsulerie de Meudon.

Nous avons eu également avec eux un petit engagement entre les zouaves qui étaient dans la ferme de Trévaux et les fantassins prussiens qui étaient dans une autre petite ferme dite : Pointe de Trévaux. Je les ai fait chasser par quelques coups de canon, et les zouaves ont pris leur position.

Poissy, 18 septembre, 7 h. 43, soir.

Le maire de Poissy au ministre de la guerre.

Renseignements complémentaires sur la position des Prussiens :

L'ennemi borde la rive droite de la Seine ; il y aurait environ 800 hommes dans chacune des communes suivantes : Conflans, Andrésy, Carrières, Triel. L'artillerie prendrait position sur les hauteurs de Chanteloup. Je ne sais rien des autres communes de la rive droite ; j'ai lieu de supposer qu'ils se préparent à un passage de la Seine, et je crois que le passage se ferait dans les environs de Triel. Rien ne révèle cependant qu'ils aient un équipage de pont ; partout ils désarment la garde nationale et font des réquisitions importantes. On est généralement frappé de leur extrême jeunesse.

Rosny, 18 septembre, 8 h. 50, soir.

Commandant Rosny à amiral Saisset.

Communication d'un lieutenant des éclaireurs de la Seine, qui vient de se replier de l'avant du plateau d'Avron :

20,000 Prussiens dans la vallée de la Marne, rapport d'espion ; un corps de 6,000 hommes environ se dirigeant vers nous, devant lequel les francs-tireurs se replient. Le bataillon des francs-tireurs est réuni au-dessus des carrières du plateau d'Avron.

Mont-Valérien, 18 septembre, 9 h. 45 soir.

Commandant supérieur au gouverneur.

On aura pris l'explosion de la mine du château des Landes, qui a eu lieu à six heures, pour le canon ; nous n'apercevons rien et veillons. Une compagnie de nos francs-tireurs nous couvre ; le château brûle.

Fort de l'Est, 18 septembre 1870, 11 h. 15 soir.

Lieutenant-colonel commandant supérieur du fort de l'Est au gouverneur de Paris.

Une vive fusillade, des feux de pelotons sont en ce moment engagés vers le Bourget, où est établie la grand'garde du fort de l'Est.

Paris-Bicêtre, 19 septembre, 6 h. 40 matin.

Contre-amiral Pothuau au gouverneur de Paris.

Engagement qui paraît être sérieux du côté de Sagues et Villejuif, fusillade entremêlée de canonnade.

Ivry, 19 septembre, 7 h. du matin.

Le commandant d'Ivry à l'amiral à Bicêtre.

L'ennemi est derrière le moulin d'Argent-Blanc et derrière Vitry.

Ivry, 19 septembre, 7 h. 40 matin.

Le commandant du fort d'Ivry au gouverneur de Paris, à l'amiral commandant les marins et à l'amiral commandant Bicêtre.

L'ennemi est en vue sur les hauteurs à gauche de Villejuif. Nous avons commencé à tirer sur lui.

---

19 septembre, 3 h. et demie, soir.

L'ennemi, depuis le matin, s'est présenté sur plusieurs points à la fois, s'étendant de Vitry, Chevilly, Bourg-la-Reine, Châtillon et Clamart, et filant par Meudon sur Versailles.

Il a été signalé également dans la direction de Gonesse, pointant sur Saint-Denis.

Sur tous ces points l'ennemi a rencontré nos troupes, et des engagements de fusillade et de canonnade ont été livrés. Les dépêches envoyées par les chefs de corps ne disent pas quel a été le résultat de ces divers engagements.

Rapport militaire du 19 septembre.

Avant-hier, dans la journée, la division d'Exéa, du 13e corps, était sortie de ses lignes en avant de Vincennes, dirigeant une reconnaissance contre des colonnes ennemies signalées du o té de Choisy-le-Roi. L'opération, conduite par le général Vinoy, commandant le 13e corps, avait amené un engagement à distance où l'avantage nous était resté. Nos pertes ont été de 6 hommes tués et 37 blessés. Celles de l'ennemi, d'après des renseignements que le général Vinoy a lieu de croire exacts, auraient été de 400 hommes environ, dont 58 tués.

Les troupes prussiennes engagées formaient l'arrière-garde (3 à 4,000 hommes) d'un corps qui se dirigeait de Choisy-le-Roy sur Versailles, contournant les positions de Châtillon et de Clamart, et il a été acquis que l'ennemi opérait, dans ce sens, un mouvement très-considérable que put constater, dès hier soir, une reconnaissance de cavalerie ordonnée par le général Ducrot. Cet officier général occupait ces positions avec quatre divisions d'infanterie qui s'étendaient des hauteurs de Villejuif à celles de Meudon.

Aujourd'hui, 19, dès la pointe du jour, le général a fait une reconnaissance offensive en avant de ses positions. Il a rencontré des masses importantes dissimulées dans les bois et dans les villages, et surtout un très-grand déploiement d'artillerie. Après un engagement assez vif, les troupes ont dû se replier. Une partie de la droite a effectué ce mouvement avec une regrettable précipitation. L'autre partie s'est concentrée en bon ordre, autour de la redoute en terre qui avait été élevée sur le plateau de Châtillon. La gauche, faiblement attaquée, a pu tenir sur les hauteurs de Villejuif.

A ce moment le feu d'artillerie de l'ennemi a pris des proportions qu'il n'avait pas atteintes jusqu'alors. Vers 4 heures, le général Ducrot, après une lutte qui avait duré toute la journée, a dû prendre la résolution de porter ses troupes en arrière sur les points où elles devaient rencontrer la protection des forts. Après avoir assuré la marche vers Paris des attelages et avant-trains des 8 pièces en position dans la redoute de Châtillon, il a fait enclouer ses pièces sous ses yeux et s'est retirée le dernier au fort de Vanves.

Il avait fait pendant toute la journée des preuves personnelles de résolution et de constance dignes de la grande réputation qu'il a dans l'armée.

L'artillerie a montré la plus grande solidité au milieu d'une crise dont elle a porté presque tout le poids. La garde nationale mobile, représentée au feu par deux bataillons, qui voyaient le feu pour la première fois, a montré de l'équilibre et du calme.

Des ordres sont donnés pour que les troupes se concentrent définitivement dans Paris.

Nos pertes, encore mal connues, ne paraissent pas être considérables. On est fondé à croire que l'ennemi a sérieusement souffert du feu de notre artillerie.

L'ennemi, d'ailleurs, n'a fait aucune démonstration contre les forts.

Il résulte des renseignements reçus par le Gouvernement de Paris, après la rédaction de la note qui précède, que notre artillerie a eu, dans le combat d'aujourd'hui, un rôle glorieux pour nos armes et a fait de grands ravages dans les rangs ennemis.

Nos batteries ont tiré plus de 25,000 coups de canon; elles ont été bien servies. Le feu des batteries ennemies a été éteint deux fois.

Ce résultat n'a pu être atteint sans que les pertes de l'ennemi aient été très-considérables.

La garde nationale mobile a reçu avec fermeté le baptême du feu. Un bataillon de la garde nationale mobile de Paris s'est conduit avec vigueur.

Une compagnie de la garde nationale mobile d'Ille-et-Vilaine s'est particulièrement distinguée. Elle a quitté la dernière la redoute de Clamart, au moment où la retraite a été ordonnée par le général Ducrot.

Le 15ᵉ régiment de marche, sous les ordres du colonel Bonnet, s'était parfaitement retranché à Plessis-Piquet. Il a tenu toute la journée dans cette position avancée, avec une fermeté remarquable.

Le bruit a couru que l'ennemi s'était emparé de plusieurs de nos pièces. Cette nouvelle est absolument fausse. L'ennemi ne nous a enlevé ni un canon ni une mitrailleuse.

GARDE NATIONALE.

Par décision en date du 19 septembre 1870, M. Clément Thomas, ancien commandant en chef des gardes nationales de la Seine, est appelé au commandement du 3ᵉ secteur, en remplacement de M. le général de Montfort, dont la démission est acceptée.

Le Journal officiel de ce jour contient encore les documents qui suivent :

Le ministre de l'intérieur au peuple de Paris.

Citoyens, le canon tonne, le moment suprême est arrivé.

Depuis le jour de la Révolution, Paris est debout et en haleine. Tous, sans distinction de classes ni de partis, vous avez saisi vos armes pour sauver à la fois la Ville, la France et la République.

Vous avez donné dans ces derniers jours la preuve la plus manifeste de vos mâles résolutions; vous ne vous êtes laissé troubler ni par les lâches, ni par les tièdes; vous ne vous êtes laissé aller ni à l'excitation, ni à l'abattement; vous avez envisagé avec sang-froid la multitude des assaillants.

Les premières atteintes de la guerre vous trouveront également calmes et intrépides, et si les fuyards venaient, comme aujourd'hui, porter dans la cité le désordre, la panique et le mensonge, vous resteriez inébranlables, assurés que *la cour martiale qui vient d'être instituée par le Gouvernement pour juger les lâches et les déserteurs* saura efficacement veiller au salut public et protéger l'honneur national.

Restons donc unis, serrés les uns contre les autres, prêts à marcher au feu, et montrons-nous les dignes fils de ceux qui, au milieu des plus effroyables périls, n'ont jamais désespéré de la Patrie !

Paris, le 19 septembre 1870.

Le réseau télégraphique de l'Ouest, le dernier qui permît de transmettre et de recevoir des dépêches, a été coupé aujourd'hui, 19 septembre, à une heure.

Le public ne devra donc pas s'étonner s'il ne trouve pas de communications télégraphiques affichées ou insérées au *Journal officiel*.

Le Gouvernement est informé qu'un certain nombre de bouchers ne se conforment pas à l'arrêté du ministre du commerce, relatif à la taxe de la viande. Les mesures les plus énergiques seront prises, si cet abus se reproduit.

Pour assurer autant que possible, pendant la durée du siége de Paris, l'expédition des affaires, la direction générale de la Caisse des dépôts et consignations a envoyé à Tours (Indre-et-Loire) une délégation, placée sous les ordres de M. de Monseignat, premier sous-directeur, et chargée de correspondre avec les préposés de l'administration.

La chambre des notaires de Paris vient de mettre, dans son local de la place du Châtelet, dix lits à la disposition de la commission des ambulances.

La commission d'hygiène et de salubrité publique a, dans sa séance de ce jour, voté d'unanimes remercîments à M. Say, raffineur, boulevard de la Gare, qui a généreusement offert à la consommation publique la libre disposition d'un puits artésien qui donne dix millions de litres d'eau par jour. L'administration en a fait aussitôt exécuter les travaux de canalisation nécessaires, et cette énorme quantité d'eau est, dès à présent, utilement employée.

Paris vient d'admettre dans ses murs un grand nombre de familles, chassées par la guerre, de la banlieue et des localités environnantes. Il en résulte, dans plusieurs quartiers, un certain degré d'encombrement auquel l'administration municipale s'attache à remédier par une dissémination plus régulière de ce surcroît de population.

En attendant, la commission centrale d'hygiène et de salubrité, dans le but de prévenir les inconvénients qui pourraient résulter pour la santé publique de l'encombrement, croit devoir recommander aux habitants de la capitale les précautions suivantes :

Entretenir soigneusement la propreté du corps par des lavages et des bains. Changer suffisamment de linge et nettoyer autant que possible les autres vêtements. Eviter l'accumulation du linge sale en lavant ou donnant à laver au fur et à mesure.

Ne pas coucher en grand nombre dans la même chambre, surtout dans la pièce servant de cuisine.

Renouveler l'air des appartements en ouvrant de préférence les fenêtres exposées au soleil et, s'il y a lieu, se couvrir de vêtements chauds, afin de pouvoir aérer plus largement sans avoir à craindre l'action du froid.

Ne jamais brûler de charbon dans un réchaud à l'intérieur des appartements, ni dans les corridors, à moins qu'on ne le place dans l'âtre d'une cheminée ou sous la hotte d'un fourneau, par où puissent s'échapper la fumée et les gaz provenant de la combustion.

Maintenir les habitations dans un état de propreté irréprochable. Balayer régulièrement les chambres, allées, escaliers, cours, etc. Nettoyer fréquemment, avec le plus grand soin, les siéges et cuvettes des lieux d'aisance, les plombs destinés aux eaux ménagères, les rigoles, ruisseaux et gargouilles. Ne point garder des viandes qui commencent à se corrompre, laisser au dehors, à l'air libre, les provisions et particulièrement les fromages qui exhalent une mauvaise odeur.

Enfermer les ordures, débris d'aliments, résidus de cuisine, dans des seaux ou autres vases clos, pour les jeter chaque jour dans les tombereaux qui doivent les emporter.

La commission insiste sur ces préceptes de l'hygiène la plus vulgaire, parce que les populations nouvellement introduites dans la capitale, habituées à la vie de campagne, ignorent les inconvénients de l'habitation des grandes villes.

MERCREDI, 21 SEPTEMBRE 1870.

NOUVELLES DE LA GUERRE.

Paris, le 19 septembre, 8 h. 5, soir.

Général Callier au gouverneur de Paris.

Une reconnaissance poussée jusqu'au delà de Romainville rapporte que le fort de Noisy-le-Sec, puis celui de Romainville tiraient à partir de 6 heures sur le village de Noisy, qu'on disait occupé par l'ennemi.

Le feu a cessé vers 7 heures.

Raphaël, 19 septembre, 9 h. soir.

Amiral commandant le 6ᵉ secteur au gouverneur de Paris.

La garde républicaine rentre de sa tournée extérieure et prévient que les trois ponts de Saint-Cloud, Sèvres et Billancourt ont sauté ce soir.

Noisy, 19 septembre, 10 h. 25, soir.

Contre-amiral Saisset à vice-amiral commandant en chef et au gouverneur de Paris.

Dix heures du soir. — Tant que le jour a duré, l'armée ennemie a continué son mouvement sur notre droite vers Avron, à 2,000 mètres de distance du fort de Noisy, en occupant successivement le village de Bondy et les bouquets de bois qui limitent la plaine.

Des groupes de cavaliers, s'enhardissant de plus en plus, suivis de pelotons d'infanterie, sont venus vers six heures jusqu'au pont du chemin de fer, à 1,600 mètres de la redoute la Boissière, après avoir établi leur observatoire dans la maison isolée jaune placée au coin du parc limité par un grand mur, dans la plaine, à 2,000 mètres de notre fort.

J'ai dû les arrêter en ouvrant le feu de deux pièces de marine 0,16 par fort. Aux premiers coups, la cavalerie s'est repliée rapidement sur la lisière du bois, à 3,000 mètres de distance ; l'infanterie a rétrogradé en prononçant son mouvement vers notre droite. J'ai cessé le feu.

A huit heures, j'ai lancé quelques bombes à 2,800 mètres.

A neuf heures, vive fusillade vers le fort de Nogent et, plus tard, quelques coups de canon sur notre droite.

L'ennemi n'a pas répondu de ses batteries campées sur le bord du plateau du parc du Raincy, à 4,000 mètres.

Fort de Nogent, 19 septembre, 10 h. 43 soir.

Commandant supérieur au gouverneur de Paris.

L'incendie de Brie-sur-Marne continue. L'ennemi travaille à préparer son passage. J'ai envoyé des obus dans la direction du pont. — Mesures prises en cas d'attaque. Bonne garde sur toute la ligne.

Romainville, 19 septembre, 12 h. 33 m. soir.

Commandant à Romainville à amiral Saisset (Noisy).

Convoi considérable et troupes marchant vers l'ouest à grande distance dans la direction de Gonesse.

Montrouge, 20 septembre, 1 h. 30 matin.

Le commandant du 8e secteur au gouverneur de Paris.

Les troupes ont effectué leur rentrée dans Paris. Les portes sont fermées. La nuit est tranquille.

Noisy, 20 septembre, 7 h. 40 du matin.

Amiral Saisset à amiral La Roncière et au gouverneur de Paris.

A sept heures du matin, l'ennemi replace ses avant-postes et grand'gardes à 2,200 mètres ; il est plus nombreux qu'hier aux avancés ; la maison jaune est réoccupée par lui ; beaucoup de cavaliers au-dessus de Bondy ; le village de Bondy rempli de troupes ; l'artillerie ennemie s'établit à 4,100 mètres ; plus nombreux aux abords du plateau de l'ancien parc du Raincy ; l'ennemi paraît définitivement placé pour l'investissement.

Saint-Denis, 20 septembre 1870, midi 35.

Général commandant supérieur au gouverneur de Paris.

Tout est tranquille ce matin ; quelques vedettes parcourent les hauteurs de Pierrefitte et les environs.

Trois heures.

A Saint-Denis, tout est tranquille ; le général de Bellemare veille pour rendre impossible à l'ennemi l'établissement de la butte Pinson ; la batterie de Saint-Ouen protége parfaitement la presqu'île de Gennevilliers.

Du côté du Mont-Valérien, Saint-Cloud, Sèvres, Meudon, l'ennemi ne se montre pas.

A Châtillon, au-dessus du clocher, il paraît y avoir un poste nombreux dans un bouquet de bois. En avant des forts de Montrouge, de Bicêtre et d'Ivry, l'ennemi reste à grande distance, et deux obus de ce dernier fort, parfaitement pointés, l'ont forcé à replier ses sentinelles.

A l'est de Paris, en avant des forts de Nogent, Rosny, Romainville et Aubervilliers, les avant-postes prussiens sont signalés à environ 3,000 mètres.

Il n'y a en ce moment aucune attaque dans tout le rayon des forts.

La Compagnie des tirailleurs de la Seine, commandant Dumas et capitaine Sauvage, a défendu hier toute la journée le pont de Sèvres contre les attaques incessantes de la cavalerie ennemie (chasseurs bavarois) ; grâce à l'attitude énergique de cette troupe, le pont de Sèvres a pu être détruit par la mine le soir même.

Des carabiniers volontaires de la garde nationale et un détachement de gendarmerie à pied ont puissamment contribué à la défense.

GARDES NATIONALES.

Le gouverneur de Paris à la garde nationale, à la garde mobile, aux troupes en garnison à Paris.

Dans le combat d'hier, qui a duré presque toute la journée, et où notre artillerie, dont la solidité ne peut être trop louée, a infligé à l'ennemi des pertes énormes ; des incidents se sont produits que vous devez connaître, dans l'intérêt de la grande cause que nous défendons en commun.

Une injustifiable panique, que n'ont pu arrêter les efforts d'un excellent chef de corps et de ses officiers, s'est emparée du régiment provisoire des zouaves qui tenait notre droite. Dès le commencement de l'action, la plupart des soldats se sont repliés en désordre dans la ville et s'y sont répandus en semant l'alarme. Pour excuser leur conduite, ces fuyards ont déclaré qu'on les avait menés à une perte certaine, alors que leur effectif était intact et qu'ils étaient sans blessures ; qu'ils avaient manqué de cartouches, alors qu'ils n'avaient pas fait usage, je l'ai constaté moi-même, de celles dont ils étaient encore pourvus ; qu'ils avaient été trahis par leurs chefs, etc... La vérité, c'est que ces indignes ont compromis, dès son début, une affaire de guerre dont, malgré eux, les résultats sont considérables. D'autres soldats d'infanterie de divers régiments se sont joints à eux.

Déjà les malheurs que nous avons éprouvés dans le commencement de cette guerre, avaient fait refluer sur Paris des soldats indisciplinés et démoralisés qui y portent l'inquiétude et le trouble et échappent, par le fait des circonstances, à l'autorité de leurs chefs et à toute répression.

Je suis fermement résolu à mettre fin à de si graves désordres. J'ordonne à tous les défenseurs de Paris de saisir les hommes isolés, soldats de toutes armes ou gardes mobiles, qui errent dans la ville en état d'ivresse, répandent des propos scandaleux et déshonorent, par leur attitude, l'uniforme qu'ils portent.

Les soldats et gardes mobiles arrêtés seront conduits à l'état-major de la place, 7, place Vendôme ; les habitants arrêtés dans le même cas, à la préfecture de police.

Ils seront traduits devant les conseils de guerre qui jugent en permanence et subiront la rigoureuse application des dispositions ci-après édictées par la loi militaire :

Art. 213. Est puni de mort tout militaire qui abandonne son poste en présence de l'ennemi ou de rebelles armés.

Art. 218. Est puni de mort, avec dégradation militaire, tout militaire qui refuse d'obéir lorsqu'il est commandé pour marcher à l'ennemi.

Art. 250. Est puni de mort, avec dégradation militaire, tout pillage ou dégât de denrées, marchandises ou effets, commis par des militaires en bande, soit avec armes ou à force ouverte, soit avec violence envers les personnes.

Art. 253. Est puni de mort, avec dégradation militaire, tout militaire qui détruit des moyens de défense, approvisionnements en armes, vivres, munitions, etc.

C'est un égal devoir pour le Gouverneur de défendre Paris, qui va subir directement les épreuves du siège, et d'y maintenir l'ordre. Par les présentes dispositions, il associe à son effort tous les hommes de cœur et de bon vouloir dont le nombre est grand dans la cité.

Paris, le 20 septembre 1870.

Le bruit s'étant répandu que M. Jules Favre s'était rendu au quartier général du roi de Prusse, pour y négocier les conditions d'un armistice et de la paix, le Gouvernement fit aussitôt afficher partout la note suivante :

On a répandu le bruit que le Gouvernement de la défense nationale songeait à abandonner la politique pour laquelle il a été placé au poste de l'honneur et du péril.

Cette politique est celle qui se formule en ces termes :

NI UN POUCE DE NOTRE TERRITOIRE, NI UNE PIERRE DE NOS FORTERESSES.

Le Gouvernement la maintiendra jusqu'à la fin.

Fait à l'Hôtel-de-Ville, le 20 septembre 1870.

M. Gambetta, ministre de l'intérieur, adressait, ce

même jour, à la population de Paris, la proclamation qui suit :

Citoyens,

C'est aujourd'hui le 21 septembre.

Il y a soixante-dix-huit ans, à pareil jour, nos pères fondaient la République et se juraient à eux-mêmes, en face de l'étranger qui souillait le sol sacré de la patrie, de vivre libres ou de mourir en combattant.

Ils ont tenu leur serment; ils ont vaincu, et la République de 1792 est restée dans la mémoire des hommes comme le symbole de l'héroïsme et de la grandeur nationale.

Le Gouvernement installé à l'Hôtel-de-Ville aux cris enthousiastes de : Vive la République! ne pouvait laisser passer ce glorieux anniversaire sans le saluer comme un grand exemple.

Que le souffle puissant qui animait nos devanciers passe sur nos âmes, et nous vaincrons.

Honorons aujourd'hui nos pères, et demain sachons comme eux forcer la victoire en affrontant la mort.

Vive la France! Vive la République!

Paris, le 21 septembre 1870.

———

On trouve dans ce même numéro les documents que nous reproduisons ci-après, et qui sont relatifs à certains faits qui auraient été inexactement exposés et appréciés par les journaux, lesquels faits ont suivi l'occupation de Nancy par les Prussiens :

Le membre du Gouvernement délégué au ministère de la justice a reçu les documents suivants :

A M. le ministre de la justice.

Nancy, le 12 septembre 1870.

Monsieur le ministre,

J'ai envoyé, le 2 de ce mois, à votre prédécesseur, une délibération par laquelle la cour de Nancy protestait contre l'accusation d'avoir rendu la justice au nom du roi de Prusse.

J'ai l'honneur de vous envoyer copie d'une nouvelle délibération par laquelle elle a résolu de suspendre momentanément l'exercice de ses fonctions.

Cette détermination a été prise à la suite de démarches réitérées faites par l'autorité prussienne pour amener la magistrature à rendre la justice dans d'autres conditions que celles prescrites par le Gouvernement français. En présence de prétentions qu'elle ne pouvait accepter sans abdiquer son indépendance et sans se séparer du Gouvernement qui personnifie en ce moment la défense nationale, la cour a déclaré qu'elle cessait provisoirement ses travaux.

Je suis, avec un profond respect, monsieur le ministre, etc.,

Le procureur général,

E. IZOARD.

Extrait du registre des délibérations de la cour de Nancy.

Ce jourd'hui, jeudi huit septembre mil huit cent soixante-dix,

La cour réunie en assemblée générale et en chambre du conseil, M. le premier président expose que le quatre de ce mois M. le procureur général lui a communiqué une dépêche du commissaire civil de Hagnenau, laquelle est ainsi conçue :

(Suit le texte de cette lettre par laquelle le commissaire allemand prescrit à la cour de rendre la justice au nom des *hautes puissances allemandes occupant l'Alsace*, etc.)

Depuis, et à deux reprises, les 7 et 8 septembre, un conseiller-auditeur, attaché à M. le baron de Bonin, s'est présenté chez M. le premier président pour le prier de convoquer la cour, afin de savoir si tous ses membres, ou quelques-uns de ses membres consentiraient à continuer leurs fonctions, en disant que dans le cas où la formule proposée d'abord éveillerait des scrupules, l'autorité prussienne se montrait disposée à en admettre une autre, même celle où le nom de l'empereur des Français continuerait à figurer, puisque l'empereur des Français, quoique prisonnier, n'avait point abdiqué.

M. le premier président ayant fait observer qu'en présence de la captivité de Napoléon III et des événements si inattendus et si graves qui venaient de se produire à Paris, la formule : *Au nom du Peuple et du Gouvernement français,* paraissait être la seule admissible, son interlocuteur ne lui dissimula point que cette formule aurait peu de chance d'être admise, parce qu'elle impliquait la reconnaissance de la République.

Après cet exposé, la matière est mise en délibération.

« Attendu qu'une loi du 28 frimaire an VIII, annule les jugements rendus pendant l'occupation de Valenciennes et de quelques places voisines;

» Qu'à supposer que cette loi de circonstance, et toute locale, n'oblige point aujourd'hui les cours et les tribunaux, elle a du moins pour eux la valeur d'un précédent considérable;

» Attendu qu'en France, à toutes les époques et sous tous les régimes, la justice a été administrée au nom du souverain, quel qu'il fût;

» Qu'aujourd'hui la captivité de l'empereur et la proclamation de la République rendent indispensable la modification de formule exécutoire, et qu'en interdisant celle que l'usage a consacrée et que les circonstances imposent, l'autorité prussienne place les magistrats français dans l'impossibilité légale de juger, en même temps que cette interdiction, qui pourrait, plus tard, s'étendre à d'autres points, constitue dès maintenant, et à elle seule, une sérieuse atteinte à leur indépendance et à leur dignité;

» Que, d'ailleurs, dans l'instruction des affaires et pour l'exécution des sentences, des difficultés inextricables ne manqueraient pas de surgir et qu'il convient de les éviter;

» Que, sans doute, on doit craindre que, profitant des malheurs de l'invasion, la violence, la rapine et le vol ne se donnent autour de nous libre carrière, avec une audace de jour en jour plus grande et ne désolent ainsi les citoyens paisibles; mais que ce danger, quelque grave qu'il puisse être, n'autorise point la magistrature à enfreindre la loi de son institution et la loi constitutionnelle du pays; »

Par ces motifs,

La cour, ouï M. le procureur général, décide à *l'unanimité* de ses membres présents, qu'il y a lieu, pour elle, sans abdiquer ses fonctions, de provisoirement s'abstenir.

Autorise son premier président à informer de la présente décision le haut fonctionnaire à la demande duquel la conversation a eu lieu.

Sont présents, et ont signé : **MM.** Leclerc, premier président, Jullien et Pierrot, présidents de chambre ; de Saint-Vincent, Gast, Simonin, Deflers, Ragon, Benoît, Riston, Noël, Boulland, Audiat, Châtillon, Tassard, Dumont, Maure et Ponton, conseillers ; Izoard, procureur général ; Liffort de Buffévent, premier avocat général ; Stainville, avocat général ; E. Pierrot, substitut du procureur général, et Regnault, greffier en chef.

Pour expédition conforme,

J. REGNAULT, *greffier.*

Copie de la lettre du procureur-général au comte de Bonin.

Nancy, le 5 septembre 1870.

Monsieur le comte,

Vous m'avez fait l'honneur de me transmettre une lettre par laquelle M. le commissaire civil d'Alsace me demande d'inviter les magistrats des arrondissements de Sarrebourg et de Château-Salins à continuer leurs fonctions. Dans cette lettre, M. le commissaire civil fait connaître que les tribunaux continueront leur juridiction, que les lois en vigueur continueront à être appliquées, mais que les jugements seraient rendus au nom des puissances allemandes occupant l'Alsace.

Je ne puis hésiter un seul instant sur la réponse que je dois faire à cette communication. Magistrat français, je ne puis ni concourir à l'administration de la justice au nom d'une puissance étrangère, ni donner des instructions en ce sens aux magistrats de mon ressort. J'ai d'ailleurs trop de confiance dans les sentiments qui les animent pour penser que leur résolution ne soit pas conforme à la mienne.

Je vous prie de vouloir bien faire parvenir ma réponse à M. le commissaire civil d'Alsace. Elle ne saurait l'étonner. Quelle que soit leur nationalité, les hommes d'honneur n'ont qu'une manière d'apprécier leurs devoirs envers leur pays.

J'ai transmis la lettre de M. le commissaire civil à M. le premier président, qui y répondra en ce qui le concerne.

Agréez, etc.

NOUVELLES ÉTRANGÈRES.

La *Gazette de Francfort* du 13 septembre publie la proclamation suivante, adressée par M. Simon de Trèves à ses compatriotes de l'Allemagne (1) :

L'empire est tombé. Il a été remplacé par un gouvernement provisoire, dont les membres ont voté contre la guerre. J'en connais plusieurs personnellement, et je sais qu'ils se sont toujours prononcés contre toute ingérence de la France dans le libre développement des affaires allemandes.

La guerre a perdu son caractère d'une guerre agressive entreprise par Napoléon, elle est devenue une guerre défensive de la nation française. Le gouvernement provisoire est dans la nécessité de la soutenir tant que l'invasion allemande l'y obligera.

L'Allemagne réclame des garanties contre le retour d'attaques de la France. La meilleur garantie se trouve dans la révélation de la puissance allemande et dans la pensée nouvelle qui préside aux destinées de la France.

Si l'Allemagne, au lieu de répondre à l'injustice par l'injustice, se montre juste, elle acquerra dans toute l'Europe, et même en France, une considération qui, se fondant sur sa propre force, formera le meilleur boulevard de son indépendance.

Si, au contraire, elle prétend arracher l'Alsace et la Lorraine à la France, et traiter ses habitants, en vertu du droit du plus fort, comme un troupeau de moutons, elle n'obtiendra aucune des garanties désirées, mais elle blessera sa propre liberté.

Strasbourg, qui, par ordre royal, a été si horriblement maltraité, l'Alsace et la Lorraine ne sont pas seulement unies à la

---

(1) Le *Journal Officiel* du 14 septembre avait déjà signalé cette proclamation. Voyez page 127.

France d'une manière apparente par la fortune de la guerre et par des traités princiers : non, elles le sont très-profondément par la conquête de trois grandes révolutions.

Le peuple allemand, lui aussi, ne devrait pas oublier que le peuple français a conquis en 1789 les droits de l'homme, en 1830 le régime constitutionnel, et en 1848 le suffrage universel. Sans les aspirations héroïques de cette noble nation, l'ouvrier, le paysan et le bourgeois seraient encore dans les liens des priviléges féodaux.

Il saute aux yeux que les priviléges détestent bien davantage la République française que Napoléon, qu'à l'époque du coup d'État ils ont salué comme le sauveur de la société.

Mais le peuple allemand, après avoir déposé ses armes dans les arsenaux, aura d'autant plus de difficultés à faire triompher ses propres prétentions, qu'il aura permis d'affaiblir davantage un peuple frère.

L'arbitraire et la force brutale sont des armes à deux tranchants dont on ne saurait se servir à l'extérieur sans se blesser à l'intérieur. Le peuple allemand réussira d'autant moins à faire triompher le droit de disposer de son propre sort qu'il l'aura violenté, ce même droit, en Alsace et en Lorraine.

Louis SIMON (de Trèves).

Montreux, le 6 septembre.

COMMUNICATIONS A LA PRESSE.

Le bureau des ambulances, installé à l'Hôtel-de-Ville, pour la centralisation des services relatifs aux secours à donner aux blessés, a décidé que le drapeau blanc de la convention de Genève ne sera désormais accordé par lui qu'aux personnes qui peuvent disposer au moins de six lits complétement installés.

I. — *Service des eaux.*

On ne saurait trop engager les habitants de Paris à se conformer aux instructions suivantes :

1° Les eaux de la Ville n'étant plus distribuées d'une manière continue pendant le siége, chacun fera sa provision pendant les heures de distribution.

2° On tiendra toujours au complet cet approvisionnement, c'est-à-dire qu'on maintiendra constamment pleines les fontaines, seaux, etc.

Pendant le siége, certains quartiers pourront se trouver privés des eaux de la Ville pendant un jour ou deux et toujours par des causes imprévues; le petit approvisionnement du ménage suffira presque toujours aux besoins des habitants pendant ces interruptions de service. Au besoin, d'ailleurs, la Ville fera transporter dans ces quartiers de l'eau avec des tonneaux.

3° Dans le cas où l'eau de la Ville viendrait à manquer, on fera usage de l'eau de puits, qui peut être bue sans inconvénient.

4° Mais on peut remplacer avantageusement cette eau dure par l'eau de pluie, surtout pour certains usages, tels que cuisson des légumes, savonnages, etc. Les eaux pluviales seront recueillies dans des seaux, cuves en bois, etc., installés sous les tuyaux de descente qui seront coupés, à cet effet, à une hauteur au-dessus du sol.

II. — *Service des incendies.*

5° Dans l'hypothèse d'un bombardement, on peut en neutraliser les effets en prenant les mesures suivantes :

Descendre à la cave les objets les plus combustibles, tels que rideaux en coton, linge, etc., en ne conservant que ceux nécessaires aux besoins du jour; placer dans les cours et sur les paliers d'escalier des tonneaux ou des seaux remplis d'eau. Après l'explosion d'un projectile incendiaire, il suffit presque toujours, pour éteindre le faible commmencement d'incendie qui suit cette explosion, d'une petite quantité d'eau, même d'un linge mouillé. Chaque locataire d'une maison doit, dans son propre intérêt, se hâter d'éteindre le feu.

Les locataires absents déposent les clefs des appartements chez le concierge, qui ouvrira les portes aux pompiers dès que le feu sera signalé (recommandations très-importantes).

III. — *Service des vidanges.*

6° L'accumulation de la population de la banlieue dans les logements des Parisiens, exige qu'on tienne dans le plus exact état de propreté les cabinets d'aisance à l'usage de plusieurs ménages. Le concierge ou, à son défaut, les locataires, les laveront à grande eau tous les jours, veilleront à ce que les liquides déversés sur le sol n'y restent pas stagnants et s'écoulent dans la fosse, et non à l'extérieur ; ils signaleront à la commission des logements insalubres, à l'Hôtel-de-Ville, les cabinets, les plombs et les cours mal tenus.

7° La vidange se fera par alléges, c'est-à-dire en extrayant seulement ce qui peut être enlevé avec la pompe, ce qui diminuera considérablement les inconvénients ; toutefois, il convient de rappeler aux concierges qu'ils doivent demander la vidange avant que les fosses soient entièrement remplies, auquel cas la désinfection devient absolument impossible.

Commission centrale d'hygiène et de salubrité.

Un bureau spécial a été établi à l'Hôtel-de-Ville pour le service des ambulances. La commission fait appel au dévouement des médecins, chirurgiens et étudiants en médecine, spécialement en ce qui concerne les ambulances de rempart. Ceux qui voudront bien donner leurs soins aux blessés dans ces premières stations de secours, sont priés de venir s'inscrire, au plus vite, au bureau de l'Hôtel-de-Ville.

Même appel est adressé aux personnes disposées à remplir la fonction d'infirmier.

NÉCROLOGIE.

On annonce la mort de M. Auguste Villemot, homme de lettres, collaborateur du *Temps* et le spirituel *Bourgeois de Paris* du journal *le Figaro*, décédé subitement à Paris, le dimanche 18 de ce mois.

JEUDI, 22 SEPTEMBRE.

Le maire de Paris,
Vu la loi des 19-22 juillet 1791 ;
Vu le décret du 7 août 1870, qui a déclaré l'état de siége dans le département de la Seine ;

— 198 —

Vu la délibération du conseil municipal du 30 août dernier;

Arrête :

Art. 1ᵉʳ. La taxe du pain est provisoirement rétablie à Paris, à partir du 23 septembre courant.

Art. 2. Cette taxe sera faite tous les huit jours, par les soins d'une commission spéciale nommée par le maire de Paris.

Art. 3. Il est défendu aux boulangers de vendre le kilog. de pain au-dessus du prix fixé par la taxe.

A cet effet, ils devront afficher la taxe du pain dans leurs boutiques, de la manière la plus apparente.

Art. 4. Ne sont point soumis à la taxe :

1° Tout pain du poids d'un kilogramme ou d'un poids inférieur ;

2° Tout pain de première qualité du poids de deux kilogrammes dont la longueur excéderait 70 centimètres.

Le prix du kilogramme de ces espèces de pain sera réglé entre le vendeur et l'acheteur.

Art. 5. Le présent arrêté sera publié, affiché et inséré au recueil des actes administratifs de la mairie de Paris.

Art. 6. Ampliation du présent arrêté sera adressée au préfet de police chargé d'assurer la fidélité du débit.

Fait à Paris, le 21 septembre 1870.

Le ministre de l'agriculture et du commerce, en exécution du décret du 11 septembre courant, qui a rétabli la taxe de la viande de boucherie à Paris,

Arrête :

Art. 1ᵉʳ. A dater du vendredi 23 septembre, jusqu'au jeudi 29 septembre inclusivement, la viande de bœuf et la viande de mouton seront payées, dans la ville de Paris, aux prix suivants :

Viande de bœuf.

| 1ʳᵉ catégorie .. | Tende de tranche ....
Culotte ....
Gîte à la noix............
Tranche grasse..........
Aloyau .... | 2 fr. 10 le kil. |

2ᵉ catégorie ...	Paleron................. Côtes................... Talon de collier.......... Bavette d'aloyau.......... Rognons de graisse........	1 fr. 70 le kil.
3ᵉ catégorie ...	Collier.................. Pis..................... Gîtes................... Plats de côtes............ Surlonges............... Joues...................	1 fr. 30 le kil.

Le filet et le faux-filet détachés, ainsi que le rognon de chair, ne sont pas soumis à la la taxe.

Viande de mouton.

1ʳᵉ catégorie ..	Gigots.................. Carrés..................	1 fr. 80 le kil.
2ᵉ catégorie ...	Épaules.................	1 fr. 30 le kil.
3ᵉ catégorie ...	Poitrine .... Collet.................. Débris de côtelettes........	1 fr. 10 le kil.

Les côtelettes *parées* ne sont pas soumises à la taxe.

Art. 2. Les différentes espèces et catégories de viande exposées en vente seront indiquées par des écriteaux.

Art. 3. Il est défendu aux bouchers d'introduire dans les pesées de viande des os décharnés et ce qu'on appelle vulgairement de la *réjouissance*.

Art. 4. Les bouchers ne peuvent obliger l'acheteur à prendre, avec le morceau de son choix, de la viande d'une autre espèce ou d'une autre catégorie, non plus que des morceaux différents de la même catégorie.

Art. 5. Il sera délivré à chaque acheteur, sans qu'il soit pour cela besoin d'aucune réquisition de sa part, un bulletin lisiblement écrit, qui comprendra la désignation de l'espèce de viande et de la catégorie de morceaux, ainsi que le poids et le prix.

Le maire de Paris arrête :

La compagnie parisienne d'éclairage et de chauffage par le gaz est autorisée à retenir, par voie de réquisition, au besoin, tous employés et ouvriers nécessaires à son service. Ces citoyens sont dispensés du service journalier de la garde nationale sédentaire, et c'est en assurant l'éclairage de la ville de Paris qu'ils contribueront pour leur part à la défense nationale.

Toutefois, ceux des employés qui ne seraient pas d'une nécessité absolue de jour et de nuit, iront à tour de rôle aux fortifications, pour prendre leur part de l'honneur et du danger.

Paris, le 20 septembre 1870.

NOUVELLES DE LA GUERRE.

Rapport au Gouvernement de la défense nationale.

Les élèves de l'École polytechnique sont tous employés en ce moment à la défense de Paris, et les dispositions sont prises pour qu'ils reçoivent la solde de sous-lieutenant. Mais il paraît opportun de régulariser leur position, en leur conférant le grade de sous-lieutenant, par analogie avec ce qui a eu lieu au mois d'août dernier pour les élèves de l'École spéciale militaire, qui, au point de vue de la durée des études, se trouvaient dans les mêmes conditions.

Si le Gouvernement de la défense nationale approuve cette proposition, les élèves de l'Ecole polytechnique porteront, dès à présent, les insignes de leur grade, et des décrets détermineront ultérieurement leur classement et leur répartition dans les armes spéciales, ainsi que dans les services civils.

Paris, le 21 septembre 1870.

Le ministre de la guerre,
Général Le Flô.

Approuvé :
Le président du Gouvernement,
Général Trochu.

Nota. Rien ne sera changé à la tenue actuelle des élèves de l'École polytechnique, qui ajouteront seulement à leur uniforme l'épaulette ou simplement le galon de grade de sous-lieutenant.

Le Gouvernement de la défense nationale décrète : L'organisation d'un corps de train de la garde nationale, pour le service de l'artillerie et des transports pendant le siége.

Ce corps sera exclusivement recruté dans le personnel de la compagnie générale des omnibus et de la compagnie générale des petites voitures.

Le directeur de la compagnie générale des petites voitures et M. Dubut Saint-Paul, administrateur de la compagnie des omnibus, sont chargés de l'organisation de ce corps, qui procédera à l'élection de ses chefs dès qu'il sera formé.

Le Gouverneur de Paris,

Attendu que la compagnie générale des omnibus, pour obéir aux réquisitions de transport qui lui sont faites et pour effectuer les commandes qu'elle reçoit d'objets nécessaires à l'armée, est obligée d'avoir constamment à sa disposition toutes les personnes attachées à son service,

Arrête :

Le personnel de la compagnie des omnibus formera un bataillon spécial de garde nationale.

Des postes seront affectés à ce bataillon sur les points reconnus nécessaires pour la garde des quartiers où sont situés les établissements.

La compagnie, sans interrompre le service régulier des voyageurs, tiendra à la disposition du gouverneur de Paris cent voitures attelées pour le transport des troupes, des blessés et des munitions de toute nature.

Paris, le 21 septembre 1870.

Paris, 20 septembre, 5 h. 35 soir.

L'employé du télégraphe au gouverneur de Paris et au colonel du génie Gras, dépôt des fortifications.

Le pont de Billancourt vient de sauter. D'après les rapports des gens du pays, une quarantaine de Prussiens descendraient le quai de Sèvres, et les dragons occuperaient le château de Meudon.

Bicêtre, 21 septembre, 7 h. 8 m. matin.

Contre-amiral Pothuau au gouverneur de Paris.

Tout paraît calme autour et en avant des forts. L'ennemi ne se voit nulle part.

Nogent, 21 septembre, 8 h. 40 m. matin.

Commandant du fort de Nogent au gouverneur de Paris.

Rapport du chef de poste avancé et des reconnaissances faites dès la pointe du jour : Tout est calme près de nous ; toujours vigilance sur les mouvements extérieurs.

---

21 septembre, 2 h. 30 m.

Le gouverneur de Paris a fait dans la journée d'hier une reconnaisssance des défenses de Saint-Denis, qu'il a trouvées dans l'état le plus remarquable.

Il est certain que l'ennemi a établi des ponts entre Vaux et Triel.

Le 20, 2,000 cavaliers ont passé par Orgeval, demandant le chemin de Feucherolles ; le même jour 4,000 cavaliers ont passé par la Maladrerie, demandant le même renseignement.

Le 20, également des troupes d'infanterie et de cavalerie se sont installées au Pecq.

Un pont a été jeté par l'ennemi entre ce point et Port-Marly, hier soir, vers cinq heures.

Bougival a été occupé et quelques éclaireurs ont paru à Rueil et à Nanterre.

Ce matin, 21, le général Schmitz, chef d'état-major du gouverneur de Paris, a reconnu les positions de Courbevoie, Suresnes et Saint-Cloud, sur lesquelles aucun ennemi n'avait paru.

Sur tous les points du Sud et de l'Est, l'ennemi se tient à distance, formant à peine quelques groupes que dispersent immédiatement les obus de la marine.

Ivry, 21 septembre, 8 h. 55 matin.

Commandant Ivry à amiral commandant les marins à Bicêtre.

Une reconnaissance partie du fort d'Ivry a constaté qu'à

1,200 mètres environ du village d'Ivry, dans la direction de Choisy-le-Roi, il y a un poste ennemi. Ce poste se relie par des sentinelles aux petits postes de la Plâtrière et du moulin d'Argent-Blanc.

En résumé, très-peu de troupes, probablement sur le versant Est des collines de Villejuif.

Issy, 21 septembre, 3 h. 5 du soir.

Commandant fort Issy au gouverneur, Paris.

On distingue très-bien des factionnaires prussiens placés sur la route de Châtillon à Chevreuse, sur la crête en arrière de l'ancienne redoute. A plusieurs reprises nous avons vu des troupes y passer en assez grand nombre. L'ennemi doit être en force en arrière des hauteurs. Nous avons envoyé plusieurs obus qui ont bien porté. Je pense qu'ils construisent des batteries, mais nous ne pouvons encore en préciser l'endroit.

Bicêtre, 21 septembre 1870, 3 h. 40, soir.

Amiral Pothuau à commandant du 9ᵉ secteur, Paris.

Je n'ai pas connaissance que l'ennemi se masse en force en avant de Villejuif; d'après mes renseignements, il occupe les villages de l'Hay et de Chevilly, avec des grand'gardes en avant.

Ces postes avancés ne sont pas à plus de 1,500 à 2,000 mètres de nous, et la plupart défilés de nos feux, ce que nous avons pu découvrir dans nos reconaissances.

Ivry, 21 septembre, 3 h. 54, soir.

Le commandant du fort d'Ivry au gouverneur de Paris, à l'amiral commandant les marins et à l'amiral commandant Bicêtre.

Des groupes d'officiers ennemis se sont approchés du Port-à-l'Anglais. Un obus lancé par le fort d'Ivry les a obligés à rétrograder vers le Petit-Vitry ou Choisy-le-Roi. Il y a aussi d'incessantes patrouilles prussiennes qui rôdent autour de l'ouvrage de Saquet. Nos tirailleurs ont échangé quelques coups de fusil avec des sentinelles cachées dans les maisons les plus éloignées de Vitry. Je ne serais pas étonné que l'ennemi tente un mouvement le long de la Seine pendant la nuit ou qu'il occupe les hauteurs de Villejuif.

Fort Romainville, 21 septembre, 3 h. 55 m.; soir.

Commandant Romainville à amiral Saisset. — Noisy.

L'ennemi, protégé par un détachement de cavalerie, fait un ouvrage entre Courneuve et Bourget, à environ 6,000 mètres de nous, sur la gauche de Dugny.

3 heures. Une petite colonne ennemie, cavalerie et voitures, partie à 3 heures du coude de la Molette, s'est arrêtée à Dugny. L'ennemi occupe Dugny.

Bicêtre, 21 septembre, 4 h. soir.

Amiral Pothuau à gouverneur de Paris, et vice-amiral La Roncière, Paris.

D'après renseignements pris par une reconnaissance que je viens de faire faire sur la ligne de Villejuif, aux Hautes-Bruyères, sous la protection des canons du fort, l'ennemi occupe toujours les villages de l'Hay et de Chevilly avec des grand'gardes à Cachan et autres endroits que nous ne pouvons pas voir, mais qui ne sont pas à plus de 2,000 mètres de nous; il paraît cheminer en outre en force sur la route de Choisy-le-Roi, vers Sceaux.

21 septembre, 7 heures du soir.

Du fort d'Issy, on distinguait au milieu du jour des vedettes ennemies sur la route de Châtillon à Chevreuse, bordant la crête des hauteurs; on leur a envoyé quelques obus bien dirigés.

En avant du fort de Vanves, pour protéger des travaux de démolition, une compagnie d'éclaireurs a eu un léger engagement avec les tirailleurs ennemis; le travail s'est exécuté.

L'amiral Pothuau, à Bicêtre, et le commandant du fort d'Ivry, font des reconnaissances sous le canon des forts; l'ennemi se tient en arrière des crêtes de Villejuif, vers l'Hay et Chevilly. Il semble diriger toujours ses forces sur la route de Sceaux.

Du fort de Nogent on signale des forces ennemies au pont

de Brie-sur-Marne; dans une patrouille de gardes nationales deux hommes ont été blessés.

De Romainville, on voit à 6,000 mètres l'ennemi établissant un ouvrage entre la Courneuve et le Bourget; une petite colonne occupe Dugny.

Rien de nouveau à Saint-Denis et sur tout le front de la Seine, de Saint-Ouen à Sèvres.

Des coureurs ennemis ont paru à Saint-Cloud.

L'amiral de Chaillé, commandant le 9e secteur, a envoyé au gouverneur de Paris un enfant de quinze ans et demi, le jeune Gabriel Vinety, rue des Vosges, 18, qui rapportait le casque et le fusil d'un soldat prussien qu'il a abattu et tué ce matin dans la campagne, près de Villejuif.

Le gouverneur de Paris a félicité cet enfant de son courage et lui a accordé le fusil et le casque dont il s'est si courageusement emparé.

D'après un arrêté du maire de Paris, l'entrée des monuments publics élevés est interdite jusqu'à nouvel ordre.

Les architectes, gardiens et autres agents chargés de ces monuments, sont personnellement responsables de l'exécution de cette mesure d'urgence.

Tous les élèves en médecine ayant douze inscriptions et tous les docteurs qui étaient inscrits au Val-de-Grâce, et qui n'ont jusqu'ici reçu aucune destination, sont priés de se faire inscrire à l'Hôtel-de-Ville, bureau des ambulances, pour prendre immédiatement service aux ambulances de rempart.

La feuille officielle de ce même jour publie encore la note suivante :

Avant que le siège de Paris commençât, le ministre des affaires étrangères a voulu connaître les intentions de la Prusse, jusque-là silencieuse.

Nous avions hautement proclamé les nôtres le lendemain de la révolution du 4 septembre.

Sans haine contre l'Allemagne, ayant toujours condamné la guerre que l'empereur lui avait faite dans un intérêt exclusivement dynastique, nous avons dit : Arrêtons cette lutte barbare qui décime les peuples au profit de quelques ambitieux. Nous accceptons des conditions équitables. Nous ne cédons ni un pouce de notre territoire, ni une pierre de nos forteresses.

La Prusse répond à ces ouvertures en demandant à garder l'Alsace et la Lorraine par droit de conquête.

Elle ne consentirait même pas à consulter les populations ; elle veut en disposer comme d'un troupeau.

Et quand elle est en présence de la convocation d'une Assemblée qui constituera un pouvoir définitif et votera la paix ou la guerre,

La Prusse demande comme condition préalable d'un armistice l'occupation des places assiégées, le fort du mont Valérien et la garnison de Strasbourg prisonnière de guerre.

Que l'Europe soit juge !

Pour nous l'ennemi s'est dévoilé. Il nous place entre le devoir et le déshonneur ; notre choix est fait.

Paris résistera jusqu'à la dernière extrémité. Les départements viendront à son secours, et, Dieu aidant, la France sera sauvée.

Le ministre des affaires étrangères s'occupe de rédiger une relation détaillée de son voyage au quartier général prussien.

VENDREDI, 23 SEPTEMBRE 1870.

Le maire de Paris.

Vu l'arrêté en date du 21 courant, qui rétablit la taxe du pain à Paris ;

Arrête :

Art. 1er. A partir du 23 septembre présent mois, le prix du pain sera fixé, savoir :

Celui du pain de 1re qualité, à 45 cent. le kilogramme.

Celui du pain de 2e qualité, à 38 cent. le kilogramme.

Art. 2. A partir du même jour, les quantités de pain à livrer au détail, pour des prix déterminés de 10, 15 et 20 centimes, seront réglées ainsi qu'il suit, savoir :

Pour 10 centimes......... 215 grammes.
Pour 15   —   325   —
Pour 20   —   435   —

Paris, 22 septembre 1870.

NOUVELLES DE LA GUERRE.

Un décret du 22 septembre nomme membres du Comité de la défense nationale, MM. Emmanuel Arago, Garnier-Pagès et Léon Gambetta.

La commission chargée de la construction des barricades est composée comme il suit :
MM. Henri Rochefort, membre du Gouvernement de la défense nationale,
Dorian, ministre des travaux publics,
Gustave Flourens,
Jules Bastide, ancien ministre de la République,
Martin Bernard,
Floquet, adjoint au maire de Paris,
A. Dréo, secrétaire-adjoint du Gouvernement de la défense nationale.

Un décret du 22 septembre décrète la formation, pour la durée de la guerre, d'un corps de *Génie volontaire*, qui, bien que commissionné par le ministre de la guerre, restera à la disposition du ministre des travaux publics.

M. Jules Flachat, Ingénieur aux chemins de fer des Charentes, est nommé commandant de ce corps.

Rapport militaire.

22 septembre, 10 h. 1/2.

Hier, dans la soirée, l'amiral Saisset a envoyé du fort de Noisy une reconnaissance brûler une maison située à l'extrémité du parc du Raincy ; elle servait d'observatoire à l'ennemi ; une cinquantaine de uhlans, qui occupaient le jardin en arrière, ont été délogés par nos tirailleurs; nous avons eu un seul homme légèrement touché au bras.

A la même heure, le commandant en chef de la flotille a fait lancer un obus sur une maison signalée comme observatoire de l'ennemi au Bas-Meudon, pendant que le poste de garde au pont de Sèvres échangeait une fusillade assez vive avec le poste prussien de Brimborion.

Ce matin, 22 septembre, un brouillard intense empêche de distinguer les mouvements de l'ennemi. D'autre part, les reconnaissances faites en avant des forts ne signalent rien de nouveau. Quelques coups de feu seulement aux avant-postes.

Dans la soirée du 19 septembre, un détachement de cavalerie prussienne entra sur le territoire de Rueil, côté Bougival. Le commandant Darrigade fit battre la générale, et quelques minutes après il avait à sa disposition 50 à 60 gardes nationaux qu'il divisa en deux sections, pour aller avec M. Paul Olivier, président de la commission municipale, à la rencontre des Prussiens.

La seconde section était commandée par M. l'adjudant-major Le Rude.

M. Paul Olivier adressa au chef du détachement ennemi quelques questions auxquelles il ne répondit pas. On supposa qu'il ne comprenait pas le français. Une femme allemande lui répéta les paroles de M. Olivier. Le Prussien tira alors son sabre, fit faire volte-face à sa troupe, et un de ses hommes tira sur les gardes nationaux. Les gardes nationaux indignés ripostèrent, et trois Prussiens restèrent sur le terrain. Les autres se dirigèrent au galop sur le gros du détachement qui attendait sur la route de Bougival.

Cette brusque attaque mit la population en émoi : femmes, enfants et vieillards vinrent se grouper à l'Hôtel-de-Ville priant qu'on ne les abandonnât point.

La garde nationale fit son devoir en repoussant l'ennemi; mais reconnaissant son impuissance contre une troupe organisée se replia sur Paris, en amenant avec elle la population réunie. Elle vint bivouaquer près des fortifications, et, le 20 au matin, elle fut autorisée à entrer dans Paris, où elle s'est mise à la disposition du gouverneur général chargé de la défense.

22 septembre, six heures et demie, soir.

Le gouverneur de Paris a visité aujourd'hui les défenses de l'enceinte de Saint-Ouen à Bercy et, au delà, les positions de l'Epine et de Montreuil, qui sont occupées très-fortement.

Le général Ducrot fait savoir, d'après renseignements, que l'ennemi a établi un pont à Port-Marly et occupé celui de Chatou ; 600 hommes se sont établis dans l'île ; 8,000 ont couché à Saint-Germain et se sont répandus dans le bois et dans la plaine du Vésinet. L'amiral Pothuau annonce que l'ennemi occupe Villejuif. Nous avons eu de ce côté un engagement de tirailleurs.

Une reconnaissance, partie du fort de Charenton, vers Créteil et le carrefour Pompadour, a été attaquée par les tirailleurs de l'ennemi, qui a amené successivement de nouvelles forces de Mély et de Montmély ; la retraite s'est faite en très-bon ordre : nous avons eu un officier et deux soldats blessés. Le canon du fort a pu atteindre les troupes ennemies regagnant Mély et leur a fait prendre la fuite en désordre, avec des pertes sensibles.

Du côté de Vincennes et des forts de l'Est, rien de nouveau à signaler.

De Saint-Denis, le général de Bellemare annonce que l'ennemi établit des batteries à la butte Pinson et en avant de Montmorency ; on se prépare à le canonner vigoureusement.

Fort de Charenton, 22 septembre, 4 h. 55, soir.

Colonel commandant le fort de Charenton au gouverneur de Paris.

Une compagnie du 21ᵉ de ligne, envoyée en reconnaissance en avant de Maisons-Alfort, avec mission de s'assurer de la position occupée par l'ennemi à Créteil, a poussé ses éclaireurs jusqu'auprès du carrefour Pompadour sans être inquiétée. Elle battait en retraite lorsqu'elle a été tout à coup assaillie par une vive fusillade de l'ennemi caché dans un bois. Elle a vigoureusement riposté au feu de l'ennemi qui reculait ; mais de nombreux renforts en infanterie, venant de Montmély et de Mély, se sont portés au pas de course au secours de la troupe qui occupe Créteil.

La retraite des nôtres s'est opérée en bon ordre, sous le commandement d'un très-bon officier, M. Janckel, lieutenant, commandant sa compagnie. Les pertes de l'ennemi n'ont pu être évaluées. De notre côté un officier (sous-lieutenant) et deux soldats ont été blessés. Les renforts ennemis, en rentrant à Mély, ont donné prise à l'artillerie du fort, qui a jeté le trouble dans leurs rangs et leur a fait prendre la fuite précipitamment, en leur faisant éprouver des pertes que la distance n'a pas permis de constater complétement.

Il a été ordonné à M. le capitaine d'artillerie Pothier, directeur des ateliers de construction des mitrailleuses à Paris, d'organiser un corps-franc d'artillerie pour le service des mitrailleuses et autres engins de guerre que le Gouvernement de la défense nationale lui confiera.

Par ordre du Gouvernement et de M. le gouverneur de Paris, M. le commandant Caron est chargé de prendre toutes les mesures nécessaires pour augmenter dans une très-grande proportion la fabrication des cartouches modèles 1866, 1863 et 1842.

GARDES NATIONALES.

Le Gouvernement a décidé que tous les officiers de la garde nationale mobile régulièrement nommés, soit par décret, soit à titre provisoire par les généraux, en vertu des pouvoirs qui leur avaient été délégués, et qui n'ont pas été élus, recevront, jusqu'au 30 novembre, à titre d'indemnité de licenciement, la solde du grade dont ils étaient pourvus.

Le Gouvernement a en outre décidé que les officiers de la garde nationale mobile de tous grades attachés à des états-majors ou employés comme officiers d'ordonnnance auprès des généraux, seront maintenus provisoirement dans leur grade et dans leur position.

Cette disposition est tout naturellement applicable aux capitaines-majors, ainsi qu'aux trésoriers et officiers d'habillement des conseils centraux.

Instruction pour l'occupation et la garde des remparts.

Paris ne tardera pas à être en butte aux entreprises directes de l'ennemi, et il me paraît nécessaire de dire à ses défenseurs et aux habitants par quels moyens il est possible d'en atténuer les effets.

L'ennemi continue ses mouvements d'investissement. En opérant contre les forts, et avant d'en arriver à une attaque sur le corps de place, il essayera de déterminer des incendies sur les points de la ville qui seraient accessibles à son artillerie. Plus tard, il dirigera ses projectiles sur la rue de rempart où est actuellement réuni le personnel de la défense.

Pour les incendies, il sera beaucoup plus facile qu'on ne le pense généralement de les arrêter dès leur origine. Le feu, provoqué par l'explosion d'un projectile creux, couve très-longtemps avant de se propager. Aussitôt l'explosion entendue, on peut arriver à temps, sans aucun danger, et, à l'aide de quelques seaux d'eau, le commencement de l'incendie est éteint. Il suffit, par conséquent, pour écarter le péril que je signale, de surveiller la chute des projectiles, d'accourir après l'explosion et de se servir des approvisionnements d'eau que chaque habitant a le devoir de tenir en réserve pour cet objet dans les étages supérieurs des maisons.

Pour assurer la sécurité du personnel chargé de la défense de l'enceinte, les précautions ci-après indiquées sont nécessaires :

Pendant la nuit, les défenseurs peuvent et doivent être groupés sur les terre-pleins, dans la rue de rempart et aux abords, afin de repousser les attaques que l'ennemi tenterait par surprise.

Dans le jour, au contraire, le rempart ne doit être occupé que par le nombre d'hommes nécessaire pour le service des pièces et de la mousqueterie. La rue de rempart, où tomberont les projectiles rejetés par les maisons qui la bordent, doit être vide. Les postes, les réserves et tous les groupes de service devront être formés derrière ces maisons, dans les rues parallèles aux remparts, à l'abri du feu de l'ennemi.

Là où la rue de rempart n'est pas bordée de maisons seront établis des abris formés avec des madriers et des planches recouverts d'un mètre de terre. En un mot, il faut que dans un siège auquel les habitants s'associent directement, chacun s'industrie en vue de servir autant qu'il est en lui les intérêts de la défense et de la sécurité commune.

Je dirai encore quelques mots des paniques imprévues qui s'emparent des foules, particulièrement la nuit, et qui donnent lieu toujours à une dangereuse confusion, quelquefois à de grands malheurs. Quelques coups de fusil tirés mal à propos, des clameurs subites, de faux bruits répandus par l'ignorance ou par la malveillance suffisent à déterminer ces paniques. Il faut que chacun des défenseurs, se pénétrant des avertissements que je donne ici, sache se soustraire, par un effort de sa volonté propre, à ces impressions irréfléchies. Dans ces conditions, la panique disparaît comme elle est venue, et son plus redoutable effet, qui consiste ordinairement en une fusillade désastreuse pour les défenseurs eux-mêmes, est écarté.

Enfin, je recommande aux préoccupations de tous le soin des cartouches, qui, par leur nature même, sont si facilement détériorées. C'est là un objet d'importance capitale devant la grande consommation que nous sommes appelés à en faire pour la défense, et je considère tout abus ou tout gaspillage de munitions de canon ou de fusil comme l'un des actes les plus coupables qui se puisse commettre pendant la durée de la crise.

Je répète ici, en terminant, que si l'esprit public, sans se laisser intimider par les souffrances du siège, soutient les défenseurs, la ville ne pourra pas être prise. Tous les efforts de l'ennemi tendront à frapper les imaginations, à troubler les cœurs, à soulever contre la défense les sentiments de la population qui ne combat pas.

J'adjure tous les bons citoyens de réagir énergiquement autour d'eux, par leurs conseils et par leurs exemples, contre de tels entraînements; de relever par leur attitude les courages chancelants, et de persuader à tous que seule la constance peut abréger la durée de l'épreuve et assurer le succès.

Paris, le 22 septembre 1870.

Le président du gouvernement, gouverneur de Paris,

Général TROCHU.

AMBULANCES.

Le public ne se rend pas compte des conventions qui régissent l'usage du drapeau et des insignes de la convention de Genève. Cette convention est un contrat international, dont l'efficacité est subordonnée à la rigoureuse exécution des clauses souscrites par les nations contractantes.

Ainsi, deux conditions essentielles doivent être réalisées pour constituer une ambulance qui puisse être protégée par la convention : il faut que l'ambulance contienne réellement des malades ou des blessés (article 1er de la convention) ; il faut surtout que l'ambulance soit ouverte sans distinction aux blessés des deux nations belligérantes (article 6).

Ces règles sont absolues ; et comme le drapeau de la convention de Genève, pour conserver son efficacité protectrice, ne doit pas être prodigué, le Gouvernement a décidé, sur la proposition de la commission centrale d'hygiène, en premier lieu, que les ambulances contenant six lits seraient seules admises à arborer le drapeau de la convention ; en second lieu, que le drapeau devrait porter la double estampille de la Société internationale et du ministère de la guerre, et que le propriétaire du local devrait être muni d'une carte nominative, comme celle qui est délivrée aux personnes qui portent le brassard de Genève.

Le Gouvernement rappelle au public que le port illégal des insignes de la convention de Genève est un délit.

La lettre suivante a été envoyée à MM. les curés par l'archevêque de Paris.

Monsieur le curé,

En conséquence de l'arrêté de M. le maire de Paris (1), qui dispose que la devise de la République : *Liberté, Égalité, Fraternité*, sera rétablie sur les édifices publics, j'invite MM. les curés à donner à M. Galtier-Boissière, qui est chargé de ce soin, toutes les facilités nécessaires pour remplir sa mission, en ce qui regarde les églises.

Paris, le 21 septembre 1870.

† G., archevêque de Paris.

AVIS DIVERS.

Le *Grenier de réserve*, qui contient une partie de l'approvisionnement de Paris, rentre, par suite de résiliation de bail, consentie par le locataire, dans l'administration des biens du domaine de l'Etat.

C'est une propriété publique inviolable, dont la garde est confiée au patriotisme des citoyens.

Des mesures ont été prises pour prévenir toute cause d'incendie.

Plusieurs cochers, alors qu'ils conduisaient leurs voitures, ont été menacés et même frappés, sous prétexte qu'ils devraient porter un fusil plutôt qu'un fouet ; qu'ils ne pouvaient être que de mauvais citoyens.

Le service dont ils sont chargés ne saurait être interrompu ; il est même indispensable, non-seulement au point de vue de la circulation dans Paris, mais en ce qui concerne le transport des blessés et les autres missions à accomplir dans l'intérêt de la défense et pour les besoins de la République.

Ils sont donc placés sous la sauvegarde de l'autorité, qui leur prêtera au besoin assistance contre tous ceux qui tenteraient de troubler ou de gêner un service d'intérêt public.

---

(1) Arrêté du maire de Paris, chargeant M. Galtier-Boissière de faire inscrire sur tous les édifices publics et sur tous les monuments de la capitale les noms et les devises de la République.

Par suite des difficultés de l'expédition des lettres à destination des départements et de l'étranger, le directeur général des postes a l'honneur de prier instamment le public de ne faire usage que de papier très-mince, et de plier chaque lettre de façon à ce qu'il ne soit pas nécessaire d'employer une enveloppe.

Paris, 21 septembre 1870.

G. RAMPON.

Le *Journal Officiel* de ce même jour publie la relation suivante de son voyage à Ferrières, adressée par M. Jules Favre, ministre des affaires étrangères, aux membres du Gouvernement de la défense nationale, ses collègues :

A Messieurs les membres du Gouvernement de la défense nationale.

Mes chers collègues,

L'union étroite de tous les citoyens, et particulièrement celle des membres du Gouvernement, est plus que jamais une nécessité de salut public. Chacun de nos actes doit le cimenter. Celui que je viens d'accomplir, de mon chef, m'était inspiré par ce sentiment; il aura ce résultat. J'ai eu l'honneur de vous l'expliquer en détail; cela ne suffit point. Nous sommes un Gouvernement de publicité. Si, à l'heure de l'exécution, le secret est indispensable, le fait, une fois consommé, doit être entouré de la plus grande lumière. Nous ne sommes quelque chose que par l'opinion de nos concitoyens ; il faut qu'elle nous juge à chaque heure, et pour nous juger elle a le droit de tout connaître.

J'ai cru qu'il était de mon devoir d'aller au quartier général des armées ennemies; j'y suis allé. Je vous ai rendu compte de la mission que je m'étais imposée à moi-même ; je viens dire à mon pays les raisons qui m'ont déterminé, le but que je me proposais, celui que je crois avoir atteint.

Je n'ai pas besoin de rappeler la politique inaugurée par nous, et que le ministre des affaires étrangères était plus particulièrement chargé de formuler. Nous sommes avant tout des hommes de paix et de liberté. Jusqu'au dernier moment nous nous sommes opposés à la guerre que le gouvernement impérial entreprenait dans un intérêt exclusivement dynastique, et, quand ce gouvernement est tombé, nous avons déclaré persévérer plus énergiquement que jamais dans la politique de la paix.

Cette déclaration, nous la faisions quand, par la criminelle folie d'un homme et de ses conseillers, nos armées étaient détruites ; notre glorieux Bazaine et ses vaillants soldats bloqués devant Metz ; Strasbourg, Toul, Phalsbourg, écrasés par les bombes ; l'ennemi victorieux en marche sur notre capitale. Jamais situation ne fut plus cruelle ; elle n'inspira cependant au pays aucune pensée de défaillance, et nous crûmes être son interprète fidèle en posant nettement cette condition : pas un pouce de notre territoire, pas une pierre de nos forteresses.

Si donc, à ce moment où venait de s'accomplir un fait aussi considérable que celui du renversement du promoteur de la guerre, la Prusse avait voulu traiter sur les bases d'une indemnité à déterminer, la paix était faite ; elle eût été accueillie comme un immense bienfait ; elle fût devenue un gage certain de réconciliation entre deux nations qu'une politique odieuse seule a fatalement divisées.

Nous espérions que l'humanité et l'intérêt bien entendus remporteraient cette victoire, belle entre toutes, car elle aurait ouvert une ère nouvelle, et les hommes d'Etat qui y auraient attaché leur nom auraient eu comme guides la philosophie, la raison, la justice ; comme récompense les bénédictions et la prospérité des peuples.

C'est avec ces idées que j'ai entrepris la tâche périlleuse que vous m'avez confiée. Je devais tout d'abord me rendre compte des dispositions des cabinets européens et chercher à me concilier leur appui. Le gouvernement impérial l'avait complétement oublié ou y avait échoué. Il s'est engagé dans la guerre sans une alliance, sans une négociation sérieuse ; tout, autour de lui, était hostilité ou indifférence ; il recueillait ainsi le fruit amer d'une politique blessante pour chaque Etat voisin par ses menaces ou ses prétentions.

A peine étions-nous à l'Hôtel-de-Ville qu'un diplomate, dont il n'est point encore important de révéler le nom, nous demandait à entrer en relations avec nous. Dès le lendemain, votre ministre recevait les représentants de toutes les puissances. La République des Etats-Unis, la République helvétique, l'Italie, l'Espagne, le Portugal, reconnaissaient officiellement la République française. Les autres gouvernements autorisaient leurs agents à entretenir avec nous des rapports officieux qui nous permettaient d'entrer de suite en pourparlers utiles.

Je donnerais à cet exposé, déjà trop étendu, un développement qu'il ne comporte pas, si je racontais avec détail la courte mais instructive histoire des négociations qui ont suivi. Je crois pouvoir affirmer qu'elle ne sera pas tout à fait sans valeur pour notre crédit moral.

Je me borne à dire que nous avons trouvé partout d'honorables sympathies. Mon but était de les grouper, et de déterminer les puissances signataires de la ligue des neutres à intervenir directement près de la Prusse en prenant pour base les conditions que j'avais posées. Quatre de ces puissances me l'ont offert, je leur en ai, au nom de mon pays, témoigné ma gratitude, mais je voulais le concours des autres. L'une m'a promis une action individuelle dont elle s'est réservé la liberté; l'autre m'a proposé d'être mon intermédiaire près de la Prusse; elle a même fait un pas de plus. Sur les instances de l'envoyé extraordinaire de la France, elle a bien voulu recommander directement mes démarches. J'ai demandé beaucoup plus, mais je n'ai refusé aucun concours, estimant que l'intérêt qu'on nous montrait était une force à ne pas négliger.

Cependant le temps marchait; chaque heure rapprochait l'ennemi. En proie à de poignantes émotions, je m'étais promis à moi-même de ne pas laisser commencer le siége de Paris sans essayer une démarche suprême, fussé-je seul à la faire. L'intérêt n'a pas besoin d'en être démontré. La Prusse gardait le silence, et nul ne consentait à l'interroger. Cette situation était intenable; elle permettait à notre ennemi de faire peser sur nous la responsabilité de la continuation de la lutte; elle nous condamnait à nous taire sur ses intentions. Il fallait en sortir. Malgré ma répugnance, je me déterminai à user des bons offices qui m'étaient offerts, et, le 10 septembre, un télégramme parvenait à M. de Bismark, lui demandant s'il voulait entrer en conversation sur des conditions de transaction. Une première réponse était une fin de non-recevoir tirée de l'irrégularité de notre gouvernement. Toutefois, le chancelier de la Confédération du Nord n'insista pas, et me fit demander quelles garanties nous présentions pour l'exécution d'un traité. Cette seconde difficulté levée pour moi, il fallait aller plus loin. On me proposa d'envoyer un courrier, ce que j'acceptai. En même temps on télégraphiait directement à M. de Bismark, et le premier ministre de la puissance qui nous servait d'intermédiaire disait à notre envoyé extraordinaire que la France seule pouvait agir; il ajoutait qu'il serait à désirer que je ne reculasse pas devant une démarche au quartier général. Notre envoyé, qui connaissait le fond de mon cœur, répondit que j'étais prêt à tous les sacrifices pour faire mon devoir; qu'il y en avait peu d'aussi pénibles que d'aller au travers des lignes ennemies chercher notre vainqueur, mais qu'il supposait que je m'y résignerais. Deux jours après, le courrier revenait. Après mille obstacles, il avait vu le chancelier, qui lui avait dit être disposé volontiers à causer avec moi.

J'aurais voulu une réponse directe au télégramme de notre intermédiaire; elle se faisait attendre. L'investissement de Paris s'achevait. Il n'y avait plus à hésiter. Je me résolus de partir.

Seulement il m'importait que, pendant qu'elle s'accomplissait, cette démarche fût ignorée; je recommandai le secret, et j'ai été douloureusement surpris, en rentrant hier, d'apprendre qu'il n'a pas été gardé. Une indiscrétion coupable a été commise. Un journal, *l'Électeur libre*, déjà désavoué par le Gouvernement (1), en a profité; une enquête est ouverte, et j'espère pouvoir réprimer ce double abus.

J'avais poussé si loin le scrupule de la discrétion, que je l'ai observée même vis-à-vis de vous, mes chers collègues. Je ne

---

(1) Journal dirigé par M. Arthur Picard, frère de M. Ernest Picard, ministre des finances.

m'y suis pas résolu sans un vif déplaisir. Mais je connaissais votre patriotisme et votre affection ; j'étais sûr d'être absous. Je croyais obéir à une nécessité impérieuse. Une première fois je vous avais entretenus des agitations de ma conscience, et je vous avais dit qu'elle ne serait en repos que lorsque j'aurais fait tout ce qui était humainement possible pour arrêter honorablement cette abominable guerre. Me rappelant la conversation provoquée par cette ouverture, je redoutais des objections, et j'étais décidé ; d'ailleurs je voulais, en abordant M. de Bismark, être libre de tout engagement, afin d'avoir le droit de n'en prendre aucun. Je vous fais ces aveux sincères ; je les fais au pays pour écarter de vous une responsabilité que j'assume seul. Si ma démarche est une faute, seul j'en dois porter la peine.

J'avais cependant averti M. le ministre de la guerre, qui avait bien voulu me donner un officier pour me conduire aux avant-postes. Nous ignorions la situation du quartier général. On le supposait à Grosbois. Nous nous acheminâmes vers l'ennemi par la porte de Charenton.

Je supprime tous les détails de ce douloureux voyage, pleins d'intérêt cependant, mais qui ne seraient point ici à leur place. Conduit à Villeneuve-Saint-Georges, où se trouvait le général en chef commandant le 6ᵉ corps, j'appris assez tard dans l'après-midi que le quartier général était à Meaux. Le général, des procédés duquel je n'ai qu'à me louer, me proposa d'y envoyer un officier porteur de la lettre suivante, que j'avais préparée pour M. de Bismark.

« Monsieur le Comte,

» J'ai toujours cru qu'avant d'engager sérieusement les hostilités sous les murs de Paris, il était impossible qu'une transaction honorable ne fût pas essayée. La personne qui a eu l'honneur de voir Votre Excellence, il y a deux jours, m'a dit avoir recueilli de sa bouche l'expression d'un désir analogue. Je suis venu aux avant-postes me mettre à la disposition de Votre Excellence. J'attends qu'elle veuille bien me faire savoir comment et où je pourrai avoir l'honneur de conférer quelques instants avec elle.

» J'ai l'honneur d'être, avec une haute considération,
» De Votre Excellence
» Le très-humble et très-obéissant serviteur,

» Jules Favre. »

18 septembre 1870.

Nous étions séparés par une distance de 48 kilomètres. Le lendemain matin, à six heures, je recevais la réponse que je transcris :

« Meaux, 18 septembre 1870.

» Je viens de recevoir la lettre que Votre Excellence a eu l'obligeance de m'écrire, et ce me sera extrêmement agréable si vous voulez bien me faire l'honneur de venir me voir, demain, ici à Meaux.

» Le porteur de la présente, le prince Biron (1), veillera à ce que Votre Excellence soit guidée à travers nos lignes.

» J'ai l'honneur d'être, avec la plus haute considération, de Votre Excellence le très-obéissant serviteur,

» De Bismark. »

A neuf heures l'escorte était prête, et je partais avec elle.

---

(1) Le véritable nom de cette famille est *Biren*, et non *Biron* comme l'a imprimé par erreur le rapport publié au *Journal officiel*. Cette erreur fut d'ailleurs constatée et relevée par la lettre rectificative suivante insérée dans la feuille officielle du 25 septembre :

« Monsieur le redacteur,

» En lisant le rapport si patriotique et si émotionnant de M. le ministre des affaires étrangères, j'y vois le nom du prince Biron, chargé de guider M. le ministre au travers des lignes ennemies. Permettez-moi de réclamer contre cette usurpation de mon nom. Les Biren et les Biron n'ont jamais rien eu de commun. Tous ceux qui portent mon nom sont en France et défendent le pays.

» J'ai l'honneur, etc.

» Comte de Biron.

» Paris, 24 septembre 1870. »

Arrivé près de Meaux vers trois heures de l'après-midi, j'étais arrêté par un aide-de-camp venant m'annoncer que le Comte avait quitté Meaux avec le roi pour aller coucher à Ferrières (1). Nous nous étions croisés ; en revenant l'un et l'autre sur nos pas, nous devions nous rencontrer.

Je rebroussai chemin, et descendis dans la cour d'une ferme entièrement saccagée, comme presque toutes les maisons que j'ai vues sur ma route. Au bout d'une heure, M. de Bismark m'y rejoignait. Il nous était difficile de causer dans un tel lieu. Une habitation, le château de la Haute-Maison, appartenant à M. le comte de Rillac, était à notre proximité ; nous nous y rendîmes. Et la conversation s'engagea dans un salon où gisaient en désordre des débris de toute nature.

Cette conversation, je voudrais vous la rapporter tout entière, telle que le lendemain je l'ai dictée à un secrétaire. Chaque détail y a son importance. Je ne puis ici que l'analyser.

J'ai tout d'abord précisé le but de ma démarche. Ayant fait connaître par ma circulaire les intentions du Gouvernement français, je voulais savoir celles du premier ministre prussien. Il me semblait inadmissible que deux nations continuassent, sans s'expliquer préalablement, une guerre terrible, qui, malgré ses avantages, infligeait au vainqueur des souffrances profondes. Née du pouvoir d'un seul, cette guerre n'avait plus de raison d'être quand la France redevenait maîtresse d'elle-même ; je me portais garant de son amour pour la paix, en même temps que de sa résolution inébranlable de n'accepter aucune condition qui ferait de cette paix une courte et menaçante trêve.

M. de Bismark m'a répondu que, s'il avait la conviction qu'une pareille paix fût possible, il la signerait tout de suite. Il a « reconnu que l'opposition avait toujours condamné la guerre. Mais le pouvoir que représente aujourd'hui cette opposition est plus que précaire. Si, dans quelques jours Paris n'est pas pris, il sera renversé par la populace... »

Je l'ai interrompu vivement pour lui dire que nous n'avions pas de populace à Paris, mais une population intelligente, dévouée,

(1) Dans le magnifique château du baron de Rothschild.

qui connaissait nos intentions, et qui ne se ferait pas complice de l'ennemi en entravant notre mission de défense. Quant à notre pouvoir, nous étions prêts à le déposer entre les mains de l'assemblée déjà convoquée par nous.

« Cette assemblée, a repris le Comte, aura des desseins que rien ne peut nous faire pressentir. Mais, si elle obéit au sentiment français, elle voudra la guerre. Vous n'oublierez pas plus la capitulation de Sedan que Waterloo, que Sadowa, qui ne vous regardait pas. » Puis il a insisté longuement sur la volonté bien arrêtée de la nation française d'attaquer l'Allemagne et de lui enlever une partie de son territoire. Depuis Louis XIV jusqu'à Napoléon III, ses tendances n'ont pas changé, et, quand la guerre a été annoncée, le Corps législatif a couvert les paroles du ministre d'acclamations.

Je lui ai fait observer que la majorité du Corps législatif avait quelques semaines avant acclamé la paix; que cette majorité, choisie par le prince, s'est malheureusement crue obligée de lui céder aveuglément, mais que, consultée deux fois, aux élections de 1869 et au vote du plébiscite, la nation avait énergiquement adhéré à une politique de paix et de liberté.

La conversation s'est prolongée sur ce sujet, le Comte maintenant son opinion, alors que je défendais la mienne ; et comme je le pressais vivement sur ses conditions, il m'a répondu nettement que la sécurité de son pays lui commandait de garder le territoire qui la garantissait. Il m'a répété plusieurs fois : « Strasbourg est la clé de la maison, je dois l'avoir. » — Je l'ai invité à être plus explicite encore : — « C'est inutile, objectait-il, puisque nous ne pouvons nous entendre, c'est une affaire à régler plus tard. » — Je l'ai prié de le faire tout de suite ; il m'a dit alors que les deux départements du Bas et du Haut-Rhin, une partie de celui de la Moselle avec Metz, Château-Salins et Soissons, lui étaient indispensables, et qu'il ne pouvait y renoncer.

Je lui ai fait observer que l'assentiment des peuples dont il disposait ainsi était plus que douteux, et que le droit public européen ne lui permettait pas de s'en passer. — « Si fait, m'a-t-il répondu. Je sais fort bien qu'ils ne veulent pas de nous

Ils nous imposeront une rude corvée; mais nous ne pouvons pas ne pas les prendre. Je suis sûr que dans un temps prochain nous aurons une nouvelle guerre avec vous. Nous voulons la faire avec tous nos avantages. »

Je me suis récrié, comme je le devais, contre de telles solutions. J'ai dit qu'on me paraissait oublier deux éléments importants de discussion : l'Europe, d'abord, qui pourrait bien trouver ces prétentions exorbitantes et y mettre obstacle; le droit nouveau ensuite, le progrès des mœurs, entièrement antipathique à de telles exigences. J'ai ajouté que, quant à nous, nous ne les accepterions jamais. Nous pouvions périr comme nation, mais non nous déshonorer. D'ailleurs, le pays seul était compétent pour prononcer sur une cession territoriale. Nous ne doutons pas de son sentiment, mais nous voulons le consulter. C'est donc vis-à-vis de lui que se trouve la Prusse; et, pour être net, il est clair qu'entraînée par l'enivrement de la victoire, elle veut la destruction de la France.

Le Comte a protesté, se retranchant toujours derrière des nécessités absolues de garantie nationale. J'ai poursuivi : « Si ce n'est pas de votre part un abus de la force, cachant de secrets desseins, laissez-nous réunir l'assemblée : nous lui remettrons nos pouvoirs; elle nommera un Gouvernement définitif qui appréciera vos conditions.

« — Pour l'exécution de ce plan, m'a répondu le Comte, il faudrait un armistice, et je n'en veux à aucun prix. »

La conversation prenait une tournure de plus en plus pénible. Le soir venait. Je demandai à M. de Bismark un second entretien à Ferrières, où il allait coucher, et nous partîmes chacun de notre côté.

Voulant remplir ma mission jusqu'au bout, je devais revenir sur plusieurs des questions que nous avions traitées, et conclure. Aussi, en abordant le Comte vers neuf heures et demie du soir, je lui fis observer que, les renseignements que j'étais venu chercher près de lui étant destinés à être communiqués à mon Gouvernement et au public, je résumerais, en terminant, notre conversation, pour n'en publier que ce qui serait bien arrêté entre nous. — « Ne prenez pas cette peine, me répondit-il, je vous la livre toute entière, je ne vois aucun inconvénient à sa divulgation. » Nous reprîmes alors la discussion, qui se prolongea jusqu'à minuit. J'insistai particulièrement sur la nécessité de convoquer une assemblée. Le Comte parut se laisser peu à peu convaincre et revint à l'armistice. Je demandais quinze jours. Nous discutâmes les conditions. Il ne s'en expliqua que d'une manière très-incomplète, se réservant de consulter le roi. En conséquence, il m'ajourna au lendemain onze heures.

Je n'ai plus qu'un mot à dire : car, en reproduisant ce douloureux récit, mon cœur est agité de toutes les émotions qui l'ont torturé pendant ces trois mortelles journées, et j'ai hâte de finir. J'étais au château de Ferrières à onze heures. Le Comte sortit de chez lui à midi moins le quart, et j'entendis de lui les conditions qu'il mettait à l'armistice; elles étaient consignées dans un texte écrit en langue allemande, et dont il m'a donné communication verbale.

Il demandait pour gage l'occupation de Strasbourg, de Toul et de Phalsbourg, et comme, sur sa demande, j'avais dit la veille que l'assemblée devait être réunie à Paris, il voulait, dans ce cas, avoir un fort dominant la ville...., celui du mont Valérien, par exemple.

Je l'ai interrompu pour lui dire : « Il est bien plus simple de nous demander Paris. Comment voulez-vous admettre qu'une assemblée française délibère sous votre canon ? J'ai eu l'honneur de vous dire que je transmettrais fidèlement notre entretien au Gouvernement ; je ne sais vraiment si j'oserai lui dire que vous m'avez fait une telle proposition.

« — Cherchons une autre combinaison », m'a-t-il répondu. Je lui ai parlé de la réunion de l'Assemblée à Tours, en ne prenant aucun gage du côté de Paris.

Il m'a proposé d'en parler au roi, et, revenant sur l'occupation de Strasbourg, il a ajouté : « La ville va tomber entre nos mains, ce n'est plus qu'une affaire de calcul d'ingénieur. Aussi je vous demande que la garnison se rende prisonnière de guerre. »

A ces mots j'ai bondi de douleur, et, me levant, je me suis écrié : « Vous oubliez que vous parlez à un Français, monsieur le Comte : sacrifier une garnison héroïque qui fait notre admiration et celle du monde serait une lâcheté ; et je ne vous promets pas de dire que vous m'avez posé une telle condition. »

Le Comte m'a répondu qu'il n'avait pas l'intention de me blesser, qu'il se conformait aux lois de la guerre, qu'au surplus, si le roi y consentait, cet article pourrait être modifié.

Il est rentré au bout d'un quart d'heure. Le roi acceptait la combinaison de Tours, mais insistait pour que la garnison de Strasbourg fût prisonnière.

J'étais à bout de force et craignis un instant de défaillir. Je me retournais pour dévorer les larmes qui m'étouffaient, et, m'excusant de cette faiblesse involontaire, je prenais congé par ces simples paroles :

« Je me suis trompé, monsieur le Comte, en venant ici ; je ne m'en repens pas, j'ai assez souffert pour m'excuser à mes propres yeux ; d'ailleurs je n'ai cédé qu'au sentiment de mon devoir. Je reporterai à mon Gouvernement tout ce que vous m'avez dit, et, s'il juge à propos de me renvoyer près de vous, quelque cruelle que soit cette démarche, j'aurai l'honneur de revenir. Je vous suis reconnaissant de la bienveillance que vous m'avez témoignée, mais je crains qu'il n'y ait plus qu'à laisser les événements s'accomplir. La population de Paris est courageuse et résolue aux derniers sacrifices ; son héroïsme peut changer le cours des événements. Si vous avez l'honneur de la vaincre, vous ne la soumettrez pas. La nation tout entière est dans les mêmes sentiments. Tant que nous trouverons en elle un élément de résistance, nous vous combattrons. C'est une lutte indéfinie entre deux peuples qui devraient se tendre la main. J'avais espéré une autre solution. Je pars bien malheureux, et néanmoins plein d'espoir. »

Je n'ajoute rien à ce récit, trop éloquent par lui-même. Il me permet de conclure, et de vous dire quelle est, à mon sens, la portée de ces entrevues. Je cherchais la paix, j'ai rencontré une volonté inflexible de conquête et de guerre. Je demandais la possibilité d'interroger la France représentée par une assemblée librement élue, on m'a répondu en me montrant les fourches caudines sous lesquelles elle doit préalablement passer. Je ne récrimine point. Je me borne à constater les faits, à les signaler à mon pays et à l'Europe. J'ai voulu ardemment la paix, je ne m'en cache pas, et, en voyant pendant trois jours la misère de nos campagnes infortunées, je sentais grandir en moi cet amour avec une telle violence que j'étais forcé d'appeler tout mon courage à mon aide pour ne pas faillir à ma tâche. J'ai désiré non moins vivement un armistice, je l'avoue encore, je l'ai désiré pour que la nation pût être consultée sur la redoutable question que la fatalité pose devant nous.

Vous connaissez maintenant les conditions préalables qu'on prétend vous faire subir. Comme moi, et sans discussion, vous avez été unanimement d'avis qu'il fallait en repousser l'humiliation. J'ai la conviction profonde que, malgré les souffrances qu'elle endure et celles qu'elle prévoit, la France indignée partage notre résolution, et c'est de son cœur que j'ai pu m'inspirer en écrivant à M. de Bismark la dépêche suivante, qui clôt cette négociation :

« Monsieur le Comte,

» J'ai exposé fidèlement à mes collègues du Gouvernement de la défense nationale la déclaration que Votre Excellence a bien voulu me faire. J'ai le regret de faire connaître à Votre Excellence que le Gouvernement n'a pu admettre vos propositions. Il accepterait un armistice ayant pour objet l'élection et la réunion d'une Assemblée nationale. Mais il ne peut souscrire aux conditions auxquelles Votre Excellence le subordonne. Quant à moi, j'ai la conscience d'avoir tout fait pour que l'effusion du sang cessât, et que la paix fût rendue à nos deux nations, pour lesquelles elle serait un grand bienfait. Je ne m'arrête qu'en face d'un devoir impérieux, m'ordonnant de ne pas sacrifier l'honneur de mon pays déterminé à résister énergiquement. Je m'associe sans réserve à son vœu ainsi qu'à celui de mes collègues. Dieu, qui nous juge, décidera de nos destinées. J'ai foi dans sa justice.

» J'ai l'honneur d'être, monsieur le Comte, etc.

» Jules Favre. »

23 septembre 1870.

J'ai fini, mes chers collègues, et vous pensez comme moi que, si j'ai échoué, ma mission n'aura pas été cependant tout à fait inutile. Elle a prouvé que nous n'avions pas dévié. Comme les premiers jours, nous maudissons une guerre par nous condamnée à l'avance; comme les premiers jours aussi, nous l'acceptons plutôt que de nous déshonorer. Nous avons fait plus : nous avons tué l'équivoque dans laquelle la Prusse s'enfermait, et que l'Europe ne nous aidait pas à dissiper.

En entrant sur notre sol, elle a donné au monde sa parole qu'elle attaquait Napoléon et ses soldats, mais qu'elle respectait la nation. Nous savons aujourd'hui ce qu'il faut en penser. La Prusse exige trois de nos départements, deux villes fortes, l'une de cent, l'autre de soixante quinze mille âmes, huit à dix autres également fortifiées. Elle sait que les populations qu'elle veut nous ravir la repoussent, elle s'en saisit néanmoins, opposant le tranchant de son sabre aux protestations de leur liberté civique et de leur dignité morale.

A la nation qui demande la faculté de se consulter elle-même elle propose la garantie de ses obusiers établis au mont Valérien et protégeant la salle des séances où nos députés voteront. Voilà ce que nous savons, et ce qu'on m'a autorisé de vous dire. Que le pays nous entende et qu'il se lève, ou pour nous désavouer quand nous lui conseillons de résister à outrance, ou pour subir avec nous cette dernière et décisive épreuve. Paris y est résolu.

Les départements s'organisent et vont venir à son secours. Le dernier mot n'est pas dit dans cette lutte où maintenant la force se rue contre le droit. Il dépend de notre constance qu'il appartienne à la justice et à la liberté.

Agréez, mes chers collègues, le fraternel hommage de mon inaltérable dévouement.

Le vice-président du Gouvernement de la défense nationale, ministre des affaires étrangères,

JULES FAVRE.

Paris, ce 21 septembre 1870.

SAMEDI, 24 SEPTEMBRE.

Le Gouvernement de la défense nationale,

Considérant les obstacles matériels que les événements militaires apportent en ce moment à l'exercice des droits électoraux,

Décrète :

Art. 1er. Les élections municipales de Paris, fixées au 28 septembre, n'auront pas lieu à cette date.

Les nouvelles élections municipales des communes du département de la Seine sont également ajournées.

Art. 2. Il en est de même des élections pour l'Assemblée Constituante, fixées au 2 octobre.

Art. 3. De nouvelles dates seront fixées dès que les événements le permettront, tant pour les élections des membres de l'Assemblée Constituante que pour les élections municipales de Paris et de la Seine, ainsi que pour toutes celles des communes où la guerre aurait, en fait, empêché les électeurs de se réunir en nombre légalement suffisant (1).

Paris, le 23 septembre 1870.

Le Gouvernement de la défense nationale :

Considérant que, de documents d'une nature probante et devenus publics (2), il résulte que M. Devienne, premier président de la cour de cassation, aurait gravement compromis la dignité du magistrat dans une négociation d'un caractère scandaleux ;

Considérant que M. Devienne, mandé pour donner ses explications, ne s'est pas rendu à l'invitation qui lui a été adressée ;

Considérant que, placé à la tête du premier corps judiciaire

---

(1) L'objet de ce décret fut seulement indiqué, par une simple note, au *Journal officiel* du 24 septembre. Le décret lui-même ne figure *in extenso*, ainsi que nous le reproduisons ci-dessus, qu'au numéro du 27 septembre.

(2) Il s'agit des lettres de Mlle Marguerite Bellanger. Consulter le tome 1er des *papiers et correspondance de la famille impériale*, pages 65 et suivantes.

de la République, M. Devienne est absent de Paris à l'heure du péril national ;

Décrète :

M. le premier président Devienne est déféré disciplinairement à la cour de cassation, qui statuera conformément aux lois.

Fait à Paris, le 23 septembre 1870.

ARRÊTÉ. — Le maire de Paris,

Vu la loi des 19-22 juillet 1791 ;

Vu l'arrêté du maire de Paris, en date du 21 septembre courant, qui rétablit la taxe du pain à Paris, et dont l'art. 2 est ainsi conçu ; « Cette taxe sera faite tous les huit jours, par les soins d'une commission spéciale nommée par le maire de Paris » ;

Arrête :

Art. 1er. Une commission spéciale est chargée de proposer, tous les huit jours, la taxe du pain.

Art. 2. Sont désignés pour faire partie de cette commission MM. Clamageran, adjoint au maire de Paris, président ;

Coquard, doyen des facteurs à la halle aux farines ;

Malgras, boulanger à Paris ;

Way, négociant en farines ;

Et Talange, contrôleur à la caisse de la boulangerie.

M. Bedel, chef de bureau à la mairie de Paris, détaché à la caisse de la boulangerie, remplira les fonctions de secrétaire de la commission.

Art. 3. La commission prendra pour base de ses propositions de la taxe du pain de 1re qualité, savoir :

1° Le prix moyen des farines livrées par la Ville aux boulangers pendant la semaine précédente ;

2° Le prix moyen des farines de commerce et de consommation actuellement déposées dans les divers magasins de la capitale, lequel prix sera établi d'après le cours moyen de ces farines pendant la 1re quinzaine de septembre.

A la moyenne de ces deux prix réunis, on ajoutera : 1° une

somme de 10 fr. 19 c. par quintal de farine, ou 16 fr. par sac de 157 kilog., pour les frais de fabrication des boulangers;

2° Le droit spécial de 1 fr. 30 c. par quintal de farine, établi par le décret du 31 août 1863.

Le prix total, établi comme il est expliqué ci-dessus, sera divisé par 130 kilog., chiffre du rendement reconnu en pain d'un quintal de farine.

Art. 4. Le prix du pain de 2ᵉ qualité se déduit du prix de la 1ʳᵉ, en prenant pour point de départ une différence en moins de 7 à 8 centimes, suivant que le chiffre de la taxe du pain de 1ʳᵉ qualité est pair ou impair.

Art. 5. Le présent arrêté sera inséré au Recueil des actes administratifs de la mairie de Paris et au *Journal officiel*.

Art. 6. Il en sera adressé une ampliation au directeur des affaires municipales et de la caisse de la boulangerie, chargé d'en assurer l'exécution.

Fait à Paris, le 22 septembre 1870.

ARRÊTÉ. — Attendu qu'il est constaté que les crieurs de journaux, sur la voie publique, ajoutent fréquemment au titre de leur feuille l'annonce de certains faits qui n'y sont pas mentionnés, ou qu'ils dénaturent ou exagèrent ceux qui y sont mentionnés réellement;

Attendu que cette façon de procéder, outre qu'elle est contraire à la loyauté, peut induire en erreur les citoyens sur le véritable état des choses et nuire à la tranquillité publique,

Le préfet de police arrête :

Art. 1ᵉʳ. Il est interdit à tout crieur ou vendeur de journaux, sur la voie publique, d'énoncer autre chose que le titre et la date des journaux qu'il vend.

Art. 2. Toute contravention à la disposition qui précède sera punie par le retrait de l'autorisation, sans préjudice des poursuites qui pourront être exercées conformément à la loi.

Paris, le 21 septembre.

Le préfet de police,
DE KÉRATRY.

NOUVELLES DE LA GUERRE.

Attendu que le chemin de ronde des fortifications est encombré de marchands de vins, marchands de comestibles, etc., etc., qui nuisent aux mouvements des troupes et à leur discipline;

Attendu que les inconvénients de cet encombrement sont d'autant plus considérables qu'un chemin de ceinture intérieur est en voie d'établissement sur le chemin de ronde,

Le préfet de police arrête :

Art. 1er. Il est interdit à tout citoyen non armé de stationner sur le chemin de ronde intérieur des fortifications, si ce n'est par ordre et pour les besoins de l'autorité militaire.

Art. 2. Toute contravention à cette disposition sera punie conformément aux lois.

Le préfet de police,
DE KÉRATRY.

Paris, le 21 septembre.

Bicêtre, 23 septembre 1870, 7 h. 14 matin.

Contre-amiral Pothuau à commandant du 9e secteur, **Paris.**

La division Maud'huy a pris possession hier soir et ce matin du moulin Saquet, du village de Villejuif et de la redoute des Hautes-Bruyères. Il a été échangé aux avant-postes des coups de fusil et parfois quelques coups de canon de part et d'autre.

Montrouge, 23 septembre, 7 h. 23 matin.

Commandant de Montrouge au général Vinoy, à Paris.

J'ai fait tirer trois coups de canon dans la direction de la batterie ennemie qui canonnait la redoute des Hautes-Bruyères et sur un groupe de tirailleurs.

Bicêtre, 23 septembre, 9 h. 50 du matin.

Contre-amiral Pothuau à gouverneur de Paris, à vice-amiral La Roncière, à Paris.

La canonnade engagée contre notre artillerie et contre les Hautes-Bruyères a été très-vive et très-bien soutenue de notre côté; le feu vient de cesser. Il paraît reprendre, mais faiblement, du côté de Saquet.

Le chef d'état-major général au gouverneur de Paris.

Dans l'après-midi du 22, une reconnaissance a été faite en avant du fort d'Issy par 120 hommes de la garde mobile, 4e bataillon de la Seine, 8e compagnie, pour enlever des outils restés à la redoute du moulin de Pierres; au retour, ce détachement a été attaqué par un parti ennemi auquel il a tué ou blessé 12 hommes; nous avons eu 4 blessés, dont un garde national qui avait servi de guide.

Les gardes mobiles se sont conduits comme de vieilles troupes.

On signalait de Romainville, dans la soirée, l'établissement de deux observatoires ennemis, l'un derrière la forêt de Bondy, l'autre sur une tour entre Dugny-Stains, probablement au moulin du Haut-Roi.

A neuf heures du soir, la division Maud'huy a été portée en avant des forts d'Issy et de Bicêtre et a occupé le moulin Saquet et le village de Vitry.

Dans la nuit, les forts d'Issy et de Vanves ont signalé des mouvements de troupes sur les hauteurs de Châtillon.

Vers quatre heures du matin, les forts de Bicêtre et de Montrouge ont couvert de feux les hauteurs de Villejuif pour protéger le mouvement de la division Maud'huy, qui devait occuper le village et la batterie des Hautes-Bruyères.

Cette opération était terminée vers six heures.

Une fusillade intermittente et quelques coups de canon continuaient à se faire entendre aux avant-postes.

Vers sept heures, l'ennemi a poussé une reconnaissance jusqu'à 700 mètres du moulin Saquet, mais le feu de cet ouvrage et quelques obus lancés du fort d'Ivry l'ont fait replier en toute hâte vers la Plâtrière, qui paraît être un poste important.

Vers huit heures et demie, le feu de nos forts a complétement cessé.

Nos batteries de campagne ont soutenu un très-vif combat d'artillerie où l'avantage nous est resté.

Du côté de Vincennes, Nogent et des forts de l'Est, tout est calme.

Des mouvements de troupes ennemies sont signalés vers le Bourget et Dugny par la route de Lille.

En avant de Saint-Denis et vers Argenteuil, on signale de nombreux travaux de l'ennemi ; mais le combat n'est pas engagé.

En arrière d'Argenteuil, une masse de 40,000 Prussiens serait, dit-on, cachée dans les bois.

A la dernière heure, dix heures, les forts ne tirent plus, le feu continue par une canonnade à environ 2,000 mètres en avant de notre ligne, des Hautes-Bruyères au moulin Saquet.

Onze heures. — Le général chef d'état-major rentre après avoir reconnu les positions en avant des forts d'Ivry et de Vanves; il n'a été nullement inquiété et ne signale aucun mouvement de l'ennemi entre Meudon et Montrouge.

Montrouge, le 23 septembre 1870, 3 h. 25, soir.

Commandant à commandant d'Ivry.

Nous avons vu seulement la fusillade du côté des Hautes-Bruyères. Je crois le moulin Saquet, Villejuif emportés aussi.

Les batteries prussiennes sont probablement en position à l'Hay et Chevilly.

Noisy, 23 septembre.

Contre-amiral Saisset au gouverneur de Paris.

Je suis parti en reconnaissance à midi et demi, vers le Bourget, avec 200 fusiliers brevetés, 400 hommes d'infanterie de marine et huit compagnies des bataillons des éclaireurs de la Seine (colonel Lafont). Fouillé Bobigny, qui a été trouvé évacué par l'ennemi. Débusqué l'ennemi après une vive fusillade du village de Drancy, et poursuivi jusqu'à 400 mètres de la gare du Bourget.

Aperçu dans la gare, derrière des épaulements, dans le village du Bourget, plusieurs colonnes d'infanterie en bataille, que le canon du fort de Romainville (une pièce de marine de 16) a refoulées dans le village chaque fois qu'elles ont voulu en déboucher. — A trois heures, battu en retraite par échelon comme à l'exercice, sous quelques balles perdues; — un officier des éclaireurs de la Seine grièvement blessé au pied, étant à cheval; un soldat d'infanterie de marine blessé au bras à la prise du village de Drancy, où nous avons brûlé toutes les meules de fourrages de la cavalerie ennemie.

23 septembre, soir.

La division Maud'huy est définitivement établie sur les positions de Villejuif; elle est fortement appuyée sur ses derrières. Après un feu soutenu de plusieurs heures, nos batteries de campagne, soutenues par le tir très-remarquable des forts, ont complétement réduit au silence le feu de l'ennemi et empêché des travaux qu'il cherchait à établir vers Bagneux; ses pertes ont dû être considérables; les nôtres sont de deux tués et d'une vingtaine de blessés.

Du fort de Nogent, on signalait des travaux considérables de l'ennemi vers Brie-sur-Marne; environ 60 coups ont été tirés dans cette direction par une section de campagne et y ont jeté un désordre complet.

Du côté d'Aubervilliers, l'ennemi se tient à grande distance et n'établit aucun ouvrage d'approche. Vers deux heures, les Prussiens avaient complétement abandonné leur position devant Saint-Denis. Le général de Bellemare allait faire de fortes reconnaissances pour surveiller ses mouvements. Rien de nouveau à signaler sur la Seine, de Saint-Ouen à Sèvres.

En face de Vanves et d'Issy, l'ennemi paraît établir des batteries au-dessus de la manufacture de Sèvres et sur la terrasse de Meudon.

Saint-Denis, 23 septembre, 7 h. 10 m. soir.

Le général commandant supérieur de Saint-Denis au gouverneur de Paris.

Je viens de rentrer avec mes reconnaissances sur les divers points que je vous indiquais tantôt; elles ont pris, — par l'effet des forces nombreuses que j'ai trouvées occupant Pierrefitte, et secourues par des renforts venant des hauteurs de Montmorency,

— le caractère d'une véritable sortie. Les troupes ont attaqué le village avec un entrain et une vigueur remarquables, protégées par l'artillerie de la Double-Couronne et de la Briche ; elles ont fait subir à l'ennemi des pertes sensibles, à en juger par les trophées qu'elles ont rapportés après un combat corps à corps.

Ayant fait opérer la retraite, pour être rentré avant la nuit, et jugeant l'occupation de Pierrefitte inutile, ne pouvant la conserver, cette opération s'est exécutée avec le plus grand ordre et le plus grand sang-froid, comme à la manœuvre. Je signale au gouvernement et au pays, la belle conduite du 28e de marche dans cette journée glorieuse pour nos armes. J'aurai l'honneur de vous adresser un rapport circonstancié avec des propositions de récompenses.

Quatorze de nos départements de l'ouest se sont réunis pour organiser d'énergiques moyens de résistance ; ils ont offert la direction supérieure de leurs efforts communs à M. Carré-Kérisouët, très-sympathique à tout le pays par son ardent patriotisme, et dont le Gouvernement de la défense nationale a accepté avec empressement les services.

Plus de 15 millions de francs accordés d'urgence par les conseils généraux ont déjà leur emploi déterminé ; les ateliers se forment, les machines s'installent, et bientôt les populations en armes seront régulièrement organisées dans ces contrées où le dévouement patriotique est de tradition.

Le Gouvernement sur la demande du ministre de la guerre, le général Le Flô, a décidé que l'Etat contribuerait pour un tiers dans les sommes votées par les conseils généraux des quatorze départements.

GARDES NATIONALES.

Ordre du jour du gouverneur.

Des groupes de la garde nationale, quelques-uns sous le commandement de leurs officiers, se sont livrés, ces jours-ci, à des manifestations dont le caractère essentiellement pacifique n'a pas troublé l'ordre dans Paris.

Mais, à ce moment-là même, l'ennemi, dont les principales concentrations sont effectuées, construisait des batteries à portée de nos forts, qui ouvraient le feu contre ces travaux.

Le siége est donc commencé ; nous avons des blessés et des morts.

Ce matin même un vif engagement a lieu en avant de Villejuif.

La place de tous est sur le rempart ou dans les réserves, et ceux-là même qui ne sont commandés pour aucun service doivent se tenir dans leurs quartiers respectifs, prêts à répondre à l'appel de la défense.

Ce n'est pas l'heure assurément des promenades à travers la ville, et de ces manifestations qui portent atteinte au principe militaire, et font un pénible contraste avec la gravité de la situation où est le pays.

Nous avons à présent d'impérieux et pressants devoirs qui dominent de bien haut toutes les préoccupations politiques, et je veux les résumer ici en quelques mots :

Il faut être au combat ou être prêt pour le combat.

Paris, le 23 septembre 1870.

En exécution du décret du 12 septembre 1870, l'arrêté suivant, délibéré avec les maires de Paris, a été rendu par le Gouvernement :

1° L'indemnité de 1 fr. 50 allouée par le décret du 12 septembre ne peut être payée que directement aux gardes nationaux qui y ont droit. A cet effet, un état nominatif sera dressé par le capitaine de chaque compagnie et contiendra les noms, professions et domiciles de ceux qui auront fait verbalement ou par écrit la demande de cette indemnité.

Cette demande sera reçue par le capitaine et n'aura aucune publicité ; l'état nominatif sera seulement communiqué pour venir à l'appui du règlement des comptes.

2° L'indemnité n'étant due qu'aux gardes nationaux qui n'ont pas d'autres ressources, les employés des administrations soit publiques, soit privées, et en général toutes personnes pour lesquelles le service de la garde nationale ne cause pas une perte de salaire, n'auront pas droit à une indemnité.

3° L'indemnité de 1 f. 50 appartiendra de droit à tous les gardes nationaux qui, sur réquisition de l'autorité militaire, seront employés aux travaux de défense.

4° L'indemnité pourra être remplacée par des prestations en nature qui ne pourront, en aucun cas, être évaluées au-dessus de 1 fr. Le surplus sera payé en argent aux gardes nationaux qui y auront droit.

5° Tout individu convaincu d'avoir perçu ou retenu des sommes supérieures à l'indemnité fixée par le décret, dissimulé sa profession et trompé d'une manière quelconque sur la nature de ses ressources, sera rayé des contrôles et, s'il y a lieu, porté à l'ordre du jour, ou déféré aux tribunaux.

6° Dans le cas où les charges du service imposé aux gardes nationaux entraîneraient, pour leurs familles, une insuffisance de ressources, il y serait pourvu, sur leur demande dûment examinée, au moyen des fonds spéciaux.

7° L'état nominatif sera, dans chaque compagnie, soumis à l'examen du capitaine qui, assisté d'un conseil de famille élu, aura tout pouvoir pour en faire la révision.

8° Il sera détaché près de chaque municipalité un agent de la trésorerie chargé d'opérer les paiements sur les états contrôlés par les chefs de bataillon, conformément au décret du 12 septembre et au présent arrêté.

Néanmoins, le visa des commandants de secteur ne sera plus exigé.

AMBULANCES.

Avis. — Un grand nombre de demandes sont adressées, chaque jour, à l'effet d'obtenir des drapeaux distinctifs pour des ambulances particulières et des brassards pour le personnel de ces ambulances.

Pour s'en tenir aux termes de la convention de Genève, il est nécessaire d'apporter une grande réserve dans la distribution de ces drapeaux et brassards; c'est le seul moyen d'assurer aux blessés une protection efficace. En conséquence, un drapeau ne pourra être délivré que dans les ambulances complétement organisées et fonctionnant déjà, c'est-à-dire lorsqu'elles auront reçu des blessés.

La distribution en sera faite dans les mairies de chaque arrondissement. Tous les drapeaux placés sur les établissements qui ne rempliraient pas les conditions ci-dessus indiquées, devront être immédiatement retirés.

En ce qui concerne la délivrance des brassards, elle sera faite, soit par l'autorité militaire, soit par la mairie de Paris. La distribution devra être fort restreinte, individuelle, et sera accompagnée d'une carte constatant l'identité de la personne qui sera porteur de cet insigne. Selon les besoins et à mesure que le nombre des blessés pourra augmenter, on apportera des modifications aux dispositions précédentes.

Les ambulances de rempart, organisées par la commission centrale d'hygiène au nom de la municipalité de Paris et sur la réquisition formelle du général gouverneur, sont déjà, pour un certain nombre, en voie de fonctionnement.

L'organisation, néanmoins, rencontre quelques obstacles : des sociétés privées ou même des corps réguliers, s'emparent des locaux organisés pour ce service de premier ordre.

Le maire de Paris demande que toutes ces localités soient expressément réservées, et il prie toutes les autorités civiles ou militaires de lui prêter leur concours à cet effet.

Il rappelle que les ambulances de rempart sont ouvertes à tous les blessés sans distinction, et, par conséquent, aux chirurgiens et aides-chirurgiens qui auraient à donner leurs soins aux blessés.

La mairie de Paris rappelle que tous les élèves en médecine ayant douze inscriptions et tous les docteurs qui étaient inscrits au Val-de-Grâce et qui n'ont jusqu'ici reçu aucune destination, sont priés de se faire incrire à l'Hôtel-de-Ville, bureau des ambulances, pour prendre immédiatement service aux ambulances de rempart.

Il leur sera donné connaissance des conditions d'admission et des avantages attachés à ce poste.

Le gouvernement vient de requérir toutes les voitures de factage du chemin de fer du Nord pour les employer au service des ambulances. Ces voitures sont plus particulièrement destinées aux remparts, comme l'indique une large bande de calicot appliquée sur les panneaux.

CORPS FRANCS.

Pour éviter des erreurs dangereuses, il importe de publier le costume des éclaireurs Franchetti.

Les éclaireurs à cheval Franchetti, qui forment un corps distinct des autres corps francs, ont l'uniforme suivant : pantalon noir avec bande écarlate, pelisse noire avec brandebourgs noirs et parements écarlates, képi écarlate avec bande noire. Chaque cavalier a un livret de dragon et une commission avec le timbre du Gouverneur; les officiers ont des commissions du ministère de la guerre.

Le *Journal officiel* de ce jour publie encore les notes suivantes :

Le Gouvernement de la défense nationale est heureux d'apprendre qu'un grand nombre de citoyens pressent M. Louis Blanc de se rendre en Angleterre pour y éclairer l'opinion publique sur le véritable esprit qui anime la République française et exciter les sympathies du peuple anglais en faveur de la France.

Le Gouvernement de la défense nationale, comptant sur le dévouement et le patriotisme de M. Louis Blanc, s'associe au vœu qui lui est exprimé (1).

La commission provisoire chargée de remplacer le conseil d'État a tenu sa première séance, le 22 septembre courant.

---

(1) Cette note est demeurée sans effet, M. Louis Blanc étant resté à Paris pendant toute la durée du siége.

M. de Jouvencel, ancien conseiller d'État, a été élu président de la commission.

Les bouchers de Paris sont prévenus que le marché de bestiaux vivants qui avait lieu au marché aux chevaux, boulevard d'Enfer, 6, a cessé hier 23.

Il sera remplacé par une vente à la criée de viandes abattues dans les abattoirs de la Villette, Grenelle et Villejuif.

Les bouchers ayant étal et qui justifieront de cette condition seront seuls admis aux enchères.

Le marché aux porcs, qui a eu lieu jusqu'à hier, à l'abattoir des Fourneaux, cessera de même pour les animaux vivants et sera remplacé par un marché de viandes abattues qui commencera à deux heures.

Aujourd'hui paraît la première livraison des documents empruntés à la correspondance et aux papiers de la famille impériale. Le Gouvernement a cru de son devoir de livrer au public ces documents, sans commentaires, avec l'impartialité qui convient à l'histoire.

DIMANCHE, 25 SEPTEMBRE.

Le maire de Paris,
Attendu l'état de siége,
Considérant que la défense nationale est intéressée à la régularité du service des eaux, à la propreté et à la sécurité des égouts, et à la salubrité des voies publiques ;
Arrête :
Art. 1er. Le directeur des eaux et des égouts est autorisé à retenir, au besoin par voie de réquisition, tous ouvriers plombiers, égoutiers et vidangeurs nécessaires à son service. Ces ouvriers seront dispensés du service journalier de la garde nationale sédentaire.
Art. 2. Le présent arrêté sera notifié à qui de droit par le directeur des eaux et des égouts, chargé de son exécution.

Fait à Paris, le 24 septembre 1870.

Décret. — M. Marc Dufraisse est nommé administrateur-général des Bouches-du-Rhône, en remplacement de MM. Esquiros et Labadie.

NOUVELLES DE LA GUERRE.

Par décrets du 24 septembre, le général de division Guiod est nommé commandant supérieur de l'artillerie, et le général de division baron de Chabaud La Tour commandant supérieur du génie de l'armée de Paris.

Bicêtre, 24 septembre, 3 h. 40 m., matin.

Général de Maud'huy au général Vinoy, Paris.

Le calme est complet dans toutes les positions.

Tour Solférino, 24 septembre, 8 h. 20 m., matin.

Ingénieur à Amiral Cosnier, à amiral La Roncière et au Gouverneur de Paris.

Quelques compagnies devant Dugny; tirailleurs déployés avancent sur le Bourget; apparence d'un simple exercice.

24 septembre, dix heures et demie, matin.

La journée d'hier a été très-bonne. La canonnade de Villejuif, la reconnaissance de l'amiral Saisset et le brillant combat de Pierrefite ont prouvé que nos jeunes troupes ont acquis tout le sang-froid et l'aplomb de vieux soldats. C'est un bon augure pour l'avenir.

Aujourd'hui tout est calme ; l'ennemi achève sans doute ses mouvements et ne se montre en ligne nulle part; il est en force considérable à Versailles.

Une reconnaissance complète des environs de Nogent, Petit-Brie et Brie-sur-Marne n'a signalé en aucun point l'ennemi, qui semble renoncer à toute entreprise de ce côté.

Mont-Valérien, 24 septembre, 3 h. 40 soir.

Commandant supérieur au gouverneur de Paris.

Le pont de Chatou, de ce côté de l'île du Chiard, a sauté à trois heures.

24 septembre, soir.

La journée a été absolument calme. Le mont Valérien et la batterie de Saint-Ouen ont seuls tiré à grande distance, le premier sur des convois ennemis en avant de Montesson, la seconde sur les travailleurs prussiens à la carrière d'Orgemont.

Les canonnières revenant de Suresnes ont été vivement attaquées en passant devant le parc de Saint-Cloud. La mitraille a fait taire le feu de l'ennemi, en lui faisant éprouver des pertes sensibles; nous avons eu deux marins blessés assez grièvement.

Le fort d'Issy a tiré assez vivement ce soir dans la direction de Sèvres, où l'ennemi paraissait établir des batteries.

Des renseignements certains informent qu'un pont ayant été établi vers Triel, n'a pu supporter le poids des pièces de gros calibre qui s'y étaient engagées; trois d'entre elles ont coulé à fond.

En résumé, la situation est bonne.

COMMUNICATIONS DIVERSES.

Le ministre de l'instruction publique vient de nommer une commission de cinq membres, chargée d'inspecter les archives du Louvre et de remonter à la source des détournements qui auraient pu être commis par les fonctionnaires du gouvernement déchu.

Plusieurs commerçants de Paris s'adressent au Gouvernement pour obtenir une mesure qui leur permettrait d'imputer sur les termes à échoir les loyers qu'ils ont payés d'avance.

Un décret du 7 de ce mois, déclare l'article 1244, § 2 du Code civil, applicable, pendant la durée de la guerre, à toute contestation entre locataire et propriétaire relative au paiement des loyers, et autorise les tribunaux, et en cas d'urgence le président du tribunal, à accorder des délais suivant les circonstances.

Les locataires qui ont payé leurs loyers à l'avance se trouvent évidemment dans des conditions plus favorables pour revendiquer le bénéfice de cette disposition.

Il résulte des renseignements parvenus à la commission centrale d'hygiène, que l'état sanitaire des animaux réunis à Paris est excellent, et que les ressources en viande de boucherie sont suffisantes.

La commission a, toutefois, constaté avec regret, qu'en raison du prix élevé des fourrages, un grand nombre de chevaux très-propres à la consommation sont livrés chaque jour à l'équarrissage.

Dans les circonstances actuelles, il n'est pas permis de laisser perdre une ressource aussi précieuse, car la viande de cheval est à la fois salubre et d'un goût agréable.

L'administration prend des mesures pour que les chevaux puissent être *amenés, vendus et tués* dans les différents abattoirs de Paris, où les inspecteurs constateront la bonne qualité de la viande. Sous l'influence de ces mesures, le nombre des étaux où la viande de cheval sera débitée, va s'accroître dans les différents quartiers.

La commission a été heureuse de constater que le public commence à affluer dans ceux qui sont presque partout établis dès à présent dans Paris.

Des jardiniers et des hommes de journée sont occupés, dans les petits jardins du Louvre, à remplir de terre des sacs de grosse toile. Ils disposent ces sacs dans l'ouverture des fenêtres qui éclairent les galeries du Louvre où sont exposés les antiques. Les mêmes précautions sont prises à l'École des Beaux-Arts; elles ont pour objet de préserver les trésors renfermés dans ces palais, en cas de bombardement.

LUNDI, 26 SEPTEMBRE.

Décret. — Art. 1er. A l'avenir, le sceau de l'État portera, d'un côté, pour type, la figure de la Liberté, et pour légende, *Au nom du peuple français*; de l'autre côté, une couronne de chêne et d'olivier, liée par une gerbe de blé; au milieu de la couronne, *République française, démocratique, une et indivisible*, et pour légende, *Liberté, Égalité, Fraternité*.

Art. 2. Les sceaux, timbres et cachets des cours, tribunaux, justices de paix et notaires, porteront, pour type, la figure de la Liberté, telle quelle est déterminée par l'article 1ᵉʳ pour le sceau de l'État ; pour exergue, *République Française*, et pour légende le titre des autorités ou officiers publics par lesquels ils sont employés.

Art. 3. Le garde des sceaux ministre de la justice est chargé de l'exécution du présent décret.

Paris, le 25 septembre 1870.

Le ministre de l'intérieur arrête :

Art. 1ᵉʳ Les dépenses secrètes de sûreté publique seront supprimées à partir du 1ᵉʳ septembre 1870.

Art. 2. L'emploi des fonds ouverts au budget ordinaire du ministre de l'intérieur (chapitre XIII) sera désormais soumis au contrôle de l'assemblée nationale.

Fait à Paris, le 24 septembre 1870.

Par décret en date du 22 septembre 1870, M. Henry Lefort, sous-préfet de Saint-Malo, a été nommé préfet de la Haute-Loire, en remplacement de M. Béhaghel, destitué comme indigne (1).

Par arrêté en date du 10 septembre 1870, le ministre de l'intérieur a supprimé la commission du colportage.

---

(1) A propos d'une *note sur l'organisation de la presse en vue des élections* (1869) trouvée aux Tuileries et dans laquelle figure le nom de M. Béhaghel. Voyez *Papiers et correspondances de la famille impériale*, tome Iᵉʳ, page 28.

« Quelques modérés trouvent un peu exagéré, dit M. Fr. Magnard dans le *Figaro* du 29 septembre, le « comme indigne » accolé au nom de M. Béhaghel. A coup sur M. Béhaghel a eu grand tort de se laisser faire Préfet de la République après avoir servi l'Empire. Mais qu'on n'oublie pas qu'il a fait acte de bonapartisme au vu et au su de tout le monde notamment en signant des articles dans le journal le *Peuple français*. Le Gouvernement a eu tort de ne pas se bien renseigner. M. Béhaghel a donc été maladroit mais non « indigne ».

Par arrêté du 25 septembre, M. André Lavertujon a été nommé directeur des journaux officiels (1).

NOUVELLES DE LA GUERRE.
Note du gouverneur de Paris.

Paris, 25 septembre.

Quelques journaux, en parlant des premières opérations militaires qui ont eu lieu autour de Paris, ont émis des appréciations tout à fait inexactes sur l'état des ouvrages nouveaux entrepris en vue de renforcer la défense extérieure, et sur les causes qui ont empêché leur entier achèvement.

Ces divers ouvrages ont été commencés à une époque où le siége de Paris semblait éloigné. Ils devaient avoir le caractère de forts permanents destinés à servir de points d'appui à une armée extérieure, et les travaux avaient été conduits dans ce sens avec la plus grande célérité.

Les événements militaires s'étant précipités, avec les pénibles conséquences que l'on sait, — la défense de Paris a dû se décider à transformer ces forts en ouvrages de campagne, dont les travaux ont été continués sans interruption de jour et de nuit.

Mais plusieurs jours avant que l'ennemi arrivât dans le voisinage de la capitale, les ateliers subirent une sorte de désorganisation, par suite des préoccupations que les ouvriers avaient pour leurs familles généralement fixées dans la banlieue et de la difficulté qu'ils éprouvaient à pourvoir sur place à leur subsistance.

Pourtant, au moment de l'investissement, ces ouvrages étaient de bonnes redoutes avec un fossé large et profond. Si elles n'ont pas été armées avec des bouches à feu de siége, c'est qu'on ne met pas de pièces de cette espèce, difficiles à enlever au moment du besoin, dans de simples redoutes en terre éloignées du corps de place.

Mais toutes celles qui ont pu être occupées pour la défense

(1) M. Lavertujon a été aidé et même le plus souvent suppléé dans ces fonctions par M. Kaempfen, avocat, connu en littérature sous le pseudonyme de X. Feyrnet.

extérieure l'ont été. L'ouvrage de Châtillon, en particulier, a prêté un appui très-efficace à la lutte soutenue sur ce point avec tant d'énergie.

La redoute des Hautes-Bruyères et celle du moulin Saquet étaient également, le 19, dans un excellent état de défense, et elles ont permis aux troupes qui occupent actuellement les positions autour de Villejuif, de s'y établir solidement.

Tel est l'état exact des choses. Il montre que les récriminations dirigées contre les entrepreneurs chargés de l'exécution des travaux, sont dénuées de fondement et de justice. Ils y ont, au contraire, apporté le plus grand zèle avec un développement extraordinaire de moyens.

Montrouge, 25 septembre, 7 h. 20, matin.

Le commandant de Montrouge, à l'amiral Pothuau à Bicêtre.

Aucun changement apparent depuis hier; je crois toujours Bagneux occupé par un corps considérable.

Bicêtre, 25 septembre, 7 h. 52 matin.

Contre-amiral Pothuau au gouverneur de Paris et au vice-amiral La Roncière.

Rien de nouveau ce matin; tout est calme autour de nous. Hier, dans la reconnaissance faite par Montrouge, nous avons eu trois hommes blessés.

---

25 septembre, matin.

Les dépêches de tous les forts constatent ce matin la tranquillité la plus absolue; l'ennemi ne se montre nulle part.

Ce matin nos canonnières descendant la Seine ont mitraillé la position de Brimborion où l'on soupçonnait des travaux de batteries.

Ivry, 25 septembre 1870, 2 h. 17 m., soir.

Commandant d'Ivry au gouverneur de Paris et à amiral commandant marins, Paris, et à amiral, à Bicêtre.

Le mouvement des troupes que je vous ai signalé de la rive

droite de la Seine vers Choisy-le-Roi continue entre Notre-Dame-des-Mêches et Merly.

L'ennemi travaille à trois batteries. Je viens de lui lancer 6 obus à des distances de 4,600 et 5,000 mètres, et ses travailleurs ont disparu. Ils étaient nombreux.

25 septembre, soir.

Aujourd'hui, il n'y a eu aucune opération à signaler.

Le gouverneur de Paris a reconnu les défenses de Saint-Ouen, Saint-Denis et Aubervilliers. De son côté, le ministre de la guerre a visité les positions entre Courbevoie, Neuilly, Boulogne et l'enceinte.

Ces reconnaissances ont donné les résultats les plus satisfaisants.

Les éclaireurs Franchetti ont poussé jusque devant Argenteuil sans voir l'ennemi.

Plusieurs habitants du 14e arrondissement ont demandé l'autorisation de former des corps de sapeurs-pompiers volontaires.

La préfecture de police fait savoir que des mesures ont été prises pour assurer dans tous les arrondissements de la capitale des secours efficaces contre l'incendie. Des pompes à vapeur et des engins de toute espèce ont été acquis pour les besoins du service. Les sapeurs-pompiers de province ont été appelés à prêter leur concours aux sapeurs-pompiers de Paris. Le colonel du régiment de sapeurs-pompiers de Paris est convaincu qu'avec le concours de sapeurs-pompiers de la province et avec celui des fontainiers de la Ville, il pourra suffire à tous les besoins. Il s'occupe, en ce moment, de créer de nouveaux postes dans le 14e arrondissement, qui sera en outre pourvu d'une pompe à vapeur.

GARDES NATIONALES.

Le maire de Paris,

Attendu l'état de siége,

Considérant que la défense nationale est intéressée à l'exécution immédiate des travaux de baraquement pour la garde mobile et à l'établissement, à l'extrémité de la périphérie, d'ambulances dites ambulances de rempart,

Arrête :

Art. 1ᵉʳ. Le directeur de l'administration préfectorale et le directeur du service d'architecture sont autorisés à retenir, au besoin par voie de réquisition, tous les ouvriers nécesssaires aux services ci-dessus indiqués. La réquisition faite par eux tiendra lieu de dispense provisoire du service de la garde nationale sédentaire.

Art. 2. La même dispense s'appliquera aux médecins, pharmaciens, infirmiers, et à toutes personnes considérées comme nécessaires au service des ambulances de rempart.

Art. 3. Le présent arrêté sera notifié à qui de droit par le directeur de l'administration préfectorale et par le directeur du service d'architecture chargés de l'exécution.

Fait à Paris, le 25 septembre 1870.

Le *Journal officiel* du 26 septembre publie sur les baraquements de la garde mobile, l'article suivant emprunté au journal *le Peuple français* :

Depuis trois jours une partie de la garde mobile des départements a pris possession des baraquements construits pour elle sur les boulevards extérieurs, entre le boulevard de Courcelles et la place du Trône.

Nous avons visité en détail tous ceux qui s'élèvent sur la ligne des Batignolles à Ménilmontant. Ils sont au nombre de quatre-vingts et occupent, y compris les intervalles laissés pour la circulation des voitures, en face les grandes voies de communication qui coupent les boulevards, une étendue de sept kilomètres.

Chaque baraque a en moyenne 45 mètres de long sur 7 de large et 4 de haut.

72 sont établies sur deux rangs et 8 sur un seul. Ces dernières sont construites sur le boulevard de La Chapelle.

Chaque baraquement contient deux lits de camp parallèles, séparés par une allée de 1 mètre.

La tête du lit de camp est adossée à la cloison, de telle

façon que les pieds des dormeurs de chaque rangée sont vis-à-vis des pieds des dormeurs de l'autre rangée.

Les lits de camp sont surélevés de 27 centimètres au-dessus du sol pour préserver de l'humidité. Ils sont construits en planches de sapin très-épaisses et unies.

La toiture est en sapin, elle s'arrondit en dos d'âne et est garnie de feutre goudronné imperméable.

Cette toiture est supportée par une légère armature en bois et en tringles de fer, de façon à laisser un jour entre l'espèce d'imposte et la couverture pour la circulation de l'air.

Les côtés sont garnis d'une toile épaisse clouée sur l'imposte et la plinthe, qui descend jusque sur le sol.

A chaque extrémité, fermée par une porte et percée de deux fenêtres, on a ménagé un premier espace à couvert, où se tient soit le sergent-fourrier pour les écritures, soit le tailleur ou le cordonnier de la compagnie, puis un second compartiment avec lit de camp pour les officiers.

Sur le milieu de chaque côté, on a pratiqué une croisée destinée à servir de ventilateur et à laisser pénétrer la lumière du dehors, car on ne souffre pas de bougie dans le baraquement.

Le lit de camp est garni d'une couche épaisse de paille qui, avec la couverture d'ordonnance, forme toute la literie du mobile.

Des factionnaires montent jour et nuit la garde autour des casernes improvisées.

Le public ne peut plus se promener que sur les bas-côtés du boulevard.

De deux en deux baraques, on a établi des privés mobiles, dont le service se fait chaque jour.

Rien de plus curieux que le spectacle du lever.

La toilette se fait à grande eau sous une pompe placée *ad hoc*. Les raffinés ont une serviette, les autres se sèchent au soleil.

Les cheveux sont généralement courts et nécessitent peu l'appel du coiffeur.

Après la toilette vient le savonnage : les mouchoirs, les chaussettes, les chemises sont étendus sur les côtés des baraquements avec un soin qui ferait rougir plus d'une blanchisseuse.

Après vient le nettoiement des armes, s'il n'a pas eu lieu le soir, puis le départ pour l'exercice dans un ordre parfait.

Tout cela se fait sans embarras, régulièrement; à voir ces jeunes gens vaquer à tous ces détails, on ne se douterait guère qu'il y a un mois à peine la plupart étaient encore au foyer paternel, tranquilles, heureux, choyés.

Il y a un mois, on riait de leur air emprunté; ils étaient des *conscrits*. Aujourd'hui, on admire leur attitude résolue; ce sont des soldats.

COMMUNICATIONS DIVERSES.

La Bibliothèque nationale est fermée au public depuis le commencement de la semaine, et on y prend des précautions contre le cas d'incendie par suite de bombardement. La prévision d'une semblable éventualité pour Paris serait une véritable injure dans une guerre où l'ennemi n'aurait pas mis de côté tout principe de civilisation; mais après ce qui s'est passé à Strasbourg, on doit s'attendre à tout; l'invasion prussienne est l'invasion des Huns du XIXe siècle.

Dans toutes les galeries de la Bibliothèque nationale, on a installé de vastes cuves en zinc remplies d'eau et des seaux également en zinc sont placés à côté de ces cuves pour y puiser selon les besoins. Des amas de sable sont également disposés dans les galeries des imprimés et des manuscrits. La cour donnant sur la rue des Petits-Champs a été dépavée, ainsi que certaines parties du préau de la rue Vivienne, afin d'amortir l'effet des bombes dans leur chute.

Les manuscrits les plus précieux qui se trouvaient au premier étage ont été transportés dans les salles basses.

Enfin tout le personnel de la Bibliothèque est organisé en escouades qui, en cas de bombardement, feront alternativement un service de surveillance de jour et de nuit.

On prend également des précautions à l'École des Beaux-Arts; on a commencé déjà à murer les fenêtres du grand amphithéâtre, décoré de peintures de Delaroche.

M. Rousse, bâtonnier de l'ordre des avocats à la cour d'appel de Paris, a adressé la lettre suivante à M. Jules Favre :

Paris, le 23 septembre 1870.

« Cher et illustre confrère,

» Au nom du barreau de Paris qui m'a fait l'honneur de me choisir pour son chef; au nom de cette jeunesse du Palais qui vous est chère, qui a déjà sa place et sa légende glorieuse dans l'histoire de la défense nationale, je vous adresse l'hommage respectueux de notre admiration et de notre reconnaissance.

» Quel que soit désormais le sort des batailles, la France est dès aujourd'hui vengée. Ses annales comptent une page immortelle de plus (1), et c'est à vous qu'elle la doit.

» Recevez, je vous prie, avec l'expression de ces sentiments qui nous sont communs à tous, l'assurance de mon affection bien respectueuse et bien dévouée.

» EDMOND ROUSSE. »

M. Jules Favre a répondu par la lettre suivante :

« Cher bâtonnier et bien-aimé confrère,

» Que vous êtes bon, et que je vous suis reconnaissant de m'envoyer la plus noble partie de votre cœur à la fois déchiré et fortifié par les malheurs de la patrie !

» Que je suis fier de cette sympathie, dont vous vous faites l'interprète trop bienveillant, et qui me vient du barreau que j'aime si tendrement ! Il donne l'exemple de l'héroïsme patriotique qui a gagné toutes les âmes. Je le suis avec orgueil dans cette voie nouvelle, et je me réjouis de voir à sa tête, dans cette formidable crise, celui que désignaient à sa confiance la vertu aussi bien que le talent.

» Merci encore pour vous et mes confrères, et croyez que je suis à mon pays et à vous jusqu'au dernier soupir.

» JULES FAVRE. »

Paris, le 23 septembre 1870.

(1) Allusion au rapport sur l'entrevue de Ferrières.

MARDI, 27 SEPTEMBRE.

Décret. — Art. 1er. L'administration des postes est autorisée à expédier par la voie d'aérostats montés les lettres ordinaires à destination de la France, de l'Algérie et de l'étranger.

Art. 2. Le poids des lettres expédiées par les aérostats ne pourra pas dépasser 4 grammes.

La taxe à percevoir pour le transport de ces lettres reste fixée à 20 centimes.

L'affranchissement en est obligatoire.

Art. 3. Le ministre des finances est chargé de l'exécution du présent décret.

Paris, le 26 septembre 1870.

Décret. — Art. 1er. L'administration des postes est autorisée à transporter par la voie d'aérostats libres et non montés des cartes-postes portant sur l'une des faces l'adresse du destinataire et sur l'autre la correspondance du public.

Art. 2. Les cartes-postes sont en papier vélin du poids de 3 grammes au maximum et de 11 centimètres de long sur 7 centimètres de large.

Art. 3. L'affranchissement des cartes-postes est obligatoire.

La taxe à percevoir est de 10 centimes pour la France et l'Algérie.

Le tarif des lettres ordinaires est applicable aux cartes-postes à destination de l'étranger.

Art. 4. Le Gouvernement se réserve la faculté de retenir toute carte-poste qui contiendrait des renseignements de nature à être utilisés par l'ennemi.

Art. 5. Le ministre des finances est chargé de l'exécution du présent décret.

Paris, le 26 septembre 1870.

Avis. — En exécution des décrets qui précèdent, le directeur général des postes a l'honneur d'informer le public que l'ascension des ballons montés ne pouvant avoir lieu qu'à des époques indéterminées, des ballons libres seront lancés à partir de demain, 28 septembre, si le temps le permet.

Les correspondances que le public voudrait tenter de faire parvenir par ce moyen, devront être écrites sur carton vélin, du poids de 3 grammes au maximum, et ne dépassant pas les dimensions d'une enveloppe ordinaire, savoir : longueur, 11 centimètres; largeur, 7 centimètres. Cette carte sera expédiée à découvert, c'est-à-dire sans enveloppe, et l'une de ses faces sera exclusivement réservée à l'adresse.

L'affranchissement en timbres-postes desdites cartes, fixé à 10 centimes pour la France et l'Algérie, sera obligatoire ; celles qui seraient adressées à l'étranger devront être affranchies d'après le tarif des lettres ordinaires.

Le public comprendra qu'il n'est possible de confier aux ballons non montés que des correspondances à découvert, à cause du défaut de sécurité de ce mode de transport et du risque que courent ces ballons de tomber dans les lignes prussiennes.

Les lettres fermées que le public entendra réserver pour être acheminées par les ballons montés devront porter sur l'adresse la mention expresse : *par ballon monté*. L'affranchissement en sera également obligatoire, d'après les tarifs actuellement en vigueur, tant pour l'intérieur que pour l'étranger. Le poids desdites lettres ne devra pas dépasser 4 grammes.

Dans le cas où toutes les lettres recueillies ne pourraient être expédiées par le ballon monté en partance, la préférence sera donnée aux lettres les plus légères.

G. Rampont.

Paris, le 27 septembre 1870.

Art. 1er. A partir du mercredi 28 septembre, la viande de 500 bœufs et de 4,000 moutons sera mise chaque jour à la disposition des habitants de Paris.

Art. 2. La viande provenant de ces animaux sera vendue au détail directement aux consommateurs pour le compte de l'État, par les bouchers ayant étal qui se feront inscrire dans leur mairie, et se conformeront au tarif établi par la taxe, ainsi qu'aux conditions qui seront fixées par le ministre de l'agriculture et du commerce.

Art. 3. La mairie de Paris et la préfecture de police sont chargées d'assurer l'exécution du présent arrêté.

Paris, le 26 septembre 1870.

Le ministre de l'agriculture et du commerce, pendant la durée du siége,

Vu l'arrêté en date de ce jour,

Arrête :

Art. 1er. Dans chaque abattoir, la viande abattue sera délivrée aux bouchers qui, conformément à l'arrêté ministériel du 26 septembre, se seront fait inscrire dans leur mairie. Cette distribution sera faite proportionnellement à la clientèle dont ils auront justifié.

Art. 2. Chaque boucher ne pourra s'approvisionner que dans l'abattoir de sa circonscription.

Art. 3. La viande sera livrée à l'abattoir et vendue comptant à chaque boucher au prix déterminé par la taxe, déduction faite de 20 c. par kilogramme pour tous frais.

Art. 4. Les bouchers seront autorisés à se constituer en syndicat pour faciliter l'exécution du présent arrêté.

Le ministre de l'agriculture et du commerce,

J. Magnin.

Paris, le 26 septembre 1870.

Avis aux bouchers.

Le maire de Paris, en exécution de l'arrêté du ministre du commerce en date de ce jour, qui détermine les conditions de vente au détail de la viande de boucherie appartenant à l'État,

Invite les bouchers ayant étal à se présenter immédiatement à la mairie de leur arrondissement respectif, à l'effet de prendre connaissance des conditions auxquelles ils devront se conformer pour effectuer la vente au détail de la viande mise à leur disposition.

Les bouchers qui accepteront ces conditions se feront inscrire dans leur mairie.

Paris, le 26 septembre 1870.

Le Gouvernement de la défense nationale :

Considérant que les établissements consacrés à l'éducation de l'enfance et de la jeunesse ont et conservent, dans les circonstances les plus graves, une importance capitale,

Décrète :

A l'avenir, les lycées, les écoles, les asiles ne pourront être mis en réquisition. Le ministre de l'instruction publique pourra donner l'autorisation d'y établir des ambulances, des magasins, d'y faire des casernements, et même d'y tenir des réunions après s'être assuré que le service des écoles n'en souffrira pas.

Paris, le 26 septembre 1870.

NOUVELLES DE LA GUERRE.

Le Gouvernement de la défense nationale décrète :

Il est ouvert au budget de la ville de Paris, exercice 1870, au chapitre de la préfecture de police, un crédit de 26,000 fr. pour compléter le matériel du régiment des sapeurs-pompiers.

Paris, le 26 septembre 1870.

Ivry, 26 septembre, 6 h. 15 matin.

Le commandant d'Ivry, au gouverneur de Paris :

La nuit a été très-tranquille dans les environs du fort ; au point du jour il y avait quelques tirailleurs ennemis à 400 mètres de la redoute de Saquet. L'ennemi continue à se retrancher dans Choisy-le-Roi ; il fait des fossés en avant du cimetière et tous les murs sont crénelés.

Bicêtre, 26 septembre, 7 h. 20 matin.

Amiral Pothuau au gouverneur de Paris.

Rien de nouveau ce matin ; tout est calme.

Fort de Nogent, 26 septembre, 8 h. 38 m. matin.

Le commandant de Nogent au général commandant de Vincennes.

La nuit a été des plus calmes autour du fort. Vers neuf heures et demie, nous avons entendu une centaine de coups de fusil et quelques coups de canon sur les rives de la Marne, au bas de Nogent.

Rapport des guetteurs. — Ce matin, à quatre heures, un ballon à feu blanc a été lancé par les Prussiens au-dessus de Neuilly. La reconnaissance a fouillé Neuilly et n'a vu l'ennemi qu'à son retour dans la pépinière dite de la Ville-de-Paris, sur la rive gauche de la Marne ; quelques coups de feu ont été échangés. Une reconnaisssance de cavalerie est passée en vue du fort allant vers Neuilly-sur-Marne.

Vincennes, le 26 septembre, 10 h. matin.

Général commandant supérieur au gouverneur de Paris.

La journée et la nuit se sont passées partout dans le plus grand calme.

Tour Solférino, le 26 septembre, 10 h. 20 m. matin.

Ingénieur Tour Solférino aux amiraux Cosnier et La Roncière et au gouverneur de Paris.

L'ennemi semble se fortifier dans Dugny. Deux ouvrages en terre sont en construction pour couvrir les deux entrées sud du village. Un convoi composé d'infanterie, 200 hommes environ, et d'un peloton de cavalerie se dirige de Groslay sur Montmorency.

---

23 septembre, dix heures et demie, matin.

D'après les renseignements des forts du sud, de grands mouvements de troupes se sont produits cette nuit en arrière du plateau de Châtillon, dans la direction de Sceaux à Versailles.

Il y a d'ailleurs sur tout notre front un calme absolu, à peine quelques coups de fusil aux avant-postes.

A cinq heures et demie du matin, 4 obus ont été envoyés du mont Valérien dans les taillis de Croissy, où étaient établis 3,000 fantassins, et un obus dans le parc de la Malmaison. De suite on a constaté un mouvement de retraite prononcé sur Bougival.

26 septembre, 7 h. soir.

L'ennemi ne semble dessiner d'attaque accusée sur aucun point ; il établit des lignes de circonvallation et occupe les hauteurs à grande distance.

La défense veille activement sur tous les points.

Toutes les fois que l'on aperçoit un convoi ou une reconnaissance, les forts y envoient des obus et les coups portent presque toujours heureusement.

La population s'est préoccupée de la destination à donner aux anciens sergents de ville récemment licenciés.

Nous pouvons faire savoir aujourd'hui que les membres de ce corps, formés en régiment, concourent activement à la défense de Paris, sous la direction et sous le commandement des officiers supérieurs de la marine ou de la guerre.

COMMUNICATIONS DIVERSES.

Le Gouvernement de la défense nationale a complété la commission des barricades par l'adjonction des citoyens Albert, ancien membre du gouvernement provisoire, et Cournet.

La commission se trouve ainsi composée de neuf membres chargés de diriger, avec neuf ingénieurs, les travaux de défense intérieure dans les neuf secteurs.

La commission s'est partagée en trois groupes.

MM. Louis Ulbach, Ernest Blum et Emile Raspail ont été nommés secrétaires de chacun de ces groupes, correspondant à trois secteurs.

Une estafette, envoyée par la délégation du gouvernement établi à Tours, a réussi à pénétrer dans Paris. Elle a apporté la dépêche suivante, datée du 24 septembre :

« Nous avons fait afficher dans toute la France la proclamation et le décret suivants :

Proclamation à la France :

» Avant l'investissement de Paris, M. Jules Favre, ministre des affaires étrangères, a voulu voir M. de Bismark pour connaître les dispositions de l'ennemi. Voici la déclaration du ministre du roi Guillaume :

» La Prusse veut continuer la guerre et réduire la France à l'état de puissance de second ordre. La Prusse veut l'Alsace et la Lorraine, jusqu'à Metz, par droit de conquête.

» Pour consentir à un armistice, la Prusse a osé demander la reddition de Strasbourg, de Toul et du Mont-Valérien.

» Paris, exaspéré, s'ensevelirait plutôt sous ses ruines.

» A d'aussi insolentes prétentions, en effet, on ne répond que par la lutte à outrance. La France accepte cette lutte à outrance et compte sur tous ses enfants.

Décret :

» Vu la proclamation ci-dessus, qui constate la gravité des circonstances,

» Le Gouvernement décrète :

» Toutes les élections municipales et pour l'Assemblée Constituante sont suspendues et ajournées.

» Nous envoyons partout des ordres et des hommes pour surexciter l'esprit de la défense nationale. Nous faisons les plus grands efforts pour jeter sur les derrières de l'armée prussienne toutes les forces possibles, soit comme guérillas, soit comme forces régulières. Déjà l'amiral Fourichon a envoyé en avant d'Orléans des forces qui ont eu plusieurs petits engagements ; elles harcèlent l'ennemi sans relâche, sous les ordres du général de Polhès. »

MERCREDI 28 SEPTEMBRE.

Le Gouvernement de la défense nationale a constitué à l'Hôtel-de-Ville une commission des subsistances, composée de :

MM.

Jules Simon, ministre de l'instruction publique, président,
Jules Ferry,
Gambetta, ministre de l'intérieur,
E. Picard, ministre des finances,
} membres du Gouvernement;

Étienne Arago, maire de Paris,
Magnin, ministre du commerce,
Cernuschi, économiste,
Sauvage, directeur des chemins de fer de l'Est,
Littré, membre de l'Institut.

Par arrêté du ministre de l'intérieur, en date du 27 septembre 1870, M. Husson, directeur de l'administration générale de l'Assistance publique, a été admis, sur sa demande, à faire valoir ses droits à la retraite.

M. de Fonbrune, ancien préfet, directeur de l'établissement national des Quinze-Vingts, est relevé de ses fonctions.

M. Trélat, médecin en chef de la Salpêtrière, est nommé directeur de l'établissement des Quinze-Vingts.

Un arrêté du maire de Paris, en date du 20 septembre 1870, a supprimé les fonctions de M. Marx (Adrien), inspecteur des beaux-arts, attaché au service d'architecture de l'Hôtel-de-Ville.

NOUVELLES DE LA GUERRE.

Fort de Nogent, 27 septembre, 7 h. 20, matin.

Commandant supérieur au général commandant supérieur. — (*Vincennes.*)

La nuit a été calme autour de nous. Mes guetteurs affirment avoir entendu le roulement des voitures d'artillerie, une partie de la nuit, dans la direction et au-dessus de Brie. La reconnaissance ne signale rien.

Vincennes, 27 septembre, 8 h. 58 m., matin.

Général Ribourt au gouverneur de Paris.

Journée et nuit très-calmes. Hier, de Nogent et de la Faisanderie, on a tiré quelques coups de canon pour inquiéter des travaux qui s'exécutent au-dessus de Brie-sur-Marne. Les guetteurs de Nogent croient avoir entendu une partie de la nuit le roulement de voitures d'artillerie dans la direction de Brie. La reconnaissance n'a rien signalé.

---

6 heures et demie.

Les dépêches télégraphiques parvenues de nos différentes positions ne signalent rien de nouveau.

Fort de Charenton, 27 septembre, 6 h. 50, soir.

Colonel commandant au gouverneur de Paris.

Une reconnaissance faite par la compagnie du 14ᵉ de ligne, précédée des tirailleurs parisiens du capitaine Lavigne, après avoir fouillé les villages de Maisons-Alfort et de Créteil, s'est portée sur la ferme des Mèches, occupée par l'ennemi, qui s'y est fortement retranché.

Les tirailleurs, soutenus par nos fantassins, se sont portés avec trop d'ardeur sur cette ferme et ont été accueillis par une vive fusillade dirigée par les murs crénelés et par les ouvertures des ouvrages supérieurs et des toits ; après un court, mais vif engagement, la retraite s'est opérée en bon ordre sous le feu redoublé de l'ennemi qui, cependant, est resté derrière ses murs ; deux vedettes de l'ennemi et un cheval ont été tués avant d'atteindre la ferme des Mèches ; nous avons eu un tué et deux blessés.

Ordre.

En raison de la diminution des jours, les portes de la Place de Paris seront, jusqu'à nouvel ordre, ouvertes à 7 heures du matin et fermées à 7 heures du soir.

Cette disposition sera exécutoire à partir du 1ᵉʳ octobre au matin.

Paris, 27 septembre 1870.

Cours martiales.

Dans le but de réprimer les attentats à la propriété, le maraudage, le vol, l'espionnage qui se propagent dans les banlieues de Paris, le président du Gouvernement, gouverneur de Paris, a ordonné l'institution de Cours martiales à Vincennes et à Saint-Denis, et dans les 13e et 14e corps d'armée.

Ces Cours fonctionneront d'après les règles suivantes :

Tout officier général investi du commandement supérieur, ou opérant isolément devant l'ennemi, qui aura connaissance d'un crime commis contre le devoir militaire, et à l'égard duquel le Code de justice militaire a édicté la peine de mort, aura le droit de réunir, soit immédiatement, soit après l'opération militaire terminée, mais toujours dans les vingt-quatre heures, un tribunal spécial, dit *Cour martiale*, composé d'un officier supérieur et de deux capitaines pris en dehors de la troupe à laquelle appartient l'accusé.

L'accusé sera amené devant cette Cour. Un défenseur lui sera donné, à son choix ou d'office.

La Cour entendra aussitôt soit la lecture du rapport écrit, présentant l'accusation, s'il en a été rédigé un, soit les dépositions verbales et sous serment de témoins, qui doivent être au moins au nombre de deux.

Le défenseur entendu, ainsi que l'accusé, la Cour rendra son jugement, qui sera sans appel.

Le jugement prononcera soit la condamnation du coupable, soit son acquittement. En cas de doute, la Cour pourra demander l'envoi devant un conseil de guerre, qui sera saisi par les moyens ordinaires.

La condamnation sera exécutée, séance tenante, par le piquet commandé pour garder le lieu de la séance.

La prévôté pourra être appelée à prêter son concours. Un officier ou sous-officier de cette force publique dressera le procès-verbal sommaire du jugement ou de l'exécution.

Le procès-verbal sera transmis au commandant en chef.

Paris le 26 septembre 1870.

Avis. — Les vieux militaires ayant servi de 1792 à 1815, encore valides, sont invités à se trouver samedi 1ᵉʳ octobre prochain, à dix heures du matin, rue Baudin, 38, à l'effet de s'entendre pour la formation d'un corps spécial, et se mettre ensuite à la disposition du Gouverneur de Paris (1).

GARDE NATIONALE.

Le Gouvernement de la défense nationale,

Considérant qu'il n'est pas de force militaire sans une discipline rigoureuse ;

Considérant que la garde nationale, sur laquelle reposent aujourd'hui la sécurité de la capitale et le salut de la patrie, et qui se montre, par son excellent esprit et les progrès rapides de son éducation militaire, à la hauteur des grands devoirs qui lui sont imposés, doit être désormais astreinte aux lois qui régissent, en face de l'ennemi, toute armée régulière ;

Décrète :

Art. 1ᵉʳ. Pendant la durée du siège, les crimes et délits commis par les gardes nationaux sont jugés par des conseils de guerre, dits de la garde nationale. Ces tribunaux appliquent les peines édictées par le code de justice militaire, aux crimes et délits commis dans le service, et la loi commune aux crimes et délits commis en dehors du service.

Art. 2. Il est institué un conseil de guerre permanent dans chaque secteur et un conseil de révision pour l'ensemble de la garde nationale réunie dans Paris.

---

(1) Au sujet de cet avis, le *Journal officiel* du 29 septembre publie la note suivante :

« Une annonce insérée dans plusieurs journaux invite les militaires, ayant servi de 1792 à 1815, à se réunir pour former un corps spécial qui se mettrait ensuite à la disposition du Gouverneur. Cette annonce a paru dans le *Journal officiel*. Quoiqu'elle ne soit que l'avis d'une réunion uniquement provoquée par l'initiative privée et n'engage pas la responsabilité du journal, il paraît néanmoins nécessaire de bien constater que le gouverneur de Paris, ainsi que l'administration tout entière, sont et désirent rester absolument étrangers au projet dont il s'agit. »

Art. 3. Les conseils de guerre sont composés de la manière suivante, selon le grade de l'inculpé :

Pour juger un sous-officier ou un garde :

1 chef de bataillon, président ; 2 capitaines, 2 lieutenants ou sous-lieutenants, 2 sous-officiers.

Pour juger un sous-lieutenant :

1 chef de bataillon, président ; 2 capitaines, 2 lieutenants, 2 sous-lieutenants.

Pour juger un lieutenant :

1 chef de bataillon, président ; 3 capitaines, 3 lieutenants.

Pour juger un capitaine :

1 chef de bataillon, président ; 2 chefs de bataillon, 4 capitaines.

Pour juger un chef de bataillon :

1 commandant de secteur, président ; 6 chefs de bataillon.

A chaque conseil de guerre sont attachés : un commissaire de la République remplissant l'office de ministère public, un capitaine rapporteur, un capitaine rapporteur-adjoint et un greffier assisté au besoin d'un greffier adjoint.

Art. 4. Le conseil de révision se compose d'un président et de quatre juges ; un commissaire du gouvernement et un greffier lui sont attachés.

Art. 5. Dans chaque secteur, les chefs de bataillon réunis élisent six d'entre eux, parmi lesquels le commandant du secteur désigne, par la voie du sort, le président, et quand il y a lieu les juges du conseil de guerre.

Dans chaque bataillon, les officiers de même grade élisent un d'entre eux. Il en est de même des sous-officiers inscrits sur ces listes.

Art. 6. Les commissaires du Gouvernement, les capitaines rapporteurs et les greffiers sont nommés par le commandant supérieur de la garde nationale.

Art. 7. Le président et les juges du conseil de révision, le commissaire de la République attaché à ce conseil sont nommés par le conseil de l'ordre des avocats près la cour d'appel de Paris.

Le greffier est nommé par le commandant supérieur.

Art. 8. Les plaintes en conseil de guerre sont adressées par les chefs de bataillon aux commandants de secteur qui saisissent, s'il y a lieu, les conseils de guerre.

Le gouverneur de Paris, le commandant supérieur des gardes nationales sédentaires et les commandants de secteur, peuvent déférer directement un crime ou délit au conseil de guerre.

Art. 9. Outre les peines prononcées par les conseils de guerre, des peines disciplinaires peuvent être infligées par les supérieurs à leurs inférieurs, suivant les différents degrés de la hiérarchie militaire.

Ces peines sont :

La révocation de l'officier ou la cassation du sous-officier, le désarmement et la radiation du garde national.

La prison pour les officiers, sous-officiers et gardes.

Les arrêts pour les officiers.

Le gouverneur de Paris peut seul prononcer la révocation d'un officier, sur l'avis du commandant supérieur.

Le commandant supérieur prononce la cassation d'un sous-officier sur la proposition du commandant de secteur.

Le chef de bataillon prononce le désarmement et la radiation d'un garde.

Le commandant supérieur prononce au maximum la peine de quinze jours de prison pour les officiers, d'un mois pour les sous-officiers ou gardes.

Le commandant du secteur prononce, dans les mêmes conditions, la peine de quinze jours et huit jours de prison.

Le chef de bataillon inflige quatre jours de prison; les capitaines deux jours, mais aux sous-officiers ou gardes seulement.

Les arrêts sont infligés aux officiers de tout grade par leurs supérieurs, jusqu'au maximum de huit jours.

Les arrêts forcés avec remise du sabre et factionnaire à la porte du domicile, sont infligés jusqu'au maximum de huit jours par le commandant supérieur, les commandants de secteurs et les chefs de bataillon.

Art. 10. Pendant la durée du siége, les conseils de discipline créés par la loi du 13 juin 1851 cesseront de fonctionner.

Paris, le 27 septembre 1870.

Il a été versé au Trésor pour restitution par plusieurs gardes nationaux de la 6ᵉ compagnie du 55ᵉ bataillon de la garde nationale sédentaire de la Seine (3ᵉ arrondissement), d'indemnités de 1 fr. 50 c., touchés par eux par une interprétation erronée des décrets qui ont alloué cette indemnité, une somme de sept cent treize francs (1).

COMMUNICATIONS DIVERSES.

Une nouvelle estafette nous apporte de Tours les nouvelles suivantes, que nous transcrivons littéralement :

Nous n'avons point encore le rapport détaillé de M. le ministre des affaires étrangères. Nous n'en avons que le résumé, qui a été transmis tout de suite à la France entière et à toute l'Europe. L'impression partout est la même. En France, enthousiasme et exaltation pour la guerre ; à l'étranger, blâme absolu des prétentions prussiennes, approbation complète de notre ferme confiance que l'Europe ne permettra pas le morcellement de notre territoire. C'est en ce sens que les négociations se poursuivent activement, elles sont accueillies avec faveur. L'attitude de Paris cause autant d'émotion que de respect. On considère la position des Prussiens comme très-aventurée. Il paraît certain qu'ils ont beaucoup souffert devant Issy, qu'ils ne s'attendaient pas à la défense de Paris et qu'ils en sont troublés.

Les Italiens sont entrés à Rome à la suite d'une capitulation, après quelques coups de fusil. Le pape n'a pas quitté la ville (2).

---

(1) Le *Journal officiel* a reproduit, depuis ce jour, dans presque tous ses numéros des listes constatant de semblables restitutions; nous nous bornons à les signaler ici, une fois pour toutes, par cette unique mention.

(2) Lire dans l'*Univers* du 29 septembre, un article de M. Louis Veuillot sur ce dernier événement.

Le maire de Paris à ses concitoyens.

Vers une heure de l'après-midi, une fumée épaisse s'élevait du côté de Belleville et mettait en émoi la population de Paris.

Voici ce qui s'était passé :

Un incendie considérable venait d'éclater dans le lac des Buttes Chaumont, où une grande quantité de fûts d'huiles essentielles se trouvaient gerbés et presque complétement recouverts de terre.

Avant même que l'autorité fût prévenue officiellement, la population, les pompiers de Paris, les pompiers auxiliaires, les gardes nationaux, aidés du maire et des adjoints du 19e arrondissement, ainsi que de ceux des arrondissements circonvoisins, avaient organisé l'attaque du foyer et préservé tout ce qui n'aurait pu être atteint avec une spontanéité et une intelligence extraordinaires.

Lorsque le préfet de police et le maire de Paris arrivèrent sur le lieu du sinistre, ils restèrent saisis d'admiration en face du spectacle de ce peuple se préservant lui-même.

En moins de temps qu'il n'en faut pour le dire, les chaînes s'étaient organisées, les seaux d'incendie remplis de terre circulaient de main en main et étouffaient le foyer.

Le maire de Paris remercie vivement ses concitoyens du courage et de l'intelligence qu'ils ont déployés dans cette circonstance. Il profite de cette occasion pour inviter la population parisienne à ne pas s'inquiéter si, pendant vingt-quatre heures, peut-être, des colonnes de fumée reparaissaient encore de ce côté.

Il n'y a plus aucun danger, mais il faut que le fléau dévore le reste de sa proie.

Une enquête est déjà commencée sur la cause du sinistre.

Paris, le 27 septembre 1870.

Le *Journal officiel* publie plus loin, dans ses *faits divers*, la note suivante sur cet événement :

L'incendie qui a éclaté hier dans le parc des Buttes Chaumont, vers midi, avec des proportions assez considérables, n'a occasionné que des pertes de pétrole, les autres matières inflammables étant heureusement isolées.

A quatre heures, on était complétement maître du feu, grâce au dévouement de la population parisienne, des pompiers, de la garde nationale et de la garde mobile qui ont fait assaut de zèle et de courage sur le théâtre de l'incendie.

Toutes les autorités civiles et militaires étaient accourues au premier signal donné.

Il faudrait citer bien des noms, pour être juste envers tous les dévouements. MM. Flourens et Bachelery, chefs de bataillon, Trouvet, voiturier, Chopin (Adolphe), zouave en convalescence, Raymond et Guignard, aumôniers des ambulances d'Auteuil, ont été particulièrement cités.

La population civile et armée a prouvé une fois de plus par le calme de son attitude que l'ennemi n'avait pas à compter sur la panique.

La rumeur publique ayant outre mesure grossi les proportions de cet événement, l'attribuant à une machination quelconque de la Prusse et de ses espions, le *Journal officiel* du 29 septembre crut devoir revenir, en ces termes, sur les faits ci-dessus rapportés :

Dès qu'on a pu se rendre maître du foyer de l'incendie qui a éclaté hier aux buttes Chaumont, l'autorité s'est empressée de prescrire une enquête pour découvrir les causes et les auteurs de ce sinistre.

Une pipe non consumée ayant été ramassée sur une partie de remblai qui recouvrait le dépôt intact, on a su qu'elle appartenait à un ouvrier nommé Henriot (Adolphe), demeurant à Paris-Belleville.

Cet individu qu'on a trouvé au lit atteint de graves brûlures aux mains et à la partie postérieure du corps, a été l'objet d'un interrogatoire. Après quelques réticences et dénégations qu'il n'a pu soutenir, il a fait des aveux complets.

Quelques instants avant l'événement, il avait quitté le chantier et s'était accroupi dans un massif d'arbres, en tournant le dos au dépôt d'huiles minérales. Ayant voulu, à ce moment, fumer une pipe, il a dans ce but frotté une allumette, s'est vu instantanément entouré de flammes et a pris la fuite.

La cause du sinistre est ainsi expliquée tout naturellement, et le résultat de l'enquête a pleinement confirmé les déclarations de cet individu.

Au pied de la falaise et masqué par le bouquet d'arbres, se trouvait, en effet, un espace non encore remblayé, où s'était formée une atmosphère éminemment inflammable, et le contact de l'allumette a suffi pour déterminer l'ignition. La flamme s'est alors propagée avec une rapidité d'autant plus grande, que les fûts d'essence n'étaient pas encore recouverts, et en peu d'instants, elle a produit un immense foyer.

Grâce à la promptitude et à l'intelligence avec lesquelles les secours ont été portés, le feu a pu heureusement être circonscrit, et l'application immédiate de la terre dans l'intervalle des fûts a eu pour effet d'empêcher la communication aux rangs inférieurs.

On évalue cependant à 4,000 le nombre des barils qui ont été détruits.

Les faits qui précèdent sont attestés par les enquêtes qu'ont dirigées le service municipal des ponts et chaussées et la préfecture de police. Il en résulte clairement que la malveillance est entièrement étrangère à ce sinistre, et que son malheureux auteur, déjà cruellement puni et civilement responsable, ne peut être l'objet d'aucun soupçon de criminalité.

Le préfet de police,

DE KÉRATRY.

La rentrée des classes reste fixée au *lundi 3 octobre* pour les élèves des classes inférieures *jusqu'à la quatrième* inclusivement.

Les élèves du lycée Saint-Louis, en ce moment occupé par la garde mobile, seront reçus au lycée Corneille (ancien lycée Napoléon).

Les parents seront incessamment informés des mesures prises pour la reprise des études dans les classes supérieures.

Les examens pour l'admission des élèves externes à l'école des ponts et chaussées, qui devaient commencer le 1er octobre prochain, sont ajournés.

Un avis ultérieur fera connaître l'époque à laquelle ces examens auront lieu.

Désireux de se renseigner sur la valeur de quelques critiques qui s'étaient produites relativement à l'installation du bétail parqué dans Paris, la commission centrale d'hygiène et de salubrité a fait visiter tous les parcs par un de ses membres.

Il résulte des constatations les plus minutieuses que les animaux sont aujourd'hui presque partout attachés, que là où ils ne le sont point encore, il n'y a aucune accumulation qui puisse faire craindre que les gros animaux ne nuisent à l'alimentation des plus faibles; qu'enfin, sur divers points, on a commencé à couvrir les parcs de façon à ce que le bétail fût à couvert.

Les conclusions de la commission d'hygiène et de salubrité sont, en conséquence, que l'aménagement des bestiaux est des plus satisfaisants et ne justifie en rien les critiques qui ont été formulées.

Aussitôt après la révolution du 4 septembre, le maire de Paris a porté son attention sur l'état des approvisionnements. M. Clamageran, adjoint au maire, a visité les nombreux dépôts où se trouvent emmagasinées les denrées alimentaires achetées par ordre du ministère du commerce et confiées aux soins de l'autorité municipale.

Plusieurs jours ont été consacrés à cette visite. L'état général des approvisionnements est satisfaisant.

La taxe du pain et celle de la viande ont été jugées nécessaires dans les circonstances tout à fait exceptionnelles où se trouve la ville. Elles ont soulevé des difficultés d'application qui ne sont pas toutes résolues. Les citoyens doivent être trèspersuadés qu'il sera tenu compte de tous les avis utiles, de toutes les réclamations légitimes. Mais il ne faut pas se faire d'illusions : quoi qu'on fasse, une crise comme celle que nous traversons froisse certains intérêts, impose des privations et des souffrances ; l'administration mettra tout son zèle à adoucir le mal ; elle ne reculera devant aucun moyen pour assurer le plus longtemps possible la subsistance du peuple, mais elle compte sur le patriotisme des citoyens pour l'aider dans les mesures qu'elle croira devoir prendre et pour supporter courageusement les inévitables conséquences du siège.

JEUDI, 29 SEPTEMBRE.

NOUVELLES DE LA GUERRE.

Ceux qui s'occupent d'art militaire connaissent la nouvelle canonnière inventée et construite par le lieutenant de vaisseau Farcy, qui a résolu le difficile problème de réduire son bâtiment aux dimensions d'un affût flottant.

La canonnière Farcy est armée d'un canon de 24 de la marine, qui lance, avec une charge de poudre de 16 kilog., un obus de 100 kilog. ou une boîte à mitraille de 54 kilog., à une portée pouvant aller jusqu'à 7,400 mètres.

Bicêtre, 28 septembre, 7 heures du matin.
L'amiral Pothuau au gouverneur de Paris et à l'amiral La Roncière.

De Montrouge et d'Ivry, on ne me signale rien de particulier. Des Hautes-Bruyères, on a vu un mouvement d'artillerie et de matériel dans la direction de Versailles qui a duré plus d'une heure.

Vincennes, 28 septembre, 9 h. 20 m., matin.
Général commandant au gouverneur de Paris.

La journée et la nuit ont été des plus calmes partout. J'ai

fait hier une longue reconnaissance avec le général Tripier jusque bien au delà de Saint-Maur. Nous n'avons rien aperçu qui démontrât la présence de l'ennemi.

Paris, 6 h. 1/2, 28 septembre 1870.

Le gouverneur de Paris a reçu le rapport du général de Bellemare, sur le combat livré le 23 septembre, en avant de Saint-Denis.

Il a été heureux de constater l'entrain, la vigueur et le courage déployés par tous nos soldats qui, dans plusieurs endroits, ont eu à lutter de très-près avec l'ennemi dont les forces peuvent être évaluées au moins à 8,000 hommes; ses pertes ont été considérables. Les nôtres sont de 3 officiers blessés, 11 hommes tués et 86 blessés.

Cette affaire fait le plus grand honneur au général de Bellemare et aux commandants des colonnes, le lieutenant-colonel Le Main et les chefs de bataillon de Boisdenemets et Jamais.

Ce matin une reconnaissance a été faite par un escadron du 9e régiment de chasseurs à cheval. Elle a fouillé Neuilly-sur-Marne et le plateau d'Avron. Elle a surpris, à Neuilly, un poste d'infanterie, et, dans le parc de la Maison-Blanche, elle a sabré les Prussiens, dont six ont été tués; elle n'a eu qu'un cheval blessé.

Une autre reconnaissance, composée d'infanterie et de spahis, a parcouru plus tard les mêmes points; l'ennemi était revenu en forces à Nogent.

Le général Blanchard a fait exécuter une reconnaissance avec un bataillon du 13e régiment de marche. Elle s'est avancée, par la route de Clamart, jusqu'au parc de Fleury et s'est approchée à environ 700 mètres du château de Meudon; aucun mouvement ne s'est produit dans le château; on n'a vu ni un homme, ni un canon sur la terrasse.

Le gouverneur est allé visiter le fort de Charenton, qu'il a trouvé dans les conditions de défense les plus remarquables.

Rien de nouveau sur tous les autres points.

Ordre du Gouverneur.

Il est de notoriété publique que des hommes, des femmes, des enfants franchissent à toute heure les avant-postes au delà des forts.

Beaucoup de ces individus se livrent, dans l'extrême banlieue, à la dévastation des maisons abandonnées.

D'autres pénètrent jusque dans les camps ennemis, où ils sont accueillis et où ils entretiennent des relations criminelles.

Pour mettre un terme à de si graves désordres, les commandants des troupes ne laisseront franchir les lignes avancées qu'aux personnes munies d'un laissez-passer émanant du gouverneur de Paris ou du général chef d'état-major général.

Tout individu qui chercherait à se soustraire à l'exécution du présent ordre sera saisi, conduit à l'autorité militaire et déféré par elle à la Cour martiale.

Si malgrés les injonctions qui lui auraient été faites, il cherchait à fuir, les sentinelles de l'avancée feraient feu sur lui.

En assurant l'accomplissement rigoureux de ces prescriptions, les commandants des avant-postes ne perdront pas de vue qu'ils doivent protection aux courriers des agents diplomatiques et à toutes personnes munies d'un laissez-passer régulier.

Paris, le 28 septembre 1870.

GARDES NATIONALES.

Ordre du commandant supérieur.

Gardes nationaux de la Seine,

Un décret du Gouvernement de la défense nationale a paru hier pour fixer les bases de la discipline dans la garde nationale, qui forme maintenant une armée appelée au service de guerre. Par votre attitude énergique et par votre dévouement, au niveau de toutes les obligations les plus dures de la vie militaire, vous avez, depuis que la République a été fondée, donné l'exemple d'une armée de plus de trois cent mille citoyens conservant l'union et la paix dans son propre sein et dans la cité, sans que les chefs aient été contraints de punir.

Quelques actes isolés d'insubordination qu'ont déterminé la rapidité de l'organisation de vos bataillons et les difficultés du moment, ont été réprimés par vos propres efforts à la voix de vos chefs.

Mais pour conserver cette organisation si promptement formée, il ne faut pas y laisser pénétrer des germes de dissolution, il ne faut pas qu'au moment où vous avez à combattre, à repousser l'ennemi, vous ayez à détourner vos forces vers un autre but. Vous êtes une armée constituée pour la défense de la République française; pour rester soldats et pour vaincre, il faut obéir aux ordres des chefs, aux lois du pays.

Le décret rendu hier par le Gouvernement de la défense nationale est la loi du pays, la loi de la garde nationale, la loi de Paris, cœur de la France!

Les républiques ne durent que par le respect des lois.

Paris, 28 septembre 1870.

L'état-major de la garde nationale vient de constituer un corps d'ingénieurs chargés de construire dans les neuf secteurs des abris casematés. Ce corps se compose de neuf ingénieurs principaux ayant chacun sous leurs ordres cinq ingénieurs, et placés sous la direction de M. Tresca.

Un crédit provisoire de 225,000 francs est ouvert pour cet objet par M. le ministre de l'intérieur après avis de M. le ministre des finances.

Cette somme devra être imputée sur le crédit de 50 millions alloué aux ministres de l'intérieur et de la guerre pour l'habillement et l'équipement des gardes nationales de France. (Loi du 12 août 1870.)

COMMUNICATIONS DIVERSES.

L'intention du Gouvernement, souvent manifestée, est toujours de faire procéder, dans le plus bref délai possible, à toutes les élections, et notamment aux élections municipales de Paris. Dans ce but et afin que ces élections aient lieu dans les conditions de régularité indispensables, il importe de dresser immédiatement les listes électorales complémentaires et de préparer les cartes d'électeurs. On sait qu'un très-grand nombre de citoyens ont été, sous le régime déchu, omis des listes où ils avaient droit de figurer. C'est pourquoi les articles 1ᵉʳ du décret du 14 septembre et 3 du décret du 18 septembre ont prescrit la formation des listes complémentaires.

En conséquence, les citoyens sont invités à présenter leurs réclamations aux mairies.

Les mairies de Paris et les mairies provisoires des communes rurales, dont les populations sont rentrées à Paris, recevront ces réclamations et y statueront, sauf le recours ordinaire devant le juge de paix. Des mesures sont prises pour que les justices de paix des cantons ruraux soient installées à proximité des mairies provisoires.

Les réclamations seront reçues jusqu'au jour qui sera indiqué dans le nouveau décret de convocation des électeurs.

La ville de Paris tout entière sous les armes offre au pays le grand exemple d'une population que rien n'a pu entraîner au désordre. Mais l'esprit public qui a déjoué, sous ce rapport, l'espoir de l'ennemi, paraît céder à une fièvre de défiance qui a ses périls.

Devant de vaines apparences, et sous les prétextes les plus futiles, de véritables violations de domicile ont eu lieu et des sévices ont été exercés contre les personnes. Il est même arrivé que le drapeau de nations amies, notoirement sympathiques à la République française, n'a pu suffire à faire respecter les demeures qu'il protégeait, et que des officiers de la garde nationale ont méconnu leur devoir au point de compter parmi les fauteurs du désordre.

J'ordonne qu'une enquête soit ouverte à ce sujet, et je prescris l'arrestation des personnes qui seront reconnues coupables de ces graves abus. Le service de vigilance est organisé de manière à rendre vaines les intelligences que l'ennemi voudrait entretenir dans la place, et je rappelle à tous qu'en dehors des cas prévus par la loi, le domicile des citoyens est inviolable.

De tels actes troublent la paix publique, atteignent tous les principes de justice et de droit, et sont contraires aux plus chers intérêts, comme à la dignité des défenseurs de Paris.

Le gouverneur de Paris,
Général Trochu.

Paris, le 28 septembre 1870.

La hausse considérable qui s'est produite sur le charbon de bois, par suite de sa raréfaction, a été l'objet de l'attention de l'autorité, et des mesures ont été prises pour remédier au plus tôt à cet état de choses.

Des bois provenant des coupes faites à Vincennes et au bois de Boulogne ont été transportés, par les soins de l'administration, dans les terrains vagues de Passy, où ils seront aussitôt transformés en charbon. De plus, l'autorisation nécessaire a été donnée à l'un des plus importants marchands de bois de la capitale, pour installer des charbonneries qui transformeront sans relâche une partie des bois emmagasinés par lui.

VENDREDI, 30 SEPTEMBRE.

Le Gouvernement de la défense nationale :

Considérant qu'il importe de réorganiser l'administration de l'Assistance publique à Paris et dans le département de la Seine sur la base d'un contrôle sérieux, en restituant aux représentants de la science et des intérêts municipaux leur légitime influence,

Décrète :

Art. 1er. La direction générale de l'assistance publique est supprimée.

Art. 2. Le service des secours à domicile est exclusivement confié à l'autorité municipale.

Art. 3. Le service des hôpitaux et hospices civils constitue une administration distincte placée sous l'autorité d'un conseil d'administration qui prendra le titre de : *Conseil général des hospices du département de la Seine.*

Art. 4. Le conseil général des hospices a la direction des

hôpitaux et hospices civils du département de la Seine et l'administration de leurs biens ; il fixe, sous l'approbation du ministre de l'intérieur, les recettes et dépenses de tous genres ; il représente en justice les établissements hospitaliers ; il a la tutelle des enfants trouvés, abandonnés et orphelins et la tutelle des aliénés ; il règle, par des arrêtés soumis à l'approbation du ministre de l'intérieur, tout ce qui concerne le service des hospices et la gestion de leurs revenus.

Art. 5. Un agent général des hospices est chargé de l'exécution des arrêtés du conseil général.

Il est nommé par le ministre de l'intérieur sur une liste de présentation de trois candidats désignés par le conseil.

Art. 6. L'agent général nomme et révoque les employés simples gagistes. Tous les autres fonctionnaires sont nommés sur la présentation du conseil général.

Art. 7. Le conseil général des hospices nomme son président, deux vice-présidents et un secrétaire, à la majorité absolue des suffrages.

Art. 8. Le conseil général des hospices est ainsi composé :
MM.

Étienne Arago, maire de Paris ;
Henri Martin, maire du 16e arrondissement de Paris ;
Carnot, maire du 8e arrondissement de Paris ;
Ranc, maire du 9e arrondissement de Paris ;
Brisson, adjoint au maire de Paris ;
Robinet, adjoint au maire du 6e arrondissement ;

Axenfeld,
Millard,
Trélat père, } médecins des hôpitaux ;
Potain,
Siredey,

Broca,
Lefort,
Verneuil, } chirurgiens des hôpitaux ;
Laugier,

Wurtz, doyen à la Faculté de médecine ;
Gavarret, professeur à l'école de médecine ;

Bussy, directeur de l'Ecole supérieure de pharmacie;
Paul Fabre, procureur général à la Cour de cassation ;
Leblond, procureur général à la Cour d'appel de Paris;
Péan de Saint-Gilles, notaire à Paris ;
Barraguet, membre du conseil des prud'hommes ;
Diéterle, membre du conseil des prud'hommes;
Edmond Adam, ancien conseiller d'Etat de la République;
Laurent Pichat, publiciste;
André Cochut, publiciste ;
Bertillon, président du comité d'hygiène du Ve arrondissement.

Art. 9. Le conseil général des hospices a mission de préparer, dans le plus bref délai, un projet d'organisation définitive dont le principe électif sera la base.

Art. 10. Le membre du Gouvernement délégué par l'administration du département de la Seine est chargé de l'exécution du présent décret.

Fait à l'Hôtel-de-Ville de Paris, le 29 septembre 1870.

Le Gouvernement de la défense nationale décrète :

Pendant la durée du siége et jusqu'à ce qu'il en soit autrement ordonné,

Art. 1er. Les juges de paix des cantons du département de la Seine ou des départements circonvoisins, envahis par l'ennemi, qui se sont retirés à Paris, sont autorisés à exercer leurs fonctions à l'égard de leurs justiciables qui se trouvent à Paris.

Ils tiendront leurs audiences dans les locaux affectés provisoirement aux mairies de leurs chefs-lieux de canton respectifs.

Art. 2. Les notaires des mêmes départements, qui ont transféré leurs minutes à Paris, pourront également y exercer leurs fonctions pour tous les actes concernant les personnes domiciliées dans le ressort de leur ancienne résidence, et actuellement à Paris.

Les dispositions des articles 4 et 6 de la loi du 25 ventôse an XI sont, en ce qui les concerne, provisoirement suspendues.

Fait à Paris, le 29 septembre 1870.

Le Gouvernement de la défense nationale décrète :

Art. 1er. Réquisition est faite, au nom du Gouvernement de la défense nationale, de tous les blés et farines qui existent actuellement dans l'enceinte de la ville de Paris. Ne sont exceptés que les blés et farines ayant le caractère de provisions de ménage.

Art. 2. Le prix des blés et farines sera payé aux détenteurs, suivant qualité, en prenant pour base le prix moyen résultant des mercuriales de la première quinzaine de septembre.

Art. 3. Le ministre du commerce est chargé de l'exécution du présent décret.

Fait à Paris, le 29 septembre 1870.

Vu le décret du Gouvernement de la défense nationale en date de ce jour,

Le ministre de l'agriculture et du commerce,

Arrête :

Art. 1er. Les détenteurs des blés et farines devront faire, dans les quarante-huit heures, au ministère du commerce, la déclaration des quantités qu'ils possèdent.

Art. 2. La qualité des blés et farines sera appréciée par trois arbitres nommés : l'un par le ministre du commerce, l'autre par les propriétaires de la marchandise, le troisième par le président du tribunal de commerce.

MAGNIN.

Paris, le 29 septembre 1870.

Le ministre de l'agriculture et du commerce,

En exécution du décret du 11 septembre 1870, qui a rétabli la taxe de la viande de boucherie à Paris,

Arrête :

Art. 1er. A dater du vendredi 30 septembre, jusqu'au jeudi 6 octobre inclusivement, la viande de bœuf et la viande de mouton seront payées, dans la ville de Paris, aux prix suivants :

Viande de bœuf.

1re catégorie...	Tende de tranche............ Culotte................... Gîte à la noix.............. Tranche grasse............. Aloyau....................	2 fr. 10 le kil.
2e catégorie...	Paleron .... Côtes..................... Talon de collier .... Bavette d'aloyau........... Rognons de graisse........	1 fr. 70 le kil.
3e catégorie...	Collier.................... Pis....................... Gîtes..................... Plats de côtes............. Surlonges................. Joues.....................	1 fr. 30 le kil.

Le filet et le faux-filet détachés, ainsi que le rognon de chair, sont taxés à 3 fr. le kil.

Viande de mouton.

1re catégorie...	Gigots.................... Carrés....................	1 fr. 80 le kil.
2e catégorie...	Épaules	1 fr. 30 le kil.
3e catégorie...	Poitrine................... Collet.................... Débris de côtelettes	1 fr. 10 le kil.

Art. 2. Les différentes espèces et catégories de viande exposées en vente seront indiquées par des écriteaux.

Art. 3. Tout acheteur de viande de bœuf aura le droit de faire désosser complétement le morceau qu'il aura choisi, à quelque catégorie que ce morceau appartienne. Dans ce cas, l'acheteur ne sera tenu d'accepter des os que dans la proportion d'un cinquième du poids de la viande désossée (100 grammes d'os pour chaque 500 grammes de viande).

Pour la viande de mouton, il continue d'être interdit aux

bouchers de mettre dans la balance et de livrer aux acheteurs des os décharnés, ni ce qu'on appelle vulgairement la *réjouissance*.

Art. 4. Les bouchers ne peuvent obliger l'acheteur à prendre, avec le morceau de son choix, de la viande d'une autre espèce ou d'une autre catégorie, non plus que des morceaux différents de la même catégorie.

Art. 5. Il sera délivré à chaque acheteur qui le demandera, sans qu'il soit pour cela besoin d'aucune réquisition de sa part, un bulletin lisiblement écrit qui comprendra la désignation de l'espèce de viande et de la catégorie de morceaux, ainsi que le poids et le prix.

Art. 6. Le présent arrêté devra être placardé dans l'endroit le plus apparent de la boutique de chaque boucher.

Art. 7. Toute infraction aux dispositions du présent arrêté sera punie des peines édictées par la loi.

Fait à Paris, le 29 septembre 1870.

Le ministre de l'agriculture et du commerce arrête :

Art. 1er. A partir du samedi 1er octobre prochain, et jusqu'à ce qu'il en soit autrement ordonné, la viande de porc sera payée dans Paris aux prix suivants :

Viande fraîche de porc : 2 fr. 30 le kil.

Lard de poitrine : 2 fr. 50 le kil.

Petit salé : 1 fr. 80 le kil.

Les viandes travaillées par les charcutiers ne sont pas soumises à la taxe.

Art. 2. Il sera délivré à chaque acheteur de viande de porc taxée, et sans qu'il soit pour cela besoin d'aucune réquisition de sa part, un bulletin lisiblement écrit, qui comprendra la désignation de l'espèce de viande achetée, ainsi que le poids et le prix de cette viande.

Art. 3. Le présent arrêté devra être placardé dans l'endroit le plus apparent de la boutique de chaque charcutier.

Fait à Paris, le 29 septembre 1870.

Par arrêté du maire de Paris, en date du 29 septembre 1870,

M. Jules Mahias, secrétaire général de la mairie de Paris, est nommé membre de la commission pour la taxe du pain.

Le ministre de l'intérieur,
Vu la pétition de la compagnie des omnibus ;
Considérant que cette compagnie a déjà subi de nombreuses réquisitions de toute nature ;
Qu'il importe, dans les circonstances présentes, de ménager ses ressources et ses approvisionnements destinés à un service public à la prolongation duquel tous les citoyens sont intéressés,
    Arrête :
Les réquisitions devront être, à l'avenir, adressées directement au président du conseil d'administration, après avoir été visées, soit par le gouverneur de Paris, soit par le ministre de l'intérieur.

Par décret en date du 29 septembre 1870, ont été nommés :
Président du conseil des prises :
En remplacement de M. Riché, M. Desmarest, membre de la commission provisoire chargée de remplacer le conseil d'État.
Membres du même conseil :
En remplacement de MM. Lemoyne, Perret et Brincard, MM. Tastu, ministre plénipotentiaire, Accarias et Julien Laferrière, membres de la même commission provisoire.
Les recours, contre les décisions rendues par le conseil des prises, seront portés devant la commission provisoire chargée de remplacer le conseil d'État.

NOUVELLES DE LA GUERRE.

Le Gouvernement de la défense nationale, sur le rapport du ministre de la guerre, décrète :
Art. 1er. Les jeunes gens engagés volontaires ou rappelés au service se trouvant dans les batteries d'artillerie ou compagnies du génie attachées à la défense de Paris, et qui, par leurs

connaissances spéciales, comme anciens élèves des écoles polytechnique, des mines, centrale des arts et manufacture, des arts et métiers, d'architecture, etc., sont susceptibles d'être employés comme officiers d'artillerie ou du génie, peuvent recevoir, pour la durée de la guerre, des lettres de service de sous-lieutenant auxiliaire d'artillerie ou du génie.

Art. 2. Ces lettres de service seront délivrées par le ministre de la guerre, sur la proposition du général de division, commandant supérieur de l'artillerie de l'armée de Paris, et du général de division commandant supérieur du génie de cette armée.

Art. 3. Seront également susceptibles d'être admis au même titre, dans les deux armes précitées, les élèves des mêmes écoles qui, sans être liés au service, se présenteront volontairement.

Art. 4. Les sous-lieutenants auxiliaires recevront, pendant la durée de leur service, la solde et les prestations attribuées aux sous-lieutenants d'artillerie ou du génie.

Art. 5. Le ministre de la guerre est chargé de l'exécution du présent décret.

Fait à Paris, le 29 septembre 1870.

Ivry, 29 septembre, 6 h. 5 m., matin.

Commandant d'Ivry à l'amiral commandant à Bicêtre.

La nuit a été très-calme. Rien à signaler.

Avenue Saint-Ouen, 29 septembre, 7 h. 20 m., matin.

Ingénieur tour Solférino au gouverneur de Paris.

Engagement très-vif de mousqueterie en avant de Saint-Denis. Le brouillard empêche de distinguer le point où a lieu l'action.

Bicêtre, 29 septembre, 7 h. 40 matin.

Contre-amiral Pothuau au gouverneur de Paris.

La nuit a été très-calme. Des trois forts d'Ivry, de Bicêtre et de Montrouge on ne signale rien de particulier en vue.

---

29 septembre 1870, 11 h. matin.

Hier, le capitaine de vaisseau Thomasset, commandant la flottille des canonnières de la Seine, a fait appuyer par une batterie et deux chaloupes vedettes les troupes du général Blanchard chargées de déboiser l'île de Billancourt. Nos tirailleurs ont échangé une vive fusillade avec les Prussiens établis dans le jardin de l'orphelinat du Bas-Meudon.

La batterie n° 3, capitaine Chopart, a lancé quelques obus qui ont promptement faire taire le feu de l'ennemi. Nous avons eu deux hommes blessés légèrement. La batterie n° 1, capitaine Rocomaure, a lancé deux obus sur les ouvrages que l'ennemi cherche à établir sur les hauteurs de Sèvres.

Le général chef d'état-major a visité ce matin le fort d'Ivry et les positions du Moulin-Saquet, de Villejuif et des Hautes-Bruyères ; sur tous ces points la défense est dans les meilleures conditions.

Calme complet autour de Paris.

Tour Solférino, 29 septembre, 3 h. 30 m., soir.

Ingénieur au gouverneur de Paris.

Le fort de l'Est et la Double-Couronne envoient quelques obus sur le village et le château de Stains.

---

29 septembre 1870, soir.

Ce matin, plusieurs reconnaissances ont été très vigoureusement poussées par les francs-tireurs : l'une par les chasseurs de Neuilly, en avant de nos positions de Villejuif ; l'autre par les francs-tireurs des Lilas, vers Drancy. Cette dernière a surpris les avant-postes de l'ennemi et lui a tué trois hommes.

Vers le milieu du jour, le général de Bellemare a fait lancer quelques obus sur les travaux qu'exécutait l'ennemi vers Stains, Garges, et, plus à l'est, vers Orgemont et Saint-Gratien.

La redoute des Hautes-Bruyères a canonné un long convoi ennemi entre Chevilly et l'Hay.

En avant du fort de Nogent, à environ 3,000 mètres de

l'avancée, trois obus ont forcé à une retraite précipitée un parti ennemi.

Saint-Denis, 29 septembre, 6 h. 2 m. soir.

Le général commandant supérieur au gouverneur de Paris.

Quelques coups de canon tirés du fort de l'Est et de la Double-Couronne, ont fait déloger l'ennemi du moulin de Bomaincourt et du château de Stains et ont incendié le Bourget. Les travailleurs ont continué à hauteur de Dugny à droite et à gauche. Demain, je les ferai canonner par des pièces qui seront mises en batterie cette nuit en bonne position. Quelques mouvements de cavalerie entre Garges et Dugny.

GARDES NATIONALES.

DÉCRET. — Pour assurer le fonctionnement continu du conseil de révision de la garde nationale, il sera nommé un vice-président chargé de suppléer le président empêché, quatre juges pour suppléer les juges empêchés, et un commissaire du Gouvernement adjoint pour suppléer le commissaire du Gouvernement empêché.

Fait à Paris, le 29 septembre 1870.

COMMUNICATIONS DIVERSES.

La Banque de France avait installé en province sa fabrique de billets, et notamment des billets de vingt-cinq francs de nouvelle création.

Le siége de Paris l'a obligée à prendre des mesures pour parer à l'interruption des communications. Aujourd'hui, elle est en mesure de fournir aux plus pressants besoins du public.

L'émission des billets de vingt-cinq francs a atteint deux millions trois cent vingt-cinq mille francs.

La Banque a, de plus, une réserve de deux cent quatre-vingt-sept mille billets de vingt-cinq francs, auxquels il ne manque que le numérotage. Cette opération se fait avec toute la célérité possible, et compatible avec l'obligation pour les employés de satisfaire au service de la garde nationale.

D'ici à deux jours, cent cinquante mille nouveaux billets seront mis en circulation, et tous les jours, grâce à la nouvelle organisation, la Banque sera en mesure d'émettre dix mille billets de vingt-cinq francs, douze mille de cinquante francs et six mille de cent francs.

Cette émission successive et désormais non interrompue rendra facile l'échange des grosses coupures. La circulation nécessaire aux paiements et échanges semble donc parfaitement assurée à Paris pendant le siége.

Nous donnerons demain des détails semblables sur l'émission de la monnaie d'argent, et le public sera ainsi convaincu que les échanges ne pourront être un instant entravés, grâce à l'approvisionnement de Paris en monnaie métallique et fiduciaire.

———

Le service des pensions de l'Etat a été assuré dans les départements par des ordres donnés à Tours avant l'investissement de Paris.

Il en est de même des pensions à servir à Paris. Le 1er octobre prochain, le trimestre sera payé régulièrement.

———

La société d'assurances mutuelles contre les risques du siége de Paris, a réuni les cent millions de souscriptions exigés par ses statuts.

Elle est définitivement constituée.

Les souscriptions continueront à être reçues au siége social, 108, rue Richelieu, et non au Crédit foncier, qui se borne à donner, à cet égard, des indications à ca clientèle.

Le Crédit foncier n'a avec la société d'autres rapports que ceux d'un adhérent, pour assurer ses propres immeubles, et ceux qui résultent des droits que lui confèrent ses emprunteurs qui souscrivent à la mutualité.

———

Quelques journaux ont insisté dans leurs derniers numéros sur l'importante question des salaisons.

Le public peut être rassuré sur ce point. Des ateliers de salaisons sont installés sur la plus vaste échelle, de façon à répondre à tous les besoins de cet intéressant service. Les animaux ainsi traités constitueraient pour l'alimentation publique une réserve considérable.

La commission centrale d'hygiène et de salubrité vient de nommer une sous-commission chargée d'examiner un nouveau système de panification qui donnerait un rendement de 20 0/0 supérieur au rendement des procédés actuels. La sous-commission aura à s'occuper des diverses manières de faire dans les ménages, avec le blé, des préparations comestibles.

FIN DU PREMIER VOLUME.

APPENDICES

APPENDICE I.

RAPPORTS DU COLONEL STOFFEL
Ancien attaché à l'ambassade de France à Berlin.

Le *Journal des Débats* et le journal *la Patrie* ont publié récemment (janvier et février 1870) divers rapports choisis dans le nombre de ceux adressés au gouvernement français par M. le lieutenant-colonel Stoffel (1), attaché militaire à notre ambassade à Berlin, sur l'organisation des forces militaires de la Prusse et de la Confédération du Nord. Ces rapports vont de l'année 1866 à l'année 1870.

Nous en reproduisons ci-après quelques-uns, à titre de documents des plus importants, destinés surtout, en dehors de l'intérêt et de la haute valeur de leurs informations, à démontrer que le gouvernement impérial ne pouvait pas se faire d'illusions sur la supériorité du chiffre aussi bien que de l'organisation des forces militaires de la Prusse (2).

1

NOTE SUR L'ORGANISATION MILITAIRE DE LA PRUSSE.
(Novembre 1866.)

On s'étonne, à la lecture des journaux, des idées erronées qui règnent en France sur l'organisation militaire de la Prusse. Le but du présent travail est d'exposer les traits généraux de cette organisation.

---

(1) Stoffel (Eugène-Georges-Henri-Céleste), né le 14 mars 1821, à Paris ; colonel d'artillerie, commandeur de la Légion d'honneur.
(2) Les petits journaux, et un peu plus tard les clubs, avaient très-souvent, à l'occasion de cette malheureuse guerre, tourné en dérision les rapports de M. Stoffel qu'ils supposaient avoir été rédigés dans un tout autre esprit. On lit par exemple dans le *Figaro* du 20 septembre 1870 :
« A Berlin, on est heureux d'avoir pris, à Sedan, le lieutenant-colonel

Il conviendra de commencer par celle de 1814, qui a duré, sauf de légers changements, pendant quarante-cinq ans, puis d'indiquer les profondes modifications qui y furent apportées en 1859 et 1860.

Organisation de 1814.

Après nos désastres, en 1814, la Prusse avait une population de 10 millions d'habitants et un budget de 270 millions de francs. Elle ne pouvait donc pas entretenir une armée permanente égale à celle des grandes puissances ses voisines. Les hommes chargés d'organiser les forces militaires du royaume songèrent alors à compenser l'infériorité matérielle en hommes et en argent par les avantages qu'entraîne l'application des principes de moralité et de justice; ils proclamèrent *le service obligatoire pour tous les citoyens*.

Témoins des services qu'avait rendus la landwehr en 1813 et 1814, grâce à son patriotisme surexcité, ils partirent d'un second principe (celui-là évidemment erroné), c'est que des hommes qui dans leur jeunesse ont passé un certain temps sous les drapeaux peuvent, réunis au moment d'une guerre, suppléer aux troupes permanentes. De là, l'institution de la landwehr en 1814. En conséquence de ce faux principe, l'armée fut essentiellement destinée à être, pendant la paix, la grande école de guerre de la nation. On peut dire que son but était de former des landwehriens. Il fut donc décidé que le contingent de chaque année servirait dans l'armée pendant un certain temps. Mais quelle serait la durée du service ? Trois ans furent regardés comme suffisants pour donner à tout homme l'instruction militaire nécessaire. Il est difficile d'admettre que ce fût là une conviction chez les créateurs

---

Stoffel, notre attaché militaire à l'ambassade, celui-là même qui envoyait à Paris de si beaux rapports et de si bonnes plaisanteries sur l'état d'armement de la Prusse.

» Ce qui prouve l'intelligence des Prussiens, c'est que tous ces faux renseignements étaient fournis à M. Stoffel par les officiers du Casino militaire de Berlin, et il les avait pris pour argent comptant, *fur baare münze*, comme disent les Berlinois.

» Il s'est engagé à ne plus servir *contre* la Prusse. Il aurait dû dire *pour* la Prusse. »

Enfin au mois de décembre 1870, après l'abandon forcé, par notre artillerie et nos troupes, de la position du plateau d'Avron, où M. Stoffel avait un important commandement, un orateur demanda, avec violence, au club de la salle Valentino, la révocation de M. le colonel Stoffel, comme incapable — et peut-être aussi comme traître — eu égard aux rapports maladroits envoyés par lui au gouvernement français.

C'est à la suite de cette accusation publique qu'eut lieu la publication de ces rapports qui font tant d'honneur au tact, à la perspicacité et à la science militaire de M. Stoffel. Il y eut alors un revirement d'opinion si complet en faveur de cet éminent officier, qu'aux élections du mois de février, pour l'Assemblée nationale, il fut porté spontanément sur plusieurs listes électorales, même de couleurs tout à fait différentes.

de l'organisation, et l'on doit plutôt croire qu'une si courte durée leur fut imposée par la double considération du chiffre du contingent annuel (40,000 hommes en 1814) et du budget que la Prusse pouvait affecter à son état militaire (94 millions de francs). Quoi qu'il en soit, ils fixèrent à trois ans la durée du service effectif. Ces trois années accomplies, les hommes comptaient deux ans dans la réserve et passaient ensuite dans la landwehr. La loi du 3 septembre 1814, relative au service obligatoire, et le règlement du 21 novembre 1815 sur la landwehr arrêtèrent que tous les hommes reconnus propres au service appartiendraient :

A l'armée active, 5 ans, { 3 de service effectif } de 20 à 25.
{ 2 de réserve ...... }
A la landwehr (1er ban), 7 ans .... de 25 à 32.
— (2e ban), 7 ans.... de 32 à 39.

1° *Armée permanente.* — Le contingent annuel, composé de tous les jeunes gens de vingt ans propres au service, étant de 40,000 hommes, l'armée permanente comptait trois fois ce nombre, ou 120,000 hommes, et en y ajoutant les officiers, les ouvriers, etc., 130,000 hommes, chiffre moyen. Elle comprenait :

45 régiments d'infanterie ;
10 bataillons de chasseurs ;
38 régiments de cavalerie ;
9 régiments d'artillerie ;
3 divisions de pionniers (génie et pontonniers).

2° *Réserve.* — Les troupes de réserve auraient dû s'élever à 80,000 hommes (deux fois 40,000) ; mais les pertes et l'obligation de laisser une partie des réserves aux dépôts réduisaient ce nombre à 60,000 hommes, qui, en cas de guerre, portaient l'effectif de l'armée à 130,000 + 60,000 ou 190,000 hommes.

3° *Landwehr* (1er ban). — Composé des hommes de vingt-cinq à trente-deux ans, il devait former, pour une guerre, 150,000 hommes d'infanterie et de cavalerie. Il comptait :

36 régiments d'infanterie ;
34 régiments de cavalerie,

représentés, en temps de paix, par des cadres très-faibles : les hommes étaient en position de congé. Les chasseurs, l'artillerie, les pionniers de la landwehr n'étaient pas organisés. Évalués à 20,000 hommes, ils étaient répartis dans l'armée au moment d'une mobilisation.

Les régiments d'infanterie, de même que ceux de cavalerie, formaient brigade deux à deux. Par suite d'une modification introduite en 1852, ces régiments furent embrigadés chacun avec un régiment de ligne.

L'armée permanente et le premier ban de la landwehr constituaient ensemble l'armée active destinée à faire campagne. Son effectif aurait été, d'après ce qui précède, de 360,000 hommes : on en gardait 30,000 pour le service des places de l'intérieur ; restaient 330,000 hommes.

Les troupes de dépôt s'élevaient à 50,000 hommes. Elles se composaient de recrues et d'une partie des réserves.

4° *Landwehr* (2ᵉ ban). — Il n'avait pas de cadres. Pour une guerre, il fournissait 110,000 hommes d'infanterie et de cavalerie, qui, avec les 30,000 cités plus haut, étaient chargés d'occuper les places de l'intérieur.

Voici, d'après cela, le tableau des forces militaires de la Prusse à l'époque de cette première organisation :

A. Armée active, comprenant	1° L'armée permanente	130.000
	2° Les réserves.	60.000
	3° Les chasseurs, artilleurs, pionniers du 1ᵉʳ ban de landwehr . .	20.000
	4° L'infanterie et la cavalerie du 1ᵉʳ ban de landwehr	150.000
	Total	360.000
	Laissés pour la défense des places .	30.000
	Reste pour l'effectif de l'armée	330.000
B. Troupes de dépôts (recrues, landwehr, 1ᵉʳ ban). . . .		50.000
C. Forces destinées à la défense intérieure	1° 2ᵉ ban de la landwehr . .	110.000
	2° Cités plus haut.	30.000
	Total 140.000	140.000
	Total général	520.000

Sur ces 520,000 hommes, qui représentaient le vingtième de la population de la Prusse, le quart seulement composait l'armée permanente, payée par l'État. Les auteurs du système crurent avoir ainsi résolu le problème de la meilleure organisation militaire pour la Prusse. On avait une armée peu coûteuse en temps de paix et nombreuse en temps de guerre.

Quels sont les caractères distinctifs de cette organisation ? L'armée permanente n'y représente pas une force militaire indépendante, pouvant agir en première ligne. Trop faible numériquement pour remplir ce rôle, puisqu'elle ne s'élève, les réserves comprises, qu'à 190.000 hommes, elle n'acquiert l'effectif nécessaire pour entrer en campagne que par sa réunion avec 170,000 hommes de la landwehr, qui, formés par régiments embrigadés avec ceux de la ligne, constituent, comme on voit, presque la moitié de la force totale. L'armée permanente n'avait donc réellement qu'un but, celui de servir d'école d'instruction à la nation, autrement dit, de former la landwehr. En résumé, l'organisation de 1814 était basée sur *le système landwehrien*.

Vices de l'organisation de 1814.

Les vices de cette organisation sont si évidents qu'on se demande comment elle a pu durer quarante-cinq ans. Ils se révélèrent de la façon la plus déplorable pendant les campagnes de 1848 et 1849, dans le Schleswig et le grand-duché de Bade, et lors des mobilisations de 1850 et 1859.

Le vice capital résultait de l'obligation d'appeler et d'embrigader dans l'armée, au moment d'une guerre, 170,000 hommes de la landwehr. L'expérience démontra qu'en tenant compte des pertes de toutes sortes, il fallait, pour se procurer ce nombre, prendre les landwehriens des sept années du premier ban (ceux de vingt-cinq à trente-deux ans). Comment pouvoir compter, à la guerre, sur des gens qui avaient quitté le service : les uns depuis deux ans, les autres depuis trois, les derniers depuis neuf ans, et dont la moitié étaient mariés, car les statistiques prussiennes donnent les chiffres suivants :

        Mariés de 25 à 26 ans. . . .   30 pour 100
        Mariés de 29 à 30 ans. . . .   46 pour 100
        Mariés de 31 à 32 ans. . . .   63 pour 100

Ajoutons qu'un grand nombre de ces hommes se voyaient obligés d'abandonner leurs familles dénuées de ressources et de les confier à la charité des communes.

Aussi les hommes de la landwehr ne répondirent à l'appel, en 1848, 1850 et 1859, qu'avec un extrême mécontentement. Les scènes les plus déplorables eurent lieu, des actes de désobéissance formelle se produisirent, même devant l'ennemi. Quant aux troupes de landwehr restées fidèles à l'honneur, elles se montrèrent d'une insuffisance complète. On put voir dans ces circonstances que les créateurs de l'organisation de 1814 s'étaient trompés, en comptant qu'à toute occasion la landwehr montrerait l'enthousiasme de 1813.

Un autre défaut de cette organisation provenait de la composition des brigades. Comme elles comprenaient chacune deux régiments, l'un de ligne, l'autre de landwehr, il y avait impossibilité de former, au besoin, des corps de troupes solides (brigades ou divisions) où la landwehr n'entrerait pas.

On doit encore ajouter que le défaut d'instruction militaire des officiers et sous-officiers de la landwehr obligeait à déplacer un grand nombre d'officiers et sous-officiers de la ligne, pour les substituer aux premiers, et inversement. Ces nombreuses mutations, faites au moment de la mise sur pied de guerre, avaient un inconvénient évident.

Enfin, on ne saurait omettre de signaler, à la charge de l'organisation de 1814, les dépenses énormes qu'une mobilisation entraînait pour les communes, à qui incombait l'obligation de secourir les familles nécessiteuses des hommes de la landwehr. En 1859, elles eurent à fournir aux besoins de plus de 55,000 familles, moyennant une dépense mensuelle de 1 million de francs. En 1850, le chiffre s'éleva à 2 millions par mois, sans compter les dons volontaires qui produisirent autant.

Les inconvénients signalés ci-dessus étaient assez sérieux pour qu'une réorganisation de l'armée devint nécessaire. Elle fut commencée en 1859 et continuée les années suivantes, à travers le conflit si connu qui, depuis lors, divise le gouvernement prussien et la Chambre.

Réorganisation de 1860.

Avant d'aviser aux moyens de corriger les vices de l'ancienne organisation, les hommes chargés de cette tâche songèrent à revenir à l'application rigoureuse du service obligatoire pour tous, qu'on n'avait pas cessé de violer depuis 1814. En effet, bien que, par un accroissement sans pareil, la population de la Prusse se fût élevée successivement, en quarante-cinq ans, de 10 millions à 18 millions, l'effectif de l'armée permanente était resté au chiffre constant de 130 à 140,000 hommes, ce qui n'avait permis de lever annuellement que 40,000 hommes, contingent égal à celui de 1814.

Il en était résulté que chaque année un nombre assez considérable de jeunes gens propres au service militaire ne passaient pas sous les drapeaux, et qu'en 1859, par exemple, où le contingent total s'éleva à 63,000, plus du tiers se trouva exempté de fait. L'injustice se révélait dans toute sa gravité lors d'une mobilisation, parce qu'alors les hommes de la landwehr de vingt-cinq à trente-deux ans, qui avaient déjà servi, se voyaient obligés de partir pour l'armée, tandis que des jeunes gens de vingt à vingt-cinq ans ne payaient pas leur dette au pays.

Les réorganisateurs décidèrent avant tout le retour au principe fondamental du service obligatoire. Il fut convenu que le contingent annuel tout entier de 63,000 hommes entrerait dans l'armée, et l'on fixa, comme précédemment, à trois ans la durée du service effectif. Par cette mesure l'armée permanente reçut tout d'un coup un accroissement considérable. Une augmentation de cadres s'ensuivit forcément, on créa :

    36 régiments d'infanterie ;
    10 bataillons de fusiliers ;
    10 régiments de cavalerie ;
    5 divisions d'artillerie.

L'armée permanente, forte jusque-là de 130,000 hommes, se trouva ainsi portée à 210,000. La Prusse pouvait l'entretenir sans difficulté, puisque son budget s'était élevé de 270 à 487 millions de francs depuis 1814.

Il s'agit ensuite de remédier aux défauts de l'ancienne organisation. La landwehr fut conservée, mais on changea complétement son rôle et son caractère. On décida *qu'elle cesserait de faire partie intégrante de l'armée active*. Jusque-là le premier ban avait figuré pour moitié dans cette armée ; à l'avenir ses fonctions devaient se réduire à *la défense intérieure du territoire*, c'est-à-dire à celle que l'organisation de 1814 assignait au second ban,

Pour pouvoir porter l'effectif de l'armée active, sans recourir à la landwehr, au chiffre de 370,000 hommes, jugé nécessaire, on prolongea de deux ans, en la portant à quatre ans, la durée du temps à passer dans la réserve. Il fut convenu que tous les hommes reconnus propres au service appartiendraient :

A l'armée active, 7 ans...... { 3 ans de service effectif, 4 ans de réserve (20 à 27).

A la landwehr, 1er ban, 5 ans (de 27 à 32).

A la landwehr, 2e ban, 7 ans (de 32 à 39).

Comparons, avant d'aller plus loin, l'organisation de 1814 et celle de 1860.

Leurs points communs sont :

1° Le service obligatoire pour tous les citoyens ;

2° L'instruction militaire reçue dans l'armée pendant un certain temps ;

3° L'obligation à un service ultérieur, jusqu'à un âge fixé, dans la réserve, puis dans la landwehr.

Quant aux différences, elles sont frappantes : dans l'organisation de 1814, l'armée permanente n'était, à tout prendre, que l'école de guerre de la nation. Pour en faire l'armée active de campagne, il fallait doubler son effectif avec des régiments de landwehr, composés d'hommes de vingt-cinq à trente-deux ans, déshabitués du service et dont la moitié étaient mariés.

Dans l'organisation de 1860, l'armée permanente est également l'école de guerre de tous les citoyens ; mais elle constitue à elle seule, par l'unique adjonction des réserves, l'armée active. *La landwehr n'y figure plus à aucun degré*, son rôle se bornant à la défense des places de l'intérieur. Telle est la modification capitale apportée à l'ancienne organisation. La Prusse y a trouvé le grand avantage d'avoir une armée active plus nombreuse, composée uniquement de soldats de vingt à vingt-sept ans. Les hommes de vingt-huit à trente-deux ans, établis ou mariés pour la plupart, ne craignent plus d'être appelés à toute mobilisation ou pour une guerre ordinaire ; chargés de la défense du territoire, ils savent qu'ils n'auront à combattre avec l'armée, en seconde ligne, que dans les cas extrêmes. Comme on voit, le résultat a été favorable aux intérêts généraux du pays, particulièrement à l'agriculture.

En France, on semble croire que la landwehr a aujourd'hui le même rôle qu'avant la réorganisation. Parce qu'on a vu la landwehr figurer dans la guerre du Danemark, et plus récemment dans celle de Bohême, on s'imagine qu'elle fait partie de l'armée ou qu'elle est destinée à combattre à ses côtés. Ceci demande explication.

La décision qui fixa à quatre ans le temps à passer dans la réserve fut mise en vigueur en *octobre* 1860 (c'est en octobre qu'en Prusse le contingent annuel entre dans l'armée). Par conséquent, les temps de réserve des divers contingents, sont :

Pour le contingent de 1859, d'octobre 1862 à octobre 1864.
— — 1860, — 1863 — 1867.
— — 1861, — 1864 — 1868.
— — 1862, — 1865 — 1869.
— — 1863, — 1866 — 1870.

D'après cela, au moment de la dernière guerre, *en juin* 1866, la Prusse ne disposait que des réserves de trois années, celles de 1863, 1864 et 1865. C'est pourquoi on fut obligé de puiser dans la landwehr pour compléter les bataillons de l'armée. On versa, en moyenne, 100 landwehriens par bataillon de 1,000 hommes. Mais il importe de remarquer qu'on n'aurait pas eu recours à cette mesure si l'on avait pu disposer des réserves de quatre années. Ce n'est qu'à dater de l'heure présente (fin d'année 1866) que la réorganisation de 1860 commence à avoir son entière exécution, et la Prusse dispose, à partir d'aujourd'hui, des réserves de quatre années consécutives. En principe, elle ne puisera donc plus dans la landwehr pour compléter les bataillons ou escadrons de l'armée ; elle ne le fera que pour organiser les services exceptionnels, tels que les compagnies de chemin de fer, les compagnies de porteurs de blessés, la télégraphie, etc.

Il est donc très-important de constater que la Prusse entre aujourd'hui (fin de 1866) en pleine jouissance des ressources militaires qu'elle s'est créées par l'organisation de 1860. L'ensemble de ses forces (il ne s'agit toujours que de la Prusse avant les annexions) peut être présenté comme il suit :

A. Armée active, comprenant :
1° L'armée permanente. . . . . 210.000 h. }
2° Les réserves de quatre années . . . . 160.000 h. } 370.000 h.
B. Troupes de dépôts (recrues, partie des réserves). . 110.000 h.
C. Forces destinées à la défense intérieure ou landwehr (1er ban) . . . . 150.000 h.

Total. . . . . 630.000 h.

sans compter le 2e ban qui peut fournir, au besoin, 150,000 à 200,000 hommes (1).

---

(1) Ce rapport de notre attaché militaire à Berlin est daté du mois de novembre 1866. Il n'y est pas tenu compte des forces des trois provinces que la Prusse venait de s'annexer, et où elle s'occupait déjà d'introduire sa propre organisation militaire. Aujourd'hui, la Prusse agrandie et les autres

Ainsi, la Prusse peut mettre sur pied une armée active de 370,000 hommes, non comptés 110,000 hommes de troupes de dépôts ; total, 480,000 hommes, sans recourir à la landwehr. C'est là un effectif plus que suffisant pour des mobilisations telles que celles de 1850 et 1859, ou pour des guerres ordinaires, celles de Bade ou de Danemark. Mais si la Prusse avait une grande guerre, pour laquelle son armée active ne fût pas suffisante, ou si elle subissait un désastre, elle emploierait le premier ban de la landwehr, soit pour combler les vides, soit pour le présenter en seconde ligne.

Elle puiserait alors dans ce premier ban, en commençant par les hommes des plus jeunes années (de vingt-sept à vingt-neuf ou trente ans). Dans la dernière guerre, par exemple, où la Prusse fut obligée à un déploiement de forces considérables, plusieurs bataillons ou des régiments de landwehr firent partie de l'armée du Mein : deux divisions de Landwehr occupèrent la Saxe, et la division de la landwehr de la garde, forte de douze bataillons (10,000 hommes environ), entra en Bohême, où elle rejoignit les armées actives, le 2 juillet. Le 3 juillet, pendant la bataille de Kœniggrætz, cette division se trouvait à une marche en arrière, et elle eût pu rendre d'utiles services le lendemain, si les Prussiens avaient remporté une victoire indécise ou essuyé un désastre. Cette division d'infanterie de landwehr de la garde est la plus belle troupe qu'il soit possible de voir. Composée exclusivement d'hommes d'élite de vingt-sept à trente ans, à l'aspect viril et robuste, elle présente aux yeux le plus magnifique spectacle. Il n'est pas certain qu'elle supporterait les fatigues d'une longue campagne ; mais bien employée, dans telle circonstance donnée, elle constituerait une force précieuse.

II

DES ÉLÉMENTS DE SUPÉRIORITÉ DE L'ARMÉE PRUSSIENNE.

(Berlin, le 23 avril 1868.)

Au milieu des études de toute nature auxquelles doit se livrer un officier placé dans ma position, il est une question qui se présente involontairement et sans cesse à son esprit :

Si la guerre venait à éclater demain entre la Prusse et la France, l'armée prussienne aurait-elle, sous quelques rapports, soit comme organisation, soit comme instruction, soit comme esprit militaire, soit comme armement, etc..., des éléments de supériorité sur l'armée française ? Si ces éléments de supériorité existent, quels sont-ils ? Enfin, qu'avons-nous à faire pour ne pas rester dans un état d'infériorité ?

États de la Confédération de l'Allemagne du Nord disposent de 960,000 hommes, bien que la durée totale du temps de service ait été réduite de dix-neuf ans à douze ans, par la suppr . u 2ᵉ ban de la landwehr.

Comme on voit, je laisse de côté, dans l'énoncé de la question, les éléments non appréciables à l'avance, tels que le commandement en chef, qui certainement est le plus important de tous, les effectifs dont les deux nations pourraient disposer, les ressources en tout genre des deux pays, etc. Je supposerai, pour plus de clarté, ces choses égales de part et d'autre. A ces conditions même, la question que je désire traiter est des plus compliquées, car elle embrasse tous les détails de la constitution des armées. Mon intention est de la réduire au plus simple et d'éviter de la poser dans des termes absolus comme seraient ceux-ci : Quelle est, des deux armées, la plus parfaite? Ordinairement ces questions ne sont ainsi formulées que par des esprits superficiels, incapables de comprendre que la réponse est impossible, tant sont nombreux les sujets de comparaison, et tant il en est parmi eux qui échappent à toute appréciation. Je me bornerai donc à indiquer quels seraient, au cas d'une guerre prochaine, sous les divers rapports signalés plus haut, les éléments de supériorité qui constitueraient pour l'armée prussienne des avantages réels.

Les éléments de supériorité d'une armée sur une autre sont de deux espèces distinctes : les uns tiennent au caractère de la nation, à son tempérament, à ses traditions, à son histoire, au degré de son instruction générale, etc...; je les appellerai *moraux*; les autres résultent du mode d'organisation de l'armée, du degré d'instruction militaire des officiers, sous-officiers et soldats, du matériel de guerre, de l'armement, de l'équipement, etc...; ce sont des éléments *matériels*. Je puis me dispenser de parler, sous ce double rapport, de l'armée française : les qualités qui la distinguent sont assez connues. En Prusse, tous les militaires éclairés reconnaissent que nos soldats l'emportent sur tous les autres par une individualité plus grande, par une intelligence plus vive, un élan incomparable; ils regardent l'insouciance et la gaîté françaises comme des qualités précieuses à la guerre; ils avouent que nos soldats sont plus ingénieux et meilleurs marcheurs (1). D'autre part, ils admettent l'avantage que donnent à l'armée française une plus longue durée de service sous les drapeaux et la présence de vieux soldats dans ses rangs : ils nous envient surtout la composition de notre corps de sous-officiers (2).

---

(1) La Prusse est, en partie, un pays plat. Tout le monde sait que les habitants des plaines sont moins bons marcheurs que les habitants des pays accidentés. Cette différence a été sensible dans la guerre de 1866. Les corps d'armée de la Prusse orient'', de la Poméranie, du Brandebourg ont beaucoup plus souffert des marches à travers les défilés de la Bohême que le corps de la Silésie, par exemple.

(2) A la vérité, l'armée prussienne compte, comme la nôtre, des sous-officiers anciens de service, mais le nombre en est très-restreint, conséquence forcée du service obligatoire, qui exige que chaque année tout le contingent entre dans l'armée.

Pour ne parler que de l'armement de l'infanterie, j'ai déjà fait savoir combien on se préoccupe en Prusse de la supériorité de notre fusil nouveau modèle, et les efforts qui se font pour arriver à perfectionner le fusil prussien.

J'en viens aux considérations sur l'armée prussienne.

ÉLÉMENTS DE SUPÉRIORITÉ MORAUX.

Sous le rapport moral, deux choses contribuent à donner à l'armée prussienne un avantage incontestable sur toutes les autres armées européennes : 1° le principe du service militaire obligatoire; 2° l'instruction répandue dans toutes les classes de la nation.

Service obligatoire.

Il est inutile d'insister de nouveau (je l'ai fait longuement dans mes rapports de 1866) sur la valeur morale que donne à l'armée prussienne la présence dans ses rangs de toutes les classes de la nation; et cette conviction qu'armée et landwehr réunies représentent le peuple entier sous les armes. Quels que soient les défauts qu'on puisse trouver à l'organisation militaire de la Prusse, comment ne pas admirer ce peuple qui, ayant compris que, pour les États comme pour les individus, la première condition est d'exister, a voulu que l'armée fût la première la plus honorée de toutes les institutions, que tous les citoyens valides participassent aux charges et à l'honneur de défendre le pays ou d'augmenter sa puissance, et que ceux-là fussent par-dessus tout estimés et considérés (1)? A ne parler que des officiers, quel bel exemple ils donnent à toutes les autres classes ! Voit-on, comme ailleurs, les privilégiés par la naissance ou par la fortune vivre dans une oisiveté regrettable? Loin de là. Les personnes des plus riches familles, tous les noms illustres servent comme officiers, endurent les travaux et les exigences de la vie militaire, prêchent d'exemple, et, à la vue d'un tel spectacle, non-seulement on se sent pris d'estime pour ce peuple sérieux et rude, mais on en vient presque à redouter la force que donnent à son armée de pareilles institutions.

Instruction obligatoire.

Le principe de l'instruction obligatoire est adopté en Prusse depuis plus de trente ans, et on pourrait même dire depuis Frédéric le Grand; aussi la nation prussienne est-elle la plus éclairée de l'Europe, en ce sens que l'instruction y est répandue dans toutes les classes. Les

---

(1) J'ai souvent dit déjà qu'en Prusse tous les honneurs, tous les avantages, toutes les faveurs sont pour l'armée ou ceux qui ont servi. Celui qui, pour une cause quelconque, n'a pas été soldat n'arrive à aucun emploi; dans les villes et dans les campagnes, il est l'objet des sarcasmes de ses concitoyens.

provinces polonaises seules vivent encore dans une infériorité relative. En France, où l'on ignore si complétement toutes les choses se rapportant aux pays étrangers, on ne se doute même pas de la somme de travail intellectuel dont l'Allemagne du Nord est le théâtre. Les écoles populaires y abondent, et tandis qu'en France le nombre des centres d'activité et de production intellectuelles se réduit à celui de quelques grandes villes, l'Allemagne du Nord est couverte de pareils foyers, et pour les énumérer, il faudrait descendre jusqu'à compter des villes de troisième ou de quatrième ordre.

Je ne m'appesantirai pas sur les avantages qu'apporte dans la composition de l'armée une instruction avancée, répandue dans toute la nation. Mais n'est-il pas singulier qu'en France des personnes, dites éclairées, se refusent à les admettre? N'est-ce pas vouloir nier que l'instruction et l'éducation développent les facultés de l'homme et élèvent ses sentiments en lui donnant une plus haute idée de sa dignité? Ces personnes disent naïvement qu'une armée de soldats incultes, mais aguerris, battra une armée composée d'hommes même très-instruits, mais privés d'expérience de la guerre. Or, je le demande, quel est le général qui hésiterait un seul instant si, *toutes choses égales* sous le rapport de la force physique, de la discipline, du nombre d'années de service, etc., il avait à opter entre le commandement de deux armées de 100.000 hommes chacune, l'une composée entièrement d'élèves de l'Ecole Polytechnique ou de Saint-Cyr, l'autre composée de paysans du Limousin ou du Berry? Quand il n'y trouverait que l'avantage d'instruire plus vite ses troupes de dépôt, son choix ne serait pas douteux. Mais il y a plus; car c'est sous le rapport moral qu'une des armées vaudrait dix fois l'autre. Et à ce sujet, je citerai ce que me rapportaient en Bohême, au mois d'août 1866, des officiers et des sous-officiers prussiens. Fiers de leurs succès, ils les attribuaient en grande partie à la supériorité intellectuelle de leurs soldats, et ils me disaient : « Lorsque après les premiers combats, nos soldats se trouvèrent pour la première fois en présence des prisonniers autrichiens, qu'ils virent de près et interrogèrent ces hommes, dont beaucoup savaient à peine distinguer leur droite de leur gauche, il n'y en a pas un seul qui ne se regardât comme un Dieu comparé à de telles gens, et cette conviction décupla nos forces. »

Sentiment du devoir.

Je dois encore signaler une qualité qui caractérise tout particulièrement la nation prussienne, et qui contribue à accroître la valeur morale de son armée : c'est le sentiment du devoir. Il est développé à un tel degré dans toutes les classes du pays, qu'on ne cesse de s'en étonner, plus on étudie le peuple prussien. N'ayant pas à rechercher les causes de ce fait, je me borne à le citer. La preuve la plus remarquable de cet attachement au devoir est fournie par le personnel des employés de tous grades des diverses administrations de la monarchie : payés avec une parcimonie vraiment supprenante, chargés de famille le plus souvent, les hommes qui composent ce personnel travaillent tout le jour avec un zèle infatigable, sans se plaindre, sans paraître ambitionner une position plus aisée. « Nous nous gardons bien d'y toucher, me disait ces jours derniers, M. de Bismark ; cette bureaucratie travailleuse et mal payée nous fait le meilleur de notre besogne et constitue une de nos principales forces. »

ÉLÉMENTS DE SUPÉRIORITÉ MATÉRIELS.

Services spéciaux organisés en permanence.

Comme élément de supériorité matérielle à l'avantage de la Prusse, je citerai d'abord la facilité que lui donne son organisation militaire pour créer certains services spéciaux, tels que les compagnies de porteurs de blessés, les compagnies de chemins de fer, les divisions télégraphiques, etc. J'ai fait connaître dans mes rapports de 1866 tous les détails relatifs à ces divers services ; j'en ai indiqué les fonctions et la composition en personnel et en matériel ; ici je me bornerai à rappeler que, grâce à l'institution de la landwehr, ces services sont organisés sans que l'effectif des combattants de l'armée s'en trouve diminué et qu'ils le sont à l'avance, en temps de paix, d'une façon permanente. Un mot cependant sur les compagnies de porteurs de blessés. Nous ne les adoptons pas en France ; mais il serait question, je crois, de désigner dans chaque compagnie d'infanterie, au moment de l'entrée en campagne, quatre ou cinq hommes chargés du soin de relever les blessés. C'est quelque chose, et pourtant on reconnaîtra que des compagnies organisées d'avance, avec des fonctions et une instruction bien définies, rendraient de meilleurs services. Si l'institution des compagnies de porteurs de blessés n'avait qu'un but philanthropique, on pourrait s'en passer ; mais leur influence dans les combats paraît incontestable. Qu'avons-nous vu, en effet, sur les champs de bataille d'Italie? Dès qu'un soldat était blessé, ses trois ou quatre voisins quittaient les rangs, sous prétexte de l'emporter. Ce grave inconvénient ne serait-il pas diminué si les soldats savaient qu'un service suffisant et spécial se trouve organisé de longue main, dans de bonnes conditions, pour secourir les blessés sur les champs de bataille même ? En Prusse, on compose les compagnies de porteurs de blessés d'hommes de la landwehr, présentant toutes les garanties désirables de moralité et de bonne conduite. Il est à craindre que nos quatre ou cinq hommes par compagnie n'offrent pas ces garanties au même degré.

Tir de l'infanterie.

Si notre fusil modèle 1866 a toutes les qualités qu'on lui prête, non-seulement la France n'aura rien à envier à la Prusse quant à l'armement de l'infanterie, mais elle lui sera supérieure. On ne saurait nier, cependant, qu'à comparer les tempéraments des deux nations, les feux de l'infanterie prussienne seront, *toutes choses égales*, plus redoutables que ceux de l'infanterie française. Le soldat prussien, moins impressionnable que le nôtre, tirera avec plus de sang-froid et de justesse. Cette conviction est répandue dans toute l'armée prussienne, et je l'entends exprimer très-souvent. J'ajouterai que nous ne saurions apporter une trop grande attention à l'instruction du tir. En Prusse, on y met un soin extrême. Il est délivré à chaque bataillon 120 cartouches par an et par homme, quelle que soit son ancienneté de service, plus 4,000 cartouches pour l'exercice d'ensemble. En outre, l'artillerie donne aux bataillons qui, après le tir, lui rendent plus du tiers du poids des balles employées, un certain nombre de cartouches proportionnel à cet excédant. On fait tirer ces dernières aux moins habiles tireurs, d'où il résulte que chaque soldat consomme par an plus de 130 cartouches. Tous les officiers du régiment participent à l'instruction pratique et sont portés sur les registres de tir. Les colonels, les généraux assistent aux examens de fin d'année, pour bien montrer l'importance qu'on attache à ces exercices; car on a compris depuis de longues années que plus l'arme du soldat d'infanterie est perfectionnée, plus il est nécessaire d'apporter de soin à l'instruction du tir.

Tir de l'artillerie.

Il faudrait en prendre notre parti, si la guerre venait à éclater : le matériel d'artillerie prussien est très-supérieur au nôtre. A la vérité, nos affûts de campagne sont plus légers que les affûts prussiens; nos pièces attelées sont plus mobiles; mais les deux pièces de campagne prussiennes (le 4 et le 6) tirent beaucoup plus juste que les nôtres et elles ont une portée plus grande. Le mémoire allemand que j'ai joint à mon rapport du 20 février dernier ne laisse subsister aucun doute à ce sujet. En outre, les pièces prussiennes peuvent tirer plus vite que les nôtres. D'où vient que bon nombre de nos officiers d'artillerie ne considèrent pas cela comme un avantage et prétendent que notre canon tire avec une vitesse suffisante ? Comme s'il ne se présentait pas à la guerre des circonstances où il serait désirable de pouvoir lancer, dans un temps donné, soit sur des troupes, soit contre de l'artillerie, un nombre de projectiles plus grand d'un quart ou d'un cinquième ?

Quant à la plus grande justesse du tir des canons prussiens, c'est là un point tellement essentiel, que j'en ferai l'objet d'un rapport spécial.

Pour ce qui concerne le personnel de l'artillerie prussienne, il n'est pas, comme instruction militaire à la hauteur du nôtre, par la raison que les canonniers prussiens servent à peine deux ans dans l'armée active. Quant aux officiers, bien qu'à l'inverse de ce qui se voit en France, ils jouissent de moins de considération que ceux des autres armes, leur instruction militaire ne le cède en rien à celle des officiers français.

Artilleries prussienne et autrichienne.

C'est ici le lieu de parler, comme digression, d'une erreur accréditée depuis la guerre de 1866. On a écrit et répété que l'artillerie autrichienne est supérieure à l'artillerie prussienne. Ce jugement est de source autrichienne, ce qui aurait dû engager à s'en méfier. Pour qui connaît les faits de la campagne de Bohême et veut se rendre compte des choses, l'erreur est complète. Si l'on s'était borné à dire que dans la guerre de 1866, l'artillerie autrichienne a causé plus de dommages à l'artillerie prussienne qu'inversement, on aurait été dans le vrai. Mais il faut expliquer pourquoi.

Premièrement : Comme au printemps de 1866 la Prusse n'avait pas encore achevé de construire son nouveau matériel en acier (le 4 et le 6), elle fut obligée d'entrer en campagne avec un tiers de canons de bronze de 12 lisses. Or, ce dernier matériel ne fut d'aucune utilité, car il n'est pas une circonstance où les pièces de 12 lisses aient pu se mettre en batterie devant les pièces rayées et à longue portée de l'artillerie autrichienne. Tous les officiers d'artillerie prussiens m'ont avoué qu'elles n'ont constitué qu'un véritable embarras depuis le premier jusqu'au dernier jour de la campagne.

Secondement : Par les circonstances stratégiques de la guerre, l'offensive, dans la plupart des combats, fut prise par les Prussiens: à Nachod, à Skalitz, à Trautenau, leurs divisions, en débouchant des défilés, trouvèrent les Autrichiens déjà formés, d'où il résulte que les difficultés durent être plus grandes pour l'artillerie prussienne qui, sur un terrain inconnu, eut à choisir rapidement des positions convenables. La bataille de Kœniggrætz en offre l'exemple le plus frappant. L'artillerie autrichienne occupait d'avance, couverte par des épaulements, toutes les positions culminantes des hauteurs qui s'étendent de Maslawedod à Prim, tandis que l'artillerie prussienne, qui attaquait, eut à vaincre les difficultés qu'entraîne le choix rapide d'emplacements favorables sur un terrain dominé.

Ainsi donc, l'artillerie prussienne, pendant la guerre de Bohême, ne put tirer aucun parti du tiers de son matériel, et c'est à elle que fut dévolu le rôle difficile dans les divers combats. Telle est la double raison pour laquelle l'artillerie autrichienne a, de fait, causé un plus grand dommage à l'artillerie prussienne. Mais, je le répète, il est faux de prétendre que la première lui soit supérieure. Le matériel prussien est meilleur, en effet, que le matériel autrichien, comme il résulte du rapport allemand que j'ai adressé le 20 février dernier que les officiers d'artillerie prussiens sont plus instruits que les officiers d'artillerie autrichiens. J'ignore s'il y a une grande différence dans l'instruction des troupes.

Je n'ai voulu, par cette digression, que relever une erreur qui s'accrédite de plus en plus. Ce qui a pu contribuer à la faire naître, c'est qu'à Kœniggrætz une partie de l'artillerie autrichienne a montré un dévouement héroïque en essayant de couvrir la retraite vers la fin de la journée.

Voici, d'après ce qui précède, le résumé des divers éléments de supériorité particuliers à l'armée prussienne :

Sentiment profond et salutaire que le principe du service militaire obligatoire répand dans l'armée, qui renferme toute la partie virile, toutes les intelligences, toutes les forces vives du pays, et qui se regarde comme la nation en armes ;

Le niveau intellectuel de l'armée plus élevé que dans aucun pays, grâce à une instruction générale plus vaste, répandue dans toutes les classes du peuple ;

A tous les degrés de la hiérarchie, le sentiment du devoir beaucoup plus développé qu'en France ;

Services spéciaux (compagnies de chemins de fer, compagnies de porteurs de blessés, télégraphie) organisés à demeure, avec le plus grand soin, et sans diminution du nombre des combattants ;

Feux d'infanterie plus redoutables, grâce au tempérament particulier aux Allemands du Nord et aux soins extrêmes apportés à l'instruction du tir ;

Matériel d'infanterie de campagne bien supérieur au nôtre, comme justesse, portée et rapidité de tir.

Supériorité de l'état-major prussien.

Mais de tous les éléments de supériorité dont la Prusse tirerait avantage dans une guerre prochaine, le plus grand, le plus incontestable, sans contredit, lui serait acquis par la composition de son corps d'officiers d'état-major.

Il faut le proclamer bien haut, comme une vérité éclatante : l'état-major prussien est le premier de l'Europe ; le nôtre ne saurait lui être comparé. Je n'ai pas cessé d'insister sur ce sujet dans mes premiers rapports de 1866 et d'émettre l'avis qu'il était urgent d'aviser aux moyens d'élever notre corps d'état-major à la hauteur du corps d'état-major prussien. Persuadé que dans une guerre prochaine l'armée de l'Allemagne du Nord tirerait de la composition de son corps d'état-major de sérieux avantages et que nous aurions à nous repentir cruellement peut-être de notre infériorité, je reviens sur cette question, selon moi la plus grave de toutes. Je ne le dissimulerai pas : ma conviction est telle à cet égard, qu'ici je jette le cri d'alarme : *Caveant consules!* Je croirais manquer à un devoir en agissant autrement.

Je vais donc faire connaître le mode de formation de l'état-major prussien et les principes qui lui servent de base ; on comprendra facilement alors les raisons de la supériorité de ce corps sur celui de l'état-major français.

Lorsque j'arrivai à Prague, pendant l'armistice de 1866, c'est avec des officiers d'état-major que je nouai mes premières relations. Je fus tout d'abord frappé de leur mérite ; chez tous, sans exception, je reconnus une intelligence remarquable, le savoir militaire le plus étendu. A mesure que je fréquentai un plus grand nombre de ces officiers, mon étonnement augmenta ; à tous les degrés de la hiérarchie, je trouvais des officiers sérieux, pleins d'instruction et de jugement. Il était intéressant de rechercher les causes d'un pareil fait, et je me mis à étudier l'organisation du corps d'état-major prussien.

Composition de l'état-major prussien.

En Prusse, il n'existe ni loi ni règlement relatifs à la composition de l'état-major. On est parti de ce principe très-juste que, de tous les officiers de l'armée, ceux de l'état-major doivent être les plus intelligents et les plus instruits. S'il importe peu, a-t-on dit, qu'un officier commandant une compagnie ou un escadron n'ait pas des connaissances militaires très-étendues, il en est tout autrement pour un officier d'état-major. Ses fonctions si diverses, l'influence que ses rapports de toute nature peut exercer sur la décision des généraux, aujourd'hui surtout que les armées sont nombreuses et les théâtres d'opérations très-vastes, l'obligent à posséder une instruction variée et une aptitude spéciale (1).

Une fois admis ce principe que, de tous les officiers, ceux de l'état-major doivent être les plus capables, qu'a-t-on fait pour en faciliter l'application? On est convenu de recruter ces officiers parmi ceux de *toute l'armée*, à quelque arme qu'ils appartiennent, et de faire aux jeunes gens qui se présenteront des avantages sérieux sous le rapport de l'avancement, tout en se réservant la faculté de renvoyer de l'état-major ces officiers à un moment quelconque de leur carrière, s'ils ne fournissaient plus la preuve du zèle et de l'aptitude convenables. La conséquence de ces dispositions est forcément celle-ci : il ne se présente pour l'état-major que de jeunes officiers ambitieux, intelligents et travailleurs ; ambitieux, parce qu'ils désirent avancer plus vite ; intelligents et travailleurs, parce qu'ils savent qu'en ne satisfaisant pas aux

---

(1) Frédéric, dans ses Mémoires, insiste beaucoup sur la nécessité d'avoir des officiers d'état-major instruits et intelligents. Il attribue aux défauts de ces officiers les pertes des batailles de Malplaquet et de Lützen.

études exigées, ils s'exposeront à être renvoyés au service de leur arme.

Pour bien comprendre le genre d'avancement qu'on fait aux officiers d'état-major, il faut savoir que l'armée prussienne n'a pas de loi sur l'avancement et qu'on n'y avance qu'à l'ancienneté. A la vérité, le roi se réserve le droit de nommer par choix, au grade supérieur, un officier quelconque, mais il n'en use que très-exceptionnellement ; et, comme la proportion du nombre des officiers ainsi promus ne dépasse pas 1/30e à 1/40e, on peut dire d'une manière générale, je le répète, que l'avancement des officiers n'a lieu qu'à l'ancienneté. Or, les officiers admis à l'état-major gagnent en moyenne sept ou huit ans sur les autres officiers de l'armée.

Recrutement des officiers d'état-major.

J'entre maintenant dans les détails propres à faire connaître les mesures employées en Prusse pour composer le corps d'état-major.

L'armée prussienne, ou aujourd'hui l'armée de la Confédération de l'Allemagne du Nord, formée comme on sait, de corps d'armée permanents, a aussi un chef d'état-major permanent : c'est le général de Moltke.

Il est, de plus, le chef presque absolu de l'état-major, considéré comme corps à part ; c'est celui qui choisit les officiers destinés à y être admis et employés ; c'est lui qui les nomme d'un grade à l'autre (le ministre se bornant à ratifier) ; c'est lui, enfin, qui les répartit dans les divers services de l'armée. Son pouvoir est discrétionnaire, pour ainsi dire, et cette situation, qui se comprendrait à peine en France, paraît ici toute simple, tant à cause du mérite et de l'intégrité du général de Moltke, qu'en raison de la composition de l'armée en corps permanents.

Tout lieutenant, quelle que soit son arme, a la faculté, *après trois années de grade passées au régiment*, de s'offrir pour entrer à l'Académie de guerre (*Kriegs-Academie*) instituée à Berlin. C'est une école d'enseignement militaire supérieur, sans égale en Europe, tant par le mérite des professeurs que par la nature et l'étendue des études. Ce n'est pas une école spéciale d'état-major : son but est plus vaste. Il consiste à familiariser des officiers de choix et de bonne volonté avec les parties élevées de l'art de la guerre, en leur donnant une instruction qui serve de base à leur développement intellectuel ultérieur, et qui les rende aptes au service de l'état-major et au commandement supérieur des troupes (1). Je me dispense, en joignant à ce rapport un exem-

---

(1) Aujourd'hui presque tous les généraux de l'armée prussienne sont d'anciens élèves de l'Académie de guerre, et les trois quarts ont servi dans l'état-major. La proportion ira en augmentant. — L'École Polytechnique,

plaire de l'*Instruction* qui vient de paraître, relative aux cours de l'Académie, de donner le programme complet des études. Je dirai seulement qu'il embrasse les branches suivantes : tactique (théorique et appliquée), histoire des guerres, armement, fortifications passagère et permanente, histoire des siéges, levers de terrain (théorie et pratique), service de l'état-major, géographie militaire, administration ; et comme sciences accessoires, les mathématiques, la géodésie, l'histoire universelle, la littérature, les éléments de philosophie, la géographie générale, la chimie, la physique expérimentale, enfin les langues française, anglaise et russe.

A la suite d'examens sérieux, auxquels se présentent environ 120 lieutenants chaque année (je prends des chiffres moyens), il en entre à l'Académie 40, tous avec le désir plus ou moins avoué de parcourir la carrière d'officier d'état-major. La durée des études est de trois ans, datant du 1er octobre.

Les cours de la 1re année durent neuf mois, après lesquels les officiers rentrent à leurs régiments respectifs, où ils restent les trois mois suivants (du 1er juillet au 1er octobre), pour prendre part aux manœuvres dites d'automne.

Il en est de même de la deuxième année.

C'est dans la troisième année que les élèves reçoivent plus particulièrement l'instruction nécessaire aux officiers d'état-major, et le dixième mois est employé à faire, sous la conduite des professeurs, de préférence dans un pays accidenté, un voyage dit voyage d'état-major : reconnaissances, appréciation du terrain, croquis militaires, campement des troupes, problèmes à résoudre, etc.

1er choix fait parmi les élèves de l'Académie.

Ces trois années écoulées, tous ces lieutenants, sans examens de sortie ni liste de classement, sont renvoyés à leurs régiments. Les professeurs et le directeur de l'Académie désignent au général de Moltke ceux qui se sont montrés les plus capables et les plus studieux. On en choisit douze, en ayant soin qu'il figure dans ce nombre des officiers de différentes armes (infanterie, cavalerie, artillerie) ; dans le courant de l'année qui suit leur sortie de l'Académie, on les détache pour six ou neuf mois, chacun dans un régiment d'une autre arme que la sienne. Ceux qui, pendant ce stage, ont témoigné du zèle et de l'aptitude nécessaires sont acceptés par le général de Moltke, qui les appelle à Berlin, au grand état-major général, *pour faire le service*, comme on dit ici. Ils conservent l'uniforme et le caractère d'officiers de leur arme. Le temps que ces officiers passent au grand état-major général (un an et demi

---

celles de Metz et de Saint-Cyr, ne sont que des écoles spéciales, comparées à l'Académie de guerre avec son programme si vaste.

à deux ans) a une importance capitale pour leur carrière à venir, car ils sont là comme dans une école supérieure spéciale, d'état-major dont le chef est le général de Moltke lui-même. Celui-ci, en les instruisant, apprend à les connaître et à les juger. Il a soin de les familiariser successivement avec les travaux propres à chacune des six subdivisions qui composent le grand état-major général; il leur fait des conférences, leur donne à rédiger des Mémoires sur des sujets qu'il choisit, lit et critique ces productions devant les officiers réunis, sans jamais en faire connaître l'auteur, aussi bien pour ne pas froisser les moins instruits que pour ne pas exciter la vanité des plus capables.

2° *choix.*

Après ce séjour des officiers au grand état-major général, le choix du général de Moltke est fait, mais sans que les officiers le connaissent. Il pourrait donner de suite le caractère d'officiers d'état-major à ceux qu'il a reconnus les plus aptes à ce service; mais pour ne pas froisser leurs concurrents, il renvoie une dernière fois dans leurs régiments respectifs tous les officiers indistinctement.

Ces derniers y sont laissés et continuent la carrière dans leur arme, en ne conservant que le souvenir des épreuves subies; les autres sont promus, après quelques mois, au grade de *capitaine* et désignés comme officiers de l'état-major, dont ils revêtent l'uniforme.

Promotion au choix au grade de capitaine.

Le général de Moltke, toujours comme major-général permanent de l'armée, répartit ces capitaines, selon les besoins, dans les différents services. Il conserve les uns au grand état-major général, en les employant à des travaux pour lesquels ils avaient montré des dispositions particulières, et il envoie le plus grand nombre aux états-majors des corps d'armée ou des divisions, dont ils auront à apprendre le service spécial. Mais on se garde bien, dans ces états-majors, de charger les officiers de travaux d'écritures qui absorberaient leur temps. Ces travaux sont faits par des sous-officiers qui peuvent ainsi, à l'encontre de ce que nous voyons en France, consacrer leur temps à des choses plus utiles et plus dignes d'eux.

Au bout de deux ans ou deux ans et demi, ces capitaines cessent de faire le service d'officier d'état-major, et pour éviter de les mettre en contact avec leurs anciens camarades de régiment, qu'ils ont devancés, on les place dans un régiment autre que celui où ils avaient servi comme lieutenant. Là chacun reçoit, selon son arme, le commandemen d'une compagnie, d'un escadron ou d'une batterie.

Promotion au choix au grade de chef d'escadron.

Après deux ans moyennement de ce service dans la troupe, ils sont promus au choix au grade de *chef d'escadron*, et reprennent la qualité et l'uniforme d'officiers d'état-major. Le général de Moltke les emploie comme tels, selon les besoins du service, soit à l'armée dans les états-majors, soit à Berlin à l'état-major général.

J'insisterai ici sur le système d'épreuves et d'épurations continuelles auquel le corps d'état-major est soumis ; car si l'on venait à reconnaître que parmi les capitaines employés, comme j'ai dit plus haut, soit au grand état-major général, soit aux états-majors de corps d'armée ou de division, il s'en trouvait dont le zèle se fût ralenti ou dont l'aptitude générale eût été appréciée trop haut, on ne les nommerait pas au choix chefs d'escadron, et on les laisserait au service de leur arme, sans jamais les remployer comme officiers d'état-major.

Avant d'aller plus loin, je dirai que ce qui constitue le grand avantage fait aux officiers d'état-major, c'est précisément le passage rapide du grade de capitaine à celui de chef d'escadron. Ils gagnent d'un de ces grades à l'autre moyennant six à sept ans ; ils avaient gagné un an à leur promotion comme capitaine ; total, sept à huit ans (1).

Passage alternatif de l'état-major à la troupe.

Parvenu au grade de chef d'escadron, les officiers d'état-major n'ont plus, comme avancement d'avantages particuliers ; mais chose digne de remarque, ils restent soumis à cette règle constante qu'à tous les degrés de la hiérarchie ils ne sont promus au grade supérieur qu'après être sortis chaque fois de l'état-major pour rentrer pendant un an au moins au service de l'arme. Ainsi, un an au moins avant l'époque où il pourra être nommé lieutenant-colonel, le commandant d'état-major reçoit le commandement effectif d'un bataillon, ou de plusieurs escadrons ou de plusieurs batteries ; de même le lieutenant-colonel est placé à la tête d'un régiment d'infanterie, de cavalerie ou d'artillerie un an avant sa promotion au grade de colonel.

Ces officiers ne perdent donc pas l'habitude du cheval ni celle du commandement des troupes.

Officiers d'élite recherchés pour l'état-major dans toute l'armée.

Mais là ne se bornent pas les soins de toute nature employés pour constituer un corps d'état-major d'élite. Les officiers dont il a été question jusqu'ici proviennent tous d'une même origine : ce sont 12 élèves choisis sur 40 qu'on avait admis à l'Académie de guerre, sur

(1) Comme on doit le penser, ces officiers sont un sujet de jalousie pour le reste de l'armée. Mais ce sentiment n'est que très-limité, parce qu'on tient compte aux officiers d'état-major de leur mérite réel et des travaux incessants auxquels ils sont soumis.

120 qui s'y étaient présentés. Or, on s'est dit que parmi les nombreux lieutenants de l'armée ayant trois années de grade, il se trouve sûrement des sujets distingués qui, par une raison ou par une autre, ne se sont pas présentés à l'académie, et que même parmi les 80 exclus, il peut s'en rencontrer de très-capables : on n'a pas voulu négliger cette autre chance de recruter de bons officiers pour l'état-major, et voici comment on agit :

Les colonels de l'armée sont invités à proposer aux généraux, et ceux-ci au général de Moltke, les officiers de leurs régiments qui se distinguent par l'étendue de leurs connaissances, le goût du métier ou leurs aptitudes ; et il faut dire que, sur ce point, il y a plutôt à modérer qu'à exciter le zèle des chefs de corps, qui désirent généralement faire valoir leurs officiers et leur procurer un avancement rapide. Le général de Moltke envoie aux officiers désignés des questions à étudier, des problèmes à résoudre, et s'il les juge capables, il les appelle auprès de lui, au grand état-major général. S'ils lui donnent là les preuves de qualités réelles, le général de Moltke les nomme officiers d'état-major et les emploie en conséquence. Dans le cas contraire, il les renvoie à leurs régiments, où ils sont pendant quelque temps, il est vrai, le sujet des plaisanteries de leurs camarades.

J'ai dit plus haut que dans les états-majors des corps d'armée et des divisions les travaux d'écriture, stérile occupation pour des officiers, sont faits par des sous-officiers et des soldats, ce qui permet aux officiers d'employer leur temps d'une façon plus utile. Effectivement, en dehors du service proprement dit, les généraux leur donnent des questions militaires à étudier, et annuellement le chef d'état-major de chaque corps d'armée fait avec tous les officiers un voyage dit d'état-major, pour confirmer ou étendre les connaissances acquises. Les officiers du grand état-major général de Berlin font annuellement aussi, sous la direction même du général de Moltke, tantôt dans une province, tantôt dans une autre, un voyage semblable, dont la durée est de quinze jours à trois semaines.

Motifs de la supériorité de l'état-major prussien.

On doit comprendre, par ce qui précède, les raisons de la supériorité du corps d'état-major prussien : 1° le choix se fait sur toute l'armée, puisque tous les lieutenants, sans distinction d'arme, sont appelés à concourir ; 2° il ne se présente que des officiers ambitieux, intelligents et travailleurs : ambitieux, car ils désirent avancer rapidement ; intelligents et travailleurs, car ils savent qu'on les soumettra, pendant toute la durée de leur carrière, à un système d'épuration et à un travail incessants.

C'est ainsi qu'en partant de ce principe juste, qui veut que les officiers d'état-major soient l'élite de l'armée, et qu'en l'appliquant à l'aide d'un moyen simple, celui d'un avantage fait aux officiers d'état-major sous le rapport de l'avancement, la Prusse est parvenue à composer le corps le plus instruit de l'Europe. Plus j'ai d'occasions de le comparer au nôtre, plus je suis frappé de sa supériorité. Non pas que notre état-major ne compte des officiers aussi distingués que les meilleurs de l'état-major prussien; mais celui-ci n'en a pas de médiocres, et combien, au contraire, n'en comptons-nous pas dont l'instruction est plus qu'insuffisante! Combien n'en trouve-t-on pas chez nous qui ne savent pas lire sur une carte; qui n'ont aucune connaissance des manœuvres des diverses armes, qui n'ont jamais étudié une campagne des temps modernes; qui, enfin (on a pu le voir dans la campagne de 1859), ne savent même pas choisir un campement convenable pour une brigade d'infanterie ou un régiment de cavalerie (1)! Ici rien de pareil: de tels officiers ne seraient pas admis dans l'état-major, ou bien on les en exclurait aussitôt leur incapacité reconnue.

Il ne m'appartient pas d'indiquer les moyens de relever de son infériorité notre corps d'état-major; mais je cherche en vain de quel principe nous partons comme base de son organisation. Admettons-nous, comme en Prusse, que les officiers d'état-major doivent être l'élite de l'armée? Nullement. Chez nous, le recrutement des officiers d'état-major est laissé au hasard d'un seul examen passé à vingt et un ans, puisque nous les prenons en majeure partie parmi les premiers numéros sortis de Saint-Cyr.

Franchement, il y a-t-il là pour toute la durée d'une carrière qui, selon le précepte prussien, n'admet pas de médiocrité, la moindre garantie d'un jugement sain, d'un goût prononcé au travail, d'une aptitude spéciale? Et pourtant ces jeunes gens sont et resteront officiers d'état-major quand même jusqu'à leur retraite. Qu'après leur sortie des écoles ils ne manifestent aucun goût pour l'état militaire, aucune disposition, qu'ils s'adonnent à la paresse et vivent dans l'ignorance, qu'importe! nous confierons pendant la guerre à ces officiers incapables ou dégoûtés les fonctions qui exigent le plus d'activité, le plus de jugement, les connaissances les plus étendues! Voilà cependant où nous conduit l'absence de tout principe. Comme on comprend tout autrement en Prusse ces importantes fonctions! Je le répète on y excuse la paresse ou la médiocrité chez un officier quelconque, hormis celui d'état-major. Et pour ne parler que des aptitudes phy-

---

(1) On pourra croire que j'exagère et on dira peut-être que, pour bien choisir le campement des troupes, des officiers d'état-major prussiens qui n'ont pas fait la guerre ne s'en tireront pas mieux que les nôtres. Mais niera-t-on les avantages de ces voyages d'état-major faits soit par les élèves de l'Académie, soit par les officiers d'état-major des corps d'armée, soit par ceux du grand état-major général sous la direction du général de Moltke, voyages où sont posées et résolues toutes les questions relatives à la connaissance du terrain, au campement des troupes, à la fortification, etc.?

siques, croit-on rencontrer ici, comme en France, des officiers hors d'état de faire une lieue à cheval à grande vitesse? Je suis de près ce qui concerne l'état-major prussien, et j'affirme que le général de Moltke exclurait de cette arme, sur-le-champ, tout officier impropre au service à cheval. Lui-même donne l'exemple et monte à cheval tous les jours.

En général, il importe de ne pas l'ignorer en France : la Prusse prend INCESSAMMENT les soins les plus minutieux pour qu'en toutes choses, civiles ou militaires, les détails d'organisation et d'exécution approchent de la perfection. Mais ces soins se portent particulièrement sur l'armée. C'est l'application constante du principe laissé par le grand Frédéric à ses successeurs : « Il faut que la Prusse soit toujours en vedette. » S'il m'était permis d'employer à ce sujet une comparaison tirée du vocabulaire des courses de chevaux, je dirais qu'aujourd'hui la nation prussienne est, sous tous les rapports, en *plein entraînement*.

Mon intention n'est pas d'insister sur tous les détails défectueux particuliers à notre corps d'état-major, sous le double rapport de l'organisation et de l'instruction : mon but est simplement de faire comprendre les raisons qui placent l'état-major prussien bien au-dessus du nôtre. Cependant, comment ne pas s'affliger de la position faite à ces nombreux officiers qui, en France, passent des années entières, celles où l'homme jouit de toute la plénitude de ses facultés, dans un bureau d'état-major général, occupés exclusivement à un travail d'écritures que ferait aussi bien tout sous-officier intelligent? Que de temps, que d'intelligence perdus? Et comment s'étonner, après cela, que nos officiers servent de risée même à des feuilles militaires autrichiennes, comme on peut s'en convaincre en lisant certains numéros du *Camarade*, publié à Vienne? Elles les appellent *encroûtés*, qualifient leurs fonctions d'*indignes* d'un officier, et se moquent de leur attitude devant la troupe. Quant aux officiers prussiens intelligents, ils s'étonnent d'autant plus du mode d'organisation de notre état-major, qu'ils rendent pleine justice à notre armée sous les autres rapports. Mais ils se refusent à comprendre qu'on sort officier d'état-major quand même, par le seul fait d'avoir passé, à vingt et un ans, un bon examen de sortie d'une école militaire ; ils n'admettent pas qu'un officier ne puisse pas faire, au besoin, plusieurs lieues de plein galop, qu'il ne parle pas au moins une langue étrangère (1), qu'il n'ait jamais commandé ni une compagnie, ni un bataillon, ni un régiment, et ils m'en expriment souvent leur surprise.

Et maintenant, est-ce à dire qu'il faille adopter pour notre état-major l'organisation prussienne? Évidemment non. Y songeât-on, qu'on en serait empêché par le mode d'avancement général des officiers de l'armée, qui est tout autre chez nous. Mais un problème (il consisterait

---

(1) *Voir*, à ce sujet, page 65 de l'*Instruction* jointe à mon rapport, les

ici à former le meilleur état-major possible) a souvent plusieurs solutions, qui dépendent des données premières. En supposant que nous reconnaissions la nécessité de perfectionner notre état-major, la première question serait de savoir si le principe posé en Prusse, principe qui exige que l'état-major soit l'élite de l'armée, ne doit pas être adopté comme éminemment juste. Ce principe admis, les conséquences, comme application, en découleraient sans grande difficulté.

Je terminerai le présent travail en déclarant que, dans ma conviction, il est urgent d'aviser au moyen de relever notre corps d'état-major de son état d'infériorité. Soit dit encore une fois, cette infériorité est trop réelle, trop évidente pour quiconque voudra se donner la peine d'étudier l'état-major prussien. Et c'est sans exagération, après un examen approfondi, après mûre réflexion, que j'ai dit plus haut : La composition de l'état-major prussien constituerait dans une guerre prochaine le plus sérieux élément de supériorité en faveur de l'armée prussienne.

J'ai été à même, lors de mon séjour en Bohême, et depuis, de connaître bien des faits qui, par leur caractère individuel, ne peuvent trouver place dans les relations officielles de la guerre de 1866. Il en est résulté pour moi cette vérité incontestable : c'est que les armées prussiennes ont dû une grande part de leurs succès aux officiers d'état-major. On n'exagérerait pas en disant que ce sont ces officiers seuls qui ont dirigé la campagne de 1866. Que de faits je pourrais citer où les officiers qui composaient soient les grands états-majors généraux, soit des états-majors de corps d'armée, ont donné les preuves les plus réelles d'un jugement droit, d'une véritable intelligence de la guerre, d'un zèle extrême ! Sans parler du général de Moltke, quel est le général en chef qui ne s'estimât très-heureux d'avoir pour chef d'état-major, soit le général de Voigts-Rhetz, soit le général de Blumenthal, officiers de la plus haute distinction, qui remplissaient ces fonctions pendant la campagne de 1866, l'un à la 1re, l'autre à la 2e armée? Et que de qualités précieuses, que de connaissances de toute nature chez les officiers d'état-major, colonels, chefs d'escadrons, capitaines, qui servaient sous leurs ordres! Je n'en connais pas un que tout général ne fût heureux d'employer à la guerre. Quelle garantie, je dirais presque quelle assurance et quelle tranquillité ne donnent pas à un général en chef des états-majors ainsi composés d'officiers intelligents, instruits et dévoués à leurs devoirs !

Ma conviction est trop entière pour que je ne l'exprime pas une dernière fois : *Méfions-nous de l'état-major prussien!*

---

raisons pour lesquelles il est nécessaire que tout officier d'état-major prussien sache le français. Les mêmes raisons obligeraient tout officier d'état-major français à savoir l'allemand.

DU DÉSARMEMENT.

Ceci m'amène à dire quelques mots de cette singulière question du *désarmement* des puissances, question qu'on soulève de temps à autre, et dont les journaux s'occupent aujourd'hui plus que jamais. Quelle absence de sens commun dans les articles que ces journaux donnent en pâture à l'avidité publique! Quelle ignorance des institutions des pays étrangers! On ne se demande même pas ce qui constitue pour une puissance un désarmement, et on confond ce mot avec celui de licenciement.

Il faut reconnaître qu'on a quelque peine à donner du mot *désarmement* une définition précise. D'abord, comme il n'y a pas deux puissances dont l'organisation militaire soit la même, il ne saurait avoir exactement le même sens pour elles. Ensuite, à ne considérer qu'une même puissance, la France, par exemple, qu'est-ce qui constitue au juste un désarmement et où commence-t-il? Est-ce un licenciement, ce qu'on regarde d'ordinaire comme équivalent à un désarmement? Encore faudra-t-il savoir ce qu'on licenciera. Sera-ce une partie de l'armée qui est sous les drapeaux, ou une partie de la réserve? Le licenciement sera-t-il provisoire ou définitif, sans rappel possible? Tout cela paraît bien vague.

En cherchant au mot désarmement une signification précise qui s'applique à tous les pays, on ne trouve que celle-ci : diminution dans l'effectif des hommes qu'une puissance instruit et réserve pour la guerre. Le désarmement sera partiel, si cette puissance diminue son effectif dans une certaine proportion; il sera total, si elle ne forme plus aucun soldat et qu'elle se borne à n'entretenir qu'une sorte de gendarmerie pour l'intérieur. Or, ce dont nos journalistes ne se doutent même pas, c'est qu'un désarmement partiel ou total, chose concevable, c'est-à-dire possible, pour la France, l'Autriche, l'Italie, l'Angleterre, en un mot pour toutes les puissances, est absolument impossible pour une seule, la Prusse.

Le mot de désarmement appliqué à la Prusse n'a en effet aucun sens. Pourquoi cela ? A cause du principe du service obligatoire pour tous, principe fondamental des institutions militaires prussiennes, et l'on peut ajouter de l'existence sociale de la nation. Il exige que *tous les citoyens valides* passent trois ans dans l'armée active, comme dans une École de guerre, et qu'ensuite ils servent quatre ans dans la réserve et cinq ans dans la landwehr. Autrement dit, tous les jeunes gens valides de vingt ans, c'est-à-dire 93,000 hommes (le contingent de 1868 pour la Confédération de l'Allemagne du Nord était de 92,886 hommes), entrent chaque année dans l'armée ; ils y sont instruits pendant trois ans au métier des armes, et cette instruction reçue, ils restent pendant neuf ans à la disposition de l'État. La Confédération du Nord a de la sorte et comme conséquence de ses institutions, 300,000 hommes de 20 à 23 ans qu'on instruit au métier de la guerre ; plus 600,000 hommes de 23 à 32 ans qui ont été complétement instruits. Total 900,000 hommes.

Dans de telles conditions, que signifie, pour elle, un désarmement ? Lui proposera-t-on de diminuer l'effectif des hommes sous les drapeaux ? Elle répondra : Je ne le puis, le principe fondamental du service militaire obligatoire me force à faire entrer chaque année 93,000 jeunes gens dans l'armée, qui y restent trois ans ; or, l'effectif actuel de mon armée active et ses cadres ne répondent que tout juste à cette nécessité.

Proposera-t-on à la Prusse de diminuer la durée du service ? A cela elle pourrait consentir ; mais encore faut-il s'entendre. Dans quel service demandera-t-on une diminution de durée ? Est-ce dans le service sous les drapeaux (trois ans), ou dans la réserve (quatre ans), ou dans la landwehr (cinq ans) ? Qu'on le remarque bien : tant que la Prusse ne réduira pas la durée du service total, qui est de douze ans (de 20 à 32), elle aura beau diminuer la durée du service sous les drapeaux ou celle du service dans la réserve, la seule conséquence pour elle sera d'avoir des hommes un peu moins instruits pour la guerre, mais le total restera le même, c'est-à-dire 900,000 soldats actifs, réserves et landwehr. Ce changement constituerait-il un *désarmement* ? Evidemment non. Tout au plus l'appellerait-on un *affaiblissement* dans la valeur guerrière de ces 900.000 hommes. Qu'on pousse, par exemple, les choses à l'extrême : que la Prusse accepte un an seulement de service actif, deux ans de réserve, et par conséquent, neuf ans de landwehr. Elle aura des hommes peu instruits, un grand nombre de landwehriens, mais ce seront toujours 900,000 hommes qui auront tous été exercés un an dans l'armée et deux dans la réserve.

Une diminution dans l'effectif total de 900,000 hommes, c'est-à-dire un désarmement, tel qu'on doit le comprendre, ne pourrait donc avoir lieu que si la Prusse abaissait la limite d'âge de la landwehr à 30 ou 28 ans, par exemple. Mais cette concession serait purement illusoire, car pour une guerre sérieuse, on ne ferait aucune difficulté à requérir les hommes de 29, 30, 31 et 32 ans, bien qu'il n'appartinssent plus à la landwehr.

On ne remarque pas assez que le fait capital de l'organisation militaire de la Prusse consiste dans l'instruction donnée pendant un certain nombre d'années (aujourd'hui trois ans) à toute la jeunesse valide de 20 ans. Le nombre des années passées dans la réserve ou dans la landwehr n'a relativement qu'une importance accessoire. Il résulte de cette disposition fondamentale que tous les hommes valides de la nation sont des soldats ou en service ou anciens. Aussi les forces armées de la Confédération du Nord (armée active, réserve, landwehr) présentent-elles, comme ensemble, une physionomie particulière, unique en Europe.

On pourrait peut-être la rendre sensible à l'œil par le dessin ci-dessous, formé de teintes graduelles. On admettrait que les 12 lignes droites représentent : la 1re les hommes de 20 ans, la 2e ceux de 21 ans et la 12e ceux de 31 ans. Les trois premières figurent l'armée active, les quatre suivantes la réserve, les cinq dernières la landwehr. Ces lignes diminuent de longueur successivement pour représenter les pertes en hommes, d'année en année. On supposerait enfin que la grosseur des lignes est, pour les divers contingents, proportionnelle à leur aptitude pour la guerre, et que les soldats de 3e année se trouvent, avec ceux de la 1re et de la 2e année de la réserve, dans les meilleures conditions sous le rapport de l'âge et de l'instruction militaire.

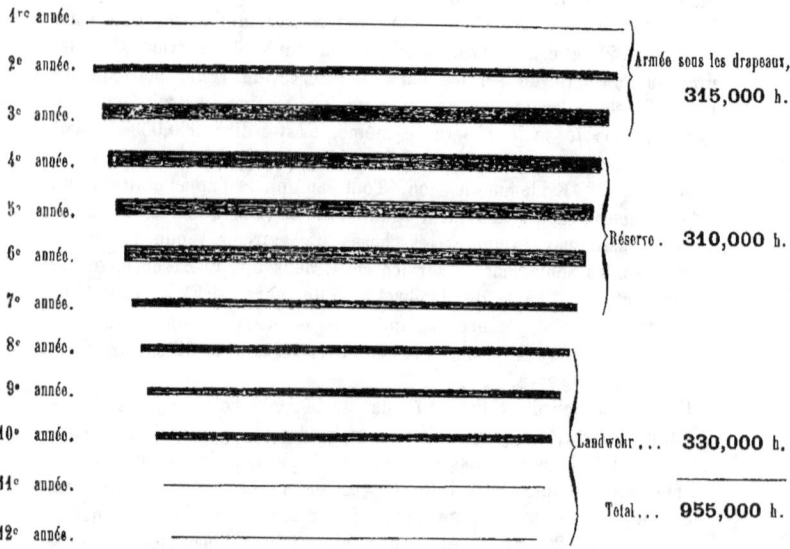

On peut voir, par les considérations précédentes, que le mot de désarmement appliqué à la Prusse n'a aucun sens précis, et que de toutes les puissances de l'Europe, la Prusse est la seule qui, par ses institutions mêmes rend un désarmement général impossible. Il faudrait pour que la Prusse pût désarmer, qu'elle commençât par changer lesdites institutions, ce que personne ne songe à lui demander.

III.

DES FORCES MILITAIRES DE LA CONFÉDÉRATION DE L'ALLEMAGNE DU NORD.

(Berlin, 24 juin 1868.)

La Confédération de l'Allemagne du Nord avance de plus en plus dans l'organisation de ses forces militaires. Voilà près de deux ans que la Prusse travaille sans relâche à constituer et à compléter, jusque dans les moindres détails, les trois nouveaux corps d'armée correspondant aux trois provinces qu'elle s'est annexées en 1866, et à leur donner, ainsi qu'au corps que fournit la Saxe, l'homogénéité prussienne. Il est bon de se rendre compte de temps à autre du degré d'avancement de ce travail.

Les écrits qui se publient en Allemagne sur l'état et la composition des forces militaires de la Confédération du Nord ne brillent pas par la clarté, et il en est (comme la publication autrichienne de Streffleur « cahier de février ») qui donnent pour les effectifs des chiffres très-erronés. Voici, je crois, la façon la plus claire de présenter le tableau militaire de la Confédération de l'Allemagne du Nord, telles qu'elles sont constituées et réparties aujourd'hui, en juin 1868.

Les États qui composent cette Confédération sont :   Habitants.

I. Prusse	24.061.210
II. Saxe royale	2.420.795
III. Hesse (Nord)	257.273
IV. Mecklembourg-Schwerin	560.578
V. Saxe-Weimar	282.856
VI. Mecklembourg-Strelitz	98.698
VII. Oldenbourg	316.960
VIII. Brunswick	304.039
IX. Saxe-Meiningen	180.193
X. Saxe-Altenbourg	141.650
XI. Saxe-Cobourg-Gotha	168.290
XII. Anhalt	196.858
XIII. Schwarzbourg-Rudolstadt	75.132
XIV. Schwarzbourg-Sondershausen	67.542
XV. Waldeck	57.050
XVI. Reuss branche aînée	44.172
XVII. Reuss branche cadette	89.974
XVIII. Schaumbourg-Lippe	31.168
XIX. Lippe	112.599
XX. Lubeck	48.439
XXI. Brême	108.792
XXII. Hambourg	302.599
Confédération du Nord	29.974.779

Les forces militaires de la Confédération de l'Allemagne du Nord comprennent l'ensemble des forces militaires de ces différents États.

Aucun d'eux, à l'exception de la Prusse et de la Saxe, n'a une population suffisante pour constituer un corps d'armée. La Prusse, profitant de cette circonstance, les a amenés tous (moins la Saxe) à consentir à faire entrer leurs troupes comme *parties intégrantes* dans plusieurs de ses corps d'armée propres dont le nombre est de *onze*, plus la garde. Ainsi, par exemple, les troupes du duché d'Anhalt et celles des États de la Thuringe font partie des 4e et 5e corps d'armée; celles des grands-duchés de Mecklembourg font partie du 9e corps, celles d'Oldenbourg et de Brunswick sont englobées dans le 10e corps, etc.

Seule de tous les États de la Confédération, la Saxe a constitué ses troupes à part, en un corps d'armée qui porte le n° 12.

A ces douze corps d'armée, plus la garde, qui composent les forces militaires fédérales, il convient d'ajouter les troupes de la partie du grand-duché de Hesse, située au sud du Mein, qui, bien qu'en dehors de la Confédération, a mis, par une convention particulière, son contingent à la disposition de l'Allemagne du Nord, sous le nom de 25e division.

On peut donc dire, finalement, que les forces militaires dont dispose le roi de Prusse comprennent trois groupes distincts :

1° Celles de la Prusse et de tous les autres États, la Saxe exceptée, constituées en 11 corps d'armée, plus la garde; c'est véritablement aujourd'hui l'armée prussienne ;

2° Celles de la Saxe, c'est-à-dire un corps d'armée portant le n° 12 ;

3° Celles de la Hesse méridionale, sous le titre de 25e division.

Avant d'entrer dans le détail des effectifs des forces fédérales, je rappellerai plusieurs points principaux.

Bases générales.

Population de la Confédération du Nord, 29,974,779 habitants.

Rapport de l'effectif militaire à la population :

1° Effectif budgétaire : 1/100e sans les officiers, 1/96e avec les officiers;

2° Effectif sur pied de guerre : 1/33e.

Nombre des jeunes gens de vingt ans, 300,000 à 330,000.

Contingent annuel, 93,000.

Rapport du contingent annuel à la population, 1/322e.

Durée du service, 12 ans, savoir :

3 ans sous les drapeaux (de 20 à 23 ans);

4 ans dans la réserve;

5 ans dans la landwehr;

De 17 à 42 ans dans la landsturm.

Je ne reviendrai pas sur les détails d'organisation des forces militaires de l'Allemagne du Nord. On sait que le territoire de la Confédération est divisée en douze grandes circonscriptions dont j'ai envoyé le tableau l'an dernier et dont chacune correspond, comme recrutement, organisation et dénomination, à un corps d'armée complet. Il faut entendre par *corps d'armée*, comme on fait en Prusse, l'ensemble de toutes les forces militaires fournies par une circonscription, que ces forces appartiennent à l'armée permanente, à la réserve ou à la landwehr. C'est, si on veut, le total des hommes de la circonscription âgés de 20 à 32 ans qui servent sous les drapeaux ou qui y ont servi. Aussi les Prussiens disent-ils avec un certain orgueil que leurs corps d'armée se composent de 70,000 hommes.

Chacune de ces 12 *grandes circonscriptions de corps d'armée* se divise en 4 *circonscriptions de brigade* qui correspondent aux 4 brigades des corps d'armée. Une circonscription de brigade se subdivise en *districts de bataillon de landwehr*. Le district de bataillon de landwehr est le véritable centre de recrutement et d'organisation : il renferme, comme chacun sait, un dépôt permanent. J'ai fait connaître, dans mon rapport de décembre 1867, la nouvelle division du territoire de la Confédération en districts de bataillon de landwehr. Je rappellerai qu'elle a été fixée sur les bases suivantes :

1º A chaque régiment d'infanterie de ligne de 3 bataillons (la garde n'est pas comprise) correspond un régiment d'infanterie de landwehr de 2 bataillons, qui porte le même numéro et le même nom provincial que ledit régiment de ligne ;

2º A chaque régiment de fusiliers de 3 bataillons correspond un bataillon d'infanterie de landwehr dit de réserve, portant le même numéro ;

3º La division de la landwehr en 1er et 2e ban n'existe plus ; les hommes font partie de la landwehr jusqu'à 32 ans.

Comme on voit deux districts de bataillon de landwehr fournissent au recrutement d'un régiment d'infanterie de ligne à 3 bataillons et d'un régiment de landwehr à 2 bataillons.

Je fais suivre ici le tableau A, qui donne pour chaque corps d'armée le nombre des régiments d'infanterie, soit de ligne, soit de landwehr, de cavalerie ou d'artillerie qui en font partie. J'y distingue les forces afférentes aux trois groupes que j'ai signalés plus haut, savoir : l'armée prussienne proprement dite, l'armée saxonne et l'armée hessoise.

Ce tableau indique exactement la composition des corps d'armée. Il montre que le territoire de la Confédération, en y ajoutant la Hesse de la rive gauche du Mein, est divisé en 200 districts de bataillon de landwehr ordinaire + 11 de réserve. La Prusse et les autres Etats, moins la Saxe, en comptent 170 qui fournissent, par groupe de deux, 84 régiments d'infanterie à 3 bataillons, plus 85 régiments de landwehr à 2 bataillons. Ces Etats ont en outre 11 districts de bataillon de landwehr de réserve correspondant aux 11 régiments de fusiliers de la ligne.

TABLEAU A.
Composition des corps d'armée.

CORPS D'ARMÉE.	OU RECRUTÉS.	RÉGIMENTS d'infanterie DE LIGNE.	RÉGIMENTS d'infanterie DE LANDWEHR.	BATAILLONS DE CHASSEURS.	RÉGIMENTS DE CAVALERIE.	RÉGIMENTS d'artillerie DE CAMPAGNE.	RÉGIMENTS d'artillerie DE PLACE.	BATAILLONS DE PIONNIERS.
Garde......	Dans toute la Confédération......	9 d¹ 1 de fusiliers	4 à 3 bat.	2	8	1	1	1
1er corps...	Province de Prusse	9 —	8 à 2 »	1	6	1	1	1
2e — ...	Poméranie......	9 —	8 à 2 »	1	6	1	1	1
3e — ...	Brandebourg.....	9 —	8 à 2 »	1	6	1	1 division.	1
4e — ...	Province de Saxe.	10 —	9 à 2 »	1	5	1	1	1
5e — ...	Province de Posen.	8 —	8 à 2 »	1	6	1	1	1
6e — ...	Silésie..........	8 —	8 à 2 »	1	6	1	1	1
7e — ...	Westphalie......	7 —	8 à 2 »	1	5	1	1	1
8e — ...	Province du Rhin.	7 —	8 à 2 »	1	4	1	1	1
9e — ...	Schlesw.-Holstein.	9 —	6 à 2 »	2	5	1	1 division.	1
10e — ...	Hanovre.........	9 —	6 à 2 »	1	7	1	1 division.	1
11e — ...	Hesse-Cassel, Nassau, Francfort..	7 —	8 à 2 »	1	4	1	1	1
Garn. de Mayence.		4	(appartiennent au 8e corps).					
Totaux pour l'armée prussienne.		105 rég. à 3 bat.	89 rég.	14 bat.	68 rég.	12 rég.	9 rég. 3 div.	12 bat.
12e corps (Saxe).............		9 dont 1 de fusil.	4 à 3 ba.	2 »	6 »	1 »	1 »	1 »
Division hessoise (la 25e)......		4 à 2 bataillons.	2 à 3 bat.	2 »	2 »		1 div.	1 comp.
Totaux pour la Confédération et la Hesse...............		118 régiments ou 350 bataillons	95 rég. ou 200 bat.	18 bat.	76 rég. ou 380 esc.	13 rég. +1 div.	10 régim. +3 divis.	13 bat. + 1 c.

1° De l'effectif budgétaire ou sur pied de paix de l'armée fédérale.

L'article 60 de la Constitution fédérale a fixé jusqu'au 31 décembre 1871 à *un pour cent* de la population de 1867 l'effectif de l'armée sur pied de paix. Les officiers ne sont pas compris dans cette fixation (1), et comme le chiffre de la population s'élevait, en 1867, à 29 millions 900,000, il s'ensuit que l'effectif de l'armée (officiers non compris), doit être de 299,000 hommes. Si on ajoute à ce chiffre celui du nombre des officiers (12,985), des payeurs, des vétérinaires, des armuriers et des selliers, on a 313,583, qui représente l'effectif budgétaire actuel.

Je joins à mon rapport un extrait du budget du ministère de la guerre pour 1869 : on y verra que l'effectif de l'armée fédérale est bien conforme au chiffre fixé par la Constitution. Il n'y est pas tenu compte de la réduction d'environ 12,000 hommes opérée le 1er mai

---

(1) Quant à la gendarmerie, elle relève, comme on sait, du budget du ministère de l'intérieur.

dernier, parce que le budget pour 1869 a été imprimé avant cette date. La réduction dont il s'agit n'est, d'ailleurs, que provisoire.

J'ai établi le tableau B avec la plus grande exactitude. Il fait connaître les effectifs adoptés dans toute la Confédération pour les bataillons, les escadrons, les batteries, les régiments des différentes armes, etc. — J'y compte les musiciens, comme on le fait en Prusse, parmi les combattants. Les colonnes des non-combattants comprennent les médecins, les vétérinaires, les payeurs, les armuriers, les ouvriers, les infirmiers, les soldats du train (1).

TABLEAU B.
Effectifs au pied de paix.

		OFFICIERS.	TROUPES. Combattants	TROUPES. Non combattants.	CHEVAUX.
	INFANTERIE.				
1° Armée prussienne (onze corps et la garde).	Les 9 régiments d'infanterie de la garde.	573	16.425	708	252
	Les 96 régiments d'infanterie de ligne....	5.472	149.088	6.912	2.688
	Les 14 bataillons de chasseurs..........	308	7.196	336	98
	Totaux pour l'infanterie.......	6.353	172.709	7.956	3.038
	CAVALERIE.				
	Les 8 régiments de cavalerie de la garde.	230	5.501	336	6.000
	Les 60 régiments de cavalerie de ligne....	1.680	41.220	2.520	45.000
	Totaux pour la cavalerie	1.910	46.721	2.856	51.000
	ARTILLERIE.				
	Les 12 régiments d'artillerie de campagne.	972	18.972	984	7.656
	Les 9 régiments d'artillerie de place, plus 3 divisions	507	8.706	384	247
	Totaux pour l'artillerie........	1.479	27.678	1.368	7.903
	Totaux pour les pionniers (12 bataill.).	216	5.796	288	84
	Totaux pour le train (12 bataillons)...	144	»	2.772	1.476
	Totaux généraux pour l'armée prussienne.	10.102	252.904	15.240	(*) 63.501
2° Armée saxonne. — Totaux généraux pour l'armée saxonne (12° corps)..............		885	22.026	1.326	5.534
3° Division hessoise. — Totaux généraux pour la 25° division (hessoise)................		276	7.141	448	1.853
Totaux pour toute la Confédération, plus la Hesse......		11.263	282.071	17.013	10.888

(1) Nous ne donnons ici qu'un abrégé des tableaux B et C.
(*) On remarquera que ces totaux sont inférieurs à l'effectif budgétaire; ce qui s'explique, puisqu'ils ne comprennent pas les états-majors, les divers établissements, etc.

Des effectifs sur pied de guerre de l'armée fédérale.

Ces effectifs sont dressés dans le tableau C ci-joint, tant pour les bataillons, les escadrons ou les batteries, que pour les régiments des diverses armes, les pionniers et le train.

TABLEAU C.

Effectifs au pied de guerre.

	OFFICIERS.	TROUPES.		CHEVAUX.	VOITURES.
		Combattants.	Non combattants.		
INFANTERIE.					
Les 9 régiments d'inf. de la garde...	622	27.587	808	1.089	150
Les 96 régiments d'infanterie de ligne	6.624	289.632	8.640	11.616	1.602
Les 14 bataillons de chasseurs	308	14.028	434	560	140
Totaux pour l'infanterie.....	7.554	331.041	9.882	13.265	1.892
CAVALERIE.					
Les 8 régiments de cav. de la garde.	231	6.027	487	7.040	64
Les 60 régiments de cavalerie de ligne	1.680	45.120	3.600	52.800	480
Totaux pour la cavalerie	1.911	51.147	4.087	59.840	544
ARTILLERIE.					
Les 12 régiments d'art. de campagne (sans les colonnes de munitions)...	828	24.612	2.088	23.244	(*)2.884
Les 9 régiments d'artillerie de place, plus 3 divisions...............	432	17.049	2.915	120	»
Totaux pour l'artillerie......	1.260	41.661	5.003	23.364	2.884
Totaux pour les pionniers (12 bat.)..	216	7.224	612	876	168
Totaux pour le train (12 bataillons) .	300	»	18.684	15.960	2.784
Totaux généraux pour l'armée prussienne	11.241	431.073	36.268	113.305	8.232
2° Armée saxonne. — Totaux généraux pour l'armée saxonne (12° corps)....	983	37.259	2.993	9.784	715
3° Division hessoise. — Totaux généraux pour la division hessoise (25° corps).	306	12.264	731	2.855	257
Totaux pour toute la Confédération.	12.530	480.596	39.992	125.944	9.204

(Accolade à gauche : 1° Armée prussienne (onze corps et la garde).)

Un corps d'armée actif comprend :
 A. 2 divisions d'infanterie.
 B. 2 brigades de cavalerie.

(*) 1,080 pièces comprises.

C. 1 réserve d'artillerie.
D. 1 bataillon de pionniers.
E. Le train des subsistances.
F. Le train des ambulances.
G. Les services divers.

A. Les deux divisions d'infanterie.

Chaque division a deux brigades de deux ou trois régiments et quatre batteries montées, dont deux de 4 et deux de 6.

Le bataillon de chasseurs du corps d'armée est attaché, selon les cas, à l'une ou l'autre des divisions. La garde et le 9e corps ont, exceptionnellement, deux bataillons de chasseurs. (*Voir* le tableau A).

B. Les deux brigades de cavalerie.

Chacune des deux brigades détache un régiment auprès d'une des divisions d'infanterie du corps d'armée.

La garde seule a trois brigades (8 régiments) qui forment division.

On attache, selon les besoins, une ou deux batteries à cheval aux brigades de cavalerie.

C. La réserve d'artillerie.

Les dispositions que j'indique ici ne sont pas conformes à celles qu'enseignent les livres écrits sur cette matière ; mais elles sont adoptées aujourd'hui, depuis la suppression du canon de 12 lisse dans l'armée prussienne.

L'artillerie d'un corps d'armée se compose de quinze batteries (toutes portées à 6 pièces) du régiment affecté au corps d'armée en temps de paix.

Ces quinze batteries sont groupées en quatre divisions, et, quand la mobilisation a lieu :

La 1re division d'artillerie montée (4 batteries) est attachée à la 1re division d'infanterie ;

La 2e division d'artillerie montée (4 batteries) est attachée à la 2e division d'infanterie ;

Une batterie à cheval (quelquefois deux) est attachée aux deux brigades de cavalerie, et les six batteries restantes (deux à cheval, deux de 4 et deux de 6), sont laissées à la réserve d'artillerie.

Les batteries divisionnaires ne marchent chacune qu'avec seize voitures, savoir : six pièces, six caissons, un affût de rechange, une forge et deux chariots.

La réserve d'artillerie se compose :
1º Des six batteries mentionnées ci-dessus ;
2º De neuf colonnes de munitions.
Un corps d'armée a donc aujourd'hui :

Huit batteries aux deux divisions d'infanterie;
Une ou deux batteries aux brigades de cavalerie;
Cinq ou six batteries à la réserve.
Total : quinze batteries ou quatre-vingt-dix pièces.

La proportion, comme on voit, n'est pas tout à fait de trois pièces par 1,000 hommes pour un corps d'armée de 36,000 hommes.

Les Prussiens n'ont donc pas, à la guerre, une artillerie plus nombreuse que la nôtre, mais ils la répartissent autrement dans le corps d'armée, de manière à avoir une artillerie divisionnaire double de la nôtre, et, par contre, une réserve d'artillerie beaucoup plus faible. Cette faculté qu'ont ainsi les Prussiens de pouvoir entrer en action avec une artillerie divisionnaire double de la nôtre mérite d'être prise en sérieuse considération, et j'en ai fait plusieurs fois le sujet de mes entretiens à Paris. Nous devons aviser aux moyens de pouvoir lutter, dès les premières phases d'une bataille, contre une artillerie qui, indépendamment de sa portée et de sa justesse plus grandes, sera, en outre, deux fois plus nombreuse. A quoi nous servira une plus forte réserve, si, dès l'origine, ou dans les premières périodes des combats, notre artillerie de division ne peut pas soutenir la lutte?

D. *Le bataillon de pionniers.*

Dans l'armée de la Confédération du Nord, le corps des pionniers réunit le service du génie à celui des pontonniers. A la guerre, il est en outre chargé de la réparation et de la destruction des chemins de fer, ainsi que du service télégraphique.

Il y a par corps d'armée :

Le bataillon proprement dit; un équipage de ponts de bateau; un équipage de pont d'avant-garde; un équipage d'objets et d'outils de campement; une compagnie de chemins de fer; un équipage pour le service télégraphique.

J'ai fait connaître la composition de ces divers équipages dans mes rapports de l'année 1866, ainsi que celles du train des subsistances, du train des ambulances et des services divers (intendance, trésorerie, postes, imprimerie, etc.).

Je donne maintenant les effectifs de la garde et de quelques autres corps d'armée sur pied de guerre.

Les régiments de cavalerie n'y sont comptés qu'à quatre escadrons, parce que le 5ᵉ escadron y est destiné à compléter les quatre autres au pied de guerre.

Si l'on veut connaître le nombre des combattants de ces corps d'armée, il faudra additionner :

Les combattants des deux divisions d'infanterie;
Les combattants des deux brigades de cavalerie;

Ceux de la réserve d'artillerie ;
Ceux du bataillon de pionniers.
On a ainsi :
Pour la garde, 956 officiers, 37,663 hommes.
Total rond, en y ajoutant les états-majors, 39,000 hommes.
Pour les 1er et 2e corps, 883 officiers, 35,201 hommes.
Total rond, 36,000 hommes.

3° *Passage du pied de paix au pied de guerre.*

Le tableau B a fait connaître les effectifs que la Confédération du Nord entretient sous les drapeaux en temps de paix. Pour passer du pied de paix au pied de guerre, on complète les bataillons, escadrons, batteries, etc., en rappelant les hommes de la réserve.

Je reviendrai à ce sujet sur un détail que j'avais déjà signalé en 1866, dans un travail intitulé : *Note sur l'organisation militaire de la Prusse;* c'est qu'aujourd'hui la Prusse peut porter tous ses corps d'armée au complet de guerre par le seul rappel des réserves, c'est-à-dire sans recourir à la landwehr. La réorganisation militaire de 1860 n'a pas eu d'autre but que d'exclure la landwehr de l'armée portée au pied de guerre, et on a atteint ce but en augmentant de deux ans la durée du temps de réserve. Aujourd'hui la landwehr est chargée de la défense des places de l'intérieur, elle ne serait appelée à combattre avec l'armée en deuxième ligne que dans des cas extrêmes, et la Prusse n'y puisera que pour organiser les compagnies de chemins de fer, les compagnies de porteurs de blessés, le service télégraphique, etc.

Il est d'ailleurs facile de s'assurer que la Prusse peut porter tous les corps d'armée de la Confédération au pied de guerre par le rappel des seules réserves prussiennes. Si l'on compare en effet les deux tableaux B et C, on trouve que :

1° Pour compléter un bataillon d'infanterie, il faut rappeler en moyenne 490 hommes, donc pour 368 bataillons (350 de ligne + 18 de chasseurs), il faut $490 \times 368 = 180,320$ combattants ;

2° Pour compléter un escadron de cavalerie, il faut 43 hommes, donc pour 380 escadrons : 4,910 hommes ;

3° Pour compléter les treize régiments d'artillerie de campagne, il faut 6,123 hommes ;

4° Pour compléter les treize bataillons de pionniers, il faut 1,547 combattants.

Le total des combattants à rappeler s'élève ainsi au chiffre rond de 195,000 hommes.

Or, quel est l'effectif des réserves dont la Confédération peut disposer? Le chiffre exact, facile à préciser pour l'ancienne Prusse, est assez difficile à déterminer pour les Etats qu'elle s'est annexés et pour ceux qui, avec elle, constituent la Confédération ; car aucun de ces Etats n'avait, en 1866, l'organisation militaire prussienne.

Mais n'envisageât-on que la Prusse d'avant 1866, comme son contingent annuel était de 63,000 hommes, elle disposerait aujourd'hui de 4 fois 63,000 hommes de réserve = 252,000 hommes, qui, admit-on même la forte déduction de 4 pour 100 pour les pertes d'une année à l'autre, donneraient plus de 200,000 hommes. — On voit donc que la Prusse pourrait compléter les corps d'armée de toute la Confédération avec ses seules réserves.

Au cas d'une guerre, la Prusse agirait, sans aucun doute, comme en 1866, où elle organisa avec soin le plus grand nombre possible de troupes de dépôt : elle lèverait par anticipation la moitié d'un contingent, et conserverait, pour l'instruire, une partie de ses réserves. — Si cette partie était insuffisante comme nombre, elle recourrait aux hommes des premières années de la landwehr.

Et, à ce sujet, je ne saurais trop insister sur ce point : c'est qu'aujourd'hui que la landwehr n'a plus à combattre en corps de troupes à part, comme avant la réorganisation de 1860, il n'est d'aucune importance de rechercher dans quelle proportion la landwehr entrerait pour compléter les bataillons de l'armée active. Quoi qu'il arrive, cette proportion sera plus faible qu'en 1866, où elle ne s'éleva qu'à un dixième.

Ces landwehriens, intercalés ainsi en petit nombre au milieu des hommes d'un bataillon, valent non-seulement les meilleurs soldats, mais tous les officiers m'ont dit qu'en 1866 ils s'étaient montrés généralement supérieurs aux autres.

Il est donc oiseux de se demander dans quelle proportion figureraient dans l'armée fédérale les hommes de la landwehr. Comme je l'ai dit déjà, l'ensemble des forces militaires de la Prusse présente ce caractère d'homogénéité particulier, que tous les hommes sont ou des soldats en activité ou d'anciens soldats de trois ans de service effectif, et si l'on regarde comme les meilleurs contingents ceux des hommes qui sont dans leur troisième année de service et ceux des deux premières années de la réserve (hommes de vingt-trois, vingt-quatre et vingt-cinq ans), on reconnaîtra également que les réserves de troisième et quatrième année (hommes de vingt-six et vingt-sept ans) et les landwehriens de première et deuxième année (hommes de vingt-huit et vingt-neuf ans) constituent d'aussi bons soldats que les conscrits de première et deuxième année.

Pour se représenter approximativement l'ensemble des forces que la Confédération mobiliserait pour une grande guerre, il n'y a pas à se perdre dans des détails d'effectifs, ni dans des suppositions. L'armée fédérale peut se comparer à une immense machine dont toutes les parties se ressemblent et sont régulièrement construites d'avance, afin de pouvoir être assemblées le plus rapidement possible. Comme composition, les différents corps d'armée sont à peu de chose près calqués les uns sur les autres. L'imprévu ou des changements opérés au moment d'entrer en action porteraient le trouble dans le fonctionnement de cette machine. Toujours est-il que la Confédération compléterait ses corps d'armée au pied de guerre par le rappel des réserves, ou, s'il était nécessaire, par celui de la landwehr.

Si donc on ne considère que les combattants, que l'on compte l'effectif des corps d'armée à 36,000 hommes, la garde à 39,000 hommes, on voit que la Confédération de l'Allemagne du Nord aura sur pied, d'abord :

La garde, à 39,000 combattants.................	39.000 h.
12 corps d'armée, à 36,000 combattants.........	432.000
La division hessoise, à 12,000 combattants.......	12.000
Total...........	483.000

et en chiffre rond, les non-combattants compris, 540,000 hommes.

Tel est l'effectif très-approximatif de l'armée active que la Confédération pourrait présenter en première ligne dans une grande guerre.

Mais, comme je l'ai déjà indiqué dans de précédents rapports, la totalité des forces dont elle dispose, formée de 12 contingents, s'élève à plus de 950,000 hommes, savoir :

3 contingents sous les drapeaux...................	315.000 h.
4 contingents de réserves........................	310.000
5 contingents de landwehr	330.000
12 contingents	955.000 h.

Il en résulte donc qu'en dehors des 540,000 hommes cités plus haut comme composant l'armée active, il resterait disponible plus de 400,000 hommes.

Une partie serait employée à former un ou plusieurs corps de réserve, comme en 1866, et l'autre partie serait affectée aux dépôts d'instruction et à la défense intérieure. Si on estime à 80,000 hommes l'effectif employé à former des corps de réserve, on arrive au chiffre suivant, qui représente assez exactement le total général des forces militaires dont pourrait disposer la Confédération de l'Allemagne du Nord dans une grande guerre européenne :

Armée active....................................	540.000 h.
Corps de réserve................................	80.000
Troupes de dépôt et de défense intérieure...........	333.000
Total..........	953.000 h. (1)

---

(1) Le lecteur trouvera le complément de ces rapports dans la grande édition publiée par MM. Garnier frères, en un vol. in-8°.

APPENDICE II.

UNE MAUVAISE ÉCONOMIE.

Le document que nous reproduisons ci-après (1), a été trouvé au palais des Tuileries après le 4 septembre. Imprimé en mai 1870, à l'imprimerie Impériale, avec le titre précité, et tiré seulement à quelques exemplaires, il ne paraît pas avoir été jamais distribué. Il se rapporte à la discussion du Corps législatif sur le contingent de 1870, et il prouve d'ailleurs jusqu'à l'évidence qu'en mai 1870, l'empereur connaissait parfaitement la situation militaire de l'Allemagne.

COMPARAISON ENTRE L'ARMÉE FRANÇAISE ET L'ARMÉE DE LA CONFÉDÉRATION DE L'ALLEMAGNE DU NORD.

ALLEMAGNE DU NORD.	FRANCE	ALLEMAGNE DU NORD	FRANCE
Garde royale (Berlin).	*Garde impériale* (Paris).	1ᵉʳ *Corps d'armée* (Prusse orientale).	1ᵉʳ *Corps d'armée* (Paris).
2 divisions d'infanterie, 4 brigades, 3 régiments.	2 divisions d'infanterie, 4 brigades, 8 régiments.	2 divisions d'infanterie, 4 brigades, 8 régiments.	3 divisions d'infanterie, 6 brigades, 12 régiments.
1 bat. de chasseurs.	1 bat. de chasseurs.	1 bat. de chasseurs.	3 bataillons de chasseurs.
1 bat. de tirail.		Cavalerie, — 2 brigades, 6 régim.	3 régiments d'infanterie non endivisionnés.
1 division de cavalerie, 3 brigades, 8 régiments.	1 division de cavalerie, 3 brigades, 6 régiments.	Artillerie. — 1 brigade, 2 régim.	1 bat. de chasseurs non-endivisionné.
Artillerie. — 1 brigade, 2 régim.	Artillerie. — 1 brigade, 2 régim.	1 bat. de pionniers.	1 division de cavalerie: 3 brigades, 6 régiments.
	Train d'artillerie. — 1 escadron.	1 bataillon du train.	
1 bat. de pionniers.	Équipages militaires. — 1 escad.		
1 bat. du train.			

(1) Ce curieux document a été publié pour la première fois par M. Lefaure dans le journal *le Soir*.

— 327 —

ALLEMAGNE DU NORD	FRANCE	ALLEMAGNE DU NORD	FRANCE
	3 régiments de cavalerie non endivisionnés. 2 régiments d'artillerie montés.		1 régiment de pontonniers. 1 régiment du génie.
2ᵉ *Corps d'armée* (Poméranie). 2 divisions d'infanterie, 4 brigades, 8 régiments. 1 bat. de chasseurs. Cavalerie : 2 brigades, 6 régiments. Artillerie : 1 brigade, 2 régiments. 1 bat. de pionniers. 1 bat. du train.	2ᵉ *Corps d'armée* (Lille). 1 brigade : 2 régiments au camp de Châlons. 14 régiments d'infanterie non endivisionnés. 3 bat. de chasseurs non endivisionnés. 6 régiments de cavalerie non-endivisionnés. 2 régiments d'artillerie montés. 1 régiment de génie.	4ᵉ *Corps d'armée* (Magdebourg). 2 divisions d'infanterie, 4 brigades, 10 régiments. 1 bat. de chasseurs. Cavalerie : 2 brigades, 6 régiments. Artillerie : 1 brigade, 2 régiments. 1 bat. de pionniers. 1 bat. du train.	4ᵉ *Corps d'armée* (Lyon). 3 divisions d'infanterie : 6 brig., 12 régiments. 3 bat. de chasseurs. 1 division de cavalerie : 2 brigades, 4 régiments. 18 régiments d'infanterie non endivisionnés. 1 bat. de chasseurs non endivisionné. 2 régiments de cavalerie non endivisionnés. 2 régiments d'artillerie montés. 1 régiment d'artillerie à cheval. 1 régiment du génie.
3ᵉ *Corps d'armée* (Brandebourg). 2 divisions d'infanterie, 4 brigades, 9 régiments. 1 bat. de chasseurs. Cavalerie : 2 brigades, 7 régiments. Artillerie : 1 brigade, 2 régiments. 1 bat. de pionniers. 1 bat. du train.	3ᵉ *Corps d'armée* (Nancy). 15 régiments d'infanterie non endivisionnés. 4 bat. de chasseurs non endivisionnés. 1 division de cavalerie. 2 brigades : 4 régiments. 9 régiments de cavalerie non endivisionnés. 4 régiments d'artillerie montés. 2 régiments d'artillerie à cheval.	5ᵉ *Corps d'armée* (Posen). 2 divisions d'infanterie, 5 brigades, 8 régiments. 1 bat. de chass. Cavalerie : 2 brigades, 6 régiments. Artillerie : 1 brigade, 2 régiments. 1 bat. de pionniers. 1 bat. du train.	5ᵉ *Corps d'armée* (Tours). 9 régiments d'infanterie non endivisionnés. 1 bat. de chasseurs non endivisionné. 9 régiments de cavalerie non endivisionnés. 3 régiments d'artillerie montés.

ALLEMAGNE DU NORD	FRANCE	ALLEMAGNE DU NORD.	FRANCE
6ᵉ *Corps d'armée* (Breslau). 2 divisions d'infanterie, 4 brigades, 8 régiments. 1 bat. de chasseurs. Cavalerie : 2 brigades, 6 régiments. Artillerie : 1 brigade, 2 régiments. 1 bat. de pionniers. 1 bat. du train. 7ᵉ *corps d'armée* (Munster). 2 divisions d'infanterie, 4 brigades, 8 régiments. 1 bataillon de chasseurs. Cavalerie : 2 brigades, 5 régim. Artillerie : 1 brigade, 2 régiments. 1 bataillon de pionniers. 1 bataillon du train.	6ᵉ *Corps d'armée* (Toulouse). 9 régiments d'infanterie non endivisionnés. 2 bat. de chasseurs non endivisionnés. 4 régiments de cavalerie non endivisionnés. 1 régiment d'artillerie monté. 1 régiment d'artillerie à cheval. 7ᵉ *corps d'armée* (Algérie). 4 régiments d'infanterie de ligne. 1 bat. de chasseurs. 3 régiments de zouaves. 3 bataillons d'infanterie légère d'Afrique. 1 régiment étranger. 3 régiments de tirailleurs algér. 3 régiments de cavalerie de l'intérieur. 4 régiments de chasseurs d'Afrique. 3 régiments de spahis. 1 régiment d'artillerie monté.	8ᵉ *corps d'armée* (Coblentz). 2 divisions d'infanterie, 4 brigades, 8 régiments. 1 bat. de chasseurs. Cavalerie : 2 brigades, 4 régim. Artillerie : 1 brigade, 4 régim. 1 bat. de pionniers. 1 bataillon du train. *Inspection de la garnison de Mayence.* Infanterie : 4 régiments. 9ᵉ *corps d'armée* (Sleswig). 2 divisions d'infanterie, 4 brigades, 9 régiments. 2 bataillons de chasseurs. Cavalerie : 2 brigades, 5 régim. Artillerie : 1 brigade, 2 régim. 1 bat. de pionniers. 1 bat. du train. 10ᵉ *corps d'armée* (Hanovre). 2 divisions d'infanterie, 4 brigades, 3 régiments. 1 bat. de chasseurs.	*Etats-Romains* 1 brigade d'infanterie, 2 régiments et 1 bataillon de chasseurs. *Nota.* Les compagnies d'ouvriers d'artillerie, d'artificiers et d'armuriers ; les compagnies du train d'artillerie et du train des équipages militaires ; les infirmiers ; enfin les ouvriers d'administration sont répartis dans les diverses places de France et d'Algérie, suivant les besoins du service, et, en même temps, de manière à répondre aux premiers besoins d'une éventualité.

ALLEMAGNE DU NORD	FRANCE	ALLEMAGNE DU NORD	FRANCE
Cavalerie : 2 brigades, 7 régim. Artillerie : 1 brigade, 2 régiments. 1 bat. de pionniers. 1 bat. du train. *11ᵉ corps d'armée* (Cassel). 2 divisions d'infanterie, 4 brigades, 8 régiments. 1 bat. de chasseurs. Cavalerie : 2 brigades, 8 régim. 1 bat. de pionniers. 1 bat. de train. *Nota.* — Le 11ᵉ corps d'armée comprend, en outre, la 25ᵉ division de la Hesse grand-ducale (Darmstadt). Infanterie : 2 brigades, 4 régiments, 2 bataillons de chasseurs. Cavalerie : 1 brigade, 4 régim. Artillerie : 1 régiment. 1 compagnie de pionniers. 1 div. du train. *12ᵉ Corps d'armée.* (Dresde). 2 divisions d'infanterie, 4 brigades, 9 régiments.		2 bataillons de chasseurs. 1 division de cavalerie, 2 brigades, 6 régiments. Artillerie : 1 brigade, 2 régiments. 1 bataillon de pionniers. 1 bataillon du train. RÉCAPITULATION. *Garde royale de Prusse.* Infanterie : 9 régiments. 1 bataillon de chasseurs. 1 bataillon de tirailleurs. Cavalerie : 8 régiments. Artillerie : 2 régiments. 1 bataillon de pionniers. 1 bataillon du train. *Ligne.* Infanterie : 109 régiments. 16 bataillons de chasseurs. Cavalerie : 70 régiments. Artillerie : 25 régiments. Pionniers : 12 bataillons. Trains : 12 bataillons.	RÉCAPITULATION Garde impériale Infanterie : 7 régiments. 1 régiment de zouaves. 1 bat. de chasseurs. Cavalerie : 6 régiments. Artillerie : 2 régiments. 1 escadron du train d'artillerie. Equipages : 1 escadron du train des équipages. *Ligne.* Infanterie : 107 régiments. 20 bat. de chasseurs. 3 bat. d'infanterie légère d'Afrique. Cavalerie : 57 régiments. Artillerie : 19 régiments, plus 1 de pionniers. Génie : 3 régiments. Train d'artillerie : 2 régiments. Equipages militaires : 3 régim.

Ainsi, en ne comptant que l'armée confédérée du Nord proprement dite, celle-ci a de plus que l'armée française : dans la garde royale, deux régiments d'infanterie, 1 bataillon de tirailleurs, 2 régiments de cavalerie ; — dans la ligne, 2 régiments d'infanterie, 13 régiments de cavalerie, 6 régiments d'artillerie. — Total : 4 régiments d'infanterie, 15 régiments de cavalerie, 6 régiments d'artillerie.

Si à l'armée de la Confédération du Nord on ajoute les corps d'armée de l'Allemagne du Sud, dont les Etats sont obligés par des traités à faire cause commune avec la Prusse, on doit ajouter aux forces de l'Allemagne du Nord 6 divisions d'infanterie, 2 divisions de cavalerie, 3 brigades et demie d'artillerie.

Mais, indépendamment de l'armée active, la Confédération du Nord de l'Allemagne possède autant de régiments de landwehr qu'il y a de régiments de ligne.

En effet, à chaque régiment d'infanterie de ligne (ils ont 3 bataillons) correspond *un régiment de landwehr de 2 bataillons*, qui porte le même numéro et le même nom provincial que ledit régiment de ligne, et à chaque régiment de fusiliers (il y en a 12, à 3 bataillons) correspond *un bataillon de landwehr de réserve*, portant le même numéro.

Ainsi, l'infanterie de la landwehr de la Confédération de l'Allemagne du Nord compte :

93 régiments de landwehr à 2 bataillons ou. . . . 186 bataillons.
12 bataillons de landwehr de réserve . . . . 12 —

Total. . . 198 bataillons.

Ne sont pas compris dans ce nombre les 4 régiments de landwehr de la garde, c'est-à-dire 12 bataillons, ni la landwehr du grand-duché de Hesse, non encore organisée.

On sait que la landwehr est composée presque entièrement d'anciens soldats qui ont passé trois ans sous les drapeaux et quatre ans dans la réserve.

L'armée de l'Allemagne du Nord dispose donc de 12 contingents, dont l'effectif total s'élève à près de 900,000, savoir :

Armée active :

3 contingents sous les drapeaux. . . . . 315,000 } 595,000
4 contingents en réserve. 280,000

Landwehr :

8 contingents 300,000

Total. . . . 895,000

Que l'on compare l'état militaire de l'Allemagne du Nord au nôtre et qu'on juge si ceux qui veulent encore réduire nos forces nationales sont bien éclairés sur les véritables intérêts du pays.

APPENDICE III.

LA PAIX.

Déclaration de M. Émile Ollivier au Corps Législatif.

(Séance du 30 juin 1870) (1).

La Chambre discutait, ce jour-là, le projet de loi relatif à la diminution de 10,000 hommes sur le contingent militaire qui avait été habituellement de 100,000 hommes. Après des discours prononcés par MM. le comte de la Tour, Garnier-Pagès, Jules Favre et Thiers, M. Émile Ollivier fait au nom du gouvernement la déclaration suivante :

S. EXC. M. ÉMILE OLLIVIER, *garde des sceaux, ministre de la justice et des cultes.* — Messieurs, ce n'est ni le jour, ni l'heure d'entrer dans une discussion approfondie sur la politique étrangère du Gouvernement, mais les paroles que l'on prononce à cette tribune ont un tel retentissement en Europe, et nous avons été si directement interpellés, que notre silence ressemblerait à un embarras, que nous n'éprouvons pas. Aussi, je vous prie de vouloir bien m'écouter. (Parlez! parlez!)

L'honorable M. Jules Favre a posé au Gouvernement deux questions. Il lui a dit : Vous êtes inquiets; quelles sont vos inquiétudes et de quel côté viennent-elles?

Il a ensuite ajouté : Depuis le 2 janvier, qu'avez-vous fait pour assurer la politique pacifique que, comme tant d'autres choses, vous avez promise et non pratiquée?

---

(1) Il faut lire cette curieuse séance au *Journal officiel* du 1er juillet. C'est cinq jours avant la déclaration du ministre des affaires étrangères, qui provoque la guerre, que ses chances diverses furent en quelque sorte discutées, publiquement, en pleine tribune! M. le comte de la Tour fait le tableau complet de l'organisation militaire prussienne; M. Jules Favre veut qu'on désarme, pendant que M. Thiers, au contraire, insiste, à l'aide d'arguments tout à fait prophétiques, pour que la France, au point de vue militaire, reste absolument « forte. » Il n'est question, dans tous ces discours, que de la Prusse, de M. de Bismarck, de Sadowa et des idées de revanche que le seul souvenir de ce triomphe fait naître. C'est au milieu de cette grave discussion que M. Granier de Cassagnac jette subitement la rodomontade suivante, dont les événements devaient trop tôt, hélas! démontrer l'ineptie :

M. GRANIER DE CASSAGNAC. — Prenons le Rhin, nous pourrons alors diminuer l'armée de 100,000 hommes! (Exclamations à gauche.)

Voilà le moyen de réduire le budget de la guerre. Il n'y en a pas d'autre.

Une voix à gauche. — Vous en êtes encore là?

M. GRANIER DE CASSAGNAC. — Oui, j'en serai toujours là!

A gauche. — Eh bien, essayez de le prendre!

M. GLAIS-BIZOIN. — Alors, ramenez-nous 1814 et 1815.

Je répondrai à l'honorable M. Jules Favre que le Gouvernement n'a aucune inquiétude, qu'à aucune époque, le maintien de la paix en Europe ne lui a paru plus assuré. De quelque côté qu'il porte ses regards, il ne voit aucune question irritante engagée ; tous les cabinets comprennent que le respect des traités s'impose à tous.

Il y a deux traités notamment auxquels la paix de l'Europe est plus particulièrement attachée : ce sont le traité de 1856 qui assure la paix en Orient, et le traité de Prague, qui assure la paix en Allemagne. Il est aujourd'hui constant dans la diplomatie européenne, que l'un et l'autre seront respectés. (Très-bien ! très-bien !) Si le Gouvernement avait la moindre inquiétude, il ne vous eût pas proposé cette année-ci une réduction de 10,000 hommes sur le contingent ; il vous aurait très-nettement demandé de vous associer à sa sollicitude, et d'augmenter les forces de notre armée. L'honorable M. Thiers l'a démontré avec son éloquence et son autorité : l'armée française doit être au complet.

Nous n'avons aucune inquiétude : voilà ma réponse à votre première question.

Vous nous avez demandé ensuite : Qu'avez-vous fait pour assurer la paix ?

Ce que nous avons fait ? Beaucoup ! Ce que nous avons fait ? D'abord nous avons eu une bonne attitude ; dans notre langage avec les représentants des puissances étrangères, nous nous sommes montrés à la fois conciliants et fermes, de manière que tout le monde comprit bien que, pour nous, la paix, ce ne serait jamais ni la complaisance, ni l'effacement. (Très-bien ! très-bien !)

Ce que nous avons fait ? Convaincus que la véritable manière d'établir la paix et de l'assurer, c'est de développer la liberté, nous avons, non pas fondé la liberté en France, — ce serait être injuste envers les devanciers qui ont commencé cette œuvre en 1860 (Très-bien ! très-bien !) — nous l'avons développée et rendue définitive. (Rumeurs à gauche. — Très-bien ! très-bien ! au centre et à droite.)

Ce que nous avons fait ? Nous avons fait plus et mieux que d'avoir une bonne conduite, plus et mieux que de développer la liberté, nous avons rendu apparent, aux yeux du monde entier, l'accord de plus en plus intime, dévoué, persévérant, entre la nation et son souverain ! (Vive approbation au centre et à droite. — Applaudissements répétés.)

M. JULES FAVRE. — Surtout à Paris !

M. LE GARDE DES SCEAUX. — Ce que nous avons fait ? Puisque vous nous parlez du Sadowa prussien, je vous dirai que nous avons fait le Sadowa français, le plébiscite ! (Réclamations à gauche. — Très-bien ! très-bien ! au centre et à droite.)

Cette dernière phrase de M. E. Ollivier donne lieu à une véritable tempête où les injures se mêlent parfois aux interruptions de tous les genres. Des allusions furent même faites à la personne de l'Empereur dans des termes que le garde des sceaux crut devoir relever de la manière suivante, dans la péroraison de son discours :

Messieurs, la Chambre me rendra cette justice ainsi qu'à mes collègues du ministère, que nous avons toujours eu un soin jaloux de ne jamais introduire le nom du souverain dans nos débats; il nous semblait que c'était la première et la plus essentielle des pratiques parlementaires. (Très-bien! très-bien!) Nous nous sommes toujours efforcés, non pas d'effacer l'Empereur, le mot serait à la fois présomptueux et inconstitutionnel, mais de le couvrir. (Nouvelle approbation.)

Mais nous ne supporterons jamais en silence des paroles qui iraient le frapper injustement, et, puisque vous nous y contraignez, nous laisserons échapper l'éloge que nos lèvres ont toujours retenu...

M. LE MINISTRE DES FINANCES. — C'est vrai !

M. LE GARDE DES SCEAUX... — et nous dirons qu'il est impossible d'approcher un souverain qui pratique avec plus de loyauté, d'élévation d'âme, de sincérité, les institutions nouvelles qu'il a données au pays. (Très-bien! très-bien! — Applaudissements au centre et à droite.)

On a dit d'un de nos rois qu'il était la difficulté de son gouvernement; nous pouvons dire de l'Empereur qu'il est la facilité du sien, et il n'est pas un seul des ministres passés, — puisque depuis le nouveau régime il y a malheureusement déjà des ministres passés, — pas plus qu'il n'y a un seul des ministres présents qui n'ait compris combien le peuple de France a eu raison de se confier à ce grand cœur, à cette haute intelligence (Mouvement à gauche. — Nouveaux applaudissements au centre et à droite.), et qui n'aient conçu pour l'Empereur une affectueuse confiance et une respectueuse admiration ! (Bravos et applaudissements prolongés.)

M. JULES FAVRE. — Je suis heureux d'avoir fourni à M. le ministre de la justice l'occasion d'éloigner de ses lèvres le sceau qu'il y avait apposé et de soulager son cœur par un éloge auquel les plus simples convenances m'empêchent d'opposer une opinion contraire ; mais le silence me suffit. (Murmures sur plusieurs bancs.) Et, d'ailleurs, si je ne me trompe, c'est par des actes et non par des déclarations que les hommes doivent se juger.

APPENDICE IV.

LETTRE DE M. BENEDETTI,
Ambassadeur à Berlin au moment de la guerre.

Le journal anglais le *Standard* a publié la lettre suivante adressée par M. Benedetti à l'un de ses amis :

15 novembre 1870.

Mon cher ami,

« Rassurez-vous ; le jour de la réparation viendra, il approche et je ne la laisserai pas échapper. Il faut, comme vous le dites, que la lumière se fasse et elle se fera. Homme de devoir avant tout, peut-être ne me suis-je pas suffisamment préoccupé de ce qu'on pensait ni de ce qu'on publiait sur la manière dont je m'acquittais de mes fonctions ; ce soin revenait à ceux dont j'exécutais les ordres et qui auraient dû me couvrir en redressant certaines erreurs. Pourquoi s'en sont-ils abstenus? Je le dirai une autre fois, s'il le faut. Leur silence a malheureusement permis que des allégations absolument inexactes aient, en quelque sorte, acquis l'autorité de la chose jugée. Nous ne pouvons plus, en France, dans le moment actuel, former qu'un seul effort, celui d'expulser l'ennemi du pays ; ceci fait, on devra déterminer les fautes, fixer les responsabilités. Pour ce qui me concerne, rien ne sera plus aisé, et je vais vous le démontrer en peu de mots.

« Que m'a-t-on reproché? Des écrivains, égarés par le patriotisme autant que par l'esprit de parti, ont prétendu, tantôt que je n'avais pas suffisamment éclairé le gouvernement de l'empereur, tantôt que j'avais contribué à lui inspirer des résolutions téméraires. J'avais négligé, disaient les uns, de le renseigner exactement sur le véritable état des forces militaires de la Prusse, et ignoré les négociations ouvertes pour livrer la couronne d'Espagne à un prince de Hohenzollern. J'avais, suivant les autres, promis, en cas de guerre, le concours des Etats du midi de l'Allemagne, et provoqué ainsi le conflit dans lequel nos armées ont succombé.

» Je cite les assertions les plus saillantes, celles qui ont dû le plus vivement frapper l'opinion publique. Quelle preuve a-t-on donnée de leur exactitude, quelle circonstance a-t-on invoquée, quel document a-t-on produit pour l'établir? Absolument aucun. C'est qu'en effet ces assertions sont toutes également dénuées de fondement. Dès qu'il sera permis de détourner l'attention générale de l'unique objet qui doit la retenir en ce moment, je l'établirai de la façon la plus irrécusable. Je n'emprunterai pas à ces publicistes leur mode de procéder ; à des affirmations je ne me contenterai pas d'opposer des dénégations ; je ferai mieux et plus, je publierai une série de pièces officielles ayant toutes, dès aujourd'hui, si je puis m'exprimer ainsi, date certaine. Ces pièces ne comprendront que des dépêches ou des lettres confidentielles, que j'ai adressées aux différents ministres qui se sont succédé aux affaires étrangères pendant les six années qu'a duré la mission que j'ai remplie en Prusse. Les minutes de ces dépêches sont aux archives de l'ambassade de France à Berlin, sous les scellés du représentant de l'Angleterre, qui en a la garde ; les expéditions officielles se trouvent dans les cartons du ministère, à Paris. Nulle altération n'est donc possible, et ce que j'en livrerai au jugement du public pourra être deux fois contrôlé. Je sais bien que je dérogerai à des traditions universellement respectées ; mais on doit à son pays sa fortune, quand on en a, sa propre vie, celle de ses enfants, et mon fils unique est devant l'ennemi ; on ne lui doit pas le sacrifice de son honneur, parce que la perte de l'honneur individuel ne peut servir à l'intérêt public.

» Cette publication démontrera jusqu'à l'évidence :

» Que je n'ai jamais suggéré la guerre ; je n'ai été d'ailleurs, en aucune circonstance, interpellé sur un pareil sujet, ni eu l'occasion de m'expliquer ;

» Que j'ai, en temps opportun, éclairé le gouvernement sur les développements que la Prusse donnait à son état militaire, — sur la candidature du prince Hohenzollern, — sur les véritables dispositions des états du Midi, — sur les vues du cabinet de Berlin ;

» Que j'ai, notamment, averti le gouvernement de l'élan patriotique qui unirait indubitablement l'Allemagne entière, le Nord et le Sud dans une guerre éclatant entre la France et la Prusse, surtout dans le cas où nous serions les premiers à la déclarer ;

» Que je n'ai pas cessé enfin de lui rappeler, en éveillant toute son attention sur ce point, que son organisation permettait à la Prusse de passer avec une extrême rapidité, de l'état de paix à l'état de guerre, que les dispositions préparatoires étaient concertées d'avance, et qu'il suffisait, pour procéder à la mobilisation de l'armée, d'un ordre du roi, qui n'était pas tenu, comme l'empereur en France, de solliciter le concours des Chambres.

« Ce qui ressortira encore de cette publication, c'est que je n'ai jamais rempli à Berlin que le rôle qui m'était attribué, celui d'un informateur fidèle et vigilant, je le crois, et je renvoie les incrédules à ma correspondance. Durant ma longue carrière, je n'ai été chargé que dans trois occasions différentes d'ouvrir des négociations ayant un objet déterminé, et me laissant, avec une part d'initiative, une part proportionnelle de responsabilité. Vous me permettrez, mon cher ami, d'en dire ici quelque chose.

» En 1860, j'ai soudainement reçu l'ordre de me rendre à Turin pour hâter la réunion à la France de la Savoie et de Nice, réunion qui rencontrait des obstacles inattendus. La Suisse revendiquait le Chablais et le Faucigny, et l'on n'a pas oublié que la presse anglaise, interprète du sentiment public et des dispositions du gouvernement britannique, donnait un appui unanime et passionné à cette prétention. Le cabinet piémontais, de son côté, espérait que ces complications, qu'il cherchait à aggraver dans ce but, nous déterminerait à renoncer au comté de Nice, la patrie de Garibaldi et une terre italienne, au dire des unitaires. Parti de Paris le 20 mars, je signai le traité de cession avec M. le comte de Cavour, qui avait cependant le sentiment des difficultés que devait lui créer la conclusion de cet acte, et auxquelles, on s'en souvient, il n'a pas survécu.

» Le 9 juillet 1866, six jours après la bataille de Sadowa, un télégramme me prescrivit de rejoindre le quartier-général du roi de Prusse, et de ne rien négliger pour décider Sa Majesté à accepter un armistice. Du quartier-général prussien, que j'avais trouvé en Moravie, et après avoir eu plusieurs conférences avec M. de Bismarck, je suis allé à Vienne, où je suis arrivé le 15; le 20, les plénipotentiaires des deux puissances belligérantes, mis en présence par mes soins, signaient, sous les murs de cette capitale, des préliminaires de paix sur la base de l'intégrité de l'empire d'Autriche.

» Enfin, quand j'ai été envoyé à Ems, que m'ordonnaient mes instructions? D'obtenir le désistement du prince de Hohenzollern à la couronne d'Espagne, qu'il avait acceptée, et l'acquiescement explicite du roi de Prusse à cette résolution. Ai-je réussi dans mes démarches qui, cette fois cependant, s'adressaient personnellement à un monarque puissant et justement fier de ses succès? Oui, assurément. J'avais, en effet, eu quatre jours de négociations, et, en ménageant toutes les susceptibilités, rempli le mandat dont j'avais été chargé. Le prince Antoine avait notifié au cabinet de Madrid la renonciation de son fils, et le roi, en me l'annonçant, voulut bien me faire savoir et m'autoriser à mander à Paris qu'il y avait donné son acquiescement comme souverain et chef de la famille.

» Considérant comme insuffisantes les concessions qui nous étaient accordées, quelques membres du Corps législatif ont voulu interpeller le gouvernement, prétendant qu'il fallait exiger de la Prusse l'engagement qu'aucun prince de la maison de Hohenzollern ne consentirait désormais à monter sur le trône d'Espagne. L'interpellation, à la vérité, fut ajournée, mais l'objet en fut publiquement énoncé à la tribune, et le ministère, jugeant sans doute indispensable, devant l'exaltation croissante du sentiment public, de faire droit au vœu qui l'avait suggérée, décida de m'envoyer de nouvelles instructions pour agir dans ce sens.

» Cette garantie était-elle nécessaire ? Le mouvement qui avait éclaté dans toutes les classes de la population était-il sincère et profond? Le sentiment national ne pouvait-il être contenu ou satisfait autrement ? Ce sont là autant de questions qu'il faudra bien élucider un jour, et l'on verra si, comme ils le prétendent aujourd'hui, les membres de l'opposition sont fondés à décliner une part quelconque de responsabilité dans la guerre actuelle. Ce que je puis affirmer sans crainte d'être démenti, c'est que j'avais heureusement exécuté mes premières instructions et sauvé la paix du danger dont l'avait menacée la candidature du prince Léopold, quand nous avons élevé de nouvelles prétentions, qui nous ont conduits fatalement à la guerre. C'est ce que montreront au surplus les rapports que j'ai adressés d'Ems au gouvernement de l'Empereur, qui termineront la série des pièces que je me propose de publier. Et qu'on ne cherche pas à rejeter, plus haut qu'il ne convient, l'initiative de ces déterminations. Pendant cette mission comme dans le cours de celles qui m'ont été confiées précédemment, j'ai reçu exclusivement du ministère des affaires étrangères les directions auxquelles j'ai conformé mon langage et ma conduite; je n'ai jamais eu l'honneur d'entretenir une correspondance particulière avec l'Empereur, et, contrairement à des suppositions incorrigibles, Sa Majesté s'est toujours abstenue de m'adresser directement ses ordres. Vous n'en croirez peut-être rien vous-même, mais je vous garantis l'exactitude de mon affirmation, et elle se dégagera clairement de ma publication. J'ajouterai, puisque vous me le demandez, qu'il n'y a eu à Ems ni insulteur, ni insulté, et le roi lui-même a été fort surpris quand il a eu connaissance des fables publiées par certains journaux, qui croyaient cependant reproduire le récit de témoins oculaires.

» En vous donnant ces détails, je ne me fais aucune illusion, et je ne me flatte pas de convertir des esprits prévenus ou de désarmer des adversaires politiques. Ce n'est certes pas après avoir renversé l'Empire qu'ils se montreront plus équitables et plus loyaux envers l'un de ses plus fidèles serviteurs. Je leur démontrerai, vous le verrez, que, de bonne ou de mauvaise foi, ils ont mis l'erreur à la place de la vérité; ils n'en persisteront pas moins à soutenir que j'ai trompé la confiance du pays. Mais il reste des honnêtes gens, et l'histoire, heureusement, n'est pas faite par les contemporains. Les hommes de la prochaine génération qui voudront l'écrire devront puiser à toutes les sources, contrôler toutes les opinions, et il est bon de leur préparer les éléments de ce travail, en opposant des documents authentiques, des faits constants, à des assertions trompeuses et intéressées.

» Voulez-vous savoir ce que l'on peut faire accepter à la crédulité publique ? Je vais vous l'apprendre. Dans les rangs de nos soldats, et même parmi quelques-uns de nos officiers, qui cherchent des causes à nos défaites, on tient pour constant que la Prusse a mobilisé son armée dès le mois de juin, c'est-à-dire plusieurs semaines avant la déclaration de guerre; qu'elle a réussi à soustraire la complète exécution de cette mesure à mon investigation, et que je n'en ai donné aucun avis à Paris; que nous avons été ainsi devancés et surpris par l'ennemi, au milieu même des dispositions que nous prenions pour entrer en campagne. C'est absurde, parce que c'est faux et impossible.

» Vous savez, en effet, que la Prusse n'a convoqué ses réserves que quand nous avons annoncé, dans la séance du 15 juillet, notre résolution de revendiquer par les armes les sûretés qu'on refusait de nous accorder volontairement, et qu'il est insensé de supposer qu'on peut appeler sous les drapeaux plusieurs centaines de mille hommes à la fois en dissimulant cette mesure à l'attention publique et notamment à celle de la presse. Mais il peut demeurer acquis pour un certain nombre de personnes, et peut-être pour des familles cruellement atteintes par les malheurs de la guerre, que nos désastres doivent être imputés en partie à l'ambassadeur, qui n'avait ni connu, ni annoncé la mobilisation de l'armée prussienne, et voilà pourquoi je suis contraint de rejeter une responsabilité qui ne me revient à aucun degré. Je pourrais me borner à rappeler que j'avais près de moi, en qualité d'attaché militaire, le colonel d'artillerie Stoffel, officier d'un mérite incontestable et auquel revenait le soin de surveiller les décisions prises ou ordonnées par le ministère de la guerre à Berlin. Mais en rendant un légitime hommage à la manière distinguée dont il s'est toujours acquitté de ses devoirs, je préfère mettre sous les yeux du public des documents officiels. Les personnes qui cherchent sincèrement la vérité la trouveront, et elles seront surprises d'avoir accueilli et peut-être partagé des avis si peu dignes de leur confiance.

» Vous remarquerez que je ne vous ai rien dit au sujet du prétendu traité que j'aurais pris sur moi de soumettre à l'agrément de M. de Bismarck. Je me suis déjà expliqué à ce sujet; j'y reviendrai toutefois en faisant la publication que je vous annonce. Si, au lieu de remporter des succès, les Prussiens eussent essuyé des revers, la réputation du chancelier de la Confédération n'aurait pas survécu à un acte d'une si outrageante déloyauté; mais la victoire couvre tous les égarements ou les fait excuser. La Providence cependant n'a pas encore dit son dernier mot, et si nous avions un retour de fortune, ou si le différend soulevé par la Russie devait donner lieu à de nouvelles complications, certaines chancelleries, comme celles de Londres ou de Bruxelles, se montreraient certainement moins discrètes qu'elles l'ont été jusqu'à présent, et vous en verriez peut-être surgir la preuve manifeste que le projet de réunir la Belgique à la France est, comme je l'ai affirmé, une conception purement prussienne. Au surplus, que prouverait le stratagème de M. de Bismarck? Qu'en entrant en rapport avec lui, on s'expose à des mécomptes qu'on ne peut prévoir, et contre lesquels on ne saurait se mettre en garde sans faire injure à son caractère. Mais les chances de la guerre en ont-elles été modifiées dans un sens quelconque? L'attitude des autres puissances s'en est-elle ressentie? Assurément non. Pour ne parler que de l'Angleterre, n'est-il pas avéré qu'elle a ouvertement blâmé notre irrésolution, du jour où nous avons déclaré la guerre, et avant de connaître la pièce dont M de Bismarck a réservé la primeur pour le journal de la Cité? Je m'arrête, car je n'en finirais pas si je voulais tout dire. Excusez la longueur de ces détails. Je tiens à votre estime, à celle de nos amis communs, et j'ai voulu vous édifier, dès à présent, sur les points essentiels. Quand le moment sera venu de m'expliquer avec le public, je le ferai plus complétement. En attendant, vous pouvez faire de cette lettre l'usage que vous jugerez convenable.

» Tout à vous. BENEDETTI. »

APPENDICE V.

L'ARMÉE FRANÇAISE ET L'ARMÉE PRUSSIENNE.

On lit dans la *Gazette de Cologne* :

L'armée française est incontestablement bien équipée et armée pour la guerre. Depuis le gouvernement de l'Empereur, on n'a épargné aucune dépense pour les troupes, et l'argent même a été jeté à profusion dans le but de perfectionner l'élément militaire en France. Les nombreuses campagnes entreprises sous ce règne ont de plus donné à tous une expérience, grâce à laquelle les forces guerrières du pays ont subi d'excellentes transformations, dignes d'être imitées.

Examinons en premier lieu l'infanterie, qui forme la principale force de l'armée française, tant par le nombre de ses soldats que par le rôle qu'elle est appelée à jouer.

L'uniforme est léger, large, commode, et, d'après l'expérience acquise en Algérie et en Italie, bien approprié aux climats chauds. La tunique ou capote est infiniment préférable à la tunique prussienne, un peu trop étroite. Comme cette campagne ne durera probablement pas au delà de la saison chaude, il serait peut-être utile pour l'armée prussienne de quitter complétement l'uniforme actuel, et de n'endosser que sa jaquette de lin ou une blouse, sur laquelle on jetterait le manteau. Nous aurons à faire, par ces chaleurs, des marches pénibles, et comme un grand nombre de nos soldats, subitement rappelés au corps, ne sont pas exercés à la marche, il est nécessaire d'alléger autant que possible l'habillement que le soldat doit porter dans les marches forcées de la campagne actuelle ; tout le reste doit être laissé en arrière ou transporté sur voitures. L'équipement prussien vaudra ainsi celui du soldat français.

Le képi français est-il préférable au casque pointu des Prussiens ? la question est encore à débattre. D'un côté, le képi est plus léger, plus commode ; de l'autre, le casque protége efficacement contre la pluie, le vent, les coups de crosse et les coups de sabre. Veut-on abandonner le casque ? on prendra la casquette ronde en toile, qui se rapproche passablement du képi, et qu'on entourera d'un voile pour garantir contre le soleil et permettre de viser avec plus de précision.

L'infanterie prussienne est armée du fusil à aiguille, l'infanterie française du fusil chassepot. Chacune de ces deux armes a ses avantages particuliers ; les batailles prochaines montreront laquelle des deux justifie le mieux sa réputation. Le chassepot, dit-on, rate souvent et est exposé à bien des accidents. Nos soldats n'ont pas à craindre cette arme et peuvent en toute confiance marcher au combat avec leur fusil à aiguille. Les soldats de l'infanterie française tirent en général fort mal, ne se donnent point de peine pour viser, couchent peu fermement en joue et trouvent un plaisir à tirer inutilement en l'air, sans que les officiers, en raison de la légèreté du caractère français, puissent y mettre grand obstacle. Qu'on laisse les Français tirer irrégulièrement avec leurs chassepots et se précipiter inconsidérément en avant, qu'on les attende de pied ferme, qu'on décharge alors sur eux, à peu de distance, quelques bonnes salves, bien dirigées et nourries, en visant surtout les officiers, qu'on les charge ensuite à la crosse et à la baïonnette, et l'on verra ce que l'élan français tant vanté peut contre des troupes solidement disciplinées et serrées.

Les meilleurs corps à pied de l'armée française sont les chasseurs, qui surpassent les zouaves, tant prônés, dans leur utilité pour un combat sérieux et formidable. Les quatre régiments de voltigeurs de la garde et les vingt bataillons de chasseurs à pied seront sans doute les meilleures troupes d'infanterie que la France pourra nous opposer. Nos chasseurs et nos fusiliers doivent être plus que leurs égaux en ce qui touche la précision et la rapidité du tir.

Nous ne connaissons pas assez les mitrailleuses, dont on parle tant et dont chaque bataillon doit être muni, pour pouvoir formuler un jugement sur elles. Des gens experts nous ont assuré pourtant que cette arme était plutôt un jouet qu'un véritable et utile engin de guerre, et dans les corps français, paraît-il, cette opinion est répandue. La mitrailleuse est d'un transport et d'une installation difficiles, et là où l'on peut en faire usage, toute autre arme légère peut lui être victorieusement opposée.

Pour tirailler, l'infanterie française est prompte, habile, et chaque soldat connaît en particulier l'école du tirailleur ; quant aux mouvements d'ensemble, les soldats français les exécutent avec désordre et lenteur, malgré leur apparente prestesse. Pendant ces mouvements, les

Français font grand tapage de poudre, et nos soldats et officiers allemands doivent prendre garde de se laisser étourdir d'abord.

L'infanterie française supporte les marches rapides et fréquentes, et les soldats qui ont quelques années de service sont merveilleusement exercés à marcher et rendent d'éminents services en route. Pour bivaquer, pour s'installer commodément dans les camps, pour dresser rapidement les tentes et les baraquements, pour faire la cuisine, pour tous les détails de la vie en campagne, les Français sont admirablement exercés, et l'on voit qu'ils sont savants par l'expérience acquise en Afrique et en d'autres pays. Sous ce rapport, nos troupes seront inférieures tout d'abord ; mais nous espérons bien atteindre au degré de capacité des Français au bout de quelque temps de pratique. Les nombreux soldats instruits, intelligents, réfléchis, que nous possédons, suppléent en ce cas à l'expérience non acquise et secondent leurs camarades moins doués.

Le service des avant-postes est fait par les Français avec négligence et souvent avec un laisser-aller impardonnable. Les soldats et les officiers, dans ce service, agissent avec trop peu de soins et se fient trop à leur supériorité sur l'ennemi. Si nos troupes veulent agir là avec promptitude et énergie, elles auront, nous en avons l'assurance, maint succès à compter. Nous devons, du reste, agir avec la plus grande attention et être constamment en éveil dans le service des avant-postes, car les Français ont le goût des expéditions aventureuses et supportent tout, excepté l'inactivité et l'ennui. Les zouaves et les chasseurs tiendront du reste nos avant-postes en continuelle haleine, et il s'agira seulement de les bien recevoir.

Plus les Français sont négligents dans le service des avant-postes, plus ils sont troublés lorsqu'ils tombent sur un ennemi qui veille, et lorsqu'au lieu de surprendre, ils sont surpris. C'est surtout aussi dans les combats nocturnes que l'infanterie française est peu ferme et résiste médiocrement.

L'artillerie est incontestablement la partie la meilleure de l'armée française. Les officiers connaissent à fond la théorie, ils ont la pratique aussi, et le personnel de l'artillerie se compose d'hommes choisis, vigoureux, formant une véritable élite dans les différentes troupes. Notre brave artillerie allemande aura à lutter là contre un adversaire d'égale force, avec lequel il sera pour elle une joie et un honneur de combattre. La France amènera sans aucun doute une formidable artillerie dans cette guerre, et de ses 157 batteries attelées, comprenant 942 pièces, elle fera tonner contre nous, Allemands, une bonne moitié, sinon les deux tiers. Heureusement, nous pouvons opposer à cette masse formidable une masse égale en nombre et en force.

Les pièces que l'artillerie française emploiera dans cette campagne seront probablement toutes rayées. Le système La Hitte est adopté maintenant dans l'artillerie française, et celle-ci marchera au combat avec des pièces se chargeant par devant. On s'est décidé, après bien des essais et des modifications, à adopter des pièces de douze, rayées et se chargeant par devant; pour le service léger de l'artillerie, on se sert de pièces de quatre. L'expérience démontrera ce que vaut cette artillerie.

L'attelage de l'artillerie est solide, mais massif et lent. Nous croyons incontestablement que l'artillerie prusso-allemande se transporte plus vite que l'artillerie française, qu'elle peut manœuvrer plus lestement et qu'elle surmonte des accidents de terrain qui gèneront celle-ci dans sa marche. En général, tout ce qui nécessite des chevaux n'atteint qu'une moyenne qualité dans l'armée française, sans que nous méconnaissions que sous ce rapport des progrès tout à fait extraordinaires ont été accomplis sous le gouvernement de l'Empereur. Quand l'artillerie française aura fait pendant quatre semaines un service pénible, la moitié de ses chevaux sera peut-être hors d'usage.

La cavalerie française, malgré les soins de l'Empereur, est donc la partie médiocre de l'armée ennemie. Les cavaliers, il est vrai, ne manquent pas d'une courageuse impétuosité, et en poussant de grands cris et en brandissant leurs longues lattes à pointe par-dessus leurs têtes, ils fondront sur nous avec audace et témérité; mais la moitié d'entre eux ne pourra plus maîtriser ses chevaux et devra se laisser aller aux caprices de ceux-ci.

Notre cavalerie prussienne manœuvre dix fois plus lestement que la cavalerie française; on a pu s'en persuader dans les manœuvres faites pendant la paix, et la guerre va plus que jamais montrer notre supériorité sous ce rapport. Si, dans une rencontre de cavalerie prusso-allemande et de cavalerie française, la première exécute quelques mouvements rapides et habiles, les cavaliers français seront bien vite en désordre, ne pourront plus maîtriser leurs chevaux et seront facilement vaincus. Quelque adroits que soient de nombreux soldats de la cavalerie française à manier leurs sabres, ils n'en sont pas moins de pitoyables cavaliers et sont loin d'être d'aussi redoutables adversaires qu'ils peuvent en avoir l'air.

Les cavaliers français qui sont les meilleurs et qu'il faut le plus prendre en considération, ce sont incontestablement les chasseurs d'Afrique, qui, composés principalement de volontaires, montent de petits chevaux entiers de l'Orient, très-résistants, et sont très-adroits et aguerris par leur continuel séjour en Afrique. Le temps nous apprendra si les spahis doivent également être dirigés contre les troupes allemandes.

La grosse cavalerie française est fournie de chevaux lourds, mais forts, de race normande, et n'a rien à envier à la grosse cavalerie prussienne.

Par le mauvais système de pansement, toujours existant, par lequel la cavalerie française s'est toujours distinguée à son grand désavantage, la grosse cavalerie française verra, au bout de quelques semaines de rude service, la moitié de ses chevaux hors d'état de service; l'autre moitié sera si fatiguée et si accablée, qu'elle ne pourra plus faire d'usage. Comme l'Empereur a depuis longtemps fait de secrets préparatifs de guerre, l'état des chevaux de la grosse cavalerie doit être pourtant assez satisfaisant.

On dit que la gendarmerie a dû céder 10 à 12,000 chevaux à la cavalerie, et c'est probablement à la grosse cavalerie que le plus grand nombre a été donné. Bien des escadrons, sans doute, resteront provisoirement en arrière, en cédant tous leurs chevaux en état d'usage aux escadrons qui partent en campagne.

De beaucoup inférieurs aux douze régiments de grosse cavalerie sont les lanciers et les dragons, formant ce qu'on appelle la cavalerie de ligne, et étant évidemment ce qu'il y a de plus faible dans toute l'armée française.

Les lanciers et les dragons, lourdement équipés, montent des chevaux faibles, hauts sur jambes, qui périront par milliers au bout de quelque temps de service de campagne. Comment l'Empereur sera-t-il en état de remonter complétement cette partie de sa cavalerie, s'il ne peut tirer des chevaux de l'extérieur? Le problème nous paraît difficile à résoudre.

On laissera sans doute bon nombre de dragons et de lanciers sans chevaux dans les casernes, et on s'aidera en remplissant les vides des escadrons par des chevaux de gendarmes et de douaniers à cheval. Nous croyons que nos braves escadrons de cavaliers allemands se mesureront souvent avec ces dragons et ces lanciers, et qu'ils remporteront sur eux d'éclatants succès.

Infiniment meilleure que la cavalerie de ligne est la cavalerie légère, qui, outre les régiments de la garde impériale, comprend huit régiments de hussards, douze régiments de chasseurs à cheval, quatre régiments de chasseurs d'Afrique et trois régiments de spahis. Ces troupes de cavalerie sont en partie montées sur des chevaux orientaux, excellents pour tous les services d'une campagne. Quelques régiments de hussards montent des chevaux courts, vigoureux, mais un peu massifs et lents, provenant des Ardennes, des Vosges et d'autres contrées montagneuses de la France.

On va maintenant faire venir autant de chevaux que possible de l'Algérie, du Maroc, de la Turquie, pour la cavalerie légère française. Les bagages de cette cavalerie sont beaucoup trop lourds, et comme les Français ont l'habitude de taquiner leurs chevaux et de chevaucher d'une façon très-irrégulière, les montures seront rapidement fatiguées et hors d'usage. *Gustave Fischbach.*

L'écrivain allemand, M. Gustave Freytag, a tracé dans les *Grenz-boten*, au lendemain de la bataille de Wœrth, le parallèle suivant entre les armées française et allemande :

L'infanterie de ligne française, celle du moins de l'armée de Mac-Mahon et du 2ᵉ corps, est au combat une troupe énergique, bien exercée, bonne manœuvrière, très-brave et beaucoup plus tenace que nous ne nous y étions attendus. Son arme est bonne, solide, d'une longue portée et d'un tir rapide. C'est précisément cette dernière qualité sur laquelle l'empereur comptait pour battre le fusil à aiguille, qui amoindrit pour le soldat français la valeur pratique du chassepot. Elle le porte à abuser du tir à longue distance et l'empêche de viser calmement, sans compter que le fantassin français reçoit, en ce qui concerne le tir, une instruction beaucoup moins soignée que la nôtre. J'ai entendu, après le combat de Wissembourg, un grenadier du 7ᵉ régiment royal faire à un Français cette observation à la fois judicieuse et modeste : « Votre arme est très-bonne et fait de mauvaises blessures, mais la nôtre tire plus juste, car nous sommes tous des *tireurs* ; chacun de nous vise et ne lâche son coup que lorsqu'il croit pouvoir atteindre son homme. Quand un feu de vitesse devient nécessaire, nous tirons encore assez rapidement, et puis nous avons la baïonnette. »

Quoi qu'il en soit, le chassepot constitue encore la meilleure ressource de l'armée française, et c'est à lui que nous devons attribuer la plus grosse partie de nos pertes. Cependant jusqu'ici le fusil à aiguille et le fusil bavarois ont mis bas plus d'hommes que le chassepot. La proportion des pertes doit avoir été de 2 Allemands pour 3 Français, et cela en dépit de tous les avantages de position que l'ennemi possédait à Wissembourg et à Wœrth. La preuve la plus éclatante de notre supériorité dans ces deux rencontres, c'est que nous avons su contraindre nos adversaires à réprimer leur instinct naturel au point de combattre tout le temps sur la défensive.

Dans l'attaque, les Français sont plus fougueux, plus lestes, peut-être aussi plus adroits que nos Allemands du Nord ; mais ces avantages de tempérament sont neutralisés par notre méthode allemande d'assaut. Cette manière méthodique de combattre exige dans une infanterie une combinaison de qualités militaires qui ne se rencontre que chez les Allemands, — je veux parler de la perfection des mouvements jointe aux plus hautes qualités morales : dévouement absolu aux chefs, confiance calme en soi-même, enfin ce courage physique qui se maintient à la même hauteur jusqu'au dernier moment de la bataille.

Tels sont nos soldats. Les zouaves et les turcos, — les premiers remarquables par la vigueur de leur attaque, les seconds par leur habileté instinctive à tirer parti du terrain, — nous ont fourni de nombreux prisonniers, ce qui ne témoigne guère en leur faveur. Il est permis d'observer, à cette occasion, que l'armée française n'a pas encore su se débarrasser du défaut spécial de la plupart des anciennes armées mercenaires, celui de se laisser démoraliser par les revers. Elle est brave tant que lui sourit l'espérance de la victoire, elle se désorganise radicalement dès que cette espérance vient à s'évanouir. Ces sentiments de dévouement et de fidélité qui survivent chez l'Allemand à la défaite font défaut à la majorité des Français. Le chiffre si considérable des prisonniers, officiers et soldats, que nous avons faits, en est la preuve.

Il est difficile pour le moment de porter un jugement sur l'artillerie française. Dans le violent duel d'artillerie de Wœrth, cette arme n'a pas eu l'occasion de montrer tout ce qu'elle pouvait faire. En tout cas, nous n'avons pas à redouter la comparaison avec l'ennemi sur ce point. L'artillerie française, autant que nous en avons pu juger, est mieux attelée que la nôtre, mais nous tirons plus juste qu'elle et aussi vite. Les mitrailleuses sont à peu près inutiles en campagne. Les officiers français eux-mêmes s'en moquent. Dans des positions abritées, et en les manœuvrant avec un soin extrême, elles peuvent servir à défendre l'entrée d'un défilé, l'accès d'un ouvrage, etc. Leurs projectiles ne portent pas loin, et leur mécanisme se dérange facilement. Nous les avons généralement désarmées et détruites en peu de coups.

La cavalerie ennemie est restée si fort au-dessous de ce que l'on attendait d'elle après les réformes récentes, qu'elle ne vaut guère la peine d'en parler. Dans toutes les rencontres qu'elle a eues avec la nôtre, elle a dû lui céder le terrain.

. . . .

Quant aux troupes allemandes, on peut dire, sans offenser personne, qu'à égalité de bravoure, les Prussiens méritent d'être cités au premier rang. Parmi eux, ce sont les Bas-Silésiens et les gens de Posen (V^e corps, anciennement Steinmetz) qui ont jusqu'ici le plus fortement donné. Les deux corps d'armée bavarois ont été plus tôt prêts qu'ils ne l'avaient eux-mêmes annoncé. Sous ce rapport, le contraste entre 1870 et 1866 a été grand ; quatre années d'alliance militaire ont eu pour résultat d'introduire dans l'armée bavaroise une série de réformes importantes. Le naturel volontaire et querelleur des hommes de la vieille Bavière, de même que le caractère léger des habitants de la Franconie et du Palatinat, exigent une discipline spéciale.

Les Bavarois seraient les plus solides de nos soldats, s'ils n'avaient pas un temps de service si court. Les Wurtembergeois ont produit une particulièrement bonne impression. Ils ont été vite prêts, bien équipés, bien armés, pourvus d'un bon service sanitaire et se sont très-bravement battus. Leurs deux princes ont donné au plus fort de la bataille l'exemple de l'intrépidité. La division badoise est entièrement organisée à la prussienne et partage ses mérites.

APPENDICE VI.

TIRAGE DES JOURNAUX PENDANT LA GUERRE

Nous donnons ci-après, pour montrer l'influence exercée sur le tirage des journaux par la guerre, le chiffre des feuilles livrées par le timbre pendant le mois d'août, aux principaux journaux politiques de Paris, en établissant également ce chiffre pour chaque jour. Nous donnons le même travail, à titre de comparaison, pour le mois de juin, époque où la guerre ne pouvait même pas être prévue.

NOMS des JOURNAUX	JUIN : PENDANT LE MOIS :	PAR JOUR :	AOUT : PENDANT LE MOIS :	PAR JOUR :
Avenir national	150.000	5.000	305.000	10.166
Charivari	92.000	3.066	80.000	2.666
Cloche	263.000	8.766	310.000	10.333
Constitutionnel	200.000	6.666	200.000	6.666
Débats	250.000	8.333	300.000	10.000
Droit	75.000	2.500	60.000	2.000
Epargne	260.000	8.666	265.000	8.833
Figaro	1.612.000	53.733	3.050.000	101.666
Français	100.000	3.333	175.000	5.833
France	220.000	7.333	365.000	12.166
Gaulois	900.000	30.000	3.600.000	120.000
Gazette de France	173.000	5.766	180.000	6.000
Gazette des Tribunaux	75.000	2.500	75.000	2.500
Histoire	250.000	8.333	240.000	8.000
Illustration (1)	62.000	15.500	100.000	25.000
Journal de Paris	44.000	1.466	75.000	2.500
Liberté	405.000	13.500	1.815.000	60.500
Moniteur Universel	450.000	15.000	1.075.000	35.833
National	520.000	17.333	1.350.000	45.000
Opinion Nationale	200.000	6.666	460.000	15.333
Paris-Journal	260.000	8.666	1.040.000	34.666
Parlement	150.000	5.000	130.000	4.333
Patrie	292.000	9.733	490.000	16.333
Pays	100.000	3.333	160.000	5.333
Peuple Français	510.000	17.000	500.000	16.666
Presse	200.000	6.666	280.000	9.333
Public	120.000	4.000	250.000	8.333
Siècle	1.000.000	33.333	1.450.000	48.333
Soir	79.000	2.633	730.000	24.333
Temps	355.000	11.833	700.000	23.333
Union	192.000	6.400	210.000	7.000
Univers	350.000	11.666	360.000	12.000
Volontaire (2)	»	»	485.000	16.166

(1) Journal hebdomadaire. C'est donc son tirage *par semaine* que nous donnons ici.
(2) Journal fondé au mois de juillet.

APPENDICE VII.

LES BALLES EXPLOSIBLES
à la bataille de Reischoffhen (Wœrth).

Le maréchal de Mac-Mahon a envoyé la lettre suivante à M. le comte de Chaudordy, délégué du ministère des affaires étrangères à Tours, puis à Bordeaux :

Wiesbaden, 21 janvier 1871.

Votre Excellence,

Le comte de Bismarck, dans sa circulaire du 9 janvier (1), envoyée aux représentants de l'Allemagne à l'étranger, constate que dans la bataille de Wœrth plusieurs soldats allemands ont été blessés par des balles explosibles, et il accuse l'armée française d'en avoir fait usage. Le comte de Bismarck a été induit en erreur, et le fait mis en avant par lui ne peut pas avoir eu lieu, puisque les corps engagés à la bataille de Wœrth n'étaient pas munis de balles explosibles. Je le constate en pleine connaissance de cause, et je vous prie de vouloir démentir l'accusation du comte de Bismarck.

Je suis, etc.

MAC-MAHON.

Après la publication de cette dépêche, le comte de Bismarck a adressé à M. le maréchal de Mac-Mahon la lettre suivante :

Versailles, le 11 février 1871.

Monsieur le Maréchal,

Les journaux de Bordeaux viennent de publier, relativement à ma circulaire du 9 janvier dernier, une lettre adressée à M. le ministre des affaires étrangères et portant votre signature. En supposant l'authenticité de cette lettre, je considère de mon devoir de ne pas a laisser sans réponse. Permettez-moi d'abord de reproduire textuellement le passage en question de la circulaire sus-mentionnée.

« Dans la bataille de Wœrth, on remarqua que des balles de fusil s'enfonçaient dans le sol et qu'ensuite, avec un bruit d'explosion très-distinct, elles faisaient sauter la terre autour d'elles. Immédiatement après cette observation, le colonel de Beckedorff fut blessé gravement par une balle explosible. Un projectile du même genre a atteint (dans

---

(1) On trouvera cette circulaire à sa date.

le combat près de Tours (le 20 décembre dernier) le lieutenant de Vertzen, du 2ᵉ régiment de uhlans poméraniens. »

Vous trouverez sous ce pli une traduction du rapport de M. de Beckedorff. A ce témoin qui, d'une manière positive et exacte, constate des faits qu'il a vus et éprouvés lui-même, vous opposez votre conviction que les corps engagés à la bataille de Wœrth n'étaient pas munis de balles explosibles. Mais votre assertion, dont naturellement je reconnais la loyauté, n'exclut pas la possibilité que quelques-uns de vos soldats ne se soient servis de balles explosibles à votre insu.

Un incident analogue, puisé dans les publications officielles du Gouvernement français, me met à même de vous démontrer combien des dénégations absolues sont hasardées en pareil cas.

En répondant, par une circulaire en date du 25 janvier, à la mienne du 9 du même mois, M. le comte de Chaudordy dit, selon la traduction anglaise que j'ai sous les yeux : « Jamais un soldat français n'a pu se servir de balles explosibles ; s'il en a été recueilli sur le champ de bataille, elles doivent provenir des rangs de l'ennemi. » Cependant trois jours antérieurement à la date de la circulaire de M. de Chaudordy, le 22 janvier, le maire de Paris avait adressé aux maires des vingt arrondissements une communication portant que, après l'escarmouche entre une compagnie du 101ᵉ régiment de marche et la garde mobile, aux alentours de l'Hôtel-de-Ville, on avait constaté que parmi les projectiles se trouvaient « beaucoup de balles explosibles. »

Veuillez agréer, etc.

Signé : DE BISMARCK.

Rapport du colonel de Beckedorff, commandant le 95ᵉ régiment d'infanterie, concernant sa blessure faite par une balle explosible.

A la bataille de Wœrth, le 6 août dernier, peu de temps après avoir passé la Sauer au village de Gunstedt, je m'aperçus que des projectiles, en s'enfonçant dans la terre, la soulevaient à la hauteur de plusieurs pouces, produisant en même temps une détonation assez forte. La terre soulevée présentait pendant un moment la forme d'une taupinière de grandeur ordinaire.

Immédiatement après, je fus blessé d'une manière qui me fit supposer que j'avais été frappé simultanément par trois projectiles, savoir, au côté gauche de la nuque, à l'omoplate droite et à la jointure de l'épaule droite. Il s'ensuivit la paralysie instantanée du bras droit. Mais, me rendant compte alors de la sensation que j'éprouvai, je crus que mon épaule venait d'être emportée par l'éclat d'un obus.

Cependant l'examen médical ne tarda pas à constater que je n'avais qu'une blessure produite par une arme d'infanterie. Le projectile était entré au côté gauche de la nuque, puis, passant sous l'os vertébral, il était sorti sous l'aisselle droite. La blessure ne fut point d'abord considérée comme grave ni dangereuse.

Environ quatre semaines plus tard, une recrudescence d'inflammation très-douloureuse rendit nécessaire une nouvelle opération par laquelle on éloigna plusieurs fragments d'os et un morceau de plomb. Ce dernier se trouvait logé plus d'un pouce en dehors de la ligne formée par le canal de la blessure, au joint de l'épaule. Il y avait fait sauter un fragment d'os assez considérable.

L'opération fut faite par le docteur Stephani, chirurgien en chef de l'hôpital des domaines à Manheim, lequel est à même de donner des renseignements détaillés sur l'état dans lequel il trouva mon épaule fracassée, sur les endroits où elle était touchée et sur l'endroit où le morceau de plomb s'était logé. Ce dernier, que j'ai en ma possession, démontre, au delà de toute espèce de doute, par sa forme autant que par la noirceur encore reconnaissable de la poudre brûlée, qu'il est l'éclat d'un petit projectile creux en plomb.

Signé : DE BECKEDORFF.

Le maréchal de Mac-Mahon a répondu par la lettre suivante, adressé au comte de Bismarck, aux assertions de M. le colonel de Beckedorff :

Wiesbaden, le 17 février 1871.

Monsieur le comte,

A la réception de la lettre que Votre Excellence m'a fait l'honneur de m'adresser le 11 de ce mois, j'ai invité les généraux d'artillerie, qui se trouvent en grand nombre à Wiesbaden, à me donner consciencieusement leur avis sur la question de savoir si des balles explosibles ont pu être tirées par nos soldats à la bataille de Wœrth.

Tous ces officiers ont déclaré que le fait n'était pas possible, par la raison qu'aucune balle explosible n'avait été confectionnée en France pour le fusil chassepot, et que ce modèle de fusil était seul entre les mains des troupes qui ont combattu à Wœrth.

Au reste, monsieur le comte, Votre Excellence peut faire faire des recherches dans ceux de nos caissons tombés au pouvoir de l'armée allemande et dans les approvisionnements de nos places fortes, et elle acquerra la certitude qu'il n'existait point en France de balles explosibles à l'usage de l'armée.

Vous me faites observer qu'à la date du 22 janvier, le maire de Paris a constaté que, parmi les projectiles tirés aux alentours de l'Hôtel-de-Ville, il y en avait beaucoup d'explosibles. Cette constatation n'est pas de nature à modifier ma manière de voir. J'ai avancé qu'il n'existait point de balles explosibles dans l'armée française, et n'ai pas eu la prétention d'affirmer qu'il n'en existait pas dans Paris et que, dans une émeute, personne n'en ferait usage. Je savais qu'à diverses reprises des magasins d'armuriers avaient été pillés et que les magasins renfermaient des balles de cette espèce, la plupart de gros calibre, destinées à la destruction des bêtes fauves.

Le rapport de M. le colonel de Beckedorff n'établit pas d'une manière précise que les éclats, dont il a été frappé, proviennent d'une balle explosible. Pour expliquer comment il a pu être blessé en même temps par trois projectiles, il faut entrer dans des détails techniques dont la discussion serait insoluble loin des faits qui l'ont provoquée. Je dois d'ailleurs faire connaître à Votre Excellence que des appréciations du même genre ont eu lieu dans l'armée française. A la suite de la bataille de Sedan, quelques blessures ont été attribuées à des balles explosibles, mais cette opinion, émise par des médecins à la vue de fragments de plomb irréguliers retirés des plaies, n'a jamais eu à nos yeux que le caractère d'une simple conjecture contre laquelle nous avons dû nous tenir en garde, sachant combien il est difficile de se rendre compte de toutes les déformations que peut subir une balle dans son trajet et des effets qu'elle est capable de produire.

En résumé, monsieur le comte, je reste dans le conviction qu'aucune balle explosible n'a été tirée à Wœrth par les Français.

Veuillez agréer, etc.

Maréchal DE MAC-MAHON.

D'autre part, un officier français, interné en Belgique, a adressé sur ce même sujet, à l'*Indépendance Belge*, la lettre suivante, relative à un paragraphe d'une correspondance de Berlin publiée dans ce journal :

Bruxelles 17 janvier 1870.

Monsieur le rédacteur,

Dans une lettre du 17 janvier, datée de Berlin et publiée dans votre numéro de vendredi, lettre A, votre correspondant dit : « Plusieurs diplomates, à Berlin, ont personnellement pris connaissance des balles françaises à plomb haché, dont la circulaire de M. de Bismarck fait mention. Les échantillons en ont été montrés au ministère des affaires étrangères. »

Je vous prie d'abord de remarquer que ces balles qui, d'après M. de Bismarck, n'étaient analogues au plomb haché que dans leurs effets, sont aujourd'hui à Berlin des balles à plomb haché.

M. de Bismarck est militaire, et pour peu qu'il ait étudié la balistique, il doit savoir parfaitement qu'une balle, composée de seize morceaux légèrement ajustés, n'aurait qu'une très-faible portée; les différents morceaux se séparant à la sortie de l'âme du canon. Il lui plaît de l'ignorer. Soit ! Là n'est pas la question.

La balle soumise à l'examen de MM. les diplomates est tout simplement la balle ordinaire du fusil à tabatière.

Cette balle, d'un ancien modèle, est une balle cylindrique ogivale *évidée* à l'intérieur, comme la plupart des balles de fusils à canon rayé se chargeant par la bouche. Les balles du fusil chassepot et du fusil à aiguille prussien sont pleines. Dans la confection des cartouches du fusil à tabatière, cet évidement est rempli de carton-pâte.

Je ne doute pas un seul instant que MM. les diplomates de Berlin, après avoir bien regardé sans rien voir, ne déclarent cette matière explosible et très-dangereuse. Le premier artificier prussien venu, plus naïf, moins complaisant et surtout plus expert, eût reconnu cette matière inoffensive au premier coup d'œil. Mais il n'y a de pires aveugles que ceux qui ne veulent point voir.

Je profite de l'occasion pour vous expliquer un fait que les mobiles du Nord, armés du fusil à tabatière, attribuaient à la trahison. Ils avaient remarqué que quelques balles tombaient à une centaine de pas de la bouche de leurs fusils.

Le fait est vrai et j'ajouterai tout naturel. Quelques balles, défectueuses, trop faibles à leur partie supérieure, sont percées par le tampon en carton-pâte au moment de l'explosion de la poudre. Ces balles n'ont aucune portée.

Faites de ma lettre l'usage qu'il vous plaira. Je tenais simplement à protester contre les insinuations qui se sont fait jour à Berlin.

Agréez, etc.

A. ROSTAIN, *Capitaine d'artillerie au 14e régiment, prisonnier en Belgique.*

Enfin, comme conclusion définitive de cette affaire, le *Journal des Débats* a publié la lettre suivante qui termine, à l'honneur de notre armée, l'incident soulevé par M. de Bismarck :

Paris, le 20 février 1871.

Monsieur le directeur,

Sur le fait de l'emploi des balles explosibles signalé par des rapports allemands, j'ajoute à l'appui de la dénégation de M. le maréchal Mac-Mahon une dénégation formelle. Il n'a jamais été fabriqué pour le service des armes à feu portatives des balles explosibles d'aucune espèce, même pour faire sauter des caissons, et je ne comprends pas quel intérêt l'ennemi peut avoir à soutenir que de pareilles balles ont été employées contre lui. Il sait aussi bien que nous qu'une semblable pratique ne fournit aucun résultat appréciable, et que celui qui l'emploierait n'en tirerait d'autre profit que de paraître odieux.

Agréez, etc.

Général Susane,
Directeur de l'artillerie, ministre de
la guerre par intérim.

APPENDICE VIII.

DÉCRET NOMMANT DANS LA LÉGION D'HONNEUR (1).

Ministère des lettres, sciences et beaux-arts.

Napoléon, par la grâce de Dieu et la volonté nationale, Empereur des Français, à tous présents et à venir, salut.

Sur la proposition de notre Ministre des lettres, sciences et beaux-arts,

Avons décrété et décrétons ce qui suit :

ART. 1er.

Sont promus ou nommés dans notre ordre impérial de la Légion d'honneur :

Au grade de Commandeur.

MM. *Maury* (Alfred), de l'Institut, directeur général des archives de l'Empire.

Dumont, de l'Institut, sculpteur.

Blache, membre de l'Académie de médecine.

Duc, architecte, membre de l'Institut.

Au grade d'Officier.

MM. *Florent*, doyen des examinateurs des ouvrages dramatiques.

Dupré (Jules), peintre.

Pérignon, peintre.

Labiche (Eugène), auteur dramatique.

Huillard-Bréholles, de l'Académie des inscriptions et belles-lettres.

Gobley, trésorier de l'Académie de médecine.

Liebreich (Richard), médecin.

Lesueur, architecte, membre de l'Institut.

Gosse, peintre d'histoire.

(1) Ce décret, pour les raisons que nous avons exposées dans notre note précitée (1er septembre), n'a jamais été rendu public.

MM. *De Leuven*, auteur dramatique, directeur du théâtre impérial de l'Opéra-Comique.
Vicomte Delaborde, conservateur de la Bibliothèque impériale.
Chabouillet, conservateur au département des médailles à la Bibliothèque impériale.

Au grade de Chevalier.

Gerspach (Édouard), chef du cabinet du ministre des lettres, sciences et beaux-arts.
Abel de Pujol, sous-chef au bureau des beaux-arts.
Galland, peintre-décorateur.
Maillot, peintre.
Cazes, id.
Fichel, id.
Voillemot, id.
Leloir, id.
Jacquemart, id.
Salomon (Adam), id.
Durand, héliographe.
De Nivière, attaché au service des expositions annuelles.
Dehodencq, peintre.
Uchard (Mario), auteur dramatique.
Durantin (Armand), id.
Narrey (Charles), id.
Nuitter (Charles), id.
Semet, compositeur de musique.
Delsarte, professeur de chant.
Halanzier, directeur de théâtre.
Pecquié de Peyreville, doyen des professeurs du Conservatoire de Toulouse.
Le Conte de Lisle, homme de lettres.
Lemoyne (André), id.
Daudet (Alphonse), id.
Verne (Jules), id.
Cherbulliez (Victor), id.
De Pontmartin (Armand), id.
Villemot (Auguste), id.
Expilly (Charles), id.
D'Héricourt, id.
Eyma (Xavier), id.
Block (Maurice), id.
D'auriac (Eugène), id.
Topin (Marius), id. trois fois lauréat de l'Institut.
Leroy Beaulieu, publiciste.

MM. *Houzeau*, chimiste.
  Dr *Balbiani*, physiologiste.
  De Schœnefeld, secrétaire de la société de botanique de France.
  Riocreux, peintre.
  Luys, médecin des hôpitaux.
  Mège, médecin, membre correspond^t de l'Académie de médecine.
  Dumont, médecin à Porto-Rico.
  Labbé, architecte à Bordeaux.
  Parent, architecte.
  Bayard (Emile), dessinateur.
  Chintreuil, peintre.
  D'Escamps (Henri), inspecteur des beaux-arts.
  Vintre, bibliothécaire à la Bibliothèque impériale.
  Cordier, bibliothécaire à l'Arsenal.
  Gautier (Léon), archiviste aux Archives de l'empire.
  Favre, (l'abbé), professeur à l'École des langues orientales.
  Tardieu (Amédée), sous-bibliothécaire à la Bibliothèque de l'Institut.
  De Montaiglon, professeur à l'École des Chartes.
  Servoise (Gustave), membre du Comité des travaux historiques.
  Delayant (Louis), bibliothécaire de la ville de La Rochelle.
  Drouyn (Léo), archéologue.
  Deleau (Léon), docteur en médecine.

Art 2e.

Notre ministre des lettres, sciences et beaux arts et le grand-chancelier de notre ordre impérial de la Légion d'honneur sont chargés, chacun en ce qui le concerne, de l'exécution du présent décret.

Fait en conseil des ministres, au palais des Tuileries, le 9 août 1870.

Par l'Empereur,
en vertu des pouvoirs qu'il nous a confiés,
Signé : Eugénie.

Par l'Impératrice régente :
*Le ministre des lettres, sciences
et beaux-arts,*
Signé : Maurice Richard.

Pour copie conforme,
Le conseiller d'État, secrétaire général,
Signé : J. J. Weiss.

APPENDICE IX.

M. LE GÉNÉRAL TROCHU.

I

A la suite de la proclamation de M. le général Trochu, reproduite dans notre avant-propos, M. Nefftzer, rédacteur en chef du *Temps*, publia dans ce journal l'article suivant :

La nomination de M. le général Trochu, et la proclamation qu'on vient de lire, nous paraissent deux faits également importants et significatifs.

Dès le début de la guerre, la confiance publique désignait le général Trochu pour un commandement important. Il y a huit jours, au moment de la rentrée de la Chambre, le centre gauche eût voulu le voir placé à la tête du gouvernement. Mais les influences dirigeantes n'étaient pas d'accord avec l'opinion publique, et le général Trochu n'avait obtenu que tout récemment le commandement d'un corps d'armée en formation à Châlons.

Il est aujourd'hui nommé gouverneur de Paris, et la manière dont il prend possession semble indiquer que les circonstances ont fait de ce poste le premier de l'État. Il déclare n'appartenir à d'autre parti qu'à celui du pays ; il parle au nom « d'une grande nation qui prend en » main, avec une ferme résolution, la direction de ses destinées. »

Ce langage, nous le répétons, est grave et significatif. Il nous paraît approprié aux circonstances, et le Corps législatif voudra, nous n'en doutons pas, achever de le préciser et de lui donner toute sa valeur en s'y associant. Ce qui importe aujourd'hui, c'est que la nation n'ait à s'occuper que d'elle-même.

Nous honorons trop le caractère du général Trochu pour ne pas lui faire remarquer, en toute franchise, qu'un passage de son manifeste pourrait donner lieu à des conséquences abusives et périlleuses. Nous ne lui ferons pas l'injure de douter de ses intentions ; mais les appels à la justice spontanée du peuple sont toujours dangereux, et le sont surtout dans les circonstances présentes et dans l'état des esprits. Celui que contient le manifeste du nouveau gouverneur de Paris a besoin d'être expliqué et précisé.

A. NEFFTZER.

En réponse à cet article, M. le général Trochu adressa à M. Nefftzer la lettre suivante, qui fut publiée dans le n° du 20 août 1870 du journal le *Temps* :

AU RÉDACTEUR.

Paris, 19 août 1870.

Jugeant avec une bienveillance dont je dois vous remercier l'acte par lequel, dans la nuit de mon retour de l'armée, je me suis mis en communication avec la population de Paris, vous paraissez souhaiter des explications au sujet du passage suivant de ma proclamation :

« Je fais appel à tous les hommes de tous les partis, n'appartenant moi-même, on le sait dans l'armée, à aucun autre parti qu'à celui du pays.

» Je fais appel à leur dévouement; je leur demande de contenir par l'autorité morale les ardents, qui ne sauraient pas se contenir eux-mêmes, et de faire justice par leurs propres mains de ces hommes qui ne sont d'aucun parti, et qui n'aperçoivent dans les malheurs publics que l'occasion de satisfaire des appétits détestables. »

Toute ma vie, j'ai été un homme de libre discussion, et aux explications que vous désirez, je vais ajouter toute ma profession de foi.

L'erreur de tous les gouvernements que j'ai connus, a été de considérer la force comme l'*ultima ratio* du pouvoir. Tous, à des degrés divers, ont relégué au second plan la vraie force, la seule qui soit efficace dans tous les temps, la seule qui soit décisive quand il s'agit de résoudre les difficiles problèmes qui agitent la civilisation : la *force morale*.

Tous, à des degrés divers, ont été personnels, n'apercevant pas que le pouvoir impersonnel, qui ne se considère que comme une délégation de la nation; qui ne conçoit et qui n'agit que dans l'intérêt de la nation, jamais dans le sien propre; qui se soumet à tous les contrôles qu'il plaît à la nation de lui appliquer, et qui les tient pour sa sauvegarde; qui est loyal, sincère, ardent pour le bien public et professeur d'honnêteté publique, est seul en possession de cette force morale dont j'ai défini la puissance.

C'est dans cet esprit que j'ai parlé à la population de Paris; c'est dans cet esprit que j'ai vécu et que, dans la mesure de mes forces et de ma position, j'ai combattu les erreurs qui ont mis le pays dans le deuil où il est.

J'ai demandé leur concours aux hommes de tous les partis, leur offrant le mien gratuitement, sans réserve, et comme je l'ai dit, ne pouvant dire plus, avec tout mon cœur. — Et voici comment j'ai entendu ce concours tout moral.

L'idée de maintenir l'ordre par la force de la baïonnette et du sabre, dans Paris livré aux plus légitimes angoisses et aux agitations qui en sont les suites, me remplit d'horreur et de dégoût.

L'idée d'y maintenir l'ordre par l'ascendant du patriotisme s'exprimant librement, de l'honneur et du sentiment des périls évidents du pays, me remplit d'espérance et de sérénité. Mais le problème est ardu je ne puis le résoudre seul. Je puis le résoudre avec l'appui de tous ceux qui ont les croyances et la foi que j'exprime ici.

C'est ce que j'ai appelé « le concours moral. »

Mais il peut arriver un moment où Paris, menacé sur toute l'étendue de son périmètre, et aux prises avec les épreuves d'un siége, sera pour ainsi dire livré à cette classe spéciale de gredins « qui n'aperçoivent dans les malheurs publics que l'occasion de satisfaire des appétits détestables. »

Ceux-là, on le sait, errent dans la ville effarée, crient : « On nous trahit ! » pénètrent dans la maison et la pillent. Ceux-là, j'ai voulu recommander aux honnêtes gens de leur mettre la main au collet, en l'absence de la force publique qui sera aux remparts, — et voilà tout.

Je vous prie de recevoir, monsieur le rédacteur en chef, l'assurance de ma considération très-distinguée.

Général TROCHU.

M. Nefftzer répondit à cette lettre par les lignes qui suivent :

La lettre qu'on vient de lire confirme de tout point le sens que nous avions cru pouvoir attacher à la proclamation de M. le général Trochu.

Le gouverneur de Paris parle en homme qui ne voit que la nation, et qui ne veut relever que d'elle. Son langage est celui du plus généreux patriotisme et de la démocratie la plus pure. La confiance de tous lui répondra.

Quant à l'explication que nous avions sollicitée, nous n'avons pas besoin de dire qu'elle nous paraît pleinement satisfaisante. Nous ajouterons seulement que le danger contre lequel le général a voulu nous prémunir, serait peut-être considérablement atténué par l'éloignement préalable des repris de justice, qui sont en nombre à Paris, et que la police doit connaître.

A. NEFFTZER.

II

On lit dans *le Figaro* :

Voici ce qui m'a été raconté au sujet de l'attitude de M. le général Trochu pendant la journée du 4 septembre, par quelqu'un de bien informé et qui a été mêlé directement aux événements de cette journée :

On a cru généralement, et à tort, que le général Trochu avait été désigné par l'impératrice pour le gouvernement de Paris. Voici comment les choses se sont passées. Plusieurs membres de l'Assemblée avaient demandé au général Cousin-Montauban un commandement pour le général Trochu ; le ministre avait devancé leur désir en nommant le général au commandement du 12ᵉ corps destiné à faire partie de l'armée de Mac-Mahon. Le général Trochu se rendit immédiatement auprès de l'empereur et obtint de lui, après une longue entrevue, le gouvernement de Paris et des troupes réunies pour sa défense.

En revenant à Paris, le général Trochu fit cette proclamation par laquelle il faisait rentrer dans la capitale dix-huit mille hommes des gardes mobiles de la Seine qui s'étaient mutinés à Châlons. Dans le conseil des ministres qui suivit l'arrivée du gouverneur, le général de Montauban s'emporta très-vivement contre cette mesure, et dit textuellement :

« Tandis que je passe mes nuits à chercher un homme ici, un fusil là, pour arriver à constituer une armée, vous m'enlevez d'un seul coup dix-huit mille soldats et vous compromettez les opérations projetées. »

Le général Trochu ne répliqua pas et l'on passa à la discussion des éventualités qui pourraient se présenter à Paris, notamment celle d'une émeute : l'impératrice déclara « que ce n'était ni d'elle, ni de la dynastie qu'il fallait surtout se préoccuper, mais du Corps législatif qui était, avec l'empereur, la représentation élue du pays. Quant à moi, ajouta l'Impératrice, si ma retraite est nécessaire, je ne demande qu'une chose, c'est de me retirer en impératrice, avec une escorte marchant au pas. Je veux me bien retirer, je ne veux pas fuir. »

« Madame, répliqua le général Trochu, Votre Majesté peut être sans inquiétude, je réponds sur mon honneur de votre sûreté et de celle de la Chambre. »

Le lendemain on discuta en conseil l'hypothèse d'une défense de Paris contre un mouvement de la rue ; il fut décidé qu'en présence de l'ennemi, on ne pouvait opposer qu'une résistance passive. Le général Trochu se chargeait d'y pourvoir ; le dernier mot de l'impératrice en quittant ses ministres fut celui-ci :

« Je ne veux pas que pour moi ou pour mon fils on fasse feu sur un seul Français. »

Le 4 septembre, alors que la Chambre allait être envahie, les deux questeurs du Corps législatif, M. le général Lebreton et M. Hébert, se rendirent auprès du général Trochu pour lui rappeler sa promesse. Ils attendirent une heure et demie sans pouvoir être reçus, malgré leurs sollicitations pressantes et réitérées. Le général fit constamment *répondre qu'il était occupé.*

Pendant ce temps, le Corps législatif était envahi.

Jules Richard.

APPENDICE X.

REDDITION DE NAPOLÉON III.

I

Voici la relation de cet événement adressée au Roi de Prusse par M. de Bismarck :

Donchery, 2 septembre.

M'étant rendu hier soir, par ordre de Votre Majesté, en ce lieu, pour prendre part aux négociations de la capitulation, celles-ci furent suspendues jusqu'à environ une heure de la nuit, par suite d'un sursis accordé à la demande du général de Wimpffen. Déjà le général de Moltke avait déclaré de la manière la plus catégorique qu'on n'admettrait aucune autre condition que celle de mettre bas les armes, et que le bombardement serait repris à neuf heures du matin, si, à cette heure, la capitulation n'était pas conclue.

Ce matin, à six heures, on m'annonça le général Reille, qui m'informa que l'empereur désirait me voir et se trouvait déjà en route pour venir de Sedan ici. Le général retourna immédiatement pour annoncer à l'empereur que je le suivais. Peu après, à mi-chemin de Sedan, près de Fresnois, Napoléon était en voiture ouverte avec trois officiers supérieurs; trois autres officiers à cheval se tenaient aux portières. Je ne connaissais personnellement que les généraux Castelnau, Reille et Moskowa, qui paraissait être blessé au pied, ainsi que M. Vaubert.

Arrivé à la voiture, je descendis de cheval et, monté sur le marchepied, à côté de l'empereur, je lui demandai ses ordres. L'empereur m'exprima d'abord le désir de voir Votre Majesté, croyant qu'elle se trouvait aussi à Donchery. Sur ma réponse que le quartier général de Votre Majesté était en ce moment à une distance de deux heures, à Vendresse, l'empereur s'informa si Votre Majesté avait désigné un lieu où il devait se rendre, et éventuellement quelle serait mon opinion à cet égard. Je lui répondis que j'avais fait la route jusqu'ici en pleine nuit, et que le pays m'était inconnu. Je mis à sa disposition la maison que j'habitais moi-même à Donchery, et que j'allais immédiatement évacuer.

L'empereur accepta et la voiture marcha au pas vers Donchery; mais à quelques cents pas du pont qui traverse la Meuse à l'entrée de la ville, elle s'arrêta devant une maison isolée d'ouvrier et me demanda s'il ne pouvait pas y descendre. Je fis visiter la maison par le conseiller de légation, comte de Bismarck-Bohlen, qui était venu me rejoindre entre-temps, et bien qu'il eût annoncé que l'intérieur était très-pauvre et exigu, l'empereur descendit et m'invita à le suivre. Dans une petite chambre qui ne contenait qu'une table et deux chaises, j'eus avec l'empereur un entretien qui dura près d'une heure.

Sa Majesté insista particulièrement pour obtenir des conditions favorables pour la capitulation de l'armée. Je déclinai dès l'abord de m'entretenir sur ce sujet avec Sa Majesté, cette question exclusivement militaire devant être traitée entre le général de Moltke et le général de Wimpffen. Par contre, je demandai à l'empereur s'il était disposé à ouvrir des négociations de paix. L'empereur répliqua que, comme prisonnier, il n'était pas maintenant en situation d'agir. Sur ma nouvelle question qui, dans son opinion, représentait actuellement le pouvoir en France, Sa Majesté me renvoya au gouvernement existant à Paris.

Après avoir éclairci ce point que la lettre d'hier de l'empereur ne permettait pas d'apprécier avec certitude, je reconnus et ne le cachai pas à l'empereur, qu'aujourd'hui encore, comme hier, la situation n'offrait pas d'autre élément pratique que l'élément militaire, et j'accentuai la nécessité qui en ressortait pour nous d'obtenir avant toutes choses, par la capitulation de Sedan, un gage matériel pour assurer les résultats militaires que nous venions de remporter.

J'avais déjà discuté hier soir avec le général de Moltke et examiné sous toutes ses faces la question de savoir s'il était possible, sans nuire aux intérêts allemands, d'accorder à l'honneur militaire d'une armée qui s'était bravement battue des conditions plus favorables que celles qui avaient été arrêtées. Après un examen consciencieux, nous avions dû persister tous les deux dans la négative. Si donc le général de Moltke, qui était venu sur les entrefaites de la ville auprès de nous, se rendit auprès de Votre Majesté pour lui transmettre les vœux de l'empereur, ce ne fut pas, Votre Majesté le sait, avec l'intention d'en recommander l'adoption.

L'empereur sortit ensuite de la maison et m'invita à m'asseoir à côté de lui, en plein air, à la porte de la maison. Sa Majesté me fit la question s'il n'était pas possible de faire passer à l'armée française la frontière de Belgique pour déposer les armes et y être internée.

Cette éventualité aussi, je l'avais déjà posée dans ma conférence avec le général de Moltke d'hier soir; en exposant les motifs que je venais d'indiquer, je refusai de discuter cette façon de procéder. Quant à la situation politique, je ne pris point d'initiative de mon côté, l'empereur seulement n'en parla que pour déplorer les malheurs de la guerre; il déclara que lui n'avait pas voulu la guerre, mais que l'opinion publique de la France l'y avait forcé.

Entre temps, à la suite d'informations prises dans la ville et particulièrement au moyen de reconnaissances faites par des officiers de l'état-major général, on avait pu décider que le château de Bellevue, près de Fresnois, qui ne contenait pas encore de blessés, était convenable pour recevoir l'empereur. Je le lui annonçai en désignant Fresnois comme lieu que je désignerais à Votre Majesté pour l'entrevue, et je lui demandai s'il ne préférerait pas s'y rendre sur-le-champ, vu que la petite maison d'ouvriers n'était pas un séjour convenable et que Sa Majesté avait peut-être besoin de prendre quelque repos.

Sa Majesté y consentit avec empressement et je conduisis l'empereur, précédé d'une escorte d'honneur de cuirassiers des gardes du corps de Votre Majesté, au château de Bellevue, où étaient déjà arrivés la suite et les équipages de l'empereur, venant directement de Sedan. J'y trouvai aussi le général Wimpffen avec lequel, en attendant le retour du général de Moltke, la négociation sur les conditions de la capitulation, qui avaient été interrompues hier, fut reprise par le général de Odbielski, en présence du lieutenant-colonel de Verdy et du chef d'état-major du général de Wimpffen, ces deux derniers rédigeant le procès-verbal.

Je n'y ai pris part qu'au début par l'exposé de la situation politique et légale, en conformité des renseignements que je tenais de l'empereur lui-même. Je reçus au même instant, par le chef d'escadron comte de Nostitz, l'avis du général de Moltke que Votre Majesté ne voulait voir l'empereur qu'après la signature de la capitulation ; cet avis confirmait qu'il fallait renoncer à l'espoir d'obtenir d'autres conditions que celles qui venaient d'être stipulées.

Je me rendis ensuite à Chéhery, afin de faire connaître l'état des choses à Votre Majesté, et en route je rencontrai le général de Moltke avec le texte de la capitulation approuvée par Votre Majesté, et acceptée et signée désormais sans discussion dès que nous fûmes réunis avec elle à Fresnois.

La conduite du général de Wimpffen, de même que celle des généraux français dans la nuit précédente, fut très-digne. Le brave officier cependant ne put s'empêcher de m'exprimer sa profonde douleur d'être obligé, quarante-huit heures après son arrivée d'Afrique, et six heures après sa reprise de commandement en chef, de mettre sa signature au bas d'une capitulation si cruelle pour les armes françaises. Mais le manque de vivres et de munitions et l'impossibilité absolue de toute défense ultérieure lui imposait l'obligation, comme général, de faire taire ses sentiments personnels, attendu que toute effusion de sang ultérieure ne changerait plus rien à la situation.

L'autorisation accordée aux officiers de se retirer avec leurs armes sur leur parole d'honneur de ne plus servir pendant la guerre, fut acceptée avec de vifs remerciments, comme l'expression des intentions de Votre Majesté de ne pas blesser les sentiments de troupes qui s'étaient bravement battues, et dépassant plus qu'il n'était nécessaire les exigences de nos intérêts politiques et militaires. Ces remerciments, le général Wimpffen les a exprimés encore ultérieurement dans une lettre au général de Moltke, lettre par laquelle il lui exprime sa gratitude pour les égards et les formes courtoises qui de sa part ont présidé à la conduite des négociations.

Signé : BISMARCK.

II

On lit dans le *Pall mall Gazette*

L'Empereur est prisonnier.

Mac-Mahon, enfermé dans Sedan, a mis bas les armes avec 40,000 hommes.

La bataille, commencée hier à 4 heures sous les murs de Sedan, a été suspendue vers 2 heures, pour reprendre à 3 heures avec une nouvelle furie, et était à 5 heures définitivement terminée. Mac-Mahon et son armée étaient rejetés dans Sedan, cernés par l'armée prussienne au nombre de 250,000 hommes et hors d'état de tenir deux jours dans des fortifications insuffisantes.

A six heures, un officier d'état-major français se présentait, en parlementaire, au quartier général du roi de Prusse, pour discuter les termes d'une capitulation. On trouva qu'il n'avait pas qualité pour traiter du sort de toute une armée, enfermée dans la place. On demanda à traiter avec le général O'Reilly, commandant de la place. Celui-ci, à son tour, fut envoyé. Il reçut pour réponse que toute défense sérieuse dans Sedan étant impossible à l'armée française, on exigeait qu'elle se rendît à discrétion.

A ce moment, il n'était pas encore question de l'Empereur, dont on ignorait la présence dans le camp français, et le silence gardé sur un fait si capital par le parlementaire fut plus tard hautement blâmé. Tout à coup, une acclamation immense parcourut le camp prussien : *Der Kaiser ist da !* (L'Empereur est là !)

L'enthousiasme était immense dans l'armée prussienne. Les soldats jetaient leurs armes et s'embrassaient, regardant la guerre comme finie. Un quart d'heure après, toutes les musiques prussiennes jouaient. Quelques-unes se mirent à exécuter les airs de *Partant pour la Syrie* et même la *Marseillaise;* mais des envoyés allèrent aussitôt leur imposer silence, pour que l'armée prussienne ne gâtât pas son triomphe, en ayant l'air d'insulter au malheur des vaincus.

Le comte de Bismark était vivement entouré et félicité. Il répondait :

— Messieurs, je ne suis pour rien dans le succès de cette guerre. Adressez-vous au roi, à de Moltke. Je n'ai rien fait...... Si pourtant, dit-il en se reprenant vivement, j'ai fait quelque chose. J'ai fait que les États du Sud de l'Allemagne nous ont aidés de leur puissant appui, et c'est à eux, c'est à nos braves Bavarois et Wurtembergeois que nous devons cette dernière journée.

On sait, en effet, que ce sont les armées des États du Sud qui ont surtout donné dans la journée du jeudi.

La population de Sedan était tout entière sur les remparts depuis que le feu avait cessé, et regardait l'immense déploiement de l'armée prussienne, comme s'il se fût agi d'un simple spectacle.

L'Empereur a été pris à Vendresse. Le lendemain matin, vendredi, il se rendait au quartier général du roi de Prusse.

Napoléon III était dans une calèche, accompagné de plusieurs généraux, parmi lesquels on a reconnu les généraux Lebrun et Félix Douay.

Deux uhlans à cheval marchaient seuls en tête de la calèche, qui n'était entourée que des piqueurs impériaux.

L'état-major prussien s'est réservé exclusivement le télégraphe militaire, d'ailleurs très-insuffisamment organisé, pour envoyer les premières dépêches à Berlin. Le général Sheridan, qui accompagnait l'armée prussienne, a été seul autorisé à en disposer pour adresser une dépêche aux États-Unis, où le comte de Bismarck tenait vivement à faire parvenir sans retard cette grande nouvelle.

III

On lit dans le *Times* :

L'officier qui se présenta pour parlementer avec le général de Moltke était, je crois, le général Reille, qui avait été attaché à la personne du roi lors de la visite de ce prince à Compiègne. Il portait une lettre autographe de l'Empereur adressée à Sa Majesté et écrite d'une main assurée. Vous en connaissez déjà les termes : *Monsieur mon frère, n'ayant pu mourir à la tête de mon armée, je dépose mon épée aux pieds de Votre Majesté.* Cette lettre fut immédiatement portée au roi, qui, avec le général de Moltke, le comte de Bismarck et son état-major, considérait d'une hauteur qui domine Wadelincourt la ruine d'un empire.

La réponse de S. M. fut courtoise et ferme ; on informa le général Wimpffen que les conditions offertes étaient la reddition de l'armée toute entière, canons, chevaux et matériel. Je ne sais pas si dès ce moment les officiers furent exemptés de cette reddition générale ; mais le général français déclara qu'il périrait plutôt sur le champ de bataille que de signer une capitulation si pénible. Cependant le soleil descendait au couchant, éclairant le passage du roi vers Vendresse, au milieu de l'ovation enthousiaste de ses soldats, rangés le long de la route qui s'étend au sud de la Meuse.

Le prince royal ne reçut pas un moins chaleureux accueil à son retour à Chimery. On savait que l'empereur s'était rendu sans conditions et que son armée allait capituler. La rue du pauvre village où le prince était logé présentait un spectacle extraordinaire. Elle était bordée de soldats tenant des chandelles allumées qui, au milieu d'un air tranquille, ne vacillaient point.

Ce fut presque un désappointement pour eux de voir que le prince royal n'était pas accompagné de l'empereur...

Il était très-tard quand le prince royal se mit à table pour diner. Pour la première fois durant la campagne, le prince royal porta un toast au roi et à l'armée.

On but du vin de Champagne (encore une innovation à la table royale) destiné à l'empereur, et qui avait été capturé avec d'autres provisions par un régiment de dragons prussiens et présenté au prince royal. Quoique l'opinion générale de l'armée fût que la paix était désormais assurée, les personnes qui environnaient la table du prince discutaient la question avec un peu moins de certitude quant au résultat. L'hésitation à signer la capitulation n'avait pas une grande signification, car une nuit de réflexions corroborées et hâtées par la vue des préparatifs qui se faisaient, devait, on le sentait bien, mettre hors de question un refus positif.

Des officiers français venus en parlementaires avaient déclaré eux-mêmes que la démoralisation des troupes était complète. Ils craignaient aussi que les prussiens qui s'en retourneraient avec la réponse à la lettre de l'empereur ne fussent accueillis par des coups de fusil, et l'un d'eux dit : « Ils tirent sur nous, leurs officiers. » L'ordre fut alors donné aux différents corps de se rapprocher de Sedan, et quand les feux de garde furent allumés, la ville ressemblait à un point noir au milieu d'une vaste ceinture de feu qui éclairait au loin l'horizon. Ce que cette nuit a dû être pour les blessés, on ne saurait l'imaginer, si l'on n'a pas vu combien sont grandes ces souffrances, que la nature apaise cependant à mesure que le temps se consume et que la vie décline.

A dix heures, on devait bombarder la ville et canonner l'armée française rangée sous ses murs, si la capitulation n'était pas signée. Il est certain que la scène, au dedans et en dehors des murs, fut, pour employer une expression énergique, « un enfer déchaîné. » Quand l'empereur, qui passa là des heures affreuses, se mit à regarder le lendemain matin, il put apercevoir une forêt d'acier et de fer dans la vallée et sur les hauteurs, des batteries placées sur chaque éminence et de la cavalerie dans toutes les plaines, aussi loin que son regard pouvait pénétrer cette masse profonde de bataillons allemands. Enfin sa décision fut prise. Il voulut voir le roi et essayer d'obtenir de lui quelque adoucissement aux termes de la capitulation. Accompagné d'un petit nombre d'officiers de son état-major à cheval, il prit, dans un coupé, la route qui s'éloigne de Sedan.

Le comte de Bismark était au lit, dans ses quartiers de Donchery, quand un officier se précipita dans sa chambre pour lui annoncer que l'empereur venait le voir, lui et le roi. Il se leva, s'habilla à la hâte, afin d'aller à la rencontre de l'empereur. Il arriva juste à temps pour arrêter le cortége en dehors de la ville.

J'étais à l'écart dans la campagne, et je ne puis, en conséquence, certifier par ma connaissance personnelle ce qui se passait. Au moment où l'empereur descendait de voiture, le comte de Bismarck, ainsi qu'on me l'a raconté, se découvrit. L'empereur lui ayant fait signe et l'ayant prié de se couvrir, le comte lui répondit :

« Sire, je reçois Votre Majesté comme je recevrais le roi mon maître. »

Près l'endroit où eut lieu l'entrevue, à quelques centaines de mètres de la petite ville de Donchery, se trouvait la modeste cabane d'un humble tisserand, comme il y en a beaucoup aux environs de Sedan.

Le comte de Bismarck, prenant les devants, y entra. La maison n'avait rien d'engageant. Le comte en franchit les marches, et, voyant que l'appartement était rempli par le métier de l'artisan et son attirail de travail, il redescendit et trouva l'empereur assis sur une pierre en dehors de la cabane. On prit deux chaises qui furent mises devant la porte, et l'empereur s'étant assis sur l'une d'elles, le comte de Bismarck vint s'asseoir à sa gauche. Les officiers qui avaient accompagné leur maître déchu s'étaient assis à quelque distance, sur un amas de gazon, devant la cabane.

Ce fut une étrange conversation. Comme le comte de Bismarck l'a librement racontée, au moins dans ses principaux détails, je ne doute pas qu'elle ne soit bientôt connue et qu'elle ne soit acquise pour toujours à l'histoire. Le grand point était d'obtenir la paix, mais, en ce qui concerne l'empereur, le comte de Bismarck ne put obtenir aucune assurance sur ce point.

L'empereur déclara qu'il n'avait aucun pouvoir, qu'il ne pouvait pas négocier la paix, qu'il ne pouvait donner d'ordre ni à son armée ni au maréchal Bazaine; que l'impératrice était régente de France et que c'étaient elle seule et ses ministres qui avaient qualité pour négocier.

Le comte de Bismarck répondit que, dans ce cas, il n'y avait aucune utilité à continuer une conversation politique avec l'empereur, et qu'il ne servirait de rien de voir le roi.

L'empereur exprima alors le désir de le voir en personne. Mais le comte de Bismarck répliqua qu'il n'était pas possible d'accéder au vœu de S. M. avant que la capitulation ne fût signée. Et alors, raconte M. de Bismarck, comme la conversation devenait difficile des deux côtés, nous y mîmes fin. Ainsi se termina cette première entrevue.

Le comte de Bismarck se rendit ensuite auprès du roi, tandis que l'empereur se retirait pour consulter ses officiers. Ce fut un terrible moment. La garnison de Sedan était furieuse à l'idée de capituler; mais, sur une ligne noire effrayante, à chaque sommet, chaque éminence au-dessus des deux rives de la Meuse, on apercevait les batteries rangées et prêtes à vomir un feu meurtrier sur la malheureuse ville.

Il y avait là 600 canons formant une ceinture de fer. Avec un petit nombre de canons sur ses murs, avec l'artillerie de campagne presque anéantie, la ville, complétement dominée de trois côtés, ne pouvait opposer aucune résistance.

Les troupes placées en dehors auraient été écrasées et n'auraient plus offert que des monceaux d'os et de chairs, comme l'histoire n'en a jamais vus dans ses pages les plus sanglantes.

On rédigea donc les termes de la capitulation, et enfin les modifications sur lesquelles les Français insistaient relativement aux armes et à la parole des officiers furent acceptées. A onze heures et demie, la capitulation était signée telle qu'elle avait été décidée par le général Wimpffen et le général de Moltke. Je crois que le comte de Bismarck y prit part.

Quand tout cela eut été réglé, le roi reçut la visite de l'empereur comme son prisonnier sur une petite colline boisée qui descend vers la Meuse. A peu de distance de Sedan et séparée de la ville par la rivière, se trouve une petite maison de campagne bâtie sur le modèle des anciens châteaux, mais entièrement neuve et ornée à ses quatre angles de serres chaudes. Elle domine une admirable vue sur la vallée et sur la ville, et est entourée par des parterres et de petites plantations qui la séparent de la route.

Vers deux heures, le roi, avec ses gardes du corps et une escorte de cuirassiers, accompagné du prince royal et de plusieurs officiers d'état-major, s'avança vers le château, fort agréablement meublé, et y reçut l'empereur, qui s'y rendit avec son état-major et une escorte, qui alla se ranger de l'autre côté de l'avenue faisant face aux cuirassiers royaux. Le roi et son prisonnier se retirèrent dans une des serres, où le cortége qui les avait respectueusement accompagnés put les voir causer avec une grande animation.

IV

Voici d'après le *Times*, le texte de la conversation du roi de Prusse avec Napoléon III au château de Bellevue, près de Sedan :

LE ROI. — Dieu m'a donné la victoire dans la guerre qui m'a été déclarée.

L'EMPEREUR. — Cette guerre n'est pas mon œuvre. Je ne l'ai n cherchée ni désirée, mais j'y ai été poussé par l'opinion publique en France.

LE ROI. — Je le sais. Votre Majesté a dû obéir à l'opinion publique, mais ce sont vos ministres qui ont créé cette opinion. L'armée française s'est battue avec une grande bravoure.

L'EMPEREUR. — Oui, sire, mais les troupes de Votre Majesté ont fait preuve d'une discipline qui fait défaut depuis quelque temps dans mon armée.

LE ROI. — Depuis quelques années l'armée prussienne s'est mise à la hauteur des derniers progrès de la science.

L'EMPEREUR. — Votre artillerie, sire, a gagné la bataille. L'artillerie prussienne est la première du monde.

LE ROI salue.

L'EMPEREUR. — C'est le prince Frédéric-Charles qui a décidé du sort de la journée. C'est son armée qui a enlevé notre position.

LE ROI. — Je ne comprends V. M. C'est l'armée de mon fils qui s'est battue à Sedan.

L'EMPEREUR. — Et où donc est le prince Frédéric-Charles?

LE ROI. — Il est avec sept corps d'armée devant Metz.

Ici l'empereur tressaille et paraît vivement frappé. Mais il reprend bientôt son sang-froid. Le roi lui demande s'il a quelques conditions à imposer.

L'EMPEREUR. — Aucune. Je n'en ai pas le pouvoir. Je suis prisonnier.

LE ROI. — Puis-je demander à Votre Majesté quel est le gouvernement avec lequel je puis traiter?

L'EMPEREUR. — L'Impératrice et les ministres ont seuls le droit de traiter. Je suis impuissant. Je ne puis donner des ordres ni poser des conditions.

Le reste de la conversation fut relatif au choix de l'endroit où l'empereur serait envoyé.

APPENDICE XI.

L'EMPEREUR PRISONNIER.

I

On lit dans l'*Indépendance belge* :

L'ex-empereur des Français a traversé aujourd'hui dimanche, le territoire belge.

Samedi, vers cinq heures de relevée, il arrivait à Bouillon pour y passer la nuit. Il était accompagné de plusieurs officiers généraux, parmi lesquels on cite un de ses aides de camp, le général Castelnau, les généraux Reille, de Vaubert, le prince Ney de la Moskowa et d'une vingtaine d'officiers de divers grades. Plusieurs officiers supérieurs de l'armée prussienne représentaient dans ce cortège le commandant en chef des armées allemandes, S.M. le roi de Prusse, qui avait obtenu du gouvernement belge l'assentiment nécessaire au passage de Napoléon par notre territoire.

Un escadron de chasseurs de l'armée belge précédait la voiture de l'ex-empereur, à la droite de laquelle chevauchait un officier belge, à la gauche un écuyer de la maison impériale, et qui était suivie d'une vingtaine de voitures contenant les bagages du prisonnier.

Napoléon est descendu à l'*Hôtel des postes*, où il a dîné avec une trentaine de personnes, et où il a passé la nuit.

Dimanche à midi, Napoléon était à Libramont, petite station sur la ligne du Luxembourg. Le train qui devait l'emmener n'était pas prêt.

Une heure au moins s'est écoulée avant le départ. Cette heure, l'ex-empereur en a passé la moitié dans la salle d'attente de la gare de Libramont; l'autre moitié sur le quai, causant avec plusieurs personnes, notamment avec M. le comte de Montholon, qui lui donnait des témoignages touchants de son dévouement et qui ne pouvait retenir ses larmes. M. de Bersolle, secrétaire de la légation de France à Bruxelles, était à Libramont. Napoléon s'est aussi entretenu avec lui. Il a également adressé la parole à un ingénieur de la compagnie du Luxembourg, à qui il a fait connaître le séjour qui lui a été assigné. « Je vais à Cassel, » a-t-il dit. Son insouciance a frappé toutes les personnes présentes. Il s'en est départi pourtant, mais un seul instant, lorsqu'on lui a remis une dépêche de son fils, ou plutôt du gouverneur de son fils, datée de Maubeuge et ainsi conçue :

« Empereur Napoléon.
» A Bouillon ou à Libramont.
» Le prince est ici en bonne santé.
» Il attend vos ordres. »

Enfin le train est formé. Il se compose d'un petit nombre de voitures. Le wagon réservé à l'ex-empereur est divisé en trois compartiments : au centre un salon, et de chaque côté un coupé. L'ex-empereur prend place dans l'un des coupés. M. le lieutenant-général baron Chazal, qui avait été prévenu samedi de l'entrée de Napoléon en Belgique, et qui s'était immédiatement rendu de Bure, où était son quartier général, à Bouillon, monte en voiture après lui, avec son aide de camp, le capitaine Sterckx.

Les autres voitures sont occupées par deux officiers généraux prussiens, un officier général français, qu'on dit être le général de division Félix Douay, et par l'écuyer de Napoléon, M. Raimbaux. L'un des généraux prussiens, le général von Boyen, est coiffé d'un casque; l'autre, qu'on dit être un prince allemand, le prince de Linne, était coiffé d'une simple casquette de petite tenue de campagne. M. Raimbaux était en grand costume d'écuyer, couvert de broderies et d'aiguillettes.

Il n'est pas entré une personne de plus dans le train, si ce n'est M. Mathieu, directeur de l'exploitation de la compagnie du Luxembourg, qui était venu à Libramont pour diriger la formation du train et le conduire jusqu'à Liége.

Le train a pris la ligne de l'Ourthe, à Marloye. Sur tout le parcours, la nouvelle du passage de Napoléon s'était répandue avec une rapidité électrique, quelque précaution qu'on eût prise pour la tenir aussi secrète que possible. Toutes les stations, et jusqu'aux moindres haltes, étaient encombrées de curieux auxquels, pour la plupart, il n'a pas été donné d'apercevoir celui qui fut empereur des Français, car presque partout le train passait comme un ouragan.

A Jemelle, pourtant, le train s'est arrêté, pendant quelques minutes, pour prendre de l'eau.

Jemelle, comme on sait, est à une très-petite distance de Rochefort, et l'on sait aussi que, depuis une quinzaine de jours, le prince Pierre Bonaparte était venu s'établir dans cette localité, dont il a habité autrefois les environs. Le prince Pierre avait été prévenu du passage de son cousin. Il était dans la gare; mais au moment de l'arrivée du train, pour le soustraire à la curiosité de la population qui se pressait sur le quai, le chef de station l'avait fait passer de l'autre côté de la gare, du côté de la voie.

Profitant des dix minutes d'arrêt, les deux cousins ont lié conversation, Napoléon demeurant assis dans sa voiture, le prince Pierre debout à la portière.

De cette conversation, entrecoupée par les sanglots du prince Pierre, on n'a entendu qu'un mot dit par le voyageur prisonnier : « Nous nous reverrons sous peu. »

Il était 3 heures 50 minutes, lorsque le train entrait en gare à Liége. Pour épargner à l'ex-empereur l'entrée d'une gare aussi fréquentée que celle de Liége, on avait songé à changer à Angleur la direction de la locomotive et à prendre immédiatement la route de Verviers; mais cela n'a pas été possible. Du reste, le voyageur n'a pas eu à souffrir de la curiosité publique, et son attitude a prouvé qu'il ne la redoutait pas. La population liégeoise ignorait que Napoléon dût passer devant Liége. Il n'y avait donc pas beaucoup de monde dans la gare : cent cinquante personnes tout au plus, les employés du chemin de fer et des voyageurs débarqués à Liége quelques instants auparavant par les trains des lignes de l'Ourthe et du Nord belge, et qui, avertis par une indiscrétion de la surprise que leur ménageaient les circonstances, avaient gardé leurs coupons, attendant pour entrer en ville que l'ex-empereur eût paru.

Tous les assistants se pressaient aux abords de la voiture occupée par le prisonnier. Napoléon était caché par le store de son coupé; mais s'apercevant de l'empressement du public et devinant son désir, il ne tarda pas à y satisfaire en écartant le rideau qui dissimulait ses traits. Il s'est laissé voir, mais sans regarder ceux qui le contemplaient.

Les impressions qu'a laissées cette apparition sur les personnes présentes sont des plus variées. « Il a une bonne figure tout de même, » disait l'un. Un autre était frappé de son calme, et constatait qu'il fumait encore son éternelle cigarette. D'après un troisième, ses traits vieillis et fatigués, son œil terne, sa pâleur révélaient une grande fatigue et un immense énervement.

Les assistants ont gardé devant Napoléon un profond silence. Au moment du départ, les hommes ont salué le prisonnier.

A quatre heures dix minutes, le sifflet de la machine s'est fait entendre, et le train est parti pour Verviers.

Napoléon doit passer la nuit dans cette ville. Des appartements ont été retenus pour lui à l'Hôtel du Chemin de fer, près de la station.

Demain matin, à six heures et demie, il part pour l'Allemagne, où il sera interné près de Cassel, au château de Willemshœhe, ancienne résidence des princes-électeurs et du roi de Westphalie, Jérôme Napoléon.

Un train spécial conduisant les équipages de l'ex-empereur a quitté Libramont peu de temps après le train de Napoléon. Ce train a passé dimanche soir; il a été dirigé sur Verviers et de là sur l'Allemagne, où il précédera l'ex-empereur.

II

On écrit de Leipzig :

La captivité de l'empereur est absolument de forme, et Willemshœhe n'a aucune espèce de ressemblance avec Sainte-Hélène. On voit bien aux environs du château quelques sentinelles, mais ce n'est pas certainement en vue de surveiller l'empereur qu'elles y sont placées.

L'empereur jouit de sa liberté absolue d'action. Il se promène à pied ou en voiture quand et où bon lui semble. D'ordinaire il est accompagné des princes de la Moskowa et Murat. Il étend ses promenades bien au delà de la partie réservée du parc, et ne semble pas tenir à se soustraire aux regards des curieux, fort peu nombreux du reste.

J'ai eu l'occasion de le voir de près et assez longtemps. Je l'ai à peine reconnu. Quel changement ! Il semble avoir vieilli de trente ans, depuis cinq ans que je ne l'avais vu. Sa figure boursoufflée, d'un teint bilieux et jaunâtre, ses yeux éteints, fatigués, sans rayon, sans regard même ; ses mouvements rares, gênés, presque mécaniques, — tout cela produit un effet pénible et triste. Sa physionomie ne se distingue que par le manque complet d'expression ; on dirait de l'accablement poussé jusqu'à la stupeur apathique. La vie ne s'accuse que par la respiration.

Voilà ce qui reste de l'homme qui a fait trembler l'Europe et qui fait pleurer maintenant encore des centaines de milliers de braves gens. Némésis a commencé son œuvre.

« L'empereur se couche tard et se lève de fort bonne heure. On voit les fenêtres de sa chambre à coucher éclairées encore passé minuit. Avant l'aube, entre quatre et cinq heures du matin, il fait déjà sa première promenade dans le jardin. Souffrirait-il d'insomnies?

Napoléon et ses généraux ont apparemment conscience de la gravité tragique de la situation; mais les officiers subalternes de sa maison ne paraissent pas en comprendre le premier mot.

Ils se promènent joyeusement dans le parc, rient aux passants, s'amusent des cascades, qu'ils comparent volontiers aux eaux de Versailles, fument, font des calembours et se conduisent, en un mot, avec toute l'insolence frivole de laquais accompagnant un joyeux maître qui ferait un voyage de plaisir à travers l'Allemagne.

La nouvelle que l'empereur en a congédié la plus grande partie sera accueillie à Cassel avec une vive satisfaction. J'ai parlé à quelques-uns, et je me suis convaincu qu'ils sont encore plus frivoles qu'ils n'en ont l'air. C'est beaucoup dire. Ils répètent à qui veut l'entendre que la « Prusse remettra l'ordre en France, que l'empereur y rentrera, — étrange illusion! — à la tête des bataillons prussiens... »

Un de ces messieurs, qui avait d'ailleurs les manières d'un homme du monde, déniait énergiquement — le 8 septembre! — que la République fût proclamée à Paris. Il qualifiait cette nouvelle de simple « canard prussien. »

Et comme je ripostais que j'avais reçu le matin même d'un ami de Paris le premier numéro du *Journal officiel de la République française*, et que je serais heureux de le mettre à sa disposition, il haussa les épaules et me répondit avec un air de supériorité qui me fit baisser les yeux : « Mais, mon Dieu, monsieur, il ne faut pas croire tout ce qu'il y a dans les journaux. »

Je pris le sage parti de garder le silence de la confusion.

III.

On écrit de Cassel, au *Journal de Francfort* :

A en croire les apparences, l'ex-empereur vit à Wilhelmshœhe d'une manière fort retirée et comme s'il ne voulait plus avoir de rapports avec le monde extérieur; on évite même tout ce qui pourrait attirer l'attention du dehors.

Comme tout prisonnier politique qui veut se distraire des ennuis de sa captivité, l'empereur se montre souvent dans la journée à une croisée ouverte du château, une tasse à la main dans laquelle il prend des miettes de pâtisserie qu'il distribue ensuite aux nombreux moineaux qui viennent voleter sous les fenêtres de ses appartements. Puis il fait une courte promenade. Avant sa sortie du château, on prévient les sentinelles que l'empereur va passer pour qu'elles puissent présenter les armes, ce qui pourrait quelquefois n'avoir pas lieu, attendu qu'il sort souvent en tenue civile.

On nous assure que les soldats allemands ne s'accommodent guère de cette dure formalité, mais la consigne est la consigne.

Voilà pour l'extérieur.

Quant à l'intérieur, c'est tout autre chose. Une vive agitation politique ne cesse de régner parmi les hôtes du château de Wilhelmshœhe; ce sont des allées et des venues continuelles, des dépêches et des lettres arrivent et partent, et les diplomates les plus marquants de l'ancien empire font de fréquentes visites à Sa Majesté. Ces jours-ci, le marquis de Lavalette a passé une journée entière au château. Il est peu probable que ces voyages aient d'autre but que des visites de politesse. Nous nous en tenons à l'opinion généralement admise que d'importants conciliabules ont lieu entre le maître et les serviteurs, et que ceux-ci ne font que lui transmettre les fils d'une trame habilement ourdie.

APPENDICE XII.

LES PRISONNIERS DE SEDAN. (1)

1.

On lit dans le *Daily Telegraph* :

J'écris dans l'intérêt de l'humanité plutôt qu'avec l'intention ou l'espérance de vous donner des nouvelles. J'écris, non pour vous raconter ce que j'ai entendu, mais pour décrire ce que j'ai vu. J'écris à la requête de 10,000 pauvres Français qui, apprenant que j'étais Anglais, m'ont demandé par une députation de venir, et de juger par moi-même et de faire connaître au monde civilisé, comment eux, captifs, sont traités par les vainqueurs.

Puisse mon récit vous donner quelque idée de la vérité.

Vendredi dernier, l'armée de Mac-Mahon, au nombre de 80,000 hommes, se rendit prisonnière de guerre. Pouvez-vous croire que depuis ce temps (cinq jours pleins) tous les hommes de cette armée et les officiers qui n'avaient pas voulu signer l'engagement de ne pas porter les armes contre la Prusse pendant la guerre, ont été laissés à découvert dans un champ, sans tentes, sans couvertures d'aucune sorte et avec une nourriture à peine suffisante pour les empêcher de mourir? J'ap-

---

(1) La liste des prisonniers français faits à Sedan, dit le *Journal de Genève*, se compose de 1 maréchal de France, 39 généraux, 230 officiers d'état-major, 2,095 officiers et 84,433 sous-officiers et soldats.

Le butin en matériel comporte 400 pièces de campagne, 180 pièces de position et 80,000 quintaux de poudre.

pris hier la situation affreuse de ces malheureux, mais je ne voulus pas croire ce qui m'était dit.

Je viens donc aujourd'hui de Florenville pour voir et juger par moi-même. Dans un étroit espace, 80,000 hommes sont entassés comme du bétail depuis qu'ils ont été faits prisonniers, le 2 de ce mois. 20,000 d'entre eux ont déjà été dirigés sur l'Allemagne, et aujourd'hui pendant que j'étais présent, 10,000 hommes et environ 300 officiers furent mis en route par le chemin de fer qui doit les conduire en Prusse. Mais je les vis avant leur départ, et j'assistai à la scène la plus douloureuse qu'on puisse imaginer.

Depuis qu'ils se sont rendus, ces infortunés n'ont pas reçu une once de viande, et ils n'ont eu pour vivre qu'un dur biscuit pour deux jours.

Parmi les officiers prisonniers, j'avais quelques connaissances et deux ou trois amis. Ils m'affirmèrent, et leur air affamé confirmait leurs paroles, que littéralement, et non au figuré, ils mouraient de faim. L'un d'eux, gentleman de noble naissance et d'un courage reconnu, me demanda si je ne pouvais lui procurer un peu de nourriture. Je courus à ma voiture, j'en rapportai un pain, quelques tranches de viande froide, avec la moitié d'une volaille que j'avais prise à Florenville pour mon lunch. Mon ami, qui, quelques mois auparavant, n'aurait pas daigné dîner dans un restaurant de second ordre, dévora ce que je lui offrais, comme un loup affamé, toutefois après avoir partagé avec son ordonnance.

Je lui offris quelques banknotes, mais il m'assura que lui et ses compagnons avaient assez d'argent pour parer aux éventualités. Les autorités prussiennes, cependant, ne leur permettent pas d'acheter ce dont ils ont besoin. Quant aux hommes, ils étaient, si faire se peut, dans un état plus pitoyable encore que les officiers. Ils avaient été laissés pendant quatre jours dans un camp, exposés à la pluie. Ils ne pouvaient changer de vêtements. Ils étaient mouillés comme s'ils eussent été plongés dans l'eau. Un grand nombre grelottaient de la fièvre, d'autres souffraient de toutes sortes de maladies.

Des centaines d'entre eux pouvaient à peine se tenir debout, tant ils étaient raidis par des rhumatismes ; mais pas un médecin n'avait été appelé près d'eux. Les médecins français, retenus comme prisonniers, avaient été envoyés aux blessés de leur propre armée, et la plupart des malades étaient misérablement abandonnés.

C'était un lamentable spectacle.

Si l'armée prussienne avait souffert du manque de provisions, ses prisonniers devaient naturellement supporter les mêmes privations. Mais il n'en est pas ainsi. L'armée prussienne est abondamment pourvue à Sedan. Les hommes, chaque jour, ont deux excellents repas de viande.

Tout le pays a été mis à contribution par eux, et il est inutile de parler de l'énormité de ces contributions imposées aux villes et villages qui, s'ils ne peuvent payer, sont pillés par les soldats. Aujourd'hui, je vis quelques milliers de prisonniers français mis en route pour la Prusse. Les soldats ouvraient la marche, les officiers venaient ensuite. Il eût été d'une vulgaire courtoisie de laisser ces prisonniers s'en aller en paix; mais non; ils étaient précédés par une musique militaire jouant des airs de triomphe. On les faisait marcher par sections comme à la parade, et même quand les officiers restaient un instant en arrière, ils étaient battus à coups de crosse et poussés aux cris : « — En avant! en avant! » Affaiblis, malades, se tenant à peine, souffrant de la fièvre, de la dyssenterie, mouillés jusqu'aux os, perclus de rhumatismes, ces hommes, officiers et soldats, étaient poussés le long de la route, pendant dix milles, à un pas rapide.

J'ai longtemps servi dans l'armée anglaise; j'ai eu la mauvaise fortune d'être prisonnier des Sickes qui, certes, ne me traitèrent pas bien. J'ai été longtemps en Syrie, en Asie Mineure, et j'ai été témoin de ce qu'on peut infliger de brutalité en fait de traitement à des prisonniers. Eh bien! en prenant toute chose en considération, je le jure devant Dieu, je ne vis jamais rien de plus inhumain que le traitement des prisonniers français de Sedan. Si les hommes en lesquels j'ai le plus de confiance m'avaient raconté ce dont j'ai été témoin, jamais je ne l'aurais cru. Aujourd'hui encore, après avoir eu devant les yeux des scènes d'une cruauté inouïe, exercée de sang-froid, je puis à peine me croire moi-même, et j'hésite à écrire ce dont j'ai été témoin.

Mais j'affirme que mes paroles ne présentent que faiblement la réalité, et que, si la presse anglaise ne la fait connaître, des milliers de vies seront à ajouter à celles que coûte déjà cette horrible guerre.

II

La *Gazette de Cologne* publie une lettre de M. Julius Wickede, relative au passage des prisonniers français à Pont-à-Mousson durant plusieurs semaines, et à laquelle nous empruntons les observations suivantes :

La grande majorité de tous les officiers français se comportait avec toute la convenance et la dignité que cette position devait imposer à des hommes d'honneur; la douleur la plus profonde se lisait sur leur mâle visage et l'on ne pouvait s'empêcher d'éprouver pour eux respect et pitié. Quiconque a lu l'ensemble de mes lettres à la *Gazette de Cologne* sera bien convaincu assurément que je ne suis point l'ami des Français; mais je n'en ressens pas moins maintenant de vives sympathies pour beaucoup de Français pris individuellement et, en particulier pour les officiers de leur armée.

Cette armée régulière s'est jusqu'à présent battue contre nous, dans tous les combats de la manière la plus brave, et nous a contraints, nous ses ennemis, à lui accorder la plus grande estime. En mettant en dehors les turcos, les troupes françaises nationales se sont toujours comportées de la manière la plus convenable envers tous les prisonniers et les blessés, et elles les ont même souvent traités avec un véritable dévouement, comme je l'ai appris en particulier de la bouche de soldats et d'officiers qui ont été captifs à Metz. Cependant, tout en rendant le témoignage ci-dessus à l'attitude et au caractère de la grande majorité des prisonniers, de ceux en particulier qui étaient plus âgés et revêtus de grades élevés, je dois dire que, parmi les plus jeunes, j'en ai vu un certain nombre dont l'attitude montrait qu'ils ne se rendaient que de très-loin compte de leur véritable situation comme vaincus et prisonniers de guerre. L'air dégagé et la gaieté qu'ils affectaient m'ont très-désagréablement impressionné dans ces circonstances.

Du reste, j'ai toujours remarqué, dans les nombreuses occasions que j'ai eues d'être en contact avec les troupes françaises, soit en temps de paix, soit pendant la guerre, qu'il régnait dans leur corps d'officiers de plus grandes différences que cela n'est le cas dans l'armée prussienne. En particulier, la jeune génération des officiers formés sous l'empire et sous son influence démoralisante m'a fourni fréquemment des exemples de défaut de tact et d'arrogance.

On aurait pu croire que ces conséquences d'une mauvaise éducation devaient être le fait des officiers sortis des rangs des sous-officiers. Mais il n'en est rien. Il est vrai que cette catégorie d'officiers se montre souvent d'une ignorance, au point de vue de la culture intellectuelle et de l'instruction, qui serait impossible chez nous, mais en général ils se comportent toujours d'une manière sérieuse et digne.

Il s'est passé à Pont-à-Mousson des scènes vraiment caractéristiques, lorsque les centaines d'officiers qui étaient venus de Sedan à cheval, ont dû se séparer de leur monture pour prendre le chemin de fer; beaucoup vendaient immédiatement, avec selles, brides, etc., leurs chevaux, d'ailleurs fort éreintés, au premier venu pour 20, 30, 50, 100 francs. Aussi, dans les premiers jours, où les acheteurs n'avaient pas encore afflué à Pont-à-Mousson pour ce genre de commerce, avait-on pour une vingtaine d'écus de charmants petits étalons de race marocaine. Plus tard, les prix ont haussé et il s'est établi de véritables ventes aux enchères où, par exemple, un officier de mes amis a eu un bel étalon de race orientale pure avec selle, étriers et brides, pour vingt-cinq louis d'or, il l'a déjà revendu quatre-vingts louis. Les premiers jours donc des maquignons spéculateurs auraient pu faire ici de belles affaires; il est vrai qu'ils se seraient difficilement procuré le fourrage nécessaire.

Beaucoup d'officiers se séparaient avec une parfaite indifférence de leurs montures; mais beaucoup aussi ne les quittaient pas sans témoignages d'affection. Une scène très-émouvante a eu lieu en particulier lorsqu'un officier de chasseurs d'Afrique, à l'extérieur le plus sympathique prit congé de son brave coursier, noble bête à longue et noire crinière, de pure race arabe ; il l'embrassa, le flatta de la main, lui prodigua les mots les plus affectueux ; le cheval paraissait comprendre fort bien son maître et lui rendait presque tendrement ses caresses, comme cela arrive d'ailleurs fréquemment chez les chevaux de l'Orient. L'officier, après un combat intérieur pénible et qui se lisait sur sa figure, sortit tout d'un coup du fourreau son long sabre de cavalerie et en frappa son cheval droit au cœur ; celui-ci s'abattit raide mort, tant le coup avait été porté juste et fort. Sans s'inquiéter du harnachement pour le vendre comme d'autres, il quitta la place pour rejoindre ses camarades et monter avec eux en wagon.

La plupart des soldats que j'ai vus arriver en colonnes quotidiennes et par milliers étaient mourants de fatigue et de faim, épuisés et gelés. Ils avaient été fort mal nourris pendant les jours qui avaient précédé la bataille de Sedan, avaient combattu toute la journée, et pendant leurs quatre à cinq étapes de Sedan à Pont-à-Mousson, ils avaient dû bivouaquer en plein air, sous des torrents de pluie et vivre d'une manière misérable : avec la meilleure volonté du monde, dans l'état du pays, où l'on pouvait à peine trouver des vivres pour les troupes nécessaires à escorter les prisonniers, il était impossible de nourrir en outre convenablement ceux-ci au nombre de près de cent mille. Aussi tous n'ont pu recevoir des soins suffisants, pas même à Pont-à-Mousson, ni à Nancy. Cependant, malgré ces souffrances et leur triste situation, la plupart de ces hommes se conduisaient comme il sied à de braves soldats ; parmi les anciens sous-officiers, entre autres, il s'en est trouvé beaucoup dont l'attitude dans leur malheur était celle de gens d'honneur ; c'était parmi les zouaves que se remarquaient exceptionnellement quelques individus qui continuaient leurs rodomontades, et les soldats de marine semblaient être les plus grossiers et les moins disciplinés.

Après les convois de prisonniers, nous avons eu souvent de longues colonnes de 2,000 à 3,000 des chevaux pris à Sedan et qui étaient répartis entre tous les corps de l'armée allemande. Ces pauvres bêtes n'avaient eu pendant plusieurs jours à manger que la paille qu'elles trouvaient sur les emplacements des bivouacs, et plusieurs, pour tromper leur estomac, s'étaient dévoré réciproquement les poils de la crinière et de la queue. C'étaient, du reste, en grande partie des animaux bien bâtis, vigoureux, et qui, après avoir été convenablement soignés, pourront encore offrir à notre armée un élément de remonte qui n'est pas à dédaigner. Je dois dire qu'en général l'artillerie et la cavalerie françaises avaient fait d'énormes progrès dans le choix et le mode d'entretien de leurs chevaux de selle et de trait durant le règne de Napoléon III ; j'ai pu m'en convaincre personnellement chaque jour davantage par un retour sur ce qui se passait à cet égard, sous mes yeux, vingt ans auparavant.

En effet, en 1851, j'avais fait, comme officier attaché à un régiment de chasseurs d'Afrique, une assez longue campagne en Algérie, et je me souviens d'avoir été alors fréquemment scandalisé de la triste façon dont montaient les cavaliers français et surtout de la nature de leurs bêtes et de leurs misérables procédés d'entretien, de pansage, etc.

Tout cela, maintenant, a été amélioré au delà de toute comparaison.

APPENDICE XIII.

LES AMBULANCES A SEDAN.

I.

M. de Pressensé, qui a accompagné comme aumônier protestant la quatrième ambulance de la Société de secours aux blessés, a adressé au *Journal des Débats* la lettre suivante :

Monsieur,

J'arrive du théâtre de la guerre dans les Ardennes, où j'ai accompagné comme aumônier notre héroïque armée pendant la campagne qui vient de se terminer par la capitulation de Sedan. Je ne viens point faire une fois de plus le récit de ces grandes et terribles journées dont le souvenir sera un affreux cauchemar pour tous ceux qui ont eu la douleur d'y assister. Je reviens rassasié, accablé des horreurs dont j'ai été témoin. Je sais maintenant ce que renferme de sang et de larmes le mot de guerre ; ce n'est plus une abstraction pour moi, j'ai vu la réalité même, et tous ceux qui ont appris à la connaître comme moi ont voué la même haine à ce grand crime de lèse-humanité, sans oublier cependant que la défense du sol et de l'honneur national vaut encore plus que tout ce qu'elle coûte. Oui, j'ai vu la guerre d'abord dans sa préparation, dans une de ces marches accablantes qui désorganisent une armée, l'effondrent dans les chemins boueux, l'épuisent par la privation et l'exaspèrent par l'ignorance ou l'absence d'un plan compréhensible. Je l'ai vue ensuite plus meurtrière que les plus effroyables convulsions de la nature, tournant les ressources de la science, non pas contre les forces brutes du monde physique, mais contre l'humanité, et, grâce à l'artillerie perfectionnée de notre époque, mutilant affreusement la noble forme humaine, quand elle ne parvient pas à la détruire. Je l'ai vue enfin pillarde, insolente, implacable dans la victoire, dévastant la patrie bien-aimée. Nous l'avons maudite de toute notre énergie, et nous avons fait le serment de travailler à la rendre impossible, dès que la France se sera délivrée de ses envahisseurs. Le succès même de notre drapeau n'aurait pas changé mon sentiment. Sans doute je n'aurais pas le cœur déchiré et gonflé d'amertume comme aujourd'hui ; mais même avec son masque de gloire, la guerre, telle que je l'ai vue, ne m'en paraîtrait pas moins une monstruosité et une honte pour la société chrétienne. Pardonnez ce cri d'indignation et de douleur que je n'ai pu contenir !

Je ne songe nullement à vous entretenir des événements de ces derniers jours au point de vue militaire ; ce serait un tâche bien inutile, après les admirables comptes-rendus de vos correspondants. Mon seul but est d'attirer l'attention de vos lecteurs sur le côté le plus consolant de ces tristes événements, sur la noble mission remplie par la Société de secours aux blessés que j'ai vue à l'œuvre aux jours du péril et des grands événements. Son immense utilité a été démontrée avec éclat, de manière à confondre ses imprudents détracteurs qui ne pouvaient supporter une création spontanée de la charité publique à côté de la sacro-sainte administration française. Hélas ! ils savent maintenant ce que ce bel alignement budgétaire recouvrait d'impuissance et de désordre. Je me borne à raconter ce que j'ai vu dans l'ambulance à laquelle j'avais l'honneur d'être attaché. Qu'il soit bien entendu que le même dévouement courageux et infatigable dont j'ai été témoin s'est retrouvé égal à lui-même dans toutes les autres ambulances qui ont fait autant de bien au travers des mêmes dangers et des mêmes difficultés. Je n'écris qu'une page d'une grande et touchante histoire, mais cette page suffit pour faire apprécier l'œuvre générale qui plus que jamais, réclame nos sympathies et nos sacrifices.

La quatrième ambulance de la Société de secours aux blessés avait été placée sous l'habile direction de M. le docteur Pamard, chirurgien en chef de l'hôpital d'Avignon. Elle comprenait un personnel de vingt chirurgiens, deux aumôniers catholiques, un aumônier protestant et quatre-vingts infirmiers volontaires. A Paris, avant le départ, qui eut lieu le 17 août, comme aux premières stations du chemin de fer, nous reçûmes les témoignages les plus chaleureux d'approbation. Nous sentions battre en quelque sorte le cœur de notre France, si noble, si aimante quand une grande épreuve nationale en éveille l'écho le plus profond. A Châlons, où nous ne fîmes qu'une courte halte, nous fûmes atterrés par l'aspect du corps du général de Failly, qui, parti de Vitry-le-Français, se dirigeait à marches forcées vers le camp. Jamais je n'ai vu troupe plus harassée ; les figures et les uniformes disparaissaient sous la poussière blanche qui s'y était comme incrustée. Le lendemain, nous assistions à la levée subite du camp de Châlons. Le maréchal Mac-Mahon voulut bien nous recevoir et nous attacher à son armée. Nous fûmes frappés de sa tristesse ; on eût dit qu'il y avait sur ce front héroïque le sceau d'une destinée fatale que le courage le plus admirable ne pouvait conjurer.

Suivant l'armée étape par étape jusque dans les défilés des Ardennes, nous pûmes nous convaincre de sa fatigue extrême; bien qu'elle fût prête à combattre vaillamment et à mourir pour la patrie, elle doutait de l'habileté de ses chefs. Elle était lasse de leurs ordres et contre-ordres. Elle frémissait d'impatience en s'usant à des marches prolongées, qui ne la faisaient pas avancer. Il lui semblait qu'elle tournait sur elle-même. Le temps était mauvais, et les distributions de vivres rares et insuffisantes. On devinait le plan poursuivi, qui était la jonction des deux maréchaux Mac-Mahon et Bazaine; mais les tâtonnements du commandement ralentissaient une marche qui, pour réussir, aurait dû être foudroyante. On ne savait jamais, faute d'éclaireurs, si l'ennemi se dérobait ou se rapprochait. Le quartier général passa à Rethel la journée du 25 août, et celle du 27 août au Chêne, dans une visible hésitation. C'est au Chêne que, pour la dernière fois, nous vîmes l'empereur Napoléon; il souriait gracieusement à un journaliste qui a été l'un des plus furibonds conseillers de la guerre actuelle. Sa position à l'armée était affreuse; sa déchéance lui était signifiée à toute heure par le dédain irrité des soldats de tout grade.

C'est le dimanche 28 août que notre ambulance vit l'ennemi. Nous nous trouvâmes tout d'un coup entre les avant-postes des deux armées. Tout se préparait pour l'action décisive. Le lendemain, nous fûmes réveillés par les uhlans dans le petit village de Sommauthe. Notre brassard international fut respecté. Sur les 5 heures, le lundi 29 août nous gagnâmes Beaumont, qui devait être notre centre d'action les jours suivants. A peine arrivés, nous apprenons que l'on se bat au bois des Dames, charmante localité située à quelques kilomètres. On ne peut imaginer de constraste plus saisissant que celui qui existe entre cette nature souriante et les scènes de carnage qui désolent la contrée. Nous suivons une route verdoyante et moussue, un de ces beaux chemins de forêt encadrés de gracieuses collines, pour arriver au champ de bataille où retentissent les derniers coups de canon. Un certain nombre de blessés ont été déjà recueillis au château de Monval, splendide résidence où tout rappelle la vie élégante. C'est dans un beau salon, où l'on n'a laissé qu'un piano, que nos chirurgiens pratiquent leurs premières opérations. Les médecins militaires avaient dû suivre immédiatement le mouvement de leurs corps. Il est certain que sans l'ambulance internationale, un nombre important de blessés eussent expiré, privés de secours, sur le champ de bataille, sans qu'on pût s'en prendre à personne. Il n'est pas nécessaire de dire avec quelle habileté cette tâche était accomplie par nos chirurgiens, recrutés pour la plupart parmi les internes de nos hôpitaux. Tous brûlaient de s'y consacrer, d'autant plus heureux qu'ils rencontraient plus de fatigues et de dangers.

Les opérations sont nombreuses et graves. Nos soldats les supportent avec autant de vaillance que les balles. C'est alors qu'on voit reparaître le fond le plus intime du cœur humain ; quoi qu'en disent les détracteurs de notre nature morale, elle se révèle grande et divine. Le plus souvent, le soldat grièvement blessé ou mourant songe aux siens avec une tendresse dévouée et pense à Dieu. J'en pourrais fournir des preuves péremptoires. Nous entendions sangloter un jeune soldat qui allait mourir : « Je vous en supplie, nous dit-il, écrivez à mon père de manière à ne pas l'inquiéter. » Un autre s'écriait, au moment d'être amputé : « Je ne pourrai donc plus me servir de mon bras pour travailler pour mon père ! »

Nous repartîmes dans la nuit pour Beaumont. Avec la journée du mardi 30 août commença cette lugubre série d'échecs que la France a hâte de réparer. La surprise de Beaumont est connue dans tous ses détails. Elle a révélé un excès d'incurie qui dépasse tout ce qu'on peut imaginer. Le matin même, un paysan m'annonçait tout ce qui allait arriver d'après la position du campement, qui avait été établi au hasard sans être gardé par des sentinelles avancées.

Nos régiments faisaient la soupe au moment où commençait la mitraillade prussienne. L'infortuné général de Failly traitait d'alarmiste le messager qui lui annonçait le commencement de l'action. Je ne puis décrire ce que nous avons éprouvé à la vue de nos soldats réduits à l'impuissance, obligés de fuir après une résistance courageuse, mais désorganisée dès le début. Des pleurs amers jaillissaient de nos yeux en entendant le dur commandement de l'étranger retentir sur notre sol. Notre ambulance était au centre de la bataille. Les balles pleuvaient. Plusieurs de nos chirurgiens n'hésitèrent pas à traverser le feu pour ouvrir une seconde ambulance devenue nécessaire par le nombre croissant des blessés, qui inondaient de sang nos salles. Les femmes et les vieillards du village accouraient pour chercher un refuge dans l'établissement des Sœurs que nous occupions. Tout près de nous une maison brûlait ; soudain une bombe éclate dans notre ambulance et atteint quelques-uns de nos blessés. Le combat dura ainsi deux heures ; elles nous parurent courtes parce que, obligés de nous occuper des horribles souffrances que nous avions sous les yeux, nous échappions à toute pensée personnelle.

Quand la canonnade se dirigea du côté de Mouzon, nous avions déjà plusieurs centaines de blessés qui imposaient une tâche écrasante à nos chirurgiens. Une autre tâche non moins importante incombait à nous autres aumôniers et aux infirmiers, c'était de se rendre sur le champ de bataille et d'y recueillir les nombreux blessés qui s'y trouvaient encore. Quel spectacle que celui de ces morts, entassés ou épars au milieu des cadavres de chevaux et des débris de notre artillerie ! Tout attestait la surprise que l'on eût pu si facilement éviter. Avec M. le duc de Fitz-James et mes deux dignes confrères, MM. les abbés Nouvelle et

Dargaud, Pères de l'Oratoire, nous avons passé de longues heures à parcourir tous les buissons, prêtant l'oreille pour ne pas perdre un gémissement étouffé ou le battement du cœur d'un moribond. Un secours précieux nous survint. MM. Frédéric Monnier et Alfred Monod qui ont organisé dans le voisinage de Beaumont, à Pouilly, une ambulance, arrivèrent au travers du feu avec de vastes charrettes pour ramasser les blessés. Beaumont en reçut près d'un millier; on les répartit dans les maisons particulières et dans les granges. Il s'agissait pour nos vingt chirurgiens, aidés de quelques majors militaires, de suffire à de graves et multiples opérations, à d'innombrables pansements. Tout ce qui est humainement possible, ils l'ont fait; combien de vies n'ont-ils pas sauvées! Quant aux aumôniers, leur tâche était aussi bien belle, et j'ajoute bien facile. Avec quel empressement toute parole d'affection, de sympathie et de confiance n'était-elle pas accueillie! C'est alors que l'on comprend le prix d'un verre d'eau et d'un mot du cœur apportés au nom du Christ!

Par malheur, l'alimentation de nos chers blessés était très-insuffisante. Le passage d'un corps prussien met absolument à sec la contrée qu'il traverse. Ce n'est pas un pillage désordonné, mais, pour être méthodique, il n'en est pas moins réussi. Tout y passe en son temps. Les choses se font scientifiquement, mais complétement. Je n'oublierai jamais le départ des blessés français que l'on emmenait prisonniers en Allemagne, parce qu'ils étaient capables de tirer la jambe. Ils demandaient presque en larmes qu'on leur donnât un peu de pain, car, après un long jeûne, ils se sentaient incapables de faire la moindre étape. J'avais obtenu de notre ambulance une distribution de bouillon et de pain pour midi, heure désignée de leur départ. On eut la barbarie de les faire partir à onze heures. Impossible de leur donner une miette de ce pain qu'ils demandaient en pleurant. Je dois ajouter que, deux jours plus tard, les prussiens ont fait à Beaumont une part régulière à nos blessés dans leurs distributions. Ils ont en général observé les clauses de la convention de Genève à l'égard de notre Société internationale. Pourtant, dans un moment malheureux, un de leurs officiers s'est permis un acte de brutalité envers un chirurgien qui protestait contre l'enlèvement de l'omnibus de nos malades. Cet acte inqualifiable a été aussitôt désavoué et couvert par les excuses formelles du commandant de la ville. Les officiers prussiens sont souvent polis quand le dîner est bon et qu'on ne décline pas, fût-ce en cas d'impossibilité, leurs demandes de champagne, car ils sont persuadés qu'il coule en France comme l'eau des fleuves. Ils ne tolèrent aucun désordre moral de la part de leurs soldats; mais ils sont implacables pour les malheureux paysans qui se défendent. Ils les fusillent sans pitié. J'entendrai toute ma vie les cris désespérés d'un malheureux qui demandait en vain d'être épargné au nom de ses quatre petits enfants. Si l'escalier de l'étranger est dur à monter, il est encore plus dur d'entendre son pas lourd sur les degrés de nos maisons. Cette amertume ne nous a certes pas été épargnée. Nous avons vu défiler sous nos yeux deux armées prussiennes, avec leur immense matériel, leur artillerie formidable, et, par surcroît, le roi Guillaume et le comte de Bismarck en cuirassier. Si quelque chose console notre patriotisme, c'est de constater la force numérique de cette invasion allemande, qui est un déluge de fer et de feu.

La quatrième ambulance, fixée actuellement à Beaumont, a conservé les soldats grièvement blessés : les autres ont été évacués dans les localités voisines pour éviter l'encombrement. Les soins les plus attentifs et les plus habiles continuent à être donnés aux blessés non transportables. Il est incontestable que dans le mouvement rapide de nos armées, l'intendance militaire n'aurait pu suffire à la dixième partie de la tâche taillée par les batailles livrées dans les Ardennes. Aussi la gratitude de l'armée est-elle vive et profonde pour la Société internationale de secours aux blessés. Soldats, sous-officiers, officiers, l'ont exprimée dans les termes les plus chaleureux, en couvrant de bénédictions ceux qui leur avaient tendu une main secourable et fraternelle.

Deux scènes émouvantes ont donné essor aux sentiments patriotiques des blessés de Beaumont. Le curé du village, suivi des aumôniers de l'armée, a rendu les derniers devoirs, avec une grande solennité, à un colonel mort à l'ambulance. Deux jours après, je remplissais le même office pour un commandant protestant ; un instant après je prononçais l'adieu suprême sur la tombe d'un capitaine prussien. C'est ainsi que devant la mort et devant le Christ toutes les inimitiés disparaissent. Les honneurs militaires ont été rendus par les soldats prussiens à nos compatriotes comme aux leurs. On comprend ce que nous éprouvions devant ces fosses, alors que la bataille commencée et perdue à Beaumont se continuait pour notre malheur à Sedan. Deux jours après, la perspective du siége de Paris me ramenait à mon poste, après une odyssée assez aventureuse au travers des lignes bavaroises, dont je ne parle pas, parce qu'elle ne concerne que moi.

J'ai tenu à rendre hommage, non pas à l'œuvre d'une ambulance particulière, mais à l'œuvre générale de la Société de secours pour les blessés ; car ce qui s'est fait sur un point a été partout accompli avec le même dévouement et le même succès. Pour moi, ce sera l'un des grands et beaux souvenirs de ma vie d'avoir pu marcher avec mon pays dans les jours les plus douloureux qu'il ait traversés et d'avoir eu l'honneur d'être associé à cette généreuse et charitable campagne de la Société internationale. C'est dans de tels moments et dans une association semblable que l'on sent tout ce qu'a d'abominable la tentative de ceux qui voudraient réveiller les dissentiments religieux, et rompre le faisceau patriotique dans des jours où tout ce qui est Français n'a qu'un cœur et qu'une âme passionnément désireuse de la sauver par un dévouement à toute épreuve. Catholiques, protestants, hommes de toute tendance, nous n'avons qu'un désir, qu'une volonté : relever, affranchir notre France et, après l'avoir purifiée de la domination étrangère, aussi bien que des hontes corruptrices du pouvoir personnel, panser ses plaies en n'oubliant pas qu'elles sont surtout morales. Rien ne prépare mieux à cette œuvre sainte que la confraternité du dévouement et du sacrifice.

Recevez, etc.

EDMOND DE PRESSENSÉ, *pasteur*.

11

Le Docteur Rouge a adressé la lettre suivante au *Nouvelliste vaudois* :

Lausanne, le 21 septembre.

Monsieur le Rédacteur,

Permettez-moi de donner quelques renseignements aux personnes qui s'occupent en Suisse des victimes de la guerre actuelle.

Dans la campagne faite par notre ambulance, campagne trop tôt terminée par la défaite de Beaumont, par le désastre de Sedan, nous avons vu des malheureux de trois catégories : les blessés, les prisonniers, les habitants des contrées que traversent les armées.

Jusqu'à ce jour, de nombreux comités, institués partout, ont cherché à soulager les soldats malades ou blessés. Or, il est bon qu'on sache dans quelle position se trouvent ces derniers ; il est bon, sous peine de faire fausse route, que personne n'ignore quelles sont les ressources dont dispose le corps médical. Voici ce qu'il en est :

La lingerie abonde ; les caisses de charpie, de compresses, de mouchoirs, de bandes, encombrent, à l'heure qu'il est, les gares et les hôpitaux du Rhin ; ceux de l'Allemagne regorgent de superfluités. Tandis que nos blessés, ceux des ambulances que j'ai vues sur le champ de bataille, avaient à peine du pain, que la viande en quantité suffisante leur faisait défaut, qu'ils étaient couchés sur la paille ou sur le sol nu des écuries, des granges, des corridors, la plupart sans couverture, quelques-uns même sans vêtements, les blessés des hôpitaux de Mayence, de Carlsruhe, de Darmstadt, placés dans d'excellents locaux, jouissent de bons lits et reçoivent de gardiennes dévouées tous les soins qu'on a chez soi. Leur régime ne laisse rien à désirer ; une nourriture succulente, une alimentation tonique pour les convalescents ; des gelées, des fruits, des douceurs de toute espèce pour satisfaire les fantaisies de ceux auxquels la maladie enlève l'appétit.

Ainsi, d'un côté, abondance dans les hôpitaux ; de l'autre, disette dans les ambulances, où l'on manque souvent de tout, de vivres, d'aliments de première nécessité, mais où jamais les fourgons bien garnis n'ont été à court de linge de pansement.

Nous n'avons pas vu une seule de ces caisses qu'expédie la charité publique ; tout s'arrête dans les hôpitaux, et cela se conçoit. Il n'est, en effet, pas facile d'organiser des convois de chariots sur des routes encombrées de trains d'artillerie, de troupes, de véhicules portant les bagages, les munitions et les subsistances de l'armée ; celle-ci, d'ailleurs, requiert tous les chars et les chevaux du pays qu'elle traverse, et les moyens de transport manquent pour le ravitaillement des ambulances et pour l'évacuation des blessés. Ce qui a fait défaut, outre la nourriture, après les combats de Beaumont et de Sedan, ce sont des routes libres et des chariots. Ceci ne peut ni se créer, ni se donner, et tant qu'il y aura des guerres, cet inconvénient se représentera. Le corps médical, excessivement nombreux et plus que suffisant, fait de son mieux pour améliorer la situation malheureuse des soldats pendant les quelques jours qui suivent le combat ; on tranquillise le blessé en lui faisant entrevoir une entrée prochaine à l'hôpital ou le retour au foyer domestique.

Pour les ambulances donc, peu de chose à faire. Je dois dire cependant que nous aurions aimé avoir des couvertures et une certaine quantité de chemises ; nous n'avions que deux ou trois douzaines de ces dernières ; notre provision fut bien vite épuisée.

Dans les hôpitaux, je le répète, il y a maintenant abondance de biens, et c'est du luxe que d'expédier encore de notre pays des objets de lingerie.

La seconde catégorie de malheureux que nous avons vus, ce sont les prisonniers ; je n'ai rencontré ces tristes convois que sur le théâtre de la guerre ; il est impossible de faire quoi que ce soit pour eux, et cependant leur sort était digne de pitié, je l'assure ; tous étaient exténués par les marches et tous avaient faim. J'aime à croire qu'arrivés en Allemagne, ils auront trouvé le terme de leurs maux.

Une troisième classe de misérables dont, jusqu'ici, la commisération des neutres ne s'est guère inquiétée, c'est la population civile des pays dévastés par la guerre. Et cependant rien de plus lamentable, rien de plus triste à voir. Combien de fois n'avons-nous pas eu les larmes aux yeux dans nos expéditions sur les routes des Ardennes, en voyant de pauvres gens chassés de leurs demeures incendiées, n'ayant rien sauvé du pillage, errant à l'aventure, allant on ne sait où ! Combien avons-nous vu d'enfants affamés que les mères ne savaient comment nourrir ! Combien avons-nous vu de femmes pleurant sur le seuil de leurs maisons dévastées ! Combien de gens nous on dit : « Nous n'avons rien à manger ! » Ces tristesses, nul de nous ne voudrait les revoir ; nous en gardons tous le poignant souvenir.

Là se trouvent les véritables victimes de la guerre, victimes innocentes souffrant la faim et des privations de tout genre, assistant à leur ruine complète, et ayant en perspective, outre une famine de longue durée, puisque les champs n'ont pu être ensemencés, des maladies occasionnées par les miasmes infects que dégagent les cadavres d'hommes et de chevaux enfouis à une profondeur insuffisante, ainsi que les restes du bétail abattu épars sur le sol. Ces causes agiront avec une vigueur d'autant plus grande que la population sédentaire du pays, pressurée par les réquisitions, manque de nourriture, que les chagrins affaiblissent son courage, abattent son moral et lui enlèvent la force de résister aux influences épidémiques, qui ne tarderont pas à se manifester.

Certes nous avons tous, je puis le dire, été plus douloureusement impressionnés par l'affligeante position de la population des Ardennes que par l'affreux spectacle d'un champ de bataille. Ici ce sont des hommes jeunes, vigoureux, qui souffrent; là ce sont des vieillards, ce sont des femmes, des enfants qui pleurent parce qu'ils ont faim.

Déjà j'ai appris que le maire de Vouziers, homme de grand cœur, a fait, dans un journal, appel à ses concitoyens des départements que la guerre a épargnés, en faveur des habitants des villages les plus malheureux des Ardennes. Ne serait-il pas possible, maintenant que l'armée a quitté le pays, de répondre à l'appel de ce magistrat et de faire rentrer dans la classe de personnes à secourir la population du pays qui souffre le plus des calamités de la guerre.

Telle est la question que je livre à la discussion.

Dr Rouge,
Chirurgien de l'hôpital cantonal.

APPENDICE XIV.

DÉPART DE L'IMPÉRATRICE.

I.

La relation du départ de l'impératrice, publiée à la page 31 de ce volume, a été rédigée, sur des notes fournies par un de ses chapelains, par M. Mayer (Prosper), ancien attaché au Ministère de l'intérieur et qui a été pendant quelques semaines rédacteur du *Figaro* sous les pseudonymes de *Pierre Simple* et de *Louis Beau*.

Nous trouvons dans les journaux de Berlin du mois de janvier 1871 une version toute différente de cette relation. Nous la reproduisons ici à titre de document contradictoire :

On vient de me raconter l'histoire authentique de la façon dont l'impératrice Eugénie a quitté Paris et la France. Je vous transmets le récit tel qu'il m'a été fait.

C'était le 4 septembre 1870, un dimanche, le jour de la dernière révolution de Paris. Je n'ai pas besoin de rappeler à votre mémoire les événements populaires qui se sont passés à cette date sur les boulevards, sur la place de la Concorde, sur celle de l'Hôtel-de-Ville, sur celle du Carrousel.

Ce sont là toutes choses qui ont rempli les journaux et sur lesquelles il est inutile de revenir.

C'est à l'intérieur des Tuileries que je veux vous conduire.

Là, vers neuf heures du matin, dans le pavillon Marsan, se trouvait l'impératrice qui attendait, soucieuse, que l'on vînt procéder à sa toilette, pour se rendre à la grand'messe de Saint-Germain-l'Auxerrois.

Elle attendait, et, dans ses moments de distraction, s'impatientait de ce que, à son grand étonnement, personne ne répondit aux ordres qu'elle avait donnés.

Se présente enfin Mme Lebreton, son amie dévouée, qui lui fait sur l'état de Paris le plus sombre tableau. Le peuple réclamait à grands cris, dans les rues, la déchéance de l'empereur ; il protestait avec les mêmes cris contre la régence ; c'était la République qu'il voulait. Partout des groupes menaçants se formaient, peut-être les Tuileries seraient-elles bientôt envahies. Mme Lebreton, les larmes aux yeux et l'angoisse dans l'âme, supplia l'impératrice de prendre la fuite, pendant qu'il était encore temps.

L'impératrice, quoique émue, chercha à la calmer, en lui assurant que Trochu veillait sur elle, qu'il lui avait promis de la protéger ; qu'il était homme d'honneur ; qu'elle comptait sur sa parole ; que certainement il ne manquerait pas, si un danger réel survenait, de lui envoyer au moins quelqu'un pour l'avertir de ce qu'il jugeait opportun de faire.

Entre-temps la révolution s'accentuait, la foule s'animait, se massait ; les clameurs de Vive la République ! parvenaient jusqu'aux oreilles de l'impératrice et de sa fidèle compagne.

Mme Lebreton revint à ses supplications. Sa maîtresse resta inébranlable.

Ce n'est que vers une heure, lorsque la place du Carrousel fut envahie par le peuple, huant le Gouvernement impérial et la régente, que l'impératrice, convaincue enfin du danger, écouta Mme Lebreton.

Elle sonna ses femmes, sonna longtemps ; aucune ne vint. Mme Lebreton, inquiète, parcourut toutes les pièces environnantes. Personne ! Tout ce qu'elle vit, ce furent des meubles renversés, des tiroirs ouverts.

Alors l'impératrice se sentit faiblir et elle se prit à sangloter.

Elle était bien abandonnée de tout le monde, même de ses laquais. Abandonnée en ce moment !

Où donc étaient-ils ces hommes que l'Empire avait faits grands, qu'il avait tirés, Dieu sait d'où, pour les placer aussi haut que possible ?

Où étaient?.. ne prononçons aucun nom, contentons-nous de raconter.

Ici cependant une remarque. On a beaucoup dit que le prince de Metternich avait aidé l'impératrice à fuir ! Non! Que M. de Lesseps l'avait secourue ! Non.

La pauvre femme, car de ce moment elle ne doit plus être considérée que comme femme, s'est enfuie seule, avec son admirable amie.

Elles ont employé une heure à traverser les galeries, les cabinets, les longs couloirs de l'énorme palais, pâlissant à chaque bruit qu'elles croyaient entendre autour d'elles; n'osant passer devant les fenêtres, de peur d'être aperçues de l'extérieur; s'arrêtant à chaque instant, indécises sur leur chemin; s'encourageant, se soutenant, fuyant plus vite chaque fois que les cris de la foule venaient jusqu'à elles.

Enfin, épuisées, elles arrivèrent sous la colonnade du Louvre, devant le grand escalier. Elles étaient à la rue. Alors seulement elles songèrent à se regarder et un cri d'effroi leur échappa : dans leur précipitation et leurs angoisses, elles avaient oublié de se vêtir; elles l'étaient de façon à ne pouvoir faire un pas dans la rue sans être remarquées.

L'impératrice était en peignoir, elle n'avait qu'un filet de gaze sur la tête.

Au même moment, avant qu'elles eussent descendu la première marche de l'escalier, retentit à côté d'elles un cri : L'impératrice !

L'impératrice pâlit et s'écria : « Nous sommes perdues ! »

Mme Lebreton, gardant son sang-froid, se retourne vers celui qui avait poussé le cri. C'était un monsieur, parfaitement mis et ganté. Elle lui jeta un regard suppliant. Le gentleman comprit et fit semblant de ne plus les voir.

Au bas de l'escalier se trouvait un fiacre; descendre et s'y jeter fut l'affaire d'un instant.

Le cocher, étonné et peut-être soupçonneux, se mit à examiner les deux femmes. L'impératrice, dominant sa terreur, lui cria brusquement. « Boulevard Haussmann, 30 ! »

Le fiacre partit. En chemin, alors déjà qu'elles se sentaient une lueur d'espoir, Mme Lebreton demanda tout à coup à sa maîtresse si elle avait de l'argent ?

— Oh ! mon Dieu ! ai-je pensé à cela ? répondit l'impératrice.

Mme Lebreton tâta ses poches. Une sueur froide vint au front des deux femmes.

— Sauvées ! s'écria Mme Lebreton. Elle avait trouvé deux pièces de 5 francs.

La voiture s'arrêta à l'endroit désigné. Au même moment arrivait au pas un autre fiacre. Le cocher reçut 5 francs, on le laissa s'éloigner, on appela l'autre : « Avenue de l'Impératrice, n°... (j'ignore le numéro), » s'écria encore l'impératrice. »

Là, elles se trouvèrent devant la porte de M. Evans, dentiste de la cour.

C'était pour dépister le premier cocher que l'impératrice avait d'abord désigné le boulevard Haussmann.

Elles sonnèrent chez M. Evans. Un laquais leur vint ouvrir. — Monsieur n'était pas là... Que désiraient ces dames ?

Et le laquais semblait vouloir leur fermer la porte, quand l'impératrice, d'un ton assuré, imposa encore à ce nouveau curieux.

— Nous sommes Américaines, dit-elle. M. Evans nous a donné rendez-vous chez lui, à deux heures.

M. Evans est, à ce qu'il paraît, un Yankee opulent, sportsman de haute distinction, s'étant par son caractère franc, original, expansif, procuré aux Tuileries ses grandes et petites entrées.

Les dames furent conduites dans un cabinet où elles attendirent une heure. M. Evans rentra.

Son laquais lui annonça que deux Américaines très...

M. Evans, qui venait des Tuileries, où il avait vainement cherché l'impératrice, eut un éclair de divination.

— Ah! oui! je sais. Elles viennent encore m'ennuyer de leurs jérémiades; nous tâcherons de leur faire passer l'Atlantique le plus tôt possible.

Et il entra dans le cabinet.

M. Evans est Américain et Sportsman; c'est assez dire qu'il est homme de décision.

— Allons, mesdames, à l'œuvre. Ma femme est à Dieppe ; vous devrez donc vous chercher, seules, robes, bottines et tout ce qu'il vous faut. Je vais entre-temps faire atteler mes meilleurs chevaux, et nous partons dans une demi-heure pour Trouville.

Et il les conduisit au cabinet de toilette de sa femme.

Hélas ! Mme Evans, en vraie Américaine, avait pris toute sa garde-robe avec elle.

Il y aurait eu moyen d'envoyer aux Tuileries chercher ce qu'il fallait, mais M. Evans ne l'entendait pas ainsi. C'était partir à tout prix et à l'instant qui était nécessaire. Les dames se restaurèrent rapidement, s'enveloppèrent dans des plaids, s'arrangèrent au mieux, la voiture partit et elle vola hors de la ville, roulant jusqu'à ce que les chevaux tombèrent. Des relais étaient déjà commandés par la poste ou le télégraphe, on descendit à Évreux, en d'autres endroits encore, et enfin on arriva à Trouville.

L'impératrice et sa compagne furent conduites à l'hôtel. M. Evans se rendit au port.

Il y avait deux yachts dans le port. M. Evans s'adressa au plus grand. Il proposa le départ immédiat pour l'Angleterre.

Dans son impatience, a-t-il été un peu pressant ? Il le suppose, car il lui fut assez impoliment répondu.

Il s'adressa au propriétaire de l'autre yacht : sir J. Burgoyne. Celui-ci refusa de partir, prétextant que sa femme tenait à rester avec lui à Trouville.

M. Evans insista. Inutile. Il prit alors le parti de tout confier à l'Anglais, qui, en homme de cœur, jura que tout irait pour le mieux.

Quelque temps après, l'impératrice abordait à l'île de Wight.

Sir J. Burgoyne a raconté lui-même la fin de cette histoire dans les journaux anglais. Ne doutez pas des autres détails ; ils sont vrais, je le répète, de point en point.

M. Evans est venu depuis en Allemagne, où il a vu M. Bancroft, ministre des États-Unis à Berlin. Je ne vous dirai pas que c'est de lui que je tiens l'histoire.

II.

On lit dans le journal anglais l'*Observer* :

L'impératrice Eugénie, voyageant *incognito* et suivie seulement de son secrétaire, Mme Lebreton (née Bourbaki), est arrivée jeudi à Hastings par le train ordinaire du chemin de fer du Sud-Est, venant de Londres, à 9 heures 5 m. du soir. Le prince impérial, on le sait déjà, était arrivé à Hastings par voie de Douvres, et venant de Belgique, deux jours auparavant (1). Escorté de quelques officiers aux soins desquels il a été confié par l'empereur sur le théâtre de la guerre, le prince a fait le trajet d'Ostende à Douvres dans le steamer royal belge de la malle ; à son arrivée il a été reçu par M. Eborall, directeur général du chemin de fer du Sud-Est, qui, agissant d'après un avis télégraphique déjà communiqué, avait pris les dispositions nécessaires pour la continuation sans délai du voyage du prince jusqu'à Hastings.

M. Eborall, s'étant consulté avec les personnages de la suite du prince,

---

(1) On lit dans l'*Indépendance belge* :

Le prince impérial était arrivé à Maubeuge samedi, escorté de cent-gardes et accompagné de sa maison ; il était descendu chez M. Hamoir, député au Corps législatif. Pendant la journée, il s'est promené dans la ville, où tout le monde a pu remarquer sur son visage pâle et fatigué combien les événements l'avaient affecté.

Hier, dans l'après-midi, il recevait une dépêche qui lui enjoignait de partir, et c'est sur cet ordre de son père qu'il a pris, à cinq heures, le train pour Namur, laissant son escorte, et n'ayant avec lui que ses deux médecins et deux aides de camp.

Une foule considérable l'avait suivi à la gare de Maubeuge. A Feignies, où son passage était signalé, foule plus grande encore et des acclamations sympathiques.

A Mons, où le bruit de son arrestation s'était répandu, des dames avaient envahi la station. Cependant il put passer presque inaperçu et se rendre à la Grand'Place, où il s'est arrêté avant de poursuivre sa route.

A huit heures il est parti de Mons pour se rendre à Verviers, par Namur et partir de là pour l'Angleterre.

prit l'initiative suggérée par eux, et le voyage du prince, de Douvres à Hastings s'accomplit dans le plus strict secret : — nous pouvons citer comme exemple de ce fait que le trajet de la station du chemin de fer à l'hôtel de la Marine se fit dans deux voitures de place ordinaires. A leur arrivée à l'hôtel, le propriétaire, M. Hutchings, mit à la disposition de ses hôtes les meilleurs appartements alors vacants. Mais ce n'est que quelques heures plus tard, dans la soirée, qu'il apprit que sa maison avait été choisie pour la retraite d'un membre de la famille impériale.

Les officiers de la suite du prince impérial étaient le commandant Duperré, le commandant Lamey et le commandant Clary. Trois domestiques accompagnaient les voyageurs. La fatigue du voyageur et la surexcitation mentale dont le prince impérial avait souffert eurent pour effet de le retenir à l'hôtel le mercredi. Mais jeudi matin, de bonne heure, le prince sortit et fit une longue promenade sur l'esplanade. Dans l'après-dînée il sortit de nouveau et se promena à travers St-Léonards. Mercredi, Mme Thierry, attachée à la maison de l'empereur, arriva de Paris à l'hôtel de la Marine.

Jeudi soir, un peu avant neuf heures, un gentleman entra à l'hôtel et demanda les appartements du prince impérial. M. Hutchings, s'étant assuré que le visiteur était connu de la famille impériale, l'introduisit auprès du commandant Duperré, avec lequel il s'entretint quelques minutes. Immédiatement après, ce gentleman (M. Ferdinand de Lesseps, croit-on) quitta l'hôtel. En moins d'un quart d'heure il revint, amenant deux dames, dont le grand voile et le costume sévère firent penser qu'elles étaient deux sœurs de charité. Cette impression fut si forte que l'on crut avoir affaire à deux intruses et qu'on négligea de leur rendre les courtoisies habituelles, et le trio monta l'escalier conduisant à l'appartement du prince impérial sans être accompagné.

On peut s'imaginer l'effet que produisit la première entrevue de l'impératrice et de son fils en présence des terribles événements qui se sont passés depuis leur séparation ; mais les colonnes d'un journal sont insuffisantes et conviennent peu pour décrire une scène d'émotion aussi touchante et aussi sacrée. Qu'il nous suffise de dire que la première impulsion de la mère fut d'envoyer immédiatement une dépêche télégraphique à l'empereur en Allemagne pour l'informer qu'elle avait rejoint le prince impérial à Hastings, qu'ils étaient tous deux en bonne santé, et qu'ils lui envoyaient l'expression de leur affection.

Avant la nuit, M. Hutchings apprit la condition de ses hôtes, et fit une communication secrète au maire d'Hastings à ce sujet. M. Hutchings expliqua que sa propre famille ne connaissait pas le fait de l'identité de l'impératrice, — à chacun des siens il avait donné Sa Majesté pour « la comtesse, » — mais il invoqua l'aide du chef de la municipalité pour épargner à ses hôtes les ennuis qui pouvaient suivre la connaissance par le public de la présence de l'impératrice à Hastings. Le maire approuva complétement cette démarche, et le secret fut si bien gardé qu'aucun des journaux de la localité, publiés hier, ne parla du fait, et que les nombreux visiteurs d'Hastings et de St-Léonards ignorèrent complétement la présence de l'auguste visiteuse.

Vendredi matin, le commandant Duperré se rendit d'Hastings à Douvres, par un train spécial, afin de remettre à la malle belge, qui sort de ce port à 9 h. 30 du matin, des lettres pour l'empereur Napoléon, à Wilhelmshœhe. On suppose que l'impératrice Eugénie, ayant appris que son fils s'était réfugié en Angleterre, a fait la traversée d'Ostende à Douvres par le steamer de la malle belge, et est arrivée à Londres mercredi. Vendredi, l'impératrice, souffrant probablement de la réaction résultant de son voyage précipité, dut réclamer l'aide d'un médecin. Le Dr Blakiston, de Warrior-Square, rendit visite à Sa Majesté, et fit une prescription qui produisit un grand soulagement. C'est un fait remarquable que c'est le docteur Blakiston qui, il y a vingt-deux ans, fut appelé à donner des soins à Louis-Philippe, à son arrivée à Hastings, après sa périlleuse évasion de France dans un bateau de pêche, qui, on se le rappellera, le débarqua à Newhaven.

APPENDICE XV.

LA RÉPUBLIQUE

I.

On lit dans l'*Avenir national* :

Elle est donc viable, puisqu'elle renaît de ses cendres par un cri unanime, par une volonté digne, sans effusion de sang, sans lutte fratricide !

Voici le troisième réveil ; il est idéalement beau. C'est même le quatrième, car il ne faut pas oublier que 1830 fut républicain au début. Les combats pour cette noble conquête ont été en s'amoindrissant, elle s'accomplit aujourd'hui avec un seul mot : Vive la France !

C'est donc l'état normal, l'état voulu de la conscience humaine. C'est le but inévitable du prodigieux travail de l'humanité. C'est le destin, allez, c'est la loi ! L'intelligence, la virilité humaine ne peuvent se développer qu'à l'air libre !

Le voilà, le Dieu des armées, il s'appelle patrie et liberté.

Salut, ô République ! tu es en bonnes mains, et un grand peuple va marcher sous ta bannière, après une sanglante expiation. La tâche est rude, mais si tu venais encore à succomber, tu renaîtrais toujours !

Le droit de l'homme est impérissable.

GEORGE SAND

Nohant, le 6 septembre 1870.

II

On lit dans le *Journal des Débats* :

Il faut savoir envisager la situation dans toute sa vérité et dans toute sa dureté, car la première cause de nos malheurs a été le mensonge. Non-seulement on nous a menti, mais nous nous sommes menti à nous-mêmes; et aujourd'hui encore, bien que débarrassés du fardeau funeste qui pesait sur la conscience et sur la bouche du pays, nous continuons à nous bercer des plus vaniteuses illusions.

Une première illusion, c'est de croire qu'un mot suffit à tout, et qu'avec le simple nom de république on peut conjurer le danger extérieur comme on chassait autrefois le démon avec une formule d'exorcisme. Ce n'est malheureusement pas suffisant. Il est nécessaire que la République représente à la fois et la défense nationale et un ordre de choses régulier pouvant prendre régulièrement sa place dans le monde.

Le fait nécessaire de la défense nationale ne se discute pas; il est supérieur à toute discussion. Sur le second point, c'est à nous de donner l'exemple de l'union, et d'aider à constituer, ne fût-ce que pour le moment, un gouvernement qui puisse être reconnu sérieusement comme tel. Loin donc de songer à affaiblir l'action des hommes qu'un jour, une heure de terrible crise ont portés à ce qu'on appelle le pouvoir, nous sommes prêts à leur donner le concours le plus dévoué dans une entreprise où ils ne trouveront que des périls et de laquelle ils ne recueilleront que de l'ingratitude. La forme républicaine, qui était déjà celle de l'avenir, n'a rien qui nous effraie dans le présent; nous pensons même n'avoir pas besoin de le dire. Mais un des grands torts, une des grandes erreurs de la République, c'est de se croire forcée d'être violente pour se faire accepter. C'est une faute. Nous avons devant les yeux l'Amérique, nous avons la Suisse; et si nous regardons le pays qui jouit de la plus grande somme de liberté politique et de liberté civile, nous verrons que l'Angleterre, avec une monarchie titulaire, est virtuellement à l'état de république se gouvernant elle-même. Notre devoir est donc d'unir nos efforts pour faire de la République un gouvernement régulier, non-seulement afin d'assurer l'ordre intérieur, mais pour pouvoir garder dans la société des nations la place qui nous appartient. On a beaucoup parlé et on parle encore de projets de médiation, mais on ne peut se dissimuler que les autres puissances, même les mieux disposées, peuvent se demander si elles ont devant elles un gouvernement réellement responsable. C'est une des raisons qui nous feront soutenir ce gouvernement de tout notre pouvoir; il est nécessaire qu'il soit une réalité, soit pour faire la guerre, soit pour faire la paix. Tant que durait le régime qui vient de tomber, et pour lequel nous ne trouvons de nom dans aucune langue, la défense du pays était divisée.

Aujourd'hui nous avons le gouvernement qui nous divise le moins, un gouvernement impersonnel : il a tout notre concours.

Une autre illusion, pour laquelle il faut que la nation soit rappelée à la vérité et au respect d'elle-même, c'est de croire que parce que le gouvernement provocateur de la guerre a été renversé, nous ne sommes plus responsables de ses actes, de ses folies, de ses crimes. C'est une erreur. Ce gouvernement, quel qu'il fût, par n'importe quels moyens, a été pendant vingt ans le gouvernement de la France; il a été, vis-à-vis du reste du monde, notre gouvernement. Le mot est dur pour ceux qui n'en étaient pas et qui en ont porté le poids, mais il est vrai. Si nous n'avons pas fait l'Empire, nous l'avons subi, et ceux même qui n'ont pas été à la curée sont obligés d'être à la peine. Sachons nous dire nos vérités : la nation qui hier donnait à l'Empire sept millions de votes n'a pas le droit de dire aujourd'hui que l'Empire n'était pas son gouvernement. Ce n'est pas nous qui l'avons renversé, c'est le roi de Prusse, et ce n'était pas à lui à faire notre besogne. Ceux qui ont combattu jusqu'à la dernière heure cette guerre néfaste ont le droit d'en maudire les auteurs, mais ils n'en sont pas moins solidaires du reste du pays et n'en ont pas moins à supporter leur part dans cette désastreuse liquidation. L'Allemagne, quand on lui présente de pareils arguments, peut nous répondre que si nous ne voulions pas de l'Empire, nous n'avions qu'à nous en débarrasser nous-mêmes et qu'elle n'était pas chargée de régler nos affaires intérieures. Elle a eu devant elle la France, et c'est la France qui paie la guerre.

Une autre illusion encore, c'est de croire que nous pouvons compter sur les sentiments désintéressés de l'Europe et sur des interventions qui pourraient l'entraîner elle-même à quelques dangers. Dans le soin qu'elle prendra de notre intérêt, l'Europe ne consultera que le sien. Elle peut nous répondre, comme l'Allemagne, qu'elle n'est pas chargée de nos affaires et qu'elle n'est responsable que des siennes. Il ne faut point faire appel à un sentimentalisme qui n'a pas de place dans la politique positiviste de nos jours. Si la France peut faire la paix, elle ne peut pas et ne doit pas la faire à des conditions qui la rendraient précaire, mensongère et inutile. Les puissances qui pourraient servir de médiatrices ont donc à considérer dans quelle mesure la France pourrait payer les frais d'une guerre malheureuse sans qu'on lui offre des conditions qui la révolteraient, qui seraient incompatibles avec une paix réelle, et qui entretiendraient au cœur de l'Europe une source permanente de désordre. C'est ce qu'elles ont à considérer, dans le présent pour nous, et pour elles dans l'avenir.

Nous disions hier, avec une profonde amertume, que la France ne devait pas se dissimuler que pendant vingt ans elle avait été représentée par l'Empire, et que ceux même qui l'avaient subi, qui en avaient souffert, qui en avaient rougi, ne pouvaient pas en secouer la solidarité. En vérité, nous ne savions pas qu'à l'heure où nous parlions, un « auguste témoignage » se chargeait de confirmer nos paroles.

Que tous les Français lisent le rapport adressé par M. de Bismarck au roi de Prusse sur son entrevue avec l'homme qui fut l'empereur acclamé de dix millions d'entre eux. Ils y verront que leur empereur est innocent et irresponsable de tous les désastres qui les accablent, et nous avec eux.

Ils y verront que, selon le rapport officiel du ministre prussien, « l'empereur a déploré le malheur de cette guerre et affirmé que, quant à lui, il n'avait pas désiré la guerre, mais qu'il y avait été forcé par la pression de l'opinion publique de la France. »

Ces mots tiendront leur place dans l'histoire et ils provoquent irrésistiblement des réminiscences classiques. *Adsum qui feci, in me convertite ferrum.* C'est ce qu'on dit quand on veut mourir pour sauver les autres, surtout ceux qu'on a trahis et perdus. Mais voilà un souverain dans les mains duquel une nation effarée a remis aveuglément une puissance sans bornes, et qui vient dire à l'ennemi aux pieds duquel il a remis son épée : « Ce n'est pas moi, c'est la France. » Et voilà l'élu répété de huit ou dix millions de votes populaires ! Voilà dans quelles mains nous étions !

Nous n'aimons pas les injures. Si la chute avait été honorable, nous l'aurions respectée. Mais que celui qui nous a plongés par un criminel caprice et un monstrueux égoïsme dans l'abîme où nous nous débattons vienne nous en rendre responsables et en rejeter sur nous, non-seulement le châtiment, mais la faute, c'est la plus terrible expiation que Némésis puisse infliger à notre trop longue patience et à notre coupable complicité.

Nous ne dirons rien de plus. Que la France lise et qu'elle juge. Mais si jamais on venait à nous parler du retour de pareilles cendres, nous sommes sans inquiétude.

John Lemoinne.

APPENDICE XVI.

DERNIÈRE SÉANCE DU CORPS LÉGISLATIF

Nous empruntons au *Siècle* un intéressant document : c'est le compte rendu *in extenso* de la séance extra parlementaire qui fut tenue dans la soirée du 4 septembre, au Palais-Bourbon, après la proclamation de la République. Ce compte rendu, rédigé par les sténographes du Corps législatif, était en la possession du *Siècle* depuis les premiers jours de septembre.

I.

CORPS LÉGISLATIF.

SÉANCE EXTRA PARLEMENTAIRE DU 4 SEPTEMBRE 1870.

Pendant que MM. les députés se sont réunis dans leurs bureaux pour délibérer sur les trois propositions de constitution provisoire du gouvernement : celle de M. Jules Favre, celle de M. Thiers et celle du ministère, le bruit se répand dans l'intérieur du Palais Législatif que la foule, rassemblée depuis midi sur le quai d'Orsay et sur le pont de la Concorde, grossit incessamment, et que les idées de déchéance et de changement de gouvernement s'y manifestent avec une énergie croissante.

L'escadron de gendarmerie, qui garde les abords du Palais-Bourbon du côté du quai, et barre l'entrée du pont de la Concorde, cède la place à la garde nationale qui arrive.

Une députation de gardes nationaux se présente à la grille et parlemente avec les gardiens du palais pour que les portes lui en soient ouvertes. Ceux-ci s'y refusent énergiquement. Un député de la gauche, M. Steenackers, intervient. Sur sa demande, plusieurs personnes sont introduites, et la grille se referme; mais peu d'instants après, elle cède sous la pression de la masse populaire. La cour du palais, du côté du quai d'Orsay, est envahie.

Cependant quelques députés luttent éperdument pour obtenir des envahisseurs qui ont pénétré dans la salle des Pas Perdus qu'ils veuillent bien se retirer. Des gardes nationaux se placent devant la porte qui conduit à la salle des séances et en défendent l'entrée. M. le comte de Palikao se hisse derrière eux sur un tabouret et harangue la foule. Il réussit momentanément à la contenir. Mais, pendant ce temps, d'autres groupes restés dans la cour forcent l'entrée des couloirs, s'élancent dans les escaliers, arrivent aux tribunes publiques, et s'y établissent à côté des spectateurs admis sur billets, qui, après avoir assisté à l'ouverture de la séance, en attendent la reprise.

Dans la salle des séances, tous les bancs sont inoccupés. Seuls sont assis à leurs tables de travail les sténographes du Corps législatif et les secrétaires du compte-rendu analytique. Des gardes nationaux défendent les entrées de la salle. Dans la foule même, des citoyens s'associent à leurs efforts pour empêcher qu'on y pénètre, et pour qu'elle soit laissée libre aux délibérations de l'Assemblée. La plupart des députés de la gauche viennent s'asseoir à leurs bancs. Il est deux heures et quelques minutes. C'est alors que M. Gambetta, à la prière de plusieurs de ses collègues, monte à la tribune et se dispose à haranguer le public des galeries.

Un député de la gauche. — Écoutez ! Laissez parler Gambetta.

M. GAMBETTA. — Messieurs, vous pouvez tous comprendre que la première condition de l'émancipation populaire, c'est la règle, et je sais que vous êtes résolus à la respecter.

Vous avez voulu manifester énergiquement votre opinion; vous avez voulu ce qui est dans le fond du cœur de tous les Français, ce qui est sur les lèvres de vos représentants, ce sur quoi ils délibèrent, la déchéance.

Cris nombreux dans les tribunes publiques. — Oui! oui!

Plusieurs voix. — La déchéance et la République!

D'autres voix. — Silence! silence! Écoutez!

M. GAMBETTA. — Ce que je réclame de vous, c'est que vous sentiez comme moi toute la gravité suprême de la situation, et que vous ne la troubliez ni par des cris, ni même par des applaudissements. (Très-bien! — Parlez! parlez!)

Mais à l'instant même vous violez la règle que je vous demande d'observer. (On rit.)

Un citoyen dans les tribunes. — Pas de phrases! des faits! Nous demandons la République.

Cris prolongés. — Oui! oui! Vive la République!

M. GAMBETTA. — Messieurs, un peu de calme! il faut de la régularité.

Nous sommes les représentants de la souveraineté nationale. Je vous prie de respecter cette investiture que nous tenons du peuple.

Voix dans les tribunes. — La gauche seule, pas la droite! (Bruit.)

M. GAMBETTA — Écoutez, Messieurs, je ne puis pas entrer en dialogue avec chacun de vous. Laissez-moi exprimer librement ma pensée.

Ma pensée, la voici : c'est qu'il incombe aux hommes qui siègent sur ces bancs de reconnaître que le pouvoir qui a attiré sur le pays tous les maux que nous déplorons est déchu. (Oui! oui! Bravo! bravo!) Mais il vous incombe également à vous de faire que cette déclaration qui va être rendue n'ait pas l'apparence d'une déclaration dont la violence aura altéré le caractère. (Très-bien! très-bien!)

Par conséquent, il y a deux choses à faire : la première, c'est que les représentants reviennent prendre leur place sur ces bancs; la seconde, c'est que la séance ait lieu dans les conditions ordinaires (Très bien! très bien!), afin que, grâce à la liberté de discussion, la décision qui va être rendue soit absolument de nature à satisfaire la conscience française. (Très bien! très bien! — Bravo! bravo!)

Une voix. — Pas de discussions! Nous voulons la déchéance!

Une autre voix. — La déchéance! on ne la discute pas! nous la voulons. (Bruit.)

M. GAMBETTA. — Si vous m'avez bien compris, et je n'en doute pas... (Oui! oui!) vous devez sentir que nous nous devons tous et tout entiers à la cause du peuple, et que le peuple nous doit aussi l'assistance régulière de son calme, sans quoi il n'y a pas de liberté. (Interruption.)

Écoutez! Nous avons deux choses à faire : d'abord reprendre la séance et agir suivant les formes régulières ; ensuite donner au pays le spectacle d'une véritable union.

Songez que l'étranger est sur notre sol. C'est au nom de la patrie comme au nom de la liberté politique, — deux choses que je ne séparerai jamais, c'est au nom de ces deux grands intérêts, et comme représentant de la nation française qui sait se faire respecter au dedans et au dehors, que je vous adjure d'assister dans le calme à la rentrée de vos représentants sur leurs siéges. (Oui! oui! — Bravo! bravo!)

(M. Gambetta descend de la tribune. Le calme qui s'était un instant établi à la suite de son allocution fait bientôt place à une nouvelle agitation dans les deux rangées de tribunes circulaires. (Recrudescence des cris : la déchéance! la république!)

M. JULES SIMON, de son banc. — Un peu de patience, messieurs!

Un citoyen dans une des tribunes hautes. — Nous voulons la république démocratique. Voilà vingt ans que nous attendons! Dépêchez-vous!

(Quelques instants s'écoulent pendant lesquels M. Gambetta va s'entretenir dans les salles contiguës avec des groupes nombreux de députés qui sortent des bureaux.)

La commission nommée pour l'examen des trois propositions est en délibération dans le local du 5ᵉ bureau. Les membres sont MM. le comte Le Hon, Gaudin, Genton, Dupuy de Lôme, Buffet, Josseau, Jules Simon, Martel et le comte Daru.

Le bruit se répand que M. Martel est nommé rapporteur, qu'il travaille à la rédaction immédiate de son rapport, et que ce rapport va être sans retard apporté à la tribune.

A deux heures et demie, M. le président Schneider entre dans la salle et monte au fauteuil.

M. Magnin, l'un des députés secrétaires l'accompagne, et prend place à sa gauche au bureau.

M. le comte de Palikao, ministre de la Guerre, s'assied au banc du Gouvernement.

Quelques députés de la majorité, parmi lesquels MM. de Plancy (de l'Oise), Stéphen Liégeard, Cosserat, Léopold Le Hon, Jubinal, Dugué de la Fauconnerie, etc., viennent également prendre séance.

Le tumulte et le bruit règnent dans les galeries envahies et de plus en plus encombrées par la foule.

De plus, on entend, dans l'intérieur de la salle, les coups de crosses de fusil assénés sur la seconde porte d'entrée de la salle des Pas-Perdus, le bruit des panneaux qui s'effondrent et le fracas des glaces qui se brisent. On raconte que de l'intérieur, M. Cochery, par l'ouverture béante, harangue et cherche à contenir la foule agglomérée dans la salle des Pas-Perdus.

M. CRÉMIEUX paraît à la tribune.

Les huissiers réclament vainement le silence.

M. LE PRÉSIDENT SCHNEIDER se tient longtemps debout, et les bras croisés, au fauteuil, attendant que le calme se rétablisse.

M. CRÉMIEUX, *s'adressant au public des tribunes.* — Mes chers et bons amis, j'espère que vous me connaissez tous, ou qu'au moins il y en a parmi vous qui peuvent dire aux autres que c'est le citoyen Crémieux qui est devant vous.

Eh bien! nous nous sommes engagés tous les députés de la gauche... (Bruit). Nous nous sommes engagés, les membres de la gauche et moi...

Une voix dans les tribunes. — Et la majorité?

M. LE MARQUIS DE GRAMMONT. — La majorité, elle est aveugle!

M. GAMBETTA, qui est rentré dans la salle presque en même temps que M. le président, se présente à la tribune à côté de M. Crémieux, dont la voix ne parvient pas à dominer le bruit qui se fait dans les galeries.

Cris redoublés. — La déchéance! Vive la République!

M. GAMBETTA. — Citoyens... (Silence! silence!) dans le cours de l'allocution que je vous ai adressée tout à l'heure, nous sommes tombés d'accord qu'une des conditions premières de l'émancipation d'un peuple, c'est l'ordre et la régularité. Voulez-vous tenir ce contrat? (Oui! oui!) Voulez-vous que nous fassions des choses régulières? (Oui! oui!)

Puisque ce sont là les choses que vous voulez; puisque ce sont les choses qu'il faut que la France veuille avec nous (Oui! oui!), il y a un engagement solennel qu'il vous faut prendre envers nous et qu'il vous faut prendre avec la résolution de ne pas le violer à l'instant même. Cet engagement, c'est de laisser la délibération qui va avoir lieu se poursuivre en pleine liberté. (Oui! oui! — Rumeurs.)

Une voix dans la tribune. — Pas de rhétorique!

Une autre voix. — Pas de trahison! à bas la majorité!

De nouveaux groupes pénètrent dans la tribune du premier rang, et notamment dans celle des sénateurs.

Un drapeau tricolore portant l'inscription « 73ᵉ bataillon, 6ᵉ compagnie, 12ᵉ arrondissement, » est arboré et agité par un des nouveaux venus.

M. GAMBETTA. — Citoyens, un peu de calme! dans les circonstances actuelles...

Quelques voix. — La République! la République!

M. GAMBETTA. — Dans les circonstances actuelles, il faut que ce soit chacun de vous qui fasse l'ordre, il faut que dans chaque tribune chaque citoyen surveille son voisin. (Bruit.) Vous pouvez donner un grand spectacle et une grande leçon: le voulez-vous? Voulez-vous que l'on puisse attester que vous êtes à la fois le peuple le plus pénétrant et le plus libre ? (Oui !oui ! — Vive la République !) Eh bien ! si vous le voulez, je vous adjure d'accueillir ma recommandation. Que dans chaque tribune il y ait un groupe qui assure l'ordre pendant nos délibérations. (Bravos et applaudissements dans presque toutes les tribunes.)

Le travail de la commission s'apprête, et la Chambre va en délibérer dans quelques instants.

Un citoyen, à la tribune. — Le président est à son poste, il est étrange que les députés ne soient pas au leur. (Bruit. — Ecoutons ! écoutons !)

M. LE PRÉSIDENT SCHNEIDER. — Messieurs, M. Gambetta, qui ne peut être suspect à aucun de vous, et que je tiens, quant à moi, pour un des hommes les plus patriotes de notre pays, vient de vous adresser des exhortations au nom des intérêts sacrés du pays. Permettez-moi de vous faire, en termes moins éloquents, les mêmes adjurations. Croyez-moi, en ce moment la Chambre est appelée à délibérer sur la situation la plus grave ; elle ne peut que délibérer dans un esprit conforme aux nécessités du moment et de la situation, et, s'il en était autrement, M. Gambetta ne serait pas venu vous demander de lui prêter l'appui de votre attitude. (Approbation mêlée de rumeurs dans les tribunes.)

M. GAMBETTA. — Et j'y compte, citoyens !

M. LE PRÉSIDENT SCHNEIDER. — Si je n'ai pas, quant à moi, la même notoriété de libéralisme que M. Gambetta, je crois cependant pouvoir dire que j'ai donné à la liberté assez de gages pour qu'il me soit permis de vous adresser du haut de ce fauteuil les mêmes recommandations que M. Gambetta. Comme lui, je ne saurais trop vous dire qu'il n'y a de liberté vraie que celle qui est accompagnée de l'ordre... (Très-bien ! — Rumeurs nouvelles dans les tribunes.) Je n'ai pas la prétention de prononcer ici des paroles qui conviennent à tout le monde.

Une voix dans les tribunes. — On vous connaît...

M. LE PRÉSIDENT SCHNEIDER. — Mais j'accomplis un devoir de citoyen... (Interruption) en vous conjurant de respecter l'ordre, dans l'intérêt même de la liberté qui doit présider à nos discussions... (Assentiment dans plusieurs tribunes. — Exclamations et bruits dans d'autres.)

Un député. — Si vous ne pouvez obtenir le silence des tribunes, suspendez la séance, M. le président.

(En ce moment, M. le comte de Palikao, ministre de la Guerre, se lève et quitte la salle, après avoir fait au président un geste explicatif de sa détermination.)

Plusieurs des députés qui étaient rentrés en séance imitent son exemple et sortent par le couloir de droite.

M. le président Schneider se couvre et descend du fauteuil.

M. GLAIS-BIZOIN se tournant vers la tribune. — Messieurs, on va prononcer la déchéance. Prenez patience! Attendez! (Agitation en sens divers.)

M. LE PRÉSIDENT SCHNEIDER, sur les instances de plusieurs députés, reprend place au fauteuil et se découvre.

M. GIRAULT. — Je demande à dire deux mots... (Tumulte dans les tribunes.)

(Un député de la gauche monte les degrés de la tribune et s'efforce de déterminer M. Girault à renoncer à la parole, en disant : « Ils ne vous connaissent pas! vous ne serez pas écouté! »)

M. GIRAULT *s'adressant toujours au public des tribunes.* — Vous ne me connaissez pas? Je m'appelle Girault (du Cher); personne n'a le droit de me tenir en suspicion.

Je demande qu'il n'y ait aucune tyrannie. Le pays a sa volonté, il l'a manifestée. Les représentants viennent de l'entendre, ils sont d'accord avec le pays. Laissez-les délibérer, vous verrez que le pays sera content. Ce sera la nation tout entière se donnant la main... Le voulez-vous? Je vais les aller chercher. Ils vont venir, et le pays tout entier ne fera qu'un.

Il ne faut plus de partis politiques devant l'ennemi qui s'approche ; il faut qu'il n'y ait aujourd'hui qu'une politique, qu'une France qui repousse l'invasion et qui garde sa souveraineté, voilà ce que je demande.

M. Girault descend de la tribune, qui reste inoccupée durant quelques minutes. — L'agitation et **le tumulte** vont croissant dans les galeries.

MM. Steenackers et Horace de Choiseul montent auprès du président et s'entretiennent avec lui.

MM. Gambetta et de Kératry paraissent un instant à la tribune.

Le bruit se répand qu'un gouvernement provisoire vient d'être proclamé au dehors.

Plusieurs députés, MM. Glais-Bizoin, Planat, le comte d'Hésecques, Marion, le duc de Marmier, le comte Le Hon, Wilson, etc., quittent leurs places, et, du pourtour, s'adressent aux citoyens qui sont dans les galeries.

Quelques voix des tribunes. — Ecoutons Gambetta.

M. GAMBETTA. — Citoyens (Bruit), il est nécessaire que tous les députés présents dans les couloirs ou réunis dans les bureaux, où ils ont délibéré sur la mesure de la déchéance, aient repris place à leurs bancs et soient à leur poste pour pouvoir la prononcer.

Il faut aussi que vous, citoyens, vous attendiez, dans la modération et dans la dignité du calme, la venue de vos représentants à leurs places. On est allé les chercher, je vous prie de garder un silence solennel jusqu'à ce qu'ils rentrent. (Oui ! oui !) Ce ne sera pas long. (Applaudissements prolongés. — Pause de quelques instants.)

Citoyens, vous avez compris que l'ordre est la plus grande des forces. Je vous prie de continuer à rester silencieux. Il y va de la bonne réputation de la cité de Paris. On délibère et on va vous apporter le résultat de la délibération préparatoire.

Il va sans dire que nous ne sortirons pas d'ici sans avoir obtenu un résultat définitif. (Bravos et acclamations.)

(En ce moment, — il est trois heures, — un certain nombre de personnes pénètrent dans la salle par la porte du fond qui fait face au bureau. Des députés essaient en vain de les faire refouler. La salle est envahie. On crie : Vive la République ! Le tumulte est à son comble).

M. LE COMTE DE PALIKAO, qui était revenu dans la salle et qui avait repris sa place au banc des ministres, sort de nouveau.

M. LE PRÉSIDENT SCHNEIDER. — Toute délibération dans ces conditions étant impossible, je déclare la séance levée.

(Un grand nombre de gardes nationaux avec ou sans uniforme entrent dans la salle par les couloirs de droite et de gauche et par les portes du pourtour. Une foule bruyante et agitée s'y précipite en même temps, occupe tous les bancs, remplit tous les couloirs des travées de l'amphithéâtre, et descend dans l'hémicycle en masse compacte, entourant la table des secrétaires rédacteurs ainsi que les pupitres des sténographes, en criant : « La déchéance ! la déchéance ! Vive la République ! »

M. le président Schneider quitte le fauteuil et se retire.

A peine a-t-il descendu les dernières marches de l'escalier de droite du bureau, que deux jeunes gens, se dégageant de la foule répandue dans l'hémicycle, s'élancent sur l'escalier de la tribune et de là sautent, en se cramponnant au rebord de marbre blanc du bureau, sur les pupitres des secrétaires députés (côté droit — places ordinairement occupées par M. Bournat et M. Terme), et arrivent presque simultanément au fauteuil de la présidence, où ils s'assoient tous deux en même temps. L'un d'eux, après avoir posé la main comme par hasard sur le levier de la sonnette présidentielle, l'agite vivement et longuement.

Presque au même instant, les gardes nationaux entrés par les portes latérales de droite et de gauche prennent possession du double escalier de la tribune et du double escalier du bureau, se placent derrière le chef du service sténographique et derrière les sièges des secrétaires députés, et jusque sur l'estrade où sont, en arrière du fauteuil et du bureau présidentiel, les tables du secrétaire général du Corps législatif et du chef de bureau du secrétariat.

M. Jules Ferry passe alors à travers les rangées de gardes nationaux installés sur les degrés de l'escalier de gauche du bureau, et, avec l'aide de quelques-uns d'entre eux, fait sortir du fauteuil présidentiel les deux jeunes gens qui s'y sont assis, et interrompt le bruit de la sonnette, toujours agitée par celui qui s'en est emparé.

On peut remarquer que la plupart des gardes nationaux qui portent des shakos en ont arraché les aigles en cuivre fixés au-dessus de la visière.

M. GAMBETTA, qui, après avoir conféré avec quelques-uns de ses collègues de la gauche, est revenu à la tribune et s'y rencontre d'abord avec M. Steenackers, puis avec M. de Kératry, s'efforce d'en dégager les abords en conjurant les citoyens non gardes nationaux de s'en écarter.

Voyons, citoyens, dit-il, il ne faut pas violer l'enceinte. Soyez calmes! Avant un quart d'heure la déchéance sera votée et proclamée. Voyons, reculez! Est-ce que vous n'avez pas confiance en vos représentants? (Si! si! nous avons confiance en vous!)

Eh bien! reculez quand je vous le demande, et soyez sûrs que nous allons prononcer la déchéance.

Un citoyen. — Et la République?

(Scène de confusion et d'agitation devant laquelle M. Gambetta descend encore de la tribune, cause avec un de ses collègues des premiers bancs de la gauche, et y remonte de nouveau, accompagné de M. de Kératry, qui se tient à côté de lui.)

Il se fait un instant de silence.

M. GAMBETTA. — Citoyens... (Chut! Chut! — Ecoutez!)

Attendu que la patrie est en danger;

Attendu que tout le temps nécessaire a été donné à la représentation nationale pour prononcer la déchéance;

Attendu que nous sommes et que nous constituons le pouvoir régulier issu du suffrage universel libre,

Nous déclarons que Louis-Napoléon Bonaparte et sa dynastie ont à jamais cessé de régner sur la France. (Explosion de bravos et salve d'applaudissements. — Bruyante et longue acclamation.)

Un citoyen agitant le bras. — Et la République?

Un autre citoyen, debout sur un banc de la salle, à droite. — Nous voulons deux choses : la déchéance d'abord, la République ensuite.

Une voix. — Et surtout plus d'Empire.

Un jeune homme, qui paraît être un étudiant. — Il est tombé, tombé pour toujours (Oui! oui! — Vive la République!), tombé avec son chef, qui n'a pas même su mourir!

(Le tumulte, tant dans l'intérieur de la salle que dans les tribunes publiques, est général et indescriptible.)

Des groupes se forment, les uns très-agités, les autres très-calmes, et dans les conversations plus ou moins bruyantes que quelques-uns des envahisseurs engagent, soit entre eux, soit avec les sténographes et les secrétaires rédacteurs, on peut saisir des exclamations et des anathèmes tels que ceux-ci . « Un Napoléon! allons donc! dites un pseudo-Napoléon, un Smerdis, un Dimitri! »

En ce moment, M. Jules Favre, entré par la porte du côté de la salle des Conférences, parvient dans l'enceinte. M. Gambetta va au-devant de lui, et tous deux, pendant que la foule des gardes nationaux et du peuple s'efface pour les laisser passer, montent à la tribune au milieu des cris : Vive Jules Favre! vive Gambetta!

Un garde national. — Tambours, battez aux champs!

M. JULES FERRY. — Laissez parler Jules Favre.

(Pendant quelques instants, aux adjurations que MM. Gambetta et Jules Favre adressent à la foule pour obtenir le silence, la foule répond par les cris répétés de Vive Jules Favre! vive Gambetta!)

Le tambour bat à la porte du couloir de droite.

Une intermittence de silence se fait.

M. JULES FAVRE. — Voulez-vous ou ne voulez-vous pas la guerre civile?

Voix nombreuses. — Non, non, pas de guerre civile! Guerre aux Prussiens seulement!

M. JULES FAVRE. — Il faut que nous constituions un gouvernement provisoire.

Quelques voix. — A l'Hôtel de Ville, alors.

M. JULES FAVRE. — Ce gouvernement prendra en mains les destinées de la France, il combattra résolument l'étranger, il sera avec vous, et d'avance chacun de ses membres jure de se faire tuer jusqu'au dernier.

Cris nombreux. — Nous aussi! nous aussi! — Nous le jurons! Vive la République!

Un citoyen. — Oui, vive la République! mais vive la France d'abord

M. JULES FAVRE. — Je vous en conjure, pas de journée sanglante. (Non! non!) Ne forcez pas de braves soldats français, qui pourraient être égarés par leurs chefs, à tourner leurs armes contre vous. Ils ne sont armés que contre l'étranger. Soyons tous unis dans une même pensée, dans une pensée de patriotisme et de démocratie. (Vive la République!) La République, ce n'est pas ici que nous devons la proclamer.

— Si! si! Vive la République!

Un citoyen (M. Libman). — Et les Prussiens, qu'en faites-vous?

Un jeune homme s'élance à la tribune en criant : La République! la République ici!

Quelques gardes nationaux veulent le faire descendre. Il se débat, en criant toujours : La République! la République ici, tout de suite!

Cris nombreux. — Vive la République!

M. GAMBETTA. — Oui, vive la République! Citoyens, allons la proclamer à l'Hôtel de Ville!

MM. JULES FAVRE et GAMBETTA descendent de la tribune en répétant:

A l'Hôtel de Ville! à l'Hôtel de Ville! (Un certain nombre de personnes les suivent, et une partie de la multitude s'écoule par le couloir de gauche.)

Un citoyen. — A l'Hôtel de Ville! Et nos députés à notre tête! (Oui! oui!)

Un autre citoyen (M. Peyrouton). — Non, c'est ici qu'il faut proclamer la République. Nous la proclamons.

« La République est proclamée! »

Un garde national. — Non! non! Il faut dire : « La République est rétablie! »

Cris confus. — A l'Hôtel de Ville! A bas l'Empire! Vive la République! Vive la France! Vive la garde nationale! Vive la ligne!

Le cri : A l'Hôtel de Ville! qui a déterminé la sortie d'une partie de la foule à la suite de MM. Jules Favre et Gambetta, n'étant pas suffisamment compris de tous, des citoyens étalent en l'air, en élevant les bras, de grandes feuilles de papier qu'ils ont prises sur le bureau ou dans les pupitres des députés, et sur lesquelles ils ont écrit à la main en gros caractères :

A L'HOTEL DE VILLE !

Un citoyen (M. Margueritte, placé au troisième banc de la gauche). — Il est nécessaire qu'un certain nombre de gardes nationaux restent dans la salle, afin qu'elle ne puisse pas être réoccupée par les députés de la majorité. (Oui! oui! — Très-bien!)

Une voix. — La majorité n'existe plus !

M. MARGUERITTE. — La majorité peut, en sortant de ses bureaux, rentrer ici. J'engage les gardes nationaux à rester pour qu'elle ne puisse y reprendre ses séances. (Oui! oui! — A l'Hôtel de Ville !)

Un homme de la foule. — Laissons les gardes nationaux garder la salle.

(Sortie de plusieurs personnes de la salle. Aucun mouvement de retraite dans les tribunes publiques.)

M. LE MARQUIS DE PIRÉ, député d'Ille-et-Vilaine, entré dans la salle par une des portes du pourtour, vient de s'asseoir à son banc, — septième travée du centre gauche, — et s'y tient en observateur silencieux, les deux mains appuyées sur sa canne.

Dans le même moment, plusieurs des députés de la gauche et du centre paraissent s'apprêter à sortir.

M. PEYROUTON. — Quant à moi, je ne sortirai pas d'ici que la République soit proclamée.

Un citoyen. — Dites « rétablie. »

M. MARGUERITTE. — Un instant !

On me fait observer qu'il vaut mieux que les gens décidés à aller à l'Hôtel de Ville s'y rendent (Oui! oui!)

Les gardes nationaux proposent aux députés de la gauche, les seuls qui en ce moment représentent la nation...

M. LE MARQUIS DE PIRÉ. — Comment? J'ai la prétention de représenter ici la nation tout autant et tout aussi bien que MM. les députés de la gauche. (Mouvement de surprise.)

Une voix, dans le fond. — Qui êtes-vous?

M. LE MARQUIS DE PIRÉ. — Je suis de Piré, député d'Ille-et-Vilaine. Je proteste! (Oh! oh! Allons donc!)

M. MARGUERITTE. — Je disais que les gardes nationaux s'offraient vis-à-vis des députés de la gauche à rester ici... (Oui! oui! — Bruit) jusqu'à ce que le gouvernement provisoire fût officiellement proclamé. (Oui! oui! — Applaudissements.)

M. LE MARQUIS DE PIRÉ. — Je proteste! (Nouveau mouvement dans la foule. — Bruyantes exclamations!) Et d'abord il n'y a que les députés qui aient le droit de parler ici. (Allons donc! allons donc!) Laissez-leur remplir leur mission! Je proteste contre l'envahissement de l'enceinte législative. (A la porte! à la porte le récalcitrant!)

Un garde national. — Et nous, nous protestons contre l'envahissement de la France par les Prussiens.

(Les cris de : « Vive la République! » sont poussés avec une intensité nouvelle. — Beaucoup de citoyens assis dans la salle se lèvent, en criant de nouveau ; « A l'Hôtel de Ville! » et sortent en invitant ceux qui sont dans les tribunes publiques à venir les rejoindre au dehors. — Des vides sensibles se font dans la foule qui a envahi l'enceinte ; mais ceux qui ont envahi les tribunes publiques y restent avec une persistance visible, assis ou debout.)

Un citoyen placé dans la tribune des sénateurs. — Nous ne voulons pas sortir. Nous attendons la rentrée des députés.

Un ouvrier. — Où sont-ils, les députés? et quand reviendront-ils?

Un citoyen, dans la salle. — Ils ne reviendront plus. Nous pouvons aller à l'Hôtel de Ville.

(L'évacuation de la salle s'effectue et se continue lentement et successivement. Les gardes nationaux qui occupent les escaliers de la tribune et du bureau en descendent et vont, sur l'ordre de leurs chefs, se placer dans le couloir formant pourtour et sur les bancs les plus élevés de l'amphithéâtre, en engageant les envahisseurs de l'enceinte à se retirer et en prenant successivement leurs places à mesure qu'ils les quittent.

Vers quatre heures, le bruit se répand que MM. les députés ont été invités par M. le président du Corps législatif à se réunir à l'hôtel de la présidence.

Les quelques députés restés jusqu'à ce moment dans la salle se retirent isolément ou par groupes de deux ou trois.

Les tribunes publiques ne se dégarnissent pas, aucun de ceux qui les occupent ne veut quitter sa place.

Des interpellations s'échangent de temps en temps entre les citoyen des tribunes et ceux qui sont encore dans la salle.

Au tumulte et au tapage qui règnent dans cette double foule, succèdent, par intermittences, des accalmies et des silences subits.

Un moment arrive où il n'y a plus guère dans la salle que des gardes nationaux, quelques-uns des sténographes du Corps législatif, des huissiers et des hommes de service.

On est debout ou l'on se promène dans les couloirs et le pourtour; on est assis et l'on cause sur les bancs de l'amphithéâtre parlementaire.

Le public des tribunes reste toujours en place, plus ou moins bruyant et tapageur. Au moment où le jour baisse et où l'obscurité crépusculaire commence à envahir la Chambre, quelques gardes nationaux, malgré les réclamations des hommes de service, allument des cigares, se mettent à fumer. Les hommes des tribunes les imitent, et la fumée des pipes s'ajoute bientôt à celle des cigares pour épaissir et assombrir l'atmosphère de la salle.

Cette situation se prolonge jusqu'à sept heures.

A sept heures, le chef des hommes de service, M. Bercheville, prie M. Glais-Bizoin, député de l'Hôtel de Ville, de vouloir bien intervenir auprès du public des galeries pour le déterminer à la retraite.

M. GLAIS-BIZOIN monte à la tribune.

L'obscurité est devenue telle que le chef des garçons de salle est obligé de faire allumer deux lampes et de les faire placer l'une à droite, l'autre à gauche de la tribune pour que M. Glais-Bizoin puisse être vu de son auditoire.

M. GLAIS-BIZOIN, après avoir annoncé qu'un gouvernement provisoire vient d'être constitué à l'Hôtel de Ville, dont le premier acte a été de prononcer la dissolution du Corps législatif, invite la foule à se retirer, en lui donnant l'assurance que les députés ne doivent plus rentrer en séance et qu'on attend l'évacuation de la salle et des tribunes publiques pour fermer les portes du palais.

Les gardes nationaux reprennent leurs armes, se forment en rangs à l'ordre de leurs officiers, et quittent la salle des séances, et les hommes du peuple, jusque-là imperturbablement restés dans les tribunes publiques, se décident à se lever et à descendre des galeries.

La foule sort par la cour et par la porte grillée du pont de la Concorde.

La garde nationale se met en possession des postes du palais, fait fermer toutes les portes donnant accès à la salle des séances, et éconduit des salles d'attente les curieux qui s'y promènent encore.

A sept heures et un quart, il n'y a plus personne, les gardes nationaux et les hommes de service exceptés, ni dans la Chambre, ni dans les tribunes, ni dans les salles adjacentes.

II.

On lit dans *la Gironde* du 22 février :

Nous mettons sous les yeux de la France un document de la plus haute importance, parce qu'il peint avec une fidélité extrême la transition entre le régime impérial et le Gouvernement de la défense nationale.

C'est le récit, pour ainsi dire sténographique, d'une réunion des députés qui eut lieu dans la salle à manger de la présidence du Corps législatif, le 4 septembre, dans l'après-midi. Nous pouvons garantir l'authenticité de ce récit, dont l'auteur a joué un rôle important dans l'histoire politique de notre pays, et porte un nom justement honoré. Toutefois, nous faisons appel aux souvenirs des députés qui étaient présents à cette séance, et nous insérerons avec le plus vif empressement toutes les rectifications et toutes les additions qui nous seront adressées à ce sujet.

Réunion des députés au Corps législatif, le dimanche 4 septembre 1870, dans la salle à manger de la présidence.

Présidence de M. Alfred Leroux, vice-président.

Les députés s'étaient rendus dans les bureaux pour examiner trois propositions soumises à la Chambre pendant la séance.

La première proposition, présentée par le ministère, demandait la formation d'une commission de députés, sous la présidence du comte de Palikao, ministre de la guerre, et chargé de prendre la direction gouvernementale du pays.

La seconde, de M. Thiers et d'un certain nombre de députés, réclamait la nomination, par la Chambre seule, d'une commission de cinq membres qui devait constituer un pouvoir exécutif, vu les circonstances graves où se trouvait le pays.

La troisième proposition, de M. Jules Favre et de ses collègues de la gauche, portait déclaration de la déchéance du trône.

Pendant l'examen de ces trois propositions dans les bureaux, la salle des séances ayant été envahie, les députés, qui n'avaient pu y reprendre la suite de leurs délibérations, se sont réunis dans la salle à manger de la présidence du Corps législatif.

M. Alfred Leroux, vice-président, préside l'Assemblée.

Le nombre des députés est de 150 à 200 environ.

M. Alfred Leroux invite M. Martel à faire le rapport de la commission appelée à examiner les trois propositions proposées au Corps législatif.

M. Garnier-Pagès demande la parole pour une question préliminaire.

M. LE PRÉSIDENT. — M. Garnier Pagès a la parole.

M. GARNIER-PAGÈS. — La situation doit d'abord être nettement examinée. Quelle est-elle? Je ne veux pas l'assombrir par des récriminations inutiles et intempestives. Cependant, il me sera bien permis de dire que les députés de la gauche ont fait tout ce qui dépendait d'eux pour éloigner de nous les malheurs immérités de la patrie.

En ce moment la Chambre est envahie. Quelle en est la cause? Qui doit en subir la responsabilité?

L'empereur est prisonnier; son fils est réfugié en Belgique : le trône est vacant.

Dans la nuit du 3 au 4, le Corps législatif est convoqué. Il est dit aux députés de la gauche que le pouvoir exécutif, dont l'impératrice-régente et les ministres sont délégués, n'existant plus de fait, l'impératrice va déposer son abdication et les ministres leur démission entre les mains des représentants de la nation, pour rendre au pays le droit de se gouverner lui-même.

En présence de cette démarche solennelle, l'opposition était résolue à prendre acte de ce fait, et ajournait la demande de la déchéance.

La séance ouverte à minuit, l'attente est vaine. Rien de ce qui a été annoncé ne se réalise. L'impératrice et les ministres gardent le silence, ne pouvant se résoudre à déposer des pouvoirs qui, logiquement, ne sont plus.

Le président du conseil se plaint même d'avoir été dérangé de son sommeil, et réclame l'ajournement de toute délibération au lendemain, ou, pour mieux dire, au jour même, vers midi.

Les promesses d'abdication et de démission circulent de nouveau dans la matinée. Se réaliseront-elles? Les membres de la gauche, accourus dès la première heure, rédigent un projet de déclaration de déchéance.

Pendant leurs délibérations, l'honorable M. Thiers intervient, et leur déclare qu'une proposition a été rédigée par quelques députés du centre gauche, et adoptée par un certain nombre de membres de la majorité. Cette proposition, suivant lui, doit donner satisfaction à l'opposition, puisqu'elle prononce la vacance du trône.

Pour obtenir un vote unanime et l'union de tous en face de nos désastres la réunion de la gauche s'était déterminée à accepter, en dernier lieu, cette proposition, tout en se réservant de présenter d'abord son projet de déchéance.

Au début de la séance, l'abdication de l'impératrice et la démission des ministres ne furent pas déposés, ainsi qu'on était autorisé à le penser. Loin de là, se retenant avec âpreté au pouvoir qui lui échappait, le président du conseil eut l'audace de lire un projet de loi par lequel il réclamait pour lui son maintien comme lieutenant-général, en conservant le gouvernement impérial.

Cette proposition ayant été accueillie par une réprobation presque générale, M. Thiers lut la proposition de ses collègues et de lui. Mais la constatation de la vacance au trône y avait été remplacée par ces mots : « vu les circonstances. »

Ainsi donc, l'opposition voyait échouer toutes ses tentatives de conciliation.

En présence de l'ennemi, elle avait multiplié ses efforts pour exhorter l'Assemblée élue par la nation à se saisir du pouvoir exécutif que les événements lui imposaient le devoir de recueillir, et elle n'avait pu convaincre ni décider la majorité.

Et pourtant, le Corps législatif ne devait-il pas se soulever indigné, lorsque le ministre de la Guerre, le général Cousin-Montauban, qui avait commis la faute impardonnable, le crime de livrer à l'ennemi le dernier corps d'armée qui pouvait rendre Paris imprenable, d'après l'avis de tous les hommes compétents et de l'honorable M. Thiers lui-même, reconnaissant la responsabilité qu'il avait encourue, venait réclamer pour lui une sorte de lieutenance générale de l'Empire? N'y avait-il pas là, tout à la fois, audace et incapacité?

Eh bien ! le matin encore, le peuple, accouru devant la Chambre des députés, apprenant l'abdication ou la déchéance ou même la vacance du trône, se fût arrêté devant la représentation du pays. Mais, en apprenant la résistance inattendue à la proclamation de faits accomplis, exaspéré par la défaite et le traité de Sedan, se livrant à un acte de désespérance, il a envahi l'Assemblée.

MM. THIERS ET GRÉVY. — Concluez ! (Sensation prolongée.)

M. MARTEL. — M. Garnier-Pagès ne conclut pas. Il doit avoir une proposition à nous faire.

M. GARNIER-PAGÈS. — Je n'ai pas de proposition à vous soumettre; néanmoins, puisque nos collègues semblent m'y inviter, je leur ferai part de mes sentiments. Trois propositions ont été faites à la Chambre : celle de M. Jules Favre, celle de M. le comte de Palikao, au nom du Gouvernement; enfin, celle de M. Thiers. Je n'oublie pas qu'une commission a dû être nommée pour vous faire un rapport.

M. GAUDIN. — Le rapport est prêt; on peut en donner lecture.

M. GARNIER PAGÈS. — Quoi qu'il en soit, à l'heure présente, les propositions de M. Jules Favre, de l'honorable M. Thiers, me semblent seules sérieuses et peuvent seules faire l'objet d'un examen sérieux. En adoptant celle de M. Thiers, vous substituerez sans aucun doute ces mots : *la vacance du trône* au lieu de : *vu les circonstances.*

Mais pour faire œuvre utile, il importe avant tout que nous nous mettions en communication avec ceux de nos collègues qui sont assemblés à l'Hôtel de Ville.

Je ne serai pas contredit, je pense, en affirmant que le pouvoir exécutif a cessé d'exister, qu'il est tombé sous la réprobation publique. (Dénégations diverses — Marques nombreuses d'adhésion.)

Une seule autorité régulière a surnagé dans le naufrage, c'est celle de la représentation nationale. (Très-bien! très-bien!) Mais à côté de cette représentation, il va se former, il s'est peut-être créé un centre nouveau, avec lequel nous devons compter. (Murmures prolongés.) En effet, plusieurs de nos collègues, portés par le flot populaire, sont à l'Hôtel de Ville, où ils délibèrent sans doute.

J'ignore ce qui se passe à l'Hôtel de Ville; mais, à mon avis, vous ne pouvez rien faire de stable, sans le concours des hommes qui y siègent maintenant. (Rumeurs diverses. — Très-bien! très-bien!)

M. LE BARON BUQUET. — Ce serait traiter d'égal à égal avec des usurpateurs. La Chambre ne peut pas se suicider.

M. GARNIER-PAGÈS. — Si je vous propose d'envoyer plusieurs de nos collègues à l'Hôtel de Ville, c'est afin de parvenir à une entente indispensable pour le salut public. Le temps presse, hâtons-nous, les événements marchent avec une rapidité extrême, et peut-être vous répondrait-on : Il est trop tard! (Marques nombreuses d'approbation. — Après quelques instants d'agitation, le calme se rétablit.)

M. LE PRÉSIDENT ALFRED LE ROUX. — M. Buffet a la parole.

M. BUFFET prononce avec une grande animation quelques paroles dont voici le sens :

Messieurs, vous avez été contraints d'abandonner le lieu ordinaire de vos réunions, les tribunes de votre salle de séances ont été envahies, et l'enceinte qui vous est réservée n'a pas même été respectée.

Je proteste avec énergie contre la violence qui vous est faite ; je proteste au nom du droit, au nom de la morale publique, je proteste encore au nom du pays dont vous êtes les seuls mandataires légitimes. (Très-bien! très-bien! — Assentiment général.)

Messieurs, vos pouvoirs émanent de la nation et ne sauraient vous être ravis par la violence. La violence engendre la violence, et la force appelle l'abus de la force. C'est l'oubli constant de ces principes d'éternelle équité qui cause tous nos malheurs publics. (Très-bien!)

Vous avez refusé de délibérer sous une pression extérieure ; vous avez résisté à des masses entraînées par de criminels égarements ; la France dira que vous avez fait votre devoir. (Assentiment prolongé.) La liberté de vos discussions vous étant momentanément rendue, je vous propose d'entendre le rapport de votre commission.

Un grand nombre de voix. — Oui! oui! la parole au rapporteur.

M. ESTANCELIN. — Messieurs, vous avez applaudi aux véhémentes paroles et à la protestation de M. Buffet. Notre honorable collègue s'est fait l'interprète indigné du sentiment général de la Chambre, et, pour ma part, j'associe ma protestation à la sienne.

Ce devoir accompli, il me reste à vous dire que je viens, il y a quelques instants à peine, de rencontrer le général Trochu qui se dirigeait vers l'Hôtel de Ville. Messieurs, la situation n'est pas aujourd'hui ce qu'elle était hier, ni même ce qu'elle était il y a quelques heures. Nous devons tenir compte des faits accomplis : on vous a proposé de déclarer la vacance du trône; je pense que le Corps législatif ne doit pas hésiter à la prononcer.

M. MARTEL, rapporteur (1). — Messieurs, votre commission a examiné les trois propositions qui vous ont été soumises. Après délibération, ces trois propositions ont été successivement mises aux voix, et c'est celle de M. Thiers qui a obtenu le plus grand nombre de suffrages.

Toutefois, votre commission a ajouté à cette proposition deux paragraphes.

L'un de ces paragraphes fixe le nombre des membres qui devront composer la commission de gouvernement et de défense nationale; l'autre déclare que cette commission nommera des ministres. En conséquence, voici le texte qui vous est proposé :

« Vu les circonstances, la Chambre nomme une commission de Gouvernement et de défense nationale. Cette commission est composée de 5 membres choisis par le Corps législatif. Elle nommera les ministres.

» Dès que les circonstances le permettront, la nation sera appelée par une Assemblée constituante à se prononcer sur la forme de son gouvernement. »

M. THIERS parle de la nécessité de la conciliation pour surmonter la crise.

Il reconnaît avoir modifié la proposition lue par lui aux députés de la gauche, pour obtenir un plus grand nombre d'adhérents. Mais il déclare revenir à sa première formule : « Vu la vacance du trône. »

Il accepte d'ailleurs les modifications apportées par le rapporteur à sa proposition, en faisant remarquer toutefois qu'on devrait ne pas regarder comme définitif le nombre de cinq membres fixé pour la composition du Gouvernement de la défense nationale.

M. GRÉVY préférerait que la Chambre adoptât la proposition de l'honorable M. Jules Favre. Cette proposition ne prête ni à l'ambiguïté ni à l'équivoque, et elle n'outrepasse pas les droits qui découlent du mandat de député.

M. MARTEL relit les articles du projet de loi.

Les mots : *Vu les circonstances*, sont remplacés par ceux-ci : *Vu la vacance du trône*. Le vote a lieu à une très-grande majorité.

M. PINARD déclare ne pas pouvoir s'associer à cette déclaration, et proteste.

M. GARNIER-PAGÈS répond que c'est pour avoir voulu remonter le courant au lieu de le suivre que l'Assemblée a été entraînée.

(1) La commission était composée comme suit :
1er bureau, MM. Daru; 2e bureau, Buffet; 3e bureau, pas de commissaire 4e bureau, Gaudin; 5e bureau, Martel; 6e bureau, Jules Simon; 7e bureau, Josseau; 8e bureau, Lehon; 9e bureau, Dupuy de Lôme.

M. THIERS ajoute quelques mots, pour inviter l'Assemblée à composer avec la nécessité.

M. DRÉOLLE, tout en constatant les droits de la Chambre, et les défendant énergiquement, engage les députés à céder devant les faits accomplis. Il se rallie à la proposition de M. Garnier-Pagès, pour envoyer une délégation à l'Hôtel-de-Ville, porter à leurs collègues la résolution de la Chambre, et se concerter avec eux.

Cette proposition est adoptée. M. Garnier-Pagès est nommé pour faire partie de la délégation.

M. GARNIER-PAGÈS réplique qu'il ne peut accepter la mission de ses collègues, parce que, au moment où il parle, son nom figure peut-être déjà parmi ceux d'un gouvernement provisoire ; mais il offre d'accompagner la délégation à l'Hôtel-de-Ville.

Sur cette observation, on désigne MM. Lefèvre-Pontalis, Martel, Grévy, de Guiraud, Cochery, Johnston et Barthélemy-Saint-Hilaire. Pour faciliter la conciliation, la Chambre déclare à ses délégués qu'ils peuvent considérer comme provisoire le nombre de cinq membres devant composer la commission du Gouvernement de la défense nationale.

L'Assemblée s'ajourne à huit heures du soir pour entendre le rapport de ses délégués.

Les délégués se rendent à l'Hôtel-de-Ville. M. Garnier-Pagès les accompagne et les introduit auprès de MM. Jules Favre, Emmanuel Arago, Picard, Jules Simon, Gambetta et plusieurs autres députés qui délibèrent avec eux.

M. GRÉVY expose le but de la démarche des délégués et remet à M. Jules Favre le projet de loi voté.

M. JULES FAVRE réplique que la nécessité du salut public a motivé la création immédiate d'un gouvernement de la défense nationale, composé de tous les députés de Paris, et qu'il portera le soir sa réponse à la Chambre.

III.

Au sujet de ce récit, la *Gironde* a reçu la lettre rectificative suivante qui lui a été adressée de Rome par M. Ernest Dréolle :

Rome, 27 février 1871.

Monsieur,

La *Gironde* publie dans son numéro du 22, que je lis aujourd'hui, un compte-rendu de la séance tenue le 4 septembre vers quatres heures, par le Corps législatif, dans une des salles de l'hôtel de la présidence. Ce compte-rendu, dont l'auteur « a joué, dites-vous, un rôle important dans l'histoire politique de notre pays et porte un nom justement honoré», n'est ni complet ni fidèle. On n'aura jamais un compte-rendu sténographique de la deuxième séance du 4 septembre, car le service des sténographes manquait; mais on pourra avoir des témoins et des acteurs un récit qui dira, dans tous leurs détails, les incidents curieux de cette journée parlementaire. J'ai écrit, monsieur, ces récits le soir même de la séance, en ayant tous mes souvenirs, en consultant des notes que j'avais prises pendant la séance même, et je l'ai complété le lendemain, à l'issue de la réunion que près de 180 députés tinrent à l'hôtel de notre honorable collègue, M. Johnston.

Je ne puis vous offrir aujourd'hui ce travail. Il sera publié quand l'heure sera venue de dire la vérité sur la journée du 4 septembre, et je m'empresserai alors de vous en communiquer, si vous le voulez bien, les épreuves. Je me bornerai, dans cette lettre écrite, en songeant bien plus à l'avenir qu'au passé, à rectifier sur quelques points et dans son ensemble le document que vous avez accueilli.

La séance de quatre heures a été provoquée par l'honorable M. Thiers et par moi, alors que nous étions tous errants dans les couloirs de la Chambre, au milieu des nombreux curieux qui en avaient envahi la salle. J'en fis la proposition à M. Thiers, et je désignai en même temps le local qui pouvait nous recevoir. En moins d'un quart d'heure, plus de 200 députés se groupaient, les uns debout, les autres assis, dans une des salles à manger de la présidence, et, m'étant procuré dans le cabinet de M. Valette une liste des députés et un crayon, je demandai à M. Thiers s'il ne jugeait pas bon qu'on fît un appel nominal. — « Cela gênerait peut-être quelques-uns de nos collègues, » me répondit-il, avec une finesse malicieuse. Et comme je souriais de cette prudence... pour les autres, il reprit bien vite : « Ne le prenez pas en mauvaise part pour eux! » L'appel nominal ne fut donc pas fait; mais, à la sortie de la séance, on s'inscrivit dans le cabinet du secrétaire général, et cette liste de signatures donne à peu près, sauf une vingtaine, le nombre et les noms des présents.

Au moment de former le bureau, et avant de donner la présidence à l'honorable M. Alfred Leroux, nous demandâmes M. Schneider. On se rendit dans ses appartements, et l'on vint nous dire qu'il reposait sur son lit, malade, incapable de descendre à la séance. M. Alfred Leroux prit alors la présidence, assisté de MM. Martel et Josseau, en leur qualité de secrétaires. La parole fut aussitôt donnée à M. Garnier-Pagès, qui nous demanda, en effet, comme le dit le compte-rendu que vous avez publié, de reconnaître les faits accomplis ; mais dans les faits accomplis, il voyait la transmission de tous les pouvoirs à la Chambre, par l'adoption de la proposition de M. Thiers, l'exercice de ces pouvoirs par un conseil de gouvernement élu par la Chambre, et le maintien absolu de cette Chambre, qui pouvait seule légitimement exercer l'autorité sur le pays, dont elle était le mandataire.

M. Garnier-Pagès répéta plusieurs fois qu'il n'irait point à l'Hôtel-de-Ville, qu'il ne voulait faire partie d'aucun gouvernement, et que, d'ailleurs, il déplorait autant que personne l'invasion de la Chambre et la substitution de la violence à l'exercice légal, constitutionnel, des droits que nous tenions de nos électeurs. Il nous affirma que ses amis, alors à l'Hôtel-de-Ville, ne s'étaient point rendus là pour s'emparer du pouvoir, mais pour apaiser la population, rétablir l'ordre et rendre possible pour le soir même la reprise des délibérations du Corps législatif. Souvent interrompu par d'énergiques protestations, M. Garnier-Pagès termina, cependant, en nous disant : « Unissez-vous au gouvernement qui est peut-être fondé, à l'heure qu'il est, à l'Hôtel-de-Ville! »

J'ai, monsieur, tout le discours de M. Garnier-Pagès, et je crois qu'il n'y a pas dix mots qui ne soient d'une exactitude sténographique. M. Buffet répondit à ce discours avec une admirable chaleur, et salué par les applaudissements de tous les députés.

« Comme homme d'honneur, dit-il en terminant, comme citoyen dévoué à mon pays, chargé d'un mandat librement donné, je m'indigne contre les violences dont vous avez été victimes, et, dussé-je engager ma vie et ma liberté, je ne consentirai jamais, au nom même de la liberté, et pour l'honneur de mon pays, à reconnaître le gouvernement qui s'élève sur les ruines de la liberté et du droit. »

Le tumulte et l'agitation furent grands, après ces paroles; de toutes parts on s'écria : « Délibérons! faisons quelque chose! Prenons la proposition Thiers! »

C'est à ce moment que je demandai la parole pour la première fois, et je commençais à parler, quand entrèrent successivement dans la salle, en proie à une vive émotion, MM. Tachard et Estancelin : M. Tachard pour nous dire qu'il nous suppliait de prendre vite une résolution, notre réunion étant connue, et des groupes stationnés autour du Corps législatif, menaçant de nous envahir de nouveau; M. Estancelin, pour nous apprendre qu'il revenait des Tuileries et qu'il y avait été informé du départ de l'impératrice. On se demanda si l'on devait rester ; un officier de la garde nationale nous fit offrir de nous rendre, avec le concours de ses hommes, à la salle ordinaire de nos délibérations. Il fut décidé qu'on ne s'éloignerait pas, et la parole me fut donnée.

Voulez-vous, monsieur, me permettre de citer textuellement, d'après mon compte-rendu, l'incident qui m'est personnel ? Vous verrez, ce à quoi je tiens beaucoup, que je n'ai pas engagé mes collègues à céder devant les faits accomplis.

M. ERNEST DRÉOLLE. — Je demande la parole. (Parlez! Parlez! — Le bruit continue.) Messieurs, je vous demande pardon d'insister pour parler. (Oui, oui, parlez!) Je suis un des derniers venus dans cette Chambre, et je n'ai peut-être pas le droit de faire entendre des conseils dans les circonstances présentes. (Si! si! parlez!) Eh bien! messieurs, en présence de tout ce que nous apprenons et sous le bénéfice des énergiques paroles de notre honorable collègue M. Buffet, je crois que nous devons chercher à prendre une résolution pratique. M. Garnier-Pagès nous a dit : « Suivez le mouvement, unissons-nous au gouvernement provisoire qui s'est établi à l'Hôtel-de-Ville » (Non! non!) Attendez, messieurs. Je n'accepte pas, moi non plus, cette proposition. Est-il bien vrai, d'ailleurs, qu'il y ait un gouvernement à l'Hôtel-de-Ville? Il y a, si j'ai bien retenu les paroles de notre très-honorable collègue M. Garnier-Pagès, plusieurs députés qui, par patriotisme, par dévouement à la chose publique, se sont dévoués... (Rumeurs.) Permettez, je cite M. Garnier-Pagès.

M. GARNIER-PAGÈS. — Vous avez raison : c'est ce que j'ai dit.

M. ERNEST DRÉOLLE. — Il y a en ce moment à l'Hôtel-de-Ville plusieurs de nos collègues qui, pour calmer l'effervescence populaire (Interruption : Ce sont eux qui ont tout fait!) ont accepté ce pouvoir éphémère qu'on appelle le pouvoir populaire. Eh bien! messieurs, je veux croire à ce qui nous a été dit. Donc en ce moment, la situation est celle-ci : A l'Hôtel-de-Ville, des députés, qui ne sont encore que des députés, et en qui nous ne pouvons voir que des collègues ; au Corps législatif, la grande majorité de la Chambre, réunie ici parce qu'elle ne veut pas déserter son poste, et travaillant, elle aussi, à dégager, à sauver la situation. Eh bien! soyons pratiques. Que faut-il faire? Voici ce que je vous propose : établissons l'entente entre nos collègues, qui se dévouent, nous dit-on, et nous qui restons fidèles à notre mandat, qu'un certain nombre d'entre nous soient nommés, séance tenante, et qu'ils se rendent immédiatement en notre nom (Très-bien! c'est cela!), et qu'ils se rendent à l'Hôtel-de-Ville pour s'entretenir avec nos collègues, et qu'ils reviennent nous rendre compte de la situation. (Très-bien! très-bien!)

M. PINARD (du Nord). — C'est reconnaître le Gouvernement provisoire.

M. ESTANCELIN. — Non, et la proposition de M. Dréolle est la seule pratique.

M. COCHERY. — Oui, mettons-la tout de suite aux voix. (Non! non!)

Une assez vive opposition se manifeste dans un groupe d'une dizaine de députés. M. Ernest Dréolle est entouré et complimenté par ses voisins.

M. GARNIER-PAGÈS. — Je crois que la proposition de notre collègue est très-sage. Je m'offre à conduire les délégués que nommera la Chambre.

M. ERNEST DRÉOLLE. — Pardon, M. Garnier-Pagès, je n'ai pas dit *délégués*. Les mots ont ici leur valeur. Une *délégation* serait la reconnaissance d'un fait qui n'est peut-être pas accompli, que nous soupçonnons bien, mais que nous ne reconnaissons pas, dans tous les cas.

M. THIERS. — L'idée de M. Dréolle est sage. Ce sont des collègues allant à des collègues.

M. GARNIER-PAGÈS. — Bien que je me sois promis de ne pas mettre es pieds à l'Hôtel-de-Ville, je consens à accompagner la commission. !Que M. Dréolle vienne avec moi !

M. ALFRED LEROUX, président. — Plusieurs de nos collègues me font observer que la première proposition d'entendre la lecture du rapport de M. Martel, au nom de la commission chargée de l'examen de la proposition de M. Thiers, n'exclut pas l'adoption de celle de M. Dréolle; logiquement, il vaudrait mieux que la première fût d'abord adoptée.

M. DE TALHOUET. — Sans doute. Il faut que nous prenions une décision quelconque, et nous en instruirons nos collègues présents à l'Hôtel-de-Ville. (Oui! oui !)

MM. MARTEL ET JOSSEAU. — La commission conclut à l'adoption d'une rédaction. On votera sur cette rédaction; et la Chambre en instruira ceux de nos collègues qui sont à l'Hôtel-de-Ville.

M. ERNEST DRÉOLLE. — C'est très-juste, et je me rallie à la proposition de M. de Talhouët.

DES VOIX. — Mais cela prend du temps ! Votons, alors ; votons tout de suite !

M. TACHARD — Je vous répète, messieurs, qu'il y a lieu de se hâter.

M. ESTANCELIN. — Nommons tout de suite les membres qui devront aller porter nos délibérations.

Plusieurs voix. — Nommons Garnier-Pagès, Grévy, Dréolle, Estancelin, Cochery, Tachard. (Oui ! Oui !)

M. THIERS. — Messieurs, le choix importe peu ! Mais si vous vouliez bien faire un peu de silence, on aurait déjà voté sur le rapport de M. Martel, et il y aurait une délibération acquise. Ce que nous n'avons pu faire dans le lieu ordinaire de nos séances, faisons-le ici, et ultérieurement, et pour sortir de la situation fausse où nous sommes, nous reviendrons à la proposition de M. Dréolle.

M. BUFFET et plusieurs de ses voisins. — Oui ! c'est cela !

M. ESTANCELIN. — Soit. Mais c'est une perte de temps en formalités ; et ce n'est pas le moment de perdre du temps.

M. COCHERY. — C'est toujours la même chose !

Plusieurs députés vont de Garnier-Pagès à M. Ernest Dréolle et les invitent à partir tous les deux, en s'adjoignant deux ou trois autres collègues pris au hasard. M. Dréolle voit venir à lui M. Garnier-Pagès, qui l'engage également à partir ; il s'y refuse, en disant qu'il est de toute convenance, au moins de sa part, de ne pas devancer le dernier mot de la Chambre sur sa proposition.

Pendant ce temps, la séance a continué.

Ici, monsieur, se place l'incident du vote de la proposition de M. Thiers, après le rapport de M. Martel concluant à l'adoption de ce considérant : « Vu la vacance du pouvoir ». Cet incident a été très-long, très-animé, et la bienveillance de nos collègues m'a permis encore une fois de prendre la parole au milieu d'une agitation indicible. J'hésite à vous transcrire cette seconde partie de mon compte rendu, bien que vous ayez fait appel aux souvenirs de tous les députés présents à la séance. Je vous l'envoie, cependant, parce que vous aurez ainsi très-fidèlement, avec la fin de l'incident relatif à ma proposition pour l'envoi de députés à l'Hôtel-de-Ville, le récit de l'incident le plus caractéristique de cette mémorable séance. Je copie :

M. ALFRED LEROUX. — J'ai entendu M. Dréolle demander la parole. (Oui ! oui ! qu'il parle !)

M. ERNEST DRÉOLLE d'une voix émue. — Messieurs, je crois que nul ici ne peut se dire plus impérialiste que moi. Il y a deux heures, j'aurais combattu avec énergie la proposition qui déclarait la vacance des pouvoirs. C'était la déchéance, et je n'aurais pas voté la déchéance de l'empire. Mais, à l'heure présente, ce n'est plus une question de conscience qui nous est posée, c'est malheureusement une question de fait. (C'est cela ! c'est cela ! Très-bien !) Y a-t-il, en réalité, vacance des pouvoirs ? Oui. Tous ceux que j'aimais ne sont plus. (Mouvement.) L'empereur est prisonnier à Sedan ; dans quelles conditions, nous le saurons plus tard ; le prince impérial est réfugié à l'étranger, et notre honorable collègue, M. Estancelin, est venu nous apprendre tout à l'heure, dernière douleur pour moi, que l'impératrice avait quitté les Tuileries...

M. ESTANCELIN. — Oui, les Tuileries sont occupées par le peuple.

M. ERNEST DRÉOLLE. — Eh bien ! messieurs, le chef de l'État et la régence n'étant plus représentés, il y a vacance des pouvoirs, et c'est au Corps législatif, le second pouvoir issu du suffrage universel, qu'il appartient de s'emparer de la direction des affaires. Il y a urgence qu'il le fasse, car, encore quelques heures, et il y aura, contre lui, un pouvoir issu de l'émeute, de l'insurrection. Après avoir vu violer son enceinte, il peut voir violer son autorité. (Très-bien !) Je le dis donc, messieurs, à tous mes amis, à tous ceux qui, comme moi, eussent repoussé cette proposition de déchéance, il y a un fait qui nous domine, qui paralyse toutes nos convictions, tous nos dévouements, c'est la vacance du pouvoir. Je les conjure de voter, de voter vite ; et moi, je le déclare bien haut, comme impérialiste et sous la réserve de l'avenir que nous pouvons sauver par une prompte décision, je vote la proposition de M. Thiers. (Très-bien ! très-bien ! — Applaudissements. — Sensation.)

L'orateur est entouré d'un grand nombre de députés. Beaucoup lui serrent les mains et le félicitent.

PLUSIEURS VOIX. — C'est un acte de patriotisme ! Cela vous honore dans vos convictions.

M. THIERS. — Les paroles de M. Dréolle sont très-sages, et sa conduite décide le vote.

PLUSIEURS VOIX. — Oui ! oui ! Votons !

M. ALFRED LE ROUX, président. — Veuillez, monsieur Martel, relire le texte de la proposition.

M. MARTEL fait cette lecture au milieu d'une grande agitation. (On n'entend pas !)

M. ERNEST DRÉOLLE prend le papier des mains de M. Martel, et d'une voix forte lit la proposition.

Un vote par assis et levé a lieu. La proposition est adoptée à l'unanimité, moins cinq ou six membres, qui se lèvent à la contre-épreuve.

M. ALFRED LE ROUX. — Les conclusions de la commission sont adoptées. (Bravo !)

M. ESTANCELIN. — Maintenant, messieurs, il faut revenir à la proposition de M. Dréolle et aller à l'Hôtel-de-Ville. Avec le vote que vous venez de rendre, il y a quelque chose à faire.

Les paroles de M. Estancelin ayant été accueillies, il s'agit alors, monsieur, de former la commission. On prononça quelques noms, et particulièrement celui de M. Grévy, qui demanda la parole pour refuser. Il prononça une très-remarquable allocution, que j'ai recueillie, sur les droits de la Chambre, sur son maintien ; il affirma que ses collègues de la gauche avaient tous résolu de conserver le Corps législatif, dont ils avaient reconnu la légitime autorité, en réclamant sans cesse son intervention dans les décisions de la régence. Puis, après avoir cédé aux sollicitations, il demanda à connaître les noms des collègues avec lesquels il serait appelé à se présenter à l'Hôtel-de-Ville. Je transcris la fin de son discours et les incidents qui suivirent :

M. GRÉVY — Permettez-moi maintenant de vous faire quelques observations sur le choix des membres qui viendront avec moi. Ce choix importe beaucoup. Il ne faut pas que ceux de nos collègues qui rempliront cette mission soient trop ouvertement connus par leurs opinions hostiles au mouvement libéral... (L'orateur s'arrête.) Je ne sais, messieurs, comment vous dire cela, mais vous me comprendrez... Ainsi, j'en demande pardon à mon honorable collègue, M. Dréolle, mais je crois qu'il représente, lui, une nuance...

PLUSIEURS MEMBRES. — On ne peut pas, cependant, ne choisir que des députés de l'opposition.

D'AUTRES MEMBRES. — L'attitude de M. Dréolle a été très-digne et très-louable.

M. GRÉVY. — Assurément, messieurs, et je l'en félicite...

M. ERNEST DRÉOLLE, interrompant. — J'accepte parfaitement, monsieur, vos scrupules en ce qui me concerne, d'avoir, dans les circonstances présentes, accentué ma nuance antirévolutionnaire.

M. GRÉVY. — Je ne veux, messieurs, blesser personne. Comprenez-moi ; il faut que notre démarche réussisse, qu'elle aboutisse à un résultat pratique. Or, vous n'ignorez pas quelle agitation entoure, à l'heure qu'il est, nos collègues à l'Hôtel-de-Ville ; il serait donc imprudent pour les personnes, et imprudent pour le but à atteindre... si la vue de certains de nos collègues venait à exciter...

La suite des paroles de l'orateur se perd dans le bruit.

Vingt noms sont mis en avant. On désigne enfin, après dix minutes de tumulte, MM. Garnier-Pagès, Lefèvre-Pontalis, Martel, Grévy, de Guiraud, Johnston, Cochery et Barthélemy Saint-Hilaire.

MM. Estancelin, Cochery et Martel engagent M. Dréolle à les suivre. M. Dréolle s'y refuse.

J'arrête là, monsieur, mes citations, en vous demandant pardon de la longueur de cette lettre. Si la *Gironde* consent à les publier, elle mettra en lumière des faits qui devront être connus le jour où l'on voudra que l'histoire se prononce sur les douloureux événements provoqués par le ministère incapable du sieur Ollivier. Tout est à connaître encore depuis les circonstances dans lesquelles une guerre insensée fut déclarée, à l'aide de mensonges diplomatiques, jusqu'au soulèvement populaire qui fut, de l'aveu de M. de Kératry et de quelques-uns de ses amis, préparé dans la nuit du 3 au 4 septembre. Je sais, à cet égard, bien des choses, et je les dirai, avec la conviction que les hommes restés, comme moi, fidèles à l'empire, ont tout à gagner à ce que la vérité soit connue.

Agréez, monsieur, avec mes remercîments pour l'accueil que vous voudrez bien faire à cette lettre, mes salutations empressées.

ERNEST DRÉOLLE.
Ancien député de la Gironde.

APPENDICE XVII.

PROCLAMATION DE M. VICTOR HUGO AUX FRANÇAIS

Nous avons fraternellement averti l'Allemagne.

L'Allemagne a continué sa marche sur Paris.

Elle est aux portes.

L'empire a attaqué l'Allemagne comme il avait attaqué la République, à l'improviste, en traître ; et aujourd'hui l'Allemagne, de cette guerre que l'empire lui a faite, se venge sur la république.

Soit. L'histoire jugera.

Ce que l'Allemagne fait maintenant la regarde ; mais nous, France, nous avons des devoirs envers les nations et envers le genre humain. Remplissons-les.

Le premier des devoirs est l'exemple.

Le moment où nous sommes est une grande heure pour les peuples. Chacun va donner sa mesure.

La France a ce privilége, qu'a eu jadis Rome, qu'a eu jadis la Grèce, que son péril va marquer l'étiage de la civilisation.

Où en est le monde? Nous allons le voir.

S'il arrivait, ce qui est impossible, que la France succombât, la quantité de submersion qu'elle subirait indiquerait la baisse de niveau du genre humain.

Mais la France ne succombera pas.

Par une raison bien simple, et nous venons de la dire. C'est qu'elle fera son devoir.

La France doit à tous les peuples et à tous les hommes de sauver Paris ; non pour Paris, mais pour le monde.

Ce devoir, la France l'accomplira.

Que toutes les communes se lèvent ! que toutes les campagnes prennent feu ! que toutes les forêts s'emplissent de voix tonnantes ! Tocsin ! Tocsin ! que de chaque maison il sorte un soldat ; que le faubourg devienne régiment ; que la ville se fasse armée. Les Prussiens sont huit cent mille, vous êtes quarante millions d'hommes. Dressez-vous et soufflez sur eux ! Lille, Nantes, Tours, Bourges, Orléans, Dijon, Toulouse, Bayonne, ceignez vos reins. En marche! Lyon, prends ton fusil, Bordeaux, prends ta carabine, Rouen, tire ton épée, et toi, Marseille, chante ta chanson et viens terrible. Cités, cités, cités, faites des forêts de piques, épaississez vos baïonnettes, attelez vos canons, et toi, village, prends ta fourche. On n'a pas de poudre, on n'a pas de munitions, on n'a pas d'artillerie ! Erreur. On en a. D'ailleurs, les paysans suisses n'avaient que des cognées, les paysans polonais n'avaient que des faulx, les paysans bretons n'avaient que des bâtons, et tout s'évanouissait devant eux ! Tout est secourable à qui fait bien. Nous sommes chez nous. La saison sera pour nous, la bise sera pour nous, la pluie sera pour nous. Guerre ou honte ! Qui veut peut. Un mauvais fusil est excellent quand le cœur est bon ; un vieux tronçon de sabre est invincible quand le bras est vaillant. C'est aux paysans d'Espagne que s'est brisé Napoléon. Tout de suite, en hâte, sans perdre un jour, sans perdre une heure, que chacun, riche, pauvre, ouvrier, bourgeois, laboureur, prenne chez lui ou ramasse à terre tout ce qui ressemble à une arme ou à un projectile. Roulez des rochers, entassez des pavés, changez les socs en haches, changez les sillons en fosses, combattez avec tout ce qui vous tombe sous la main, prenez les pierres de notre terre sacrée, lapidez les envahisseurs avec les ossements de notre mère la France. O citoyens, dans les cailloux du chemin, ce que vous leur jetez à la face, c'est la patrie.

Que tout homme soit Camille Desmoulins, que toute femme soit Théroigne, que tout adolescent soit Barra! Faites comme Bombonnel, le chasseur de panthères, qui, avec quinze hommes, a tué vingt Prussiens et fait trente prisonniers. Que les rues des villes dévorent l'ennemi, que la fenêtre s'ouvre furieuse, que le logis jette ses meubles, que le toit jette ses tuiles, que les vieilles mères indignées attestent leurs cheveux blancs. Que les tombeaux crient, que derrière toute muraille on sente le peuple et Dieu, qu'une flamme sorte partout de terre, que toute broussaille soit le buisson ardent! Harcelez ici, foudroyez là, interceptez les convois, coupez les prolonges, brisez les ponts, rompez les routes, effondrez le sol, et que la France sous la Prusse devienne abîme!

Ah! peuple! te voilà acculé dans l'antre. Déploie ta stature inattendue. Montre au monde le formidable prodige de ton réveil. Que le lion de 92 se dresse et se hérisse, et qu'on voie l'immense volée noire des vautours à deux têtes s'enfuir à la secousse de cette crinière.

Faisons la guerre de jour et de nuit, la guerre des montagnes, la guerre des plaines, la guerre des bois. Levez-vous! levez-vous! Pas de trève, pas de repos, pas de sommeil. Le despotisme attaque la liberté, l'Allemagne attente à la France. Qu'à la sombre chaleur de notre sol cette colossale armée fonde comme la neige. Que pas un point du territoire ne se dérobe au devoir. Organisons l'effrayante bataille de la patrie. O francs-tireurs, allez, traversez les halliers, passez les torrents, profitez de l'ombre et du crépuscule, serpentez dans les ravins, glissez-vous, rampez, ajustez, tirez, exterminez l'invasion! Défendez la France avec héroïsme, avec désespoir, avec tendresse. Soyez terribles, ô patriotes! Arrêtez-vous seulement, quand vous passerez devant une chaumière, pour baiser au front un petit enfant endormi.

Car l'enfant c'est l'avenir. Car l'avenir c'est la République.

Faisons cela, Français.

Quant à l'Europe, que nous importe l'Europe! Qu'elle regarde, si elle a des yeux. On vient à nous si l'on veut. Nous ne quêtons pas d'auxiliaire. Si l'Europe a peur, qu'elle ait peur. Nous rendons service à l'Europe, voilà tout. Qu'elle reste chez elle si bon lui semble. Pour le formidable dénouement que la France accepte, si l'Allemagne l'y contraint, la France suffit à la France, et Paris suffit à Paris. Paris a toujours donné plus qu'il n'a reçu. S'il engage les nations à l'aider, c'est dans leur intérêt plus encore que dans le sien. Qu'elles fassent comme elles voudront. Paris ne prie personne. Un si grand suppliant que lui étonnerait l'histoire. Sois grande ou sois petite, Europe, c'est ton affaire. Incendiez Paris, allemands, comme vous avez incendié Strasbourg. Vous allumerez les colères plus encore que les maisons,

Paris a des forteresses, des remparts, des fossés, des canons, des casemates, des barricades, des égouts qui sont des sapes, il a de la poudre, du pétrole et de la nitro-glycérine ; il a trois cent mille citoyens armés ; l'honneur, la justice, le droit, la civilisation indignée, fermentent en lui ; la fournaise vermeille de la République s'enfle dans son cratère ; déjà sur ses pentes se répandent et s'allongent des coulées de lave, et il est plein, ce puissant Paris, de toutes les explosions de l'âme humaine. Tranquille et terrible, il attend l'invasion, et il sent monter son bouillonnement. Un volcan n'a pas besoin d'être secouru.

Français, vous combattrez. Vous vous dévouerez à la cause universelle, parce qu'il faut que la France soit grande afin que la terre soit affranchie ; parce qu'il ne faut pas que tant de sang ait coulé et que tant d'ossements aient blanchi sans qu'il en sorte la liberté, parce que toutes les ombres illustres, Léonidas, Brutus, Arminius, Dante, Rienzi, Washington, Danton, Riego, Manin, sont là souriantes et fières autour de vous ; parce qu'il est temps de montrer à l'univers que la vertu existe, que le devoir existe, et que la patrie existe ; et vous ne faiblirez pas, et vous irez jusqu'au bout, et le monde saura par vous que si la diplomatie est lâche, le citoyen est brave ; que, s'il y a des rois, il y a aussi des peuples, que si le continent monarchique s'éclipse, la République rayonne, et que si, pour l'instant, il n'y a plus d'Europe, il y a toujours une France.

VICTOR HUGO.

Paris, le 17 septembre 1870.

APPENDICE XVIII.

LA SITUATION APRÈS SEDAN

I.

On lit dans l'*Indépendance belge* :

Il a suffi d'un mois pour réduire l'armée impériale et pour précipiter dans un abîme de sang et de boue le second empire, qu'une nuit de violence avait édifié, et que le crime des uns et la peur des autres avaient maintenu pendant vingt années. La guerre qui vient d'aboutir à ce tragique dénoûment, cette guerre si courte et cependant si terrible et si féconde en œuvres de destruction, n'est pas encore officiellement terminée. Strasbourg et Metz résistent toujours. L'armée du prince royal de Prusse continue sa marche sur Paris ; mais de tous côtés on fait des vœux pour la paix ; on aspire au moment où la France et l'Allemagne, renonçant à une lutte sanglante, rendront leurs populations aux travaux réparateurs et civilisateurs que la guerre a brusquement paralysés.

L'heure de l'intervention des puissances neutres a enfin sonné, ou tout au moins approche. Il appartient non-seulement aux gouvernements des États restés en dehors du conflit de tenter un vigoureux effort pour amener les deux belligérants à déposer les armes, mais encore à l'opinion publique de faire entendre sa voix trop longtemps dominée par le bruit du canon. Il appartient à la presse, écho de l'opinion publique, de réclamer la paix dans l'intérêt de l'Europe et du monde, dans l'intérêt des belligérants eux-mêmes.

Nous venons user de ce droit et remplir ce devoir, décidés à dire la vérité aux vainqueurs comme aux vaincus, mais sans nous faire illusion sur la portée de nos paroles. Si sensé que soit notre langage, si raisonnables que soient nos conseils, il est à craindre que les belligérants n'y prêtent pas l'oreille. Les passions que la guerre a surexcitées sont montées à un tel diapason d'exaltation, que la raison et l'équité ont peu de chances d'apaiser d'une part la fièvre de la victoire, de l'autre la fièvre de la défaite.

L'Allemagne, fière d'un succès qui a dépassé toutes ses espérances, est en proie à l'ivresse du triomphe. Il lui est difficile d'être juste.

La France, plus excusable encore, ne se rend peut-être pas compte des nécessités de sa situation. Elle ne voit que le malheur qui la frappe, et s'irrite des humiliations que vient de lui infliger un gouvernement maudit, dont elle est appelée à payer les fautes.

Dans ces conditions, il est aisé de concevoir que l'un des belligérants ne soit pas plus disposé que l'autre à supporter la vérité. Quoi qu'il en soit, nous pensons qu'il faut la dire.

Déjà nous l'avons dite, non-seulement depuis que la lutte est engagée, mais avant que la guerre fût déclarée. Nous n'avons pas hésité à reconnaître que la Prusse avait été provoquée. Nous avons flétri cette guerre, non pas seulement parce que l'occasion était mal choisie, mais parce que cette guerre était impie, parce qu'elle mettait aux prises et condamnait à des haines mortelles deux peuples faits pour s'aimer, pour se défier seulement dans les champs clos des sciences et des arts, de l'industrie et du commerce, pour se disputer la prépondérance dans les tournois du travail. Ce n'est pas la Prusse qui a cherché querelle à la France. C'est le gouvernement impérial qui, dans un intérêt non pas national et français, mais exclusivement dynastique, a voulu la guerre à tout prix, parce qu'il se flattait de ressaisir le pouvoir absolu en abaissant le rival qui vient de l'anéantir.

Cette provocation a valu à la Prusse, injustement attaquée, un allié dont le concours avait manqué à la France asservie, mais que la France libre et rendue à elle-même ne tardera pas à retrouver : nous voulons parler de l'élan national, de cette flamme patriotique qui s'est allumée dans toutes les âmes et qui, mieux que toutes les constitutions et tous les traités, mieux que le fer et le sang de 1866, a fait l'unité de l'Allemagne et resserré pour jamais les liens de la grande patrie allemande.

C'est la Prusse que l'empire menaçait. C'est l'Allemagne qui est victorieuse.

Sa victoire lui a coûté de grands sacrifices. Elle en demande réparation. Elle en a le droit. Non contente d'avoir glorieusement repoussé l'agression d'hier, elle veut empêcher l'agression de demain ; elle veut conclure une paix durable. C'est justice, et l'Europe entière est intéressée à ce que ce but soit atteint.

Mais quelle est ici la mesure de la justice ? A quelles conditions la paix pourra-t-elle avoir ce caractère de durée que tout le monde veut lui assigner ?

Si l'on s'en rapporte au sentiment presque unanime de la presse allemande, une paix qui n'aurait pas pour base un accroissement de territoire au profit de l'Allemagne et au détriment de la France serait une duperie, une garantie illusoire de sécurité pour l'avenir. Ce sont là de ces exagérations et même de ces aberrations qu'explique, sans les justifier, l'ivresse de la victoire. Nous avons déjà protesté contre cette opinion qui s'est affirmée en Allemagne dans de nombreux articles de journaux et dans les délibérations solennelles de plusieurs associations publiques et privées. Nous tenons à renouveler cette protestation à laquelle l'Allemagne s'associerait sans doute s'il ne s'agissait pas d'elle-même et si elle était de sang froid.

Le démembrement de la France serait une injustice et une grande faute.

Une injustice, disons-nous, et, pour nous contredire, qu'on ne nous objecte pas que l'empire vainqueur n'aurait éprouvé aucun embarras à faire main basse sur la rive gauche du Rhin. D'abord il ne s'agit plus de l'empire. Il est mieux que vaincu, il est mort, et l'on peut être certain que la France, deux fois sa victime, est pour toujours guérie de cette maladie inconstitutionnelle. Et puis, que signifie cette théorie des représailles de peuple à peuple, cette application du talion à la politique ? Vous vouliez me voler, je vous vole. Quelle est la valeur de ce raisonnement ? Si l'empire vainqueur avait voulu ravir à l'Allemagne les provinces rhénanes, dont le patriotisme est essentiellement allemand — elles viennent d'en donner d'éclatantes preuves — nous aurions sévèrement jugé cette annexion, ce rapt. Chaque fois que cette malheureuse pensée s'est fait jour en France, nous l'avons condamnée dans l'intérêt de la paix, mais surtout au nom de la justice et du droit.

Nous inspirant des mêmes principes, nous sommes donc autorisés aujourd'hui à blâmer tout projet d'annexion en sens inverse, à condamner avec la même énergie toute idée de diminution du territoire français. Nous la blâmons au nom de l'esprit moderne, car s'il est une conquête de l'esprit moderne, c'est la négation de l'esprit de conquête. Peut-être notre naïveté excitera-t-elle les dédaigneux sourires de certains philosophes allemands qui, depuis les succès de leurs armes, ne connaissent plus d'autre droit que celui de la force ; mais nous ne pouvons nous décider à admettre qu'une nation victorieuse, si légitime et si complète que soit sa victoire, ait le droit de traiter à son gré les populations au milieu desquelles ses armées se sont installées et maintenues, le droit de se les attribuer sans s'inquiéter de leurs vœux, le droit de les parquer dans tel ou tel État, comme on fait d'un troupeau dans telle ou telle étable.

Si la conquête ne prenait que la terre, passe encore ! mais on n'annexe pas une province sans la population qui en vit et en fait la richesse, et cette population, alors surtout qu'elle n'est pour rien dans la guerre et dans ses conséquences, ne mérite pas d'être assimilée à un vil bétail changeant de propriétaire parce que son premier maître a perdu son procès.

Il y a là plus qu'une question de droit, il y a une question de dignité humaine. Et ce n'est pas pour nous un argument de circonstance : c'est un principe supérieur, immuable, auquel nous avons été invariablement fidèles, que nous opposions aux ambitieuses visées du chauvinisme bonapartiste, que nous eussions proclamé en face des armées françaises victorieuses, et que nous avons le droit et le devoir de maintenir contre les appétits que la victoire a aiguillonnés en Allemagne.

La presse allemande elle-même comprend si bien l'iniquité de telles représailles, elle sent tellement ce que l'idée de conquête a d'antipathique au génie moderne et d'inconciliable avec le respect de la dignité humaine, que, désertant le terrain des principes et du droit absolu, elle se place uniquement sur le terrain de la politique pratique. Elle raisonne en fait, et cherche à démontrer que la possession de la ligne des Vosges, l'annexion de l'Alsace et même d'une partie de la Lorraine, sinon de la Lorraine tout entière, sont pour l'Allemagne des garanties strictement nécessaires de sécurité, pour l'Europe les seules conditions qui puissent asseoir la paix sur des bases solides et durables.

Ces considérations utilitaires ne sont pas plus favorables à la thèse allemande que les considérations de justice et d'équité, et loin de sauvegarder sa tranquillité et celle du monde, l'Allemagne s'exposerait, en abusant de sa victoire, à de perpétuelles inquiétudes, et elle déposerait sur le sol européen des ferments de guerre qui éclateraient infailliblement tôt ou tard.

II

On lit dans le *Tages-Presse* de Vienne, du 13 septembre 1870, l'article suivant :

La guerre va-t-elle finir ou bien commence-t-elle vraiment? La catastrophe du 2 septembre a complétement modifié la face des choses. Le gouvernement auquel le roi Guillaume, d'après ses propres déclarations, faisait seul la guerre n'existe plus; la Prusse reste en présence d'un peuple qu'elle assurait ne vouloir point combattre. Les journaux allemands s'efforcent de faire prendre le change sur les valeureuses résolutions de la France; ils les traitent de pures fanfaronnades. C'est s'abuser étrangement. Ce que l'on gagne à fouler aux pieds un peuple qui ne veut point se soumettre, huit millions d'Espagnols l'ont de 1808 à 1813 fait comprendre à Napoléon Ier. Ils n'avaient plus d'armes ni d'armée; beaucoup de gens autour d'eux, des libéraux mêmes se ralliaient au vainqueur, le pays et les places fortes étaient occupés; ils ne cédèrent point, et les guérillas firent perdre plus de monde aux Français qu'il ne leur en avait fallu pour écraser les armées espagnoles.

La France compte neuf millions d'hommes, son territoire est étendu, ses ressources sont pour ainsi dire inépuisables, elle a deux mers pour se ravitailler. Elle peut indéfiniment continuer la guerre si elle y est résolue, et cette résolution lui est facile, car elle peut compter finalement sur la victoire.

Que lui opposera-t-on? Bismarck n'a jusqu'ici présenté à l'Allemagne que le beau côté de la médaille; découvrons-en le revers.

Le roi Guillaume a franchi la frontière française avec 900,000 hommes. Combien en reste-t-il? combien sont encore capables de faire la guerre?

Le 28 août, 150,000 Allemands blessés ou malades se trouvaient dans les hôpitaux. A cela il faut ajouter les milliers de blessés renvoyés dans leurs familles ou recueillis dans les maisons particulières; les milliers qui gisent sur la terre française; les 100,000 hommes au moins qui depuis lors sont tombés devant Metz et Sedan. Il résulte de documents officiels publiés récemment que, par suite des marches forcées des derniers jours, un très-grand nombre de soldats sont atteints de maladies de pieds. Ils doivent être ajoutés au chiffre des non-valeurs. On peut sans exagération évaluer à 400,000 hommes les pertes de l'armée allemande depuis le commencement de la guerre, morts, blessés ou malades. Sans doute on fera de nouvelles fournées d'hommes, et il est possible peut-être que l'on se rapproche du chiffre primitif; mais on n'arrivera à combler les vides qu'avec les derniers bancs de la landwehr, et encore si l'on parvenait à jeter ainsi en France quelques centaines de mille hommes, ce serait un dernier et suprême effort.

Sans doute il est probable qu'il n'y aura plus de rencontres aussi meurtrières que celles des derniers temps, mais il est établi que l'armée allemande, indépendamment des pertes subies sur le champ de bataille, s'affaiblit chaque semaine de cinq pour cent de son effectif, et cet état de choses ne pourra qu'empirer avec le temps et la mauvaise saison.

Et combien de temps enfin l'Allemagne pourrait-elle endurer la privation du plus pur de ses forces? Le nombre des pères de famille atteint au moins la moitié de l'effectif actuel de l'armée. Combien de temps ces familles pourront-elles se passer de leurs soutiens? combien de temps les communes, dépouillées de leurs forces productives, pourront-elles pourvoir à leur existence ? Ajoutez encore les frais énormes de l'entretien de l'armée, dont une faible partie seulement est couverte par les réquisitions de guerre.

Voilà où en sont les choses, bien loin, on le voit, du point où les montre l'orgueil des Prussiens. Sans doute, ils se sont glorieusement frayé la route, mais le retour présentera de bien autres difficultés! Ils voient devant eux le dernier triomphe, ils espèrent planter leur étendard sur les tours de Paris; il n'en est pas moins vrai que désormais leur destinée n'est plus dans leurs propres mains ; elle dépend uniquement de la volonté de ces Français si dédaignés par eux. Que la France résiste, et le roi Guillaume se trouve dans cette alternative pénible, de partir sans avoir pu signer la paix en ravageant la France, ou de poursuivre le complet asservissement de cette nation : tentative dans laquelle ses forces, si grandes qu'elles soient, seront épuisées avant celles de la France.

Ces considérations semblent donner quelque vraisemblance au projet que des rumeurs venues de Berlin attribuent au roi Guillaume, de rétablir sur le trône son prisonnier Napoléon. De cette manière seulement il pourrait échapper à une situation sur les dangers de laquelle lui et ses conseillers ne peuvent se faire aucune illusion. Il dévoile ainsi les projets détestables qu'il couve dans le secret de son cœur. La France, cette France si violemment haïe, ne serait plus seulement vaincue, mais humiliée, chargée d'une honte sans exemple, enfouie dans la poussière, raillerie éclatante jetée aux âmes pieuses et justes, avertissement à tous les égarés qui ont prêté l'oreille à l'Évangile de liberté que révélait au monde cette nation abandonnée du ciel.

La France, ce n'est pas seulement un empire, une nation, c'est l'idée vivante de l'affranchissement, de la dignité humaine, de l'indépendance et de l'humanité.

Il y a malheureusement un point faible dans tous les raisonnements prussiens : ils reposent uniquement sur cette pensée : « La France ne résistera pas. » Si pourtant la France résiste, si elle reste inébranlable, si elle ne veut vous concéder que juste assez de terre pour enterrer vos morts, que ferez-vous ?

APPENDICE XIX.

A PROPOS DU VOYAGE DE M. THIERS A LONDRES

On lit dans le *Times* du 13 septembre :

Nous sommes informés officiellement que M. Thiers arrivera à Londres aujourd'hui, chargé d'une mission du gouvernement de la défense nationale. On ajoute qu'il a reçu des instructions pour se rendre ensuite à Saint-Pétersbourg et à Vienne.

Il est évident que la France est prête à consentir à tous termes de paix qui n'impliqueraient pas une cession de territoire. Il ne l'est pas moins que si on insiste sur ce point, Paris supportera un siége.

En réalité, l'esprit de résistance peut survivre, même à la nécessité de rendre la capitale.

Ce sont là de ces faits qu'il ne faut pas perdre de vue dans l'examen de la phase actuelle où la lutte est entrée.

Il est possible que le gouvernement provisoire, s'il conclut la paix, se trouve exposé plus tard à un certain degré de haine, quoiqu'on puisse d'abord le saluer comme un bienfaiteur du pays.

Ces revirements d'opinion ne sont que trop naturels chez toutes les nations, et c'est une des épreuves réservées au patriotisme que d'être prêt à encourir un certain ressentiment en travaillant à obtenir le but vers lequel tendent les patriotes, et que le peuple considère momentanément comme important au bien public.

Mais en laissant de côté les conséquences qui en pourraient résulter pour le gouvernement provisoire, il est entièrement certain que la France souhaite la paix. Les signes de ce désir apparaissent de tous côtés, et on peut en voir un des plus manifestes dans cette facilité à accuser les neutres de mollesse dans leurs efforts pour assurer la paix.

Cependant, si forte que soit cette passion, la résolution de ne céder aucune partie du territoire français ne paraît pas moins forte. Nous ne savons pas quel pourra être le résultat du siége de Paris, et pour le moment nous ne nous inquiétons pas de le rechercher; mais il est évident que si le pays était invité à choisir entre une cession de territoire et les souffrances d'un siége, la France se prononcerait pour le siége de Paris, comme étant le moindre des deux maux.

Les Allemands se préparent rapidement à cerner Paris. Leurs corps s'avancent par toutes les routes qui mènent à la capitale, et dans un jour ou deux une immense armée se trouvera réunie autour de la ville. On s'attendait à Paris à ce que l'ennemi occuperait Meaux et Melun la nuit dernière; mais demain ils peuvent enfermer la capitale dans un cercle qui se resserrera à mesure jusqu'à ce qu'il éclate en lignes de feu.

Paris ne bronche pas, mais il est pénétré d'une gravité soudaine qui contraste avec son état ordinaire. Dans le séjour du plaisir, la recherche du plaisir est absolument suspendue. On voit, on redoute l'urgence de la crise. Il est très-probable que l'armée allemande approche du siége de Paris avec un sentiment semblable, sérieuse, mais résolue.

Le siége de Paris est une œuvre immense quand on la voit des yeux de l'imagination, et qui, dans la réalité, peut être effrayante. M. Victor

Hugo condamne cette entreprise comme un crime impardonnable. Mais si M. Victor Hugo représente le génie, il représente aussi le charlatanisme du caractère français. M. Hugo a écrit sur le Rhin, et il a appelé des bénédictions sur les Français qui donneront le Rhin à la France. Le Rhin est aux Allemands ce que Paris est aux Français, l'objet central de la pensée nationale. Le patriotisme n'est pas un privilége de la France. Les Allemands qui marchent aujourd'hui sur Paris ne peuvent pas oublier aussi facilement les projets criminels qu'on avait formés pour la spoliation de leur pays, et qui avaient trouvé tant de faveur auprès d'une grande partie du peuple français dans toutes les classes de la société. Mais à mesure qu'ils approchent de l'apogée de leur triomphe, ils peuvent aussi se rappeler qu'il ne leur sied pas d'imiter les fautes de leurs adversaires.

Cette réflexion doit se présenter à un grand nombre de soldats allemands, aussi bien qu'à leurs chefs. Au milieu des circonstances actuelles, ils voient mieux la vérité que leurs concitoyens qui sont restés dans leurs foyers. On accuse souvent les rois et les ministres d'aller trop légèrement à la guerre; mais il est souvent aussi vrai de dire qu'ils ne peuvent pas faire accepter à leurs peuples les conditions de paix auxquelles ils ont souscrit.

A peu d'exceptions près, aucun traité n'a jamais donné à une nation tout ce qu'une guerre heureuse lui permettait d'espérer. Nous savons par nos propres souvenirs qu'à la fin de la guerre de Crimée notre ministère fut accusé d'avoir accepté des conditions moins favorables que celles qu'il aurait dû exiger. Le sang et l'or que nos pères et nos aïeux avaient prodigués dans la « grande guerre » furent payés par de brillantes victoires; mais les avantages matériels que la paix nous assura furent peu nombreux et de peu de valeur. Il n'y a presque pas de traité de quelque importance qui ne puisse servir à prouver notre assertion, et on ne saurait douter que celui qui est destiné à clore la lutte actuelle ne reste en deçà des demandes formulées par plusieurs des organes de l'opinion populaire en Allemagne.

Le roi, le baron de Moltke et le comte de Bismarck s'assureront des garanties d'une paix durable, et stipuleront le remboursement des frais de la guerre, mais ils éviteront avec soin de léguer à leurs successeurs d'embarrassantes difficultés.

Les Allemands vont s'établir devant Paris, et le caractère spécial de l'œuvre qu'ils se préparent à entreprendre les disposera sans doute en faveur de la paix. Tant que la guerre s'est faite en rase campagne, elle a été, de leur côté, une série de triomphes continus.

On ne pourrait citer aucune campagne plus glorieuse, et fort peu l'ont été autant. Mais ces triomphes ont été tous remportés en rase campagne.

Nous n'avons pas le droit d'appliquer aux Allemands la remarque de

Napier sur certain général dont la destinée semblait être de perdre par les siéges la gloire qu'il avait acquise par les batailles, car il n'est pas suffisamment prouvé que les armées aient fait des efforts décidés pour réduire les places qu'elles ont assiégées jusqu'à présent. Dans beaucoup de cas, les chefs de l'armée allemande se sont contentés de cerner ces places avec des troupes suffisantes pour tenir les garnisons enfermées, et ils ont continué de marcher en avant.

Il est cependant certain que des forteresses ont été vigoureusement attaquées, et c'est un point fort important que les obstacles qu'elles ont présentés au facile transport des hommes et du matériel soient écartés; il n'est pas moins remarquable qu'aucune d'elles n'a été prise.

Strasbourg et Bitche, Toul et Phalsbourg, Metz et Verdun, sans parler des autres places, ne sont toujours pas prises, et l'on ne peut supposer que, excepté Metz, elles aient été abondamment pourvues de garnisons, d'approvisionnements et de munitions, ni que leurs fortifications aient été munies des modèles perfectionnés de l'artillerie moderne. Le fait que personne ne croyait à une invasion de la France, rapproché du manque évident de préparatifs pour les armées qui ont tenu la campagne, nous permet de supposer que la plupart de ces forteresses ont été assiégées sans qu'on ait préalablement pourvu à leur défense; en dépit de ce désavantage, elles ont toutes tenu bon. Cette réflexion doit nécessairement modifier l'espérance d'une réduction immédiate de Paris.

L'énergie avec laquelle le siège sera soutenu dépassera de beaucoup, on peut s'y attendre, celle qui a été déployée à Strasbourg; d'un autre côté, Paris a eu pour sa défense le temps qui a manqué à Strasbourg. La paix conclue dès à présent, avant que le siége ne commence, épargnerait aux habitants de longues souffrances, et préserverait la ville elle-même de déplorables ravages; en même temps les Allemands s'épargneraient une entreprise aussi coûteuse que difficile, même quand l'issue serait moralement aussi incertaine que nous avouons qu'elle l'est à nos yeux.

M. Thiers arrivera aujourd'hui parmi nous, et nous n'avons pas besoin de dire que le peuple anglais accueillera sa venue avec les vœux les plus bienveillants. Nous exprimions hier le regret que M. Thiers eût refusé de faire partie du gouvernement provisoire; mais son empressement à lui prêter son concours en qualité de négociateur au dehors montre qu'il a passé par-dessus les légers scrupules qu'il ressentait la semaine dernière et qu'il est prêt de risquer l'impopularité pour servir son pays.

M. Thiers vient ici par suite d'informations reçues par le ministère provisoire, et il n'est pas téméraire de conclure qu'il est autorisé à exprimer les vues du gouvernement sur les conditions de la paix, et que celui-ci croit avoir raison de penser que ses vues peuvent être acceptées comme base de négociations pratiques. Il serait superflu de présumer la nature des stipulations auxquelles il serait prêt à accéder ; mais une opinion gagne du terrain : c'est que la France consentirait à cette alternative : démantèlement de Metz et de Strasbourg, comme elle consentit à ce que les fortifications de Dunkerque fussent rasées après les traités d'Utrecht et de Paris, ou bien l'occupation de ces deux places par les troupes allemandes pendant un certain temps, de la même manière que certaines forteresses françaises furent occupées pendant trois ans après 1815.

Quelles que soient les instructions que M. Thiers ait reçues, on peut librement affirmer une chose : s'il vient avec l'autorisation de proposer des conditions de paix telles que notre gouvernement pense qu'elles pourraient être recommandées instamment à l'acceptation de l'Allemagne, aucun effort ne sera épargné pour persuader au roi victorieux et à ses conseillers de s'arrêter dans leur carrière triomphale et de consentir à la négociation d'une paix juste et durable.

APPENDICE XX.

L'ENTREVUE DE FERRIÈRES

1.

On lit dans le *Times* :

Les personnes qui ont passé hier près du village de Coeilly ont vu une chose qui leur restera dans la mémoire. Une voiture sans ornements, mais de forme élégante et attelée de deux chevaux, conduisait Jules Favre et un officier prussien qui l'avait accompagné à travers les lignes ennemies, dans la direction de Meaux. Le représentant et le chef de la république française avait décidé d'essayer les chances d'une négociation. Il avait espéré rencontrer le comte de Birmarck à Meaux, où des appartements avaient été disposés la veille à cet effet. Mais la marche du roi avait dérangé ces prévisions et les deux hauts personnages se croisèrent sur la route.

Le comte de Bismarck, en ce moment l'arbitre des destinées de l'Europe, est un homme aussi modeste que puissant. Dès qu'il apprit que M. Jules Favre venait de passer, il retourna sur ses pas et, suivi seulement de son neveu, le comte de Bismarck-Bohlen, qui remplit auprès de lui les fonctions d'aide de camp, et d'un dragon à cheval, il galopa sur les traces du ministre français.

Le bonnet blanc qui couvre la forte tête du cuirassier diplomate pouvait se voir de loin, dans la direction de Coeilly, dans un nuage de poussière. La route était obstruée de convois Wurtembergeois, de vivres et de munitions. Le comte continua néanmoins sa course, malgré la transpiration qui couvrait son visage, attestant à la fois la chaleur du jour et l'énergie de l'homme, et s'arrêta à un petit cottage. Jules Favre en fut informé. Bismarck descendit de cheval, et quelques minutes après il entra dans ce cottage avec Jules Favre, pour y conférer avec lui sur les importantes affaires du jour.

II

Le *Journal de Genève* a publié la correspondance suivante datée de Berlin, le 2 octobre :

Bien que les évènements marchent avec une rapidité extraordinaire, le chapitre si intéressant des pourparlers entre MM. de Bismarck et Jules Favre ne me paraît pas encore avoir perdu toute actualité. Permettez-moi donc de vous communiquer quelques renseignements que je viens de recevoir à ce sujet. Ils montrent que le manque de véracité reproché ici au plénipotentiaire français repose en partie sur la façon dont il a disposé et exposé les faits.

Constatons d'abord que, dans son rapport, M. Jules Favre a mêlé deux ordres d'idées qui n'avaient pas entre elles de rapport immédiat.

Il s'agissait en première ligne des conditions de l'armistice proposé par le plénipotentiaire français. Cet armistice, en facilitant les élections et la réunion de la Constituante, préparait la discussion des bases de la paix future ; mais il n'a été question de ces dernières qu'incidemment, M. Jules Favre ayant reconnu lui-même ne pouvoir traiter d'une aussi grave question qu'en vertu d'une autorisation émanant d'un gouvernement constitué.

M. de Bismarck n'a donc pu poser nettement à M. Favre que les conditions de l'armistice, soit la reddition de Toul, de Strasbourg et de Verdun, conditions d'autant plus modérées que deux ou trois jours après les deux premières de ces places étaient en notre pouvoir.

M. Favre ayant fait observer dans le cours de l'entretien que la Constituante n'aurait d'autorité qu'autant qu'elle se réunirait dans la capitale, le chancelier lui a fait observer que ce point était indépendant de l'armistice, et qu'il ne pouvait renoncer sans équivalent aux avantages que nous procure le blocus hermétique de Paris. Il a donné à entendre alors que cet équivalent pourrait se trouver dans la reddition du Mont-Valérien.

Il est donc parfaitement controuvé que l'occupation de ce fort ait été une des conditions de l'armistice. C'était le prix demandé pour que les puissances allemandes permissent à la Constituante de siéger à Paris.

Si ce prix était trop élevé, la République restait libre de convoquer ses représentants à Tours ou à Lyon. Dans ce cas, il n'aurait plus été question du Mont-Valérien.

Convaincu d'avance de l'inutilité de son entrevue avec le plénipotentiaire de la République, le chancelier n'y a consenti que pour être agréable à la diplomatie anglaise. Sa condescendance a eu d'ailleurs d'heureux résultats. En premier lieu, les articles de la presse de Londres, le *Daily News* en tête, prouvent que la modération de M. de Bismarck a été bien accueillie par l'opinion du Royaume-Uni. L'entrevue de Ferrières a montré ensuite que le chancelier n'est pas à cheval sur les formes, et que, sans reconnaître encore la légitimité du pouvoir actuel, il lui accorde une certaine autorité et ne demande pas mieux que de lui faciliter les moyens de s'affermir en convoquant une Constituante.

En Allemagne on est généralement très satisfait du résultat négatif de l'entrevue, car l'armistice prolongeait indéfiniment la guerre, et le résultat final, dépendant de l'issue des élections, restait des plus douteux. A tort ou à raison, l'Allemagne ne croit pas aux intentions pacifiques de la France, et elle ne voit d'autre garantie de tranquillité future que de faire sentir à nos voisins leur impuissance complète; c'est pour cela qu'il nous faut d'un côté la capitale, de l'autre un dédommagement territorial fort modeste, si on le compare à ce que la France, au début de la guerre, voulait enlever à l'Allemagne et à la Prusse.

La rupture des négociations aura enfin pour résultat de décourager les neutres, d'arrêter chez eux les dernières velléités d'intervention, velléités que, dans sa seconde circulaire, M. de Bismarck qualifie avec raison de cruelles. Quant aux conditions de la paix future, la *Correspondance provinciale* fait observer que, durant chacune des phases des guerres soutenues par la Prusse, M. de Bismarck a précisé avec la plus grande clarté les exigences de son gouvernement, que ces exigences correspondaient toujours à la situation militaire du moment, et qu'elles ont constamment augmenté avec la résistance de l'ennemi. C'est vous dire que le programme du chancelier, tel que le formulent ses deux circulaires, est celui qui correspond aux positions actuelles de l'armée allemande, et que, si nous entrons à Paris, les conditions de paix seront sensiblement modifiées

---

APPENDICE XXI.

LE JOURNAL *LA SITUATION*.

Voici un document publié par *la Situation* (1) qui est attribué par ce journal à Napoléon III :

(1) Journal fondé par l'Empereur à Londres et interdit en France par le Gouvernement de la défense nationale.

Les idées de l'Empereur.

Aussitôt après l'échec des négociations entamées avec M. Jules Favre, le comte de Bismarck aurait fait parvenir à Wilhelmshœhe le récit exact de ces négociations. L'empereur se serait alors enfermé dans son cabinet et le soir même, M. de Castelnau serait parti pour le quartier-général prussien avec la note suivante, écrite tout entière de la main de l'empereur :

« En me faisant quotidiennement instruire des événements accomplis depuis le jour où la Providence m'a contraint de lui remettre mon épée, le roi semble en appeler à son prisonnier des épreuves que les armées prussiennes imposent à la France, dans un intérêt qu'il croit être celui de l'Allemagne.

» La communication du comte me confirme dans cette opinion. Mais le temps est-il bien venu pour moi de répondre à cette double attention par l'expression de ma pensée ?

» Jusqu'au 4 septembre, la réserve que j'ai observée depuis Sedan reposait sur ma ferme résolution de laisser à l'impératrice la liberté pleine et entière de se conformer aux intentions du pays.

» Après le 4 septembre, je n'ai pu m'empêcher de faire des vœux pour que la France, même en sacrifiant ma dynastie, parvînt à rejeter l'envahisseur au-delà des frontières naturelles.

» En faisant auprès du comte la démarche dont il était facile de prévoir le résultat, on a ôté à la guerre son caractère véritable, croyant écarter la responsabilité du mouvement dont mon Gouvernement a cru devoir subir l'impulsion.

» C'était détruire l'effet des motifs que l'on a de ne pas souscrire aux conditions offertes ; c'était surtout paralyser la défense nationale, au moment même où elle allait prendre des proportions dignes de la France.

» Le comte paraît ne pas comprendre qu'on ait refusé l'armistice nécessaire à la reconstitution d'un gouvernement régulier ; et il s'étonne qu'aucun des pouvoirs qui existent légalement n'ait donné son avis sur ce qu'il considère comme un témoignage de la modération du roi.

» Nul ne saurait blâmer un Français d'avoir réparé une démarche imprudente, en refusant de souscrire à des propositions peu en rapport avec notre passé glorieux.

» Un duel comme celui qui a lieu entre la France et l'Allemagne ne peut se terminer que par la ruine complète d'un des deux adversaires ou par leur étroite et loyale réconciliation.

» Le comte doit donc, avant tout, se demander si l'Allemagne a plus d'intérêt à la ruine qu'à l'alliance de la France, et si, en admettant la première hypothèse, l'Allemagne ne croit pas la France à même de puiser son salut dans son désespoir, lors même que l'Europe consentirait à demeurer la spectatrice indifférente d'une invasion sans limites précises.

» Mon entrevue avec le roi m'autorise à penser qu'il préfère de beaucoup l'alliance de la France à sa ruine; qu'il n'est pas sans se préoccuper des résultats d'une lutte à outrance, et qu'il apprécie à leur juste valeur les droits que donneraient aux deux peuples étroitement unis la connaissance parfaite des sentiments manifestés pendant la guerre par les diverses nations de l'Europe.

» Si telle était en réalité l'opinion du roi, il ne resterait plus qu'à indiquer les moyens de la faire prévaloir; mais, est-ce bien au vaincu qu'il appartient de préciser les obligations du vainqueur pour que sa générosité ne semble pas plus lourde que ses exigences?

» Je puis seulement rappeler au comte, qu'on est certain de ne jamais s'adresser vainement au cœur du peuple français par des procédés héroïques, tandis qu'on est sûr de n'en rien obtenir, si l'on essaie de faire vibrer dans son sein les cordes de l'égoïsme ou de la crainte, qui lui resteront inconnues, quels que soient les revers que la Providence nous impose.

» Inclinée vers une alliance étroite et loyale avec l'Allemagne, par de nobles procédés, la France sera la première à convenir qu'entre *les deux empires* une ligne de défense, dominée par des forteresses, n'a plus de raison d'être.

» Quant aux sacrifices que la France devrait subir en outre, elle n'hésiterait pas à les faire, du moment où on lui permettrait d'apprécier les immenses avantages qui résulteraient, pour les deux peuples, d'une paix dont leur volonté serait désormais l'unique arbitre.

» Sur cette base, les pouvoirs, obligés de se maintenir dans une complète réserve, tant que la France conservera l'espérance de vaincre, uraient une raison sérieuse d'intervenir.

» L'exposé sincère et concis de la vérité a toujours établi, entre la ance et moi, un courant sympathique, que rien ne pourra détruire. Il me suffirait, je crois, d'affirmer que notre honneur n'a aucune atteinte à subir d'une réconciliation basée sur le désarmement de forteresses devenues alors inutiles, et sur le principe d'une indemnité de guerre à fixer par état, pour que la paix devint possible.

» Ces conditions peuvent empêcher la France de recourir à des extrémités, qu'un caprice du hasard suffirait pour rendre mortelles à l'ordre social européen.

» Ramenée par l'expérience à la saine appréciation des divisions qui la déchirent, et délivrée du fléau de la guerre, la France n'hésiterait pas à reconnaître, qu'obligée d'attribuer ses malheurs à son manque d'unité politique, elle doit désormais attendre sa prospérité de l'inviolabilité strictement observée des institutions.

» Ces considérations perdent chaque jour de leur poids, surtout si le roi hésite à en tenir compte avant d'attaquer Paris. »

Wilhelmshœhe, 27 septembre 1870.

» *Signé* : Napoléon »

APPENDICE XXII.

ARTICLE DU *DAILY TELEGRAPH* SUR NAPOLÉON III.

Le *Daily telegraph* a publié l'article suivant, qui a fait une certaine impression en Angleterre :

Napoléon III comprenait ce que peu de Français comprennent, les sentiments et les vœux des autres nations. Il devinait et concevait les susceptibilités anglaises. Il sympathisait avec la nationalité italienne. Il n'intervint pas dans les affaires de l'Espagne en révolution. Il encouragea même M. de Bismarck à achever l'unification de l'Allemagne. Sa philosophie savait allier les aspirations de Palmerston, de Cavour, de Bismarck et de Prim avec la vanité française. Son attitude favorite était celle d'un « modérateur, » d'un médiateur entre M. de Bismarck et la France, si aisément provoquable, si facilement irritable.

Il disait en fait et presque en paroles à M. de Bismarck : « Oui, battez l'Autriche, agrandissez la Prusse, unissez l'Allemagne : je trouve cela naturel : mais la France se plaindra. Pour me mettre à même de faire en sorte qu'elle se tienne tranquille, donnez-moi quelque chose, une espèce de compensation, un lambeau de territoire. » C'est ainsi qu'il fit accepter à la France l'unification de l'Italie; mais le roi Guillaume ne se montra pas d'aussi bonne composition que Victor-Emmanuel, et le modérateur impérial se vit forcé de conduire la France surexcitée à une guerre folle.

Bientôt nous vîmes l'étrange et triste spectacle d'un empereur malade, entouré de généraux incapables, dirigeant une armée non préparée et non encore organisée de cinq cent mille hommes, contre un million — réserve et tout compris — de Prussiens bien préparés, menés comme une seule et unique machine par le grand esprit de Moltke, valeureusement inspirés par la présence de leurs princes, animés par le sentiment de leur nationalité, et certains, dès la première rencontre, d'un glorieux succès.

Le contraste était profond de toute manière. C'était l'Allemagne unie en présence de la France en désarroi. Le roi Guillaume pouvait en toute sécurité quitter Berlin sans y laisser une seule sentinelle; l'empereur, lui, devait laisser un corps considérable de troupes tenir garnison dans Paris; il craignait d'armer la garde mobile de la capitale.

La Prusse était administrée depuis des années par des hommes spéciaux, honnêtes, consciencieux et rigides, tandis que la France, avec son « gouvernement personnel » relégué dans une chambre de malade, se trouvait à la merci de fonctionnaires corrompus et de voleurs décorés, qui précédèrent les Prussiens dans le pillage des ressources du pays. Et tout cela est dû au « système » français, qui n'était pas un système, mais un homme. Napoléon s'étant retiré, l'administration est tombée entre les mains d'un entourage méprisable par son incapacité et ses vices, tandis que les hommes capables et honnêtes se tenaient éloignés de l'auteur du coup d'État. Ce fut la punition de cet acte injustifiable. L'orgueil de Napoléon III était de sauver la France *seul*; mais il dut subir les conséquences de sa faute jusqu'à la fin de sa carrière politique : les hommes les plus intègres le laissèrent *seul*. Ils ont eu leur revanche. Pour nous autres, Anglais, nous assistons avec regret à la chute d'un homme illustre, et nous ne saurions oublier que son amitié pour l'Angleterre et les Anglais, et sa ferme alliance politique avec notre pays lui ont mérité, pour l'heure de l'infortune, notre sincère sympathie.

APPENDICE XXIII.

LE 22 SEPTEMBRE.

Citoyens du gouvernement,

Laisserez-vous prendre Paris comme l'Empire a laissé prendre la France ?

Laisserez-vous consommer à Paris l'œuvre commencée à Wissembourg?

Laisserez-vous entrer le Prussien jusqu'à l'Hôtel-de-Ville ?

Aujourd'hui 22 septembre, anniversaire de la grande République française, les fils des vaincus de Valmy sont vainqueurs à Versailles!

Où finira cette série de désastres? une douzaine de Sadowa, un chapelet de Waterloo.

Le premier empire a mis six mois à livrer Paris.

Le second, six semaines.

Mettrez-vous six jours ?

La France du dix-neuvième siècle réduite à la France du quinzième, à la France du roi de Bourges... et sans Jeanne-d'Arc ! Où sont les femmes? Les hommes manquent! O mères des Danton, des Turenne, des Richelieu, l'œuvre de trois siècles perdue en trois journées : « Wœrth, Forbach et Sedan !...

Et demain Paris ?

Tous nos fleuves passés, nos monts franchis, nos frontières, nos barrières forcées, nos villes prises, et Paris bloqué! L'ennemi venu en six semaines du Rhin à la Meuse, à la Marne, à la Seine!... Halte-là!

Le roi de Prusse, roi de France de la Sarre à la Loire! de Sarrebruck à Saint-Denis! régnant dans trente départements, isolant Paris, lui coupant vivres, recrues, ressources, séparant la tête du corps, tenant la France sans tête, comme un tronc décapité, démembré et déshonoré.

Est-ce assez de chutes?

Quand ferons-nous une croix?

Avant-hier encore, disons-le, un échec! et toujours même faute!

Quand nous avions une masse prête pour écraser l'avant-garde ennemie, morceler nos forces, détailler l'attaque, subir le premier coup démoralisateur, au lieu de le porter. Contre un ennemi attendu, massé et caché, attaque partielle, inégalité de nombre, surprise, ineptie des chefs et défection des troupes!

Et dans votre retraite, vous affichez : « Pas un pouce de territoire, pas une pierre de nos forteresses! »

Oui! mais comment?

Aux grands maux, les grands remèdes.

Allons, citoyens! La loi suprême du salut public!

A ce mal de lâcheté et de trahison, le remède héroïque, celui de la révolution. La terreur pour le crime et le salut de la victime... de la Patrie! Contre la poignée de lâches, de traîtres et de rois conjurés, la justice! La République trop bonne jusqu'ici!.., Un exemple! Pour le salut de la France, même cri que nos pères : la République ou la mort!

Faites-vous craindre, et ne craignez rien!

Faites-vous craindre! vous vaincrez.

Pas mieux qu'eux! Comme eux.

Même mal, même remède! Même danger, même salut!

Que leur force remplace votre faiblesse! Il est temps! Le canon tonne! De l'audace! De l'audace!

Que faisaient-ils, en 92, des lâches et des traîtres? Le grand-père du félon de Sedan, le général Beauharnais, race de traîtres, fut exécuté pour avoir perdu Wissembourg;

Dillon, fusillé par ses propres soldats pour la déroute de Lille;

Custine, puni pour avoir perdu... non, pour n'avoir pas pris Mayence... Ordre de vaincre! et le 22 septembre 92, les Prussiens quittaient Verdun.

Que faisons-nous en 70 des traîtres Failly, Fleury, Piétri? Où sont les fidèles Montauban, Vaillant, Ambert?

On les garde, on les paie, on les choie.

On relâche ceux que le peuple arrête.

Faut-il que Paris soit livré, comme Sedan, pieds et poings liés?

On les maintient; on leur confie le tronçon d'épée que leur digne chef a laissé aux mains blessées de la France. Comment donc ? on les récompense, on les décore, on leur vote des épées d'honneur?

Judas n'est pas seulement payé du sang, il est honoré,

Aussi le 22 septembre 1870, les Prussiens tiennent Paris ! Voilà la différence !

La trahison en haut ! La défection en bas ! Jusqu'aux simples soldats, des Français, l'exception, je le sais ! fuyant sans brûler une cartouche, se déshonorant sous les murs de Paris, sous tes yeux, ô Patrie ! qui pleures des larmes de sang.

Voilà le résultat de vos tendresses, citoyens, de vos caresses pour la réaction !

Assez de pas dans cette voie ! Voyez l'abîme ! Arrêtez !

Reprenez la voie du salut : la justice !

Plus de faiblesse ! Si la force vous manque, prenez-la où elle est, dans le peuple.

Nous apprenons sans surprise que vous avez échoué dans vos traités avec le roi; nous n'avons qu'une peine, c'est que vous ayez tenté. Pourquoi vous humilier pour ne rien avoir?

Pourquoi mollir avec ce roi et les siens? Pourquoi vous dire faibles avec lui? Pourquoi douter de vous, de votre force, de votre droit à représenter la France? Les traîtres vous prennent au mot... surtout s'ils vous voient forts contre la Révolution, craignant le plein pouvoir qui vous vient de la République, convoquant des comices avec la moitié de la France sous les baïonnettes prussiennes et l'autre moitié sous les journaux royalistes déserteurs de Paris.

Écoutez ce cri de patriotisme ! Rien d'égoïste ni d'hostile ! Rien que devoir et douleur ! Pas meilleur ami de la République que nous ! Vous avertir, c'est notre tâche ! vous aider, notre devoir ! Sauver Paris, notre but. — Le vôtre ! Maudit qui en aurait un autre ! L'œuvre est lourde, mais le risque est grand. Si vous ne vous sentez pas assez forts, ayez foi comme nous au peuple. Adjoignez-vous les élus de la commune ! Paris dictateur avec vous... quelle force ! Avec vous ou sans vous, comprenez bien ! Paris vous fortifiant ou vous remplaçant. Nous vous en adjurons, appelez la révolution à vous ! N'attendez pas d'être remplacés devant l'ennemi !... Prévenez l'insurrection par la révolution. C'est le salut !

(*Le Vengeur.*)   Félix Pyat

APPENDICE XXIV.

LES ÉLECTIONS MUNICIPALES.

On lit dans la *Presse* :

L'armistice, dont il a été question un instant, aurait eu pour objet de faciliter les élections pour une assemblée constituante et l'établissement d'un gouvernement régulier. Les exigences offensantes de l'ennemi ont rendu l'armistice impossible, en mettant à nu sa volonté de pousser la guerre à outrance. On peut donc prévoir l'ajournement forcé des élections pour une Constituante.

Il n'en est pas de même pour les élections municipales de Paris ; tout porte à croire qu'elles auront lieu le jour primitivement fixé, c'est-à-dire le 28 septembre. Il est donc urgent de s'y préparer. Plus les circonstances sont critiques et exceptionnelles, plus la ville de Paris a besoin de conseillers éclairés et expérimentés pour veiller à la bonne gestion de ses affaires.

Le décret de convocation des électeurs porte que le conseil se composera de quatre conseillers par arrondissement, élus au scrutin de liste ; soit un total de quatre-vingts membres.

Il s'agit, dès à présent (et il n'y a pas de temps à perdre, puisque les électeurs sont convoqués pour mercredi prochain), de se demander sur qui doivent porter de préférence les choix des citoyens.

Eh bien ! nous croyons que les choix doivent porter avant tout sur des hommes éclairés, capables, expérimentés, familiers avec les affaires de la ville, lesquelles s'étendent à des intérêts multiples et compliqués ; en un mot, sur des hommes sachant déjà les questions qu'ils auront à débattre, et doués d'un bon et solide jugement.

Les élections du 28 septembre seront, comme toujours, pour les ambitieux, plus préoccupés du soin de se mettre en avant que de bien faire, l'occasion de solliciter les suffrages. Ces personnages, qui pullulent dans tous les temps, mais particulièrement aux époques difficiles et troublées, croient imperturbablement à leur infaillibilité propre et à leur génie personnel. Elus, ils porteraient, dans les délibérations du conseil, le produit des songes de leur imagination, les idées fantastiques qui éclosent dans leur cerveau comme les champignons dans les carrières.

Ce sont des candidats que les citoyens feront bien d'éliminer.

Les questions municipales sont surtout des questions d'affaires, hérissées de difficultés ; il faut, pour les résoudre heureusement, savoir tenir compte des faits et de la situation que les faits imposent aux administrés.

Il y faut donc de la lumière et de l'expérience autant qu'un dévouement sincère et entier à la chose publique.

Laissons donc de côté les utopistes et les sectaires. L'héritage effrayant que lègue à la République, en particulier à la ville de Paris, le Gouvernement déchu, montre aux yeux les plus prévenus l'abîme où peuvent conduire une nation des chefs nourris d'idées fausses et des hommes qui n'ont jamais été inspirés que par le plus monstrueux égoïsme.

La mission d'un conseil municipal est principalement une œuvre de contrôle et d'examen. Il faut s'assurer que les affaires sont faites comme elles doivent l'être. Ce sont des faits et des chiffres à vérifier.

L'administration a pour elle les devoirs périlleux de l'initiative ; le conseil est institué pour examiner les actes dérivant de cette initiative, et s'assurer de la valeur et des moyens d'exécution, en même temps que des résultats obtenus. C'est là le motif sérieux qui doit faire exclure les utopistes, et en général tout individu qui veut, à tout prix, imposer ses idées, sans se préoccuper des faits et de la réalité. Ce qui caractérise le sectaire ou l'utopiste, ce qui le rend dangereux pour la chose publique, c'est qu'il n'est, au fond, qu'un absolutiste déguisé, quelle que soit la cocarde qu'il porte et qu'il affiche. Ces hommes-là perdent tout ce à quoi ils touchent.

L'expérience du passé doit nous servir ; nous en payons les leçons assez cher. Les citoyens de Paris feront bien de les méditer s'ils veulent résolûment mettre fin à des abus vivaces et porter remède à la situation de la capitale, si terriblement obérée par les agissements de l'administration impériale.

S'il ne faut pas, dans le conseil, des utopistes ni des sectaires, il ne faut pas davantage des complaisants pour le pouvoir, de quelque nom que l'on pare cette complaisance. Les administrations, en tout temps, sont portées à considérer comme des adversaires quiconque veut contrôler de trop près leur gestion. C'est un mal qui est dans la nature humaine. Il faut savoir y obvier par le choix d'hommes indépendants autant qu'éclairés.

On se souvient involontairement, à ce sujet, de l'objection que fit M. Haussmann, il y a quelques années, à la nomination de M. Thayer, un ancien directeur des postes, comme membre de la commission municipale. M. Thayer était un homme capable, bienfaisant, très-dévoué à l'Empire. Le maître trouvait tout simple de le nommer. « Non pas, répliqua M. Haussmann, il serait gênant! » Gênant! voilà le grand mot, la grande objection des administrations.

La politique, surtout en ce moment, et il serait oiseux de l'oublier ou de se le dissimuler, la politique aura forcément sa part dans la détermination des choix que feront les citoyens. C'est inévitable. Mais il sera bon que les électeurs, tout en préférant les adhérents à leurs opinions, ne se laissent pas influencer outre mesure par les considérations de cet ordre. Il y a des hommes peu passionnés pour les choses de la politique, dont la place est néanmoins marquée au conseil de la ville de Paris. C'est aux électeurs de savoir les trouver et de les désigner eux-mêmes.

La politique ne doit être ici qu'une considération secondaire. La politique, disons-le-nous bien, est surtout l'affaire du Gouvernement, l'affaire de la nation tout entière, et non d'une ville, fût-elle la capitale du pays.

C'est dans cet esprit que nous espérons que les élections municipales de Paris s'accompliront. La politique se résume aujourd'hui dans le grand et suprême devoir de la défense nationale. Les Parisiens sont en train, sous ce rapport, de donner énergiquement l'exemple au reste de la France. Que Paris, dans les élections municipales, donne pareillement l'exemple de bons choix, et nos affaires générales elles-mêmes s'en trouveront bien.

FRANCIS RIAUX.

APPENDICE XXV.

RAPPORT

AU GOUVERNEMENT DE LA DÉFENSE NATIONALE SUR LA SUPPRESSION DE LA PRÉFECTURE DE POLICE (1).

La révolution qui s'est accomplie à Paris dans la journée du 4 septembre présente ce caractère que n'avait présenté avant elle aucune révolution dans aucun pays : c'est que, ni dans la capitale, où elle a eu sa première origine, ni dans les provinces, qui y ont adhéré avec un unanime enthousiasme, elle n'a fait verser une seule goutte de sang. L'absence absolue de résistance chez les agents du gouvernement déchu, la modération dans la victoire du peuple qui a reconquis ses droits, telle est la cause de ce phénomène jusque-là sans exemple, et qui peut être considéré comme le point de départ d'une ère nouvelle dans la vie politique de notre pays. On peut ajouter, à l'honneur du Gouvernement de la défense nationale, que, consacrant tous ses efforts à l'affranchissement du pays, il a rompu sans retour avec les mesquines traditions de vengeance pratiquées par tous les gouvernements qui l'ont précédé, sans exception, et qu'il n'a pas attenté à la liberté d'un seul citoyen pour une cause purement politique. Il lui a suffi que les hommes du

---

(1) Ce rapport n'ayant pas été suivi de la mise en œuvre des résolutions qu'il proposait, nous ne l'avons point reproduit à sa date. Nous le donnons ici à titre de document.

passé, assurant leur sécurité personnelle par un exil volontaire, aient fait disparaître tout danger de réaction contre le régime nouveau ; et il s'est réjoui de cette absence qui lui permet de consacrer toutes ses forces au salut de la patrie et à l'expulsion de l'étranger.

Dans ces circonstances, où la guerre nationale doit être la plus constante préoccupation du Gouvernement, le préfet de police, qui a reçu la mission de veiller sur la tranquillité du pays et plus spécialement sur celle de la capitale, s'est demandé s'il était opportun de laisser subsister, à côté des ministres dirigeants, une institution d'un caractère spécial, complexe, touchant à toutes les branches gouvernementales, nstrument admirable d'ordre entre des mains honnêtes, d'oppression entre des mains disposées à en abuser : nous voulons parler de la préfecture de police.

Créée par le Consulat, consolidée par le premier Empire, fortifiée par le second, la préfecture de police est un des rouages les plus importants de cette centralisation excessive que l'Europe ne doit plus nous envier. Son existence, impérieusement nécessaire sous un gouvernement personnel, semble incompatible avec les institutions que la France est appelée à se donner ; et il a paru au préfet de police que le moment était venu pour le pouvoir de briser volontairement entre ses mains cette arme terrible, dont ses prédécesseurs ont tant abusé.

Pour apprécier l'opportunité de cette mesure, quelques mots sont nécessaires sur l'origine de la préfecture de police, ses attributions actuelles, son rôle sous le dernier gouvernement. Il est indispensable aussi d'étudier les moyens par lesquels on pourra la remplacer.

Les attributions du préfet de police ont été déterminées par l'arrêté du 12 messidor an VIII (1er juillet 1800), qui est la base fondamentale de l'état actuel. Diverses prescriptions légales ont légèrement restreint ou étendu le rôle de ce fonctionnaire ; mais aucune, y compris la loi du 15 mai 1853, qui étend ses pouvoirs au département de la Seine et à certaines communes de Seine-et-Oise, n'a sérieusement modifié leur nature ou leur étendue.

C'est donc dans ce document originaire qu'il y a lieu d'étudier les attributions du préfet de police.

Ces attributions peuvent se classer sous trois chefs distincts :

1° *Police judiciaire*, comprenant la recherche des délits et crimes, les arrestations, expulsions, surveillance des condamnés, contraventions aux règlements de police administrative ;

2° *Police administrative*, comprenant l'organisation, la direction et la vérification d'un certain nombre de services publics, prisons, maisons de détention et de correction, établissements d'aliénés, navigation, approvisionnements, voie publique, etc ;

3° *Police politique*, comprenant les affaires politiques et de sûreté générale, la surveillance des associations secrètes, des complots des réfugiés politiques, des élections, des archives politiques, des fameux dossiers dont l'opinion se préoccupe en ce moment, etc., etc.

Ces attributions, dans les différents départements français, ressortissent aux divers ministères auxquels elles se rattachent, et, quels que soient les prétextes mis en avant à diverses époques pour justifier leur concentration dans la même main, en ce qui concerne le département de la Seine, on peut affirmer que la raison de cette concentration n'a jamais rien eu de commun avec l'intérêt public.

Au moment où le premier consul rêvait déjà ce pouvoir gigantesque sous les ruines duquel il devait succomber, il comprit que la possession de Paris entraînait la possession de la France, et il créa la préfecture de police, englobant dans la main d'un seul homme, instrument dévoué des volontés du maître, tous les intérêts matériels et moraux de l'immense capitale.

Comme moyen d'investigation et de surveillance, il lui donna la police administrative enlevée à la municipalité ; comme moyen d'action et de répression, il lui donna la police judiciaire, enlevée à la magistrature, et il forgea ainsi la véritable clef de l'édifice politique nouveau. Cela est si exact, qu'à chaque changement de régime, le premier soin des nouveaux arrivants a été de s'emparer des moyens d'action ainsi accumulés, et que la préfecture de police a été toujours un des objectifs principaux des insurrections, tantôt victorieuses, tantôt vaincues.

Dans les périodes de calme, tous les gouvernements qui se sont succédé ont maintenu et même renforcé la préfecture de police, parce que chacun d'eux s'est défié plus ou moins de la liberté, et parce que chacun opérant à l'aide de procédés plus ou moins personnels a tenu à conserver entre ses mains cet incomparable moyen d'action.

Si nous considérons en particulier les agissements du second Empire, l'importance politique de la préfecture de police s'accentue comme jamais elle ne l'avait fait encore. Bien que l'on n'ait pu faire, avec les documents qui sont restés dans les archives, qu'une étude incomplète sur la façon d'opérer du dernier régime, il a été facile d'arriver à se former une conviction morale sur ce fait que, tout en s'occupant dans une certaine mesure de ses attributions administratives et judiciaires, le préfet de police avait fini par devenir un personnage à peu près exclusivement politique. Il s'était créé, dans la préfecture même, à côté du service ordinaire de la police, et sous la direction immédiate du préfet, qui y pourvoyait à l'aide de fonds secrets dont il avait la libre disposition, une police occulte comprenant un petit nombre d'agents de bureaux connus, et un nombre absolument indéterminé d'agents extérieurs inconnus aux agents des bureaux, et inconnus les uns aux autres.

Une de leurs missions principales paraît avoir été de créer, à certains moments, et sur des points déterminés, des agitations factices destinées à faire prendre le change sur la direction véritable de l'esprit public, et, en agitant devant la nation le fantôme de la démagogie, à entraver ses véritables aspirations vers la liberté. Ce service, qui fonctionnait principalement à Paris, avait des ramifications nombreuses en province et à l'étranger, et avait fini par devenir un des objectifs principaux de la préfecture. Les renseignements déjà recueillis suffisent pour montrer à quels effroyables abus peut conduire la concentration entre les mêmes mains des attributions du préfet de police.

Cette concentration, indispensable dans un gouvernement personnel, est au moins superflue sous un régime franchement libéral et peut, à un moment donné, devenir dangereux, ainsi que les événements l'ont trop souvent prouvé. Il convient de profiter de la présence au pouvoir du Gouvernement de la défense nationale pour la faire disparaître. Il convient de faire non plus de la décentralisation théorique, mais de la liberté effective, en rendant à la magistrature la police judiciaire, au ministère de l'Intérieur la sûreté générale, à la mairie de Paris la police municipale et la gestion des intérêts qui la concernent, aux départements leur vie administrative, enfin en supprimant dans la police toute intervention de la politique, qui l'a détournée de sa véritable destination. Le gouvernement qui aura fait cela aura bien mérité du pays et aura, en outre, réalisé sur le budget municipal et sur le budget de l'État une importante économie, dont le produit pourra être utilement employé.

S'inspirant de ces sentiments, et convaincu que l'acte qu'il propose est un acte avantageux pour le pays, le préfet de police a l'honneur de proposer au Gouvernement de la défense nationale la mise à l'étude immédiate de la suppression et de la liquidation de la préfecture de police.

Paris, le 19 septembre 1870.

Le préfet de police : DE KÉRATRY.

Le Gouvernement de la défense nationale approuvant complétement l'esprit et les termes du rapport qui précède, invite M. le préfet de police à lui présenter un projet de décret qui réalise les propositions éminemment libérales et républicaines dont il a pris la courageuse initiative.

APPENDICE XXVI.

LETTRE DE M. DEVIENNE.

M. Devienne, premier président de la cour de cassation,

en réponse à l'arrêté qui l'a déféré disciplinairement à cette cour, a adressé la lettre suivante à M. le garde des sceaux :

29 septembre 1870.

Monsieur le garde des sceaux,

J'accepte avec empressement la décision que vous avez prise par votre arrêté du 23 de ce mois. Elle me donne un moyen légitime et régulier d'expliquer toute ma conduite et de détruire les imputations dont je suis l'objet.

Je serai le premier à solliciter une décision quand cela sera possible. Mes explications ne seront ni longues, ni difficiles. Elles démontreront que les allégations et interprétations que les journaux ont répandues sont à mon égard absolument erronées. Je suis certain de n'avoir pas mis en oubli le soin de ma dignité dans une occasion où j'ai rempli ce que je considérais et considère encore comme un devoir.

Recevez, etc.

Devienne

APPENDICE XXVII.

SOCIÉTÉ D'ASSURANCES MUTUELLES
MOBILIÈRES ET IMMOBILIÈRES CONTRE LES PERTES MATÉRIELLES CAUSÉES PAR LE SIÉGE DE PARIS.

Statuts.

Art. 1er. — Il est formé une Société d'assurances mutuelles entre tous les propriétaires d'immeubles ou de valeurs mobilières, sis à Paris, qui adhéreront aux présents statuts.

Cette association a pour but de répartir également entre tous les sociétaires, proportionnellement aux valeurs assurées par chacun d'eux, les pertes matérielles que ses membres pourront avoir à supporter par suite du siége, notamment par l'incendie et l'explosion.

Les pertes provenant de vol ou de pillage, comme toutes celles qui incomberaient aux sociétés ordinaires d'assurances contre l'incendie, ne sont pas à la charge de la Société.

Les bijoux, l'argenterie, les cachemires et dentelles, les valeurs, les billets de banque et l'argent monnayé ne sont pas garantis par l'association.

La Société prend le nom d'Association mutuelle des risques du siége de Paris.

Elle ne sera constituée qu'autant qu'elle comptera cent adhérents et que les valeurs assurées atteindront le chiffre de cent millions de francs.

Art. 2. — La Société durera jusqu'à ce que l'ennemi ait abandonné le siége de Paris, et ce, sans chances de retour prochain.

Elle a son siége à Paris, rue de Richelieu, 108.

Art. 3. — La qualité de sociétaire s'acquiert par l'adhésion aux statuts, donnée dans n'importe quels termes; toutefois, elle doit nécessairement comprendre la déclaration des sommes que l'adhérent entend faire garantir en distinguant entre les valeurs immobilières et mobilières, et la désignation de la situation des risques.

Cette adhésion se constate par le récépissé signé par le directeur ou son délégué spécial, et par la quittance de l'à-compte à payer sur la cotisation, suivant l'article 6 ci-après.

Dans le cas où certains risques paraîtraient présenter des chances exceptionnelles de pertes, le Conseil peut, soit les refuser absolument, soit les surtaxer.

Art. 4. — Toute personne peut souscrire comme se portant fort pour une personne absente, mais seulement avec l'agrément du Conseil qui, suivant les cas, décidera quelle garantie spéciale il pourra exiger.

Art. 5. — Chaque sociétaire est tenu à payer la cotisation proportionnelle qui sera déterminée par la liquidation comme nécessaire pour couvrir les pertes incombant à l'association; toutefois, cette cotisation ne saurait excéder 1 0/0 des valeurs assurées comprises entre les boulevards intérieurs, la rue Royale et le boulevard Saint-Germain. Elle n'excédera pas 2 0/0 pour les valeurs situées au-delà de cette zone et en dedans des anciens murs d'enceinte. Elle n'excédera pas 3 0/0 pour les valeurs comprises dans le territoire annexé.

Les bâtiments non construits et couverts en matériaux durs et leur contenu, les entrepôts, agglomérations de marchandises et autres risques présentant des risques exceptionnels forment une deuxième catégorie, qui est soumise à une cotisation double.

Pour le cas où les cotisations prélevées au maximum ne suffiraient pas à couvrir l'intégralité des pertes, chaque sinistre serait indemnisé au marc le franc de la somme à laquelle il aurait droit.

Art. 6. — Chaque sociétaire paie en souscrivant un à-compte sur sa cotisation, savoir : cinquante centimes pour mille francs pour les valeurs de la première zone, un pour mille pour la deuxième zone, et un franc cinquante pour mille pour la troisième zone. Le surplus de la cotisation sera payable lors de la liquidation, dans la huitaine de la demande. Toutefois, lors de la liquidation, il pourra être appelé de nouveaux à-compte pour subvenir aux besoins urgents; il devra être satisfait à ces appels dans la huitaine.

Pour les risques de la deuxième catégorie, l'à-compte est augmenté en proportion de la cotisation.

Faute de paiement, la Société poursuit suivant le droit commun ; sa créance est privilégiée comme ayant pour cause la conservation de la chose.

Art. 7. — Le règlement des pertes se fait dans les formes en usage pour les sinistres d'incendie afférents aux compagnies d'assurances mutuelles existantes et suivant les principes applicables aux règlements faits par ces compagnies.

Art. 8. — Tout sinistre doit être dénoncé le plus tôt possible à la Société ; tout sinistre qui ne serait pas dénoncé dans la huitaine de la levée du siége sera considéré comme nul et non avenu.

Art. 9. — La Société est administrée par un directeur sous la surveillance d'un Conseil de quatre membres.

Leurs fonctions sont gratuites.

Sont nommés membres du Conseil de surveillance :

MM. Angar, directeur de la Société A. M..., pour Seine et Seine-et-Oise ;

Forget, ancien juge au Tribunal de commerce, censeur au Comptoir d'escompte, président de la Société *la Centrale* ;

Gaignœux, directeur de *la Clémentine*, assurance mutuelle des usines ;

Hofer, directeur de *la Fraternelle parisienne*.

Il sera pourvu par le Conseil aux vacances qui se produiraient dans son sein pour quelque cause que ce soit.

M. Amédée Thouret, directeur adjoint de *la Centrale*, est nommé directeur.

Dans la quinzaine de la levée du siége, les assurés de chaque arrondissement nommeront un délégué par dix assurés ; dans la huitaine suivante, ces délégués se réuniront en Assemblée générale et nommeront un Conseil de liquidation de douze membres. Le directeur procédera à la liquidation sous la surveillance de ce Conseil. Lorsque la liquidation sera terminée, une nouvelle Assemblée générale, composée de même, sera convoquée pour recevoir et approuver les comptes.

Art. 10. — Tous les frais seront compris dans la liquidation. Les sommes non absorbées par les frais et les sinistres seront restituées aux sociétaires au prorata des cotisations versées.

Art. 11. — Toute personne sinistrée qui aura sciemment trompé la Société, notamment quant à l'importance de sa perte, soit en l'exagérant, soit en dissimulant tout ou partie des objets sauvés, soit en employant des moyens de justification frauduleux, sera déchue de tous droits à une indemnité quelconque.

Art. 12. — Tout sociétaire indemnisé d'une perte cède et transporte à la Société tous ses droits à une indemnité quelconque à laquelle il pourrait avoir droit à raison de cette perte.

APPENDICE XXVIII.

MODÈLE DES CARTES *DÉPÊCHE-RÉPONSE*.

Recto. DÉPÊCHE-RÉPONSE.
(Décret du Gouvernement de la défense nationale en date du 10 novembre 18

Prix de la présente carte, **cinq centimes**, représentés par un timbre-poste qui sera placé dans le cadre ci-contre.
Les réponses doivent être exprimées par **oui** ou par **non** dans les colonnes 5 à 8. Taxe d'affranchissement des réponses, au nombre de 4 ou au-dessous, **un franc**.
(**Le numéro de la réponse doit-être indiqué, à Paris, par l'expéditeur. Les autres colonnes de la dépêche-réponse seront remplies par le correspondant dans les départements.**)

N° d'ordre de la dépêche-réponse	NOM DU PAYS où réside LE CORRESPONDANT.	INITIALES DU PRÉNOM ET DU NOM du correspondant.	NOM ET DOMICILE (en toutes lettres) DU DESTINATAIRE à Paris.	RÉPONSES AUX QUATRE QUESTIONS POSÉES.			
				1re question.	2e question.	3e question.	4e question.
1	2	3	4	5	6	7	8

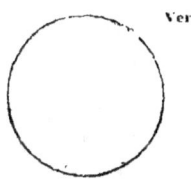

Verso. La présente carte, revêtue, par le correspondant dans les départements, des réponses par **oui** ou par **non** qui doivent être portées aux colonnes 5 à 8 d'autre part, sera déposée par ce correspondant, affranchie en timbres-poste, au bureau de poste d'expédition, qui l'adressera, par le premier courrier, au délégué du Directeur général, à Clermont-Ferrand.

Timbre à date
du bureau expéditeur.

APPENDICE XXIX

MEETING TENU A LONDRES EN FAVEUR DE LA FRANCE.

M. le contre-amiral anglais de Rohan a adressé à M. Jules Favre la lettre suivante :

Paris 28 sept. 1870.

Monsieur le ministre des affaires étrangères,

L'arrivée d'un ami venant de Londres me met en mesure de vous informer qu'un grand meeting des amis de la France démocratique a eu lieu le 19 septembre à Londres. Plus de 100,000 personnes assistaient à ce meeting; des discours ont été prononcés et des résolutions votées par de chaleureuses acclamations pour assurer l'appui le plus sincère, le plus fraternel à la République française.

Le meeting a décidé à l'unanimité qu'une députation nommée séance tenante serait chargée :

De demander une audience aux ministres de la reine afin de leur exprimer d'une manière précise et positive la profonde conviction du meeting, à savoir, que le gouvernement d'Angleterre doit obéir sans délai au sentiment du pays tout entier, en insistant auprès du roi de Prusse pour la conclusion de la paix;

De rappeler en même temps aux ministres que, en admettant qu'une partie du Corps législatif ou même le Corps législatif tout entier ait voté la guerre, ce vote a été dirigé uniquement contre l'ambition militaire de la Prusse, *non contre le peuple allemand*;

Que la guerre ainsi déclarée à l'improviste n'était autre chose que *l'acte isolé du Sénat et du Corps législatif sans que la voix de la nation ait été entendue*; enfin que le peuple français, s'il avait été consulté, aurait repoussé toute idée de guerre; que dans tous les cas il est malheureusement trop évident aujourd'hui que la France s'est laissée entraîner contre son gré à faire une guerre à laquelle elle n'était nullement prête, tandis que chaque pas de la Prusse est la preuve que cette nation s'y préparait depuis de longues années, attendant le premier prétexte, bon ou mauvais, tout en feignant de nourrir pour la France des sentiments de constante amitié !

Écartant momentanément ces considérations, le meeting, dont l'opinion reflète le sentiment unanime de l'Angleterre, ne peut regarder la persistance aveugle de la Prusse dans une guerre d'agression que comme une violation des lois de l'humanité, indigne d'une nation aussi intelligente que la nation allemande ; cette conduite met le couteau sur la gorge de la civilisation, de la justice même.

C'est pourquoi le peuple anglais conjure les citoyens de Paris d'écarter, pour le moment, tout sentiment de parti, toute divergence d'opinion, et de s'unir COMME UN SEUL HOMME pour la défense de Paris. Sa capitulation imprimerait une tache éternelle sur la France entière, car rien n'est impossible au patriotisme d'une grande nation de 38 millions, de race homogène : à l'heure qu'il est, la France doit décider si elle veut être plongée pendant des siècles dans l'esclavage moral, ou reprendre d'un seul coup sa place légitime comme nation libre, intelligente et pacifique. Le moment des discussions est passé. Les Français de tous les partis se trouvent en présence du DEVOIR ABSOLU de combattre en véritables patriotes pour leur patrie, leurs demeures, leur liberté, leur tout, en dignes descendants de Duguesclin et de Jean-

Bart. Le Gaulois de 1870 est de même race que ses aïeux de 1792, et, comme tel, ne doit jamais renoncer à porter haut ce drapeau de la liberté que les hommes de 89 ont baigné de leur sang.

Les Américains de 1776 ont lutté pendant *sept longues années* contre les vétérans du roi George (*aidé par ses Hessois mercenaires*). Ils ont supporté la faim, la misère, les souffrances de toutes sortes, marchant la tête haute à travers la neige et la glace, pieds nus, sans vêtements, sans tentes, sans abri ; ils ont conquis enfin la paix et la liberté : nous, leurs frères de sang, nous voulons aussi posséder cette liberté républicaine qui ne saurait tarder à être notre partage. L'Europe sera bientôt ou « Républicaine ou Cosaque ! »

Courage donc, Français ! « *La nuit devient plus sombre au moment où s'approche l'aurore.* » Ayez constamment devant vous l'exemple des Américains de 1776 guidés par Washington, Lafayette, Franklin, Rochambeau, et bientôt, de cette crise navrante, la France se relèvera majestueuse, plus grande, plus heureuse que jamais, par la force du sentiment pacifique, APPUYÉ SUR L'ÉDUCATION POPULAIRE. Soyez bien persuadés que notre pays entier fait des vœux pour votre triomphe, qui sera pour nous un gage de la *République universelle de la paix*, n'en déplaise aux princes et aux diplomates. — La libre Amérique donne noblement la main à la France réveillée, l'Angleterre libre espère bientôt en faire autant.

Tels sont, monsieur le ministre, les sentiments que vous exprime la démocratie anglaise, et dont je suis fier de vous faire part, — ce que je fais, croyez-le bien, du fond du cœur.

WILLIAM DE ROHAN,
Contre-amiral, délégué de la démocratie anglaise

M. Jules Favre a répondu :

Paris, le 30 septembre 1870.

Monsieur l'amiral,

Veuillez recevoir, tant en mon nom personnel qu'au nom du Gouvernement de la défense nationale, les remerciments les plus cordiaux et les plus sincères pour la communication que vous avez bien voulu me faire des détails du grand meeting qui a eu lieu à Londres, dans Hyde-Park, le 19 courant.

Nous sommes profondément touchés et reconnaissants des sentiments qui y ont été si noblement exprimés au nom du peuple anglais, et nous y puisons une grande force pour accomplir la rude tâche que la destinée nous inflige ; votre généreuse nation a le droit de nous montrer la route de la liberté, et nous serons heureux d'y marcher sur ses traces. Quelque accablants que paraissent nos malheurs, ils n'ébranlent pas notre foi : nous croyons à la justice, à la vérité, à la fraternité des peuples ; — peut-être cette guerre criminelle autant qu'insensée sera-t-elle pour tous un salutaire enseignement : en brisant le militarisme de la France, elle rendra celui de la Prusse si odieux, qu'elle provoquera contre lui une réaction ; alors pourra se réaliser la glorieuse et féconde idée de l'alliance des peuples, en tête desquels marchera certainement votre pays, complétement rendu à sa souveraineté.

Veuillez, monsieur l'amiral, agréer l'expression de ma haute considération.

Jules Favre.

APPENDICE XXX.

CORPS FRANCS.

M. Malvezin-Peyroux, directeur général de la Société de *l'Union agricole*, nous a demandé l'insertion de la note suivante :

La décision du 13 septembre refusant de reconnaître désormais de nouveaux corps francs arrêta dans leur organisation plusieurs légions encore en voie de formation, et entre autres de celle qui devait porter le nom de *Légion d'Auvergne*.

M. Malvezin-Peyroux, directeur général de la Compagnie *l'Union agricole* avait entrepris, un peu avant que cette décision fût prise, l'organisation de cette légion qui aurait été composée exclusivement de gardes nationaux volontaires originaires de l'Auvergne.

Voici en quels termes M. Malvezin avait fait appel à ses compatriotes résidant comme lui à Paris :

« *Aux gardes nationaux de Paris originaires d'Auvergne.*

» Citoyens et chers compatriotes,

» Le moment est venu où la garde nationale doit, comme les autres corps, opérer des sorties. Des régiments de marche se forment à cet effet.

» Je fais appel à votre patriotisme pour former une légion de francs-tireurs, destinée à faire le service d'éclaireurs de ces régiments. Comme descendants des invincibles Arvernes, nous avons droit de prendre notre part de cette tâche d'honneur. La mémoire de Vercingétorix, de Desaix, de Milhau et de beaucoup d'autres illustres capitaines qu'a produits notre pays nous en fait même un devoir.

» En avant donc! Les fils de nos montagnes ne doivent pas craindre d'affronter le danger.

» Sus aux ennemis et vive à jamais la République!

» Malvezin. »

APPENDICE XXXI.

PIÈCES DIPLOMATIQUES
RELATIVES A LA GUERRE, COMMUNIQUÉES AU PARLEMENT ANGLAIS.

Le Gouvernement britannique a communiqué au Parlement (février 1871) le *Livre bleu* contenant la correspondance diplomatique du ministère anglais relativement à la guerre. Cette correspondance, qui compose un volume de 269 pages, commence au mois d'août et finit à la signature de l'armistice à Versailles.

Nous donnons ci-après une analyse de ceux de ces documents qui, par leur date, se rapportent au présent volume (1).

A la date des premières dépêches contenues dans le *Livre bleu*, Sedan ne s'était pas encore rendu, et l'Empire était encore debout, mais les armées françaises avaient déjà subi des revers qui faisaient prévoir la chute des institutions impériales.

Le 12 août, en effet, lord Lyons écrivait de Paris :

« L'espoir d'une victoire française semble grandir dans la population mais il n'en peut résulter qu'une déception plus amère et plus dangereuse. Le sentiment unanime est qu'une nouvelle défaite serait immédiatement fatale à la dynastie. Les opinions sont divisées sur les conséquences d'une victoire, et il ne paraît nullement certain que même le succès de l'armée sur le champ de bataille pût encore suffire à détourner une révolution. »

A cette phase du conflit, la France ne pensait pas encore à céder. Dans une conversation de lord Lyons avec le prince de la Tour-d'Auvergne, qui eut lieu quatre jours plus tard, le prince dit qu'il y avait deux choses à maintenir en toutes circonstances : d'abord l'intégrité du territoire français, puis la dynastie. Le Gouvernement anglais se montra disposé à cette époque à accepter le rôle de médiateur entre les belligérants. Lord Granville, dans une lettre du 17 août, adressée à lord Lyons, dit que le Gouvernement de Sa Majesté n'avait certainement pas l'intention ni le désir d'imposer sa médiation à la France ou à la Prusse, mais que le prince de la Tour-d'Auvergne pouvait être persuadé que si, à un moment quelconque, on s'adressait aux bons offices de l'Angleterre, l'Angleterre ferait immédiatement tous ses efforts pour le rétablissement de la paix entre les alliés de Sa Majesté.

Le Gouvernement français n'était pas d'avis que le moment d'exercer

---

(1) Cette analyse est extraite de *l'Indépendance belge*. Voir aux volumes suivants la suite de cette reproduction.

une telle intervention fût arrivé. Le prince de la Tour-d'Auvergne dit, à la même époque, que la France ne pouvait convenablement ni même honorablement accepter une intervention quelconque. Le bruit courait cependant qu'elle faisait des efforts pour engager l'Autriche ou l'Italie venir à son aide. C'était là une erreur. « Les circonstances actuelles, dit le prince d'Auvergne dans une de ses dépêches, seraient particulièrement inopportunes pour adresser à l'étranger une demande d'appui matériel, de même qu'il ne serait pas digne de la France de la faire. »

Ce n'est pas en France seulement que régnait alors l'opinion qu'une offre de médiation serait prématurée. Le comte de Beust, dans une dépêche du 11 août, dit que si la fortune de la guerre continuait de favoriser la Prusse, il craignait que des négociations pour la paix ne pussent avoir lieu avant l'arrivée des armées allemandes sous les murs de Paris. Le prince Gortschakoff était aussi d'avis qu'aucune des deux puissances belligérantes n'accepterait des offres de médiation, et que si de telles offres étaient proposées, elles feraient plus de mal que de bien. C'est quelques jours après que Napoléon III rendit son épée au roi de Prusse.

Lord Grandville adressa, le 5 septembre, la dépêche suivante à lord Lyons :

« Le Gouvernement de Sa Majesté est en possession des communications télégraphiques de Votre Excellence, annonçant les graves événements qui se sont passés à Paris depuis que l'empereur Napoléon III s'est rendu au roi de Prusse, et j'ai à vous envoyer l'ordre de rester à votre poste aussi longtemps que le corps diplomatique pourra le faire, afin de protéger aussi efficacement que possible les intérêts et les biens des sujets de Sa Majesté Britannique qui résident en France.

» Vous voudrez, à cet effet, vous mettre en rapport avec le Gouvernement de fait (mais sans le reconnaître d'une manière formelle) qui exercera le pouvoir, jusqu'à ce que je vous adresse des instructions ultérieures. Dans le cas où S. M. l'impératrice prendrait la décision de se retirer de Paris avec l'intention de conserver le Gouvernement impérial avec l'ombre d'un pouvoir, vous ne suivrez Sa Majesté en aucune circonstance, mais vous ferez tout ce qui dépendra de vous pour assurer la sécurité et le bien-être de Sa Majesté, si l'on fait appel à vos conseils et à votre assistance. »

Immédiatement après la chute du Gouvernement impérial et l'établissement du Gouvernement de la défense nationale, M. Jules Favre déclara à lord Lyons que la France consentirait certainement à un armistice si une puissance neutre en faisait la proposition, et qu'il serait heureux si une offre de médiation sur la base de l'intégrité du territoire de la France était faite à la Prusse, même si cette offre devait être repoussée par elle.

Lord Grandville dit dans sa réponse que, quoique le gouvernement de Sa Majesté eût la conviction qu'il ferait plus de mal que de bien, s'il essayait de prendre le rôle de médiateur sans avoir de bonnes raisons pour croire que sa médiation fût acceptée par les deux puissances belligérantes, il serait heureux de servir d'intermédiaire entre elles en vue d'arriver à la conclusion de la paix.

Le 13 septembre, M. Thiers, arriva à Londres : lord Grandville fit connaître à lord Lyons, dans la dépêche suivante, ce qui s'était passé dans son entrevue avec le mandataire français :

Foreign-Office, 13 septembre 1870.

» M. Thiers est arrivé ce matin à Londres. J'ai été le voir à midi. Il me dit que le désir des ministres français était de conclure une paix honorable, et que c'est dans ce but, bien qu'il eût prévu que sa mission lui amènerait une grande fatigue, qu'il avait accepté à regret, sur les instances, non-seulement du gouvernement, mais de tous ses amis, tant du parti conservateur que du parti libéral, de se rendre d'abord en Angleterre et ensuite à Saint-Pétersbourg et à Vienne.

» M. Thiers n'a pas demandé une intervention armée; il a fait seulement appel à l'Angleterre, pour qu'elle usât de son influence morale en faveur de la paix. L'intérêt de l'Angleterre, a-t-il dit, ne peut être d'abdiquer sa position de grande puissance. Quoique formant une île et bien qu'elle soit une puissance maritime, elle fait partie de l'Europe. Elle a montré, dans d'autres temps, l'importance qu'elle attachait à l'équilibre des puissances.

» Elle a montré au monde quelles colonies elle sait former et quels marins elle possède. Son désir ne peut être de voir la France, qui pendant quarante ans a été son alliée, qui a lutté à ses côtés en Crimée, et qui, à l'époque de l'insurrection des Indes, n'a pas cherché à exploiter à son profit les difficultés de l'Angleterre, humiliée et affaiblie. L'intérêt de l'Angleterre ne peut être non plus qu'il intervienne une paix déshonorante qui affaiblisse et irrite la France, la rende incapable d'aider l'Angleterre en aucune occasion et la dispose à saisir toutes les occasions de reconquérir son prestige perdu. Si l'Angleterre voulait seulement donner l'exemple, toutes les nations neutres la suivraient, et la Prusse serait incapable de résister à la force morale de l'opinion publique se prononçant en faveur de l'humanité et de l'équilibre des puissances européennes.

» M. Thiers était très-fatigué, je le mis donc rapidement au courant de notre politique. Nous avions fait tout ce qui était en notre pouvoir pour obtenir la paix. Nous avions été au delà de ce que nous avions le droit de faire en engageant l'Espagne à renoncer à un candidat qu'elle avait pleinement le droit de choisir. Nous avions réussi à écarter le motif du différend, mais le Gouvernement français n'avait pas été satisfait, nous avait délaissé et s'était hâté de proclamer la guerre. Nous avions déclaré au Parlement — et notre conduite avait eu son approbation — que notre intention était de maintenir une stricte neutralité et de chercher à maintenir des relations d'amitié avec les deux pays.

» Dès le début, nous avions dit à tous ceux qui se sont adressés à nous que notre intention n'était pas d'assumer le rôle de médiateur, à moins d'avoir des raisons de croire que notre médiation serait acceptée par les deux pays et qu'il existât une base sur laquelle, d'après nous, les deux belligérants seraient disposés à négocier; que, à tenir compte de tout ce que nous apprenons, un tel état de choses ne s'était pas encore présenté.

» Nous cûmes ensuite une conversation sur l'avantage qu'il y aurait pour M. Jules Favre à se rendre au quartier général des Prussiens. J'ai exprimé l'opinion que cette démarche serait utile, et M. Thiers était d'avis que M. Favre ne se refuserait pas de la faire. »

M. Thiers, dans une autre entrevue, conseilla la reconnaissance immédiate de la république.

Voici la réponse de lord Grandville :

« Il serait contraire aux précédents d'agir ainsi maintenant; je désire avoir les relations les plus amicales avec le Gouvernement, et notre conversation en est la preuve. Mais ce Gouvernement n'a pas eu de sanction légale; il s'appelle Gouvernement dans un but spécial seulement, et il a annoncé la convocation d'une Assemblée constituante qui décidera du Gouvernement futur de la France. Je crois que le Gouvernement de Sa Majesté conseillera à la reine de reconnaître le Gouvernement dès que la nation l'aura formellement reconnu; mais je suis convaincu que, jusqu'alors, toutes les solutions pratiques seront obtenues dans ce temps de crise par les bonnes relations existantes. »

M. Thiers paraît avoir été très-satisfait de l'accueil cordial qu'il a reçu de M. Gladstone et de lord Grandville, et du résultat de sa mission en Angleterre. Une observation ayant une portée personnelle, qu'il a faite dans une de ses entrevues, paraît avoir donné beaucoup de satisfaction à ce ministre :

« En partant, M. Thiers a fait une observation qui, venant d'un homme d'État aussi éminent, mérite qu'on la cite. Il a rappelé le temps où il se trouvait en relations d'affaires avec mon père, à l'époque où le défunt lord Granville était ambassadeur à Paris. J'ai, a dit M. Thiers, été élevé à l'école de M. de Talleyrand, mais j'ai toujours considéré lord Granville comme le beau idéal du diplomate, c'était un Anglais fier, capable, gentilhomme, droit et honnête — fier surtout, comme je l'ai vu moi-même un jour que je m'étais laissé aller avec lui à un mouvement de vivacité. »

Un des résultats du voyage que fit M. Thiers à Londres, fut la visite que rendit M. Jules Favre, peu après, à Ferrières, dans le but d'obtenir un armistice et l'élection d'une Assemblée nationale à laquelle serait déférée la question de la paix ou de la guerre.

Lorsque le comte de Bismarck demanda, toutefois, comme une des conditions, que la garnison de Strasbourg se rendît prisonnière de guerre, M. Favre, frappé de douleur, s'écria : « Vous oubliez, monsieur le comte, que vous parlez à un Français. Sacrifier une garnison héroïque qui fait l'admiration du monde et de la France, ce serait un acte de lâcheté, et je ne promets pas de ne pas dire que vous m'avez offert cette condition. »

Comme on le sait, cette entrevue n'aboutit pas. Loin de montrer aucune disposition à céder, le gouvernement de la défense nationale a fait la déclaration qui résumait sa politique : Pas un pouce de territoire et pas une pierre de nos forteresses ! Politique qu'il a officiellement déclaré, le 20 septembre, être décidé à maintenir jusqu'au bout.

Peu de temps après l'entrevue de Ferrières, M. Jules Favre fit une démarche auprès du gouvernement anglais, puissance neutre, pour obtenir son intervention. Voici la réponse de lord Granville, en date du 4 octobre :

« Le gouvernement de la reine contemple avec un profond regret les malheurs qui accablent la France. Il s'afflige profondément de voir une grande nation, sa plus proche voisine, à laquelle l'unit depuis si longtemps une alliance amicale fortifiée de jour en jour par des rapports plus étroits, et avec laquelle elle a agi, en temps de paix comme en temps de guerre, pour des intérêts communs, affaiblie par des désastres tels que ceux qui pèsent aujourd'hui sur elle. Il voudrait de tout son cœur faire, dans le cercle de ses devoirs envers son pays, tout son possible pour obtenir en faveur de la France une paix durable que le gouvernement français, vu les circonstances de la guerre, pût accepter avec honneur. Mais son rôle amical même lui commande d'exposer pleinement ses vues au gouvernement provisoire.

» Le désir de ce gouvernement, d'après la démarche qu'il fait en ce moment, paraît être que les puissances neutres appuient, au besoin, par la force, les représentations qu'elles pourraient adresser à la Prusse. Le gouvernement de la reine doit déclarer explicitement que, quant à lui, il n'est pas disposé à adopter ce mode de conduite, ou à le proposer aux autres puissances neutres. Tout ce qu'il peut faire, c'est de guetter attentivement le moment où l'aspect de la situation pourra sembler favorable au dénoûment du malheureux conflit par les voies de la sagesse, du courage moral et de la modération des belligérants, ou par une occasion qui se présenterait d'elle-même aux puissances neutres d'exercer leur influence en faveur du rétablissement de la paix. »

APPENDICE XXXII.

LE SIÈGE DE PARIS
TABLETTES AU JOUR LE JOUR.

Le journal *le Figaro* a publié sous le titre précité un résumé très-habilement fait des principaux événements du siége. Nous terminerons chacun de nos volumes par un emprunt fait à ces curieuses et piquantes tablettes qui ont été rédigées par MM. Alfred d'Aunay, Emile Blavet, Philippe Gilles, Théodore de Grave, Gustave Lafargue, Francis Magnard, Albert Millaud, Jules Prével, A. de Saint-Albin (Robert Milton) et Yvan de Woestyne, tous rédacteurs du journal de M. de Villemessant.

LUNDI 19 SEPTEMBRE.

COMBAT DE CHATILLON. — C'est aujourd'hui que Paris a pour la première fois entendu sérieusement parler la poudre. L'émotion a été grande et les bruits les plus divers ont circulé sur le résultat de cette journée, dite bataille de Châtillon, qu'un rapport officiel de M. Gambetta, pour copie conforme du rapport militaire, réduit à ses justes proportions.

Une reconnaissance opérée par la division d'Exéa du côté de Choisy-le-Roi avait préparé l'avant-veille l'opération de ce jour. Aujourd'hui, à la pointe du jour, le général Vinoy a fait une reconnaissance importante en avant de ces positions vers Châtillon et Clamart. Il a rencontré des masses imposantes dissimulées dans les bois et dans les villages, et après un engagement assez vif a dû se replier en arrière. L'aile gauche de ses troupes s'est maintenue à Villejuif; la droite, après avoir pris la redoute en terre élevée sur le plateau de Châtillon, a soutenu longtemps le feu de l'ennemi, et ne s'est retirée que vers quatre heures du soir, après avoir fait enclouer les huit pièces qui étaient en position dans la redoute. Le général Ducrot a témoigné beaucoup de résolution et de constance. L'artillerie et la garde nationale mobile ont montré une grande solidité.

D'après une note complimenteuse du rapport, notre artillerie a fait subir de grandes pertes à l'ennemi : c'est la garde nationale mobile qui a eu les honneurs de la journée. Malgré le bruit qui en a couru, l'ennemi ne nous a enlevé ni un canon, ni une mitrailleuse.

« Des ordres, disait encore le rapport, sont donnés pour que les troupes se concentrent définitivement dans Paris. »

Cette note, accueillie avec une certaine émotion dans le public, avait été interprétée dans un sens extrêmement défavorable ; elle n'avait trait en définitive qu'à une nécessité stratégique et dans l'hypothèse qui ne s'est point confirmée d'un mouvement en avant des Prussiens contre le fort de Montrouge.

ASPECT DE PARIS. — Dès le matin, des groupes nombreux se forment sur tous les points. On est dans l'attente d'un événement sérieux. Dans les quartiers voisins des fortifications, on suit avec curiosité l'établissement des premières barricades sous les ordres de Rochefort e de son lieutenant Flourens. On raconte que la destitution du général Ambert aurait été motivée par son refus de crier : *Vive la République!*

Vers midi, une grande émotion se répand dans la ville. Des fuyards, qui descendent le boulevard Saint-Michel, tête nue et sans armes, les vêtements souillés de poussière, parlent du combat de Châtillon comme d'une déroute effroyable. Grâce à l'excellent esprit de la population parisienne, la panique ne s'est point propagée. Des gardes nationaux indignés arrêtent les fuyards. On s'aperçoit, à voir leurs cartouchières pleines, qu'ils ont fui sans tirer un coup de fusil. Ils sont conduits à la prison militaire aux acclamations de la foule. On assure que plusieurs des bataillons engagés se sont débandés sur la fausse interprétation d'un commandement. Telle serait l'origine de la panique en question.

Par bonheur, cet exemple n'a eu que de rares imitateurs, et les mobiles bretons, entre autres, sont allés au feu avec l'intrépidité de troupes aguerries. Un officier disait à l'un des prêtres qui sont restés près de nos troupes tant que le combat de Châtillon a duré : « Si tous les soldats s'étaient battus comme la mobile bretonne, l'artillerie et presque toute la ligne, nous avions un beau succès. »

Dans la soirée, grande émotion sur le boulevard. On fait une chasse active aux espions prussiens qu'on a le tort de voir un peu partout. La brasserie Dreher, rue Lafayette, est envahie par la foule. On prétend que, du sommet de la maison, des signaux sont échangés avec l'ennemi, dans la direction de Saint-Cloud. Une descente faite par un piquet de garde nationale ne produit aucun résultat.

Boulevard des Italiens, la police fait une rafle des demoiselles qui encombrent le trottoir. Le public demande que les cafés soient fermés à dix heures et demie. La garde nationale donne immédiatement satisfaction à ce vœu d'ordre public.

Paris, dès ce moment, offre l'apect morne d'une petite ville de province.

MEMENTO. — Les journaux et imprimés ne sont plus admis au départ de la poste. Les lettres *ordinaires* sont seules reçues. — M. Galtier-Boissière est chargé de rétablir les devises républicaines sur les monuments publics. — La garde mobile procède à la réélection de ses officiers. — *On dit* que M. Jules Favre est parti pour le quartier général du roi de Prusse dans le but d'entamer des négociations pour la conclusion d'un armistice. — Le papier commence à manquer, l'*Officiel* ne paraît plus que sur une seule feuille. — Le général Cambriels, échappé de Sedan et arrivé à Paris, repart pour Belfort. — Les ponts de Sèvres et de la Grande-Jatte ont sauté. — Le bureau des ambulances, installé à l'Hôtel-de-Ville, décide que le drapeau de la Convention de Genève ne sera désormais accordé qu'aux personnes pouvant disposer de six lits. — Auguste Villemot, le plus ancien collaborateur du *Figaro*, meurt subitement d'une congestion cérébrale. — On annonce aussi la mort du vaudevilliste Alexandre Flan. — Le *Combat*, journal de M. Félix Pyat, ouvre une souscription à 5 centimes pour offrir un *fusil d'honneur* au soldat français qui touchera le roi de Prusse.

MARDI 20 SEPTEMBRE.

ASPECT DE PARIS. — La vie d'intérieur est morte. Paris est tout entier aux remparts ou dans la rue.

Aux remparts, les gardes nationaux font avec une patriotique énergie le rude métier de soldats. Dans la rue, les citoyens se groupent par masses compactes et se communiquent les renseignements qu'ils ont recueillis sur le combat de la veille. On discute avec passion, on exalte la bravoure des mobiles, on flétrit la lâcheté des fuyards, et l'on applaudit à la décision gouvernementale qui les renvoie devant un conseil de guerre.

Le départ de M. Jules Favre pour le quartier général du roi de Prusse est diversement interprété. Il court des bruits de paix et d'armistice qui mettent en émoi les quartiers de Belleville, de Montmartre et des faubourgs Saint-Antoine et du Temple. Des officiers de la garde nationale de ces quartiers se rendent à l'Hôtel-de-Ville pour protester contre l'attitude prise dans cette question par le Gouvernement de la défense nationale. Une députation des clubs se joint à la manifestation. M. Jules Ferry la reçoit et, après quelques explications, promet que le Gouvernement délibérera le lendemain sur les diverses questions qui lui ont été soumises.

Dans la soirée, la chasse aux espions prussiens continue. C'est une monomanie. On voit des signaux suspects dans toutes les lumières qui paraissent aux fenêtres. On fouille, sans résultat, plusieurs maisons, de la cave au grenier. A dix heures et demie, tout rentre dans le repos. Paris qui, à ce moment-là, commençait à vivre, a des airs de nécropole.

MEMENTO. — 80,000 hommes occupent Versailles. — La première livraison des *Papiers de la famille impériale* est mise en vente. — L'avenue de l'Impératrice prend le titre d'avenue Uhrich et la rue de Morny de rue Mac-Mahon. — Les gardiens de la paix publique, qui remplacent les sergents de ville, font leur apparition dans les rues. — On installe des sémaphores sur la tour Saint-Jacques et le dôme du Panthéon. — M. Mottu est nommé maire du XI⁰ arrondissement. — Un commencement d'incendie se manifeste à Vincennes. Dix minutes après on est maître du feu. — On enterre Auguste Villemot à Saint-Germain-des-Prés; malgré la gravité des circonstances, tous ceux qui occupent une place dans la presse parisienne ont tenu à honneur de rendre les derniers devoirs à celui qui fut un homme d'esprit et un honnête homme.

MERCREDI 21 SEPTEMBRE.

ASPECT DE PARIS. — La fière et patriotique déclaration du Gouvernement est l'objet de toutes les préoccupations. On sent bien qu'elle ne peut avoir qu'une signification : la lutte à mort. Les belliqueux quand même sont dans l'enthousiasme ; les modérés trouvent que cette note est peut-être un peu trop tranchée, un peu trop absolue, et qu'en se réservant de faire un appel à la nation qui eût eu à se prononcer sur les véritables bases du traité, et, en dernier ressort, à décider de la paix ou de la guerre, le Gouvernement se serait ouvert une voie plus facile pour mener à bonne fin les pourparlers qui allaient s'engager.

De nombreuses manifestations ont eu lieu, sur tous les points de Paris, en l'honneur du soixante-dix-huitième anniversaire de la République. On semble vouloir faire de cette date le point de départ de notre régénération. C'est une sorte de renouveau qui donne de l'espoir aux plus découragés. L'aspect de Paris s'en ressent ; la joie est sur tous les visages, et les prophètes de malheur sont assez mal reçus.

MEMENTO. — Tous les maires de Paris font poser sur les murs de leur arrondissement des affiches où ils font appel au courage et au patriotisme de leurs administrés. — Sur la porte de toutes les crèmeries, on lit cette inscription : *Fermé pour cause de manque de lait.* — La Banque décide qu'en cas d'invasion, les billets seront perforés par le milieu pour en détruire la valeur. — Trois mille gamins de quatorze à dix-huit ans traversent le boulevard, drapeau en tête, et chantant la *Marseillaise* : ce sont de nouveaux enrôlés, *les Pupilles de la République.* — De par M. Arago, le fronton du nouvel Opéra a fait peau neuve ; on y lit : « Académie *nationale* de musique. »

JEUDI 22 SEPTEMBRE.

ASPECT DE PARIS. — Paris est fixé désormais et se prépare à tous événements ; après la note de l'*Officiel*, il comprend que, s'il est vainqueur, Bismarck payera cher son outrecuidance, et que, s'il est vaincu, l'Europe lui rendra cette justice qu'il a fait tout ce que l'honneur permettait de faire pour arrêter l'effusion du sang.

Dans l'après-midi, deux mille gardes nationaux environ envahissent la place de l'Hôtel-de-Ville pour protester contre l'arrogante réponse du chancelier fédéral et demander le renvoi des élections jusqu'au jour où le sol français sera purgé des Prussiens. On jure de rester fidèle au programme tracé par M. Jules Favre, à quoi M. Jules Favre ajoute : « Nous sommes un gouvernement de défense et non de capitulation ! » M. Henri Rochefort déclare que, le soir même, on commencera les barricades dans Paris, et la manifestation se sépare pacifiquement aux cris de : Vive la République ! Mort aux Prussiens !

Ce qui affecte particulièrement le Parisien, c'est l'annonce qu'on va détruire son cher bois de Boulogne. La butte Mortemart a déjà brûlé. La hache fait rage dans les allées nombreuses où campent divers régiments de marche. Jamais la Muette n'avait si bien mérité son nom : cette belle résidence sert de casernement aux anciens sergents de ville, organisés en corps spécial. Hélas !

> Nous n'irons plus au bois,
> Les taillis sont coupés !

MEMENTO. — Un chemin de fer américain est établi sur le chemin de ronde des remparts pour le transport des munitions et des grosses pièces d'artillerie. — Un des fuyards de Châtillon tire sur un capitaine de la garde nationale qui veut l'arrêter ; il est fusillé sur-le-champ. — Les employés de la mairie se constituent en un bataillon de garde nationale, spécialement destiné au service de l'Hôtel-de-Ville.

VENDREDI 23 SEPTEMBRE.

AFFAIRE DE VILLEJUIF. — La lutte s'accentue. La division Maud'huy prend définitivement possession de Villejuif, du Moulin-Saquet et des Hautes-Bruyères. Après un feu soutenu de plusieurs heures, nos batteries de campagne, protégées par le tir des forts, ont réduit au silence les batteries prussiennes et empêché les travaux que l'ennemi cherchait à établir vers Bagneux. Les pertes sont considérables.

Diverses reconnaissances dirigées en avant du fort d'Issy, vers le Bourget et du côté de Pierrefitte fournissent aux troupes et aux gardes mobiles l'occasion de montrer leur bravoure et leur belle tenue. Les Prussiens abandonnent leur position devant Saint-Denis, mais on constate qu'ils établissent de nombreux travaux vers Argenteuil, où ils se massent au nombre de quarante mille environ.

ASPECT DE PARIS. — On s'arrache l'*Officiel* sur le boulevard. On lit tout haut, avec des frémissements de colère, l'admirable rapport de M. Jules Favre, et l'on n'a qu'une voix pour reconnaître que la démarche du ministre des affaires étrangères était rigoureusement conforme à notre honneur. L'opinion est unanime à cet égard ; elle l'est aussi pour reconnaître que Paris doit rompre désormais avec ses errements quotidiens. Donc plus de promenades militaires, plus de manifestations tumultueuses, à la statue de Strasbourg ou ailleurs! Que tout le monde travaille et obéisse! Une discipline très-sévère dans les rangs, une abnégation généreuse hors des rangs, — tel est le mot d'ordre qu'on se passe de bouche en bouche et grâce auquel on espère déjouer les plans de Bismarck et y introduire cet élément inconnu avec lequel il n'avait pas compté et qui bouleversera toutes ses combinaisons.

Déjà, d'ailleurs, la justice a parlé, le droit a son tour, et le combat de Villejuif, livré le matin même, a été la digne réponse que méritait l'orgueil insensé de la Prusse.

L'esprit de la population est excellent, et ces heureuses dispositions sont fortifiées encore par le départ du premier ballon qui emporte à nos chères familles les lettres tant attendues, — *trente à quarante mille environ!*

Bien des regards attendris ont suivi ce courrier d'un nouveau genre; dans toutes les rues, sur toute la ligne des boulevards, des masses de curieux désignaient à la foule ce palladium volant qui, poussé par un vent favorable, portait à nos pauvres absents la meilleure partie de nous-mêmes.

On dormira bien, cette nuit, à Paris.

MEMENTO. — Trois ballons lumineux inaugurent un système d'éclairage destiné à reconnaître les positions de l'ennemi. — On annonce la mort de Mme Henri Potier, l'ex-cantatrice de l'Opéra-Comique. — Sous le commandement de M. Perelli, s'organise un corps de francs-tireurs non soldés, dits *les Carabiniers parisiens*. — On installe sur la butte Montmartre les puissants appareils électriques de M. Bazin; la fameuse tour Solferino tombe sous la pioche des démolisseurs. — Chaque soir, un spectacle touchant se renouvelle aux pieds des remparts : des femmes d'ouvriers y attendent leurs maris et s'en retournent en portant leur fusil. Inutile de demander à ces braves gens s'ils font bon ménage.

SAMEDI 24 SEPTEMBRE.

ASPECT DE PARIS. — L'ajournement des élections municipales et pour l'Assemblée constituante cause une certaine émotion. Mais on en prend facilement son parti, et la situation que nous crée l'échec de M. Jules Favre dans sa tentative auprès de la Prusse relègue cette préoccupation au deuxième plan.

Avec cette mobilité qui fait le fond de leur caractère, les Parisiens cherchent une diversion à leurs inquiétudes poignantes dans la lecture des Papiers de la famille impériale. On s'arrache le premier fascicule ; on le lit, on le commente tout haut ; le cas de M. Devienne et de la Bellanger provoquent des saillies et des quolibets de tout genre. Paris gouailleur et spirituel montre le bout de l'oreille. Il fait des mots, donc il se porte bien. Ce fascicule est le gros événement de la journée et de la soirée.

MEMENTO. — On met les scellés chez M. Conneau. — Une fausse joie : le *Réveil* annonce que le service sur la ligne d'Orléans est rétabli. Hélas ! ce n'est qu'un canard... à la vapeur. — Un grand parc d'artillerie est installé dans le jardin des Tuileries.

DIMANCHE 25 SEPTEMBRE.

ASPECT DE PARIS. — Paris sera toujours Paris ! Est-il vrai que nous soyons bloqués ? On ne le dirait guère à voir la physionomie des boulevards, de la Madeleine à la Bastille. On dirait un des beaux dimanches d'automne où la population profite des derniers rayons d'un chaud soleil. Par la grande variété d'uniformes qui bigarrait cette foule endimanchée, on eût pu se croire en temps de paix.

Le dimanche, du reste, il y a comme une sorte d'armistice tacitement convenu. Guillaume ne *travaille* pas ce jour-là ; le soudard mystique fait ses dévotions et écrit à Augusta les victoires qu'il a ou n'a point remportées.

MEMENTO. — Départ d'un deuxième ballon, emportant 100 kilog. de dépêches et un grand nombre d'exemplaires du rapport de M. Jules Favre. — Les membres du corps diplomatique, réunis chez le nonce, décident qu'ils ne quitteront Paris qu'à la dernière extrémité. — On perce un puits devant la rotonde de l'Institut, les ingénieurs ayant découvert en cet endroit une nappe d'eau potable.

LUNDI, 26 SEPTEMBRE

ASPECT DE PARIS. — Une scène étrange et douloureuse s'est passée cette après-midi. Vingt et un jeunes soldats appartenant au 27e de ligne, campé près de Courbevoie, avaient déserté en entendant l'artillerie du Mont-Valérien ; ils ont été arrêtés aux remparts par la garde nationale, qui s'est mise en devoir de les conduire à la prison militaire du Cherche-Midi ; mais l'indignation de la foule imposa d'abord à ces malheureux une éclatante punition.

Leur capote fut retournée et leur képi placé la visière en arrière ; ensuite on suspendit à leur cou un écriteau en carton blanc où on lisait, au-dessous de leur nom :

« Misérable lâche,

Qui a déserté son poste devant l'ennemi, mérite que tout citoyen lui crache à la figure. »

Quelques gamins ont eu le triste courage de profiter de l'autorisation accordée, et ces malheureux, le visage souillé, la tête baissée, défilaient aux huées d'une foule sans pitié, qui bien évidemment pourtant n'était pas tout entière composée de héros.

La soirée a été signalée par une scène d'un autre genre, mais fort caractéristique. Les citoyens réunis en assemblée populaire, sous la présidence d'un M. Vésinier, dans la rue de Paris, à Belleville, ont demandé la révocation du maire du 19e arrondissement, un M. Richard, d'ailleurs fort obscur, et, ce qui est vraiment comique, la mise en accusation de M. Godillot, le fabricant bien connu d'équipements militaires.

M. Godillot, sur la dénonciation d'un M. Mercadier, était prévenu du crime de haute trahison pour avoir empêché ses ouvriers d'accomplir leurs devoirs de citoyens et de faire leur service de gardes nationaux, ainsi que pour avoir organisé un corps spécial à sa solde. Considérant, d'autre part, que *l'exploitation à outrance*, *l'oppression*, le *servage* (*sic*) dans lequel M. Godillot tient ses ouvriers, est incompatible avec les institutions républicaines, l'assemblée décrète que ledit sieur Godillot sera arrêté par les citoyens, à qui la garde nationale devra prêter concours, que les ateliers, outillage, marchandises et matériel lui appartenant seront expropriés au profit de la nation, pour cause d'utilité publique, moyennant indemnité, il est vrai.

L'assemblée de la rue de Paris poussa la délicatesse jusqu'à vouloir bien signifier cette décision au gouvernement provisoire.

Un immense étonnement accueillit l'audacieuse usurpation de ce club. Disons bien vite, pour terminer ce petit épisode, qu'il n'eut d'autres suites qu'un échange de lettres et de notes. Les ouvriers de la maison Godillot protestèrent contre les allégations qui servaient de base à l'accusation et les détruisirent une à une. Au milieu de la discussion théorique que soulevèrent plusieurs journaux à ce propos, on remarqua une lettre d'un M. Lavalette, déclarant que le seul moyen de régler la question sociale était l'expropriation pour cause d'utilité publique des grandes exploitations et le remboursement par annuités du capital.

Bien que non suivies d'effet, ces excitations ont un côté dangereux, parce qu'elles pourraient surexciter les esprits à un moment où les denrées subissent une augmentation qui pèse lourdement sur la classe ouvrière.

Le lait a disparu pour ainsi dire. Les œufs coûtent cinq sous pièce, le beurre salé cinq francs la livre; les graisses et saindoux ont monté de un franc à deux francs; le fromage s'épuise aussi bien que le beurre frais, et le jambon est coté six francs le kilogramme. Nous ne parlons pas de la viande, dont à ce moment même on prépare la taxe. Le charbon aussi diminue comme quantité et augmente comme prix.

Chacun, bien entendu, accumule les provisions; on cite un grand épicier du boulevard Sébastopol qui a réalisé *en un seul jour* une recette de *soixante-six mille francs.*

Par contre, les chevaux sont pour rien; des bêtes valant de 1,500 à 2,000 francs ont été vendues pour 100 francs au Tattersall; quant aux chevaux étiques des petits commerçants, on les donne en guise de pourboire, et parfois on les refuse.

MEMENTO. — On prend des précautions dans les monuments et dans les établissements publics pour l'éventualité d'un bombardement. Le groupe du *Chant du départ*, à l'Arc de Triomphe, sera notamment protégé par des matelas et des terrassements. — Les communications aériennes sont poussées avec activité. Malgré le départ des deux premiers ballons, il reste encore 850,000 lettres à envoyer. — La *Gazette des Tribunaux* annonce que le décret qui défère disciplinairement M. le premier président Devienne à la Cour de cassation ne recevra son exécution qu'à la fin des vacances et de l'investissement de Paris. — La *ligue internationale de la paix* tente auprès de la reine de Prusse une démarche pacifique à laquelle celle-ci répond par ces phrases piétistes dont son mari a l'habitude. — Le bruit court à Paris de la mort d'Alexandre Dumas père, qui serait décédé en Normandie. — M. Victor Bois, chef du cabinet du ministre des travaux publics, succombe à une maladie de cœur. C'est lui qui avait fait effondrer les écluses de la Marne et veillé à tous les travaux de mine et de sape qui se sont exécutés autour de Paris.

MARDI 27 SEPTEMBRE.

ASPECT DE PARIS. — Vers midi et demi, une épaisse colonne de fumée, compacte et noirâtre, vient obscurcir le ciel radieux dont nous jouissons malgré la saison avancée. Grand émoi dans Paris! C'est la forêt de Bondy qui brûle, disent les uns. Non, répondent les autres, c'est l'usine à gaz de Pantin qui flambe.

En réalité, c'était le dépôt des huiles de pétrole emmagasinées autour du lac des Buttes-Chaumont qui avait pris feu. L'incendie a été promptement localisé. Il est dû à l'imprudence d'un ouvrier qui a fumé sa pipe et jeté des allumettes auprès de ce dépôt. Dans un récit que *le Rappel* publie de cet accident, on voit figurer pour la première fois M. Gustave Flourens avec le titre fantastique de *major de remparts*, qui va bientôt prendre les proportions d'un événement.

L'esprit public continue, d'ailleurs, à avoir le patriotisme inquiet. Le parti avancé poursuit son travail contre le Gouvernement, et un certain nombre de chefs de bataillon de la garde nationale, ceux qu'on appelle les chefs de bataillons *politiques*, sont allés à l'Hôtel-de-Ville réclamer d'urgence les élections municipales.

Il leur a été répondu que ces élections avaient été ajournées sur le désir d'autres chefs de bataillon.

Dans un autre ordre d'idées moins grave, on se raconte, avec force commentaires, qu'un factionnaire, de garde aux remparts, a été enlevé par une fausse patrouille. Vérification faite, on apprend que factionnaire et patrouille étaient de braves gens en brindezingue.

Il n'y a pas grand mal à cela ; mais, sur quelques points, on regrette que les sédentaires de garde aux remparts charment un peu trop les ennuis du poste par la dive bouteille.

Pour remédier à cette fièvre des esprits inoccupés, M. Sarcey commence, dans *le Gaulois*, une campagne qui sera fort discutée pour demander la réouverture des cafés (après dix heures et demie du soir) et celle des théâtres qui voudraient baisser les prix et pourraient se contenter d'avoir peu de monde.

MEMENTO. — On accusait M. Édouard Thierry d'avoir, par cléricalisme, voilé la statue de Voltaire qui orne le vestibule du Théâtre-Français transformé en ambulance. On apprend que M. Thierry a tout simplement fait empaqueter l'homme au rictus, dans l'éventualité des accidents qui pourraient survenir. — Le peuple commence à se monter contre les bouchers et autres vendeurs de denrées. Une boutique de charcuterie du faubourg Montmartre est fermée d'autorité et sur les volets on écrit : *Voleur*. — On prête à l'Académie française l'intention d'annuler l'élection de M. Émile Ollivier. Ce bruit, peu à l'honneur de l'Académie, ne s'est point confirmé.

MERCREDI 28 SEPTEMBRE.

ASPECT DE PARIS. — L'agitation pour les élections municipales continue ; le *Réveil*, le *Combat* et la *Patrie en danger* entonnent chaque jour la trompette en l'honneur de cette idée. On lui donne une importance en tirant de la boîte à surprises le vieux Ledru-Rollin. Ce revenant prononce à une réunion publique, rue Aumaire, un discours où il dit en substance, avec force souvenirs de 92, que la Commune seule peut sauver la France, et à l'exemple du gouvernement de Paris, qui a en définitive respecté les personnes et les propriétés, il ose opposer celui de la dictature improvisée à Lyon.

Avant Paris, Lyon a proclamé la République ;
Lyon a institué un comité de salut public ;
Lyon a arrêté, emprisonné les traîtres ;
Lyon a séquestré les biens des traîtres ;
Pour rentrer dans la légalité, Lyon a convoqué ses électeurs !
Lyon a nommé sa commune ! (Bravos.)

Les meneurs ne se contentent point de discours et proposent très-nettement une manifestation, demandant tant aux gardes nationaux qu'aux clubs populaires de voter et de signer une demande exigeant les élections immédiates de la Commune. La date de ces élections est déjà fixée par le *Réveil* au 2 et au 3 octobre.

Le citoyen Courbet, maître peintre, lance dans le monde une idée qui ne serait point absolument absurde si le maître peintre Courbet n'avait, malgré son remarquable talent, une sorte de ridicule qui s'est communiqué à son idée. M. Courbet, qui a été nommé président de la commission artistique préposée à la conservation des musées, demande à déboulonner la colonne Vendôme et à en faire transporter les matériaux à l'hôtel de la Monnaie. Les considérants de M. Courbet méritent d'être conservés :

» Attendu que la colonne Vendôme est un monument dénué de toute valeur artistique, tendant à perpétuer, par son expression, les idées de guerre et de conquête qui étaient dans la dynastie impériale, mais que réprouve le sentiment d'une nation républicaine ;

» Attendu qu'il est, par cela même, antipathique au génie de la civilisation moderne et à l'union de fraternité universelle qui, désormais, doit prévaloir parmi les peuples ;

» Attendu aussi qu'il blesse leurs susceptibilités légitimes et rend la France ridicule et odieuse aux yeux de la démocratie européenne, etc., etc. »

Encore une fois, l'idée peut se raisonner et se défendre, mais, étant donné le caractère et la fatuité artistico-démocratique de M. Courbet, on ne peut s'empêcher de voir là dedans une sorte de querelle personnelle entre le peintre d'Ornans et Napoléon Ier. M. Courbet demandait encore qu'on supprimât les noms des rues rappelant nos victoires, et que la statue de Napoléon Ier exposée à Courbevoie fût descendue de son piédestal. C'est d'ailleurs ce qui a été fait déjà sur l'ordre du maire de Paris.

MEMENTO. — Le bruit de la reddition de Toul, qui devait être confirmé officiellement quelques jours plus tard, se répand à la Bourse. — On reçoit de Saint-Cloud une lettre où l'on apprend que les malheureux habitants de cette petite ville sont canardés non par les Prussiens, mais par les tirailleurs postés à Boulogne, qui de bonne foi s'imaginent viser nos ennemis. C'est ainsi qu'un des médecins les plus estimés de la localité, le docteur Pigache, a été mortellement blessé en allant chez un malade.

JEUDI 29 SEPTEMBRE

ASPECT DE PARIS. — Le conseiller Delesvaux, si connu sous l'empire Rouher et Pinard comme président de la 6e chambre et qui condamnait les journalistes avec un si visible plaisir, succombe à une broncho-pneumonie. *Le Rappel* voit dans cette mort l'occasion d'un article à effet et s'écrie que M. Delesvaux n'était, après tout, que l'instrument d'un système et l'exécuteur d'une méthode. D'ailleurs son caractère d'esprit, ses mœurs tournées à la gauloiserie et même, mieux que cela, l'ironie de ses allures, tout excluait la supposition d'un suicide ; mais il fallait un article à effet. On l'a eu.

Le même jour a lieu une perquisition dans l'hôtel de M. Zangiacomi, rue de la Ferme-des-Mathurins, 18. M. Zangiacomi est parti depuis le 4 septembre, mais on trouve chez lui un grand nombre de papiers fort importants, à ce qu'il paraît.

M. Veuillot trouve pour Napoléon III un mot qui restera et qui s'accrochera dans l'histoire au nom haï de celui qui fit tant de veuves et d'orphelins : il l'appelle Napoléon le SÉDENTAIRE.

D'autre part, dans *le Combat*, M. Gastineau ose demander une position officielle — un poste dans la commission des barricades, par exemple, — pour Mégy, l'ouvrier qui a assassiné l'agent de police Mourot. On n'a point exaucé tout à fait le vœu de M. Gastineau : toutefois, nous verrons plus tard que l'honorable M. Mégy a été nommé conseiller de la municipalité du XVIIe arrondissement, à une date que nous ne pouvons préciser.

MEMENTO. — On annonce aux gardes mobiles qu'on ne leur donnera plus de la viande fraîche que deux fois par semaine. — Le journal *le Monde* cesse de paraître à Paris.

VENDREDI, 30 SEPTEMBRE.

AFFAIRE DE CHEVILLY. — Depuis l'occupation de Villejuif par la division Maud'huy, les Prussiens restés maîtres des villages de l'Hay, Chevilly, Thiais et Choisy-le-Roi, crénelaient les maisons, et faisaient sur toute la ligne des travaux de terrassements pour protéger leurs communications avec Versailles. Il fut alors décidé par le Gouverneur qu'une action combinée sur les deux rives de la Seine serait tentée pour reconnaître exactement les forces établies dans ces positions.

A la pointe du jour, les troupes aux ordres du général Vinoy, massées vers les forts d'Ivry, de Bicêtre et de Montrouge, sortirent de leurs lignes, et bientôt l'engagement devint général sur tout le plateau de Villejuif. Tandis que la brigade Guilhem chassait les Prussiens de Chevilly, la tête de colonne du général Blaise pénétrait à Thiais et s'emparait d'une batterie de position.

Mais à ce moment, des renforts considérables étant arrivés à l'ennemi, le général Vinoy dut ordonner la retraite, qui s'effectua sous le feu, avec un calme qui fait le plus grand honneur aux troupes, surtout aux jeunes bataillons de gardes mobiles, dont on a remarqué la ferme contenance pendant la journée.

Nos pertes ont été considérables, mais celles de l'ennemi sont bien supérieures. Nous avons à regretter la mort du général Guilhem, vaillant officier qui a bien mérité de la patrie.

Pendant ce temps, les généraux Ducrot et d'Exéa et le colonel de Pindray exécutaient, l'un vers Bougival, l'autre vers Créteil, et le troisième vers Bondy, de brillantes reconnaissances.

En résumé, les combats du 30 septembre ont montré à nos soldats ce qu'ils valent, à leurs chefs ce qu'ils peuvent attendre d'eux, et cette journée honore la défense.

ASPECT DE PARIS. — L'émotion produite à Paris par le combat de Chevilly efface toute autre préoccupation. Avec l'impressionnabilité des Parisiens, on exagère, soit dans un sens, soit dans un autre, les résultats des engagements dirigés par les généraux Ducrot et Vinoy. Pendant que les pessimistes transforment en défaite la retraite de nos soldats vers nos lignes, il se forme une légende sur les pertes énormes des Prussiens, qu'on aurait amenés dans un angle formé par les forts de Charenton et de Bicêtre et où ils auraient été canardés par notre feu.

Au milieu de cette émotion peu propre à la discussion, paraît dans quelques journaux du soir, une lettre, remarquable d'ailleurs, de M. Louis Blanc au peuple anglais. Cette lettre, qui sera reproduite le lendemain au *Journal officiel*, développe l'idée que les nations, si elles ne sont pas sœurs, sont du moins solidaires, et que le déchaînement de l'esprit de conquête, permis à l'Allemagne, peut frapper un jour le peuple anglais dans ses intérêts nationaux, sinon dans son territoire. L'invasion de la Hollande et la prise d'Anvers pourraient bien être au bout de l'abaissement de la France.

Les spectateurs qui conservent, malgré les ennuis encore peu sensibles d'ailleurs du siége, une petite réserve de gaieté, ne peuvent s'empêcher de sourire en voyant la félicité des partisans de l'hippophagie. Ces braves gens trouvent enfin, dans la diminution continue des subsistances, un moyen de placer et de populariser cette médiocre nourriture. Ils y réussissent d'ailleurs pleinement, reconnaissons-le, et les acheteurs font queue à la porte des boucheries hippophagiques, malgré l'aspect un peu sinistre de l'étal. Les hippophages manquent de coquetterie et les énormes armures de graisse jaunâtre qui couvrent la viande de cheval ne sont pas relevées par les petits soins que les bouchers ont pour le bœuf, le mouton et le veau.

Pendant ce temps, le comité se démène et lance des circulaires pour déclarer que rien ne vaut le cheval ; ses tripes, sa graisse et ses sabots, tout est bon en lui. Encore une fois, l'opinion — et la nécessité — donnent raison aux hippophages, puisque trente boucheries de cheval fonctionnent.

Memento. — On annonce aux théâtres ex-impériaux qu'à partir du 1er octobre et jusqu'à nouvel ordre, la subvention de l'État cessera de leur être servie. — On trouve sur les volets d'une maison d'Arcueil une inscription mélancolique et naïve comme un conte allemand : « Pauvres Français : nous vous faisons bien *de mal* (sic), mais nous aimerions mieux être dans notre pays. » Par malheur, les chefs de l'armée allemande ne sont point, à ce qu'il paraît, du même avis, et le siége continue. — Le général Guilhem, qui a trouvé la mort au combat de Chevilly, était un officier général très-modeste, mais d'un réel mérite. Il commandait en dernier lieu une brigade de notre armée d'occupation à Rome et avait rapporté de son séjour en Italie des notes et des impressions politiques qui témoignaient, paraît-il, d'un esprit très-libre et très-ouvert.

FIN DES APPENDICES DU PREMIER VOLUME.

TABLE DES MATIÈRES

	Pages.
Dédicace	I
Préface.	III
Avant-Propos. — Résumé des événements accomplis du 6 juillet au 4 septembre	VII

JOURNAL DU SIÉGE DE PARIS.

4 septembre	. . . .	1
5 —	. . . .	43
6 —	. . . .	48
7 —	. . . .	56
8 —	. . . .	64
9 —	. . . .	76
10 —	. . . .	85
11 —	. . . .	93
12 —	. . . .	102
13 —	. . . .	109
14 —	. . . .	121
15 —	. . . .	128
16 —	. . . .	136
17 —	. . . .	143
18 —	. . . .	153
19 —	. . . .	165
20 —	. . . .	176
21 —	. . . .	185
22 —	. . . .	197
23 —	. . . .	206
24 —	. . . .	228
25 —	. . . .	240
26 —	. . . .	243
27 —	. . . .	252
28 —	. . . .	258
29 —	. . . .	270
30 —	. . . .	275

APPENDICES.

Pages.

I. — Extraits des Rapports militaires du colonel Stoffel. — 1. Note sur l'organisation militaire de la Prusse 287

    2. Des éléments de supériorité de l'armée prussienne. 295

    3. Des forces militaires de la Confédération de l'Allemagne du Nord 315

II. — Une mauvaise économie. — Tableau établissant une comparaison entre l'armée française et l'armée de la Confédération de l'Allemagne du Nord. 326

III. — La Paix. — Déclaration de M. E. Ollivier au Corps législatif (30 juin 1870). 331

IV. — Lettre de M. Benedetti, ambassadeur à Berlin, sur les négociations qui ont précédé la déclaration de guerre 334

V. — Comparaison entre l'armée française et l'armée prussienne. — 1. Article de M. Gustave Fischbach, extrait de la *Gazette de Cologne*. 339

    2. Article de M. Gustave Freytag, extrait de *les Grenz-Boten*. 344

VI. — Tableau comparatif établissant l'influence exercée par la guerre sur le tirage des journaux (mois de juin et d'août 1870). 346

VII. — Les balles explosibles a la bataille de Woerth. — Lettres du maréchal de Mac-Mahon, du comte de Bismarck, du Capitaine Rostain, du général Suzane, et rapport du colonel de Beckedorff à ce sujet 347

VIII. — Décret, non rendu public et nommant dans la Légion d'honneur, sur le rapport du ministre des lettres, sciences et beaux-arts 352

IX. — M. le général Trochu. — 1. Article publié dans le *Temps* par M. Nefftzer au sujet de la proclamation du général Trochu nommé gouverneur de Paris, avec la réponse du général et une réplique de M. Nefftzer. 355

    2. Article publié dans le *Figaro* par M. Jules Richard sur l'attitude du général Trochu dans la journée du 4 septembre. 357

X. — Reddition de Napoléon III. — 1. Relation de cet événement, adressée au roi de Prusse par le comte de Bismarck 359

	Pages.
2. Récit du *Pall Mall Gazette*	362
3. Récit du *Times*.	363
4. Texte, d'après le *Times*, de la conversation du roi de Prusse et de Napoléon III	366

XI. — L'EMPEREUR PRISONNIER. — 1. Passage de Napoléon III sur le territoire belge (récit extrait de l'*Indépendance belge*). 367
    2. Correspondance de Leipzig sur le séjour de l'Empereur à Wilhemshœhe. 370
    3. Article extrait du *Journal de Francfort* sur le même sujet. 371

XII. — LES PRISONNIERS DE SEDAN. — 1. Lettre extraite du *Daily Telegraph* sur le traitement infligé aux prisonniers. 372
    2. Lettre de M. Julien Wickede sur le départ des prisonniers (*Gazette de Cologne*). 374

XIII. — LES AMBULANCES A SEDAN. — 1. Lettre adressée au *Journal des Débats* par M. le pasteur de Pressensé, aumônier protestant de la quatrième ambulance de la Société de secours aux blessés 377
    2. Lettre adressée au *Nouvelliste vaudois* par le docteur Rouge, médecin d'ambulance militaire 383

XIV. — DÉPART DE L'IMPÉRATRICE. — 1. Version publiée par les journaux de Berlin. 385
    2. L'Impératrice et le Prince Impérial en Angleterre d'après l'*Observer* 389

XV. — LA RÉPUBLIQUE. — 1. Article de George Sand publié dans l'*Avenir national*. 391
    2. Articles de John Lemoinne dans le *Journal des Débats* 392

XVI. — DERNIÈRE SÉANCE DU CORPS LÉGISLATIF. — 1. Séance extra-parlementaire du 4 septembre (compte-rendu *in extenso*, complétant celui du *Journal officiel*). . 395
    2. Séance tenue dans la salle à manger de la présidence (compte-rendu publié par le journal *la Gironde*) 407
    3. Lettre rectificative et complémentaire adressée au journal *la Gironde* par M. Ernest Dréolle, ex-député au Corps législatif. 412

XVII. — Proclamation de M. Victor Hugo au peuple français . 419

XVIII. — LA SITUATION APRÈS SEDAN. — 1. Article extrait de l'*Indépendance belge* 422
    2. Article extrait du *Tages-Presse* de Vienne (Autriche) 425

XIX. — A propos du voyage de M. Thiers à Londres (extrait du *Times*.). 427

		Pages
XX. —	L'ENTREVUE DE FERRIÈRES. — 1. Article extrait du *Times*.	431
	2. Correspondance de Berlin extraite du *Journal de Genève*	432
XXI. —	Note relative aux conditions de la paix, attribuée à l'Empereur et publiée par le journal la *Situation*.	433
XXII. —	Article, extrait du *Daily Telegraph*, sur l'empereur Napoléon III.	436
XXIII. —	Article publié, à propos du 22 septembre, par M. Félix Pyat dans son journal *le Vengeur*	437
XXIV. —	Article de M. Francis Riaux, publié au sujet des élections municipales dans le journal *la Presse*.	440
XXV. —	Rapport adressé par M. de Kératry, préfet de police, au Gouvernement de la Défense nationale, sur la suppression de la préfecture de police	442
XXVI. —	Lettre adressée au garde des sceaux par M. le premier président Devienne en réponse à l'arrêté ordonnant contre lui une enquête disciplinaire	445
XXVII. —	Statuts de la Société d'assurances mutuelles contre les pertes matérielles causées par le siége de Paris	446
XXVIII. —	Modèle des cartes *Dépêche-Réponse* créées par décret du Gouvernement	449
XXIX. —	Lettres échangées entre M. l'amiral anglais de Rohan et M. Jules Favre, au sujet d'un meeting tenu à Londres en faveur de la France.	449
XXX. —	Note relative à la non-formation d'un corps franc qui devait porter le nom de *Légion d'Auvergne*.	452
XXXI. —	Extrait analytique de pièces diplomatiques relatives à la guerre et communiquées, dans *le Livre bleu*, au parlement anglais	453
XXXII. —	Extraits du journal quotidien *le Siége de Paris* (tablettes au jour le jour), publié par le journal *le Figaro*.	458

FIN DE LA TABLE.

IMPRIMERIE CENTRALE DES CHEMINS DE FER. — A. CHAIX ET Ce, RUE BERGÈRE, 20, PARIS.

www.ingramcontent.com/pod-product-compliance
Lightning Source LLC
Chambersburg PA
CBHW060401230426
43663CB00008B/1351